For Barbara and Dennis Tedlock

with the enormous pleasure
of meeting you again
after so many years.

Johanna Broda

21 of June, 2004

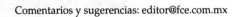
Comentarios y sugerencias: editor@fce.com.mx

Biblioteca Mexicana

Director: ENRIQUE FLORESCANO

SERIE HISTORIA Y ANTROPOLOGÍA

*Cosmovisión, ritual e identidad
de los pueblos indígenas de México*

Cosmovisión, ritual e identidad de los pueblos indígenas de México

Johanna Broda
y
Félix Báez-Jorge
(*coordinadores*)

CONSEJO NACIONAL PARA LA CULTURA Y LAS ARTES
FONDO DE CULTURA ECONÓMICA
MÉXICO

Primera edición, 2001

D. R. © 2001, CONSEJO NACIONAL PARA LA CULTURA Y LAS ARTES
Av. Revolución 1887, 7° piso; 01000 México, D. F.

D. R. © 2001, FONDO DE CULTURA ECONÓMICA
Carretera Picacho-Ajusco, 227; 14200 México, D. F.
www.fce.com.mx

ISBN 968-16-6178-8

Impreso en México

Agradecimientos

Este libro surge a raíz de la propuesta de Enrique Florescano de recopilar un volumen sobre las cosmovisiones indígenas de México. Queremos hacerle patente nuestro aprecio y reconocimiento por su apoyo en esta tarea. Los capítulos que integran el presente volumen fueron escritos específicamente para este libro entre 1997 y 1998. A los autores, quienes contribuyeron con gran interés y entusiasmo a esta tarea colectiva, les expresamos nuestro más sincero reconocimiento.

La compilación se llevó a cabo en el Instituto de Investigaciones Históricas de la UNAM, por lo que agradecemos a su directora, doctora Virginia Guedea, el apoyo que nos brindó.

En el trabajo mecanográfico y de computación fue de gran utilidad la eficiente labor de Lilia Cervantes Ruvalcaba, del mismo instituto. También hacemos constar nuestro aprecio y agradecimiento a nuestro colega Druzo Maldonado por la ayuda brindada en la lectura de las correcciones finales del texto.

JOHANNA BRODA y FÉLIX BÁEZ-JORGE

26 de enero de 1999
Instituto de Investigaciones Históricas, UNAM, México,
y Universidad Veracruzana, Xalapa, Veracruz.

Notas sobre los autores

Félix Báez-Jorge

Antropólogo egresado de la Universidad Veracruzana e investigador del Instituto de Investigaciones Histórico-Sociales de la Universidad Veracruzana. Fue becario de la John Guggenheim Memorial Foundation (1984-1985). Ha ocupado distintos cargos directivos en la Universidad Veracruzana y en las áreas educativa y diplomática del Gobierno de la República. Entre sus libros destacan *Los zoque-popolucas*. *Estructura social* (1973), *Los oficios de las diosas* (1988), *Las voces del agua* (1992), *La parentela de María* (1994), *Entre los naguales y los santos* (1988), estudios dedicados a examinar el pensamiento religioso mesoamericano y sus implicaciones simbólicas. Es autor de numerosos artículos sobre temas de organización social indígena, antropología política y simbolismo religioso.

Johanna Broda

Doctora en etnología por la Universidad de Viena. Desde 1973 vive en México. Es investigadora titular del Instituto de Investigaciones Históricas de la UNAM y profesora de posgrado de la UNAM y de la Escuela Nacional de Antropología e Historia. Especialista en sociedad mexica; ritual, ideología y cosmovisión indígena; observación de la naturaleza, y arqueoastronomía. Es coeditora y coautora de los libros *Estratificación social en la Mesoamérica prehispánica* (1976); *Economía política e ideología en el México prehispánico* (1978); *The Great Temple of Tenochtitlan: Center and Periphery in the Aztec World* (1987); *Arqueoastronomía y etnoastronomía en Mesoamérica* (1991); *Graniceros: cosmovisión y meteorología indígenas de Mesoamérica* (1997), y autora de numerosos artículos especializados sobre estos temas.

Jacques Galinier

Doctor en etnología por la Escuela de Altos Estudios en Ciencias Sociales de París; actualmente es director de investigaciones en el Centre National de la Recherche Scientifique de Francia. Es miembro del Laboratoire d'Ethnologie et de Sociologie Comparative de la Universidad de París X. Ha investigado al grupo otomí desde 1969. Se ha dedicado principalmente al estudio del ritual, de la imagen del cuerpo y la cosmología. Actualmente sus investigaciones tratan acerca de las concepciones indígenas de la vida psíquica y de una comparación entre la cosmovisión otomí y los conceptos básicos de la teoría freudiana. Entre sus publicaciones cabe mencionar los libros *Pueblos de la Sierra Madre: etnografía de la comunidad otomí* (1987); *La mitad del mundo: cuerpo y cosmos en los rituales otomíes* (1990); además de numerosos artículos especializados sobre los otomíes y sobre etnología en general.

Julio Glockner

Antropólogo egresado de la Escuela Nacional de Antropología e Historia. Cofundador del Colegio de Antropología Social de la Universidad Autónoma de Puebla. Actualmente es investigador titular del Instituto de Ciencias Sociales y Humanidades de la UAP. Ha enfocado sus investigaciones de campo al tema de los *tiemperos* o *graniceros*, especialistas rituales indígenas que viven en las comunidades cercanas a los grandes volcanes, y al papel de los sueños en la reproducción de la identidad colectiva. Ha escrito numerosos artículos en revistas universitarias y editó los números 20 y 30 de las revistas *Espacios* y *Elementos* dedicados a los enteógenos y al volcán Popocatépetl, respectivamente. Es coautor y compilador del libro *Mirando el paraíso (textos sobre Tonantzintla)* (2a. ed., s.f.) y autor de *Los volcanes sagrados* (1996) y de *Así en el cielo como en la tierra* (s.f.).

Arturo Gómez Martínez

Becario del Instituto de Investigaciones Histórico-Sociales de la Universidad Veracruzana y ayudante de investigación de Félix Báez-

Jorge. En el Instituto de Antropología de la Universidad Veracruzana ha colaborado en investigaciones relacionadas con el simbolismo y el pensamiento religiosos, cuyos resultados se han publicado en boletines de la institución. En 1995 el gobierno de Veracruz
lo distinguió con el Premio Estatal a la Superación de la Juventud
por su esfuerzo en favor de los nahuas de Chicontepec y Zongolica.

Catharine Good Eshelman

Doctora en antropología por la Universidad de John Hopkins. Entre 1994-1996 ocupó una cátedra patrimonial del Conacyt en la División de Posgrado de la Escuela Nacional de Antropología e Historia, donde actualmente es profesora de tiempo completo. Desde 1975
ha llevado a cabo investigaciones de campo entre los nahuas del
Alto Balsas, Gro., acerca de la relación entre la cultura y la vida
material, la religión, las actividades ceremoniales y el arte en papel
amate. Estudia los cambios históricos que han vivido los pueblos
indígenas del centro de México y la reproducción de su identidad
étnica. Ha publicado diversos artículos sobre estos temas, (por ejemplo, "Ethnology of Indigenous Peoples in Central and Western
Mexico", *Handbook of Middle American Indians, Ethnology Supplement*,
s.f.), y es autora del libro *Haciendo la lucha: arte y comercio nahuas de
Guerrero* (1988).

Alfredo López Austin

Doctor en historia por la UNAM, investigador titular del Instituto
de Investigaciones Antropológicas y profesor de la Facultad de Filosofía y Letras y de posgrado de la UNAM. Destacado especialista
en religión, cosmovisión y sociedad mexicas; mito e historia de la
Mesoamérica indígena; estudio de fuentes sobre la sociedad
prehispánica y de la etnografía actual. Entre sus numerosas publicaciones se encuentran los libros *Hombre-dios* (1973); *Cuerpo humano e ideología* (1980); *Los mitos del tlacuache* (1991); *Tamoanchan y
Tlalocan* (1994), y *El conejo en la cara de la luna* (1994). En coautoría
con Leonardo López Luján ha publicado también, *El pasado indígena* (1995) y *Mito y realidad de Zuyuá* (1997). Además, ha escrito numerosos artículos especializados y algunas obras de difusión.

Alessandro Lupo

Doctor en antropología por la Universidad "La Sapienza" de Roma, donde es catedrático de etnología. Es director de la Misión Etnológica Italiana en México. Desde 1979 ha llevado a cabo investigaciones de campo entre los huaves de Oaxaca y los nahuas de la Sierra de Puebla. Sus temas de interés giran alrededor de la religión, el ritual y la cosmovisión indígenas, así como de la lingüística, la narrativa tradicional y la etnomedicina. Es coautor (con Italo Signorini) de *Los tres ejes de la vida. Almas, cuerpo, enfermedad entre los nahuas de la Sierra de Puebla* (1989); autor de *La tierra nos escucha. La cosmología de los nahuas a través de las súplicas rituales* (1995); coeditor (con Alfredo López Austin) de *La cultura plural. Reflexiones sobre diálogo y silencios en Mesoamérica* (homenaje a Italo Signorini, 1998), así como de otras numerosas publicaciones especializadas sobre estos temas.

Andrés Medina Hernández

Doctor en antropología por la UNAM, es investigador titular del Instituto de Investigaciones Antropológicas de la UNAM y profesor de posgrado de la Facultad de Filosofía y Letras. Sus líneas de investigación son la etnografía de México, particularmente los sistemas de cargos de las comunidades indígenas, la organización social y la cosmovisión, así como la historia de la antropología y del indigenismo en México. Sobre estos temas ha publicado numerosos ensayos, tanto en revistas especializadas como en el campo de la difusión, por ejemplo "Los pueblos indios en la trama de la nación: notas etnográficas" (*Revista Mexicana de Sociología*, 1998). Entre sus libros figuran *Tenejapa: familia y tradición en un pueblo tzeltal* (1991), *Recuentos y figuraciones: ensayos de antropología mexicana* (1996) y *En las cuatro esquinas/en el centro. Etnografía de la cosmovisión mesoamericana* (s.f.), y como editor, *La etnografía de Mesoamérica meridional y el área circuncaribe* (1996).

Johannes Neurath

Maestro en etnología por la Universidad de Viena, Austria; y doctor en antropología por la UNAM. Desde 1998 se desempeña como curador de la sala El Gran Nayar del Museo Nacional de Antropología e Historia. Sus intereses giran alrededor de la teoría antropológica, el estudio del ritual y la cosmovisión en las culturas indígenas prehispánicas, así como en la etnografía actual. Desde 1992 ha realizado trabajo de campo entre los coras y los huicholes en la sierra del Gran Nayar. Es autor de *Las fiestas de la Casa Grande: ritual agrícola, iniciación y cosmovisión de una comunidad wixarika (t+apurie/Santa Catarina Cuexcomatitán)* (tesis de doctorado en antropología, UNAM, 1998). Es traductor y editor (con Jesús Jáuregui) de *Fiesta, literatura y magia en el Nayarit. Ensayos sobre coras, huicholes y mexicaneros*, de Konrad Theodor Preuss (1998), y autor de varios artículos especializados sobre estos temas.

Introducción

JOHANNA BRODA

Este volumen es el resultado de un esfuerzo colectivo. A lo largo de los últimos años, los investigadores que participan en él han hecho aportaciones fundamentales al estudio de las culturas indígenas de México. En los capítulos de esta obra los autores presentan materiales de campo de primera mano y novedosos esquemas interpretativos. La totalidad de ensayos que la integran han sido redactados específicamente para ella. Se trata de trabajos inéditos escritos entre 1997 y 1998.

Si bien no todas las regiones culturales están representadas en este esfuerzo de síntesis —existe una notable ausencia del sur y sureste de México—, el énfasis en la selección del volumen es temático y de índole teórica. En todos los capítulos se investigan temas de la cosmovisión y de los rituales indígenas, así como su importancia en los procesos de reproducción cultural de las comunidades estudiadas. Aunque no se impone una orientación teórica única, existen, sin embargo, hilos conductores y elementos comunes en el enfoque que comparten los autores.

La obra constituye una aportación novedosa y creativa para el debate teórico sobre la religiosidad popular de las comunidades indígenas en la historia de México. Además del esfuerzo teórico, el libro propone una reivindicación de la etnografía como parte fundamental del quehacer antropológico. Los diferentes estudios (excepto los tres primeros ensayos, que son de índole más general) se derivan de investigaciones etnográficas prolongadas y de datos de campo de primera mano. Ante el embate destructor de las políticas del neoliberalismo, nos parece una tarea urgente retomar, replantear y despertar el interés por el estudio etnográfico de los pueblos indígenas de México, para contribuir al rescate y a una mayor valoración de su enorme riqueza cultural. Estas culturas son el resultado de complejos procesos históricos. Su gran diversidad, forjada a lo largo de los siglos —antes y después de la Conquista española—, sin embargo, representa variaciones a partir del "núcleo duro" (López Austin) de la tradición cultural mesoamericana.

A continuación señalamos los principales temas y planteamientos teóricos alrededor de los cuales giran los capítulos de la presente obra.

Cosmovisión, ritual e ideología

En años recientes varios autores han acudido sistemáticamente al concepto *cosmovisión* para el estudio de la religión prehispánica.[1] Este término tiene connotaciones más amplias que el término *cosmología* y permite referirse con mayor precisión al complejo mundo de las creencias indígenas mesoamericanas, que, de acuerdo con Báez-Jorge, se

> asemejan a galaxias ideológicas que apenas empiezan a conocerse. La ecuación por tanto no es [...] simple, y la antropología [...] ha mostrado las plurales imágenes que proyecta el juego de espejos configurado por las representaciones religiosas, singulares formas de conciencia social.

En esta perspectiva, podemos definir la cosmovisión como la visión estructurada en la cual los miembros de una comunidad combinan de manera coherente sus nociones sobre el medio ambiente en que viven, y sobre el cosmos en que sitúan la vida del hombre (*cf.* Broda, 1991*a*, p. 462). La cosmovisión también incluye las nociones acerca de las fuerzas anímicas del hombre; el cuerpo humano como imagen del cosmos (López Austin, 1980, 1997).

El estudio de la cosmovisión plantea explorar las múltiples dimensiones de cómo se percibe culturalmente la naturaleza.[2] El tér-

---

[1] *Cf.* León-Portilla, López Austin, Tichy, Alcina, Báez-Jorge, Medina, Albores y Broda (eds.), citados al final de esta Introducción. Algunos otros autores, como Galiner, Lupo y Signorini, Lupo, Good, Florescano y Brotherston, han versado sobre estos temas sin usar el término *cosmovisión* (véanse la bibliografía de esta Introducción y la de los capítulos 2 y 3 de este volumen).

[2] Observación de la naturaleza en relación con la geografía, el clima y la astronomía. Desde los años setenta las investigaciones sobre la arqueoastronomía de

mino alude a una parte del ámbito religioso y se liga a las creencias, a las explicaciones del mundo y al lugar del hombre en relación con el universo, pero de ninguna manera puede sustituir el
concepto más amplio de la religión. La religión, como categoría
global, se refiere a todo fenómeno religioso, así como a la organización ceremonial; abarca instituciones, actuaciones y creencias,
no sólo ideas. Por otro lado, el *ritual* establece el vínculo entre los
conceptos abstractos de la cosmovisión y los actores humanos. Al
ser una parte sustancial de la religión, implica una activa participación social. La particularidad del ritual reside en el hecho,
atinadamente señalado por Maurice Bloch (1986), de constituirse
a medias entre *statement and action,* entre la afirmación verbal de
nociones y creencias y la acción. De acuerdo con el enfoque planteado en este volumen, el ritual incita a sus participantes a involucrarse en las actuaciones comunitarias, lo cual implica también un
complejo proceso del trabajo que se desarrolla en beneficio de las
fiestas.

Desde este punto de vista, la religión es, ante todo, un sistema
de acción, es vida social, y los ritos constituyen una parte sobresaliente por investigar. Lamentablemente, el ritual ha sido el aspecto
más descuidado en los estudios etnográficos sobre la religiosidad
popular. Falta mucho por investigar en este vasto campo; la intención de este volumen ha sido reunir un acopio de materiales
novedosos y de primera mano sobre esta temática.

Otra característica del ritual consiste en su incidencia sobre la
reproducción de la sociedad, función de la cual se derivan diversos
rasgos significativos de él. Es otro aspecto fundamental, de índole
teórica, que se explora en el presente volumen.

Por su parte, el concepto *ideología* establece el nexo entre el sistema de representación simbólica, que es la cosmovisión, y las estructuras sociales y económicas de la sociedad. De acuerdo con Báez-Jorge,

la ideología define formas de conciencia específicamente sistematizadas
[...] De tal manera, las ideologías religiosas deben entenderse como

Mesoamérica han hecho importantes aportaciones sobre el tema de la cosmovisión
(Aveni, 1979, 1991, 1997; Tichy [ed.], 1982; Broda, 1982, 1996; Broda, Iwaniszewski
y Maupomé [eds.], 1991). Sin embargo, la referencia a este amplio campo de investigación, en el que existe una voluminosa bibliografía especializada, no ha sido
incluida en el presente volumen, ya que éste está dedicado específicamente a la
etnografía.

manifestaciones peculiares del ser social en la conciencia de los hombres. Se trata de manifestaciones espirituales socialmente condicionadas (1988, p. 31).

LOS TORTUOSOS PROCESOS HISTÓRICOS: LA ANTROPOLOGÍA Y LA HISTORIA

En el proceso dialéctico de la historia surgen nuevas síntesis de las formas de organización prexistentes. Este proceso también determina la configuración de las ideologías e influye sobre la reproducción de las cosmovisiones. De esto se desprende que el ritual no debe concebirse como una estructura estática, y las cosmovisiones e ideologías que se expresan en él no son formulaciones monolíticas. Siempre existen múltiples niveles de la explicación de un mismo fenómeno, si bien estas interpretaciones se dan dentro de un patrón común, de una matriz cultural (Broda, s.f.). Existe una polivalencia funcional de las cosmovisiones y de los ritos sujeta al cambio histórico. Por tanto, es necesario abordar estos problemas mediante un enfoque dialéctico.

En este sentido, Alfredo López Austin afirma que

[...] la cosmovisión puede definirse como un hecho histórico de producción de pensamiento social inmerso en decursos de larga duración; hecho complejo integrado como un conjunto estructurado y relativamente congruente por los diversos sistemas ideológicos con los que una entidad social, en un tiempo histórico dado, pretende aprehender el universo.

Como hecho histórico es un producto humano que debe ser estudiado en su devenir temporal y en el contexto de las sociedades que lo producen y actúan con base en él. Su carácter histórico implica su vinculación dialéctica con el todo social y, por lo tanto, implica también su permanente transformación (1996, p. 472).

El estudio de las comunidades indígenas a partir de la Conquista española requiere de la necesaria colaboración entre la antropología y la historia. Uno de los aspectos más apasionantes de estas indagaciones consiste, precisamente, en combinar el análisis histórico del pasado prehispánico con el de las culturas indígenas campesinas de la actualidad que han mantenido, a través de siglos de colonización, rasgos propios que las distinguen de la cultura nacional. En este sentido, podemos afirmar con Báez-Jorge que

> las investigaciones en torno a la religiosidad popular en las comunidades indias de México no deben perder de vista el dilatado espacio del cuerpo social que abarcan sus manifestaciones, en particular sus imbricaciones económicas y políticas, que inciden —finalmente— en aspectos relacionados con la identidad y la continuidad étnica, radicalmente analíticos para comprender sus dinámicas socioculturales (Báez-Jorge, 1988, p. 352).

La posición teórica que permite abordar este tipo de investigaciones implica concebir las formas culturales indígenas no como la continuidad directa e ininterrumpida del pasado prehispánico, ni como arcaísmos, sino visualizarlas en un proceso creativo de relaboración constante que, a la vez, se sustenta en raíces muy remotas. La cultura indígena debe estudiarse en su proceso de transformación continua, en el cual antiguas estructuras y creencias se han articulado de manera dinámica y creativa con nuevas formas y contenidos (Broda, en este volumen).

Siguiendo a Báez-Jorge, las cosmovisiones operan como entidades integradoras del imaginario colectivo; son productos históricos, resultantes de relaciones sociales en permanente transformación. Su configuración expresa (de manera dialéctica) lo objetivo y lo subjetivo de lo individual y lo social. Por ser manifestaciones culturales creadas por una sociedad, estudiarlas implica comprender estos rasgos fundamentales de su naturaleza y advertir que mediante el lenguaje de los símbolos expresan el pasado y el presente de las modalidades asumidas por la conciencia social de los grupos étnicos en los cuales se generan, lo que contribuye a cimentar la identidad comunitaria. Los mitos, los rituales, las deidades y los sitios sagrados constituyen sus núcleos numinosos. Examinar este complejo edificio mental precisa de continuos movimientos analíticos, que al ir de las ideologías a las estructuras (y viceversa) se adentran así, en el tema de las mentalidades (Báez-Jorge, en este volumen).

Ideologías y mentalidades se distinguen en cuanto al grado de formulación reflexiva con el que se elaboran. Las primeras se construyen de manera más o menos sistemática a partir de los contenidos de mentalidades prexistentes. Las segundas, como lo aprecia Braudel (1991, p. 32), son el producto de antiguas herencias culturales, de creencias muchas veces inconscientes, cuyas génesis se hunden en el pasado, si bien se transmiten de generación en generación. Su ritmo (y el tiempo propio de la historia de las mentalidades) es de "larga duración" *(longue durée)*, según ha sido demostrado magistralmente por Fernand Braudel (1991). En esta perspectiva, el tiempo histórico no fluye en una sola corriente sino en planos simultáneos que deben examinarse como "historias paralelas con distintas velocidades" (Braudel, 1985, p. 44). En tanto configuración estructurada de ideas, la cosmovisión no implica necesariamente su manejo ideológico, aunque puede llegar a cumplir funciones de este tipo (Broda, 1996, p. 455).

El concepto de ideología es un eje de primera importancia para examinar las distintas formas asumidas por la conciencia social. En opinión de Eric Wolf (1982, p. 388), la construcción de las ideologías es un producto histórico que se genera entre grupos sociales con frecuencia antagónicos y bajo circunstancias políticas concretas. Las ideologías no se construyen en el vacío de unas mentes abstractas sino dentro de determinados parámetros de un modo de producción tendente a dominar su entorno natural. El proceso de construcción de las ideologías no es sólo cognoscitivo, ya que también involucra el ejercicio del poder. Por eso debe estudiarse la religión en relación con la sociedad.

Las anteriores reflexiones tienen especial utilidad analítica para examinar las cosmovisiones mesoamericanas de nuestros días, como podrá advertirse en los ensayos que integran este volumen. Coincidimos con López Austin (1990) en señalar que Mesoamérica no es un área cultural "uniforme y permanente de estructuras cohesivas", sino que es producto de una compleja y heterogénea dinámica de relaciones sociales. Este proceso, según lo advierte el precitado autor, hizo posible que "la historia común y las historias particulares de cada uno de los pueblos mesoamericanos [actuaran] dialécticamente para formar una cosmovisión mesoamericana rica en expresiones regionales y locales" (1990, pp. 30-31).

EL SINCRETISMO COLONIAL

Al destruirse el cuerpo sacerdotal de la religión mesoamericana precolombina, al desmantelarse su organización ceremonial y reprimirse
sus manifestaciones canónicas, los cultos populares emergieron como
alternativa a la catequesis cristiana, o bien como mediadores simbólicos que, en algunos contextos, terminaron sincretizándose con las imágenes católicas. En el primer caso operaron como claves de la resistencia ideológica, mientras que en el segundo funcionaron como materias
primas de una nueva superestructura, construida a partir de la religión prehispánica y el cristianismo colonial, pero distinta de ambas
matrices (Báez-Jorge, en este volumen).

La religiosidad popular, en todo caso, supone creencias y cultos
distantes de la ortodoxia, si bien tales variantes se refieren únicamente
a cómo los pueblos entienden y practican la religión oficial. A las religiones populares les son inherentes los fenómenos sincréticos y, de tal
manera, la pluralidad en la que se integran diferentes grupos sociales
(nacionales, clasistas, étnicos, etc.), por medio de los variados y fasci-
nantes disfraces de las divinidades.

De acuerdo con la orientación del marco conceptual [propuesto
aquí], el sincretismo se entiende como un fenómeno propio de la religiosidad popular que expresa articulaciones y contradicciones históricamente configuradas (Báez-Jorge, 1994, p. 30).

Considerando las diversas modalidades asumidas por el sincretismo religioso y la reinterpretación simbólica que se detallan en
los ensayos incluidos en este libro, es pertinente subrayar, con Báez-
Jorge (1994, 1998), que la articulación (o síntesis) de las deidades
prehispánicas con sus paralelos numinosos en el contexto del catolicismo (Jesucristo, los santos, la Virgen María, el demonio, etc.)
se produjo con carácter selectivo, dando lugar a nuevas dimensiones del pensamiento religioso. En este proceso tienen que observarse, necesariamente, las diversas estrategias de evangelización
aplicadas a partir del periodo colonial (cf. Ricard, 1991, p. 410; Gruzinski, 1988), que motivarían distintas respuestas indígenas. De
tal manera, la aceptación de los valores piadosos y las normas
litúrgicas implantadas por la jerarquía eclesiástica remiten a un
proceso de ideologización en el que formalmente se adoptaron los
símbolos de la religión hegemónica, mientras que en el nivel profundo la dinámica se sustentó en los rituales y expresiones míticas

tradicionales, gestados en el marco de la comunidad devocional, es decir, en la religiosidad popular.

Así, las imágenes simbólicas presentes en las cosmovisiones mesoamericanas han sido reformuladas, revividas de manera continua, semejando partituras musicales en constante y múltiple interpretación. El concepto de sincretismo, por sí mismo, resulta insuficiente en su contenido y extensión para expresar la extrema complejidad de los múltiples tránsitos, mezclas, indeterminaciones y semejanzas simbólicas que puso en movimiento el dominio colonial. Fusión de códigos, entrecruzamiento de lógicas, hondos conflictos sociales, confrontaciones ideológicas que remiten a dos pares de oposiciones torales en la mentalidad colonialista: lo "cristiano" frente a lo "pagano"; lo "civilizado" en oposición a lo "salvaje" (Báez-Jorge, *op. cit.*).

Es evidente que la vigencia histórica de las creaciones de la conciencia social, así como su difusión, dependen de las adecuaciones y reelaboraciones a que se han sometido. En la concreción de estos fenómenos los mitos y los rituales tienen papeles primordiales, patentes en las cosmovisiones; ambos representan insustituibles lenguajes que hacen posible comprender la interrelación de los diferentes planos ideológicos y sociales que vinculan el pasado con el presente. Mito y ritual, pertinentemente estudiados, muestran los senderos de la dinámica trascultural y el decurso histórico que, en el caso de los pueblos mesoamericanos, está signado por un largo y conflictivo proceso de resistencia étnica (Báez-Jorge, 1998).

LOS PROCESOS DE LA REPRODUCCIÓN DE LA CULTURA

Las explicaciones del mundo eran importantes en el México prehispánico, y el exuberante culto era el vehículo principal para expresar tanto los conceptos de la cosmovisión como la ideología política; era la síntesis entre la cosmovisión y la vida social, y a través de la participación activa en los ritos se inculcaban los conceptos ideológicos en los participantes del ritual, haciendo posible, de esta manera, la reproducción de la sociedad (Broda, s.f.).

Los ritos prehispánicos pertenecían a un elaborado calendario de fiestas basado en la observación del año solar, las estaciones y los ciclos agrícolas. Se vinculaban íntimamente con estos fenómenos de la naturaleza, así como con las actividades económicas. El exuberante desarrollo del culto en las comunidades indígenas tradicionales es hoy herencia de las culturas prehispánicas, si bien también se produjo un sincretismo importante con la ritualidad española implantada durante la Colonia. Se incorporaron numerosos elementos cristianos de raigambre medieval, sobre todo del periodo barroco, que fueron refuncionalizados y adaptados a las condiciones regionales y locales de estas comunidades.

Después de la Conquista, la religión oficial del Estado prehispánico fue remplazada por la Iglesia católica, y en los niveles local y regional el culto de los santos tomó el lugar del culto público. Mientras que el culto católico se estableció en las ciudades y en las cabeceras municipales, los ritos agrícolas que guardaban una continuidad con las prácticas indígenas ancestrales se trasladaron de las ciudades al paisaje, esto es, a los cerros, a las cuevas y a las milpas.

En muchos casos tales ritos se volvieron clandestinos, o por lo menos suelen desarrollarse sin la presencia de los sacerdotes católicos. Al mismo tiempo, adquirieron una importancia nueva como vías de expresión de la identidad étnica que los indios fueron obligados a ocultar. Al respecto, en *El poder sin límites: cuatro respuestas indígenas a la dominación española* (1988, p. 28) Serge Gruzinski afirma:

> Todos estos poderes tenían un denominador común. A medida que se iban deshaciendo las solidaridades étnicas y regionales, el pueblo y la comunidad se convirtieron en un espacio de repliegue, de resistencia y de acomodamiento al régimen colonial. En ese refugio, los indios lograron mantener o crear una identidad colectiva, religiosa, económica e incluso jurídica, y pudieron escapar a los tormentos de una brutal desculturación [...]

Por eso, es sobre todo en el culto campesino vinculado con los ciclos agrícolas, las estaciones y el paisaje que rodea las aldeas donde se han preservado importantes elementos de la cosmovisión prehispánica, en el contexto del sincretismo con la religión católica. Esta preservación corresponde a la continuidad en las condiciones del medio ambiente y de las necesidades vitales de la población. En este sentido, los cultos del agua y de la fertilidad agrícola siguen teniendo tanta importancia para el campesino indígena actual como para el de hace siglos. El ciclo anual de las estaciones y del cultivo del maíz forman el núcleo básico para la celebración de las fiestas y para el exuberante ceremonialismo que caracteriza la vida religiosa de las comunidades campesinas indígenas de México.

CONTENIDO DE LA OBRA

Las contribuciones al volumen indagan algunos ejemplos de estos ritos del ciclo agrícola íntimamente relacionados con el clima, las estaciones y las actividades económicas. El maíz como alimento básico no sólo tiene una enorme importancia para la subsistencia; también constituye el eje alrededor del cual giran las actividades rituales. El inframundo indígena es un lugar repleto de riquezas, fértil y con abundancia de agua. Desde allá, los ancestros velan por el bienestar de la comunidad. En esta perspectiva se explica el papel central que los muertos juegan en la vida colectiva, en la agricultura y para asegurar la productividad del trabajo humano en general (Good, en este volumen). Son estos ritos comunitarios los que inciden de manera fundamental sobre la reproducción de la cultura tradicional y la identidad de los pueblos indígenas.

No sólo los ritos del ciclo agrícola se vinculan con los muertos sino también la ideología del carnaval, ya que por lo menos entre los otomíes orientales expresa también el mensaje de que la vida procede de los ancestros. Ellos son los guardianes de la sustancia vital (Galinier). Asimismo, entre los huicholes existe la convicción de que los ancestros son seres indispensables para asegurar la fertilidad y la continuidad de los ciclos naturales (Neurath).

Otros ejemplos que se investigan en la presente obra son ritos para curar enfermedades, que son más bien de carácter privado; sin embargo, mantienen una estrecha relación con la cosmovisión tradicional. El papel de los curanderos es fundamental, a la par del de los *graniceros* o *tiemperos* que controlan el tiempo atmosférico, o de los rezanderos o los mayordomos,[3] etc., que dirigen los ritos comunitarios del tradicional ciclo agrícola.

---

[3] El sistema *de cargos*, elemento básico de la estructura social de las comunidades indígenas, ha proporcionado el marco institucional para la ejecución puntual de los ritos comunitarios. Es importante estudiar su funcionamiento, puesto que ha sido un elemento clave para la reproducción de las comunidades a través de la historia. Constituye una laguna del presente volumen que el sistema de cargos se

Para los tiemperos que viven alrededor de los grandes volcanes del Altiplano central, los sueños constituyen un elemento primordial de su vida. Esto significa que la experiencia onírica forma un aspecto importante de la memoria colectiva (Glockner). Otros ensayos del volumen profundizan en el estudio de las nociones acerca de las partes constitutivas de la persona humana; del tópico del cuerpo humano como modelo del universo; de los conceptos acerca de la estructura del cosmos y la naturaleza ambivalente de ciertas deidades de raigambre prehispánica. Estas divinidades adquieren su especificidad mediante la fusión con nociones cristianas, expresando una reelaboración simbólica que es característica de la religiosidad popular de México. Así, por ejemplo, el diablo católico ha asimilado características ambivalentes de las divinidades prehispánicas. Entre los nahuas de Chicontepec opera como mediador entre el bien y el mal, método a través del cual regula el equilibrio cósmico (Báez-Jorge y Gómez Martínez), mientras que para los otomíes orientales es el dueño de la noche, de la muerte y del sacrificio (Galinier).

Por otra parte, las concepciones generales sobre el espacio y sus vínculos con los calendarios agrícolas, la geografía sagrada y la astronomía, muestran la vigencia de antiguas tradiciones culturales de gran elaboración. En la cosmovisión indígena "el espacio no es una extensión inerte sino un medio constantemente activado: la acción ritual es indispensable para controlar el juego de las fuerzas que lo animan [...]". De este modo, "el ritual es el punto de cristalización y de activación de la visión indígena del mundo" (Galinier). Si la armonía del cosmos se rige por delicados equilibrios, el hombre posee la facultad de vigilarlos y contribuir a su preservación, estableciendo con las fuerzas sobrenaturales una constante relación de intercambio basada en el principio del *do ut des* (Lupo). Así, el hombre desempeña un papel activo en el mantenimiento del orden cósmico, del cual resulta su gran responsabilidad para con este mundo.

Este volumen "busca abrir un diálogo con las tradiciones de pensamiento que constituyen las culturas de los pueblos indios contemporáneos, asumiendo tanto su diversidad como su com-

mencione sólo de paso en algunos de los capítulos y no se haya incluido un estudio específicamente dedicado a este tema (*cf.* Medina, 1987; Báez-Jorge, 1998).

plejidad" (Medina). Aquello que Gordon Brotherston (1997) ha llamado "la tradición del cuarto mundo" corresponde, de acuerdo
con Medina, a "un proceso civilizatorio de extrema complejidad",
que fue violentamente suprimido a raíz de la Conquista y relegado a la clandestinidad por siglos de colonialismo. Se trata de recuperar este discurso relegado mediante el estudio histórico de la
etnografía.

En este libro se reúne un excepcional acopio de material etnográfico que permite analizar el papel decisivo que la cosmovisión
ha jugado en la reproducción de la cultura de los pueblos indígenas de México. En palabras de López Austin, el "núcleo duro" de
esta tradición cultural constituye un complejo sistémico que ha actuado como estructurante del acervo tradicional. Al mismo tiempo, ha permitido asimilar los nuevos elementos que adquirió la
cultura indígena cuando estuvo bajo el dominio colonial. No forma una unidad discreta, sino que ha estado abierto a los procesos
históricos de transformación.

El ritual, por su parte, es un factor conservador que tiende a
perpetuar los aspectos más tradicionales de la cultura.

> El trabajo humano y los bienes invertidos en la vida ceremonial forta-
> lecen las redes de obligación recíproca necesarias para la agricultura y
> [...] la vida comunitaria. El gasto suntuario, lejos de ser un desperdicio
> de recursos, revierte en aumentar la capacidad productiva colectiva
> —no individual— a largo plazo (Good).

Mediante la participación activa de amplios sectores de la sociedad y la repetición cíclica de las fiestas, el ritual ha sido en el
pasado, y continúa siéndolo hoy, un factor clave que afianza la identidad de los miembros de las comunidades y su sentir de pertenencia frente a un mundo externo hostil y de desintegración social
cada vez más amenazante.

ACERCA DE LOS ENSAYOS DEL VOLUMEN

Para destacar más los hilos conductores de este volumen, presentamos a continuación una síntesis de los contenidos de cada
ensayo.

Alfredo López Austin

La obra inicia con un paradigmático ensayo de este autor, en el que presenta unas reflexiones teóricas y de balance acerca de los conceptos de "El núcleo duro, la cosmovisión y la tradición mesoamericana".[4] En este ensayo López Austin se remonta a la formación de la tradición cultural mesoamericana y plantea que sus elementos se han transformado al paso del tiempo. Sin embargo, en el devenir histórico se ha producido una concatenación que se ha vertebrado por un conjunto de elementos que han sido fundamentales no sólo por su presencia, sino porque han ordenado y dado sentido a otros elementos menos importantes del complejo. "Para la pertenencia a una tradición importa, más que la uniformidad ideológica, el manejo de los mismos códigos y mecanismos de comunicación que hacen posibles las diferentes relaciones sociales" (López Austin, en este volumen).

En este ensayo el concepto *cosmovisión* se emplea como guía en el planteamiento de la similitud, la diversidad y el núcleo duro de la tradición cultural mesoamericana. Se presenta una reseña de estos factores enfocada, finalmente, en la definición del "núcleo duro", concepto que el mismo López Austin propusiera años atrás:

> En Mesoamérica la similitud profunda radicaba en un complejo articulado de elementos culturales, sumamente resistentes al cambio, que actuaban como estructurantes del acervo tradicional y que permitían que los nuevos elementos se incorporaran a dicho acervo con un sentido congruente en el contexto cultural. Este complejo era el núcleo duro [...] El núcleo duro pertenece a la muy larga duración histórica [...] Es una entidad de extraordinaria antigüedad; fue formado por las sociedades igualitarias aldeanas del Preclásico Temprano, y muchos de sus elementos perduran en las comunidades indígenas de hoy pese al tremendo impacto de la Conquista española [...] Las concepciones básicas de los mesoamericanos se mantuvieron, milenariamente, ligadas a la suerte de las milpas, a la veleidad de los dioses de la lluvia, a la maduración producida por los rayos del sol *(ibid.)*.

López Austin propone que los componentes del núcleo duro constituyen un complejo sistémico que actúa como estructurante

---

[4] *Cf.* López Austin, 1976, 1980, 1990, 1994, 1996.

del acervo tradicional, otorgando sentido a los componentes periféricos del pensamiento social. Asimismo, el núcleo duro permite asimilar los nuevos elementos culturales que adquiere la tradición. No forma una unidad discreta debido a que ha estado abierto a los procesos de transformación histórica.

> La cosmovisión, con su conjunto de elementos más resistentes al cambio, tiene su fuente principal en las actividades cotidianas y diversificadas de todos los miembros de una colectividad que, en su manejo de la naturaleza y en su trato social, integran representaciones colectivas y crean pautas de conducta en los diferentes ámbitos de acción (*ibid.*).

Para estudiar los procesos culturales mesoamericanos de larga duración, la cosmovisión constituye un privilegiado campo de análisis. Revela la complejidad y riqueza de esta tradición cultural y permite enfocar la conceptualización de su "núcleo duro", vigente a través de los siglos y que aún hoy puede ser aprehendido mediante el testimonio etnográfico.

Andrés Medina

En su ensayo "La cosmovisión mesoamericana: una mirada desde la etnografía", Andrés Medina parte de las mismas premisas que López Austin, aplicándolas a un campo específico: presenta una detallada reseña bibliográfica que explora la amplitud temática del concepto de cosmovisión en la etnografía de México.

Medina se remonta a la historia de la antropología mexicana para rastrear las influencias que ésta ha recibido a partir de los años treinta de autores como Marcel Griaule, Robert Redfield, Sol Tax, Alfonso Villa Rojas, Manuel Gamio, entre otros. El punto de referencia central es la obra de Calixta Guiteras, *Los peligros del alma*, pues ahí confluyen diversas ascendencias teóricas: por una parte, la procedente de la etnología francesa; por otra, la de la antropología boasiana y, particularmente, la de las investigaciones de Robert Redfield, ligadas más con una tradición sociológica, pero al mismo tiempo con claras alusiones a la filosofía.

A su vez, el libro de C. Guiteras influye en diversas investigaciones, que muy pronto comienzan a elaborar planteamientos en el marco general del concepto de cosmovisión. Algunos son trabajos breves, con un tono experimental, presentados como artículos; otros son libros, producto de una propuesta de investigación que sitúa su estrategia explícitamente en el tema de la cosmovisión. La mayor parte de dichos artículos y libros son brevemente reseñados y ordenados en una tipología analítica.

En este *corpus* etnográfico se reseñan tres tópicos que destacan por su riqueza de información e implicaciones teóricas: *a)* el del nahualismo, que conduce al sugerente tema del cuerpo humano como modelo del universo; *b)* el de los rituales agrícolas, donde se generan interrelaciones sociales, políticas e ideológicas que nutren y reproducen la cosmovisión mesoamericana; finalmente, *c)* el relacionado con las nociones generales sobre el espacio, en su especificidad histórica y cultural, así como en sus vínculos con los calendarios, la geografía sagrada y los referentes astronómicos. Para el seguimiento de estos tópicos se acude a otras fuentes, también etnográficas, que aportan datos comparativos y complementarios y señalan interesantes pistas de investigación.

De acuerdo con Medina, "la cosmovisión como una categoría teórica, se plantea como una exigencia conceptual [...] que acaba reordenando todo el campo y estableciendo un nuevo marco analítico". Desde este punto de vista, Medina argumenta que la validez de tales estudios debe entenderse en el contexto de la situación actual de los pueblos indios y de sus reivindicaciones para lograr el reconocimiento de sus derechos históricos y políticos, pues es indudable que la definición de sus especificidades étnicas y lingüísticas, en las que apoyan sus reclamos, tienen en la cosmovisión un referente fundamental.

Johanna Broda

El ensayo "La etnografía de la fiesta de la Santa Cruz: una perspectiva histórica", de J. Broda, presenta una serie de planteamientos teóricos, combinados con un detallado estudio monográfico acerca de la fiesta de la Santa Cruz (que se celebra el 3 de mayo), con la finalidad de explorar una metodología interdisciplinaria y de comparación sistemática entre la etnografía de los ritos actuales y el culto prehispánico. En esta perspectiva se discuten los conceptos de cosmovisión, ideología y ritual como parte del estudio holístico de la religión. Se pone especial énfasis al ritual por su vínculo con la vida social, el involucramiento que implica en la actuación comunitaria y su incidencia sobre la reproducción de la sociedad.

Por otra parte, se insiste en la necesidad de aplicar una perspectiva histórica en el estudio de la etnografía mesoamericana. Si bien pueden percibirse grandes continuidades en la religiosidad popular de las comunidades, ésta, sin embargo, se ha transformado a través del tiempo. Es preciso "concebir las manifestaciones culturales indígenas no como la continuidad directa e ininterrumpida del pasado prehispánico o como arcaísmos sino visualizarlas en un proceso creativo de reelaboración constante, que, a la vez, se sustenta en raíces muy remotas. La cultura indígena debe estudiarse en su proceso de transformación continua, en el cual antiguas estructuras y creencias se han articulado de manera dinámica y creativa con nuevas formas y contenidos" (Broda, en este volumen).

En cuanto a las rupturas violentas que produjo la Conquista y el dominio colonial, y al posterior proceso de reelaboración simbólica que tuvo lugar, se propone que es sobre todo en el culto campesino vinculado con los ciclos agrícolas, las estaciones y el paisaje que rodea las aldeas donde se han preservado importantes elementos de la cosmovisión prehispánica, en el contexto del sincretismo con la religión católica.

Uno de los mejores ejemplos para estudiar las continuidades de la cosmovisión y el ritual lo constituye la celebración de la fiesta de la Santa Cruz entre los nahuas de Guerrero. En este ensayo no se analizan los datos etnográficos de una sola comunidad, ya que la autora presenta un análisis comparativo entre varias comunidades del centro y noreste del estado de Guerrero. Se trata de ritos comunitarios que se celebran en los cerros y que giran alrededor de la petición de lluvias y del culto a los aires (los zopilotes), a la tierra (los tigres) y al maíz. Un elemento clave de estos ritos lo constituye la bendición del maíz, para la siembra y el inicio del ciclo agrícola. Se hace un análisis de la estructura de estos rituales destacando ciertos elementos característicos de ellos (ofrendas; procesiones; ritos en los cerros, cuevas y manantiales; comidas compartidas; trabajo comunitario, etc.) y se exploran algunos conceptos clave de la cosmovisión.

A partir de este estudio antropológico de los ritos se emprende un análisis comparativo, en términos de la investigación histórica, del ritual y de la cosmovisión mesoamericanas. Se presenta un "material etnográfico" extraído de la información de los cronistas del siglo XVI acerca de la fiesta mexica de Huey tozoztli, cuya fecha de celebración corresponde con precisión a la fecha actual de la Santa Cruz. Hay ciertas bases para suponer que existían relaciones históricas entre los mexicas y la región bajo estudio, conquistada por los mexicas en el siglo XV.

La interpretación de los aspectos clave del ritual prehispánico hace posible la comparación sistemática con los ritos actuales. Se delinean una serie de constantes llamativas inscritas en la temática del culto agrícola de la tierra y el maíz, la petición de lluvias y el culto a las deidades atmosféricas (la meteorología indígena), temas a cuyo estudio he dedicado ya muchos años.[5] Existe una asombrosa similitud entre los ritos actuales de la fiesta de la Santa Cruz y el culto prehispánico no sólo en los conceptos clave de la cosmovisión sino también en los elementos constitutivos del ritual. Finalmente, la investigación sobre los aspectos calendáricos y arqueoastronómicos que caracterizan la fecha del 3 de mayo lleva a proponer a la autora que esta fiesta continúa una milenaria tradición, ya que era una fecha crucial en la estructura del calendario prehispánico.

El ensayo 3 concluye con unas reflexiones en las que se advierte el papel del culto como factor conservador de la tradición cultural. Se plantea la importancia que los ritos agrícolas han tenido y tienen para la reproducción de la identidad étnica y la cohesión de las comunidades nahuas estudiadas.

En lo que se refiere a los datos sobre Ameyaltepec, Oapan y Oztotempan, Guerrero, este ensayo comparte información con el siguiente capítulo, cuya autora es Catharine Good Eshelman. Sin embargo, la metodología empleada y los propósitos de ambos son, aunque complementarios, divergentes.

---

[5] *Cf.* la bibliografía citada en el ensayo 3.

Catharine Good Eshelman

La contribución de esta autora está basada en más de veinte años de investigación entre las comunidades nahuas del Alto Balsas de Guerrero (*cf.* Good, 1988, 1994, 1996). En el ensayo, "El ritual y la reproducción de la cultura: ceremonias agrícolas, los muertos y la expresión estética entre los nahuas de Guerrero", se investiga cómo la actividad ritual, el arte y la organización social de las comunidades interactúan para facilitar la reproducción de la cultura náhuatl como proceso histórico. El estudio de diversas actividades ceremoniales ofrece una panorámica de los conceptos clave de la cosmología nahua de esta región, que representa una variante de la cosmovisión mesoamericana. En cada instancia el ritual procura asegurar el flujo de fuerza o *chicahualiztli*, la energía vital entre la comunidad, los muertos, los elementos del mundo natural y el maíz. Estos flujos de fuerza o energía vital definen a los grupos domésticos y a las comunidades, y crean a la persona como ser social.

Datos de este tipo permiten hacer una síntesis de los elementos centrales de la cosmovisión mesoamericana que siguen presentes en muchas comunidades de México. La autora afirma que los indígenas deben ser considerados como protagonistas de su historia, no como receptores pasivos de las fuerzas externas:

> Los datos son una evidencia de la asombrosa capacidad creativa de la cultura nahua; se apropiaron de elementos impuestos durante su experiencia histórica como pueblos conquistados para crear la cosmovisión integrada que mantienen en la actualidad. Han utilizado los nuevos símbolos para transmitir la lógica fundamental de la tradición cultural mesoamericana.

Después de una introducción a la zona estudiada, el capítulo se divide en varios apartados. En el primero, Good analiza algunas ceremonias agrícolas en la región que revelan el íntimo nexo percibido por los nahuas entre el mundo natural, la comunidad y la acción ritual al cultivar el maíz. En su conjunto forman parte de un ciclo ceremonial integrado a nivel regional.

La autora describe la peregrinación a Cuetzala del Progreso, Guerrero, que en febrero realizan los nahuas de toda la región; las ofrendas a los cerros que hacen a principios de mayo, el 15 de agosto y el 13 de septiembre en Ameyaltepec; la ofrenda de la Santa Cruz que alimenta al viento en forma de zopilote en San Agustín Oapan, y el *tzintlacualtilo*, ofrenda para alimentar a la mazorca deshojada que se efectúa en Oapan después de la cosecha y en la que se manifiesta la importancia ritual y económica del maíz como alimento básico. Según los informantes, hacen esta ofrenda porque respetan y aman al maíz, y le dan de comer porque el maíz a su vez los alimenta a ellos: "nos dicen que está vivo nuestro sustento el maíz".

El artículo documenta también el papel central de los muertos en la vida nahua, en la agricultura y para asegurar la productividad del trabajo humano en general. Los difuntos trabajan con los vivos y benefician directamente a la comunidad al controlar la lluvia y la productividad de las plantas y la tierra. Actúan en concierto con otras fuerzas —el viento, los zopilotes, las cuevas, los manantiales, los cerros, los santos y Tonantzin, la madre Tierra.

Los muertos reciben ofrendas de comida en la fiesta de San Miguel, cuando inician su estancia de un mes entre los vivos. A través de los vapores y olores las almas consumen los productos agrícolas ofrendados en reconocimiento por su contribución al traer la lluvia y aumentar la fertilidad de la tierra, de las plantas y del trabajo humano. Los muertos tienen este poder ya que sirvieron como "ofrendas a la tierra" después de su muerte física.

Además, este capítulo examina el contenido de los amates pintados que expresan y transmiten la cultura local, no obstante que se producen para fines comerciales. Las escenas del ritual y la cuidadosa representación de la ecología reflejan los elementos clave de la cosmovisión nahua y constituyen una fuente etnológica de excepcional riqueza.

El trabajo concluye con una descripción de Oztotempan, centro ceremonial para más de treinta comunidades nahuas del estado de Guerrero. Los datos demuestran que este lugar, conocido como "el ombligo del mundo", es percibido como el punto de entrada al inframundo que los nahuas conceptualizan como un lugar lleno de flores y milpas verdes, fuente del agua para la lluvia. El ritual expresa que, para los nahuas, los muertos y los ancestros habitan este paraíso agrícola. En la estación más seca del año (la fiesta de la Santa Cruz) los nahuas acuden a Oztotempan para llevar a cabo sus ritos ancestrales y la petición de lluvias y de fertilidad colectiva, humana y agrícola. Es el punto en el que los humanos se articulan con la tierra, los elementos del mundo natural, la vida vegetal, el sol y los muertos.

Julio Glockner

El ensayo "Conocedores del tiempo: los graniceros del Popocatépetl" se enmarca en el análisis de los especialistas indígenas que manejan el clima, llamados "tiemperos", "pedidores de agua", "conjuradores", "graniceros", "quiatlazques", "quiapequis", "ahuaques", etc. En el área de estudio se encuentran los poblados situados en las cercanías del volcán Popocatépetl, donde a pesar de los avances acelerados de la modernidad la tradición de la meteorología indígena subsiste y sigue orientando la vida cotidiana de sus habitantes de descendencia nahua. En el vínculo primigenio de derivar su subsistencia del mundo natural se fundamenta la relación sacra que los campesinos mantienen con los volcanes.

Glockner se ha dedicado desde hace años al estudio de estos temas y ha convivido e interactuado con varios tiemperos destacados, empleando la entrevista personal y prolongada como metodología específica, lo que le ha permitido adentrarse profundamente en el mundo mágico de sus ritos y su cosmovisión (*cf.* Glockner, 1996). Las comunidades campesinas aledañas a los grandes volcanes han mantenido una rica tradición de conceptos acerca del manejo del tiempo atmosférico, pensamiento que es compartido por la colectividad. Estos conceptos se sitúan en el marco más amplio de la cosmovisión mesoamericana, uno de cuyos núcleos fundamentales ha sido desde tiempos inmemoriales el culto a las deidades de la lluvia, los cerros, las cuevas, en íntima relación con los ciclos agrícolas del maíz de temporal.

Los tiemperos manipulan el clima para fines benéficos en nombre de su comunidad, conjuran la lluvia necesaria para el crecimiento de las milpas, ofrecen rituales a las deidades de los cerros y curan a las personas que han sido heridas por un rayo, sobreviviendo a esta experiencia traumática. Glockner sigue con detalle las labores de varios especialistas del clima, indaga la manera en que adquirieron el don y analiza los ritos de pasaje y éxtasis que han experimentado.

Los ritos más espectaculares son los de petición de lluvias que se hacen a *Don Gregorio* (Popocatépetl) y a *Doña Rosita* (Iztaccíhuatl) al inicio del ciclo agrícola, y cuando éste concluye, es seguido por nuevos ritos para agradecer el temporal. Glockner centra su atención en los sitios sagrados de los cerros y las cuevas donde se ejecutan las ceremonias de curación y los rituales para coronar a los nuevos especialistas del tiempo. El simbolismo de las montañas, las cuevas, las cruces, los sacrificios de animales, las ofrendas y el contenido de los rezos son analizados con particular interés.

Finalmente, Glockner estudia los mitos que se generan acerca de ambos volcanes en su calidad de entidades personificadas, donde se pone de manifiesto su exigencia para que los habitantes les lleven ofrendas a lo alto de la montaña, a fin de aplacar su ira y evitar una erupción. En los momentos de crisis recientes, frente a la actividad acelerada del Popocatépetl, la cosmovisión tradicional cobra renovada vigencia: se cuenta que *Don Gregorio*, personificado en un anciano ha sido visto recorrer las comunidades como presagio del inminente peligro.

Glockner inicia su ensayo con reflexiones acerca de cómo operan la tradición cultural y la memoria colectiva, y lo concluye con un comentario sobre la irrupción de la modernidad en la cosmovisión tradicional. Otro tema explorado en este capítulo se refiere al papel de los sueños y de la experiencia onírica como parte de la memoria colectiva.

Alessandro Lupo

Este estudio está dedicado a "La cosmovisión de los nahuas de la Sierra de Puebla", más específicamente de la región de Cuetzalán, donde Alessandro Lupo ha llevado a cabo sus investigaciones de campo desde hace años. Para la exposición sobre la cosmovisión y los ritos de los nahuas de Santiago Yancuictlalpan, Cuetzalán, Lupo se apoya en los riquísimos datos de campo que ha reunido desde 1984 hasta la fecha (*cf.* Signorini y Lupo, 1989; Lupo, 1995).

El autor plantea los procesos históricos de la penetración ideológica europea y del sincretismo a que ésta dio lugar e insiste en el enfoque histórico-cultural para estudiar la etnografía de la Sierra de Puebla.

Lupo nos habla de la representación nahua del cosmos, que consta de tres planos y se reproduce a escala menor en el interior de los espacios domésticos. Entre las innumerables fuerzas y entidades que animan el universo, el autor menciona las concepciones acerca de Dios, de la Tierra, del Sol y de los santos. En todas ellas se advierte un sincretismo que ha sido elaborado con extrema libertad a partir de la catequesis católica. Las entidades sobrenaturales se caracterizan por la ambivalencia de su carácter y sus poderes. "Por ello, gran parte de las actividades rituales, tanto públicas como privadas, intentan nutrir, alegrar, recompensar, aplacar a todos los seres de cuyos poderes depende el bienestar del hombre" (Lupo, en este volumen).

Otras entidades sobrenaturales son los "aires" (*ehecame*), de carácter frío y hostil, que abarcan tanto a seres humanos (los muertos) como no humanos (dueños de lugares, etc.). Lupo concluye que para los nahuas de Cuetzalán el mundo humano y las fuerzas sobrenaturales forman parte de un continuo carente de rupturas que constituye el conjunto del cosmos. El ser humano se concibe a sí mismo como una entidad compuesta y cambiante, parte del cosmos y fruto de la suma de sus influencias. Tiene un espíritu compañero, el *tonal*, y una "sombra", el *ecahuil*.

La dimensión que les permite a los nahuas experimentar y poner en juego su visión del mundo es el ritual. Los ritos son actos mediante los cuales se pretende conseguir lo necesario de la vida, conjurar los acontecimientos nefastos y propiciar los faustos.

La ritualidad privada cotidiana abarca todas las esferas de la vida. Si la armonía del cosmos se rige por delicados equilibrios, el hombre posee la facultad de vigilarlos y contribuir a su preservación estableciendo con las fuerzas sobrenaturales una constante relación de intercambio basada en el principio del *do ut des*. El hombre interviene activamente en preservar la armonía del cosmos, por ejemplo ofreciéndole a la Tierra comida y otras ofrendas en pago por sus dones. Las principales curaciones que van dirigidas contra "el susto", el "mal de aire" o el "mal de ojo" implican negociar este principio de reciprocidad con las fuerzas sobrenaturales.

La dimensión pública de la actividad ritual se manifiesta en ocasión de las festividades del calendario católico y de la celebración de los santos patronos. El compromiso de cumplir con las actividades ceremoniales públicas es asumido por los nahuas como un sacrificio mediante el cual inciden sobre los equilibrios del orden cósmico. En este contexto las danzas —y en Cuetzalán hay varias, incluida la del Palo Volador— cumplen un papel fundamental en el ceremonial indígena.

Los ritos exaltan la aportación de los nahuas al mantenimiento del orden cósmico. La participación ritual les permite legitimar sus propias creencias y costumbres frente a los mestizos, quienes también tienen presencia en estas fiestas, sin embargo, actúan con base en otros códigos culturales y más acorde con las prescripciones de la Iglesia católica y el peso político de la cultura dominante. Los mestizos, por ejemplo, nunca desempeñan cargos y mayordomías en la organización de las fiestas.

En este marco de las relaciones interétnicas se produce un continuo proceso de reformulación de la cosmovisión. Esta última, sin embargo, ha conservado la capacidad de proporcionar a los nahuas de Cuetzalán un cuadro cognoscitivo coherente.

Félix Báez-Jorge y Arturo Gómez

En "Tlacatecolotl, señor del Bien y del Mal: la dualidad en la cosmovisión de los nahuas de Chicontepec", Félix Báez-Jorge y Arturo Gómez Martínez describen la cosmovisión de los nahuas de Chicontepec, Veracruz, a partir del análisis de Tlacatecolotl, el Hombre Búho, deidad indígena considerada como una forma del demonio cristiano. En realidad, se trata de una divinidad asociada a las nociones del bien y del mal que integra atributos y oficios ambivalentes, característica propia de la tradición prehispánica. Durante la Colonia la noción del mal fue reelaborada, a partir de la idea difundida por la catequesis cristiana, para adaptarla al marco conceptual indígena. El Tlacatecolotl se convirtió en un personaje de particular riqueza polisémica.

Estos datos etnográficos de la región de Chicontepec prácticamente no han sido estudiados hasta el momento, y el ensayo que presentan Báez-Jorge y Gómez Martínez es pionero al respecto (Gómez Martínez, s.f.). En este sentido Báez-Jorge continúa una línea de investigación, iniciada años atrás, sobre las particulares formas de sincretismo entre las deidades prehispánicas y la religión católica, que se produce a partir de la ruptura violenta de la Conquista. En esa perspectiva el autor ha estudiado a las deidades femeninas —selénicas y de la Tierra— (1988), a las sirenas (1992), a la "parentela de María" (1994) y a "los nahuales y los santos" (1998).

Para situar los datos sobre Tlacatecolotl en el contexto más amplio de la cosmovisión de los nahuas de Chicontepec, los autores presentan una rica y novedosa información sobre los conceptos de aquéllos acerca de los ámbitos del universo. Destaca en primer término la concepción del mundo dividido en tres planos, y a su vez, el cielo y el inframundo articulados en escalones o capas. También existen las nociones de los cargadores del cielo, de la imagen de la Tierra como tortuga o *cipactli*, del árbol de la vida que sustenta al universo, etc. Se advierte una continuidad de elementos de la antigua cosmovisión mesoamericana, conceptos y oraciones que parecen surgir de las crónicas del siglo XVI.

La mitología acerca de Tlacatecolotl es variada y refleja un complejo sincretismo. La celebración del carnaval en Chicontepec incluye diversas ceremonias y danzas que giran alrededor del Tlacatecolotl como personaje central. Su presencia mítica se advierte en numerosos rituales, públicos y privados, donde se le invoca para que se mantenga en equilibrio, estado que se refleja en el orden terrestre. Un elemento importante de estos ritos es la utilización de figuras recortadas en papel ceremonial que representan a deidades incluyendo Tlacatecolotl. Otro elemento sobresaliente son las oraciones pronunciadas durante los rituales; en ellas se hace alusión a las múltiples y polisémicas facetas del *Hombre Búho*. Báez-Jorge y Gómez Martínez incluyen en su estudio un rico e inédito material etnográfico de esas oraciones en náhuatl.

Si bien el personaje de Tlacatecolotl tiene numerosos atributos de los antiguos dioses prehispánicos, su carácter dual se asocia al demonio cristiano. Su principal característica es la ambivalencia. Remite a Tezcatlipoca por su carácter caprichoso e impredecible. Este último dios mexica podía perjudicar o destruir a los hombres, pero al mismo tiempo era dios supremo y creador. En el mismo sentido, Tlacatecolotl es una deidad temida que otorga riquezas y las quita; que provoca discordias y las resuelve; que opera como mediador entre el bien y el mal. Es una fuerza poderosa y ambivalente, pero *no* es intrínsecamente malo. Regula el equilibrio cósmico y se relaciona de manera especial con el inframundo (¡que *no* equivale al infierno cristiano!).

Así, el personaje de Tlacatecolotl ejemplifica un particular proceso histórico de la fusión de conceptos de orígenes diversos y expresa una reelaboración simbólica configurada a partir de la noción cristiana del mal y de las deidades prehispánicas duales y ambivalentes que controlaban las fuerzas cósmicas. Tlacatecolotl constituye, sin duda, una peculiar forma de sincretismo novohispano digno de estudiarse con mayor atención.

Jacques Galinier

Jacques Galinier se ha especializado desde hace muchos años en la investigación etnográfica de los otomíes orientales (*cf.* Galinier, 1987, 1990). En "Una mirada detrás del telón: rituales y cosmovisión entre los otomíes orientales" estudia algunos conceptos específicos y ritos enmarcados en la cosmovisión, que documenta con detalle. Los otomíes que habitan en el sur de la Huasteca (al igual que sus vecinos nahuas, tepehuas y totonacas) conservan numerosas prácticas rituales de raíces prehispánicas; destaca el uso de figuras de papel cortado, que representan el panteón de deidades locales, y la importancia del ritual del Palo Volador.

Históricamente, la evangelización superficial de estas provincias de la Nueva España ha generado sistemas religiosos bastante diferenciados y donde la tradición indígena ha subsistido al lado de la religión cristiana. El ciclo de las fiestas católicas incluye la devoción al santo epónimo y en especial el culto a los muertos. El carnaval es una celebración muy importante en la que la figura del diablo desempeña un papel protagónico. Éste ha asimilado muchas características de la cosmovisión indígena: es el dueño de la noche, de la muerte y del sacrificio.

En este orden de ideas, Galinier menciona los temas del dualismo en la cosmovisión otomí; del culto a los muertos o ancestros; del carnaval como "rito de inversión" y manifestación del inframundo; del ritual del Palo Volador para expresar la oposición entre el mundo de arriba y el mundo de abajo, imbuido de un simbolismo sexual que celebra la regeneración cósmica. En este drama cósmico, a los viejos les corresponde un papel fundamental en la recreación de la vida. De acuerdo con la ideología del carnaval, la vida procede de los ancestros; ellos son los guardianes de la sustancia vital.

Se observa una complementariedad entre Todos Santos, centrado en la reenergetización de los difuntos, y el carnaval. Existe además un lazo muy íntimo entre la muerte y la fertilidad agrícola.

La experiencia onírica es considerada una actividad de tipo ritual y de comunicación con el inframundo. Galinier también destaca el papel de los *chamanes*, los ritos de iniciación y los sitios sagrados a donde acuden estos especialistas, en particular la peregrinación a *mayonikha*, un santuario en el monte donde al parecer existen vestigios arqueológicos.

Según el autor, en la cosmovisión otomí

> [...] no hay frontera entre lo humano y lo no humano, lo animado y lo no animado [...] El espacio no es una extensión inerte, sino un medio constantemente activado: la acción ritual es indispensable para controlar el juego de las fuerzas que lo animan [...] el ritual es el punto de cristalización y de activación de la visión indígena del mundo [...]

En el ritual se revelan los aspectos ocultos y reprimidos de la cultura otomí. Se refieren a la muerte, al sexo y a la imagen del cuerpo como marco para la comprensión del cosmos.

De acuerdo con Galinier, pocos pueblos mesoamericanos pueden caracterizarse por un erotismo tan marcado en su percepción del mundo, una tradición que instala al sexo en medio del cosmos. Este aspecto revela, según Galinier, las dimensiones más profundas de la cultura otomí que han resistido a la occidentalización, impulsada bajo el barniz de la cultura nacional.

Johannes Neurath

En este estudio, "Lluvia del desierto: el culto a los ancestros, los ritos agrícolas y la dinámica étnica de los huicholes t+apuritari", el autor se refiere a los ritos agrícolas del ciclo anual de los huicholes que —en mayor grado que los demás grupos reseñados en este volumen— han conservado una vigorosa tradición autóctona, donde la cosmovisión mesoamericana y el ritual forman una unidad indisoluble. Esto, sin embargo, no quiere decir que los huicholes hayan subsistido de manera aislada y sin contactos con el mundo exterior.

Neurath combina los resultados de una detallada investigación de campo entre los huicholes de la Sierra del Nayar (*cf.* Neurath,

1998) con planteamientos teóricos acerca del ritual, la cosmovisión y la reproducción de su identidad étnica. En la introducción el autor plantea una crítica al enfoque de la aculturación, tal como se ha manejado en muchos estudios, lo cual implica la necesidad de analizar los procesos de reproducción cultural y el papel que desempeña el ritual en estos procesos. Siguiendo a Maurice Bloch (1986), se busca diferenciar entre aquellos aspectos del ritual que permanecen relativamente estables a través del tiempo y aquellos que sufren cambios permanentes. Los primeros resultan más importantes para explicar la continuidad cultural. Por otro lado, se propone que los procesos rituales tienen la capacidad de invertir la realidad empírica y así, ideológicamente, reproducir los dualismos jerarquizados y las estructuras asimétricas de la sociedad.

En ese sentido, Neurath afirma la necesidad de aplicar un enfoque histórico en el estudio de los grupos indígenas del Gran Nayar. Los datos etnográficos actuales sobre las fiestas religiosas pueden ser comparados con los *mitotes* (danzas) de la época anterior a la Conquista, que no se efectuó en esta región de México sino hasta el año 1722. A pesar de los indudables cambios en la estructura social posteriores a esta fecha, el *complejo mitote* mantiene una serie de características que permiten la producción ritual de la ideología. Los mitotes antiguos celebraban al Sol y a su representante, el Rey Nayar, como la fuente última de vida. En el caso de los huicholes actuales los mitotes "hacen creer" a los participantes que la "verdadera" fertilidad surge de la negación de la fertilidad, es decir, de la austeridad y el autosacrificio. Por eso dicen que "la lluvia nace en el desierto".

Neurath presenta un acopio de datos etnográficos detallados, producto de sus investigaciones de campo. En cuanto al mito y la cosmovisión y su compleja correspondencia con los ritos, el autor retoma los pioneros estudios de Konrad Theodor Preuss (véase la bibliografía citada en este ensayo) y los desarrolla a partir de su propia investigación. Nos habla del mito de los primeros peyoteros y del sacrificio cosmogónico; de la iniciación de los peyoteros y su periodo de cinco años que implica múltiples y duras prácticas de sacrificio; de las visiones que experimentan en el viaje al desierto y que garantizan la continuidad de los procesos cíclicos de la naturaleza.

De acuerdo con Neurath, el tema de la escenificación ritual es un conflicto de carácter cósmico en el que los cursos del sol y de los astros marcan la temporalidad de aquél. Los centros ceremoniales reproducen metafóricamente el universo, mientras que las jerarquías de los encargados de la fiesta representan a las deidades más importantes del panteón.

Gran parte del ritualismo huichol se ocupa del intercambio y la interacción entre los centros ceremoniales y los numerosos lugares sagrados del paisaje que corresponden a los diferentes dioses y a los cinco rumbos cardinales. Por esta razón, según Neurath, "fiestas y peregrinaciones siempre forman una unidad. Se mantiene una relación de reciprocidad entre los seres humanos y sus antepasados deificados. Los dones de los dioses son el agua, la lluvia, el crecimiento y la fertilidad".

El principal contraste del ciclo ritual huichol es entre la estación de lluvias y de secas. En la fiesta de *Hikuli Neixa* los peyoteros celebran el apogeo de la estación seca. Se consume peyote y en una danza de compleja coreografía se representa a la serpiente de nubes que ellos han traído del desierto de Wirikuta. Al convertirse en los ancestros, los peyoteros traen la bendición de la lluvia.

Por otra parte, en la fiesta de la siembra (*Namawita Neixa*) se alude a la noche, al mar y al mundo caótico de la fertilidad. En ella se representan las diosas madres de la lluvia y la diosa del maíz. Los niños se asocian con las nubes, con las lluvias y con el crecimiento de los elotes, proceso que llega a su culminación en la fiesta de la cosecha (*Tatei Neixa*) a finales de octubre.

El noveno ensayo concluye con algunas ideas acerca de la eficacia simbólica del ritual, que, de acuerdo con Neurath, radica en la experiencia festiva, la *comunitas* o "intensidad" que tienen las fiestas y búsquedas de visiones. El ritual huichol es un poderoso mecanismo social que reproduce una cosmovisión ancestral y un sistema de autoridad tradicional.

Reflexión final

En esta introducción hemos tratado de delinear los hilos conductores de la presente obra. El esfuerzo de síntesis se hace con la intención de darle una mayor coherencia al volumen. Los capítulos en él incluidos —aunque no abarcan ejemplos de todos los grupos indígenas del país— demuestran la enorme riqueza cultural que existe en México, país de gran diversidad basada en antiguas tradiciones.

Los datos expuestos aquí evidencian la asombrosa capacidad creativa de las culturas indígenas, herederas de las civilizaciones prehispánicas. Se apropiaron de elementos impuestos durante su experiencia histórica como pueblos conquistados para crear las cosmovisiones ricas y diversas que mantienen en la actualidad.

BIBLIOGRAFÍA

Albores, Beatriz y Johanna Broda (eds.), *Graniceros: cosmovisión y meteorología indígenas de Mesoamérica*, El Colegio Mexiquense, A.C.-IIH, UNAM, México, 1997.

Alcina Franch, José, "Cielo e inframundo en la cosmovisión mexica: análisis iconográfico", *Anuario de Estudios Americanos*, vol. 1, núm. 2, Sevilla, 1993, pp. 13-29.

Aveni, Anthony F., *Observadores del cielo en el México antiguo*, FCE, México, 1991 [edición en inglés, 1980].

———, *Stairways to the Stars: Skywatching in Three Great Ancient Cultures*, John Wiley & Sons, Nueva York, 1997.

Aveni, Anthony F. (ed.), *Astronomía en la América antigua*, Siglo XXI, México, 1979.

Báez-Jorge, Félix, *Los oficios de las diosas*, Universidad Veracruzana, Xalapa, 1988.

———, *Las voces del agua: el simbolismo de las sirenas y las mitologías americanas*, Universidad Veracruzana, Xalapa, 1992.

———, *La parentela de María*, Universidad Veracruzana, Xalapa, 1994.

———, *Entre los naguales y los santos*, Universidad Veracruzana, Xalapa, 1998.

Bloch, Maurice, *From Blessing to Violence*, Cambridge Studies in Social Anthropology, Cambridge University Press, Cambridge-Nueva York, 1986.

Braudel, Fernand, "Mares y tiempos de la historia". Entrevistado por Jean-Jacques Brochier y François Ewald [traducción de Margarite de Orellana], *Vuelta*, núm. 103, junio, México, 1985, pp. 42-46.

———, *Las civilizaciones actuales. Estudios de historia económica y social*, Tecnos, México, 1991.

Broda, Johanna, "Cosmovisión y estructuras de poder en la evolución cultural mesoamericana", Simposio de la Fundación Alemana para la

Investigación Científica, octubre de 1978, *Comunicaciones*, núm. 15, Proyecto Puebla-Tlaxcala, Fundación Alemana para la Investigación Científica, Puebla, 1978, pp. 165-172.

Broda, Johanna, "Astronomy, Cosmovision and Ideology in Prehispanic Mesoamerica", en Anthony F. Aveni y Gary Urton (eds.), *Ethnoastronomy and Archaeoastronomy in the American Tropics, Annals of the New York Academy of Sciences*, vol. 385, The New York Academy of Sciences, Nueva York, 1982, pp. 81-110.

———, "Templo Mayor as Ritual Space", en Johanna Broda, David Carrasco y Eduardo Matos, *The Great Temple of Tenochtitlan: Center andPeriphery in the Aztec World*, University of California Press, Berkeley, 1987.

———, "Cosmovisión y observación de la naturaleza: el ejemplo del culto de los cerros", en Johanna Broda, Stanislaw Iwaniszewski y Lucrecia Maupomé (eds.), *Arqueoastronomía y etnoastronomía en Mesoamérica*, Instituto de Investigaciones Históricas, UNAM, México, 1991, pp. 461-500.

———, "Calendarios, cosmovisión y observación de la naturaleza", en Sonia Lombardo y Enrique Nalda (eds.), *Temas mesoamericanos*, INAH, México, 1996, pp. 427-470.

———, "Sociedad prehispánica, religión y cosmovisión", por publicarse en Luz Ma. Mohar (ed.), *Estratificación social en la Mesoamérica prehispánica: un balance*, CIESAS, México, s.f. (en prensa).

Broda, Johanna, Stanislaw Iwaniszewski y Lucrecia Maupomé (eds.), *Arqueoastronomía y etnoastronomía en Mesoamérica*, IIH, UNAM, México, 1991.

Brotherston, Gordon, *La América indígena en su literatura: los libros del cuarto mundo*, FCE, México, 1997.

Florescano, Enrique, *El mito de Quetzalcoatl*, 2a. ed., FCE, México, 1995.

Galinier, Jacques, *Pueblos de la Sierra Madre: etnografía de la comunidad otomí*, INI-Centre d'Études Mexicaines et Centramericaines, México, 1987.

———, *La mitad del mundo: cuerpo y cosmos en los rituales otomíes*, IIA, UNAM-INI-Centre d'Études Mexicaines et Centramericaines, México, 1990.

Glockner, Julio, *Los volcanes sagrados: mitos y rituales en el Popocatépetl y la Iztaccíhuatl*, Grijalbo, México, 1996.

Good Eshelman, Catharine, *Haciendo la lucha: arte y comercio nahuas de Guerrero*, FCE, México, 1988.

———, "Trabajo, intercambio y la construcción de la historia: una exploración etnográfica de la lógica cultural nahua", *Cuicuilco*, Nueva época, vol. 1, núm. 2, ENAH, México, 1994, pp. 139-153.

———, "El trabajo de los muertos en la Sierra de Guerrero", *Estudios de Cultura Náhuatl*, vol. XXVI, IIH, UNAM, México, 1996, pp. 275-287.

Gruzinski, Serge, *El poder sin límites: cuatro respuestas indígenas a la dominación española*, INAH-Instituto Francés de América Latina, México, 1988.

Guiteras, Calixta, *Los peligros del alma: visión del mundo de un tzotzil*, FCE, México, 1965.

León-Portilla, Miguel, *La filosofía náhuatl estudiada en sus fuentes* (1a. ed., 1956), IIH, UNAM, México, 1993.

López Austin, Alfredo, "El fundamento mágico-religioso del poder", *Estudios de Cultura Náhuatl*, IIH, UNAM, México, 1976, pp. 197-240.

——, *Cuerpo humano e ideología*, 2 vols., IIA-UNAM, México, 1980.

——, *Los mitos del tlacuache*, Alianza Editorial Mexicana, México, 1990.

——, *Tamoanchan y Tlalocan*, FCE, México, 1994.

——, "La cosmovisión mesoamericana", en Sonia Lombardo y Enrique Nalda (eds.), *Temas mesoamericanos*, INAH, México, 1996, pp. 471-507.

Lupo, Alessandro, *La tierra nos escucha: la cosmología de los nahuas a través de las súplicas rituales*, Colección Presencias, CONACULTA-INI, México, 1995.

Medina, Andrés, "Los que tienen el don de ver: los sistemas de cargos y los hombres de conocimientos en los Altos de Chiapas", Barbro Dahlgren (ed.), *Historia de la religión en Mesoamérica y áreas afines*, IIA, UNAM, México, 1987, pp. 153-176.

——, "Arqueología y etnografía en el desarrollo histórico mesoamericano", en Y. Sugiura, Yoko y Mari Carmen Serra P. (eds.), *Etnoarqueología (Primer Coloquio Bosch-Gimpera)*, IIA-UNAM, México, 1989.

——, "La etnografía de México: un cambiante y milenario mosaico de culturas", *Universidad de México*, núm. 477, octubre, UNAM, México, 1990, pp. 10-18.

——, *En las cuatro esquinas, en el centro: etnografía de la cosmovisión mesoamericana*, tesis de doctorado en antropología, Facultad de Filosofía y Letras, UNAM, México, 1999.

Neurath, Johannes, *Las fiestas de la Casa Grande: ritual agrícola, iniciación y cosmovisión en una comunidad wixarika (t+apurie/Sta. Catarina Cuexcomatitán)*, tesis de doctorado en antropología, Facultad de Filosofía y Letras, UNAM, México, 1998.

Ricard, Robert, *La conquista espiritual de México*, FCE, México, 1991.

Signorini, Italo y Alessandro Lupo, *Los tres ejes de la vida. Almas, cuerpo, enfermedad entre los nahuas de la Sierra de Puebla*, Universidad Veracruzana, Xalapa, 1989.

Tichy, Franz, *Die geordnete Welt indianischer Völker: Ein Beispiel von Raumordnung und Zeitordnung im Vorkolumbischen Mexiko*, Franz Steiner Verlag, Wiesbaden, 1991.

Tichy, Franz (ed.), *Space and Time in the Cosmovision of Mesoamerica. Lateinamerika-Studien*, núm. 10, Wilhelm Fink Verlag, Munich, 1982.

1. El núcleo duro, la cosmovisión y la tradición mesoamericana

ALFREDO LÓPEZ AUSTIN*

INTRODUCCIÓN

En el fin de milenio se convoca a balances. Es necesario contar, registrar, precisar las trayectorias, cotejar los proyectos con las realizaciones, analizar los procesos, evaluar nuestros actos y sumergirnos en la autocrítica. En pocas palabras, se estima que el momento histórico hace indispensable la mirada retrospectiva para estribar un siguiente paso del camino. Pero, ¿de qué paso se trata? Puede ser el artificial de un fin de milenio: la proximidad del 2001, cierre de cómputo, de ceros finales en una de las cuentas que se ha dado la humanidad. Será éste, por tanto, un paso tan arbitrario como cualquier otro que se base en las tantas cronologías construidas a lo largo de la historia. O puede ser, por el contrario, real: un fin de ciclo histórico con sus característicos desajustes, fracasos, peligros, desmoronamientos, disolución de unos valores y necesidad de crear otros ante el riesgo de la anomia.

En nuestros días se dan las dos variantes del tránsito. Ciclo y siglo constituyen una unidad. La artificialidad de los ceros coincide con la concreción del peligroso cambio hacia un destino por demás incierto. Y en el doble paso aparece el dilema: ¿debemos confiar nuevamente en la capacidad intelectual del hombre para influir en su propia realidad o cerrar los ojos, apretar los párpados y aceptar por fe la existencia de leyes universales salvadoras? Si optamos por la vía racional, tendremos en el estudio histórico una de las bases de reflexión. Aceptemos, pues, la idea de los balances.

* Instituto de Investigaciones Antropológicas de la UNAM.

En años de dedicarme al estudio de la cosmovisión mesoamericana he utilizado algunos conceptos que han fincado mi postura frente a la materia. Su formulación ha nacido más del apremio por explicarme la realidad estudiada que de un afán teórico *per se*. Creo que, entre muchas, es ésta una vía sana de conceptualización; pero obliga a recapitular y reflexionar de tiempo en tiempo con el fin de acomodar argumentos y juicios dispersos, revisar la lógica de las construcciones y proponer a los colegas un resumen ordenado.

Me mueve el propósito de la reflexión. El objeto particular es el núcleo duro. Sin embargo, éste no es un texto canónico. No es una fundamentación teórica ni una justificación de trabajos anteriores; tampoco una argumentación de defensa o una compilación de ejemplos. Ni siquiera es, en sentido estricto, una síntesis de mis anteriores ideas, puesto que lo que pretendo es dar cuenta de mi posición actual. Tal vez el carácter del texto se aproxime al de una provocación —en la más llana de las acepciones del vocablo—, al de una propuesta a los colegas para abrir un diálogo que acote una senda productiva para comprender la historia de las antiguas sociedades mesoamericanas.

Firmo yo la propuesta y asumo la autoría. Debo reconocer, sin embargo, que muchas de estas ideas han surgido de prolongadas y frecuentes conversaciones con Leonardo López Luján, tras las cuales es difícil deslindar si las reflexiones surgieron de uno o de otro de los dialogantes o, misteriosamente, del diálogo mismo. Tan injusto sería ignorar la participación de Leonardo como atribuirle la responsabilidad de mis afirmaciones.

LA FORMACIÓN DE UNA CULTURA

El estudio de los pueblos que hemos denominado mesoamericanos descubre dos características, al parecer antitéticas: por una parte, la similitud existente en las técnicas productivas, formas de organización social y política, concepciones acerca de la estructura del cosmos y otras muchas prácticas, creencias e instituciones cuya semejanza deriva de una intensa y milenaria interacción; por otra, una riquísima diversidad en los campos señalados, que apuntan a la radical transformación histórica durante los milenios de existencia mesoamericana, a una gran diversidad étnica y lingüística y a la variedad de climas y paisajes que fueron los nichos ambientales de los pueblos indígenas. Ante esta visión contrastada, el historiador debe plantearse cuáles son las peculiaridades de la unidad en Mesoamérica, cuáles las de su diversidad interna, a qué factores obedecieron unas y otras y cómo se compaginaron estas características disímbolas en el contexto histórico.

Puede ubicarse el origen de Mesoamérica en la época en que pueblos nómadas que practicaban la agricultura llegaron a depender en tal forma de los productos de sus cultivos que se asentaron definitivamente junto a sus sembradíos (2500 a.C.). El sedentarismo agrícola, pese a tener como fuerte raíz cultural la tradición nómada, produjo transformaciones profundas, entre las que pueden contarse el cambio de alimentación, la intensificación del trabajo, una nueva nosogenia, el cambio de las prácticas de ahorro, el considerable aumento en la densidad de población, el incremento de los miembros en las distintas unidades sociales, la ampliación de las interrelaciones entre los grupos y el invento de la cerámica. Si bien no es posible pensar en una transformación súbita, sí puede afirmarse que fue radical; tanto, que es posible señalarlo como hito de inicio de una tradición cultural.

Los especialistas hacen hincapié en la importancia que tuvo la diversidad ambiental en el desarrollo de los contactos entre los primeros sedentarios. El intenso intercambio de productos que eran peculiares en los distintos medios fue el catalizador de muchas otras formas de interrelación, que propiciaron, desde tan tempranos tiempos, la construcción conjunta de una historia y una tradición cultural comunes. Un lugar de primer orden debió ocupar la transmisión recíproca de las técnicas productivas, entre ellas las agrícolas. Los hombres se forjaron una visión del mundo a partir de necesidades similares solventadas con recursos similares.

Desde entonces, incrementadas las comunicaciones con el paso de los siglos, la creciente complejidad de las unidades sociales y políticas tendió redes de todo tipo que refrendaron el parentesco cultural. Los sistemas normalizados de intercambio crearon intrincados códigos, vehículos y mecanismos para mantener y reproducir los vínculos entre las diversas unidades políticas, así como para resolver los constantes conflictos surgidos del trato. Los pueblos hegemónicos, al extender su poder comercial, militar y político sobre los más débiles, aceleraron los procesos de homogeneización tanto por su influencia directa como por la similitud de la resistencia presentada por los dominados. Sin embargo, no puede hablarse de un credo o de una regulación cultural impuestos por un imperio o una iglesia. Fue más importante, por ejemplo, la constitución de órdenes supraestatales para regular la producción y el intercambio, basados en una cosmovisión que tenía muchos elementos comunes.

Sin irrupciones extracontinentales transformadoras de la tradición, los cultivadores de maíz recibieron del norte y del sur aportes culturales que asimilaron a su idiosincrasia. Del norte llegaron oleadas migratorias que alteraron la vida política mesoamericana. Muchos de los invasores no fueron extraños, sino mesoamericanos que abandonaron territorios que ya no ofrecían condiciones favorables para el sedentarismo agrícola. Otros sí fueron recolectores-cazadores que aprovecharon la apertura. Sin embargo, a pesar de los grandes cambios que produjeron el repliegue de la frontera septentrional y el consecuente ingreso de nómadas verdaderos, éstos se fueron incorporando paulatinamente a la tradición invadida. Fue necesario el tremendo impacto de la conquista europea para romper la autonomía cultural construida a lo largo de cuatro milenios.

Concluyendo, el macrocontexto histórico en que se produjeron las similitudes y la diversidad mesoamericanas fue fundado por los descendientes de recolectores-cazadores del trópico septentrional, nómadas domesticadores y cultivadores de maíz que pudieron alcanzar —por fin, tras milenios de practicar el cultivo—[1] una vida sedentaria basada en la agricultura, gracias a la posibilidad de cultivo de temporal. Las intensas interrelaciones produjeron una tradición y una historia comunes, a las que se fueron incorporando los pueblos de nuevo ingreso. La transformación social y política de las sociedades mesoamericanas se debió a procesos fundamentalmente endógenos o motivados por oleadas migratorias de pueblos que pronto fueron absorbidos a las formas de vida mesoamericanas. Puede afirmarse que la fuerza cultural mesoamericana fue suficiente para incorporar a sus nuevos componentes étnicos y asimilar de manera relativamente homogénea las aportaciones culturales del exterior. Por último, debe hacerse hincapié en que durante los cuatro milenios de existencia cultural autónoma (2500 a.C.-1500

---

[1] El Protoneolítico, durante el cual se practicó el cultivo del maíz sin sedentarismo agrícola, se calcula del 5000 al 2500 a.C.

d.c.), y pese al desarrollo de las técnicas agrícolas durante todo este tiempo, el sustento básico de Mesoamérica fue la producción agrícola de temporal. Las principales plantas cultivadas: el maíz, el frijol, la calabaza y el chile, fueron herencia de los antepasados recolectores-cazadores que en épocas muy tempranas (7500-5000 a.c.) lograron su domesticación.

La pertenencia a la tradición cultural

Tanto las similitudes como la diversidad son características de una misma tradición cultural. Para plantear esta paradójica coexistencia es conveniente repetir aquí lo que Leonardo López Luján y yo afirmamos en un trabajo anterior:

> Por tradición podemos entender un acervo intelectual creado, compartido, transmitido y modificado socialmente, compuesto por representaciones y formas de acción, en el cual se desarrollan ideas y pautas de conducta con que los miembros de una sociedad hacen frente individual o colectivamente, de manera mental o exteriorizada, a las distintas situaciones que se les presentan en la vida. No se trata, por tanto, de un mero conjunto cristalizado y uniforme de expresiones sociales que se transmite de generación en generación, sino de la forma propia que tiene una sociedad para responder intelectualmente ante cualquier circunstancia (López Austin y López Luján, 1996, p. 62).

Siguiendo el texto anterior, la tradición está compuesta por elementos que van transformándose con el paso del tiempo; pero se caracteriza por producir una concatenación que es vertebrada por un conjunto de elementos fundamentales no sólo por su presencia, sino porque ordenan y dan sentido a otros elementos menos importantes del complejo. Las generaciones pertenecientes a una misma tradición no pueden compartir la totalidad de los atributos de una cultura, puesto que la tradición tiene carácter histórico y es, por tanto, mutable; pero comparten tantos atributos con sus generaciones antecedentes y subsecuentes que pueden identificarse como eslabones culturales de una secuencia histórica.

Si pasamos de la diacronía a la sincronía encontraremos, primero, que la pertenencia a una tradición cultural no puede basarse en la mera identidad de los elementos culturales, sino en un orden global, formado por un conjunto de relaciones de muy distintos tipos, orden que ubica y da sentido no sólo por las semejanzas, sino por las diferencias existentes entre los distintos individuos o sociedades pertenecientes a la tradición. Por lo regular, las similitudes y la diversidad se encuentran articuladas en un contexto cultural que norma los ajustes, y tanto unas como otra pueden cumplir funciones específicas en el complejo de interrelaciones sociales que dan vida a la tradición. En este sentido, para la pertenencia a una tradición importa, más que la uniformidad ideológica, el manejo de los mismos códigos y mecanismos de comunicación que hacen posibles las diferentes relaciones sociales. Por otra parte, el grado de parentesco puede determinarse no sólo por la intensidad de las relaciones, sino por su multiplicidad. Esto se debe, entre otras cosas, al carácter holístico de la cultura. No es lo mismo que dos sociedades mantengan un intenso y constante trato mercantil como relación casi única a que, aunque con menor intensidad, su comunicación sea sumamente diversificada. Es la diversificación en las relaciones la que conduce a la integración tradicional. La cultura no es un agregado, sino un sistema.

En la globalidad de la cultura, ¿dónde pueden observarse las similitudes y las diferencias que sean más significativas para el estudio histórico? Los aspectos más importantes debieron de encontrarse históricamente en las técnicas de producción, en la circulación de los bienes, en la constitución de las familias, en las relaciones intracomunales, en los órdenes sociales y políticos, en los tratos entre los diferentes pueblos, en fin, en todo aquello que forma parte del tráfago cotidiano y que genera normas, instituciones, costumbres y creencias; pero las fuentes con que contamos para el estudio de Mesoamérica, sean arqueológicas, documentales o de otra índole, son limitadas cuantitativa y cualitativamente, y arrojan más luz en aquellos ámbitos de la vida social que más interesaron a los aparatos gubernamentales mesoamericanos como expresiones de poder o a los dominadores europeos en sus afanes de evangelización. Coincidieron ambos intereses en el campo de lo religioso o, en un sentido más amplio, en el de la cosmovisión. La cosmovisión será, pues, nuestra guía en el planteamiento de la similitud, la diversidad y el núcleo duro. No deberá extrañar, por tanto, que en la descripción del núcleo duro el enfoque predominante sea el que proporciona la cosmovisión.

Debo insistir en lo que he afirmado en otros trabajos: para estudiar las similitudes y la diversidad mesoamericanas es adecuado empezar por las similitudes, por todo aquello que nos permita, posteriormente, aquilatar la forma, el grado, el tiempo y la geografía de la diversidad. Si partimos del otro extremo, perderemos suelo. Pudiéramos, incluso, perdernos en la atomización de particularidades, es decir, extraviarnos en el estudio de ramas que ocultan el bosque. Esto no implica que se desdeñe la diversidad en el estudio histórico de Mesoamérica. La diversidad es tan importante como la similitud para la comprensión del pasado.

ALGUNOS FACTORES DE LA SIMILITUD

En forma sucinta señalo algunos factores que condujeron a la similitud cultural de la tradición mesoamericana.

Antecedentes históricos comunes. Los primeros sedentarios agrícolas y muchos de los pueblos que se incorporaron a la tradición mesoamericana en épocas posteriores fueron descendientes de recolectores-cazadores que durante milenios ocuparon territorios al sur del trópico de Cáncer.

La tradición mesoamericana, pese a la gran transformación que implicó el cambio de las formas del nomadismo al sedentarismo, debió de haber heredado mucho del pensamiento de los recolectores-cazadores, antecedente cultural que permitió, además, la paulatina adaptación de los mesoamericanos más tardíos. Puede suponerse, por ejemplo, que la taxonomía cósmica mesoamericana de la dualidad de opuestos fue una reinterpretación de una concepción dual nómada, y que la relativa familiaridad del mesoamericano con la sobrenaturaleza a partir de estados extáticos provocados con psicotrópicos pudo ser una herencia de los recolectores-cazadores.

Desarrollo en un mismo contexto histórico. La interrelación de las sociedades de agricultores, principalmente por el constante intercambio de técnicas y productos, llevó a procesos de cocreación cultural, entendidos éstos como las formas de construcción de una cultura, en los que participaba simultáneamente, en tiempos y espacios muy dilatados, una pluralidad de pueblos que se mantenían en contacto. Puede pensarse que muchos de los logros culturales más importantes fueron producto de una creación participativa, difusa y sumamente lenta, proceso imperceptible para los propios creadores.

Lo anterior no niega que otras innovaciones culturales sí tuviesen una cuna particularizada y precisa, y que las innovaciones se transmitieran de focos creadores hacia periferias receptoras. La pertenencia al mismo contexto histórico propiciaba el intercambio cultural por medio de la imitación recíproca de los pueblos que se mantenían en tratos permanentes.

Un largo periodo formativo denominado Preclásico Temprano (2500-1200 a.C.) sentó las bases que estructuraron la cosmovisión mesoamericana. A lo largo de la historia de Mesoamérica irían sobreponiéndose paulatinamente a tales bases las modalidades cosmológicas que correspondían a formas más complejas de organización sociopolítica. De esta manera, el surgimiento de las sociedades jerárquicas, la formación de aldeas regionales rectoras, la diferenciación campo-ciudad, el enaltecimiento de grandes capitales y la organización de estados militaristas y conquistadores hallarían en la cosmovisión el sustento ideológico que justificaba y consolidaba a los gobernantes. Hasta donde podemos deducir de la iconografía y de los documentos referentes a Mesoamérica, los detentadores del poder seguían vías ideológicas que, más que oponerse a concepciones anteriores, las aprovechaban para construir a partir de ellas las nuevas concepciones que se ajustaban a sus propósitos y necesidades.

La cosmovisión tuvo así un conjunto de concepciones fundamentales que eran comunes a todos los pueblos pertenecientes al contexto histórico mesoamericano, independientemente de su grado de complejidad social y política. No debe extrañar que toda clase de relaciones que se daban entre las distintas unidades políticas adquirieran como cobertura un sentido religioso que basaba tratos, intercambios, distribución, funciones, atribuciones, jerarquías, hasta la guerra, en el orden cósmico. De este modo, la cosmovisión se convirtió en una especie de gran código de usos múltiples en la interrelación de los pueblos mesoamericanos, más allá de las diferencias étnicas, lingüísticas y de grado de complejidad sociopolítica.

Predominio económico, político y cultural de unas sociedades mesoamericanas sobre otras. El predominio produjo corrientes de influencia preponderantemente unidireccionales, unas de ellas imitativas por prestigio; otras, de imposición. Las imitativas se produjeron tanto por la influencia directa de los pueblos más prestigiosos sobre todas las esferas sociales de los pueblos menos pujantes, como por la intermediación de las élites de estos pueblos, más dadas a la emulación.

La otra forma de acción de los pueblos dominantes fue la imposición de usos, costumbres, creencias, instituciones y normas, que establecieron, señalaron, regularon y fortalecieron las relaciones asimétricas entre las distintas sociedades.

Creación coincidente. La similitud básica existente condujo a respuestas similares ante situaciones similares en focos de creación distantes unos de otros. El paralelismo fue el resultado normal del parentesco cultural existente.

ALGUNOS FACTORES DE LA DIVERSIDAD

La influencia del medio en las concepciones del cosmos. Si en un tiempo el determinismo geográfico condujo a grandes excesos en el estudio de la cultura, no es conveniente caer en el extremo opuesto de negar la importancia del ambiente en la formación del pensamiento. Esto es muy válido si tomamos en cuenta el mosaico geográfico característico del territorio mesoamericano. Las diferencias de altura, relieve, temperatura, pluviosidad, hidrografía, tipos de suelos, vegetación, distancia de los mares, fauna, flora y muchos otros aspectos geográficos produjeron un fuerte efecto en la visión que el hombre se forjaba de su entorno y de las leyes que lo regían.

Distintos niveles de desarrollo social. La heterogeneidad de las sociedades mesoamericanas también se debió a su desigual desarrollo tecnológico y a su diversa complejidad social y política. Esto ocurrió tanto a nivel local como regional y de área, a tal punto que hay autores que han dudado, por ejemplo, que el área del Occidente haya tenido una existencia plenamente mesoamericana, dado el poco desarrollo sociopolítico que la caracterizó durante largos periodos de su historia.

Particularidades etnolingüísticas. Junto a su diversidad geográfica, Mesoamérica se caracteriza por la acentuada variedad etnolingüística. Sus numerosas lenguas se agrupan en 16 familias diferentes. Hay que resaltar, sin embargo, que Mesoamérica sería un mal ejemplo para el determinismo whorfiano. Por el contrario, en Mesoamérica es notable la forma en que la convivencia de grupos étnicos y lingüísticos encontró mecanismos comunes adecuados para articular las diferencias por medio de creencias y prácticas que daban sentido a las particularidades, incluso acentuándolas, para integrar conjuntos políticos fundados en la diversidad. Una de las creencias básicas en esta composición plural fue la de los dioses patronos, robustecida por mitos que refrendaban, por una parte, la distinción e idiosincracia de los grupos humanos, mientras que por otra los ubicaban en el contexto general y complejo.

Conformación histórica particular. Tal vez las particularidades derivadas de la pertenencia a regiones o áreas culturales específicas fueron más importantes que las producidas por la variedad etnolingüística. Esta historia común regional o de área fue importante en los territorios que se cerraron temporal, total o parcialmente, a la influencia del resto de Mesoamérica, intensificando así sus relaciones internas. Ésta es la causa de que en algunas áreas y regiones de estudio, mientras se hace clara la diferenciación hacia el exterior, dentro de un territorio la similitud de las expresiones culturales es tal que los arqueólogos se debaten por asignar a uno u otro pueblo la creación de determinada cerámica o los elementos de un estilo arquitectónico.

Posición particular de las sociedades en las interrelaciones asimétricas de carácter económico, político o cultural. El predominio de unos pueblos mesoamericanos sobre otros no sólo produjo similitudes, por emulación e imposición, sino también diferencias. Entre éstas se encontraban las debidas al proceso que Foster llama "cultura de conquista". El antropólogo caracteriza su modelo basándolo en una selección inicial que determina qué partes de la cultura donadora serán asequibles al grupo receptor y qué partes serán retenidas consciente o inconscientemente. En el primer proceso de tamización interviene positivamente la autoridad de la cultura dominadora. En un segundo proceso "la cultura receptora selecciona o hace hincapié en sólo una porción de la cantidad total de fenómenos que presenta el grupo dominante" (Foster, 1985, p. 34).

Más allá de la mera selección inicial, todo predominio económico, político o cultural provoca inhibiciones en el desarrollo de los dominados, procesos de oposición, de reacción y otros mecanismos que causan fuertes distinciones tanto frente a los dominantes como frente a grupos no participantes en la relación asimétrica. Hay, además, diferencias de marca, esto es, rasgos característicos que señalan a los dominados como insertos en un sistema político encabezado por una metrópoli.

Construcción identitaria. Las elaboraciones de los prototipos identitarios, tanto endógenas como exógenas, son una extraordinaria fuente de diferenciación. Con frecuencia los rasgos distintivos nacen consciente o inconscientemente de la necesidad de reafirmación cultural. Sin embargo, hay que considerar que tanto la inclusión como la distinción identitarias son también mecanismos para ubicarse en un contexto social. Esto puede llegar a ser —como sucedió en Mesoamérica— un instrumento integrador, en el cual cada grupo particularizado cumpla funciones específicas en un todo que, desde luego, pretende ser armónico. La distinción mesoamericana solía ubicar, ordenar y conferir significados, derechos y obligaciones. Esto ocurría, por ejemplo, en la constitución de complejos económicos y políticos supraestatales, como la excan tlatoloyan o Triple Alianza de la cuenca de México, en la cual los distintos pueblos integrantes eran considerados como piezas de un gran rompecabezas. Los dioses les habían designado su papel o misión en el mundo a cada una de las piezas.

SIMILITUDES, DIVERSIDADES E IDENTIDADES

Como lo sugiere el mismo enunciado, los factores similitud y diversidad no operan en forma aislada sino como concausas —con otros muchos factores— en un proceso cultural sumamente complejo.

En la tradición mesoamericana el parentesco cultural no se evidencia en la mera similitud de rasgos, sino en la pertenencia a una gran formación sistémica, compuesta por múltiples sistemas heterogéneos[2] y cambiantes[3] de interrelación de los distintos grupos humanos, orden favorable a la integración de una estructura de representaciones colectivas y a un conjunto de reguladores del pensamiento.

En este contexto, las similitudes y diversidades en la cosmovisión mesoamericana no son simples fenómenos culturales que marchan en sentidos opuestos. Muchos de ellos indican procesos fuertemen-

---

[2] De intercambio, del parentesco, de producción, políticos, bélicos, etcétera.
[3] En cuanto a peso, contenido, formas de articulación, etcétera.

te articulados que van en sentidos paralelos. En estos procesos se incluye la creación de identidades a partir de prototipos —tanto propios como ajenos, tanto fundados como falsos—, pues la distinción en Mesoamérica era un mecanismo ideológico ubicador, ordenador, significador, que asignaba funciones, derechos y obligaciones en el gran orden social, político y económico.

EL NÚCLEO DURO

Esa estructura o matriz de pensamiento y el conjunto de reguladores de las concepciones son los que constituyen el núcleo duro de la cosmovisión. Pueden descubrirse, precisamente, entre las similitudes.

En efecto, si hacemos un estudio comparativo del pensamiento mesoamericano encontraremos que la mayor parte de las similitudes aparecen en los centros fundamentales de los distintos sistemas de pensamiento que integran la cosmovisión. La diversidad aparece, por el contrario, en las que pudieran considerarse expresiones periféricas, algunas de ellas tan espectaculares que llegan a ocultar el meollo de los sistemas.

Veamos, para precisar lo anterior, dos ejemplos opuestos de similitudes y diferencias en un mismo contexto cultural: dos formas de existencia de mitos comunes en dos grupos humanos en contacto.

a) Boas acentuó la importancia de los préstamos de narraciones orales. Sostuvo que estos préstamos pueden darse entre sociedades que poseen mínima o nula coincidencia en sus concepciones sobre el cosmos (Boas, 1968, pp. 406, 429-430, 433 ss.). Es posible suponer que en tales casos los personajes y sus aventuras conservan un extraordinario parecido, en tanto que un significado más profundo del relato puede sufrir una drástica reinterpretación.

b) El ejemplo contrario es lo que ocurre regularmente en la tradición mesoamericana. El hecho de que exista una cosmovisión compartida permite no sólo la existencia de relatos de igual sentido profundo cuyos personajes y aventuras son los mismos, sino también la de mitos cuyos personajes son muy diferentes y cuyas aventuras poco tienen que ver entre sí, aunque conserven un profundo significado común. Esto mismo sucede en otros ámbitos de expresión en Mesoamérica. Por ejemplo, en el iconográfico la persistencia de los contenidos trasciende la variedad de los símbolos.

En Mesoamérica la similitud profunda radicaba en un complejo articulado de elementos culturales, sumamente resistentes al cambio, que actuaban como estructurantes del acervo tradicional y permitían que los nuevos elementos se incorporaran a dicho acervo con un sentido congruente en el contexto cultural. Este complejo era el núcleo duro.

A partir de la definición anterior, ¿cuáles son las características más importantes que pueden percibirse en el núcleo duro de la tradición mesoamericana?

Sus elementos son muy resistentes al cambio pero no inmunes a él. El núcleo duro pertenece a la muy larga duración histórica. Es, en términos braudelianos, un hecho histórico del "tiempo frenado", de lo que se encuentra "en el límite de lo móvil" (Braudel, 1974, p. 74). El núcleo duro mesoamericano es una entidad de extraordinaria antigüedad: fue formado por las sociedades igualitarias aldeanas del Preclásico Temprano, y muchos de sus elementos perduran en las comunidades indígenas de hoy pese al tremendo impacto de la Conquista española. Los olmecas, a quienes durante un tiempo se atribuyó ser los agentes del impulso inicial de la tradición mesoamericana, ya aprovecharon las bases cosmológicas de una visión generalizada. Ellos expresaron visualmente concepciones muy anteriores a su época en un magnífico simbolismo que sintetizaba el plano terrestre en el *quincunce,* los soportes del cielo en los árboles de los extremos del mundo, el *axis mundi* en la planta del maíz, el gran ombligo en la hendidura en V, la oposición complementaria en glifos pareados, el cielo en las encías del jaguar. Los olmecas distribuyeron por intercambio en un amplio radio del territorio mesoamericano bienes preciosos en los que estaban talladas o pintadas, con estilización extraordinaria, manchas, garras, cejas y fauces de jaguar, alas de aves fabulosas, el *xonecuilli* y muchos otros bellos signos. Pero no toda la atracción de sus obras derivaba de su belleza; gran parte del éxito se debió al significado de sus representaciones, emblemas inscritos en los objetos suntuarios que los gobernantes de dilatadas regiones adquirían como símbolos de poder. Mucho antes, antes incluso del nacimiento de las jerarquías sociales, las concepciones que después fueron simbolizadas por los olmecas habían surgido entre los aldeanos del Preclásico Temprano. Los descendientes de dichos aldeanos, tanto los gobernantes como los gobernados de las sociedades jerárquicas del Preclásico Medio (1200-400 a.C.), reconocían los símbolos cósmicos que ahora servían como apoyos del poder. Los gobernantes se ostentaron como elementos del cosmos visualmente representado: eran los seres situados en los límites de este mundo, los que podían comunicar el aquí-ahora con el allá-entonces, los árboles cósmicos, para hacer valer sobre la tierra la palabra de los dioses. No podemos desconocer el gran valor de la cultura olmeca; pero es indispensable evaluar su papel en Mesoamérica. Sus huellas, muy dispersas, no abarcan la totalidad del territorio mesoamericano. Sin embargo, en todo el territorio se descubre la gran antigüedad de rasgos nucleares comunes.

Y así, en épocas posteriores, el núcleo original creado por los antiguos aldeanos siguió sirviendo de apoyo a las sobreposiciones forjadas para responder a mayores niveles de complejidad social y política. El núcleo conservó su sentido agrícola porque las ideologías subsecuentes debieron mantener su capacidad funcional; tenían que seguir siendo convincentes ante una población formada mayoritariamente por cultivadores de maíz. Las concepciones básicas de los mesoamericanos se mantuvieron, milenariamente, ligadas a la suerte de las milpas, a la veleidad de los dioses de la lluvia, a la maduración producida por los rayos del sol.

Los componentes del núcleo duro constituyen un complejo sistémico. El núcleo duro se constituye por la decantación abstracta de un pensamiento concreto cotidiano, práctico y social que se forma a lo largo de los siglos. El diálogo secular ha producido la cosmovisión. Los elementos del núcleo se han acendrado en la congruencia. Puede pensarse que algunos de ellos, tocados por procesos históricos profundos, llegan a su fin y son sustituidos por nuevos componentes del núcleo; pero los componentes sustitutos deben ajustarse —y ajustar los otros elementos— para mantener la lógica del conjunto en una recomposición sistémica.

El núcleo duro actúa como estructurante del acervo tradicional, otorgando sentido a los componentes periféricos del pensamiento social. Los elementos de una tradición van desde los que integran un núcleo duro hasta los más mutables, pasando por los que tienen ritmos intermedios de transformación. A partir de los elementos nucleares se genera y estructura continuamente el resto del acervo tradicional. Así como los componentes del núcleo adquieren, gracias a la decantación, un valor de congruencia, al mismo tiempo producen, en sentido inverso, una congruencia global que llega al ejercicio cotidiano. Ésta es una de las características de la cosmovisión, que debido a que es un producto abstracto de la articulación de los sistemas nacidos en los distintos ámbitos de la vida social, se constituye en macrosistema, en reflujo y en forma holística y traslada a la vida concreta la vigencia de sus cánones.

Debemos evitar, sin embargo, las ideas de la congruencia absoluta, de la perfección cosmológica, de la articulación total. La vida social está llena de contradicciones, y éstas se reflejan por fuerza en el nivel de la cosmovisión. La cosmovisión permite el juego de las contradicciones, manteniendo la posibilidad de comunicación —y lucha ideológica— entre los distintos componentes de la sociedad a partir de principios que, pese a toda posición en pugna, se mantienen comunes.

El núcleo duro permite asimilar los nuevos elementos culturales que una tradición adquiere. La recepción de nuevos elementos culturales en una tradición no es un proceso sencillo. Tanto las innovaciones endógenas como los préstamos de vecinos o las imposiciones de sociedades dominantes deben incorporarse en la tradición receptora venciendo múltiples obstáculos. El núcleo duro funciona como gran ordenador: ubica los elementos adquiridos en la gran armazón tradicional; produce las concertaciones eliminando los puntos de contradicción y da sentido a lo novedoso —incluso un sentido profundo y complejo— reinterpretándolo para su ajuste.

Puede resolver problemas nunca antes enfrentados. Con un nivel de abstracción que posibilita su flexibilidad, el núcleo duro opera en las nuevas condiciones y se enfrenta a los retos inéditos que se presentan históricamente con el paso de los siglos. Sus mecanismos adaptativos garantizan el cumplimiento de sus funciones y, a la larga, su propia persistencia.

En este sentido, el núcleo duro es semejante a la memoria en el uso que se da a ésta en la vida cotidiana: no es tan importante el volumen de las representaciones acumuladas ni la capacidad

de evocarlas, sino la posibilidad de interrelacionarlas productiva-
mente para imaginar respuestas a nuevas situaciones.
No forma una unidad discreta. Ni en la antigua cosmovisión ni en
la actual tradición mesoamericana podemos distinguir límites precisos del núcleo duro. Puede pensarse que el acervo de concepciones de la cosmovisión mesoamericana —como los de otras cosmovisiones en el mundo— estuvo constituido por componentes de
distinta labilidad, ordenados de tal manera que los que servían
de presupuestos lógicos —esto es, los de una mayor generalidad y
jerarquía— adquirieron una gran resistencia a la transformación,
mientras que los menos fundantes quedaron más expuestos a la
modificación y a la eliminación ocasionadas por el devenir de las
sociedades. Así, se formó una gradación de lo más duro a lo menos
resistente, de modo que pudiéramos imaginar metafóricamente el
núcleo duro como una esfera cuyos elementos externos sufrían los
mayores embates de los procesos históricos, actuando como col-
chones protectores de sus partes fundantes y estructurantes más
internas. La violencia del cambio histórico determinaba la profundidad de los cambios en la cosmovisión; el núcleo de la esfera —el
cuerpo subsistente, de las dimensiones que hubiese conservado—
recompondría una tradición que, tras el impacto, pudiera haber
perdido muchos elementos superficiales y adquirido otros muy
diferentes, producidos en la transformación histórica.

La construcción de la cosmovisión y del núcleo duro

La cosmovisión, con su conjunto de elementos más resistentes al
cambio, tiene su fuente principal en las actividades cotidianas y
diversificadas de todos los miembros de una colectividad que, en su
manejo de la naturaleza y en su trato social, integran representaciones colectivas y crean pautas de conducta en los diferentes ámbitos
de acción.
   Las acciones repetidas originan sistemas operativos y normati-
vos. El trato social confronta los distintos sistemas producidos por
medio de la comunicación, y los sistemas adquieren congruencia
entre sí y un alto valor de racionalidad derivados tanto de la racionalidad de la acción cotidiana como de la que obligan los vehículos
de comunicación.

La confrontación de los sistemas lleva, con el tiempo, a un nivel de abstracción que desemboca en un conjunto de representaciones colectivas y de principios de acción de amplitud global, un verdadero macrosistema que incluye, sistematiza y explica todos los sistemas que lo componen. La globalización funciona no sólo como la gran síntesis, sino que, en sentido inverso, regula los sistemas de los que procede, guía la acción de quienes operan en los diferentes ámbitos de acción y explica la realidad de la naturaleza y la sociedad a todos los miembros de la colectividad.

Este macrosistema de flujo y reflujo es producto, por tanto, de una racionalidad distribuida en el terreno de lo concreto y cotidiano. Sus autores, los miembros de la colectividad, no tienen conciencia de que sus acciones son la fuente racional del macrosistema, y aceptan su orden, sus preceptos y su orientación como una verdad sagrada, universal, independiente de las concepciones de la comunidad a la que pertenecen.

Lo anterior se ha presentado como una explicación de los pasos para constituir la cosmovisión; pero en la realidad debemos tomar en cuenta que las cosmovisiones siempre están en proceso de creación. Todo acto creativo de cosmovisión nace ya en el lecho de la cosmovisión existente, por lo que la estructura racional previa constituye otro de los elementos que contribuye a la racionalidad permanente del macrosistema.

La forma descrita de creación es la más importante; pero no puede desconocerse la actividad de los reguladores de sistemas, personajes socialmente destacados. Éstos, como sabios, artistas, filósofos, profetas, santos o líderes, recogen consciente o inconscientemente la experiencia de su contexto social y la expresan bajo lineamientos estructurantes. Su expresión es convincente, en tanto fundada en un saber general con el que la colectividad se identifica sin percibir su origen, y en tanto poseen —por lo regular— facultades expresivas extraordinarias. A diferencia de la creación colectiva, la suya es intencional, independientemente de que no exista en ellos conciencia de la fuente de su saber y la atribuyan a la comunicación sobrenatural, la inspiración, la sabiduría propia, etcétera.

Ni la cosmovisión ni su núcleo duro existen como entidades centralizadas. Su existencia es dispersa, pulverizada, distribuida entre todos y presente en todas las acciones. La cosmovisión y su núcleo duro están presentes en los múltiples procesos de confrontación de los sistemas. Se encuentra sobre todo en las conscientes o inconscientes aplicaciones de la analogía. Forman modos de ser y de pensar, prejuicios en la percepción del mundo exterior, pautas de solución que se aplican a los más disímbolos problemas; van en las tendencias, en los gustos, en las preferencias. Nadie concibe el macrosistema cabalmente ni puede captar sus principios más abstractos como fórmulas generales. El macrosistema no se explicita en su globalidad, pero lo hace como sabiduría aplicada en todo terreno de lo particular y concreto. La cosmovisión es una construcción indispensable para el pensamiento y la acción particulares y concretos, y de ahí su necesidad constante de articularse a las transformaciones sociales.

Todos los vehículos de expresión hacen referencia a la cosmovisión y a su núcleo duro; pero hay algunos que tienen alcances tan abstractos y generales que pudiéramos llamar *vehículos de expresión privilegiados*. Entre éstos destacan el mito y el rito. Sus referencias, empero, no son transparentes. Operan en el nivel de la metáfora y con tal contenido de emotividad y estética, que pueden ser considerados más como medios operativos de múltiple aplicación concreta que como expositivos de sus significados profundos más abstractos.

YE ÍXQUICH

Queda hecha la propuesta. Con ella va la confianza de que hemos de continuar activos en el camino de la explicación de esta realidad histórica tan compleja que llamamos Mesoamérica. Es mucho lo que falta por repasar, revaluar, replantear, reconsiderar; en fin, es mucho lo que debemos someter al balance de fin de ciclo.

Hemos recorrido caminos circulares dentro de los límites marcados por Kirchhoff para delimitar Mesoamérica. Él mismo tuvo que instarnos a sus alumnos, repetidamente, a derribar las barreras. Para entender mejor la realidad histórica estudiada deberemos contrastarla profundamente con las grandes áreas culturales vecinas, sobre todo con Oasisamérica. Creo que la base de la distinción tendrá que aquilatarse a partir de los núcleos duros de las que parecen ser dos grandes entidades diferentes.

BIBLIOGRAFÍA

Boas, Franz, *Race, language and culture,* The Free Press-Collier Macmillan, Nueva York-Londres, 1968.

Braudel, Fernand, *La historia y las ciencias sociales,* Alianza Editorial, Madrid, 1974.

Foster, George M., *Cultura y conquista. La herencia española de América,* 2a. ed., Universidad Veracruzana, Xalapa, 1985.

López Austin, Alfredo y Leonardo López Luján, *El pasado indígena,* El Colegio de México, Fideicomiso Historia de las Américas, Fondo de Cultura Económica, México, 1996.

2. La cosmovisión mesoamericana: una mirada desde la etnografía

ANDRÉS MEDINA HERNÁNDEZ*

A mi maestra BARBRO DAHLGREN,
erudita, memoriosa, "inverosímil".

INTRODUCCIÓN

Una larga cadena de desencuentros y la ausencia de diálogo han caracterizado las relaciones de los pueblos indios con el resto de la sociedad desde la fundación misma de la nación mexicana, a menos que la discriminación racial, la explotación inmisericorde y el etnocidio sean asumidos como las formas de relación en que se funda el diálogo. Tal vez una de las mejores muestras de las dificultades para que una civilización se comunique con otra haya sido la que relata el franciscano Bernardino de Sahagún en el *Libro de los coloquios*, cuando los Doce Padres, recién desembarcados de España, se enfrentan a los sacerdotes aztecas, en 1524, para una discusión teológica.

En realidad no hubo diálogo, pues ante la declaración de los dignatarios religiosos mexicas de mantenerse apegados a sus antiguas tradiciones, los franciscanos responderán de manera tajante con una amenaza de muerte y exterminio. Como afirma Sybille de Pury-Toumi:

> Los frailes seráficos van a hacer entonces todo lo posible para confinar al olvido a los que ellos llamaron sátrapas —los textos que se refieren a los sacerdotes aztecas son muy escasos— o para desprestigiarlos, sus-

* Instituto de Investigaciones Antropológicas, Universidad Nacional Autónoma de México.

citando rumores en cuanto a sus costumbres disolutas. Los franciscanos ignoran a los religiosos aztecas para concentrar su acción misionera en las nuevas generaciones (1997, p. 53).

En el otro extremo de la secuencia temporal, el presente, nos encontramos en una nueva situación que plantea la posibilidad de diálogo y una reacción comparable en muchos sentidos, pues a raíz del levantamiento del Ejército Zapatista de Liberación Nacional (EZLN) el 1 de enero de 1994, la suspensión de hostilidades y el inicio de diálogo, se llega a la firma de los Acuerdos de San Andrés sobre Derechos y Cultura Indígena el 16 de febrero de 1996.

Sin embargo, a la actitud racista y prepotente de los negociadores gubernamentales habría de seguir un despliegue militar y el establecimiento de lo que los especialistas han llamado una "guerra de baja intensidad", que recoge las experiencias de los ejércitos de Estados Unidos y otras potencias militares, tanto en el sureste asiático como en América Latina, para aplicarse ahora a los pueblos indios que reivindican sus derechos políticos y culturales.

A decir verdad, esta imitación de estrategias de exterminio no es nueva. Ya en el siglo XIX, en el avance hacia el oeste de la "civilización occidental", el ejército de los "peregrinos" anglosajones enfrentaría a los indios con la guerra y con la firma de acuerdos que al día siguiente eran ignorados, para proseguir su marcha implacable. Al mismo tiempo, el Ejército mexicano extremaba esfuerzos para aplacar las llamadas "guerras de castas" de los pueblos indios, que abarcaban prácticamente todo el territorio nacional, desde la guerra declarada de los yaquis en Sonora hasta el vasto movimiento de los pueblos mayas de la península de Yucatán. Se destruía a los pueblos indios, condenando a la esclavitud a los sobrevivientes y despojándolos de sus recursos de diversas maneras (*cf.* Viñas, 1982).

A lo largo de los 500 años que siguen a la derrota militar de la Triple Alianza, bajo el sometimiento al régimen colonial y en los gobiernos liberales del siglo XIX el indio es considerado un "salvaje" y su cultura como un producto del demonio, o cuando mucho una especie de menor de edad que requiere protección, tutoría, y al que puede engañarse fácilmente.

La Revolución mexicana, con todo su espíritu popular y de redención hacia los pueblos indios, no se queda atrás, aunque ahora las formas de exterminio son más elegantes y "científicas", pues a la propuesta de una nación "con una lengua y una cultura", que proclama don Manuel Gamio, fundador de la moderna antropología mexicana, le acompaña la consigna, de José Vasconcelos, de fundar una "raza cósmica" —producto de un mestizaje, que anula por lo tanto la diversidad étnica— y la decisión de imponer el castellano en la educación de los pueblos indios, como lo declaran los notables educadores Gregorio Torres Quintero y Rafael Ramírez.

La profunda reconsideración de la política indigenista del gobierno federal, durante el periodo de Lázaro Cárdenas, sienta las bases de una serie de procesos socioeconómicos y políticos que inciden en la configuración del movimiento contemporáneo de los pueblos indios. Por una parte, la reforma agraria propicia la reconstitución de las comunidades indias, que reelaboran su tradición cultural mesoamericana y reproducen su diversidad lingüística; por otra, se crea una educación bilingüe, que abre una nueva época en el estudio de las lenguas amerindias y en el desarrollo de técnicas pedagógicas adecuadas a la situación social y cultural.

Finalmente, en términos de política nacional se propicia la creación de organizaciones indias con las cuales el gobierno federal pueda tener interlocutores para sus programas; sin embargo, lo único que se concreta es el Consejo Supremo Tarahumara, aunque por otro lado empiezan a constituirse autoridades municipales en aquellas regiones predominantemente indias (lo que Jan Rus [1995] ha llamado, para la situación chiapaneca de los años cuarenta, las "comunidades revolucionarias institucionales", quizás un tanto de manera abusiva, pues en sentido estricto se refiere a la consolidación de un cacicazgo en San Juan Chamula, que dura hasta nuestros días).

La coyuntura histórica del cardenismo sienta las bases de la moderna antropología mexicana; se crean varias instituciones de docencia, investigación, gremiales y de acción social que constituirán los ejes de la comunidad científica, la cual desarrollará una perspectiva propia a partir de las tradiciones académicas prexistentes. Con esto se introduce un cambio importante en las concepciones acerca de la lengua y la cultura de los pueblos indios, pues cambia el paradigma evolucionista por otro que conjuga las propuestas del estructural-funcionalismo europeo con las del culturalismo de la antropología boasiana de Estados Unidos.

La antropología como ciencia moderna surge en la matriz teórica del evolucionismo que domina el pensamiento científico del siglo XIX; con una perspectiva acentuadamente etnocéntrica, sitúa la diversidad cultural y social mundial en una secuencia histórica que tiene en el capitalismo industrial europeo la culminación de los procesos civilizatorios, dándole a la antropología la tarea de clasificar a los pueblos ajenos a esa tradición cultural en los grandes apartados del salvajismo y la barbarie.

La sociedad primitiva de Lewis H. Morgan, libro publicado en 1879, expresa con elegancia y erudición las características del paradigma evolucionista, del que se desprenden las hipótesis y la metodología de la antropología mexicana hasta los años cuarenta; a mi manera de ver, el resultado más representativo de este paradigma es el libro de Carlos Basauri, *La población indígena de México*, publicado por la Secretaría de Educación Pública en 1940.

El evolucionismo era la teoría científica que respaldaba la posición del gobierno y las clases dominantes para eliminar racial y culturalmente a los pueblos indios bajo el argumento de "incorporarlos" a la civilización, lo que habría de matizarse con los planteamientos de Alfonso Caso y Gonzalo Aguirre Beltrán, fundadores de la política indigenista oficial desarrollada en el Instituto Nacional Indigenista, creado en 1948, cuando se organizan los programas de "integración" a la nacionalidad mexicana.

Sin embargo, las investigaciones etnográficas realizadas bajo la orientación funcionalista pronto revelarían la complejidad político-religiosa y cultural de las comunidades indias, que reconocen, sobre todo, la vigencia y vitalidad de la antigua tradición mesoamericana. No obstante, persiste la antigua tendencia de reducir a toda costa la presencia de los pueblos indios en la sociedad mexicana, de tal suerte que para dar cuenta en los censos de su magnitud se utiliza el criterio lingüístico, acotado a hablantes mayores de cinco años. Los criterios de índole cultural son ignorados.

Resulta muy sugerente que uno de los temas de mayor discusión a lo largo de los años cuarenta, en los medios indigenistas y académicos, era el de la identidad india en el marco de la nación mexicana, a lo que se respondería con el criterio lingüístico, por razones censales. Las ambigüedades del debate teórico y el discurso nacionalista gubernamental, que vinculaba a los indios de ahora con el legado histórico y cultural de los pueblos mesoamericanos, darían pie al mantenimiento de estereotipos marcados por un profundo racismo. La vigencia de tales estereotipos ha sido uno de los mayores obstáculos para dialogar con los pueblos indios.

Los diversos elementos que se articulan para configurar la posición actual del movimiento indio, que reclama el reconocimiento de sus derechos políticos y el ejercicio de su autonomía, aparecen a lo largo de los años setenta. Por una parte, la discusión teórica en la comunidad antropológica nacional se sitúa en dos tópicos fundamentales: las características del campesinado en el sistema de las clases sociales de la sociedad mexicana, que incluye a las comunidades indígenas, y el reconocimiento de la importancia de la identidad étnica para entender la problemática socioeconómica y cultural de tales comunidades. Por otra, emerge, a escala continental, un poderoso movimiento panindio que reivindica sus derechos históricos y culturales por encima de los actuales estados nacionales, en nombre de los cuales exige el ejercicio de sus derechos políticos.

Un resultado de ese proceso es la organización, en 1975, del Consejo Nacional de Pueblos Indígenas, que nace con una contradicción organizativa que no logra resolver y lo lleva a su desintegración en 1987, pues una parte de sus integrantes está relacionada con el clientelismo y el corporativismo del partido oficial; la otra, en cambio, mantiene nexos con los movimientos campesinos indios que defienden su autonomía política frente al Estado. No obstante esta situación, el discurso con el que aparece en el foro político nacional es el de las reivindicaciones históricas de cara a la nación, pero sobre todo el reclamo del derecho de los pueblos indios a su diversidad lingüística y cultural.

Es sólo bajo el impacto político que provoca el EZLN cuando se crean las condiciones para la aparición de un movimiento nacional independiente y con reivindicaciones políticas definidas. En efecto, el Congreso Nacional Indígena (CNI), fundado en 1997 por una dirigencia política india que procede de los movimientos regionales más avanzados y de las experiencias de las movilizaciones campesinas indias en el contexto nacional, representa la reacción de estos pueblos a la negativa del gobierno federal a cumplir con los acuerdos firmados; el CNI aparece entonces como el interlocutor histórico frente al Estado nacional, únicamente para que éste reproduzca, en su versión actual, el viejo discurso autoritario y dogmático pronunciado por los frailes franciscanos.

El impacto de todo este proceso político en la antropología mexicana ha provocado una conmoción de la que no acaba de salir, en particular por la influencia de una tradición académica que ha descrito la cultura de los pueblos indios pero que escasamente ha buscado el diálogo en las propias lenguas amerindias. Sin embargo, si miramos con cuidado los trabajos de la etnografía mexicana encontraremos diversos intentos y esfuerzos por entablar un diálogo que permita oír la voz de los pueblos indios desde su propia perspectiva, y esto prácticamente desde las primeras generaciones de antropólogos profesionales, las que se forman en la Escuela Nacional de Antropología e Historia (ENAH) en los años cuarenta. Tal es el testimonio elocuente de dos obras: *Juan Pérez Jolote*, de Ricardo Pozas (1948), y *Los peligros del alma. Visión del mundo de un tzotzil*, de Calixta Guiteras (1965). Pero mientras el primero atiende a las condiciones sociales y económicas de las comunidades indias, así como a las vicisitudes dramáticas de un tzotzil en el contexto histórico de la Revolución mexicana, el libro de Guiteras funda una perspectiva que busca no sólo las palabras de un tzotzil, sino que también inquiere en las categorías de su pensamiento, en el reconocimiento de su visión del mundo.

A esta perspectiva habremos de referirnos en el presente ensayo, el cual organizamos en tres partes. En la primera nos referimos a la manera en que se configura el tema de la cosmovisión en la antropología mexicana; en la segunda hacemos un recorrido por aquellos ensayos dedicados al tema de la visión del mundo en la población india mexicana; por último, en la tercera, señalamos los temas que se han privilegiado en la discusión y que expresan vivamente los argumentos aducidos, así como las diferencias teóricas y metodológicas. Cerramos con una breve reflexión acerca del diálogo entre los pueblos indios y la sociedad nacional, refiriéndonos a lo que sabemos hasta ahora, que ciertamente no es mucho, y a las posibilidades que se abren cuando nos ubicamos en la perspectiva de estudiar la visión del mundo, es decir, de las concepciones históricamente arraigadas en la tradición mesoamericana y contenidas en la riqueza de la diversidad lingüística.

Antes de entrar en materia es necesario hacer dos aclaraciones de carácter metodológico. En primer lugar, en este escrito hacemos referencia a la *cosmovisión* mesoamericana aludiendo a su expresión en los pueblos indios contemporáneos que mantienen y reproducen esa tradición cultural, con la cual se articulan a un proceso histórico milenario. No abordamos el interesante aspecto sobre los vínculos entre las manifestaciones actuales de la cosmovisión y aquellas otras que conocemos, del siglo XVI, por las fuentes históricas de los pueblos mesoamericanos y de los cronistas hispanos.

En segundo, hemos asumido el marco de lo nacional partiendo de la premisa de que las transformaciones de los pueblos indios desde el momento del encuentro con los españoles son parte de los procesos mediante los que toma forma la nación mexicana; no han permanecido estáticos ni aislados, como implica una buena parte de la etnografía mesoamericanista. Pensamos en la aproximación a los pueblos indios por medio del diálogo, tentativo y prometedor en la perspectiva de la cosmovisión, y no por las entrevistas a "informantes" ni por el afán de recuperar "supervivencias".

LA CONFIGURACIÓN TEMÁTICA

El concepto *visión del mundo* o *cosmovisión* tiene diferentes connotaciones según la lengua en que se enuncie. G. Aguirre Beltrán, uno de nuestros mayores teóricos, gustaba de usar un latinajo, *imago mundi*, aunque sin precisar su particularidad frente a las versiones de otras lenguas. En inglés el término usual es el de *worldview*, que me parece de implicaciones más restringidas que el de "cosmovisión", usado también por cierto en la etnografía francesa, aunque de manera restringida. La mayor elaboración habría de darse en la filosofía alemana de fines del siglo XIX y particularmente en los trabajos de Wilhelm Dilthey (1833-1911), situados en la corriente historicista de la que procede la distinción entre Ciencias de la Naturaleza y del Espíritu. Esta corriente habría de imprimir una marca notable en el desarrollo de la antropología en Estados Unidos, en lo que conoceríamos posteriormente como el "culturalismo" que parte de Franz Boas y sus discípulos.

Sin embargo, la tradición teórica que resulta central para nuestro tema es la que funda Émile Durkheim y sus seguidores, agrupados en torno a la revista *Année Sociologique*. Las propuestas que constituyen su núcleo central continúan hasta el presente en los trabajos de Claude Lévi-Strauss, como él mismo lo señala en su discurso inaugural de la Cátedra de Antropología Social del Colegio de Francia en 1960 (Lévi-Strauss, 1968).

La elaboración de las propuestas teóricas en la dirección de la etnología es realizada por Marcel Mauss, cuyo trabajo fecunda una buena parte de la investigación etnológica francesa del siglo XX. Resultan fundamentales sus propuestas acerca del "hecho social total" y de la búsqueda de las "categorías inconscientes", consideradas importantes en las cuestiones relativas a la magia, la religión y la lingüística (Lévi-Strauss, p. XXIV).

Uno de los primeros trabajos en los que se presenta de manera muy sugerente la propuesta de la etnología francesa es el ensayo "De quelques formes primitives de classification", escrito conjuntamente por E. Durkheim y M. Mauss y publicado en 1903 en la citada revista; en él se maneja una extensa bibliografía etnográfica, sobre todo la australiana, que habría de jugar un papel central en la formación de la tradición etnológica francesa. Las ideas allí contenidas habrían de ser retomadas y ampliadas por E. Durkheim en su obra clásica *Las formas elementales de la vida religiosa*, publicada en 1912 y cuyo eje es el análisis de las relaciones entre la estructura social y la clasificación simbólica.

El impacto de ese ensayo puede seguirse en numerosas y notables obras etnológicas de la primera mitad del siglo XX, entre las cuales encontramos el que representa, tal vez, el primer trabajo que describe y analiza la cosmovisión de un pueblo mesoamericano, el artículo de Jacques Soustelle "El pensamiento cosmológico de los antiguos mexicanos. (Representación del mundo y del espacio)", publicado en francés en 1940 y traducido al castellano en 1982, que aparece con otros ensayos del mismo autor en el libro *El universo de los aztecas* (Soustelle, 1982).

Sin embargo, no es la obra de Soustelle la que impacta las investigaciones etnográficas mesoamericanas, o por lo menos no directamente, sino otro autor, Marcel Griaule, discípulo de Mauss y de Paul Rivet, quien lo haría por intermedio del interés y las reflexiones de Robert Redfield, antropólogo de la Universidad de Chicago cuya obra ha dejado una fuerte impronta en la antropología mexicana. El trabajo de Griaule nos remite a las expediciones etnográficas francesas a África en los años treinta.

Por esos años, en una remota aldea del pueblo dogon, ahora parte de la República de Mali, pero en esa época todavía dentro del imperio colonial francés, un viejo cazador, ciego a consecuencia de un accidente con su arma, se había preparado por años para hablar con el etnólogo Marcel Griaule, quien desde 1931 visitaba la región, junto con otros especialistas que estudiaban la cultura y recolectaban toda clase de objetos de arte en las poblaciones del Sudán francés. Las vicisitudes de la segunda Guerra Mundial obligaron a suspender los trabajos de investigación, que fueron reiniciados en 1946. Fue en esos momentos cuando Griaule se encuentra con el cazador, Ogotemmêli, y realiza treinta y tres entrevistas en las que se le revelaría toda una cosmovisión de extrema complejidad. En cada entrevista se avanzaba sistemáticamente en la descripción de una concepción del mundo que expresaba una filosofía profundamente arraigada en la lengua y la cultura del pueblo dogon.

El material etnográfico reunido era sustancioso y auguraba el descubrimiento de otros ámbitos de la cultura de ese pueblo; lamentablemente, Ogotemmêli fallece al año siguiente, el 29 de julio de 1947. Un año después M. Griaule publica el texto de las entrevistas en un libro que marcaría de manera decisiva las investigaciones etnográficas, al tiempo que planteaba numerosos problemas de orden teórico y metodológico.

En efecto, *Dieu d'eau. Entretiens avec Ogotemmêli* llama rápidamente la atención de los especialistas y provoca muy diversas respuestas. El propósito del autor era dirigirse a un público amplio, no especialista, por lo cual el texto carece tanto de referencias bibliográficas como de descripciones técnicas sobre la lengua de los dogon.

El libro de Marcel Griaule es ciertamente impresionante, tanto por su calidad literaria como por lo bien organizada y gradual descripción de una cosmovisión compleja y elaborada, pues entreteje de manera muy tentadora el universo de la cultura dogon. Un hecho peculiar es el papel otorgado al cuerpo humano como principio para organizar las relaciones sociales y definir aspectos fundamentales de su concepción del mundo. Así, por ejemplo, la imagen de la sociedad, en su forma y orígenes, remite al cuerpo humano.

La bibliografía etnográfica generada por M. Griaule y su equipo es considerable; el abundante material reunido durante el trabajo de campo ha dado pie a diversas publicaciones especializadas. El propio texto de las entrevistas ofrece un excelente material de por sí complejo y sugerente para la especulación teórica. *Dieu d'eau* tiene sin duda un lugar privilegiado, aunque no exento de polémica, pues se le ha cuestionado desde diferentes perspectivas, algunas de ellas de forma severa, como la que hacen los antropólogos británicos.

Es interesante el que este libro haya impactado a la etnografía mexicana indirectamente (y una de sus más claras consecuencias es el señalado libro de Calixta Guiteras: *Los peligros del alma*, 1965). Lo cierto es que la polémica sobre la cosmovisión como un marco teórico general no ingresaba en los medios mexicanos antes de dicha obra, no obstante que el Fondo de Cultura Económica había publicado en 1959 un excelente volumen dedicado precisamente a las cosmovisiones de algunos pueblos africanos, el cual fue coordinado por Daryll Forde. La edición original en inglés se había publicado cinco años antes. En este libro se incluye un capítulo dedicado a los dogon escrito por M. Griaule y su colaboradora Germaine Dieterlen.

Sin embargo, la forma en que se realiza la investigación etnográfica y las implicaciones tanto metodológicas como las de orden político abren a la discusión una gama amplia de cuestiones, sobre todo en el contexto actual en el que se ha impugnado el viejo enfoque positivista que atribuye al observador una distancia y una objetividad que están lejos de ser efectivas. A esto añadamos un hecho fundamental: el entorno demasiado colonial en que trabaja Griaule, condición en la que su propia personalidad y estilo parecen encajar perfectamente.

Marcel Griaule había sido piloto aviador durante la primera Guerra Mundial y esto le da una perspectiva que influye en su percepción del trabajo de campo etnográfico, tanto en lo que se refiere a la elaboración de planos y mapas como en la técnica misma de reconocimientos aéreos para sus objetivos científicos. Todavía en 1946, como ocupante de la primera cátedra de etnología en la Sorbona, gustaba de presentarse con su atuendo militar. Fue también consejero de la Union Française, institución que dirigía la política colonial (Clifford, 1983).

La experiencia del encuentro con Ogotemmêli sería definitiva para el trabajo de M. Griaule, pues transforma de manera radical su metodología del trabajo de campo aunque no los supuestos básicos, como lo señala James Clifford, quien distingue lo que llama los dos "paradigmas": el de la primera etapa, que es de carácter básicamente documental, es decir, de recopilación de todo tipo de datos por métodos respaldados en una posición autoritaria; y el de la segunda etapa, que adquiere una calidad iniciática, pues el investigador se convierte en discípulo, comentador y traductor del sabio o especialista local (Clifford, *op. cit.*, p. 136).

Si bien la obra de Griaule ha sido objeto de críticas muy adversas por parte de diversos antropólogos (en particular los británicos, que han señalado diversas limitaciones en su trabajo de campo, como el que haya empleado traductores para registrar sus datos sobre la cosmovisión y la ausencia de referencias a la organización social y a las instituciones políticas) (Clifford, *op. cit.*, p. 124), cuando llega a las manos de Robert Redfield, recién publicada y lejos todavía de las críticas, aunque en la efervescencia de los medios no especializados que lo elogian, llama inmediatamente su atención y lo entusiasma, a tal punto que alienta a varios de sus estudiantes para que se lancen a hacer investigaciones entre los pueblos de raíz mesoamericana bajo la temática de la cosmovisión.

Redfield se forma en la Universidad de Chicago en los años veinte, cuando florecían las investigaciones sobre ecología urbana bajo la dirección de Robert E. Park; la influencia de esta corriente se advierte en la propuesta metodológica que hace de la comunidad el centro de sus observaciones y reflexiones. De hecho, él realiza una de las primeras investigaciones de campo en México, en la que el sujeto de estudio es una comunidad campesina nahua, Tepoztlán, en el estado de Morelos.

El trabajo de campo llevado a cabo en Tepoztlán, en 1926, cristaliza en una monografía etnográfica que subraya aquellas características de la cultura que articulan y otorgan coherencia a la vida comunitaria (Redfield, 1930). Aunque en declaraciones hechas muchos años después lo caracteriza como un trabajo de juventud, anterior a la propuesta teórica sobre el *continuum* folk-urbano, reivindica el enfoque y las preocupaciones en que se apoyó para su realización (Redfield, 1960, pp. 133-148). Su mayor importancia reside en la perspectiva de las investigaciones etnográficas, en la apertura a reflexiones metodológicas y teóricas acerca de la comunidad, así como en el establecimiento de un modelo para el trabajo de campo en las regiones campesinas e indias del país, lo que habría de mostrar con elocuencia en sus investigaciones realizadas en la Península de Yucatán en los años treinta; en ellas ubica a la comunidad en el contexto del proceso de cambio social y cultural, estableciendo un esquema teórico que tendría como sus modelos polares a una comunidad "tribal", Tusik, y a un centro urbano cosmopolita, la ciudad de Mérida.

Como resultado de su trabajo de campo en Yucatán, y con la colaboración fundamental de Alfonso Villa Rojas, Redfield publica tres libros, sobre los cuales hace una serie de reflexiones teóricas en textos posteriores, con lo que ofrece una magnífica oportunidad para situar sus preocupaciones y sus intereses acerca de la cosmovisión; es decir, nos ayudan a entender la admiración que le provoca de inmediato el libro de M. Griaule y la intención de seguir esta perspectiva entre los pueblos indios de raíz mesoamericana.

El libro más importante de su experiencia yucateca es, sin lugar a dudas, *The Folk Culture of Yucatan* (Redfield, 1941), uno de los trabajos clásicos de la antropología mesoamericanista, en el que compara las cuatro comunidades estudiadas a través de diferentes aspectos temáticos, a cada una de las cuales dedica uno de los doce capítulos que lo componen. Aparece entonces uno que anticipa ya su interés por la cosmovisión, aunque no con ese nombre todavía: el capítulo V: "The Villagers View of Life", que consigna la perspectiva campesina maya describiendo las creencias relacionadas con el trabajo en la milpa y con las etapas culturalmente significativas del ciclo de vida. Su objetivo es, como el título mismo indica, ofrecer la visión de los mayas, su concepción del universo y de sus relaciones con las fuerzas sobrenaturales que lo dominan.

Otros capítulos que ahora consideramos más relacionados con la cosmovisión pero que en el libro referido aparecen como temas separados son el IV, que describe la transformación del sistema de creencias en que se conjugan las tradiciones religiosas maya y cristiana; el X, relativo al ciclo festivo, y el XI, que trata de las concepciones médicas tradicionales.

La referencia directa a la cosmovisión es hecha por Redfield en 1952, cuando expresa el entusiasmo que le provoca el libro de Griaule. Dedica entonces una larga reflexión a la visión del mundo, que publica en los *Proceedings of the American Philosophical Society* (Redfield, 1962), y envía un memorándum a Michael Mendelson, que realizaba trabajo de campo bajo su dirección, para indicarle se dedicase a reunir datos referidos a la visión del mundo de un indio guatemalteco. Éste es también el año en que manda una carta a

Calixta Guiteras para invitarla a realizar una investigación sobre la visión del mundo en un indio de alguna comunidad de los Altos de Chiapas. En su carta, R. Redfield le menciona a Guiteras el libro de Griaule, *Dieu d'eau*, y le hace llegar copia del memorándum para M. Mendelson (Guiteras, 1965).

Hacia 1957 Redfield escribe un pequeño ensayo sobre el pensador y el filósofo en las sociedades primitivas, recuperando la reflexión que Paul Radin realiza en su libro *Primitive Man as Philosopher* (cuya primera edición data de 1927), e incorporando la distinción hecha por I. Berlin en el campo de la literatura entre el pensador disperso, al que simboliza con la zorra, y aquel centrado en un plan maestro al que remite todas sus actividades, el erizo. El texto es publicado póstumamente y expresa una serie de interesantes consideraciones en el marco de los estudios antropológicos (Redfield, 1964). Sin embargo, me parece que el mayor razonamiento sobre la cosmovisión, particularmente sobre sus implicaciones teóricas y metodológicas y con referencias específicas tanto a sus propias investigaciones como a otras que considera relevantes para el tema, lo encontramos en el libro dedicado a analizar las diferentes maneras de abordar los estudios de comunidad, *The Little Community* (1960), en cuyo capítulo VI: "An outlook on life", define y comenta la cosmovisión.

En su primer texto dedicado a tal tema, el de 1952, lo precisa como la imagen o perspectiva característica de un pueblo; es decir, como la concepción que tienen los miembros de una sociedad acerca de las características y propiedades de su entorno. Es la manera en que un hombre, en una sociedad específica, se ve a sí mismo en relación con el todo; es la idea que se tiene del universo. Cada cosmovisión, añade, implica una concepción específica de la naturaleza humana. Aquí propone que el término *cosmología* se remita a la concepción del mundo que posee un pensador especializado (Redfield, 1962).

En el ensayo póstumo, "Thinker and Intellectual in Primitive Society", reconoce la diferencia entre el filósofo y el hombre de acción; recupera, asimismo, el señalamiento de Paul Radin en el sentido de reconocer individuos particulares en las sociedades "primitivas", que se dedican, por temperamento, a actividades intelectuales y cuyas producciones creativas constituyen materia prima para la etnografía. Estos intelectuales elaboran ideas e imágenes de su tradición cultural, consiguiendo resultados coherentes y abstractos. El hombre de acción, en cambio, no se pregunta el significado de lo que ocurre ni lo integra en sistemas de pensamiento.

Cuando Redfield se refiere a los estudios sobre la cosmovisión sólo encuentra breves bosquejos descriptivos cuyos datos no se analizan y carecen de concepción sistemática que permita continuar las breves reflexiones o comentarios hechos. Apunta también una desigualdad entre la cosmovisión como principio organizador y el reconocimiento de la vigencia de un pensamiento filosófico, a propósito del ensayo que Clyde Kluckhohn publicara sobre la filosofía de los indios navajos (Kluckhohn, 1949).

El resultado de su entusiasmo y de su afán por promover investigaciones sobre la cosmovisión entre los pueblos de tradición mesoamericana cristaliza en tres investigaciones. Además del trabajo de M. Mendelson, realizado en Santiago Atitlán, en Guatemala, y el de Calixta Guiteras en San Pedro Chenalhó, la tercera investigación tiene lugar en Mitla, población zapoteca del Valle de Oaxaca, realizada por Charles Leslie, otro de sus estudiantes de la Universidad de Chicago. Los tres trabajos han sido publicados y constituyen las primeras investigaciones orientadas explícitamente al estudio de la cosmovisión entre las comunidades de raíz mesoamericana. Sin embargo, difieren sustancialmente en cuanto a sus logros; sólo el trabajo de Guiteras podría desarrollar las ideas que Redfield había planteado por cierto de una manera muy general. Pero con el esfuerzo de ambos, en un diálogo que les lleva varios años, se consigue preparar la etnografía sobre la visión del mundo que funda esta temática en México.

Es así que el interés de R. Redfield se concentraría definitivamente en las investigaciones de Guiteras. Podemos reconocer el complicado proceso de elaboración de *Los peligros del alma* gracias al "Epílogo" que Sol Tax escribiera y se incluye en el libro (Guiteras, 1965). El punto de partida es la carta mediante la cual invita a Guiteras a realizar una investigación sobre la visión del mundo en Cancuc, en lo que por cierto mucho tiene que ver la cercanía de Sol Tax con ambos. Esta carta, fechada el 11 de septiembre de 1952, es acompañada del ensayo "The Primitive World View", que publicara en ese mismo año R. Redfield, así como del memorándum a M. Mendelson, en donde se sintetizan los objetivos de la investigación de campo sobre la cosmovisión.

Luego de numerosas vicisitudes, narradas en el referido "Epílogo" de Tax, del envío de materiales de campo y del intercambio de correspondencia en la que Guiteras interpretaba las diversas indicaciones, el 26 de septiembre de 1953 Redfield le escribe:

> Ha conseguido usted mucho más de lo que yo esperaba. No creo que haya otro documento igual en lo que se refiere a ningún campo de trabajo en la etnología latinoamericana [...] El extraordinario valor que para mí tiene el documento radica en el hecho de que procede en su totalidad de un solo informante, y se encuentra en un orden de pensamiento que es el resultado de una serie de entrevistas con un solo investigador (*op. cit.*, p. 298).

Finalmente, *Perils of the Soul* aparece en 1961, en The Free Press of Glencoe, y su versión en castellano, *Los peligros del alma*, en 1965, en el Fondo de Cultura Económica, en una traducción hecha por el antropólogo Carlo Antonio Castro.

El "corpus" etnográfico

En el conjunto de trabajos dedicados al tema de la cosmovisión en los pueblos de tradición mesoamericana podemos reconocer dos grandes ejes, de carácter metodológico uno, y teórico el otro. Para el primero los hemos agrupado en tres categorías: *a)* ensayos sintéticos; *b)* monografías comunitarias, y *c)* investigaciones con una perspectiva regional. Para el segundo hemos empleado una tipología de carácter temático, que de diversas maneras remiten a intereses y preocupaciones teóricas. Con este conjunto podemos considerar ya establecido el campo de la cosmovisión en la etnografía mesoamericanista y, como será evidente en nuestra descripción, su potencial teórico apenas si comienza a ser desarrollado, de tal manera que no es difícil afirmar que todavía estamos en una primera etapa. Sin embargo, este juicio queda abierto a la discreción de los lectores, luego de ponderar la siguiente exposición.

He llamado "ensayos sintéticos" a las primeras reacciones que se dan, en el campo de las publicaciones, al tema de la cosmovisión; el primero es un espléndido estudio escrito por Marcelo Díaz de Salas, "Notas sobre la visión del mundo entre los tzotziles de Venustiano Carranza, Chiapas" (1963), cuyo contenido enfoca los grandes temas que configuran el campo temático, tales son el cerro sagrado y su ceiba como *axis mundi*, en el que residen los espíritus de los santos y los nahuales del pueblo; de su interior brota constantemente agua y su acceso está vigilado por una gran serpiente que lo rodea. Da cuenta también de los tres niveles o "cielos" y de los personajes que residen en cada uno, así como de las tres épocas por las que ha pasado el mundo. Hace referencia a dos tipos de entidades anímicas, y señala la expresión profundamente etnocéntrica de asumirse como los hijos del Sol y de la responsabilidad al realizar los rituales correspondientes para que el orden cósmico no se desplome (*op. cit.*, p. 265).

Tres años después encontramos dos interesantes ensayos que plantean el tema de la cosmovisión; el primero es un apretado resumen presentado por Isabel Kelly (1966) sobre los totonacos de la Sierra Norte de Puebla en el libro de homenaje al ingeniero Roberto Weitlaner. El texto se divide en dos partes, una dedicada a reconstruir las concepciones cosmológicas de los totonacos de Eloxochitlán, donde aparece tanto la referencia a la arquitectura del universo, con sus niveles y los personajes que los pueblan, como una muy rica serie de datos relacionados con el tema de las entidades anímicas, o "nahualismo" como se le conoce tradicionalmente. La segunda parte trata de las formas del cristianismo, asumiendo la presencia de un proceso que produce el sincretismo, o mezcla, de las creencias.

En el mismo volumen George M. Foster, otro de los antropólogos estadunidenses que ha influido marcadamente de diversas maneras en la antropología mexicana, plantea una alternativa al enfoque de la cosmovisión, luego de hacer una fuerte crítica tanto al concepto mismo como a la monografía de Guiteras. A reserva de detenerme con más detalle, líneas abajo, en esta crítica, destaco aquí la postura que adopta, pues me parece significativa por representar una tendencia importante en la etnografía.

En efecto, G. M. Foster encuentra el concepto *cosmovisión* demasiado laxo, poco confiable y nada diferente al de *cosmología*, establecido ya en la literatura especializada; asimismo, refuta el supuesto de que la visión del mundo sea consciente para los miembros de una comunidad determinada. Plantea que tales concepciones son más bien implícitas, difícilmente verbalizadas, y añade que las declaraciones de un filósofo indígena no pueden considerarse una cosmovisión, de la misma manera que sus informaciones genealógicas no pueden ser llamadas estructura social (Foster, 1966, p. 387).

A cambio, Foster propone el concepto de "bien limitado", para lo cual hace una breve descripción con los datos de Tzintzuntzan, la comunidad campesina en la que hizo una célebre investigación. En un ensayo clásico para los estudios del campesinado, Foster planteará esta misma idea, aplicada a todos los pueblos campesinos, usando una amplia información de diferentes regiones del mundo. Para entonces ya ha dejado muy lejos la discusión basada en los procesos históricos y las configuraciones étnicas; su interés se remite al campo de los procesos socioeconómicos y de fenómenos de carácter psicológico a escala mundial.

Otro estupendo ensayo que registra el impactante libro de Calixta Guiteras es el que publica Antonio García de León (1969) sobre los nahuas de Pajapan, en Veracruz. Los datos reunidos son parte de una investigación lingüística, y ello le permite anticipar varios de los tópicos centrales sobre la cosmovisión, que aparecen cuando se publican aquellas monografías que otorgan un lugar preponderante a las expresiones hechas en lengua india local. Así, informa de una entidad anímica, el *to:nal* o "sombra", que es relacionada con la enfermedad conocida como "espanto" y atribuida a los *chanecos* o *encantos*.

Hay referencias a los nahuales en el sentido propuesto por Foster, es decir, la existencia de especialistas con la capacidad de transformarse en animales depredadores. De los animales compañeros queda solamente el recuerdo; se les menciona como ligados a la "sombra".

Una indicación importante es la que se refiere a la diferencia ritual entre los ámbitos del cristianismo y de la religiosidad nahua, lo que muestra la ausencia de algún tipo de sincretismo. Las características de este contraste se marcan con el uso del incienso para las ceremonias católicas y del copal para las nahuas; lo mismo se observa en las lenguas empleadas: náhuatl para los rituales ligados a la cosmovisión mesoamericana; castellano/latín para los católicos. La música muestra también el mismo contraste: sones de arpa y guitarra, sones "minuetes" con nombres de flores y animales para los santos católicos; tambor de madera con cuero de venado para los que recolectan miel en el monte *(op. cit.*, p. 292).

Los nahuas de Pajapan conciben el universo compuesto de tres niveles: *1)* la tierra, el lugar del hombre y de los seres y objetos que lo rodean; *2)* el mundo subterráneo, o *Ta:logan*, habitado por encantos y por unos personajes llamados "chilobos", en náhuatl *bonchi*, personajes peludos que tienen los pies para atrás y gustan de comer carne humana.

> Su aspecto es horrible porque tienen pelo en todo el cuerpo, largo y ensortijado el de la cabeza. Tienen enormes colmillos y muestran evidentes dificultades para caminar. Algunas personas opinan que haciéndolos reír se caen muertos de una sola pieza. Sin embargo, el procedimiento más eficaz para matarlos —pues no les entran balas ni armas blancas— es atacarlos con un machete de telar de cintura (*tsotsopas*), el único instrumento que tiene la capacidad de poderlos hendir [...] Se trata del mismo ser conocido como "Gran salvaje" entre los popolucas y entre los nahuas de Jáltipan, Veracruz, *Tsitsimit* en Zaragoza, Veracruz, "Salvajo" entre los mixes y *Konsalbahe* por los nahuas de Zongolica, Veracruz (*op. cit.*, pp. 296, 298).

Este inframundo o *Ta:logan* está gobernado por el Dueño de los Animales, que vive bajo el volcán de San Martín Tuxtla; hay caminos y pueblos como los de la superficie, pero sus habitantes son las familias de los chanecos, quienes

> utilizan armadillos como asientos. Sus animales domésticos (puercos, gallinas, perros y gatos) son jabalíes, faisanes, coyotes y tigres. Sus lanchas son grandes lagartos y su ganado lo forman los venados. En este lugar merodean a sus anchas los animales de caza como tepescuintes, seretes, tapires, etc. Hay grandes sabanas en donde pastan los venados; hay gran variedad de pájaros y de los manantiales brota miel (*op. cit.*, p. 293).

El tercer nivel lo forma el mar, lugar de los encantos del agua y de los animales marinos, gobernado por el Príncipe Tortuguita.

Dos características que muestran semejanzas con los nahuas de la Sierra Norte de Puebla son, por una parte, la presencia ritual del número siete en diferentes contextos; por otra, la importancia de *Si:ntiopiltsin*, dueño del maíz representado por un niño, cuya carne blanca es de maíz y sus cabellos dorados como los de las mazorcas.

En otro libro también de homenaje, esta vez dedicado a Frans Blom, el antropólogo danés que sentaría sus reales en Chiapas, incidiendo en las investigaciones antropológicas regionales, aparecen tres interesantes ensayos dedicados a la cosmovisión. El de Guido Munch (1983) aporta una sugerente información etnográfica sobre los nahuas y popolucas del sur de Veracruz; por su parte, Félix Báez-Jorge (1983) reúne una buena información sobre los zoques chiapanecos, y Mario Humberto Ruz (1983) aporta, a su vez, datos procedentes de los pueblos tojolabales de Chiapas.

Los tres ensayos, junto con el referido de I. Kelly, comparten una serie de características que expresan el estado de la discusión en un momento que todavía podemos considerar incipiente, pues el campo comenzaba a definirse con el libro de Guiteras. En tales trabajos se parte de la propuesta de que la cosmovisión mesoamericana está desapareciendo, de tal suerte que sólo se encuentran "fragmentos" o "incoherencias" en el conjunto; se busca todavía la cosmovisión prehispánica, por lo que la etnografía se convierte en una tarea de salvamento. Para ponderar la veracidad de los datos se recurre a la información de la etnohistoria y de la arqueología.

Por otra parte, la descripción de los datos de la cosmovisión se hace con declaraciones de informantes de diferentes comunidades, que son reelaboradas por el investigador; es decir, no conocemos las palabras directas, sino resúmenes y paráfrasis. Transcriben algunos de los nombres en la lengua india correspondiente, pero no se intenta ninguna glosa lingüística de éstos. Los datos reunidos, algunos en extremo sugerentes, son presentados en una especie de *collage* que se supone encuentra su lógica en un modelo prehispánico general. Esto es, no se remiten a la base social en la que se inserta la cosmovisión y no consideran su contemporaneidad, su especificidad histórica y étnica en las condiciones actuales, es decir, su articulación con la economía campesina y con la política local y regional; las condiciones de su vigencia y reproducción, su lógica como totalidad.

Esto lo podemos ver gracias a las investigaciones posteriores, desde luego, pero me parecen oportunos estos comentarios porque, por una parte, permiten darnos cuenta de las concepciones sobre el tema en esos años, pues todavía se mantienen, aunque no ya con la condición dominante de entonces; por otra, es en el trasfondo de esta discusión que podemos apreciar en su justa perspectiva la contribución de los trabajos posteriores, a los que nos referimos en seguida.

El meollo de las investigaciones etnográficas sobre la cosmovisión, sus propuestas teóricas más importantes y las novedosas estrategias metodológicas aplicadas se reúnen en las diez monografías que tienen como referente una comunidad india contemporánea y plantean explícitamente el tema de la visión del mundo. En cuanto a las regiones interétnicas donde se efectúan las investigaciones, reflejan los énfasis de la etnografía reciente, como por ejemplo el hecho de que seis de ellas son realizadas en Chiapas, de las cuales cinco son resultado de los grandes proyectos llevados a cabo por las universidades de Harvard y Chicago.

Las tres monografías más importantes por su rigor, por la originalidad de sus planteamientos y por la riqueza de sus análisis son: la ya mencionada de Calixta Guiteras realizada en San Pedro Chenalhó, comunidad tzotzil, bajo los auspicios de la Universidad de Chicago y el apoyo decidido de Robert Redfield; la de Evon Z. Vogt, *Ofrendas para los dioses. Análisis simbólico de rituales zinacantecos* (1979), que consigna una densa información sobre rituales y cosmovisión entre los tzotziles de Zinacantán, también en Chiapas, y la de Alessandro Lupo, *La Tierra nos escucha* (1995), que explora la cosmovisión, a partir de un conjunto de plegarias, en una comunidad nahua de la Sierra Norte de Puebla.

El libro de Guiteras, además, funda el campo y abre el debate sobre la cosmovisión como proceso contemporáneo y de extrema complejidad; de él parten las siguientes investigaciones, que avanzan sobre sus carencias y propuestas. La obra se compone de cinco partes, de las cuales la más extensa corresponde a la monografía etnográfica de San Pedro Chenalhó. La mayor parte de datos fueron reunidos en la temporada de campo que Guiteras hizo en 1944, cuando conoció a Manuel Arias Sojom, en ese entonces presidente municipal. A los informes reunidos en la etapa dedicada específicamente a la visión del mundo de Manuel Arias, en 1953, se añade el redondeamiento que haría cuando reside en San Cristóbal de las Casas, centro regional de los Altos de Chiapas, a lo largo de 1956. En cierto sentido esta monografía pertenece al ciclo de los años cuarenta, del cual forman parte los otros estudiantes de su generación, Ricardo Pozas y Fernando Cámara, así como el trabajo de Alfonso Villa Rojas.

Una segunda parte, hecha a petición de Redfield, es la que consigna las entrevistas a Manuel Arias, con la descripción de las circunstancias que rodearon al diálogo, así como las fechas en que acontecieron, algo que Redfield extrañaba en el trabajo de M. Griaule y que le parecía necesario para ponderar adecuadamente las características en que surge la elaborada concepción del cazador dogon. La pregunta que subyace en la base de esta curiosidad es la del grado de inducción realizada por el etnógrafo y la mayor o menor espontaneidad del informante. Lo más interesante es que los datos que aporta Guiteras muestran que Manuel Arias no es la personalidad esperada; es decir, no es un filósofo. Sin embargo, esta parte constituye un documento valioso para una consideración de la metodología del trabajo de campo, tanto en lo que se refiere al diálogo como a la manera de anotar y consignar las respuestas.

La biografía de Manuel Arias Sojom ocupa la parte tercera; aquí encontramos tanto los datos de su vida, muy intensamente entramada con la historia de la comunidad, como la caracterización que hace la propia Guiteras; es decir, sus impresiones sobre la persona y las circunstancias en que despliega sus actividades, algo que de alguna manera provee de elementos para otorgar el peso correspondiente a su visión del mundo. Esto también forma parte de las exigencias que Redfield consideraba teórica y metodológicamente necesarias.

Un glosario de palabras tanto del tzotzil de Chenalhó como del castellano regional, hecho también a solicitud de Redfield, se integra al conjunto como parte cuarta. Y, al final, como "Epílogo" se encuentra el texto de Sol Tax, que narra, acompañado de fragmentos de la correspondencia sostenida entre C. Guiteras, R. Redfield y el propio Sol Tax, la manera en que fue fraguándose la investigación y la estructura de lo que sería su resultado final: el libro, publicado en 1961 en su versión en inglés.

La parte quinta se organiza a partir de las categorías que Guiteras considera centrales para describir como una totalidad coherente la información ofrecida por Manuel Arias a lo largo de las entrevistas, pues, como ella misma lo apunta: "Manuel no concibe su universo como una estructura: no es un filósofo. Sin embargo, al responder con veracidad a mis preguntas, y sin darse cuenta de ello, me proporcionó, poco a poco, lo que ha venido a ser un conjunto sistemático, una estructura coherente en todas sus partes" (Guiteras, 1965, p. 268).

El segundo trabajo que podemos considerar fundamental y que constituye el modelo de una tendencia teórica definida es el de Evon Z. Vogt, *Ofrendas para los dioses*, publicado en castellano en 1979 (la edición original en inglés es de 1976), que constituye uno de sus más importantes estudios.

El libro de Vogt, iniciador y director del proyecto de la Universidad de Harvard en Chiapas, no es precisamente una monografía, aunque se refiere a una comunidad tzotzil específica, Zinacantán; es más bien el desarrollo a profundidad de varios temas que tienen como referente central la visión del mundo y el ritual. De hecho, esta posibilidad de ahondar en asuntos de interés teórico está apoyada por una vasta etnografía (E. Z. Vogt, 1969) y por una considerable cantidad de ensayos del propio autor acerca de temas relacionados con los rituales entre los zinacantecos, como los que consigna el libro publicado por el Instituto Nacional Indigenista (Vogt, 1966).

En *Ofrendas para los dioses* Vogt presenta una síntesis de la cosmología de los zinacantecos (con lo que el autor retiene el antiguo término de la antropología culturalista, aunque por su argumentación teórica, apoyada en el estructuralismo francés, remite más bien a lo que ahora llamamos "cosmovisión") y selecciona temas en los que realiza un minucioso análisis de los rituales implicados y del simbolismo inscrito en la cosmovisión. Tales temas son: lo que llama rituales de casa y campo, que remiten a la vivienda y al trabajo agrícola, respectivamente; una ceremonia de curación, la más larga y compleja de las conocidas; rituales agrícolas hechos en los pozos de agua de los parajes, y varios rituales relacionados con el sistema de cargos comunitario.

Por la estrategia de investigación que plantea, apoyada en lo que llama "episodios rituales", apunta la imposibilidad de abarcar todos los que se realizan en la comunidad a lo largo del año, por lo que elige los que considera más representativos. Para E. Z. Vogt, un episodio ritual es la unidad analítica más pequeña, una especie de célula que se articula para integrar los más grandes ceremoniales comunitarios:

Tienen su propia organización interna, su propia coherencia interna. Cuando las células aparecen solas, sus símbolos rituales internos llevan un pequeño conjunto completo de mensajes que codifican y comunican información referente a proposiciones clave, cuya validez certifican, acerca de la naturaleza de la vida sociocultural o el universo natural [...] El hecho de que las células se repitan una y otra vez [...] en los mosaicos de vida ritual subraya la importancia de cada unidad en el código cultural y ofrece un modo de dividir la ceremonia en unidades menores y más fáciles de manejar para el análisis. A medida que un episodio se desarrolla revela un conjunto de acciones simbólicas que, comparadas, descubren los elementos básicos de las ceremonias complejas (Vogt, 1979, p. 56).

Entre los episodios rituales más frecuentes destacan la ingestión de bebidas alcohólicas, los banquetes ceremoniales, las procesiones y las ceremonias ante las cruces que marcan sitios sagrados (*op. cit.*, p. 62).

Tanto los temas tratados como la abundante información que aportan enriquecen el conocimiento sobre la cosmovisión de los pueblos de raíz mesoamericana y plantean diversos aspectos de relevancia para la reflexión teórica; sin embargo, tanto este libro como la mayor parte de las investigaciones realizadas en el proyecto de la Universidad de Harvard hacen de la comunidad zinacanteca su universo de análisis, sin considerar su inserción en un sistema regional en el que conviven con otras comunidades tzotziles y con un centro urbano que las articula con una entidad federativa, Chiapas, y con un país. Pareciera que Zinacantán es una isla cuyo referente comparativo son exclusivamente los mayas del periodo clásico, ni siquiera los antiguos pueblos y culturas mesoamericanos.

La tercera monografía que consideramos en este grupo es la de Alessandro Lupo, *La Tierra nos escucha. La cosmología de los nahuas a través de las súplicas rituales* (1995), investigación realizada dentro del programa de la Misión Etnológica Italiana en Santiago Yancuictlalpan, en el municipio de Cuetzalán, Puebla. La estrategia seguida por A. Lupo parte del análisis de diez plegarias, a las que prefiere llamar "súplicas rituales" por especificar mejor su sentido, las cuales son pronunciadas por especialistas locales; registradas en el contexto en el que se emiten, son grabadas, transcritas, traducidas y analizadas, tarea en la que se apoya tanto en los propios especialistas como en otras personas conocedoras de la lengua y la cultura comunitarias.

Este proceso tan sucintamente enunciado implica un enorme esfuerzo y una gran constancia para conseguir los novedosos resultados que presenta. Asimismo, requiere también un trabajo etnográfico amplio que respalde los análisis centrados en las súplicas, lo que en este caso tiene como antecedente el trabajo realizado por Italo Signorini y el propio A. Lupo, *Los tres ejes de la vida. Almas, cuerpo, enfermedad entre los nahuas de la Sierra de Puebla* (1989), donde se emplea inicialmente esta técnica de análisis de las súplicas, aunque el interés está centrado en las ceremonias de curación.

Sin embargo, en la investigación de A. Lupo el campo de la terapia es referido sólo por una invocación y una súplica, mientras que de las otras ocho, dos se refieren a lo que llama la esfera "doméstica", relativas a la protección de la casa y al fogón, y el resto a rituales vinculados con el ciclo agrícola del maíz, a las que denomina de la esfera "extradoméstica". A partir de todos estos materiales aparece una muy rica variedad de referencias a la cosmovisión, tanto en lo que se refiere a sus expresiones espacio-temporales como a la de los numerosos seres y fuerzas que imprimen su dinamismo y vitalidad a la cultura comunitaria.

En las investigaciones de A. Lupo y E. Z. Vogt se observa un cuidadoso manejo de las lenguas implicadas, nahua y tzotzil, sobre todo en la de Lupo, que se apoya fundamentalmente en el discurso nahua y en las ricas metáforas propias del contexto ritual.

Pasando ahora a otros trabajos centrados también en la cosmovisión, encontramos otras dos monografías que enfocan sendas comunidades zapotecas: la de Charles M. Leslie, *Now We are Civilized. A Study of the World View of the Zapotec Indians of Mitla, Oaxaca* (1960), y la de Michael Kearney, *Los vientos de Ixtepeji. Concepción del mundo y estructura social de un pueblo zapoteco* (1971). La primera forma parte del programa que impulsa R. Redfield entre sus estudiantes para incursionar en el trabajo de campo y estudiar la cosmovisión bajo la inspiración de M. Griaule, programa en el que figura el ya referido libro de Guiteras.

Ch. Leslie se instala en Mitla, con su esposa y un pequeño de cuatro años, a lo largo de doce meses, entre 1953 y 1954. El motivo para haber elegido esta comunidad zapoteca es una investigación etnográfica realizada en 1936 por Elsie C. Parsons, por lo que el trabajo se centraría en la concepción del mundo. Desafortunadamente, debido a que la única lengua empleada es el castellano, el investigador acepta como ciertas las insistentes declaraciones de sus informantes, en las que afirman no ser ya indios sino "civilizados".

No obstante, en su texto aparecen diversos informes que remiten a manifestaciones de la vigencia de una cosmovisión de raíz mesoamericana, como las historias del diablo y sus tesoros, relacionadas con el culto a los cerros; de los brujos sólo dice que son personas que se transforman en animales, sin profundizar en este tópico, central en la discusión sobre el nahualismo. Relacionada también con el culto a los cerros y con los dueños de las riquezas del mundo es la ceremonia de fin de año, el pedimento, que se hace en la cueva de un cerro cercano y en la cual se ofrendan reproducciones en miniatura de los bienes solicitados. Otras referencias a la cosmovisión en las cuales no profundiza son las relativas al "mal de ojo", al "espanto" y al "susto".

Cuando finalmente Ch. Leslie se pregunta sobre la visión del mundo de los mitleños, encuentra que la característica dominante es un sentido de comunidad y un concepto de la vida en el que se combina circunstancialidad y compromiso moral; y, recuperando la definición de E. C. Parsons acerca de Mitla como "lugar de las almas", implicada en la etimología nahua del nombre del pueblo, concluye: "The tradition of the town of the souls appeared anachronistic as well as fanciful to most townspeople. Members of a self-consciously changing community which was commited to an image of itself as a 'civilized' town, they associated that tradition with their 'Indian' past" (Leslie, 1981).

Por su parte, Michael Kearney realiza su trabajo de campo en el pueblo serrano de Ixtepeji, Oaxaca, en temporadas que van de 1965 a 1970, y se plantea también el estudio de la cosmovisión y sus relaciones con la organización social de la comunidad. El criterio principal en el que apoya su definición de la visión del mundo es el de los valores, con lo que se atiene a lo que ya G. M. Foster había indicado sobre la continuidad, con un nuevo nombre, de la antigua "cosmología". El propio M. Kearney reconoce en el texto el linaje teórico al que se adscribe, el más ortodoxo de la antropología cultural, que va de E. Sapir a C. Kluckhohn, pasando por autores como M. Opler, A. Kardiner, I. Hallowel y J. Gillin.

Kearney sitúa los valores en contextos culturales, sociales y geográficos. Al respecto, apunta: "para poder entender el origen, la persistencia y el cambio de los valores, tiene que ser entendida la percepción de la realidad, la forma como es visto el mundo o, simplemente, concepción del mundo" (Kearney, 1971, p. 64).

Estas percepciones, añade, presentan grados variables de conciencia en la mente de los miembros de la comunidad. Así que para caracterizar la cosmovisión de estos zapotecos, y con base en su experiencia entre los mismos, plantea cinco proposiciones básicas:

1. El mundo (en su ambiente local, social y geográfico) está poblado de seres y entidades (naturales y sobrenaturales) omnipresentes, desconocidos e incognoscibles que amenazan constantemente al individuo.
2. La agresión humana y sobrenatural se lleva a cabo mediante engaños y decepciones.
3. Los seres humanos son muy susceptibles a frustraciones y tienen envidia de los demás; tanto las frustraciones como la envidia hacen que uno quiera hacer daño a los otros.
4. Cualquier cambio en el *statu quo* lo más probable es que sea para mal; en general las cosas empeoran.
5. El trabajo duro y el sufrimiento son consecuencias inevitables de la vida (*op. cit.*, p. 66).

Aparecen en el análisis de M. Kearney numerosos tópicos de raíz mesoamericana relacionados con la cosmovisión, aunque el autor se mantiene dentro de los límites empíricos de la comunidad. Así, se refiere a los "aigres" y al "susto", a los que relaciona tanto con el pasado de Mesoamérica como con la influencia hispana, por la que alude a la concepción hipocrática de los humores, representada por los conceptos de "frío" y "calor".

Dentro de los personajes significativos a que se refiere en su texto se encuentran los que llama "brujos de lumbre", a quienes se denomina así porque aparecen volando en el cielo como bolas de lumbre, quienes provocan los "aigres de hora":

Existe cierta confusión en torno de la posición exacta de los brujos de lumbre. De acuerdo con algunos informantes, estos brujos son espíritus de personas vivientes del mismo pueblo que tienen el poder de transformarse en este otro estado de ser. Otros los describen como una especie de espíritu de los difuntos, como un alma perdida. Pero cualquiera que sea su verdadera naturaleza, todos están de acuerdo en que forman un grupo organizado, con un jefe y una jerarquía semejante a la civil del pueblo. Colectivamente, se les llama "la vigilancia", porque se cree que en la noche, cuando la autoridad civil no está en función, excepto por los jóvenes de la policía, los brujos de lumbre tienen el oficio de vigilar el pueblo, protegiéndolo de los peligros del exterior y manteniendo la paz en su interior [...] A algunos de estos brujos se les asignan deberes en diferentes partes del pueblo; a otros se les manda a las cruces en los cerros, con lo cual forman un cerco protector alrededor del pueblo. El propósito principal de esta segunda misión es el de prevenir que los vientos malignos y las enfermedades de otros pueblos vecinos caigan sobre Ixtepeji (*op. cit.*, p. 76).

Es interesante que Kearney encuentre muchas de las creencias de los zapotecos de Ixtepeji como "irracionales". Como habrá de mostrar el desarrollo de la polémica acerca de la cosmovisión mesoamericana, esos datos aislados que parecen curiosos, exóticos e irracionales adquieren su sentido pleno una vez que los situamos en la lógica de una concepción del mundo estrechamente vinculada con la lengua, en este caso la zapoteca. Así se advierte en las enfermedades conocidas como "muina" y "chipilez", o en la existencia de personajes como la que localmente se conoce con el término nahua de *Matlaziwa*, que atribuye como referencia a las relaciones de pareja pero no ahonda en concepciones relativas a la fertilidad y a la sexualidad.

Respecto a la "muina" y al susto señala lo siguiente, que se relaciona con la vigencia de una tradición de pensamiento mesoamericana:

La muina tiene los mismos efectos, sobre el corazón y la sangre, que el susto. Ambas envenenan la sangre, que a su vez le envenena a uno el cuerpo y hace que se le hinche el corazón. Los efectos del susto, sin embargo, suelen ser transitorios, mientras que los de la muina son acumulativos y eventualmente pueden producir deformidades físicas permanentes, tales como la torcedura de la cabeza para un lado, la joroba, y en casos extremos parálisis, sobre todo de los brazos (*op. cit.*, p. 103).

Todas estas expresiones son remitidas a una psicología que reduce entonces la concepción del mundo a una serie de manifestaciones personales determinadas culturalmente; así, concluye: "En consecuencia, comprender la psicología de Ixtepeji depende de entender cómo el hombre se ajusta a un mundo definido como relativamente vacío de todo lo deseable y lleno de todo lo negativo y amenazador" (*op. cit.*, p. 174).

Este aserto, así como las llamadas proposiciones básicas de la visión del mundo, parece remitirse más a una expresión propia de la situación colonial, la opresión y la explotación que se impone a los pueblos indios, que a las categorías de su tradición lingüística y cultural.

Es lamentable que las investigaciones etnográficas interesadas en conocer la visión del mundo de los pueblos zapotecos se hayan mantenido en un estado un tanto superficial, atenidas a los límites del castellano, pero sobre todo sin asumir la existencia de una lógica diferente en los numerosos datos que consignan. Hay en las dos monografías un acentuado empirismo que desdeña la rica discusión sobre la tradición mesoamericana, particularmente la del caso de Ixtepeji, que recuerda mucho las condiciones de Pinola, comunidad tzeltal de los Altos de Chiapas estudiada por Esther Hermitte (1970*a* y *b*), pues aquí también los "viejitos" o nahuales vigilan sólo de noche.

La investigación de Gary H. Gossen, *Los chamulas en el mundo del sol. Tiempo y espacio en una tradición oral maya* (1979), dentro del programa de la Universidad de Harvard en Chiapas, se propone estudiar las tradiciones narrativas locales y su relación con la cosmología; el énfasis en la cosmología es con el fin de apoyar en este marco el conocimiento de las categorías de la narrativa en los propios términos dados por la lengua y la cultura tzotziles de Chamula. Me parece que este trabajo mantiene la concepción tradicional de la antropología cultural, en la que la cosmología forma parte de una serie de categorías con similar importancia, como la organización social y la organización político-religiosa. Es decir, existe una diferencia con el concepto de cosmovisión procedente de la filosofía, en la medida en que se sitúa en un nivel de mayor profundidad, una especie de matriz espacio-temporal en la que se inscribe el conjunto social, en este caso la comunidad, y desde la cual reproduce y recrea la cultura.

De hecho, Gossen no se propone realizar un estudio sobre la cosmología, mucho menos sobre la cosmovisión; lo que pretende es apoyarse para reconocer la tipología de los géneros narrativos de los chamulas. Su primer capítulo, "La comunidad", sintetiza la información etnográfica, incluida la cosmología, y es la fuente de información para propósitos comparativos; en lo demás se dedica a describir los géneros de la tradición oral de Chamula. Es curioso que la discusión acerca de las entidades anímicas, es decir, cómo se define localmente a persona, no se incluya, lo que sí hace, por cierto, en un muy interesante ensayo, "Animal Souls and Human Destiny in Chamula" (Gossen, 1975).

También como parte del programa de la Universidad de Harvard, la investigación de Kazuyasu Ochiai, *Cuando los santos vienen marchando. Rituales públicos intercomunitarios tzotziles* (1985), se orienta al análisis de los sistemas de visitas de santos en un conjunto de comunidades tzotziles, con la organización político-religiosa de San Andrés Larráinzar como eje de referencia. Aun cuando la cosmovisión no es el tema principal de su trabajo, inscribe en ella la organización político-religiosa y plantea interesantes temas, como el estrecho vínculo entre varios rituales con el sistema de cargos, donde muestra la compleja articulación del simbolismo manifiesto con principios generales de la cosmovisión. Es decir, se estudia el papel de la jerarquía político-religiosa para que se reproduzca y actualice su concepción del mundo. La potencialidad de esta propuesta es lo que me induce a incluir este trabajo entre los fundamentales para el estudio de la cosmovisión.

Una larga plegaria recogida en una ceremonia terapéutica entre los tzotziles de San Pablo Chalchihuitán, traducida al castellano por varios colaboradores y con el apoyo del propio especialista, da pie al original trabajo de Ulrich Köhler, *Chonbilal Ch'ulelal-Alma vendida. Elementos fundamentales de la cosmología y religión mesoamericanas en una oración maya-tzotzil* (1995). En este libro Köhler hace un valioso aporte en el campo de la metodología, pues es el primero que efectúa una glosa que revela categorías importantes para la cosmovisión. El libro fue publicado en alemán en 1977. Es tan rico el material contenido en la plegaria que el autor usa sólo una parte y deja pendientes otros análisis. Aunque el tipo de interpretación que desarrolla es un tanto discutible, pues refleja el antiguo enfoque de extrapolar los datos etnográficos para resolver cuestiones de índole arqueológica y etnohistórica, la estrategia de investigación resulta altamente productiva, y de hecho es asequible gracias al desarrollo de técnicas de registro y manejo de datos. Ésta es la técnica que seguirían tanto Alessandro Lupo, cuyo libro ya mencionamos, y Pedro Pitarch, a quien ahora nos referiremos, con propuestas y preguntas que, en mi opinión, revolucionan la antigua polémica sobre el nahualismo.

En Cancuc, comunidad tzeltal de los Altos de Chiapas, Calixta Guiteras pretendía originalmente hacer su trabajo de campo sobre la cosmovisión, aprovechando sus buenas relaciones con el cacique Miguel Ordóñez, pero las dificultades encontradas la obligarían a cambiarse a Chenalhó. Años después, entre 1989 y 1990, Pedro Pitarch —bajo la dirección de Gary H. Gossen— se convierte en ayudante de un prestigioso curandero y recoge ricos materiales relativos a los rituales de curación, principalmente plegarias. Aborda así el espinoso tema de las entidades anímicas, con resultados sorprendentes. En su libro *Ch'ulel: una etnografía de las almas tzeltales* (1996), Pitarch desarrolla una original reflexión y dedica el capítulo sexto a transcribir una larga plegaria en tzeltal, que traducida al castellano describe el ritual de una ceremonia de curación.

Finalmente, me he permitido incluir en este conjunto de monografías fundamentales para el estudio de la cosmovisión de raíz mesoamericana la tesis doctoral de Johannes Neurath, *Las fiestas de la casa grande: ritual agrícola, iniciación y cosmovisión en una comunidad wixarika (t+apurie/Santa Catarina Cuexcomatitán)*, de 1998. El objetivo de esta investigación, realizada en una comunidad huichola del estado de Jalisco, es describir y analizar el ciclo ceremonial en torno al trabajo agrícola e interpretar su simbolismo en el marco de la cosmovisión. Sin duda, es la primera investigación extensa realizada entre los huicholes que dedica particular atención a los rituales conocidos regionalmente como *mitotes*, *neixa* en la lengua huichola, vistos en su compleja trama y en las significaciones de su movimiento cíclico. La rica información contenida en este trabajo nos permitirá reconocer una parte de los grandes temas que componen el campo teórico de la cosmovisión en los estudios mesoamericanistas.

La tercera y última tendencia del grupo de investigaciones dedicadas a la cosmovisión corresponde a trabajos con una perspectiva regional; es decir, ya no es la comunidad el referente para conocer y analizar la cosmovisión, sino que se remiten a una instancia mayor. En dos de los libros el ámbito significativo es el de la lengua, náhuatl y tojolabal, sin delimitar el espacio abarcado, excepto por ocasionales referencias a varias de las comunidades de donde proceden datos específicos. El único trabajo que establece una delimitación espacial precisa es el de Jacques Galinier, *La mitad del mundo. Cuerpo y cosmos en los rituales otomíes* (1990).

En su extensa investigación, Galinier se ubica en las comunidades otomíes de la Sierra Madre Oriental, en una región donde confluyen los límites de los estados de Puebla, Hidalgo y Veracruz. Aquí el ámbito etnográfico es una vasta área que forma parte de una zona significativa para la historia mesoamericana, la Huasteca, aunque también aparece como referente constante el conjunto de pueblos otomíes del Altiplano central. Éste, en mi opinión, es el trabajo de mayor importancia para la etnografía de los pueblos indios de raíz mesoamericana en México, pues ofrece una panorámica amplia, estructurada y original de la cosmovisión, al tiempo que plantea cuestiones significativas para la teoría y la metodología de las investigaciones etnográficas. A él nos referiremos en los incisos posteriores de este apartado.

Por su parte, Carlos Lenkersdorf hace un interesante, y muy discutible, planteamiento acerca de la relación entre algunas categorías gramaticales y la cosmovisión de los pueblos tojolabales de Chiapas. Su libro *Los hombres verdaderos. Voces y testimonios tojolabales. Lengua y sociedad, naturaleza y cultura, artes y comunidad cósmica* (1996) recibió el Premio Anual de Ensayo Literario Hispanoamericano Lya Kostakowsky 1994.

El punto del que parte es atractivo, pues se relaciona con la antigua discusión en torno a la hipótesis Sapir-Whorf: "se trata de presentar la cosmovisión de un pueblo a partir de las relaciones entre estructuras lingüísticas y socioculturales"; si bien aclara en seguida que éste es el objetivo general de un proyecto que va iniciando.

Consecuentemente, para mostrar las características esenciales de la cosmovisión tojolabal parte de un argumento lingüístico: la existencia de la *intersubjetividad*, una relación entre sujetos, entre iguales, y no como en las lenguas indoeuropeas, una relación asimétrica entre sujeto y objeto. Así, el eje para caracterizar la cosmovisión de los tojolabales será la intersubjetividad; y aunque en diferentes partes aluda a la pluralidad y a la relatividad de las cosmovisiones, el núcleo de su reflexión y de sus comparaciones será la dicotomía entre la presencia o la ausencia de ese elemento. Con base en esta premisa señalará aspectos muy interesantes pero difícilmente sostenibles, como el de afirmar que a través de la intersubjetividad, el meollo de la comunidad, se establece la resistencia a lo largo de cinco siglos de dominación colonial, y que ha sido la fuente para generar mecanismos por los que mantienen su identidad. Sin embargo, es significativo que el término que se usa en tojolabal para designar a la comunidad sea un préstamo del castellano.

La cosmovisión de los pueblos tojolabales, se insiste, constituye una totalidad dominada por el sentido de lo sagrado; no existe la dicotomía con lo profano. Desde esta cosmovisión han resistido las presiones de la sociedad dominante y han sabido reinterpretarlas a grado tal que el resultado es un cristianismo más auténtico: "Sin reservas nos atrevemos a afirmar que los tojolabales nos ayudan a recuperar aspectos fundamentales y olvidados del cristianismo", señala Lenkersdorf (op. cit., p. 177).

Lo cierto es que los propios tojolabales se asumen como cristianos, abunda, y de esta manera constituyen una comunidad, con lo que el sentido colectivo establece una estrecha relación con el ámbito religioso, a tal grado que se refuerzan mutuamente. Llegados a este punto, culmina su esfuerzo teórico con una conclusión absolutamente teológica:

> La comunidad propuesta por el Nazareno llega a la plenitud proyectada en el contexto intersubjetivo, más idóneo para vivir en comunidad. En este sentido las comunidades, tanto la cristiana originaria y la intersubjetiva tojolabal, representan dos sujetos que se complementan para que la comunidad cósmica se haga realidad vivida [...] No vemos ninguna incompatibilidad entre la cosmovisión intersubjetiva tojolabal y la comunidad representada por los primeros cristianos. Todo lo contrario, los testimonios de la cosmovisión tojolabal no manifiestan la mezcla de cosas ajenas, sino que desempeñan otro papel, al referirnos al contexto actual (op. cit., p. 186).

En esta investigación se ignora toda la polémica antropológica sobre la cosmovisión mesoamericana; incluso expresa en varias partes un antiintelectualismo, lo que acentúa su tono de prédica religiosa y no de diálogo científico.

Por último, la investigación de Sybille de Pury-Toumi se refiere a los pueblos nahuas orientales. Ésta reúne una rica experiencia del náhuatl no sólo de la región a la que hace referencia, sino también de otras regiones donde es hablado, así como del llamado náhuatl "clásico". De palabras y maravillas, publicado en 1997, abre una atractiva perspectiva para el conocimiento de la cosmovisión de raíz mesoamericana a partir del estudio riguroso y profundo de la lengua, en particular de la lexicografía y de las metáforas que nos conducen a los espacios significativos para los miembros de una lengua y una cultura específicas. En el apartado que sigue nos referiremos a las importantes contribuciones de este libro, incorporadas al coro polifónico que tiene como centro de sus intereses a la cosmovisión.

LOS GRANDES TEMAS

La cosmovisión ha sido abordada desde diferentes puntos de vista, y en cada uno ha tenido diversos grados de desarrollo y elaboración; en un principio aparece como consecuencia de discusiones que llegan a una especie de empate o polarización; al instalarse en una perspectiva más amplia, modifican sus estrategias y replantean sus posiciones. En otras palabras podemos decir que la cosmovisión como categoría teórica se plantea como una exigencia conceptual, que acaba reordenando todo el campo y estableciendo un nuevo marco analítico.

Los trabajos monográficos antes reseñados muestran todavía diferentes puntos de partida y énfasis en una u otra temática; incluso, ausencias que quedan como tareas pendientes por investigar. En esta parte de mi texto presentaré lo que considero los temas más importantes abordados en las investigaciones etnográficas, de tal manera que al final tengamos una mejor idea de los problemas principales y de las áreas en que se ha trabajado en el marco de la cosmovisión mesoamericana. Dejo de lado campos sugestivos como el de las taxonomías botánicas y zoológicas estudiadas en diferentes lenguas amerindias; el del parentesco, considerado como un sistema de clasificación profundamente entramado con la cosmovisión y que abarca un espacio mucho más amplio que el de las relaciones de afinidad y consanguinidad. Tampoco me referiré a la controversia sobre las concepciones del mundo en la rica tradición etnográfica formada por el estudio de los sistemas de cargos.

Estos temas son elementos significativos de estudio de la cosmovisión; sin embargo, o se abordan de manera tentativa o simplemente no se abordan. Por eso, permanecen como depósitos de datos para futuras investigaciones.

El nahualismo

Este tema expresa de manera paradigmática el despliegue de una discusión que tiene un momento de quiebre, en el que se cierra un periodo y se abre otro. Alimentado por la nueva perspectiva, se definen entonces nuevos problemas. Veámoslo con algún detalle.

El punto de partida es un documentado ensayo escrito por George M. Foster, "Nagualism in Mexico and Guatemala" (1944). Foster resume información dispersa y hace un planteamiento que será seguido en los trabajos etnográficos de los siguientes años, cuyo tratamiento no sufrirá un vuelco drástico sino hasta la aparición del libro de Alfredo López Austin, *Cuerpo humano e ideología* (1980), cuando se replantea la discusión y se emplaza en el más amplio contexto de la cosmovisión.

En síntesis, Foster propone que el nahualismo se advierte por la presencia de ciertos individuos con capacidad de transformarse en animales para cometer fechorías, mientras que el tonalismo corresponde a la creencia de que cada persona tiene un animal compañero, con el que comparte una serie de características temperamentales y la vida misma, pues nacen y mueren simultáneamente y en estrecha relación. Este planteamiento es retomado por G. Aguirre Beltrán en su libro *Medicina y magia* (1963).

Sin embargo, las investigaciones etnográficas pronto comenzarán a recopilar en las comunidades indias una serie de datos que revelan la complejidad del tema y su extraordinaria diversidad. El primer avance, sustantivo y sugerente, lo presenta Alfonso Villa Rojas en un breve ensayo, "Kinship and Nagualism in a Tzeltal Community, Southeastern Mexico" (1947), donde, con los datos reunidos en la comunidad tzeltal de Oxchuc, en los Altos de Chiapas, define al nahualismo como un sistema de control social en el que el referente clave es un concepto de autoridad y poder basado en la posesión de un nahual o "espíritu familiar". Éste asume la forma de animal o de fenómeno natural, como el rayo, el viento o bolas de fuego.

Es decir, la posesión de un nahual (*lab* en tzeltal) determinado expresa un nivel de autoridad, que comienza con los miembros de mayor edad de los grupos de parentesco y culmina con la del jefe del calpul, el *k'atinab* (el que calienta), quien posee el nahual más poderoso. Aquí se aporta también otra de las nociones fundamentales en la discusión, la de calor, pues el poder se define precisamente en su posesión y se expresa en la jerarquía de los nahuales. Villa Rojas reconoce tres tipos de nahuales: uno corresponde a animales como el gavilán, la lechuza, el toro y el perro, entre otros; otro, a lo que llama fenómenos naturales, como las bolas de fuego, que pueden ser rojas, amarillas o verdes, y un tercero a un ser diminuto con figura humana, de no más de un metro de altura, con atuendo de obispo, del que se dice es el más fuerte y peligroso.

Los nahuales salen de noche, pues durante el día permanecen en el corazón de sus respectivos dueños; por la noche salen del cuerpo y recorren la comunidad para conocer pensamiento y acción de sus miembros. Cuando encuentran que las normas de la comunidad han sido violadas envían una enfermedad como castigo, para lo cual, dice el autor, el funcionario, en su papel de "echador de enfermedad", *ak'chamel*, deja que su nahual penetre en el cuerpo de la víctima y devore lentamente su alma.

La fuerza del nahual es algo que se adquiere con la edad y el prestigio, y se advierte en aquellas personas con temperamento enérgico.

Estas mismas ideas serán incorporadas en un artículo posterior (Villa Rojas, 1963) en el que agrega información de carácter histórico y señala la existencia de la *tona*, o espíritu guardián, y la vigencia de dos tipos de alma *(ch'ulel)*: una grande, inmortal, que también se relaciona con la "sombra", y otra, también llamada *ch'ulel*, que es devorada por los nahuales. Sin embargo, no abunda mayormente en estas observaciones. Su aportación principal consiste, me parece, en plantear la definición del nahualismo como parte de un sistema de poder y autoridad.

Con base en una rica información recogida en el trabajo de campo hecho en San Andrés Larráinzar, comunidad tzotzil, William R. Holland (1961, 1963) hará un nuevo planteamiento al destacar la existencia de dos entidades anímicas: el animal compañero, *wayijel*, con el que su dueño comparte el mismo espíritu, *ch'ulel*, lo que establece una relación recíproca que dura toda la vida. Estos animales compañeros residen en el cerro sagrado, reproduciendo la jerarquía social de la comunidad, de suerte que a la cabeza se encuentran las autoridades con los compañeros animales más poderosos; son ellos los que controlan y vigilan a los de menor jerarquía. A los curanderos con mayor poder se les reconoce la posesión de varios animales compañeros (de tres a trece). "Estos compañeros animales en las últimas gradas de la montaña sagrada se llaman *petometik* (abrazadores) y *kuchometik* (cargadores) (Holland, 1961, p. 170).

Además, Holland reconoce la existencia del nahualismo como una forma de brujería, que tiene como personajes centrales a aquellos curanderos-brujos con nahuales como el tecolote, el águila, el zopilote rey, el colibrí, la mariposa y el grillo, así como el torbellino, el arco iris y las bolas de fuego *(op. cit.,* p. 172).

Por su parte, en San Pedro Chenalhó Calixta Guiteras (1965) reconoce la existencia de dos entidades anímicas: una inmortal, el *ch'ulel,* que se desplaza en los sueños y se aleja momentáneamente en los estados de inconsciencia, ebriedad y muerte aparente, así como durante el coito, y otra mortal, el animal compañero, *wayjel,* que puede ser también el viento y el rayo. Apunta que los poderes malignos tienen 13 entidades.

El *ch'ulel,* entendido como "calor", *k'ajk',* es la expresión tanto de vitalidad y vínculo con las fuerzas sobrenaturales como de virilidad; se acrecienta con el desempeño de cargos prestigiosos en la jerarquía político-religiosa. El hombre adquiere calor a lo largo de su vida y en la experiencia otorgada por el buen manejo de lo sagrado.

En San Bartolomé de los Llanos, comunidad tzotzil, Marcelo Díaz de Salas (1963) registra la vigencia de dos entidades anímicas, ambas con el nombre de *ch'ulel:* una es la que se va al cielo, a la muerte, para lo cual es guiada por un perro; la duración de su recorrido depende de las acciones hechas en vida; por ejemplo, como buena se considera el servicio a la comunidad en el sistema de cargos. La otra se queda en el mundo para pagar las faltas cometidas; su final es incierto.

El nahualismo está relacionado con la brujería y con los vigilantes espirituales del pueblo, pues se tiene memoria de que antiguamente los sanbartoleños tenían como nahuales al rayo, al torbellino y al colibrí, con cuya ayuda destruían a fuerzas que los amenazaban, como el *Ik'al,* negro o sombrerón.

Esther Hermitte (1970a), por su parte, encuentra también dos entidades anímicas en su trabajo de campo, realizado en Pinola, comunidad tzeltal: el *ch'ulel,* que reside en el corazón o en la garganta, al mismo tiempo que en las cuevas, y el nahual, que expresa una jerarquía social, pues sólo lo poseen las personas con autoridad, como los viejitos, en tzeltal *me'iltatil*, los curanderos y los brujos, cada uno de los cuales puede tener de tres a trece nahuales. Éstos se encuentran en el cerro sagrado del pueblo. San Miguel, el santo patrón, tiene 13 nahuales y se relaciona con el rayo, el dador de la lluvia, que en ocasiones asume la forma de un niño, vestido con prendas de color negro, rojo o blanco, calza zapatos y lleva sombrero. "El ruido del rayo se explicó en un caso diciendo que lo producía el niñito pateando el suelo" *(op. cit.*, p. 385).

Los nahuales, comenta Hermitte, recorren el pueblo de noche, abarcando únicamente una de las ocho secciones que lo componen, integradas en dos mitades de cuatro.

Hay una serie de rasgos peculiares en los nahuales de esta comunidad, como son las cualidades cromática y de altura, no mencionadas en otros lugares. Así, nos dice que hay tres tipos de nahuales: rayos, meteoros y torbellinos, en orden de mayor a menor altura de vuelo. A su vez, los rayos se jerarquizan por su color (el más fuerte es el negro, seguido por el rojo y el blanco), los meteoros son verdes, rojos y blancos, en orden de importancia, y el nahual torbellino, es el de menor altura y el más cercano al fuego. Éste se caracteriza por desplazarse con los pies hacia arriba, por lo que sus dueños presentan una ligera calvicie como marca; también a ellos se les atribuye la capacidad de mascar brasas. Un elemento fundamental en el funcionamiento de este sistema es la experiencia onírica, pues por su medio se convalida la actividad de los nahuales.

En cuanto a los compañeros animales, lo único que menciona es que todos los tienen, pero sólo los jefes poseen nahuales.

Por su parte, en Zinacantán Evon Z. Vogt (1966) reconoce la existencia de dos almas: una, el *ch'ulel*, que reside en el corazón, se compone de 13 partes y es eterno e indestructible; puede abandonar el cuerpo durante el sueño y en los momentos de emoción intensa se "bota", como en el coito. Debido a que cuando los niños nacen la situación de su *ch'ulel* es muy frágil y vulnerable, se cree que con el bautizo éste se fija firmemente en su cuerpecito.

La otra es el *chanul*, animal compañero o *"alter ego* espiritual", que reside en la montaña sagrada de Zinacantán, donde se reproduce la organización social comunitaria, de tal manera que son alimentados y cuidados por los ancestros, *totilme'iletik*, a quienes apoyan alcaldes y mayores, como en la jerarquía terrenal. Estos animales se encierran en corrales, y son tantos y tan variados como los miembros de la comunidad.

En otro ensayo (Vogt, 1970) se recupera la indicación de W. R. Holland (1961) relativa a la vinculación entre la persona y su *chanul* por la posesión de un mismo *ch'ulel*. El *chanul* más poderoso, dice Vogt, es el jaguar; lo tienen personalidades poderosas como los curanderos o videntes, *h'iloletik*, los ocupantes de cargos que muestran ambición para escalar la jerarquía y los dirigentes políticos.

En San Juan Chamula, la más grande comunidad tzotzil de los Altos de Chiapas, Gossen aborda la cuestión de las entidades anímicas recurriendo al planteamiento, ya establecido por los autores citados, que acentúa el vínculo entre esta temática y la cosmovisión. Por una parte, aduce la importancia del principio frío-caliente; por otra, la noción del ciclo de vida como un proceso en el que se acumula calor y cuyo manejo determina las características del temperamento y la sexualidad, así como las habilidades oratorias, entre otros atributos.

Gossen encuentra tres entidades anímicas: la *'ora*, representada por una vela de colores que está en el cielo; el *ch'ulel*, invisible, compuesto de 13 partes y situado en la punta de la lengua (es la entidad que va al inframundo y regresa para la Fiesta de los Muertos), y el *chanul*, animal compañero, integrado también por 13 partes. Estos animales compañeros son todos mamíferos, tienen veinte dedos —signo de humanidad— y se agrupan en tres categorías que expresan una jerarquía social: *a)* la de los ricos, como el jaguar; *b)* la de personas de medianos recursos, como el coyote, la comadreja y el ocelote, y *c)* la de la gente pobre, tlacuaches, zorrillos y conejos.

Los curanderos-brujos poseen, además de su animal compañero, necesariamente poderoso, otro de una categoría especial formada por animales domésticos, como borregos, toros, cerdos, pollos, guajolotes o pájaros e insectos, que tienen la cualidad de pasar inadvertidos cuando se aproximan a las casas de quienes quieren atacar. Todo mundo, dice Gossen, puede reconocer su *chanul*.

En el análisis de una larga oración terapéutica tomada de un curandero y dirigente de San Pablo Chalchihuitán, comunidad tzotzil, Ulrich Köhler (1995) encuentra que hay dos entidades anímicas, ambas referidas por el mismo nombre, *ch'ulel;* una corresponde a la entidad inmortal que reside en el cuerpo y continúa su existencia luego de la muerte; la otra es el animal compañero, que vive en la montaña sagrada y puede ser de tres tipos: animales salvajes, animales domésticos y fenómenos naturales. Todo hombre posee una serie que va de tres a 13 entidades anímicas, cuyo número y especificidad aluden a una jerarquía. Aun cuando parece no haber acuerdo respecto a la ubicación de cada entidad en esa jerarquía, hubo unanimidad en reconocer el lugar prominente del jaguar emplumado, *k'uk'il bolom*, y del colibrí de una pata, *jun akan tz'unun*. A los animales compañeros se les llama, ocasionalmente, *wayojal* o *wayijel*, términos en los que está presente la palabra *sueño*.

En cuanto a la entidad inmortal, Köhler encontró diversas versiones sobre su localización en el cuerpo, y menciona otro nombre con el que se le conoce, *nak'obal*, que traduce como "sombra", la cual puede alejarse del cuerpo, sea por un susto, por desplazarse durante el sueño o al ser arrebatada por una fuerza enemiga. Al no retornar, el dueño enferma.

Con referencia al control de las entidades, Köhler señala un término que se aplica cuando se utiliza para infligir daños a otros hombres, *holomal*. Apunta: "Algunos pableros poseen además una estrecha relación con determinados animales domésticos o con fenómenos naturales —por ejemplo, el relámpago, el arco iris o el remolino—, la cual les permite actuar en la forma de éstos" (Köhler, 1995, p. 21).

Sin embargo, Köhler no profundiza en el análisis y deja muchas cuestiones abiertas, como es el hecho de que no matiza ni traduce los otros dos términos con los que se alude a las entidades anímicas, holomal y *chapomal*, consideradas como sinónimos. El texto de la plegaria tiene una notable riqueza informativa parcialmente utilizada. Un dato interesante para nuestro trabajo es la larga lista de fenómenos naturales que aparecen como entidades anímicas en el cuerpo de la oración, entre las cuales se encuentran el arco iris, el rayo de luz, el aire titilante, la nube, el torbellino, el tornado, el viento. En esta lista figuran también el algodón y el espejo. Por desgracia no hay mayor explicación.

Hasta aquí nos hemos encontrado con el desarrollo de una temática en la que los datos de campo han enriquecido las primeras propuestas. Al carácter sistemático del fenómeno del nahualismo indicado por Villa Rojas habremos de añadir la manera en que se inserta en la visión del mundo, como lo hiciera Calixta Guiteras con sus datos de Chenalhó, y la pluralidad de matices que se dan en cada comunidad. Así, es posible reconocer la existencia de dos tipos de entidades anímicas: aquellas que corresponden a la gente común y corriente y las que pertenecen a los especialistas, como los curanderos-brujos y los dirigentes político-religiosos. Esta diferencia se establece por varios contrastes; uno de los más llamativos es el que remite a características vinculadas con el fuego y con el calor, o el marcado por la diferencia en las especies animales. El nahualismo, por otra parte, se relaciona de diversas maneras con el control social y el poder político, como lo apuntara agudamente hace muchos años don Alfonso Villa Rojas.

Con todo, esta discusión es prácticamente replanteada a partir de las investigaciones etnográficas inspiradas en el trabajo de Alfredo López Austin (1980), en el que se aportan diferentes propuestas, de las cuales se pueden destacar dos; por un lado, la de una tríada de entidades anímicas articuladas de manera compleja, apoyada básicamente en datos históricos que se complementan con diversa información etnográfica; por otro, la de la existencia de un estrecho nexo entre las representaciones del cuerpo humano y la configuración del cosmos. Veámoslo con un poco más de detalle.

El libro de López Austin es un extenso trabajo dedicado a estudiar las concepciones que sobre el cuerpo humano tenían los nahuas en el siglo XVI, para lo cual realiza un meticuloso recorrido por las fuentes históricas, particularmente en la obra de Sahagún, analizando y organizando los datos en náhuatl, explorando sus diversas implicaciones en el marco de la propia lengua y de la cultura de la época, así como apoyándose en los datos de la etnografía.

En este largo camino, que podemos apreciar por la riqueza de los datos y de los tópicos abarcados en los dos volúmenes que componen la obra, apunta la existencia de 12 grupos, a los que denomina "centros anímicos", es decir, aquellas partes del cuerpo en que se concentran fuerzas y sustancias vitales, de las que se generan el movimiento y las funciones psíquicas.

Recordaremos que en las concepciones de los pueblos mesoamericanos no existe la separación entre cuerpo y alma que introduce el cristianismo de los colonizadores; por lo tanto, en el cuerpo se conjuga, muy densamente, organismo, pasión e inteligencia.

A partir de esta caracterización corporal, López Austin llega al reconocimiento de tres entidades anímicas, ubicadas en órganos específicos: en la cabeza se encuentra el *tonalli*, en el corazón el *teyolia* y en el hígado el *ihiyotl*. Es una gradación que va de lo racional, arriba, a lo pasional, abajo, privilegiándose el centro como la conjunción que genera las funciones más valiosas para la vida (1980, p. 219). El *tonalli* es de extrema complejidad. Implica, entre otras características, el destino de la persona en relación con la fecha de nacimiento; una energía vital definida por el calor y la luminosidad; las particularidades del temperamento; un vínculo con los dioses, y una dependencia fundamental, ya que si bien se podía vivir sin el *tonalli*, era por breves momentos, como se advierte en situaciones en las que se suponía abandonaba el cuerpo, como en los estados de inconsciencia, embriaguez, enfermedad, durante el coito y en los sueños.

El *teyolia* se relaciona con la vitalidad, el conocimiento y la afección; es la entidad que se va a los diferentes mundos de los muertos y la que, según los informantes de Sahagún, se transformaba en ave al morir y llegar al cielo. Tiene que ver, asimismo, con el temperamento y la resistencia a las hechicerías.

Finalmente, la tercera de las entidades anímicas en que se fundamenta la existencia humana, el *ihiyotl*, se caracteriza por una forma de aliento, de aire fétido; se le consideraba como un gas luminoso, una emanación que podía dañar a las otras personas; incluso los cadáveres podían provocar enfermedades en los otros por sus emanaciones.

Aquí, la noción de equilibrio es central para entender el funcionamiento adecuado del cuerpo y del cosmos. A la polaridad arriba-abajo implicada en la distribución de las entidades anímicas se añade la de calor-frío, que en la concepción mesoamericana corresponde, entre otras, a la de vida-muerte. Así, por ejemplo, es a través de la expresión de calor como se define la experiencia de los ancianos, es decir, como una fuerza de carácter vital. El exceso en una u otra dirección era causa de graves problemas, de naturaleza personal y social. La ruptura del equilibrio podía darse en muy diversas situaciones y por ello llena una buena parte de la vida de quienes participan de estas concepciones. Es desde tal perspectiva que adquieren gran relevancia las nociones de salud y enfermedad, la del equilibrio en la calificación y preparación de los alimentos, la de la concepción del trabajo, del poder, de la procreación y de ciertos estados de ánimo. De esta manera el hombre se entrama plenamente con la naturaleza y con el universo.

Con este planteamiento general, López Austin avanza en la definición del nahualismo para refutar la concepción tradicional del mago que se transforma en otro ser. En una propuesta que califica de esotérica, esto es, que alude a las concepciones de los especialistas por oposición a las creencias populares, el nahualismo se interpreta como una forma de posesión en la que hombres, dioses, muertos y animales envían su *ihiyotl* dentro de otro ser, sea un animal o directamente al interior del cuerpo de sus víctimas para causar daño y provocar la muerte. En esta situación, López Austin encuentra, apoyado en datos etnográficos, que al *ihiyotl* se le llama también *nahualli*. En síntesis: "Por *nahualli*, en sentido estricto, debemos entender: *a)* el ser que puede separarse de su *ihiyotl* y cubrirlo en el exterior con otro ser; *b)* el *ihiyotl* mismo, y *c)* el ser que recibe dentro de sí el *ihiyotl* de otro" (1980, p. 430).

La capacidad de enviar esta entidad anímica es privilegio de los especialistas en el manejo de lo sobrenatural.

Basándose en los señalamientos de López Austin, dos antropólogos italianos, Italo Signorini y Alessandro Lupo, realizan una investigación de campo entre los nahuas de la Sierra Norte de Puebla con el fin de estudiar sus concepciones acerca de las enfermedades. Los resultados introducen un interesante cambio, pues si bien pueden definir tres entidades anímicas, las relaciones entre ellas son de un orden distinto.

Las entidades anímicas reconocidas en la práctica terapéutica son el *yolo*, el *tonal* y el *ecahuil*. Con el primer término se refieren tanto al corazón como a la más importante de ellas, pues transmite la energía al cuerpo para poder vivir y es inseparable de éste; es de naturaleza inmortal e indivisible; se le asocia con el equilibrio emotivo, la conciencia y la racionalidad (Signorini y Lupo, 1989, pp. 47-48).

El *tonal* alude al animal compañero de cada persona. El *ecahuil* o "sombra" se sitúa en todo el cuerpo, aunque parece privilegiar la cabeza. La relación de la "sombra" o *ecahuil* con el cuerpo puede romperse durante el sueño o a causa de un fuerte susto. Evidentemente esta segunda causa es una constante amenaza, pues el alejamiento de la "sombra" puede conducir a que sea atrapada y retenida por la tierra.

Ahora bien, lo que se plantea es una relación fundamental de enlace de la "sombra" con el *tonal*. La fuerza del *ecahuil* procede del *tonal*; es el elemento esencial del hombre con su *tonal*. Entre uno y otro se establece un vínculo de oposición y complementariedad, pues mientras el *ecahuil* se relaciona con la luna, ya que posee una calidad fría y se liga a la oscuridad y a la noche, el *tonal* se relaciona con el sol, la luminosidad y el calor. Además, el *ecahuil* tiene forma humana, reside en el hombre y es muy vulnerable, y el *tonal*, por su lado, asume una forma animal, se sitúa fuera y es prácticamente invulnerable; ambos constituyen lo que los autores llaman un "binomio anímico".·

Con esta propuesta como base avanzan en su propia definición de nahualismo, que difiere de la de López Austin, pues encuentran que el *nahual* es una persona que nace con un poder espiritual y un *tonal* de carácter maléfico, con la facultad de controlar el movimiento extracorporal de su *ecahuil*, de manera que por su intermedio puede dañar al prójimo con su *tonal* (1980, p. 70).

Otro elemento que se añadirá a esta configuración de las entidades anímicas lo proporciona A. Lupo en una investigación hecha a la postre en la misma comunidad nahua (1995). Menciona que el *ecahuil* se compone de siete partes, lo que alcanza evidentemente a sus animales compañeros, aunque en este caso la salvedad es que siete es el número máximo que una persona puede tener, implicándose con ello que las hay con menos animales compañeros. Como se advierte en otros rituales, el número siete simboliza la totalidad, concepto que permea la cosmovisión. Lupo la remite a los cuatro rumbos del universo y a sus tres planos. Siete son también los puntos fundamentales de una casa; siete son las ofrendas para los difuntos y los regalos para los recién casados. Finamente, en siete se divide la tortilla que forma parte de la ofrenda realizada en el ritual de la siembra (Lupo, 1995, pp. 146, 219, 274).

Si volvemos ahora los ojos otra vez a Chiapas, encontraremos la ya mencionada investigación del antropólogo español Pedro Pitarch (1996), llevada a cabo en la comunidad tzeltal de Cancuc, que centra precisamente en las entidades anímicas bajo los cánones metodológicos de la tradición de la Universidad de Harvard.

Pitarch aprende la lengua tzeltal y se convierte en aprendiz de un curandero de prestigio. El núcleo de su interés es la reflexión y las representaciones sobre la persona a través de las oraciones terapéuticas que escucha y registra; a partir de este material dibujará las concepciones sobre el tiempo y el espacio, pero con énfasis en la persona, donde encuentra el *locus* de la tradición mesoamericana.

La persona en Cancuc, comenta Pitarch, se compone de cuatro partes: un cuerpo de carne y hueso y tres entidades anímicas: *1)* el ave del corazón, una concepción genérica que no alude a especificidades individuales; *2)* el *ch'ulel,* sombra con figura humana, origen del lenguaje y sujeto de las experiencias oníricas, posee dos representaciones: una dentro del cerro, que corresponde a su grupo de parentesco, *fratría,* y la otra en el corazón, del que puede salir en los sueños o por una alteración anímica; a la muerte van al interior de la tierra, aunque existen varios destinos de acuerdo con las condiciones que rodean el fallecimiento, y *3)* los *lab,* de los que una persona puede tener de uno a trece y constituyen una espléndida constelación de seres. Éstos pueden agruparse en: *a)* animales de todo tipo; *b)* serpientes acuáticas con cabeza de herramienta metálica, y *c)* "echadores de mal", entre los que aparecen frailes, músicos, protestantes, sacerdotes, escribanos, cabras y otros personajes. Tienen también una doble representación: *a)* en la superficie del mundo, donde habitan en el ambiente que les corresponde pero en una actividad constante en la que pueden atacar a las entidades anímicas de los otros cancuqueros, y *b)* en el corazón, de donde ocasionalmente pueden salir. A la muerte, los *lab* se donan a otros miembros de la *fratría* antes de su nacimiento.

Es posible reconocer una estratificación de la persona: la superficie corresponde al cuerpo, inmediatamente debajo está el *ch'ulel* y en la profundidad se encuentran los *lab.* Sin embargo, en sentido estricto la persona es una conjunción de fragmentos heterogéneos de seres, lugares y tiempos, aunque lo más notable de este conjunto es el hecho de que su diversidad interna expresa las condiciones del mundo exterior. "El afuera se halla copresente en el corazón; el extraño está dentro de uno mismo" (Pitarch, 1996, p. 109).

Los *ch'ulel* residen en los cerros específicos de su fratría, donde se despliega un "espacio categórico mesoamericano". Ahí encontramos un conjunto social con las características económicas y políticas de la comunidad cancuquera; es una "comunidad moral", estratificada, pero sus rasgos dominantes corresponden a los de la sociedad nacional. Todo producto nuevo que llegan los cancuqueros a conocer es reduplicado en el interior del cerro. Un detalle que contrasta con la abundancia de los productos que se guardan en estos cerros es una deficiencia crónica de aguardiente; de ahí la necesidad de realizar ofrendas constantes. El rasgo dominante en las sociedades de los cerros es la "castellanidad", como alteridad étnica opuesta. Dicha "castellanidad" alcanza su mayor riqueza expresiva en los *lab*, los cuales pueden clasificarse a partir de las oposiciones centro/periferia o accesible/inaccesible, o como apunta tajantemente Pitarch, "los *lab* son lo que no es un indígena tzeltal" *(op. cit.*, p. 120).

El corazón, concluye el autor, es castellano, en tanto que la cabeza y el cuerpo son indígenas. En este sentido, lo castellano alude a esa parte del mundo exterior que no es india y que corresponde al mundo de lo ladino, definido como pasional, violento y primitivo. Ello se expresa en tzeltal atribuyéndole al corazón la facultad de "querer", de "desear", mientras que la cabeza es "mi entendimiento". La tensión interior de los cancuqueros, entonces, se establece entre el sí mismo indígena y el sí mismo como castellano *(op. cit.*, p. 133).

Finalmente, cerrando el recorrido de la discusión acerca de las entidades anímicas y como uno de los tópicos centrales para comprender la cosmovisión de raíz mesoamericana de los pueblos indios nos referiremos al planteamiento de Jacques Galinier, original y abierto a la polémica, aunque, a decir verdad, hasta ahora no ha encontrado entre los mesoamericanistas sino el silencio.

Respecto a los componentes anímicos, Galinier señala que por "nahual" los otomíes entienden tres realidades: el *alter ego* del alma humana, el curandero transformado en animal y el animal compañero. A este último se le conoce con el término *n'yeti*, aunque también se usa el de *xuti*, sombra (Galinier, 1987, p. 431). Sin embargo, el común de los mortales no conoce su animal compañero; no así el curandero, quien por sus facultades de vidente puede reconocerlo.

Para los otomíes de Texcatepec cada uno de los curanderos posee un ave y un animal terrestre como compañeros, a los que designan con el término *puhni* (el animal que cambia) *(op. cit.*, p. 432). Con ello reconocen una asociación directa entre el jaguar y el curandero, lo que alude a relaciones de poder, expresadas en la diversidad de nahuales atribuidos, pues se pueden tener de uno a 24 nahuales; los curanderos más importantes tienen 24 nahuales (12 águilas y 12 jaguares), con los que mueren simultáneamente.

Los nahuales residen en un cerro sagrado, el cual constituye el referente de una comunidad particular; se organizan en un sistema que reproduce la estructura comunitaria, cuya jerarquía superior corresponde a la de los curanderos.

De acuerdo con Galinier, los nahuales median entre el mundo de los hombres y el de las divinidades; asimismo, establecen una jerarquía que manifiesta una escala de poder. Por otro lado, el conjunto de nahuales reproduce en el mundo animal al conjunto social. La riqueza y vigencia del nahualismo radica, apunta, en el papel primordial de la concepción del cuerpo como modelo cosmológico (1987, p. 439).

Galinier presenta la relación entre cosmovisión y concepciones corporales en su espléndido libro *La mitad del mundo* (1990). A fin de analizarla, parte del estudio de los rituales para tener un acceso al modelo del universo otomí; es en ellos donde se manifiesta la existencia de un modelo inconsciente que explica el mantenimiento y la reconstitución de prácticas que parecían olvidadas. Este modelo tiene como referente fundamental al cuerpo humano, donde se articulan las nociones de sacrificio, de unión de los sexos y de ritual.

Como ya lo había indicado en su etnografía (Galinier, 1987), el centro del cuerpo se sitúa en el estómago, que contiene la fuerza vital, el *nzahki*, cuya naturaleza no difiere en nada de aquella otra naturaleza cósmica, vegetal o animal. Éste es el punto donde residen la afectividad y las sensaciones pero también los mecanismos de reflexión.

"De acuerdo con la concepción antigua, el *mbüi* representa el punto focal de donde brotan la energía, las sensaciones y las percepciones" (Galinier, 1990, p. 625). Esta concepción se complementa con la del alma, la cual se conjuga con la de soplo, *ntahi*. La potencia del alma es mayor en el hombre que en la mujer,

> ya que está íntimamente ligada con la "palabra", con el discurso mítico, expresión de la masculinidad. Contrariamente a la concepción pluralista del alma entre los totonacos, cuya sede se encuentra en diferentes puntos sensibles del cuerpo, la visión dualista otomí asigna al soplo-alma (o "sombra", *xuti*) una doble ubicación en el hombre y en su *alter ego* animal o nahual. Se considera al alma una entidad distinta de la fuerza vital *(nzahki)*, aunque dependa de un mismo órgano, el

mbüi. El *ntahi* se desprende accidentalmente del cuerpo por la "caída" que requiere una "levantada" del alma *(ibid.).*

Desde la perspectiva de la representación simbólica de los órganos sexuales, Galinier ofrece una atractiva propuesta derivada de su material otomí, y hace una referencia directa al debate sobre el nahualismo. Su punto de partida es la consideración de que tanto el pene como el nahual son dos operadores de transformación.

Gracias a sus múltiples transformaciones, el pene puede ser considerado como un paradigma de metáforas que aporta nueva luz, bajo dimensiones propiamente sexuales, al universo simbólico del nahualismo. El nahual es un ladrón de mujeres, Señor del Sexo, según nos lo recuerda el mito. Como contraparte de ese privilegio, tiene la obligación de alimentar a su cautiva con carne *(gö* pene). Al igual que el órgano masculino, el nahual experimenta una metamorfosis nocturna y adopta el aspecto de un animal. Además, el nahual posee una facultad particular de desmembramiento, operación que lleva a cabo quitándose el pie y colocándolo junto al fogón [...] De acuerdo con mi hipótesis, la identificación entre el nahual y el pene permite dar cuenta de la doble valencia de ese concepto de animal compañero y de hombre metamorfoseado en animal. Explica además la noción de un doble animal en el ciclo de vida, paralelo al del hombre: si se atenta contra la vida del hombre, el animal "muere" y viceversa *(op. cit.,* p. 646).

Con esta interpretación y sin dejar de considerar la visión asimétrica del cuerpo, el pene y el nahual se relacionan con la parte baja, la cual es "gobernada por el diablo". Aquí se sintetiza la correspondencia entre cosmos y cuerpo humano.

Los rituales agrícolas

El trabajo agrícola en torno al maíz y las plantas integrantes del complejo de la milpa son el centro de un elaborado ritual que remite al conjunto de concepciones de carácter cosmológico mesoamericano. Sin embargo, por un tiempo el modelo de la cosmovisión que permitía organizar la rica información recogida en el campo se definía con las referencias de documentos y crónicas de origen colonial; no se trataba de buscar el sistema implicado en los datos contemporáneos. No es sino hasta cuando se plantea la existencia de una instancia más amplia y de su movimiento histórico hasta el presente, la cosmovisión, cuando comienzan a construirse variantes regionales de las concepciones del mundo y, particularmente, a permitir una nueva lectura de la voluminosa bibliografía etnográfica que aporta fragmentos y descripciones rituales. Me parece que apenas estamos en una primera etapa de construcción de modelos etnográficos regionales que nos permitirán establecer las constantes para toda el área mesoamericana y las especificidades regionales.

Uno de los primeros intentos por desarrollar una estrategia de investigación a partir de los rituales agrícolas en el marco de la cosmovisión es el que plantea Johanna Broda en sus investigaciones. El recorrido que efectúa es interesante, pues sus trabajos iniciales se refieren a los rituales a los dioses de la lluvia entre los aztecas, de acuerdo con las crónicas coloniales; el trabajo comparativo realizado entre los datos de la etnohistoria y los de la arqueología pronto la conducirán a acercarse a la vasta información etnográfica y a establecer, de esta manera, una sólida perspectiva etnológica.

En un trabajo que toma al calendario mexica y a las ceremonias de los meses en que se abre el ciclo agrícola hace referencia a la fiesta de la Santa Cruz realizada actualmente en muchas regiones de México. Acude entonces a datos etnográficos procedentes de Guerrero y Tlaxcala, reunidos por otros investigadores, y comienza a destacar aspectos culturales básicos para el establecimiento de comparaciones conducentes a la definición de procesos históricos de largo plazo, tal como el culto a los cerros, importantes para identificar temas nucleares para la cosmovisión.

En su ensayo "Cosmovisión y observación de la naturaleza: el ejemplo del culto de los cerros en Mesoamérica" Broda (1991) compara los datos de la arqueología y la etnohistoria con los etnográficos. El planteamiento considera en primer lugar la observación de la naturaleza, como consecuencia de una práctica que tiene en su base a la agricultura; esto llevaría al desarrollo de un conocimiento científico en los campos de la astronomía, la arquitectura, la medicina, la botánica y la zoología, entre los más evidentes. Tal acervo se encuentra profundamente entramado en la cosmovisión, de modo que la experiencia de observar la naturaleza a través de la práctica agrícola constituye un proceso que nutre y vitaliza esa concepción del mundo configurada en el transcurso del tiempo.

Las comparaciones que efectúa Broda se apoyan en la premisa de la existencia de una continuidad hasta nuestros días de los rasgos fundamentales de la cosmovisión mesoamericana por el mantenimiento de condiciones materiales de existencia semejantes, particulares al campesinado indio.

Para referirse a su original interés acerca de la fiesta de la Santa Cruz, Broda acude a los datos etnográficos de los nahuas de Guerrero, en los que analiza la compleja significación de las cruces cristianas, como síntesis de características de la cosmovisión mesoamericana y del cristianismo, las cuales constituyen parte del culto a los cerros y al agua.

En este sentido, resulta sugerente la relación que establece, apoyada en los datos etnográficos, entre diversas referencias a los "tigres", con el agua y las cuevas. A partir de datos recogidos en Olinalá, Guerrero, antiguo pueblo nahua, consigna la existencia de dos pozos de agua, en uno de los cuales hay un remolino que "ruge" al principio y al final de la temporada de lluvias: "En cierta manera, el rugido de los tigres pertenece al mismo complejo de conceptos, asociándose con la noche, la humedad, la lluvia, el trueno y el mar. La danza de los tigres, además, sigue jugando un importante papel en esta región nahua de Guerrero y se baila en abril/ mayo y en septiembre/octubre" (Broda, 1991 p. 483).

En la línea de estudio sobre los rituales agrícolas Broda se encuentra con esos peculiares especialistas conocidos como "graniceros". Con ello recupera una anterior preocupación sobre estos dirigentes, encontrados por Guillermo Bonfil (1968) en la Sierra Nevada a raíz de sus investigaciones en Amecameca. Ahí señala la vigencia de un ciclo ritual relacionado con la lluvia, en el que se realizan ceremonias en cuevas. Esta práctica se reconoce en los pueblos de la ladera occidental de la sierra, es decir, en los pertenecientes a la cuenca de México.

Los graniceros o "trabajadores temporaleños", según Bonfil, se organizan en corporaciones que tienen como referente un sitio de culto. Entre ellos existe una jerarquía compuesta por los mayores, en la que el más antiguo es llamado "caporal"; poseen una investidura sacerdotal, expresada en la dirección de las ceremonias y en sus atributos espirituales: los oradores, que dirigen el canto de alabanzas, y los discípulos (Bonfil, 1968, p. 103).

El tema se recupera poco después de 25 años en un simposio sobre graniceros organizado en 1994, para replantearse en el marco de las investigaciones sobre la cosmovisión (Albores y Broda, 1997). Creo que la importancia de este acontecimiento radica en el hecho de reconocer un complejo ceremonial indudablemente vinculado tanto con los rituales mesoamericanos reportados por los cronistas españoles del siglo XVI como con un culto que ya Broda nos había señalado con abundancia de datos.

En la realización de este ceremonial y el simbolismo que expresa encontramos un conjunto de creencias y prácticas donde se observa con claridad el proceso de elaboración y reinterpretación de las tenaces influencias del cristianismo desde la perspectiva de la cosmovisión mesoamericana; el elemento clave es la determinación que ejerce la especificidad centrada en el cultivo del maíz. Por último, y de no menor importancia, resalta el conjunto de características que define a los graniceros y que los sitúa como mantenedores y difusores de una tradición intelectual de raíz definitivamente mesoamericana. Por su función sacerdotal poseen un prestigio y una calidad dirigente que les otorga un papel fundamental en la reproducción étnica de sus pueblos (Broda, 1997).

El simposio de graniceros habría de mostrar la presencia de estos trabajadores del tiempo en una extensa zona que tiene como referentes destacados a los volcanes Iztaccíhuatl, Popocatépetl, Nevado de Toluca, Pico de Orizaba, Cofre de Perote y La Malinche, que muestran características altamente significativas para la cosmovisión mesoamericana, como el uso ritual de las cuevas y los diversos depósitos de agua, su condición de marcadores en el paisaje, pero sobre todo la presencia de un complejo de fenómenos meteorológicos que les son particulares e inciden de manera decisiva en las prácticas agrícolas y en la cultura de las poblaciones asentadas en sus alrededores. Como indican Albores y Broda, el tema de los graniceros constituye una "mina de oro", pues

proporciona riquísimos datos sobre la cosmovisión tradicional, sobre conceptos y creencias relacionados con la observación de la naturaleza y del medio ambiente, sobre ritos calendáricos resabio del calendario prehispánico mesoamericano, y sobre prácticas rituales, estrechamente vinculadas con las agrícolas, a través de las cuales se ha reproducido esta ideología tradicional a lo largo de los siglos (Albores y Broda, 1997, p. 17).

A los graniceros se les conoce con diferentes nombres. Por ejemplo, en el estado de Morelos se les llama *claclasquis* y *ahuaques*, en los pueblos del Valle de Toluca son *ahuizotes* y *quicazcles* y en el Cofre de Perote son *tlamatines*. Todos ellos poseen atributos rituales semejantes que los distinguen de otros especialistas más ampliamente conocidos, como los curanderos, brujos y rezanderos, aunque comparten algunos rasgos comunes por su nexo con la cosmovisión mesoamericana. Sin embargo, el rasgo más notable y específico es el de haber sido golpeados por el rayo, como lo señalara G. Bonfil en el artículo citado, e iniciados en su práctica particular a través de una ceremonia conducida por los miembros de la corporación correspondiente.

En el ciclo ceremonial realizado por los graniceros destacan aquellas fechas relacionadas con las prácticas agrícolas y con la cosmovisión, de modo que muchas de sus características, en tanto corresponden a condiciones ambientales y a especificidades tecnológicas que han permanecido más o menos constantes, pueden rastrearse en un pasado que se remonta a los principios de la agricultura, por una parte, y a la configuración del área cultural mesoamericana, por otra.

Aun cuando la información sobre los graniceros procede fundamentalmente de pueblos nahuas, y sus diversos nombres así nos lo dejan ver, en el citado simposio se presentó una interesante relación sobre estos especialistas en Tilapa, comunidad otomí del Valle de Toluca, en donde se encuentran varias especialidades, en su condición de curanderos (Schumann, 1997). Organizados en una corporación, su actividad ritual está marcada por restricciones alimenticias y sexuales ligadas a las dos temporadas de que se compone el ciclo agrícola. Lo que parece una pista muy peculiar es el vínculo con las danzas:

> El papel que juega la música entre los grupos de graniceros es importante, ya que éstos están ligados de forma directa o indirecta con los grupos de danzantes; los capitanes de danza por lo general consultan de manera directa a los graniceros, e inclusive pueden ser graniceros.

Los grupos de danzantes estaban dedicados al Señor de Chalma, a Santiago Apóstol y a la Virgen de Guadalupe. A fines de los sesenta y principios de los setenta los concheros eran más fuertes entre los otomíes que entre los nahuas, y los danzantes se sentían ligados o dependientes de las organizaciones de esta misma índole, que según ellos tenían su sede en Querétaro. Los grupos de danzantes nahuas, si bien tenían contacto con los otomíes, no dejaban de verlos como grupos de segunda, o como personas de menor condición social [...] (Schumann, 1997, p. 308).

El ensayo de Soledad González, incluido en el volumen citado, transcribe las palabras y reflexiones de un notable granicero de Xalatlaco, en el Valle de Toluca, con las que podemos sentir de cerca a uno de estos pensadores nahuas. Don Gregorio García Díaz, uno de los más importantes ahuizotes de Xalatlaco, es oriundo del barrio de donde proceden estos especialistas: el de San Juan, santo considerado como "dador del agua"; don Goyito, como se le llama localmente, dirige la danza de *Los lobitos,* nombre local de un tipo muy extendido y significativo para el ritual de lluvias, y la danza del *tecuán* o *jaguar,* originaria de Morelos y Guerrero, cuyo largo parlamento está en náhuatl (González, 1997, p. 316).

Los ahuizotes de Xalatlaco van dos veces al año a Chalma: el último día de abril, para "pedir el arma" con la que protegerán las milpas de las amenazas del temporal (en la temporada lluviosa es cuando ejercen sus funciones y se someten a varias restricciones, como la alimenticia y la sexual), y el 29 de septiembre, cuando regresan a "entregar el arma".

El 3 de mayo es considerado el día del "santo del árbol", cuando se le adorna y se le venera, "porque Nuestro Señor Jesucristo murió en un palo". Los ahuizotes poseen la virtud de curar los aires, que se encuentran en ciertos lugares peligrosos y se introducen en el cuerpo de algunas personas "endulzándoles" la sangre. La expulsión de los aires se logra con yerbas especiales.

Una parte importante de los rituales realizados por estos graniceros es el de las "reverencias"; es decir, plegarias dichas en náhuatl y acompañadas de violín y guitarra, en las que se realizan movimientos de danzas exclusivas de los ahuizotes y se dan patadas y brincos, golpeando con un pie y luego con el otro: "'Se azota uno, le brinca. Hacemos así con el pie, como si estuviera cayendo el rayo', dice don Goyo para describir estos movimientos [...] Tan poderosos cree don Goyo a estos movimientos, que luego de mostrármelos piensa que en seguida lloverá, y enciende un cigarrillo" (González, 1997, p. 328).

De las diversas reflexiones y opiniones expresadas por don Goyito, nos dice González:

> [...] él concibe el mundo en un perpetuo estado de movimiento y transformación: los elementos de la naturaleza se humanizan y los seres humanos regresan a un estado natural con la muerte, de la misma manera que el árbol suelta su resuello, que se convierte en llublina, que alimenta al maíz, que el hombre come y forma parte de su carne, hasta que muere y es devorado por la tierra [...] La noción de Dios es más bien lejana, pues el trato de los seres humanos, y de los ahuizotes en particular, es más directo y constante con sus intermediarios: los santos, la virgen, los ángeles y serafines, los demonios. Sobre éstos tres últimos [...] los considera idénticos a los aires, dueños del agua. En su lucha contra el granizo, la cola de agua y la tempestad, don Goyo invoca en náhuatl a los santos, ángeles, demonios y volcanes en plano de total igualdad [...] Se trata de fuerzas que podríamos llamar ciegas, amorales, que los ahuizotes tienen el poder de guiar para evitar que hagan daño a los seres humanos (*op. cit.*, pp. 352-353).

Por su parte, Beatriz Albores (1997), al referirse a la corporación de los graniceros o *quicazcles* de Texcalyacac, otra comunidad del Valle de Toluca, apunta que a principios de los años noventa estaba compuesta por quince personas. Uno de los rituales básicos para la iniciación del granicero es la peregrinación al santuario del volcán Olotepec. En el ciclo ceremonial comunitario Albores destaca la presencia de cuatro fiestas fijas: la del 2-3 de mayo, la del 14-15 de agosto, la del 1-2 de noviembre y la del 2 de febrero, que se relacionan en un doble sentido con el manejo del tiempo por los graniceros: el control meteorológico vinculado con el ciclo de temporal del maíz, aspecto que se enmarca en un complejo mayor, relativo al sentido cronológico del tiempo y a su acaecimiento periódico. Asimismo, estas fiestas remiten a fechas fundamentales del calendario prehispánico (*cf.* Broda, 1995). Albores vincula estas cuatro fiestas con el concepto desarrollado por López Austin para la cosmovisión mesoamericana, la del "árbol cósmico" como imagen fundamental:

las cuatro fiestas en cruz delimitan la parte nuclear del culto a los cerros, la lluvia, la fecundidad y los mantenimientos, circunscribiendo, en términos estructurales, los bloques de la siembra y cosecha del maíz. No obstante, en un sentido más amplio, las cuatro fiestas de febrero, mayo, agosto y noviembre, marcan la ubicación espacio-temporal de los árboles cósmicos y del ceremonial cuádruple concatenado para propiciar la continuidad del orden universal. La actividad de estos especialistas rituales es pues fundamental para mantener levantados los postes que sostienen el cielo, es decir, para evitar su caída y, por ende, el colapso del mundo (Albores, 1997, pp. 406-407).

En la misma perspectiva de los rituales agrícolas Johannes Neurath realiza una interesante investigación etnográfica en Santa Catarina Cuexcomatitán, comunidad huichola de Jalisco (1998). Estudia aquí el ciclo ritual en asentamientos integrados por grupos de parentesco, rancherías en cuyo centro se rinde culto a los ancestros propios, simbolizados en el interior de la construcción principal conocida como *xiriki*. Por otra parte, estudia y contrasta el ciclo comunitario, mucho más complejo y espectacular, que en el centro muestra diversas construcciones, siendo la más importante la llamada *tuki*, de estructura circular.

Una tercera instancia, de carácter territorial, referida por un edificio, *tukipa*, es la cabecera administrativa, que corresponde al asentamiento de las autoridades municipales y estatales, tanto de carácter político como religioso. Aquí, el ceremonial religioso expresa la conjunción y síntesis viva de la tradición cultural huichola y de la nacional, en la que domina la presencia de origen hispano y, con ella, la del catolicismo; esto se advierte en el carácter diferencial del ciclo ceremonial.

Lo anterior es un contraste muy frecuente en las comunidades de raíz mesoamericana; es decir, la vigencia de formas de organización y de creencias profundamente entramadas en una cosmovisión que expresa su complejidad y especificidad en una lengua amerindia, en los asentamientos ligados directamente al trabajo agrícola y a la vida cotidiana, frente a otras que han resultado de la imposición política y religiosa colonial, en un centro administrativo fundado en el proceso mismo de dominio y que continúa hasta nuestros días, pero que también se sujeta al lento movimiento de elaboración y reinterpretación desde la cosmovisión mesoamericana, resultando así en dos versiones de una cultura que en la montaña es abiertamente india y en la cabecera lo es de manera encubierta.

La fiesta comunitaria por excelencia es el *mitote*, conjunción de danza, cantos, recorridos rituales, comidas y bebidas colectivas, cuyo espacio significativo lo constituyen las diversas construcciones del centro ceremonial, pero sobre todo el templo circular, el *tuki*.

El edificio ceremonial más importante en todo el Nayar, región en la que se encuentran comunidades coras, tepehuanas y mexicaneras, junto con las huicholas, es la Casa Grande, a la que se llama en el náhuatl regional, antigua lengua franca, *callihuey*. Su referencia es, en algunos lugares, el edificio que funciona como sede de las autoridades político-religiosas de la comunidad, en otros el *tuki*, representación del universo, escenario de un drama cósmico. Así, cada comunidad constituye un centro cósmico; su especificidad se expresa, en el paisaje, por la existencia de un "cerro patronal" que lleva el mismo nombre del pueblo.

La calidad existencial del cultivo del maíz se expresa en el estrecho vínculo que articula los rituales agrícolas con los relativos al ciclo de vida, de suerte que las grandes fiestas son también el momento de ritos de iniciación. En el fuerte contraste que se marca, en la cosmovisión mesoamericana, entre la temporada de secas y la lluviosa, esta última los huicholes la asocian con la infancia. A los niños, dice Neurath, se les relaciona con los elotes, las calabazas tiernas, las flores y los frijoles, así como con las nubes y la lluvia *(op. cit.*, p. 265). Por otro lado, el propio trabajo agrícola posee una densa condición ritual tanto por su vínculo con la tierra como por ser parte del intercambio con los dioses:

> Sembrando se establece una relación de pareja con la tierra (el acto de la nixtamalización y de la cocción del maíz implica una nueva separación entre hombres y dioses de la naturaleza). Simbólicamente, el consumo de los primeros elotes implica nada menos que matar al hijo del cultivador y de la tierra. A través de la lógica social del intercambio recíproco de dones [...] y de las obligaciones mutuas, la religión huichola contempla comprometer a las deidades a sacrificarse en beneficio de los humanos. Es por los esfuerzos y los sacrificios de sus cultivadores, que el maíz está dispuesto a morir y ser consumido *(op. cit.*, p. 122).

El ciclo ceremonial comunitario huichol está compuesto de tres grandes fiestas o mitotes, *neixa*, como se les llama en la lengua propia. Comienza con la peregrinación a Wirikuta, el viaje que emprenden los peyoteros a la zona desértica de Real de Catorce, en San Luis Potosí. A su regreso se realiza el primer mitote, *hikuli neixa*, que marca la transición entre la época seca y la lluviosa.

Estas fiestas son asumidas con una extrema responsabilidad, pues los huicholes consideran que, dado que viven en el "centro del universo", tienen la obligación de mantener al cosmos en movimiento, sobre todo porque los "mestizos" no lo hacen, ni los otros pueblos indios siguen las normas consideradas por los huicholes como eficaces.

En la "fiesta del Peyote", *hikuli neixa*, los peyoteros del viaje a Wirikuta, mediante el que adquieren una condición sagrada que los hace un tanto peligrosos y temidos, pues representan a los ancestros deificados, se reintegran a la comunidad en un ritual en el que se transforman en una serpiente de nubes, *haiku*. Como lo apunta Neurath, la danza del Peyote, por la polisemia de su simbolismo, es la más compleja. En el mitote se expresa la analogía entre los venados y las serpientes de lluvia, los cuales se entregan a los hombres ante la pureza lograda a través del autosacrificio. "El mensaje es que la fertilidad depende de actividades como la peregrinación a Wirikuta y la cacería del venado" (*op. cit.*, p. 298).

La segunda fiesta grande del tukipa es la llamada *Namawita Neixa*, en la que se realiza la petición de lluvia; en ella tiene un papel central una larga antorcha hecha de astillas de ocote, a la que se llama *hauri*.

La tercera fiesta grande, *Tatei Neixa*, realizada a fines de octubre, cierra la temporada de lluvias; también se le conoce como la "fiesta del elote" o la "fiesta del tambor". Es cuando se despide a los dioses de la lluvia y se les presenta elotes y calabazas junto con infantes menores de cinco años:

Los niños realizan peregrinaciones simbólicas al cerro *Paritek+a* en el oriente y al mar en el poniente, lo que constituye un primer rito comunitario de paso para ellos; de hecho, su ingreso a la sociedad huichola. *Tatei Neixa* marca el momento en que los elotes se secan y se convierten en mazorcas, lo que corresponde a cuando los niños dejan de ser como dioses de la lluvia y se vuelven verdaderos seres humanos (Neurath, 1998, p. 326).

La tercera fiesta marca también el principio de una mitad del año, la de sequía; se presentan las personas que asumirán responsabilidades por un año en la jerarquía político-religiosa. Para el mes de diciembre los peyoteros se dirigirán a Wirikuta y el ciclo reinicia. Ellos expresan la concepción del sacrificio que domina la práctica religiosa huichola.

Ahora me parece oportuno regresar a las investigaciones de la Sierra de Puebla, entre los nahuas, porque ahí María Elena Aramoni (1990) habrá de encontrar una concepción que otorga un lugar central al árbol cósmico, como *axis mundi* y como vínculo con la pareja ancestral que reside en el Tlalocan. El ritual que expresa el simbolismo del árbol cósmico es la danza del Volador celebrada en Cuetzalán. La narración comienza desde los oficios que se realizan cuando se va a buscar al monte el árbol apropiado; sigue con la purificación ritual de los danzantes y del "palo" y culmina con la danza, en la que el árbol encarna el *axis mundi*. Es en este espacio donde aparece también como un rito de fertilidad y como una representación del movimiento que dota de vida al mundo.

Cuando los cinco danzantes suben al tronco desde el que se lanzarán, ubicado en el atrio de la iglesia (indicando así el sitio del "ombligo" del universo), se sitúan para indicar los cuatro rumbos. El capitán, que toca la flauta y el tambor, se instala en el centro, correspondiente a la quinta dirección, y se aprestan a iniciar el movimiento cósmico.

Para poder repetir la cosmogonía hace falta la energía en forma de giro que regenere los tres niveles cósmicos: los cielos, la tierra y el inframundo; y quiénes mejor si no las preciosas aves del Sol que pueden traspasar los espacios y los tiempos, el mundo de los dioses, el de los vivos y el de los muertos, pues son símbolo de la verdad indiscutible, la única que perdura, la del sostén supremo alrededor del cual "vuelan". Pero antes de lanzarse en su "vuelo" y liberar con él la energía que se derramará sobre la tierra y penetrará en sus entrañas restituyéndole su vigor, el sacerdote, de pie sobre la estrechísima superficie del *tecomate*, suena su música; con el cuerpo doblado hacia atrás, levanta la cara y toca la flauta al cielo y danza, dirigiéndose a los cuatro puntos cardinales. Cuando ha terminado toma asiento ahí mismo, sin dejar de tocar sus instrumentos, y es entonces cuando los cuatro voladores se precipitan de espaldas al vacío, asidos por la cintura; extienden los brazos a manera de alas y giran descendiendo en torno al "palo". Y aunque en Cuetzalán ya no se dice [...] parece ser que no mucho tiempo atrás, cuando al final de sus giros los voladores ponían los pies sobre la tierra, las mujeres y los niños en torno exclamaban: ¡Dadnos un niño Tonantsin! (Aramoni, 1990, p. 203).

La relación entre el árbol sagrado y el Tlalocan se muestra en la concepción del árbol florido o *Xochinkuauit*, que se levanta desde el corazón mismo del cerro, el *Tepeyolo, Yolotalmanik* o Santísimo Sacramento; desde ahí se yergue y se presenta "como el mismo depósito de la vida y como el señor de los destinos" (*op. cit.*, p. 189). Así pues, el eje del cosmos lo indica la montaña sagrada, el corazón del cerro, ombligo del universo, donde reside una pareja de ancianos, *Talokan tata-Talokan-nana* (*op. cit.*, p. 177).

La importancia del árbol como símbolo cósmico se muestra de distintas maneras en las actividades rituales de los nahuas de Cuetzalán, aunque ciertamente el más expresivo es el del árbol que arraiga en el Talokan, corazón del cerro,

> el origen de todos los bienes del pueblo agrícola náhuatl, pero también de sus males y desgracias (lluvias, tempestades, rayos, granizo, enfermedad y muerte), que es concebido como un universo poblado por númenes y deidades primigenias que necesitan "tomar" la energía de los hombres para reproducirse asimismo y asegurar la continuidad de las leyes que han conducido su mundo desde siglos (*op. cit.*, p. 108).

Y la energía que más apetecen es justo la que se sitúa en los centros anímicos, de los que los nahuas de Cuetzalán conocen dos, estrechamente relacionados, el *yolot* y el *tonal*, a los que nos hemos referido ya en el apartado anterior.

Esta conceptualización del árbol como centro del cosmos será retomada por Alfredo López Austin (1994) para plantearla en un plano de mayor generalidad, como un modelo que sintetiza las concepciones tanto de los pueblos mesoamericanos (previos a la colonización española), como de los pueblos indios contemporáneos, que forman parte de la nación mexicana y mantienen en sus premisas generales dichas concepciones, núcleo donde encontramos el mantenimiento y reproducción de sus especificidades étnicas.

El punto de partida de la propuesta de López Austin es otorgar el papel central de la configuración de la visión del mundo a lo que llama el "arquetipo del ciclo vegetal":

El arquetipo nace, entonces, de las prácticas reiteradas, milenarias, que forman un núcleo de percepción y de acción frente al universo. Mesoamérica tiene entre las causas primordiales de su unidad histórica la generalización y el desarrollo del cultivo del maíz. Su cosmovisión se fue construyendo durante milenios en torno a la producción agrícola. Independientemente de las particularidades sociales y políticas de las distintas sociedades mesoamericanas, un vigoroso común denominador —el cultivo del maíz— permitió que la cosmovisión y la religión se constituyeran en vehículos de comunicación privilegiados entre los diversos pueblos mesoamericanos (López Austin, 1994, p. 16).

El centro de su estudio consiste en ubicar dos concepciones de amplia referencia en la mitología y en la toponimia, Tamoanchan y Tlalocan. Con una erudita información histórica y etnográfica continúa así sus anteriores preocupaciones, espléndidamente mostradas y organizadas en su clásico *Cuerpo humano e ideología* (1980), para proponer ahora esta concepción nutrida de la experiencia agrícola de los pueblos mesoamericanos.

Del modelo de cosmovisión que propone, sintetizado en el capítulo III de *Tamoanchan y Tlalocan* (1994), quiero rescatar dos referencias que nos permiten una comparación sencilla con los datos extraídos de los autores involucrados en esta polémica. Por una parte, destaco la importancia de las fiestas que marcan el final de las dos grandes estaciones en que se divide el año, la de Muertos, que cierra el periodo de frío, de lluvias, y la de la Santa Cruz, que corresponde al dominio del calor y la sequía; por otra, el papel central de los procesos encerrados en el ciclo del maíz:

> El ciclo del maíz de temporal es paradigmático. El nacimiento, el crecimiento, la reproducción y la muerte del hombre y de los animales deben ser explicados a partir de la idea cíclica de salida del "corazón" de la bodega, penetración en el ser que se gesta, ocupación que hace crecer y da potencia generativa, maduración —o sequedad o calentamiento— paulatinos con la edad y, por fin, muerte y regreso del "corazón" al mundo subterráneo para su reciclamiento *(op. cit.,* p. 164).

La culminación de su esfuerzo de investigación es lo que llama la "reconstrucción del árbol cósmico", es decir, la definición de las concepciones cosmológicas comprendidas en la dualidad Tamoanchan-Tlalocan:

Tamoanchan es el gran árbol cósmico que hunde sus raíces en el inframundo y extiende su follaje en el cielo. Las nieblas cubren su base. Las
flores coronan sus ramas. Sus dos troncos, torcidos uno sobre otro en
forma helicoidal, son las dos corrientes de fuerzas opuestas que en su
lucha produce el tiempo.

Tamoanchan es uno en el centro del cosmos. Es cuatro como conjunto
de postes que separan el cielo del inframundo. Es cinco en la totalidad.

Tlalocan es la mitad del árbol cósmico. Es su raíz hundida para
formar el mundo de los muertos, del cual surge la fuerza de la regeneración. Es también uno de los dos troncos torcidos: el oscuro, frío y
húmedo.

La otra mitad del árbol es Tonatiuh Ichan. Forma las ramas de luz y
fuego en las que se posan las aves. Son éstas las almas de los distingui-
dos por los dioses celestes. Entre el follaje nacen y de allí se derraman
las diferentes flores de los múltiples destinos. Tonatiuh Ichan es también el tronco caliente.

Tamoanchan, en conjunto, es la guerra, el sexo, el tiempo, la cancha
del juego de pelota (*op. cit.*, pp. 225-226).

¿Existe alguna relación entre el cuerpo humano como modelo
del cosmos y el "árbol florido"? Me parece que sí, y esto lo aborda-
ré en la parte dedicada a mencionar las diferentes propuestas sobre la estructura del cosmos. Por ahora me parece oportuno proseguir con las originales e interesantes aportaciones que hace Sybille
de Pury-Toumi en sus estudios acerca de la lengua náhuatl, las
cuales tienen como uno de sus principales referentes las metáforas
generadas en torno del arquetipo vegetal, que sintetiza la práctica
agrícola alrededor del maíz y las concepciones que definen al cuerpo humano y, desde aquí, al cosmos.

Como eje de sus reflexiones Pury-Toumi elige el acto de comer
y las diversas imágenes que suscita en el pensamiento de los nahuas.
Así, esta acción tiene como raíz verbal *cua*; la forma reflexiva, comerse, se dice *mocua*, que se refiere a "tener relaciones sexuales", o
su derivado nominal, *necualli*, "el acto sexual", literalmente "el
hecho de comerse" (Pury-Toumi, 1997, p. 145).

La gestación humana, como la semilla, implica la necesidad de
un ambiente húmedo y de un proceso de putrefacción, que se da
en el vientre materno. Esto remite a diferentes metáforas que aluden a la vagina y al útero, como son los nombres de los recipientes
para contener agua: "jícara", "tecomate" o "cajete" (*op. cit.*, p. 146).

A la mujer embarazada o que está menstruando se le considera "enferma", pues la gestación se interpreta como parte de un proceso de deterioro que conduce a la muerte y, por lo tanto, a la vida, pues las mujeres, como las plantas, han de morir para generar un nuevo ser. El nacimiento, como la digestión, son consideradas acciones de descenso: el niño debe "caer" sobre la tierra; y esta noción direccional aparece en el término *pilli*, derivado de la raíz que significa "colgar, hacer caer", y se traduce literalmente como "el que cae"; de donde procede la graciosa metáfora de la lengua clásica que llama al niño "pequeña gota", *atzintli*. Resulta así familiar la metáfora que alude al nacer como "goteo", *chipini*.

Como apuntamos antes, una de las concepciones fundamentales en la cosmovisión de los nahuas y de otros pueblos mesoamericanos es la de equilibrio, una de cuyas expresiones deriva también del verbo "comer". Así, *cuali* puede traducirse como "equilibrado", aunque literalmente significa "comestible", y uno de sus significados más usuales es el de "bueno". Pury-Toumi encuentra que también puede significar "humano", lo que apoya con un ejemplo del náhuatl de Tzinacapan, en la Sierra Norte de Puebla, donde *cualtacayot* significa "humanidad" y no "bondad". Al diablo se le designa *amo cuali*, que significa "no humano", y se le caracteriza como inmoderado; por ello ofrece al hombre todas las riquezas, aplastándolo con la abundancia.

En este sentido, la abundancia que se halla en el Tlalocan es controlada rigurosamente por la pareja ancestral que lo preside. Ésta, evidentemente, es una concepción muy distinta a la del "bien limitado" que ofrece George M. Foster para las reacciones de reprobación comunitaria ante los excesos, es decir, a los actos que transgreden las normas fundadas en la idea de equilibrio. Remitirnos a la cosmovisión otorga mayor profundidad histórica y cultural a estos fenómenos, reducidos a la dimensión psicológica en Foster y sus discípulos y que, como lo señalamos antes, el propio Foster propone como alternativa ante las limitaciones que encuentra en la cosmovisión como propuesta teórica.

La concepción nutricia por excelencia en la cultura nahua, sin embargo, es la que se refiere al sacrificio, acto en el que se funda la vida y se alimenta a las divinidades. Esto se muestra en las concepciones en torno a la pareja ancestral designada como *tzitzimitl*. Descrita en el mito como una pareja de ancianos que recoge una especie de fruto o huevo del que nace *Sentiopil*, el "joven dios del maíz", educan al niño hasta el día en que deciden comérselo; pero el niño se les adelanta y mata a la pareja de ancianos; de la sangre derramada nacen las plantas comestibles y los árboles frutales (*op. cit.*, pp. 122-123).

Así, el sacrificio en el que aparece la sangre constituye una de las mayores expresiones que aluden a la fecundidad, a la nutrición de las divinidades; por ello, apunta Pury-Toumi, se sacrifica a las gallinas y guajolotes, de manera que la sangre se esparza entre las piedras y el suelo y alimente a la tierra.

El proceso de trabajo agrícola y los elementos que involucra implican un simbolismo basado en la perspectiva de una serie de sacrificios en los que la sangre, la fecundación y el trabajo humano conducen a la generación de vida. El maíz se considera, en línea con este razonamiento, un huérfano que ha sacrificado a sus padres adoptivos. El acto mismo de depositar los granos de maíz abriendo la tierra con la coa es interpretado como un acto sexual, una especie de desfloramiento que desgarra y hace sangrar (*op. cit.*, p. 129). A su vez, la vida humana es también consecuencia de un acto de sacrificio, pues, como apunta Pury-Toumy, con la palabra *tlamacazqui*, nombre del sacerdote sacrificador, se aludía simbólicamente al pene (*op. cit.*, p. 134).

La comparación entre la tierra y el cuerpo permea profundamente las concepciones acerca de la sexualidad; pero como la moral cristiana tiene una particular posición de rechazo, por caer dentro de las nociones del "pecado", Sybille de Pury ha descubierto diversas traducciones en las que se da una imagen equivocada sobre el tratamiento de este tópico. Aquí es importante destacar la línea crítica de las fuentes coloniales desarrollada por esta autora, sobre todo en los primeros trabajos de los franciscanos, quienes en su afán de impedir la reinterpretación del cristianismo desde la cosmovisión mesoamericana habrían de manipular diversas traducciones e incluso suprimirlas, como lo ha mostrado el cotejo de los textos en náhuatl y en castellano en la obra de Sahagún. Un ejemplo que vale la pena mencionar es cómo se traduce tanto la palabra con que se designa a la prostituta (*auiani*, la alegradora) como, en estrecha relación, la palabra con que se nombra a la diosa del amor, Tlazolteotl. Respecto a esta última apunta: "Lo que en español ha sido traducido por pecado, y que designa el amor con

una connotación moral, corresponde a una noción náhuatl que sitúa al hombre en relación de intercambio con la diosa del amor:
ésta inspira todas las tentaciones porque se alimenta con la actividad sexual de los hombres" *(op. cit.,* p. 137).

En cuanto al término *auiani* hay un hallazgo interesante, pues
por la construcción de esta palabra se concluye que la mujer es
alegre por naturaleza, no así el hombre; por lo tanto, no es la alegría lo que se condena, sino la ruptura del equilibrio. De modo que
se considera que tanto el amor como la embriaguez desequilibran
el justo calor del cuerpo.

Desde este punto de vista, se plantea que la interpretación de
Tlazolteotl, "diosa de las inmundicias" traducida por los primeros
misioneros, como la que borra el pecado, es equivocada, y más
bien se propone que el cuerpo es como la tierra y, como tal, requiere de abono para mantener su fertilidad.

Para continuar por los mismos rumbos, los nahuas de Cuetzalán,
aludiré ahora a algunos señalamientos de la monografía de Alessandro Lupo (1995) sobre los rituales agrícolas. En su análisis aparece
el papel central que juega el maíz y el elaborado simbolismo que lo
liga con el hombre. La analogía entre el hombre y el maíz aparece en
la referencia a la planta como un cuerpo humano, en el que el corazón es la mazorca. Del maíz se dice que tiene "sangre", que "respi-
ra", padece "hambre", "sed" y "tristeza", que "llora" y crece como
ser humano.

Para los nahuas serranos la energía disponible en el cosmos es
finita y está sometida a una circulación continua entre todos los
planos de la realidad, lo cual obliga al hombre a restituir periódicamente a los seres extrahumanos lo que se recibe, si bien en forma
simbólica, pues de no hacerlo se desatarían fuerzas ocultas propi-
ciadas por esos seres. Tales personajes no son intrínsecamente buenos o malos; su actuación depende de las circunstancias, lo que
explica las numerosas ofrendas alusivas a intercambios de los más
diferentes matices.

En lo anterior existe una peculiar relación del hombre con los
dioses, pues en sus tratos se establece un regateo, dado que éstos
también necesitan de los hombres para vivir; no son autosuficientes.
Es cierto, hay una diferencia de carácter cuantitativo entre ellos,
pues muestran un claro contraste en sus respectivos poderes. Sin
embargo, el funcionamiento del cosmos, en el proceso de inter-

cambio de energía, requiere de una mutua dependencia, lo que es aprovechado, y manipulado, por los especialistas.

Finalmente, para cerrar esta parte relativa a las diversas elaboraciones hechas a partir del estudio de los rituales agrícolas en el marco de la cosmovisión, me referiré a los puntos de vista desarrollados por Jacques Galinier (1990).

El campo de los rituales agrícolas entre los otomíes estudiados por este autor corresponde a lo que se conoce como "las costumbres". Es decir, un espacio situado en la base misma del pensamiento otomí, como se indica cuando se afirma una homología con los rituales terapéuticos, en los que se encuentra el proceso periódico de reforzamiento de la identidad étnica. En ellos tiene un papel fundamental el chamán y sus facultades de nahual, esto es, de transformarse en animal o en ancestro.

> Es otra manera de dominar el espacio y el tiempo, de poder circular entre el aquí y el allá, el presente y el pasado, o de cambiar de sexo, tal como los nahuales, hombres transformados en pájaros o en otros animales, que constituyen una permanente amenaza para la comunidad. No es entonces sorprendente que los chamanes (en su calidad de nahuales potenciales), tomen a su cargo la violencia social y que ésta encuentre en los rituales vectores institucionales capaces de canalizarla (Galinier, 1990, p. 157).

Los rituales agrícolas constituyen variantes de la fiesta de Muertos, pues se basan en concepciones similares acerca del intercambio simbólico, ya que otorgan una función organizadora a los ancestros en los procesos biológicos. El punto culminante de los rituales agrícolas es la peregrinación a *Mayonikha*, la Iglesia Vieja, un santuario situado en una región selvática, referencia constante en las palabras de los chamanes como "centro del mundo", lugar de los orígenes del viento y la lluvia y, sobre todo, espacio con la presencia de poderosas energías cósmicas (*op. cit.*, p. 313). Aquí aparece la concepción universal del tiempo y del espacio, pues si bien en el santuario está el centro del mundo, cada comunidad a su vez expresa también esa concepción de ser "centro del universo" en el que se reproducen otros "centros" ceremoniales.

Dentro del conjunto de los rituales agrícolas Galinier otorga un lugar privilegiado al carnaval, dado que encuentra ahí la mayor expresión de creatividad y subversión del pensamiento otomí.

Como parte de tal fiesta está la danza del Volador, en cuyo ceremonial reconoce numerosos simbolismos de la cosmovisión otomí,
particularmente de sus connotaciones sexuales:

> Las glosas indígenas sobre el simbolismo del Palo Volador son muy
> abundantes. La denominación usual de éste es *t'okxiöni*, término cuyo
> sentido morfémico es "palo de las plumas de aves". Un segundo nom-
> bre, más esotérico —*t'öhö*— que designa de hecho el bastón decorado
> con dibujo helicoidal del *hmüyantö*, evoca los bejucos fijados alrededor
> del Palo Volador. No es necesario despejar más aún las asociaciones
> metafóricas, para descubrir en el *t'okxiöni* un gigantesco falo. Así lo
> atestiguan la danza del sombrero-glande en la punta del bastón del
> "Viejo", o la forma cónica del tocado de *nenza (op. cit.*, p. 396).

Un aspecto poco trabajado en la etnografía mesoamericanista
es el simbolismo de los colores, en el que Galinier abre varias pistas; aquí sólo menciono la referencia a dos colores con profundas
alusiones simbólicas. Por una parte está el blanco, ligado a la idea
de pureza, perteneciente al dominio de la masculinidad, pues se
relaciona con el semen, y más específicamente con la eyaculación, la
"creación del blanco", así como con el color del atuendo tradicional
masculino. Por la otra está el rojo, el color del carnaval; alude por
cierto al sexo femenino como una especie de vagina dentada; es el
color del sacrificio y de la sangre menstrual. "La connotación ne-
fasta del rojo está pues indisolublemente ligada a la fertilidad cósmica" *(op. cit.*, p. 519).

Las investigaciones de Galinier plantean la importancia primordial del carnaval como la mayor fiesta del ciclo ritual agrícola, en
una relación de complementariedad y antagónica a la fiesta de Muertos. La cuestión que surge aquí es la de los rituales que marcan las
dos grandes mitades del año: la seca y la lluviosa, que, de acuerdo
con Broda y López Austin, son la fiesta de la Santa Cruz y la de
Muertos. En el trabajo de Galinier no hay referencia alguna que apo-
ye esta propuesta, sino la descripción meticulosa de las festividades
del carnaval en varios pueblos otomíes del sur de la Huasteca.

Evidentemente, el carnaval es una de las fiestas de las comunidades indias con amplias referencias en la literatura etnográfica y
diversas interpretaciones; sin embargo, la antigua tradición des-
criptivista veía al carnaval en forma aislada, como un espectacular
ceremonial cargado de significaciones culturales. Sólo cuando se

le inserta en el ciclo de los ceremoniales comunitarios anuales adquiere implicaciones de mayor generalidad, lo cual es todavía más acentuado si manejamos como trasfondo del análisis las concepciones que configuran la cosmovisión. Un excelente ejemplo, por la riqueza de las investigaciones y de las comparaciones con el amplio material etnográfico reunido, es el de los estudios en los Altos de Chiapas.

En efecto, los más tempranos trabajos etnográficos centrados en la comunidad (los de los años cuarenta), dan testimonio ya del carnaval como una fiesta importante, en particular el que se realiza en San Juan Chamula, que en la actualidad atrae a numerosos espectadores de otras comunidades indias y al turismo nacional e internacional. Sin embargo, la discusión es planteada a partir de las investigaciones de Victoria R. Bricker (1986, 1989), de la Universidad de Harvard, quien compara las fiestas carnavalescas de tres comunidades tzotziles, Chenalhó, Zinacantán y Chamula, centrándose en los diálogos burlescos y cargados de alusiones a la sexualidad que desarrollan diversos personajes del elenco; sus observaciones remiten al comportamiento opuesto al que rige la vida de la comunidad el resto del año; subraya, por lo tanto, las implicaciones éticas de las burlas y los chistes que exageran la conducta que atenta contra las reglas de la vida comunitaria.

Hay un dato significativo más: el de la celebración en Zinacantán de un ritual con todos los elementos del carnaval en la fiesta de San Sebastián, el 20 de enero, inscrito en el ciclo del solsticio de invierno y que corresponde a las fiestas decembrinas en torno al Niño Dios. De esta fiesta hay una extensa relación, bajo el método de los "episodios rituales", hecha por E. Z. Vogt (1979), en la que los comentarios de las abundantes referencias a la sexualidad las deja a los psicoanalistas freudianos, sin relacionarlas con las concepciones a la fertilidad y a la reproducción humana y vegetal.

En una obra posterior, Bricker (1989), con un aliento comparativo que abarca toda el área maya mesoamericana, apunta que los carnavales constituyen dramas históricos que expresan conflictos interétnicos. En el caso de los carnavales de Chamula, Chenalhó y Zinacantán, reconoce la síntesis de siete momentos de conflictos interétnicos en los dos primeros y cinco en el último. Esta síntesis, señala Bricker, implica que todos los momentos históricos se tratan como si fueran uno solo.

Esta interpretación es impugnada por Kazuyasu Ochiai (1985, 1989), quien apela entonces a la cosmovisión para revelar significados de mayor profundidad y congruencia con los ciclos rituales. En especial subraya una particularidad de la cosmovisión de raíz mesoamericana, en la que la conceptualización del tiempo acude a referencias espaciales. Es decir, los seres prehumanos que viven en los márgenes del universo y en el inframundo, como enanos, demonios, negros y todo tipo de personajes extraños, emergen en los días del carnaval subvirtiendo las normas comunitarias y desarrollando una lucha cósmica.

El carnaval tzotzil es un ritual de combate entre orden y desorden, cosmos y caos, regularidad e irregularidad. Ya que la fiesta dura sólo cinco días, los demonios lógicamente son vencidos en el último, y el sol/nuestro dueño recupera el mando. Aunque los extranjeros poderosos se hayan retirado de la escena, no han sido muertos por el principio revitalizado; retienen su potencia periférica en el universo y cada año, durante el carnaval, resurgen del inframundo como principio opuesto al sol/nuestro dueño para causar el caos que renueva la sociedad (Ochiai, 1989, p. 100).

Así, el carnaval, según Ochiai, es un ritual renovador del tiempo, un marcador de cambio de estación, el ceremonial cosmológico por excelencia, y se inscribe en un movimiento cíclico en el que se construyen las categorías espacio-temporales que definen la cosmovisión de raíz mesoamericana.

La estructura del universo

La conceptualización de un vasto sistema con sus grandes categorías bien definidas y una extraordinaria potencialidad para el análisis y la comparación es una de las más llamativas características de la perspectiva que tiene como referente central a la cosmovisión, y uno de sus recursos más aplicados, que constituye prácticamente un lugar común de las etnografías, es el tema de la estructura del universo. Es decir, las descripciones que remiten a los mitos y a las explicaciones sobre los orígenes, a las diferentes creaciones y destrucciones del mundo, a los ciclos temporales, por un lado; por otro, aquellas que especifican las categorías espaciales significativas y abarcan numerosos planos y fronteras nos ofrecen un muy sugerente espacio de reflexión y una herramienta de análisis que tiene como trasfondo cuestiones fundamentales para la filosofía.

El primer trabajo que presenta información acerca de las grandes categorías de la cosmovisión en la etnografía mexicana es el de Calixta Guiteras (1965); su impacto se advierte en los primeros ensayos que abordan el tema, como los ya referidos de Marcelo Díaz de Salas (1963), Isabel Kelly (1966) y Antonio García de León (1969), sobre todo el primero, que hace referencia tanto a las tres creaciones del mundo como a sus tres niveles, por una parte, y señala la importancia del cerro sagrado, el *ch'ul witz*, por otra. Cada nivel tiene sus respectivos habitantes: en el inframundo los enanos con sombrero de tierra, en el mundo, además de los hombres, los dueños de los cerros y los *judíos,* en el cielo, el Sol-Dios y la Luna-Virgen María (Díaz de Salas, 1963, p. 259).

De ese mismo año es la descripción de William Holland acerca de la cosmología de los tzotziles de San Andrés Larráinzar, texto con muy interesantes datos. Vale la pena referirnos a su descripción sintética de las concepciones de los sanandreseños, para quienes:

> [...] la tierra es el centro del universo, siendo una superficie plana y cuadrada, sostenida por un cargador en cada esquina. Ven el cielo como una montaña con trece escalones, seis en el oriente, seis en el occidente, con el decimotercero en medio formando la punta del cielo. Desde abajo se asemeja a una cúpula o una taza puesta sobre la superficie de la tierra. Una gigantesca ceiba sube del centro del mundo hacia los cielos. Imaginado desde fuera de la tierra, el cielo, es una enorme montaña o pirámide [...] Bajo la tierra está situado el mundo inferior, *Olontik,* el mundo de los muertos, constituido por nueve, trece, o un número indeterminado de escalones (Holland, 1963, p. 69).

Esta hermosa descripción, apoyada en numerosas referencias a códices y crónicas coloniales, ha sido impugnada, sin embargo (véase particularmente Ochiai, 1985, quien trabaja posteriormente en la misma comunidad, y Köhler, 1995), por su insistencia en demostrar que las concepciones de los antiguos mayas se mantienen vivas y con escasos cambios en las apartadas comunidades tzotziles de los Altos de Chiapas. Ni los materiales etnográficos que presenta ni las investigaciones posteriores realizadas en la región sustentan a sus propuestas, todo lo cual significa que sus interesantes datos tienen que ser manejados críticamente y con sumo cuidado. En sentido semejante, el excelente ensayo de Alfonso Villa Rojas, "Los conceptos de espacio y tiempo entre los grupos mayances contemporáneos" (1968), destacan conceptos centrales para la cosmovisión mesoamericana como el del *quincunce*, es decir, la imagen del universo con sus cuatro esquinas o rumbos y su centro, puntos marcados por las respectivas ceibas. Un elemento novedoso es la definición de los puntos del quincunce por el movimiento aparente del sol en el horizonte en los extremos del solsticio; es decir, es una de las primeras indicaciones sobre la base astronómica de la cosmovisión (Villa Rojas, 1968, p. 135).

Respecto a la dimensión vertical del universo, Villa Rojas recupera la imagen de la ceiba sagrada con los planos celestiales, lo cual de alguna manera anticipa lo que será posteriormente el "árbol cósmico". Por desgracia, el único dato etnográfico que consigna es el del trabajo ya citado de Holland, cuya autenticidad ha sido cuestionada. Finalmente, dedica una parte de su ensayo a reflexionar sobre los calendarios mesoamericanos y su vigencia en algunas regiones, como los Altos de Chiapas, aportando una interesante descripción de Oxchuc, comunidad tzeltal en la que hizo estudios etnográficos. No obstante, aquí también el referente general es el de los datos etnohistóricos y no una vía para explicar su vigencia contemporánea, no como supervivencia sino en tanto respuesta viva y congruente con su modo de vida.

En línea con las investigaciones etnográficas de Alfonso Villa Rojas y Calixta Guiteras, el trabajo que realiza Esther Hermitte (1970*b*) en la comunidad tzeltal de Pinola, oficialmente municipio de Villa las Rosas, nos acerca al tema de la cosmovisión como eje de sus reflexiones, pues si por una parte su énfasis se dirige al papel de curanderos, brujos y autoridades en tanto dueños de nahuales poderosos para el establecimiento del control social, por otra esto la lleva a establecer coordenadas espacio-temporales y, con ello, la visión del mundo.

En Pinola, Hermitte encuentra que para los miembros de esa comunidad el mundo es plano y cuadrado, dividido en cuatro partes, como las dos secciones en que se estructuran; es aquí donde se sitúa el centro del mundo. Al oriente está el cerro sagrado de la comunidad, el *Muk'na*, donde residen sus ancestros, los *me'iltatil*, con su propio gobierno para alejar los males procedentes del exterior; sólo las entidades anímicas de los hombres vivos importantes residen en el cerro, como son los ancianos y los que saben curar. Este cerro, junto con otros tres, señalan las cuatro entradas del pueblo: *Campanatón* al oeste, *Tzawahunch'en* al sur y *Ch'en* en el norte.

> En las cuevas de los cerros que rodean al pueblo viven muchos seres poderosos —Rayo, Meteoro, Torbellino y el Sombrerón—, lo que hace que estos lugares sean peligrosos para el hombre común. Rayo y Meteoro también viven en los ojos de agua. Allí, en las cuevas, están los espíritus de los pinoltecos comunes, guardados por los poderosos. Allí, en las cuevas, están los nahuales durante el día. Los nahuales se alimentan de comidas "especiales" que les da el sapo, que es la esposa del Rayo. Los nahuales viven en las cuevas, en cuyas partes más profundas está la casa del Rayo, el más importante de todos los espíritus. Allí tiene una lujosa casa, con muchos cuartos, con muebles y construida de manera semejante a las casas de los ladinos ricos del centro del pueblo y con muchos sirvientes que satisfacen sus deseos (Hermitte, 1970*b*, p. 38).

En San Juan Chamula, la más grande comunidad tzotzil de Chiapas, encontramos también los rasgos fundamentales de las categorías espacio-temporales de la cosmovisión, como es la imagen etnocéntrica que ubica el centro del mundo en la propia comunidad, lo que señala un espacio seguro y sagrado más allá del cual se queda expuesto a los peligros más diversos. El mundo es considerado como una isla cuadrada más elevada por el oriente que el poniente y rodeada por el mar.

En términos de verticalidad, se reconocen tres niveles. El primero, el inframundo, *lajebal*, es el lugar de los muertos, donde el sol pasa cuando en el mundo es de noche. De acuerdo con Gossen,

> los muertos comen alimentos carbonizados y moscas en lugar de comida normal. Los muertos tienen también que abstenerse de las relaciones sexuales. Fuera de estos dos detalles, la vida en el submundo es muy parecida en general a la vida en la tierra. Allí las personas no sufren, con la sola excepción de las que han matado a alguien o cometido un suicidio. A éstas el sol las quema cuando recorre su circuito por el mundo subterráneo durante la noche de la tierra. El mundo subterráneo es también el punto desde el cual se sostiene el universo. Existen diferentes opiniones respecto de la índole de este sostén, pero la mayoría de los

chamulas cree que, o bien un solo ser sostiene el universo sobre sus espaldas, o bien son cuatro los sostenedores del mismo ubicados en puntos intermedios entre los puntos cardinales (Gossen, 1979, p. 43).

El segundo nivel, el cielo *(winajel)*, se concibe compuesto por tres cúpulas concéntricas; en cada una residen diferentes seres; así, en la segunda se encuentran la luna, las estrellas y las constelaciones menores. En la tercera está el Sol, san Jerónimo, guardián de los animales compañeros, y las constelaciones mayores.

En cuanto al tercer nivel, el mundo propiamente dicho, presenta una diferenciación espacial mediante la que se distingue a los bosques, *te'tik*, las casas, *naetik*, y las tierras de trabajo, *jamalaltik*. Todo el sistema se mantiene unido por las órbitas del sol y la luna *(op. cit.,* p. 41). Un referente fundamental del espacio es la presencia de la montaña más alta en la región, el Tzontehuitz en el territorio Chamula, más específicamente en el barrio de San Juan.

En cuanto a las concepciones acerca del tiempo, se parte de la premisa de que el nacimiento del Sol establece el orden en la Tierra. El mundo es resultado de cuatro creaciones, en un sentido de acontecimientos que acumulativamente conducen a la creación del mundo actual, la cuarta. Dentro de ésta, apunta Gossen, se reconocen varios conjuntos de categorías temporales. Es significativo el hecho de que en la conceptualización del ciclo de vida se exprese el proceso de las creaciones:

> Entre el nacimiento y el bautismo, periodo que oscila entre un mes y dos años, al niño se lo denomina mono *(max)* pues carece de nombre. La asociación del mono con el niño no bautizado se explica por la presencia de estos animales sobre la tierra durante la Primera Creación, antes de que apareciera la cultura humana en su forma correcta. Las personas mono hacían cosas antisociales, tales como, por ejemplo, comerse a sus propios hijos sin nombre cuando llegaban a la pubertad. Por ende, el dar un nombre en el bautismo tiene una gran importancia simbólica en el sentido de que acerca al niño al reino de la conducta social *(op. cit.,* p. 46).

El calendario mesoamericano de 18 meses, cada uno de 20 días, más el periodo de cinco días, está vivo en la memoria de los chamulas, particularmente en relación con las actividades agrícolas, pues para el ciclo ceremonial anual comunitario la referencia es el calendario gregoriano, para lo cual acuden al de Galván. La excepción para este ciclo comunitario es la ceremonia del cambio de flores, que se hace en el sistema mesoamericano: cada 20 días. En la concepción del periodo anual es básica la alternancia entre la estación lluviosa y la seca.

> Los chamulas emplean muchos otros ciclos menores para referirse al tiempo. El ciclo agrícola del maíz, por ejemplo, proporciona más de diez términos para hablar de la época del año. Existen casi treinta vocablos referentes a momentos del día, que son más bien descriptivos que numéricos. Por lo menos ocho de ellos aluden a las fases de la luna. Además los chamulas reconocen los ciclos regulares de varias constelaciones y planetas. La cualidad de predicción los diferencia de los cuerpos celestes cuyos movimientos no se perciben. En el caso de los planetas y las constelaciones, así como también en el del sol y la luna, sus movimientos cíclicos previsibles a través del espacio permiten medir el paso del tiempo (*op. cit.*, p. 50).

Esta correlación espacio-temporal aludida la habría de reconocer Gossen en las preguntas curiosas de los chamulas acerca de si en la región de donde él procedía, anglosajón blanco, no se mordían y devoraban unos a otros; la respuesta iba a encontrarla en un etnocentrismo basado precisamente en una premisa por la que el centro del mundo, en este caso Chamula, es el sitio donde se tienen las costumbres más civilizadas y se habla la "lengua verdadera", el tzotzil, en tanto que mientras más lejos se está de este centro se aprecia un empobrecimiento que llega, en sus lugares más remotos, a partes donde todavía se mantienen seres prehumanos con hábitos antisociales, como el canibalismo.

En la descripción de lo que Gossen llama "principios cosmológicos" se toma como punto de referencia al Sol, del que se deducen o al que se asocian. Así, cuando afirma que el Sol constituye el primer principio del orden se refiere a la importancia de la noción de calor, expresada en el nombre mismo del sol en tzotzil: *jtotik k'ak'al*, que traduce como "Nuestro Padre Calor (Día)". El nacimiento del Sol separa la época en que existían demonios, monos y judíos, de la presente, del hombre, la luz y el calor. Éstos son los criterios para fundar el orden temporal y espacial.

Otro principio derivado del sol es el de la primacía de la mano derecha, a la que se denomina *batz'i*, verdadera. La vigencia de este principio se aprecia en muchos aspectos de la cultura, y es reconocible en rituales como las procesiones, cuyo recorrido se hace en sentido opuesto al de las manecillas del reloj, lo que indica la referencia al lado derecho de los funcionarios responsables. Evidentemente, la referencia es a la dualidad derecha/izquierda.

La primacía del "arriba", relacionada también con el Sol, se expresa de varias maneras. Una es la importancia del Tzontehuitz en términos sagrados, así como en las procesiones; durante éstas, las imágenes de los santos son llevadas en andas, lo que las sitúa por encima de los espectadores y participantes. La importancia de la altura se advierte también en la construcción de una plataforma, el *moch*, de cinco metros de altura, en la casa de los alférez, que consideran los acerca al cielo y al Sol. También se reconoce este principio en la importancia que se da a la cabeza por sobre los pies, como en las imágenes de los santos, y en el hecho de resaltar la punta de las banderas de los funcionarios religiosos, a las que se considera como la cabeza y el halo del Sol.

La primacía del calor está presente tanto en la importancia del fogón en las viviendas de los chamulas como en la conceptualización del ciclo de vida: un proceso donde se acumula calor; se expresa asimismo en la elocuencia oratoria, a la que se denomina "calor del corazón":

> Las mismas palabras que sirven para designar el tiempo se relacionan con el calor, en el sentido de que el sol simboliza la fuente del calor de la tierra, como también representa a todos los demás aspectos del orden cosmológico. Los días, los intervalos entre las fiestas, las estaciones y los años, se miden por los ciclos crecientes y decrecientes de calor. Lo opuesto al orden es simbolizado mediante la fría oscuridad en la que los demonios, los judíos y los monos vivían antes de la forzada ascención del sol en el cielo (*op. cit.*, p. 60).

La primacía de la luz se explica como una de las primeras manifestaciones del nuevo orden; las características de la época de la oscuridad se presentan en ocasión de la celebración de la fiesta de Muertos, cuando una comida es servida a medianoche, o en los funerales, cuando se comen mazorcas chamuscadas y tortillas hechas con maíz negro.

La masculinidad es otro principio dominante asociado con el sol, "Nuestro Padre", de quien procede el maíz, sustraído de su ingle, mientras que la Virgen dio origen a alimentos de importancia secundaria, como las papas, formadas con la leche de sus pechos, y los frijoles, procedentes de su collar. Las mujeres, apunta Gossen, no ocupan cargos oficiales. Lo masculino se relaciona con el lado derecho, con el calor y con la altura.

> Se cree que desde el mediodía hasta la medianoche (las horas en que disminuye el calor), las mujeres están más propensas a cometer adulterio y hacer cosas malas en general, pues en esos momentos están bajo la influencia del demonio (*pukuj*). Esta creencia tiene su raíz mítica en el hecho de que fue el demonio (no el sol) el que originariamente le enseñó a la primer mujer (no al primer hombre) los secretos de la relación sexual. Por ende, los chamulas creen que los hombres, igual que el sol, han tenido que asumir la principal obligación ritual de cuidar del orden y la estabilidad morales (*op. cit.*, p. 66).

Finalmente, Gossen plantea la vigencia del principio de antigüedad o más edad, también relacionado con el sol, el pariente más antiguo de los demás santos, con la excepción de San José y la Virgen. Como lo han mostrado otros autores, el contraste mayor/menor constituye un principio ordenador que atraviesa la cultura y la cosmovisión de los pueblos mayenses de Chiapas; se reconoce en múltiples situaciones, expresadas en los contextos rituales, donde los cargos de mayor importancia corresponden a criterios que conjugan mayor edad y experiencia ritual, entre otras situaciones descritas.

Como se advierte si ubicamos los interesantes datos de Chamula ofrecidos por Gossen en el contexto de la polémica sobre la cosmovisión mesoamericana, su enfoque privilegia uno de los términos de los principios que la constituyen; esto otorga una marcada unilateralidad a sus planteamientos, pues cada uno de los principios señalados tiene su opuesto, incluyendo el Sol mismo, lo que configura un sistema en dinámica constante.

Es cierto que, por ejemplo, desde la perspectiva de los rituales agrícolas se acentúa más el lado frío y femenino de la cosmovisión, pero una visión de conjunto requiere la recuperación de la dualidad, en la que en efecto el lado masculino domina; sin embargo, su importancia en el sistema radica en su presencia como par complementario. Una de las imágenes más intensas de tal dualidad es la palabra con la que se designa a los ancestros, *me'tiktatik* en los pueblos tzeltales o *totilme'il* en los tzotziles, y cuyos atributos, como unidad, expresan los valores más altos y representativos de los pueblos mayenses.

Una de las comunidades en donde se muestra con insistencia la importancia del principio binario mayor/menor por su compleja y diversa presencia es Zinacantán, como lo ha expresado de varias maneras E. Z. Vogt, en quien ahora nos apoyaremos para referirnos a la estructura del cosmos vigente.

La concepción de la forma del mundo se expresa sintéticamente en el quincunce, es decir, la figura con cuatro puntos que marcan un cuadrado o un rectángulo por sus esquinas y un quinto punto situado en el centro. Este gran cuadrado, dice E. Z. Vogt, es sostenido por cuatro dioses, los *Waxak Men*. Desde el punto de vista de los niveles, el mundo se compone del inframundo, *olon balamil*, habitado por monos y enanos, por cierto diferente al *k'atinbak* (lugar calentado por huesos), hoyo en las profundidades de la tierra. En el cielo, *winajel*, residen el sol, *jch'ul totil* o *jtotik k'ak'al*, la luna y las estrellas (Vogt, 1979, p. 34). En las montañas que rodean Zinacantán residen los dioses ancestrales, los *Totil me'iletik*:

> Se les representa como zinacantecos viejos, que habitan eternamente en sus hogares de las montañas, donde se reúnen y deliberan, supervisan los asuntos de sus descendientes y esperan las ofrendas rituales de pollos negros, velas, incienso y licor que constituyen su sustento. Esos antepasados son a la vez repositorios de conocimientos sociales y culturales y celosos y activos guardianes del estilo de vida zinacanteco. Las desviaciones de las costumbres sociales y culturales por parte de los zinacantecos vivientes son observadas y castigadas por los dioses ancestrales (*op. cit.*, p. 35).

Otro personaje central en la cosmovisión es el Señor de la Tierra, *Yajwal Balamil*, que se representa como un ladino gordo y rico, con atributos de rayo y de serpiente, dueño de los pozos de agua y con el control de los relámpagos y las nubes: "El Señor de la Tierra cabalga un venado; iguanas sirven de anteojeras a su cabalgadura y lleva una serpiente como látigo. En el caparazón del caracol de tierra guarda la pólvora que utiliza para hacer cohetes y para disparar su escopeta, todo lo cual es visible en forma de relámpagos" (*ibid.*, p. 35).

La montaña sagrada de los zinacantecos se encuentra en el oriente; es llamada *Bankilal Muk'ta Witz*, "Gran Montaña Mayor", donde residen los animales compañeros de la comunidad, cuidados por los de las autoridades. De éstas, el cargo de mayor prestigio es el del Gran Alcalde.

La estructura de la cosmovisión es presentada por Vogt como una matriz de discriminaciones binarias, que agrupa en cuatro categorías: espacio-temporales, biosociales, culturales y lo que nombra como los "operadores generales". Respecto a la primera, menciona las de arriba/abajo, día/noche, año/día y lluvia/seca, las cuales se ejemplifican con referentes concretos. En la categoría de discriminaciones biosociales alude a masculino/femenino y al viejo/joven, que podemos remitir a los ejemplos dados por Gossen para Chamula, igualmente vigentes en Zinacantán.

En la categoría de las discriminaciones culturales se refiere a dos generales: cultura/naturaleza, ejemplificada en el contraste casas/monte y *ch 'ulel/chanul*, así como la de indio/ladino.

Por "operadores generales" Vogt se refiere a las discriminaciones binarias más importantes en la cosmovisión zinacanteca, pues aparecen en todos los dominios de la vida como ordenadores: sol naciente/sol poniente, derecha/izquierda, *bankilal/'itz'inal* y calor/frío. Para transmitir la complejidad de estas oposiciones, transcribiré una parte pequeña del ejemplo:

Sol Naciente/Sol Poniente establece el simbolismo focal direccional en el universo. Íntimamente asociados con el concepto del sol naciente están el dios ancestral de rango más alto (equivalente sobrenatural del Gran Alcalde de la jerarquía religiosa terrestre), los corrales sobrenaturales de los naguales, la ubicación de los santos más importantes, "arriba" (*'ak'lo*), el color rojo, los zinacantecos más viejos, el lado masculino de la casa y la "vida". Con el sol poniente se asocian los dioses ancestrales de menor jerarquía, la ubicación de la Virgen del Rosario en la capilla de 'Atz'am, "abajo" (*'olon*), el color negro, los zinacantecos más jóvenes, el lado femenino de la casa y la "muerte". La discriminación proporciona también la unidad temporal básica, el "día", en los movimientos diarios del Sol (Vogt, 1979, p. 60).

La discriminación derecha/izquierda, apunta Vogt, procede del simbolismo corporal y abarca numerosas situaciones rituales y cotidianas. Por su parte, la discriminación para nombrar dos términos de parentesco que corresponden a hermano mayor/hermano menor, *bankilal/'itz'inal*, abarca una gama extensa de fenómenos, pero so-

bre todo en el contexto ritual jerarquiza montañas, cruces, tambo-
res, cohetes, cuevas, santos, funcionarios, collares de los santos y al
Niño Dios, entre otros. Un ejemplo de la complejidad que se puede
alcanzar con este operador lo muestra el estudio comparativo realizado por Victoria R. Bricker (1973) en tres comunidades tzotziles,
en cada una de las cuales se establecen matices diferentes.

Finalmente, el cuarto operador general corresponde al más conocido ejemplo de la oposición caliente/frío que apareció en el
debate a propósito de la clasificación de las enfermedades y de la
caracterización del nahualismo. E. Z. Vogt menciona su vigencia
en Zinacantán para el aguardiente, el temperamento de hombres
y mujeres, las enfermedades, las plantas y las comidas (1979, p. 61).

La forma quincuncial del cosmos y de la tierra aparece representada en los rituales de la casa y del campo; en el primer caso se
expresa en la ceremonia para acondicionar la casa, cuando se sacrifican cuatro pollos y se alimenta con aguardiente y caldo de pollo
a los cuatro pilares. En el caso de los campos de cultivo, se hacen
ofrendas en los altares que marcan las cuatro esquinas y el centro de
la milpa. Se hace una procesión que implica el uso de cohetes, velas,
incienso, rezo de oraciones y el consumo ritual de aguardiente y comida. Se llevan a cabo cuatro ceremonias que cubren el periodo de
trabajo en la milpa: a la siembra, en las dos escardas y a la cosecha.

Sin embargo, donde se muestra la presencia de principios cosmológicos generales que aluden a la estructura del mundo es en la
vivienda, pues en ella el piso de tierra y el hoyo en el que entierran
los restos de los pollos sacrificados representan el inframundo; el
techo remite a las montañas sagradas, y en la armazón de vigas
que lo componen se reconocen las tres capas del cielo. Finalmente,
relativo al cuerpo humano como modelo del universo, encontramos la caracterización de las partes de la casa precisamente con
referencias corporales:

> "*Yok* (su pie) se refiere tanto al pie de una montaña como a los cimien-
> tos de una casa; *sch'tu* (su estómago) es tanto la parte media de una
> ladera como un muro de la casa; *schikin* (su oreja o esquina) se refiere a
> ángulos de montañas y de casas; *sjol* (su cabeza) puede ser la cima de
> una montaña o de una casa (Vogt, 1979, p. 96).

El quincunce como estructura del cosmos es aceptada también
por K. Ochiai en los rituales de los tzotziles de San Andrés La-

rráinzar, con los que se señala la casa y la milpa. Pero donde Ochiai (1989) llama la atención es en el señalamiento de la plataforma ceremonial, *moch*, construida por los "capitanes", funcionarios del sistema de cargos, en la que reconoce una "maqueta" del cosmos no sólo porque las partes principales de la estructura cosmológica, como la forma quincuncial, el inframundo, el plano terrestre, el cielo y las órbitas solsticiales del sol, se muestran congruentemente, sino por los rituales mismos que se realizan en torno de la plataforma e, incluso, en el proceso de su construcción, la cual es llevada a cabo en la noche por un grupo de funcionarios, de los cuales quienes trepan para hacer la armazón son llamados ritualmente "monos", *max*.

El quincunce lo reconoce Ochiai también en el plano del asentamiento de la cabecera, con los cuatro puntos marcados por cruces; la expresión más pequeña de este esquema cosmológico la encuentra en los antiguos sombreros de los andreseros, cuyos listones en el ala redonda marcaban los cuatro puntos cuadrangulares, y en el pico del centro de la copa se situaba el quinto listón *(op. cit.*, p. 118).

Por su parte, Alessandro Lupo (1995), en su importante estudio en la comunidad nahua de Santiago Yancuictlalpan, agencia de Cuetzalán en la Sierra Norte de Puebla, al referirse a la vivienda encuentra un elaborado simbolismo que remite a la conjunción de cuerpo y cosmos. Así, en la estructura de la casa se muestra la del cosmos y la del cuerpo: "[...] a la puerta se le llama 'boca de la casa' *(caltenti)*, al techo 'sobre la cabeza de la casa' *(calcuaco)* y a los pilares 'piernas de la casa' *(calicxit)* [...] el nombre de la ofrenda que la transmite y la contiene: *calyolot*/corazón, alma de la casa/" (Lupo, 1995, p. 153).

Los cuatro pilares representan los soportes del universo; el altar, con frecuencia instalado en el sitio en que se deposita la ofrenda de la ceremonia de inauguración (es decir, el "corazón"), el fogón y la puerta integran la totalidad cosmológica de la casa.

El fogón, a su vez, representa al universo: el comal ocupa el lugar del disco terrestre y sus tres soportes son nombrados como la Trinidad católica. A la piedra o soporte más distante de la persona que cocina se le llama "padre de los *tenamazte*" *(op. cit.*, p. 179).

El fuego es también una representación femenina, expresión de la dualidad como referente central de la cosmovisión, que en el caso del fogón está presente en la olla en la que se recogen las brasas y la ceniza; su forma se relaciona con el útero; se le llama *lamatzin*, viejita, y *tenan*, madre de la gente *(op. cit.,* p. 185).

Para regresar a los Altos de Chiapas, específicamente a la investigación realizada en 1996 por Pedro Pitarch en Cancuc, comunidad tzeltal, se nos indica que, a diferencia de otros pueblos de la región, el centro del pueblo cabecera es denominado *yo'tan lum,* (corazón del pueblo), mientras que el *mukux* (ombligo) se señala con una gran piedra localizada al norte de la plaza, a un kilómetro de distancia aproximadamente.

El cielo se compone de trece capas, que delimitan doce espacios. En la Tierra se localizan nueve capas, *balun pal lumilal,* superpuestas de modo irregular; a gran profundidad se localiza el *k'atinbak,* donde residen las almas de los muertos, quienes se iluminan con los huesos sustraídos de las tumbas. En la base se hallan las cuatro columnas que sostienen al mundo. En estas profundidades viven unos enanos albinos sin genitales ni ano, que se llaman *suk it* (orificio tapado), se alimentan de los olores de la comida y se cubren la cabeza para protegerse del sol.

Por otra parte, el Sol y la Luna residen en el primer nivel del cielo, en cuyo movimiento cotidiano rodean la Tierra. Este esquema de la geometría espacial, advierte Pitarch, no tiene la nitidez que el esquema sugiere, sino que la deduce de opiniones y explicaciones más bien ambiguas, limitadas e inseguras. En cambio, el mayor interés se sitúa en la Tierra, *balumilal,* que es concebida más como un intersticio que como un estrato o división del cosmos.

Existen cuatro grandes cerros donde moran las almas de los cancuqueros, uno por cada uno de los grupos de parentesco, fratrías, en que se divide la comunidad. Los cerros se caracterizan por su forma piramidal; se ubican en cada una de las cuatro esquinas de la superficie de la tierra. Por dentro se componen de trece niveles superpuestos, divididos en cuartos y comunicados por pasillos, además de contar con milpas, árboles frutales, manantiales y, sobre todo, dinero y los más diversos productos de la tecnología contemporánea conocidos por los cancuqueros, tales como teléfonos, televisores, autos y otras mercancías; ahí se celebran grandes fiestas en las que se consume mucho aguardiente.

En estos cerros *ch'iibal* crecen los *ch'uleletik* de los niños de la *fratría* correspondiente. El nombre *ch'iibal* se deriva del verbo *ch'i,* "crecer", con que se designan las plantas domésticas y medicinales; así que *ch'iibal* bien puede traducirse como "jardín de niños". Otra característica de la sociedad de almas que reside en el cerro es que adopta el carácter de tribunal y consejo. Aparte de los cerros *ch'iibal* están los otros cerros, en los que vive su dueño, *ajaw* o *yajwal witz*, conocido también como *anjel*. Cada dueño asume una forma humana con rasgos propios, en su mayoría ladinos, hombres o mujeres, aunque también se encuentran lacandones. Tales cerros se relacionan entre sí, como seres humanos, pues se pelean y se enamoran, afectando con sus pasiones a quienes usufructúan sus productos.

Grietas, cuevas y lagunas ponen en contacto el mundo de la superficie con el mundo subterráneo, de la misma manera que las cruces, que muestran cierta especialización, pues las que están al pie de los cerros comunican con los dueños de los cerros, las de las casas con los cerros *ch'iibal* y los santos, las situadas en caminos y encrucijadas con las almas de uno mismo (sirven también para otros fines) y las de las iglesias con las autoridades políticas mexicanas (*op. cit.*, p. 207).

Respecto a las concepciones del tiempo en Cancuc, Pitarch las encuentra fragmentadas y heterogéneas. Por una parte se alude a un tiempo en el que no hubo cambios en el pasado ni se esperan para el futuro. Existen, desde luego, acontecimientos que han sido vividos o presenciados por un testigo que los narra, así como sucesos remotos donde se narran las destrucciones del mundo, las guerras, las plagas, las epidemias y los tiempos de servidumbre, conocidos estos últimos como *mosoil*, que aluden al tiempo de expansión de las fincas y ranchos de los ladinos en la segunda mitad del siglo XIX y principios del XX.

Por otro lado, se destacan dos grandes referencias históricas: una es un conjunto de relatos acerca de la aparición del Sol, personificado por *Xut* (término usado para el hermano más chico, el Benjamín), cuyas aventuras retienen pasajes diversos como los narrados en el *Popol Vuh*; la culminación de las historias es la subida al cielo, donde se instala junto con su madre, que será la Luna. La otra es la rebelión de 1712, en la que el personaje central es Juan López, del que se señalan atributos especiales, como el ser una especie de enano, situado en una relación incestuosa y con dificultades para procrear; su sombrero es una especie de yelmo que lo protege de las balas; es, además, un "hombre cabal", pues posee trece almas o *lab* (*op. cit.*, p. 176). Hay, asimismo, la referencia al tiempo que rige en el interior de los cerros *ch'iibal*, cada uno con el suyo. De acuerdo con Johannes Neurath (1998), en el caso de los huicholes —donde hay una diferencia entre la cabecera política y los distritos y rancherías—, la construcción ceremonial más importante es la Casa Grande o *callihuey*, en la cual se expresan vívidamente las concepciones espaciales de los *wixarika* que, por cierto, tienen el carácter global que encontramos en otras regiones (Pury-Toumi, 1997), como lo explica J. Neurath:

> Tanto el *tuki*, como el *tukipa* son representaciones o modelos arquitectónicos del universo, escenografías del drama mítico-cósmico-ritual. El mundo entero se confunde con una simple aldea, ésta con su propio templo, y éste con una casa particular o una jícara. El universo —*kiekari*— es el conjunto de todos los ranchos y, a la vez, una única gran casa del tipo *callihuey* (Neurath, 1998, p. 156).

A partir de esta concepción que estructura el espacio desde un centro con calidad dinámica, pues dota de significaciones culturales propias a todo el entorno físico, se define una geografía sagrada en la que los lugares de culto tales como piedras y rocas, cuevas, lagunas, ojos de agua y el mar mismo son vistos como la sede de los antepasados.

Este espacio significativo, profundamente vital, se extiende a través de las peregrinaciones, que a su vez se articulan al ritmo y a los momentos cósmicos del ciclo ceremonial. En las peregrinaciones, cada sitio de descanso, e inclusive el paisaje mismo que se domina, está marcado por episodios rituales. Así pues, cada comunidad constituye un centro cósmico; su especificidad se expresa en el paisaje por la existencia de un "cerro patronal" que lleva el mismo nombre del pueblo.

Para los otomíes del sur de la Huasteca, J. Galinier encuentra en la vivienda un simbolismo que remite a la estructura del universo. El reconocimiento de su topología cosmológica se logra a través de las referencias expresadas en las actividades rituales:

> Horizontalmente, este espacio está delimitado por sus extremos asimilados a los puntos cardinales. Recordemos que una de las operaciones chamánicas preliminares a las intervenciones terapéuticas consiste en rociar aguardiente hacia cada uno de los puntos cardinales, al

interior o al exterior de la casa, y en tomar tierra del suelo, con fines instrumentales, al inicio del proceso curativo. La noción de umbral es aquí esencial: en este espacio diferenciado, la entrada hace las veces de límite, de zona de transición, cuyo paso está sometido a un código. Es un lugar de circulación de fuerzas; por esto el chamán coloca siempre sus ofrendas frente a la puerta. Otro signo revelador: una cruz o una mazorca coronan el marco de la puerta, con el fin de proteger a las personas que franquean el umbral. Además, los ancianos hacen aún alusión a la puerta del cerro, ese límite crítico que se abre a intervalos regulares sobre un edén tropical, reino por excelencia del diablo (Galinier, 1990, pp. 144-145).

Tres puntos fundamentales dentro del espacio de la casa son el fogón, el temazcal y el altar doméstico, que poseen complejas significaciones cosmológicas. El fogón es el lugar de la vida, cuyas tres piedras aluden a su condición masculina. El temazcal por su parte considerado como una proyección reducida de la casa, representa el centro genésico del mundo; es una expresión del vientre materno, como lo indican los rituales relacionados con el parto y la purificación del cuerpo. El altar doméstico expresa el dominio de la patrilinealidad, de ahí la relevancia que adquiere en los rituales realizados en la fiesta del Día de Muertos (*op. cit.*, p. 148).

En el plano de la verticalidad aparece la oposición cosmológica fundamental entre el arriba/abajo. Se expresa la concepción de los siete niveles; los tres superiores corresponden al cielo y los tres inferiores al inframundo. Estos últimos son los que han despertado más interés y presentan una mayor elaboración ritual.

En resumen, la vivienda aparece realmente como el marcador espacial de esta ideología de la ancestralidad, que sigue siendo el horizonte afectivo e intelectual de todos los grupos del Altiplano central. Es comparable a la cueva del *Códice de Huamantla*, que abriga a una pareja otomí. Indica de manera emblemática el lugar secreto y cerrado de la vida ritual, surgida de un pasado prehispánico siempre vivo (*op. cit.*, p. 149).

La casa, símbolo del universo para los otomíes, se entrama con un conjunto social, la comunidad, y se sitúa en un paisaje cargado de significaciones en las que se expresan las categorías espacio-temporales básicas; ahí se encuentran los cerros, manifestación de la verticalidad del mundo y morada de los nahuales.

El espacio de la comunidad corresponde al ámbito del orden en tanto se refiere a lo conocido, al grupo familiar. En el exterior se encuentra lo peligroso o, en términos éticos, lo sucio. Espacio social y simbólico que se instala, a su vez, en un mundo al que se concibe vagamente como rectangular y con un plano inclinado en el que la parte alta corresponde al poniente, la "tierra fría", en tanto que a la "tierra caliente" le toca el oriente. El eje fundamental este-oeste, para situar tal espacio, se establece con el movimiento del Sol, considerado como divinidad, de suerte que los referentes geográficos mencionados implican las oposiciones arriba/abajo y frío/caliente.

Así, el espacio se configura a partir de los ejes establecidos por el movimiento del Sol; su recorrido permite la comunicación con el inframundo. Este mismo camino es el que siguen los ahogados, los arrebatados por los remolinos y aquellos que se aventuran en las cuevas (*op. cit.*, p. 490).

El mundo se estratifica verticalmente en siete niveles, como ya lo referimos con respecto a la casa; tres corresponden al cielo y tres al inframundo, pero es el Sol la medida de esta totalidad cósmica, asociada al número 3, símbolo del principio masculino.

El espacio subterráneo sigue también la oposición este-oeste, pues en el oriente moran los enanos, relacionados con la vida terrestre, y en el poniente lo hacen los gigantes, relacionados con la muerte. Los estratos se comunican entre sí a través de ciertos puntos del espacio, como son los cerros, considerados los operadores privilegiados para vincularse con los diferentes niveles (*op. cit.*, p. 492).

La estrecha relación de los conceptos espacio-temporales constituye una característica de la lengua otomí, es decir, el definir el tiempo en términos espaciales, o bien el espacio en términos temporales. Lo cierto es que el referente temporal cotidiano es una concepción articulada que conjuga el calendario gregoriano con el ciclo agrícola; sin embargo, domina una interpretación lunar, reconocida en la circularidad de los ciclos vegetal, agrícola, humano y cósmico.

Los cerros constituyen el referente fundamental de los pueblos otomíes; cada comunidad tiene el suyo, que la identifica. Los detalles particulares de ese cerro son objeto de culto por la carga simbólica que poseen; así, grietas, cuevas, fosas, acantilados, remiten a una mitología. "Su morfología se explicita a través de una codificación antropomórfica: se habla de la cabeza, de los ojos, de los brazos, de la nariz." El cerro epónimo señala el eje que atraviesa el mundo y por lo tanto establece la comunicación entre los mundos celeste y terrestre, entre el Sol, en tanto divinidad, y las fuerzas del inframundo. En el movimiento ascendente, purificador, el hombre se opone a las potencias del inframundo, relacionadas con el pecado y la suciedad (*op. cit.*, p. 549).

Los cerros son también la residencia de los dioses; en ellos tienen sus "mesas", en las que se presentan para las ceremonias agrícolas realizadas periódicamente. Su altura expresa una calidad energética. Los cerros, además, reproducen la organización social comunitaria. Percibidos como la envoltura del inframundo, en su interior se encuentra una comunidad, con sus autoridades y sus construcciones principales. Uno de los medios de acceso son las cuevas, que retoman los relatos acerca de las pruebas a que se someten los héroes míticos, cuyas incursiones son castigadas, pues entran en contacto con el mundo de los ancestros.

Por otro lado, en la espesura de los cerros sagrados viven los "dobles animales" o nahuales, de cuya existencia depende la salud y la estabilidad de sus poseedores, dados los vínculos consustanciales.

En los cerros se originan las nubes y la lluvia, pues en su interior habitan el Señor del Viento y el Señor de la Lluvia, divinidades que si bien contribuyen al crecimiento de la vegetación pueden asimismo destruirla. Reside también en los cerros el Señor de la Abundancia, manifiesto en las piedras. "Es por lo tanto del cerro mismo que procede la divinidad mayor, el Señor de la Piedra, que es por añadidura el Señor del Mundo." Los rituales ligados a los cerros aluden de diversas maneras a su condición acuática (*op. cit.*, p. 555).

El enorme esfuerzo analítico y de elaboración teórica que expresa Jacques Galinier en su trabajo etnográfico es coronado con una definición de los axiomas de la visión del mundo de los otomíes, presentes en sus diferentes sistemas rituales y en su rica mitología, a saber:

- El universo es un campo de energía sometido a un ciclo de desarrollo.
- Esta energía es polarizada en forma de dos entidades complementarias.
- La fusión energética es necesaria para la reproducción del cosmos e implica el sacrificio del elemento activador, macho.

- El universo es una réplica a gran escala del cuerpo humano.
- Los rituales son realizaciones necesarias y periódicas de esos dos diferentes principios.
- El principio dualista se extiende al conjunto de las relaciones de poder que vinculan a la comunidad india con la sociedad nacional y con el Estado (*op. cit.*, p. 682).

Para cerrar esta parte dedicada a las diferentes versiones conocidas en los estudios etnográficos sobre la estructura del cosmos, me referiré a las dos interpretaciones más importantes que trascienden la perspectiva estructural algo estática. Por un lado, aquella que encuentra en el cuerpo humano el referente central para definir las características generales de la cosmovisión, propuesta por Alfredo López Austin en su ahora clásico libro *Cuerpo humano e ideología* (1980) y demostrada brillantemente por Jacques Galinier en *La mitad del mundo* (1990). Sin embargo, tiempo después el propio López Austin propondría en *Tamoanchan y Tlalocan* (1994) otro modelo de la cosmovisión, que tiene como base el quincunce y como eje el "árbol cósmico". Los datos etnográficos de la investigación de Johannes Neurath entre los huicholes sugieren que la diferencia entre los dos modelos es sólo aparente, pues en el mitote que se hace para pedir lluvia, el denominado *Namawita Neixa*, se conjugan las dos concepciones, como se desprende de la importancia de una larga antorcha hecha de astillas de ocote, a la que se llama *hauri*:

> Es evidente que los ritos relacionados con la antorcha de ocote tienen importantes connotaciones sexuales. Sabemos que el *hauri* es una representación del árbol cósmico y, observando los ritos, no cabe duda que se trata, además, de un símbolo fálico. Como lo demostró Jacques Galinier en el contexto mesoamericano no es raro que el símbolo del árbol cósmico se identifique con el falo y, por supuesto, con la coa. Lo que sucede durante el baile de Namawita Neixa es una representación simbólica de un coito. Cada vez al terminar las procesiones, se mete el "árbol cósmico" al interior del *tuki*, que es un espacio de claras asociaciones femeninas. El axis mundi copula con la tierra. En el interior del *tuki*, se levanta la antorcha encendida y los dioses de la lluvia bailan alrededor de ella. Cuando se baja la antorcha, se le apaga con una lluvia que son las pisadas de los danzantes Nia'ariwamete. Aparte de representar la lluvia, los danzantes personifican el flujo vaginal del

tuki. Así apagan el fuego del axis mundi. La llegada de las aguas se equipara con un orgasmo, pero no solamente eso: las deidades femeninas destruyen el falo. La copulación del *hauri* con la tierra termina con una castración. El motivo de la vagina dentada que aparece en otros contextos mitológicos del Gran Nayar puede relacionarse con esta escenificación ritual. Según la lógica de los conflictos cósmicos, el atardecer del año implica un triunfo (momentáneo) de las fuerzas oscuras (Neurath, 1998, p. 320).

Esta interpretación, por otra parte, se sugiere en lo que María Elena Aramoni (1990) describe acerca del ritual en torno al Palo Volador y en las expresiones de los espectadores, a lo que ya nos referimos en el capítulo dedicado a los rituales agrícolas.

REFLEXIÓN FINAL

El antropólogo profesional como interlocutor entre los pueblos indios y el gobierno federal, como mediador y mediatizador, se define en la coyuntura política del régimen cardenista en los años treinta. Ésta era la figura que tenían en mente varios de los fundadores y organizadores tanto de la política indigenista como del Departamento de Antropología, en particular Miguel Othón de Mendizábal, quien había vivido en carne propia la dificultad de diseñar programas gubernamentales en diversas regiones interétnicas por la ausencia de la más elemental información socioeconómica y etnográfica.

Según Mendizábal, el antropólogo era en esencia un técnico preparado para realizar trabajo de campo en las regiones predominantemente indias y para reunir datos de carácter social y cultural que permitieran diagnosticar su variada problemática desde el punto de vista de las instancias gubernamentales; tal concepción se compaginaba con los planteamientos de Moisés Sáenz sobre la acción educativa en las regiones rurales indias, base de la organización del Departamento de Asuntos Indígenas fundado en 1936.

Dicha perspectiva rompía con la vieja tradición académica de los criollos novohispanos, que se presentaban como especialistas en el conocimiento de la historia de las civilizaciones mesoamericanas y poseedores de los papeles que la nobleza india habría de aducir para reclamar sus derechos ante la Corona a lo largo del régimen colonial, tradición que es posible reconocer desde don Carlos de Sigüenza y Góngora hasta la *Historia antigua de México* del jesuita Francisco Xavier Clavijero, pieza clave en los movimientos políticos orientados hacia la independencia del imperio español.

En el siglo XIX, y ya en proceso de construirse el Estado-nación mexicano, tal tradición se instalaría en el Museo Nacional desde donde se mantendría, a veces precariamente, otras en crecimiento y consolidación, como durante la dictadura porfirista. Aquí se realizan investigaciones históricas y etnográficas presentes en la base de la tradición antropológica mexicana, pero tienen un tono más bien académico y de preocupación por la historia antigua. El interlocutor es más bien el antepasado muerto.

La creación de una antropología comprometida con los problemas de los pueblos indios, como parte de los grandes problemas nacionales, sería una de las más importantes contribuciones de don Manuel Gamio; su profunda inquietud lo lleva a realizar el vasto estudio multidisciplinario en el Valle de Teotihuacán y a diseñar un programa para la formación de una etnografía de México, de la que serían herederos y autores representativos Carlos Basauri, con el ya citado libro *La población indígena de México* (1940) y Lucio Medieta y Núñez, coordinador de una *Etnografía de México* (1958).

Sin embargo, el marco evolucionista en que se sitúan los haría también sucesores del etnocentrismo europeo y de una perspectiva en la que los pueblos indios eran testimonio de un pasado que se diluía en la transformación acelerada del desarrollo capitalista. No había más diálogo que el propósito etnográfico de recoger las últimas palabras de los agonizantes herederos de las antiguas civilizaciones.

Si bien el relativismo cultural que llega a México en los años cuarenta se opone al etnocentrismo evolucionista y plantea la posibilidad de entender la cultura de los pueblos indios en sus propios términos, dificulta esa aproximación el positivismo de su metodología que exige una toma de distancia y una mirada neutral, si es que pretende mantenerse dentro de los límites de la ciencia. Por su parte, la política indigenista, con todo el romanticismo de sus concepciones y la generosidad de su propuesta, no deja de expresar el autoritarismo y el paternalismo del presidencialismo mexicano. Es cierto que el indigenismo gubernamental impulsa la formación de antropólogos especializados en sus programas sociales y económicos, así como difunde numerosas investigaciones etnográficas hechas tanto por estudiosos mexicanos como extranjeros; pero todo ello no hace sino mediatizar las voces de los pueblos indios.

Con la transformación radical del desarrollo de la ciencia, que critica los fundamentos del positivismo y del racionalismo occidental, se abren otras perspectivas y se sitúan en un primer plano las exigencias de reconocer la diversidad y de entablar un conjunto de diálogos en las más diversas direcciones; es entonces cuando cambiamos nuestra propia perspectiva antropológica y nos aprestamos a oír las múltiples voces de los pueblos indios en el marco de la construcción nacional. Sólo entonces comenzamos a descubrir lo complejo de las tareas a realizar.

> La historia y la etnología deben dar prueba aquí de la mayor humildad: no sabemos casi nada respecto al universo mental de los indios, sobre lo que, en el fondo de su conciencia y de su profunda sensibilidad, se forjó en el momento de la colonización y persiste hasta nuestros días. Es una verdadera antropología del silencio lo que convendría construir para sortear las trampas de la interpretación misionera y de los escasos documentos indígenas que han sido rescatados del olvido (Galinier, 1990, p. 103).

La propuesta de la perspectiva ubicada en el marco general de la cosmovisión busca abrir un diálogo con las tradiciones de pensamiento que constituyen las culturas de los pueblos indios contemporáneos, asumiendo tanto su diversidad como su complejidad. Como hemos tratado de mostrar a lo largo de este ensayo, los esfuerzos tienen ya cierta antigüedad, relacionados con los inicios mismos del periodo contemporáneo de la antropología mexicana; con ello advertimos que la configuración del campo teórico ha sido establecida (*cf.* Brotherston, 1997).

Sin embargo, no podemos decir que tengamos ya un panorama completo y coherente de los diversos problemas implicados; lo que encontramos son núcleos definidos a partir de antiguas temáticas, que han transformado la discusión y la han dotado de trascendencia teórica y metodológica. Aquí vale la pena señalar la manera en que anteriormente lo que se consideraba como la "cosmología" en las investigaciones etnográficas —relativas a los orígenes y a las concepciones espacio-temporales y era sólo una parte de la descripción monográfica— deviene ahora en el marco general que otorga significado a la totalidad de las expresiones culturales.

Lo anterior lo advertimos al agrupar las temáticas acerca de la cosmovisión en tres grandes núcleos, representantes de áreas de investigación consideradas como con su propia discusión teórica, pero que ahora aparecen como caminos diversos e interrelacionados para reconocer las cuestiones básicas y las especificidades regionales de la cosmovisión mesoamericana. Esto significa que si bien la unidad de la cosmovisión mesoamericana, implicada en la definición original de Paul Kirchhoff y en las investigaciones históricas, constituye una hipótesis útil para la etnografía, no debemos perder de vista la diversidad de las tradiciones regionales contemporáneas, que apenas comenzamos a conocer luego de numerosos y detallados estudios realizados en una misma región, como sería el caso de los Altos de Chiapas y de la Sierra Norte de Puebla.

Una de las más importantes y ricas discusiones que nos permite atisbar lo arduo de los problemas abordados es la que ha surgido a partir del llamado nahualismo y que remite a una diversidad de temas, desde los relacionados con la concepción del cuerpo hasta aquellos otros que definen culturalmente la persona y caracterizan las formas de poder y autoridad imperantes en los pueblos indios.

Si la propuesta de George M. Foster de 1944 constituye un referente importante para definir la problemática, pronto advertiremos avances en diferentes rumbos, como los de las investigaciones de las universidades de Chicago y de Harvard en Chiapas. No obstante, las discusiones sufren un cambio drástico a partir de las propuestas de Alfredo López Austin sobre las vínculos entre cosmos y cuerpo humano y sobre las entidades anímicas. Por una parte tenemos los hallazgos de M. E. Aramoni, I. Signorini, A. Lupo y S. de Pury-Toumi entre los nahuas orientales; por otra, los trabajos a profundidad de J. Galinier entre los otomíes del sur de la Huasteca; y una tercer área es la de la región tzeltal-tzotzil, donde la discusión se enriquece con los estudios sobre las entidades anímicas de E. Hermitte, G. H. Gossen, U. Köhler y P. Pitarch. En esta parte se advierte una diversidad con las comunidades como referentes, que nos obliga a considerar las variantes, las cuales, en ese sentido, aluden a la definición de las entidades anímicas.

Un tópico que aparece aquí como de primera importancia es el de la existencia de los especialistas, los "hombres de conocimiento", a quienes hemos denominado de la manera más diversa, y con cierto matiz despectivo como "curanderos", "brujos", "chamanes" y "graniceros"; en realidad son éstos los intelectuales que poseen el saber de una tradición de pensamiento, que reconocemos en su justa perspectiva cuando la remitimos a la lengua amerindia correspondiente. Como han señalado varios de los autores aquí citados, son los "ordenadores" de las relaciones sociales comunitarias, los que canalizan la violencia al institucionalizarla; son asimismo, tanto los poseedores de saberes como los encargados de recrearlos en el contexto de situaciones socioeconómicas y políticas, pero sobre todo ante las pretensiones aculturativas de la sociedad dominante. De ello podemos darnos cuenta lo mismo en la narración de Calixta Guiteras sobre la personalidad de Manuel Arias Sojom como en el desconcierto de I. Signorini y A. Lupo sobre la diversidad de respuestas a cuestiones centrales sobre la cosmovisión, o incluso ante el señalamiento de las ambigüedades y las incertidumbres percibidas por P. Pitarch entre los cancuqueros.

En cuanto al tema de los rituales agrícolas, fundamentales para entender la construcción cotidiana de las categorías centrales de la cosmovisión, señalaremos la enorme carencia de descripciones del ciclo agrícola completo en términos de la ritualidad anual implicada. La etnografía mesoamericanista está repleta de descripciones aisladas de las técnicas agrícolas, de rituales, como los de la siembra y la cosecha, y de ceremonias espectaculares, como las realizadas en ocasión de la Santa Cruz, de la fiesta de Muertos o del carnaval, pero poco tenemos sobre el ciclo completo. Es sólo desde este punto de vista cuando aparece la relevancia estructural de lo que B. Albores (1997) ha llamado las "fiestas en cruz", cuya relación con momentos del movimiento anual del sol permite reconocer un trasfondo cosmológico en lo que antes era considerado de manera superficial como manifestaciones del "sincretismo".

Y aquí también aparecen otros intelectuales poseedores de una extensa tradición de un saber ligado directamente a la agricultura, los "graniceros", "ahuizotes" o "trabajadores del tiempo"; apenas si comenzamos a advertir la riqueza de su experiencia y a escuchar sus voces. Hay desde luego una puerta abierta que nos permite el acceso a una tradición de pensamiento profundamente mesoamericana y cuyos temas han sido aludidos por aquellos investigadores que los han entrevistado e iniciado un diálogo.

Sin embargo, uno de los aspectos más importantes que pueden abordarse con relación al tema de los rituales agrícolas es el de la construcción de las categorías espacio-temporales que rigen la vida de una comunidad particular. En este sentido, el trabajo de J. Neurath entre los huicholes orientales ha mostrado la gama de implicaciones del ritual comunitario anual para establecer los ciclos que rigen las actividades agrícolas, los rituales, las concepciones espacio-temporales y la ubicación articulada del ciclo de vida.

En este sentido adquiere profunda significación el etnocentrismo comunitario advertido desde hace muchos años por los etnógrafos, pues el asumir una comunidad el compromiso de situarse en el centro del mundo —expresado en el cerro epónimo, en la imagen del árbol cósmico y en la configuración del patrón de asentamiento, en el que se marcan simbólicamente los cuatro rumbos del universo— no hace sino manifestar una concepción espacio-temporal englobante, en la que cada unidad cabe dentro de una mayor; esto explica tanto el ciclo de las creaciones y destrucciones como la reproducción a diferentes escalas de la totalidad.

Como indicó Neurath, el universo se representa lo mismo en un cerro que en el plano de la comunidad, en el templo principal, en una vivienda, en el fogón o en una jícara; o como descubriera con asombro Gossen, cuando la condición primitiva de la humanidad, en especial en aquellas épocas anteriores al establecimiento del orden por la aparición del Sol, se sitúa en los extremos de la Tierra y en el inframundo, teniendo como contraparte civilizada a los "hombres verdaderos", hablantes de la "lengua verdadera". Tal estructura se mantiene viva y se manifiesta en las noches, cuando el sol recorre el inframundo, o en fiestas (como la de carnaval o la de Muertos), cuando el orden se invierte para ser reinventado y recuperado por los responsables de los rituales.

Finalmente, respecto al tercer núcleo temático que hemos considerado en este ensayo, el de la estructura del universo, advertimos la importancia central de las aportaciones de Alfredo López Austin, pues a la caracterización abstracta y general de la cosmovisión, como la implicada en la matriz de oposiciones binarias propuesta brillantemente por E. Z. Vogt, se opondrá la de la relación estrecha entre cuerpo y cosmos, que la etnografía de Galinier habrá de mostrarnos con gran rigor y riqueza. Y a la propuesta del árbol cósmico como modelo del universo habrán de responder tanto Galinier como Neurath con una interpretación que la reincorpora a los conceptos corporales relacionados profundamente con los de la sexualidad y la fertilidad agrícola.

Me parece que la configuración de la temática de la estructura del cosmos tiene como uno de sus más importantes puntos de partida las contribuciones de J. Broda sobre la ritualidad del culto a los cerros, con lo que no sólo se advierte el rico simbolismo expresado en los más diversos rituales, sino sobre todo nos aproxima a una de las nociones fundamentales para la cosmovisión mesoamericana: la de los cerros como modelo del universo y como *axis mundi*. Estos señalamientos abrirán el acceso a la ritualidad agrícola y al reconocimiento de un complejo saber entramado en la cosmovisión, como una experiencia que nutre una forma de ciencia, evidente en numerosos campos que apenas comenzamos a reconocer y recuperar.

El punto clave de aproximación a la historia y a la cultura de los pueblos indios ha sido la premisa de que estamos ante un proceso civilizatorio de extrema complejidad, no advertido antes por la densa impronta del colonialismo en que se funda la nación mexicana, cargado de racismo y de un afán exterminador de las diferencias culturales y lingüísticas, así como por un etnocentrismo occidentalizante que justificaba el etnocidio en nombre de un supuesto progreso y una mal entendida modernidad. Pero cuando asumimos la riqueza y complejidad de la tradición de pensamiento mesoamericano viva en la cultura de los pueblos indios, es entonces cuando podemos comenzar un peculiar y novedoso diálogo. Como lo indica Galinier, estudioso de la cultura otomí y hablante fluido de la variante regional del sur de la Huasteca, cuando comparamos el pensamiento de algunos filósofos de Occidente con los planteamientos de la cosmovisión otomí descubrimos una "verdadera *ontología* que alcanza la elegancia de los grandes sistemas de la tradición occidental" (Galinier, 1998).

BIBLIOGRAFÍA

Aguirre Beltrán, Gonzalo, *Medicina y magia. El proceso de aculturación en la estructura colonial*, Instituto Nacional Indigenista, México, 1963.
Albores Zárate, Beatriz A., "Los *quicazcles* y el árbol cósmico del Olotepec,

Estado de México", en B. A. Albores y J. Broda (coords.), *Graniceros. Cosmovisión y meteorología indígenas de Mesoamérica*, El Colegio Mexiquense/UNAM, México, 1997, pp. 379-446.

Albores Zárate, B. A. y Johanna Broda (coords.), *Graniceros. Cosmovisión y meteorología indígenas de Mesoamérica*, El Colegio Mexiquense/UNAM, México, 1997.

Aramoni Burguete, María Elena, *Talokan tata, Talokan nana: nuestras raíces. Hierofanías y testimonios de un mundo indígena*, CONACULTA, México, 1990.

Báez-Jorge, Félix, "La cosmovisión de los zoques de Chiapas (reflexiones sobre su pasado y su presente)", en Lorenzo Ochoa y Thomas A. Lee, Jr., *Antropología e historia de los mixe-zoque y mayas. Homenaje a Frans Blom*, UNAM/Brigham, México, 1983, pp. 383-412.

Basauri, Carlos, *La población indígena de México*, SEP, México, 1940, 3 vols.

Berlin, Isaiah, *El erizo y la zorra. Ensayo sobre la visión histórica de Tolstoi*, Muchnik Editores, Barcelona, 1981.

Bonfil Batalla, Guillermo, "Los que trabajan con el tiempo. Notas etnográficas sobre los graniceros de la Sierra Nevada, México", en *Anales de Antropología*, v. 5, UNAM, México, 1968, pp. 99-128.

Bricker, Victoria Reifler, "The structure of classification and ranking in three Highland Mayan communities", en *Estudios de cultura maya*, v. 9, UNAM, México, 1973, pp. 161-163.

——, *Humor ritual en la Altiplanicie de Chiapas*, Fondo de Cultura Económica, México, 1986.

——, *El cristo indígena, el rey nativo. El sustrato histórico de la mitología del ritual de los mayas*, Fondo de Cultura Económica, México, 1989.

Broda, Johanna, "Las fiestas aztecas de los dioses de la lluvia", *Revista Española de Antropología Americana*, v. 6, Madrid, 1971, pp. 245-327.

——, "Ciclos agrícolas en el culto; un problema de la correlación del calendario mexica", en Anthony F. Aveni y Gordon Brotherston (eds.), *Calendars in Mesoamerica and Peru. Native American computations of time*, BAR International, Series, 174, Oxford, 1983, pp. 145-165.

——, "Cosmovisión y observación de la naturaleza: el ejemplo del culto de los cerros", en J. Broda, S. Iwaniszewski y L. Maupomé (eds.), en *Arqueoastronomía y etnoastronomía en Mesoamérica*, UNAM, México, 1991, pp. 461-500.

Brotherston, Gordon, *La América indígena en su literatura: los libros del cuarto mundo*, Fondo de Cultura Económica, México, 1997.

Clifford, James, "Power and dialogue in ethnography. Marcel Griaule's Initiation", en George W. Stocking Jr. (ed.), en *Observers Observed. Essays on Ethnographic Fieldwork*, Madison, The University of Wisconsin Press, 1983, pp. 121-156 *(History of Anthropology*, vol. 1).

Díaz de Salas, Marcelo, "Notas sobre la visión del mundo entre los tzotziles de Venustiano Carranza, Chiapas", *La Palabra y el Hombre*, núm. 26, Revista de la Universidad Veracruzana, Xalapa, abril-junio, 1963, pp. 253-267.

Durkheim, Émile y Marcel Mauss, "De Quelques Formes Primitives de Classification", *Année Sociologique 1901-1902, 1903*.

Forde, D. (ed.), *Mundos africanos. Estudios sobre las ideas cosmológicas y los valores sociales de algunos pueblos de África*, FCE, México, 1959.

Foster, George M., "Nagualism in Mexico and Guatemala", *Acta Americana*, v. II, núms. 1-2, 1944, pp. 85-103.

———, "Peasant society and the Image of Limited Good", *American Anthropologist*, v. 67, 1965, pp. 293-315.

———, "World View in Tzintzuntzan: Reexamination of a Concept", en *Summa Anthropologica en homenaje a Roberto J. Weitlaner*, INAH, México, 1966, pp. 385-393.

Galinier, Jacques, *Pueblos de la Sierra Madre. Etnografía de la comunidad otomí*, Instituto Nacional Indigenista, México, 1987.

———, *La mitad del mundo. Cuerpo y cosmos en los rituales otomíes*, UNAM/CEMCA/INI, México, 1990.

———, *¿Existe una ontología otomí? Las premisas mesoamericanas de una philosophia prima*, Mecanuscrito, 1998.

García de León, Antonio, "El universo de lo sobrenatural entre los nahuas de Pajapan, Veracruz", *Estudios de cultura náhuatl*, v. 8, UNAM, México, 1969, pp. 279-311.

González Montes, Soledad, "Pensamiento y ritual de los Ahuizotes de Xalatlaco, en el Valle de Toluca", en B. A. Albores y J. Broda (coords.), *Graniceros. Cosmovisión y meteorología indígenas de Mesoamérica*, El Colegio Mexiquense/UNAM, México, 1997, pp. 313-358.

Gossen, Gary H., "Animal Souls and Human Destiny in Chamula", *Man*, (N. S.) v. 10, 1975, pp. 448-461.

———, *Los chamulas en el mundo del sol. Tiempo y espacio en una tradición oral maya*, Instituto Nacional Indigenista, México, 1979 (Antropología Social, 58).

Griaule, Marcel, *Dieu d'eau. Entretiens avec Ogotemmêli*, París, Librairie Arthème Fayard, 1966.

———, *Dios de Agua*. Alta Fulla, Barcelona, 1987 (Altaïr, 3).

Guiteras, Calixta, *Los peligros del alma. Visión del mundo de un tzotzil*, Fondo de Cultura Económica, México, 1965.

Hermitte, Esther, "El concepto de nahual entre los mayas de Pinola", en N. A. McQuown y J. Pitt-Rivers, *Ensayos de Antropología en la Zona Central de Chiapas*, INI, México, 1970a, pp. 371-390.

———, *Poder sobrenatural y control social en un pueblo maya contemporáneo*, Instituto Indigenista Interamericano, México, 1970b (Ediciones Especiales, 57).

Kearney, Michael, *Los vientos de Ixtepeji. Concepción del mundo y estructura social de un pueblo zapoteco*, Instituto Indigenista Interamericano, México, 1971 (Ediciones especiales, 59).

Kelly, Isabel, "World view of a Highland-Totonac pueblo", en *Summa Anthropologica en homenaje a Roberto J. Weitlaner*, INAH, México, 1966, pp. 395-410.

Kluckhohn, Clyde, "The Philosophy of the Navaho Indians", en F. S. C. Northrop (ed.), *Ideological Differences and World Order*, New Haven, Yale University Press, 1949, pp. 356-384.

Köhler, Ulrich, *Chonbilal Ch'ulelal-Alma vendida. Elementos fundamentales de la cosmología y religión mesoamericanas en una oración maya-tzotzil*, Instituto de Investigaciones Antropológicas, UNAM, México, 1995.

Lenkersdorf, Carlos, *Los hombres verdaderos. Voces y testimonios tojolabales. Lengua y sociedad, naturaleza y cultura, artes y comunidad cósmica*, Siglo Veintiuno, México, 1996.

Leslie, Charles, *Now We Are Civilized. A Study of the World View of the Zapotec Indians of Mitla, Oaxaca*, Greenwood Press, Westport, Connecticut, 1960.

López Austin, Alfredo, *Cuerpo humano e ideología. Las concepciones de los antiguos nahuas*, Instituto de Investigaciones Antropológicas, UNAM, México, 1980 (Antropológica, 39).

———, *Tamoanchan y Tlalocan*, Fondo de Cultura Económica, México, 1994.

Lupo, Alessandro, *La tierra nos escucha. La cosmología de los nahuas a través de las súplicas rituales*, CONACULTA/INI, México, 1995 (Colección Presencias).

Mendieta y Núñez, Lucio (coord.), *Etnografía de México*, Instituto de Investigaciones Sociales, UNAM, México, 1957.

Morgan, Lewis H., *La sociedad primitiva*, Ayuso, Madrid, 1975.

Munch, Guido, "Cosmovisión y medicina tradicional entre los popolucas y nahuas del sur de Veracruz", en Lorenzo Ochoa y Thomas H. Lee, Jr. (eds.), *Antropología e historia de los mixe-zoques y mayas. Homenaje a Frans Blom*, UNAM, México, 1983, pp. 367-381.

Neurath, Johannes, *Las fiestas de la Casa Grande: ritual agrícola, iniciación y cosmovisión de una comunidad wixarika (t+apurie/Santa Catarina Cuexcomatitán)*, Facultad de Filosofía y Letras, UNAM, México, 1998 (tesis de doctorado en antropología).

Ochiai, Kazuyasu, *Cuando los santos vienen marchando. Rituales públicos intercomunitarios tzotziles*, Centro de Estudios Indígenas, Universidad Autónoma de Chiapas, San Cristóbal de Las Casas, 1985 (Monografías, 3).

———, *Meanings Performed, Symbols Read: Anthropological Studies on Latin America*, Institute for the Study of Languages and Cultures of Asia and Africa, Tokyo, University of Foreign Studies.

Pitarch Ramón, Pedro, *Ch'ulel: una etnografía de las almas tzeltales*, Fondo de Cultura Económica, México, 1996.

Pozas Arciniega, Ricardo, *Juan Pérez Jolote. Biografía de un tzotzil*, México, Sociedad de Alumnos de la ENAH, México, 1948 (Acta Antropológica, 2).

Pury-Toumi, Sybille de, *De palabras y maravillas. Ensayo sobre la lengua y cultura de los nahuas (Sierra Norte de Puebla)*, México, CEMCA/CONACULTA, México, 1997.

Radin, Paul, *Primitive Man as Philosopher*, Dover Publications, Nueva York, 1957.

Redfield, Robert, *Tepoztlan: a Mexican Village*, The University of Chicago Press, Chicago, 1930.

——, *The Folk Culture of Yucatan*, The University of Chicago Press, Chicago, 1941.

——, "The Primitive World View", *Proceedings of the American Philosophical Society*, vol. XCIV, 1952, pp. 30-36.

——, *The Little Community and Peasant Society and Culture*, The University of Chicago Press, Chicago, 1960.

——, "Thinker and Intellectual in Primitive Society", en Stanley Diamond (ed.), *Primitive Views of the World*, Columbia University Press, Nueva York, 1964, pp. 33-48.

Redfield, Margaret Park (ed.), *Human Nature and the Study of Society. The Papers of Robert Redfield*, The University of Chicago Press, Chicago, 1962.

Rus, Jan, "La Comunidad Revolucionaria Institucional: la subversión del gobierno indígena en los Altos de Chiapas, 1936-1968", en J. P. Viqueira, y M. H. Ruz, *Chiapas. Los rumbos de otra historia*, UNAM/CIESAS/CEMCA/ Universidad de Guadalajara, México, 1995, pp. 257-277.

Ruz, Mario H., "Aproximación a la cosmología tojolabal", en L. Ochoa y T. H. Lee Jr., *Antropología e historia de los mixe-zoques y mayas. Homenaje a Frans Blom*, UNAM/Bringham University, México, 1983, pp. 413-440.

Schumann Gálvez, Otto, "Los 'graniceros' de Tilapa, Estado de México" en B. A. Albores y J. Broda (coords.), *Graniceros. Cosmovisión y meteorología indígenas de Mesoamérica*, El Colegio Mexiquense/UNAM, 1997, pp. 303-311.

Signorini, Italo y Alessandro Lupo, *Los tres ejes de la vida. Almas, cuerpo, enfermedad entre los nahuas de la Sierra de Puebla*, Universidad Veracruzana, Xalapa, 1989.

Soustelle, Jacques, "El pensamiento cosmológico de los antiguos mexicanos", en *El universo de los aztecas*, Fondo de Cultura Económica, México, 1982, pp. 93-182.

Villa Rojas, Alfonso, "Kinship and Nagualism in a Tzeltal Community, Southeastern Mexico", *American Anthropologist*, v. 49, 1947, pp. 578-587.

Villa Rojas, Alfonso, "El nahualismo como recurso de control social entre los grupos mayances de Chiapas, México", *Estudios de Cultura Maya,* vol. 3, 1963, pp. 243-260.

——, "Los conceptos de espacio y tiempo entre los grupos mayances contemporáneos. Apéndice I", en Miguel León-Portilla, *Tiempo y realidad en el pensamiento maya,* UNAM, México, 1968, pp. 119-167.

Vogt, Evon Z., "Conceptos de los antiguos mayas en la religión zinacanteca contemporánea", en E. Z. Vogt (ed.), *Los zinacantecos. Un pueblo tzotzil de los Altos de Chiapas, Instituto Nacional Indigenista,* México, 1966, pp. 88-96.

——, *Zinacantan. A Maya Community in the Highlands of Chiapas,* The Belknap Press of Harvard University Press, Cambridge, Massachusets, 1969.

——, "Human Souls and Animal Spirits in Zinacantan", en J. Pouillon y P. Maranda, *Échanges et Communications Mélanges offerts a Claude Lévi-Strauss,* Mouton, La Haya, 1970, pp. 1149-1167.

——, *Ofrendas para los dioses. Análisis simbólico de rituales zinacantecos, Fondo de Cultura Económica,* México, 1979.

3. La etnografía de la fiesta de la Santa Cruz: una perspectiva histórica

JOHANNA BRODA*

> Y como los frailes les mandaron hacer muchas cruces y poner por todas las encrucijadas y entradas de pueblos, y en algunos cerros altos, ponían ellos sus ídolos debajo ó detrás de la cruz. Y dando a entender que adoraban la cruz, no adoraban sino las figuras de los demonios que tenían escondidas.
>
> Fray GERÓNIMO DE MENDIETA, *Historia eclesiástica indiana* (libro III, cap. 23, 1971, p. 234)

CONSIDERACIONES GENERALES

Cosmovisión y ritual

En años recientes, varios autores han usado sistemáticamente el concepto de la cosmovisión en el estudio de la religión prehispánica.[1] Este término tiene connotaciones más amplias que el de cosmología, y permite referirse con más precisión al complejo mundo de las creencias indígenas mesoamericanas que, de acuerdo con Báez-Jorge (1988, p. 20), se "asemejan a galaxias ideológicas que apenas empiezan a conocerse. La ecuación por tanto no es [...] simple, y la antropología [...] ha mostrado las plurales imágenes que proyecta el juego de espejos configurado por las representaciones religiosas, singulares formas de conciencia social".

* Instituto de Investigaciones Históricas, UNAM.

[1] López Austin, 1976, 1980, 1990, 1994, 1997; León-Portilla, 1956; Tichy (ed.), 1982, 1991; Báez-Jorge, 1988, 1998; Broda, 1978*b*, 1982*b*, 1987, 1991*a*.

En esta perspectiva, he definido la cosmovisión en mis anteriores investigaciones como "la visión estructurada en la cual los antiguos mesoamericanos combinaban de manera coherente sus nociones sobre el medio ambiente en que vivían, y sobre el cosmos en que situaban la vida del hombre" (1991*a*, p. 462). El estudio de la cosmovisión plantea explorar las múltiples dimensiones de la percepción cultural de la naturaleza. Se refiere a una parte del ámbito de la religión, ligado a las creencias, las explicaciones del mundo y al lugar del hombre en relación con el universo, pero de ninguna manera puede sustituir el concepto más amplio de la religión.

El concepto de ideología, por su parte, establece el nexo entre el sistema de representación simbólica que es la cosmovisión, y las estructuras sociales y económicas de la sociedad.

Si bien nos interesa particularmente el estudio de la cosmovisión, concebimos este aspecto dentro de la perspectiva del enfoque holístico de la antropología que vislumbra a la religión como parte de la vida social. Más importante que el mito, el cual seguramente no es conocido en detalle por todos los miembros de la comunidad, es el ritual, pues implica una activa participación social. Aunque el ritual, sin duda, refleja la cosmovisión y las creencias, su particularidad reside en el hecho, atinadamente señalado por Maurice Bloch (1986), de constituirse a medias entre *statement and action*, entre la afirmación verbal de nociones y creencias y la acción. De acuerdo con el enfoque del presente trabajo, el ritual atrae a sus participantes por el involucramiento directo en la actuación comunitaria, que implica también un complejo proceso del trabajo desarrollado en beneficio de las fiestas.

Desde este punto de vista, la religión es ante todo un sistema de acción, es vida social, y en tal sentido los ritos forman para el presente estudio la parte más destacada por investigar.

Otra de las características esenciales del ritual consiste en su incidencia sobre la reproducción de la sociedad, de la que se derivan otros rasgos significativos de él.

En el proceso dialéctico de la historia surgen nuevas síntesis de las formas de organización prexistentes. El ritual no debe concebirse como una estructura estática; por eso, las cosmovisiones e ideologías que se expresan en él no son formulaciones monolíticas. Siempre existen múltiples niveles para explicar un mismo fenómeno, si bien estas interpretaciones se dan dentro de un patrón común, una matriz cultural. Existe una polivalencia funcional de las cosmovisiones y de los ritos, sujeta al cambio histórico.

El proceso histórico después de la Conquista

El estudio de las comunidades indígenas a partir de la Conquista española requiere de la colaboración necesaria entre la antropología y la historia. Uno de los aspectos más apasionantes de estas indagaciones consiste, precisamente, en combinar el análisis histórico del pasado prehispánico con el de las actuales culturas indígenas campesinas que han mantenido, a través de siglos de colonización, rasgos propios que las distinguen de la cultura nacional. En este sentido, Báez-Jorge en su estudio antes citado afirma:

> Las investigaciones en torno a la religiosidad popular en las comunidades indias de México no deben perder de vista el dilatado espacio del cuerpo social que abarcan sus manifestaciones, en particular sus imbricaciones económicas y políticas, que inciden —finalmente— en aspectos relacionados con la identidad y la continuidad étnica, radicalmente analíticos para comprender sus dinámicas socio culturales (1988, p. 352).

La posición teórica que permite abordar este tipo de estudios, implica concebir las manifestaciones culturales indígenas no como la continuidad directa e ininterrumpida del pasado prehispánico, ni como arcaísmos, sino visualizarlas en un proceso creativo de reelaboración constante, sustentado a la vez en raíces muy remotas. La cultura indígena debe estudiarse en su continuo proceso de cambio, en el cual antiguas estructuras y creencias se han articulado de manera dinámica y creativa con nuevas formas y contenidos.

El estudio de estos procesos parte de ciertos acontecimientos históricos fundamentales e irreversibles: la Conquista y la colonización. Para efectos de este análisis, la Conquista se percibe como un acto violento de dominación y rupturas, aunque también dio lugar a un sincretismo. Las relaciones coloniales de poder —la sociedad novohispana y sus mecanismos de dominación— determinaron qué lugar ocuparía la sociedad indígena en el nuevo conjunto social que surgió a raíz de la Conquista.

La Conquista española desmembró la estructura coherente de la sociedad prehispánica en sus niveles local, regional y de los estados autónomos. Aunque muchos elementos de la cultura indígena tradicional sobrevivieron durante la época colonial, éstos, sin embargo, fueron articulados de manera nueva en la sociedad radicalmente diferente que crearon los españoles. Los indios llegaron a formar el estrato más bajo en ella, y en su explotación económica y dominación política se basó el nuevo orden colonial. La eliminación de la clase gobernante prehispánica y la pérdida de cultura de la élite causaron profundas y desastrosas consecuencias en el conjunto de la sociedad indígena.

Por otro lado, los procesos ideológicos en el interior de las comunidades indígenas han sido fundamentales para la reproducción y cohesión de los grupos étnicos; es allí donde se ha producido un profundo sincretismo, que conserva muchos elementos específicamente indígenas y aun prehispánicos.

El sincretismo religioso que surge a partir del siglo XVI retoma ciertas formas del culto prehispánico que antes habían formado parte de la religión estatal. Entre ellas, el principal elemento es el culto agrícola que se encuentra en íntima relación con las manifestaciones de la naturaleza (en torno de los ciclos de cultivo de maíz y otras plantas, el clima, las estaciones, la lluvia, el viento, las fuentes, los cerros, las cuevas, etc.) (Broda, 1991a).[2]

La persistencia, en este contexto, de múltiples elementos de la cosmovisión y del calendario mesoamericanos se explica por el hecho de que continúan en gran parte las mismas condiciones geográficas, climáticas y los ciclos agrícolas. Perdura la dependencia de las comunidades de una economía agrícola precaria y el deseo de controlar estos fenómenos. Por tanto, los elementos tradicionales de su cosmovisión siguen respondiendo a sus condiciones materiales de existencia, lo cual hace comprender su continuada vigencia y el sentido que retienen para sus miembros (Medina, 1989, Broda, *op. cit.*).

Sin embargo, conforme se eliminaba la cultura de la élite prehispánica, tuvo lugar un cambio al culto campesino que se manifesta-

---

[2] Otros aspectos de la religión indígena colonial donde se manifiestan continuidades son las ceremonias del ciclo de vida y del culto familiar, así como elementos rituales aislados. Por contraste con el culto público del periodo prehispánico que fue radicalmente perseguido y suprimido, estas prácticas religiosas se han mantenido sobre todo a nivel privado, del individuo y de la familia, y a nivel local de las comunidades. La finalidad de este culto es procurar abundancia de alimentos y salud para los miembros de la comunidad.

ba precisamente en los ritos mencionados. Mientras que en la época prehispánica estos ritos formaban parte del culto estatal, después de la Conquista perdieron su integración al sistema ideológico coherente de una sociedad autónoma y se transformaron en expresión de cultos campesinos locales.

La religión oficial del Estado prehispánico fue remplazada por la de la Iglesia católica, y a los niveles local y regional el culto de los santos tomó el lugar del culto público. Mientras que el culto católico se estableció en las ciudades y las cabeceras municipales, los ritos agrícolas que guardaban una continuidad con las prácticas indígenas ancestrales se trasladaron de las ciudades al paisaje: a los cerros, a las cuevas y a las milpas. Estos ritos se volvieron en muchos casos clandestinos, o por lo menos se suelen desarrollar sin la presencia de los sacerdotes católicos.

Al mismo tiempo, esos ritos adquirieron una importancia nueva como vías de expresión de la identidad étnica que los indios fueron obligados a ocultar. Según afirma Serge Gruzinski, en su libro *El poder sin límites: cuatro respuestas indígenas a la dominación española* (1988, p. 28):

> Todos estos poderes tenían un denominador común. A medida que se iban deshaciendo las solidaridades étnicas y regionales, el pueblo y la comunidad se convirtieron en un espacio de repliegue, de resistencia y de acomodamiento al régimen colonial. En ese refugio, los indios lograron mantener o crear una identidad colectiva, religiosa, económica e incluso jurídica, y pudieron escapar a los tormentos de una brutal desculturación [...]

Los santuarios de los cerros y las cuevas formaron un paisaje sagrado alrededor de los pueblos, y es dentro de los límites de las comunidades donde la resistencia étnica y la identidad cultural se han conservado vivas hasta hoy.

En el contexto del sincretismo con la religión católica es sobre todo el culto campesino vinculado con los ciclos agrícolas, las estaciones y el paisaje que rodea las aldeas el que ha mantenido importantes elementos de la cosmovisión prehispánica. Esta preservación se debe a que ha habido continuidad en las condiciones del medio ambiente y de las necesidades vitales de la población. En este sentido, los cultos del agua y de la fertilidad agrícola siguen teniendo la misma importancia de hace siglos para el campesino indígena.

La fiesta de la Santa Cruz

La fiesta de la Santa Cruz que se celebra en la actualidad en las comunidades indígenas de México, Guatemala y Honduras es una de las más importantes del ciclo festivo anual. Cae en el apogeo de la estación seca, cuando se preparan las tierras para la siembra y los campesinos esperan con ansia las primeras lluvias. Este vínculo ancestral con los ciclos estacionales y agrícolas ha pasado prácticamente inadvertido, pues en la liturgia católica "la Santa Cruz" no ocupa un lugar tan destacado como en la vida ceremonial de innumerables pueblos indígenas. Se puede afirmar, y lo propongo como hipótesis de este estudio, que las dos fiestas anuales más importantes de tradición indígena en el México de hoy son el Día de Muertos y el de la Santa Cruz. En ellas se manifiesta un exuberante sincretismo entre elementos católicos e indígenas. Según apuntara el cronista fray Juan de Torquemada a principios del siglo XVII: "De noche [...] esta gente idolátrica [...] se convocaban y juntaban en partes secretas y hacían fiestas al demonio con muchos y diversos ritos como antiguamente acostumbraban, en especial cuando sembraban y cogían sus maíces" (Torquemada, 1976, p. 99).

En la época prehispánica, tales ritos formaban parte de una estructura más compleja que aquella que sobrevivió las rupturas de la Conquista. Ambas fiestas, distanciadas entre sí por seis meses, señalan fechas decisivas de los ciclos estacionales y agrícolas, que históricamente han sido de gran importancia ritual para la Mesoamérica indígena. Como argumentaremos más adelante, el periodo de fines de abril/principios de mayo abarcaba días cruciales en el calendario prehispánico. Desde este punto de vista, bien podría haber sido la fecha más importante del año.

En este trabajo no estudiamos los datos etnográficos de una sola comunidad, sino, más bien, presentamos el análisis comparativo de los ritos de la Santa Cruz en una serie de comunidades nahuas del centro y noreste del actual estado de Guerrero. Analizaremos la estructura de estos rituales poniendo énfasis en algunos de sus elementos característicos, y a partir de este estudio antropológico de los ritos, el análisis se llevará a un segundo nivel interpretativo en términos de la investigación histórica del ritual y de la cosmovisión mesoamericana. Presentaremos un material "etnográfico", extraído de la información de los cronistas del siglo XVI, acerca de la fiesta mexica de Huey tozoztli, cuyas fechas correspondían con precisión a las actuales de la Santa Cruz, y concluiremos con la hipótesis de que ésta continúa una milenaria tradición, además, era una fecha crucial en la estructura del calendario prehispánico.

Para aplicar este enfoque, partimos, por un lado, de los conceptos teóricos del ritual y de la cosmovisión antes expuestos y, por otro, de una metodología interdisciplinaria que hemos desarrollado al estudiar el culto prehispánico a lo largo de los años (cf. Broda, 1983, 1986, 1991a, b, 1995).

Hablamos aquí de uno de los casos excepcionales en que la evidencia etnográfica actual sobre cosmovisión y ceremonias indígenas puede rastrearse hasta sus antecedentes prehispánicos. Sin embargo, esto no implica de ninguna manera que estemos proponiendo la existencia de una continuidad directa e inalterada entre las culturas prehispánicas y las comunidades indígenas de hoy.

La región bajo estudio es de particular interés, ya que los pueblos nahuas que la habitan comparten antiguas raíces con los nahuas de la cuenca de México.

De acuerdo con la "Relación geográfica de Iguala y su partido" (s. XVI), a "los naturales desta provincia [los] llaman cuixcas, que quiere decir '[los de la] tierra de lagartijas', porque hay muchas" (Acuña, 1985, t. I, p. 340). Dicha relación señala que la lengua de los cuixcas "es lengua casi mexicana, que se escribe" (op. cit., p. 349). Por lo menos desde el siglo XII hubo migraciones desde el centro de México hacia esta zona, la cual fue conquistada por los mexicas a mediados del siglo XV; una de las cabeceras tributarias se estableció en el señorío de Oapan.

En la misma fuente (Acuña, op. cit., p. 340) se aclara que en esta provincia, a la que pertenecía Ohuapan (Oapan), "tenían los ritos y costumbres de los mexicanos, cuyos vasallos eran de aquel gran s[eñor] Montezuma". Estos vínculos históricos pueden explicar, quizá, la gran semejanza que detectamos entre los ritos actuales y las fiestas mexicas, además, nos permiten, metodológicamente, explorar dicha comparación.

LA EVIDENCIA ETNOGRÁFICA (NAHUAS DE GUERRERO)

Ameyaltepec, Guerrero: "la ida al cerro" (yalo tepetl)[3]

El día de la Santa Cruz, tal como se celebra hoy en Ameyaltepec, un pueblo nahua en la cuenca del Río Balsas, en el noreste de Guerrero, constituye una fiesta del santoral católico. No obstante, sólo una pequeña parte de las ceremonias se desarrollan en la iglesia de Ameyaltepec. Los ritos más importantes tienen lugar en la cúspide de los dos cerros más altos que se encuentran cercanos al pueblo, el Cerro de San Juan y el de Ameyaltepec. En la tarde del 1 de mayo la gente del pueblo asciende al Cerro de San Juan.[4] Entre las muchas ceremonias que pertenecen a la fiesta de la Santa Cruz, los ritos en el cerro constituyen su parte más llamativa e interesante. De hecho, el nombre de la fiesta en náhuatl es *yalo tepetl* (la ida al cerro).

La subida al Cerro de San Juan es empinada y sus laderas están cubiertas de arbustos polvorientos y maleza seca. Los habitantes del pueblo llegan al anochecer a su cúspide cargando las ofrendas necesarias, incluida la comida. Arriba se congregan alrededor de una pequeña plataforma de piedras que se eleva en la cima. Se instalan allí con sus hijos pequeños y las bestias (muchos hacen el ascenso en burro, mula o caballo) y se preparan para pasar la noche a la intemperie.

Encima de la plataforma se encuentra un altar de toscas piedras. Allí se elevan cuatro cruces adornadas con cadenas de flores y listones de satín de variados colores y vestidas con una especie de de-

[3] Tuve la oportunidad de participar en estos ritos en mayo de 1980 a invitación de Catharine Good Eshelman, quien ha hecho estudios antropológicos desde hace muchos años en esta comunidad (*cf.* tanto su capítulo incluido en este volumen como God, 1988). Le agradezco esta invitación y recuerdo las muchas y estimulantes conversaciones sobre estos temas que mantuvimos en aquellos años. A partir de esta y otras experiencias de campo he reunido desde 1980 un acopio de datos etnográficos de diversas comunidades indígenas que he confrontado con los datos históricos sobre los mexicas y el calendario mesoamericano (Broda, 1983, 1986, 1991*a*, 1993, 1995, 2000). Algunos resultados de estas indagaciones se exponen en el presente trabajo.

[4] Estos ritos están a cargo de determinados grupos domésticos emparentados (Good, comunicación personal).

lantales con encajes *(tlaquenti)*.[5] Enfrente de las cruces se han colocado unos arcos de hojas verdes adornados con cadenas de *cempoalxochitl*[6] y *cacaloxochitl*[7] (véase la figura 3.1). Sobre el altar que mira
hacia el este hay ofrendas de comida (que incluyen mole verde de
semilla de calabaza con guajolote y pollo, tamales, sandía, sal, pan,
chocolate y jarras con agua), copal, velas, cohetes y, lo que quizá sea
la ofrenda más significativa, pequeñas canastas con semillas de maíz.
Al pie del altar se ubica un pequeño recinto de piedra. A la luz de
innumerables velitas *las pastoras,* un grupo de doncellas especialmente relacionadas con esta y otras fiestas tradicionales, bajo la guía
de una mujer casada (o viuda) de edad madura, cantan y bailan
toda la noche. El rezandero de Ameyaltepec[8] es el encargado de dirigir estos himnos religiosos que *las pastoras* cantan en español durante la ceremonia nocturna. En las invocaciones las mujeres emplean
un tono agudo, *tzatzia* (chillar),[9] que en la concepción indígena
refuerza la petición de lluvia.

Al amanecer del día 2 de mayo, justo antes de la salida del sol y
como para celebrar este hecho, la gente, que congregada ha pasado la noche en el cerro, levanta la ofrenda y se obsequia recípro-
camente comida de la que cada una trajo, lo que constituye un
verdadero intercambio ceremonial. Comen parte de esta comida

[5] Forma actual derivada de *tlaquentli,* singular, y de *tlaquenti,* plural (ropa, vestido) (Karttunen, 1992, p. 294).

[6] La flor de *cempoalxochitl* (flor de muchos pétalos) *(Tagetes lucida* o *Tagetes erecta)* es llamada también "clavel de las Indias" (Heyden, 1983, pp. 15-16).

[7] *Cacalotl* (cuervo) (Molina, 1970, p. 11); la *cacaloxochitl* (flor de cuervo) *(Plumeria
acutifolia)* (Heyden, 1983, p. 16) es una pequeña flor de color rosa o blanco de
intenso perfume. Proviene de árboles que crecen en tierra caliente.

[8] El rezandero o "cantor" es un funcionario religioso que establece un vínculo
entre la Iglesia católica y los antiguos ritos indígenas. Estos oficiales desempeñan
un papel fundamental durante las ceremonias que en honor de la Santa Cruz se
desarrollan en Ameyaltepec, Citlala y Oztotempan. Otros cargos religiosos son los
mayordomos de la Santa Cruz, el padrino de la Cruz, etc. Un análisis más detallado de las funciones de los cargueros en la comunidad de San Juan Tetelcingo se
encuentra en la obra de Eustaquio Celestino Solís, 1997. De acuerdo con este autor,
"en Tetelcingo y demás pueblos del Alto Balsas el rezandero no se concreta a rezar
en la iglesia o en otros sitios sagrados [...] también cumple la función de curandero [...] haciendo las veces [...] de *ontetlacacauilia* (ofrendador de tamalitos a los
aires)" *(op. cit.,* p. 206). Al parecer, algunos rezanderos se convierten en tales después de haber sido tocados por "una luz o un rayo" *(op. cit.,* p. 78) *(cf.* la nota 29).

[9] Observación de Catharine Good, véase la nota 25.

FIGURA 3.1. *Las cruces en el Cerro de San Juan, fiesta de la Santa Cruz* (foto de J. Broda).

allí mismo. Por última vez se encienden grandes cantidades de copal sobre el altar que pronto será abandonado por la gente, que con aparentes prisas emprende el camino de regreso al pueblo. Llevan consigo los restos de la comida que han intercambiado ritualmente.

El 2 de mayo los habitantes del vecino pueblo de San Juan Tetelcingo ascienden al Cerro de San Juan para hacer sus ofrendas y celebrar ritos similares (véase el apartado de San Juan Tetelcingo: el trabajo comunitario en la fiesta de la Santa Cruz). Otras ceremonias más se desarrollan este día en los altares con cruces ubicados en los diferentes barrios, a orillas del pueblo y en la cercanía de los pozos (véase la figura 3.2). Los altares están a cargo de familias particulares y se adornan este día de manera espectacular: las cruces se visten con lujosos delantales *(tlaquenti)* de satín y encajes y con xochicadenas. La ofrenda consiste, al igual que en el cerro, en mole verde, guajolote, pollo, tamales, tortillas, sal, agua, atole y canastas con granos de maíz para la siembra. El elemento más vistoso es de reciente innovación: profusas cantidades de sandías. No faltan el copal y los cohetes.

FIGURA 3.2. *La cruz de un altar particular. Vista hacia el Cerro de San Juan* (foto de J. Broda).

Este día la gente sube, además, a la segunda elevación importante, el Cerro de Ameyaltepec, donde las ceremonias se desarrollan al mediodía (Good, en este volumen).[10] Entre los participantes de estos ritos destacan las niñas de entre 8 y 14 años *(ichpochtzintzinteh)*, en un grupo que llega a tener hasta 50 o 60 encabezadas por las "viudas" *(ilamatzintinteh)*. Ellas suben al cerro una pequeña imagen de la Virgen de la Concepción, patrona de Ameyaltepec, que

---

[10] En el caso del Cerro de Ameyaltepec los oficiales religiosos organizan esta ofrenda por encargo de todo el pueblo. Por contraste, el ritual del día anterior, en el Cerro de San Juan, está a cargo de determinados grupos domésticos emparentados, como lo hace notar Good.

identifican como Tonantzin (Nuestra Venerada Madre).[11] De regreso al pueblo y en procesión es llevada la imagen de la Virgen a la iglesia. De acuerdo con Good, esta noche

> los oficiales religiosos reúnen en la iglesia las cruces de todos los altares ubicados en el campo alrededor del pueblo, y éstas salen para recibir a la pequeña Virgen de regreso a su altar permanente. Con las cruces y la Virgen hacen [un recorrido] alrededor de la iglesia antes de terminar la ceremonia (Good, en este volumen).

El ritual de *yalo tepetl* (ida al cerro) abarca una secuencia de fiestas íntimamente relacionadas con el ciclo agrícola: *1)* el 1 y 2 de mayo (significativamente, las principales ceremonias no tienen lugar el 3 de mayo, la fiesta católica propiamente dicha, sino durante los dos días anteriores); *2)* el 15 de agosto, y *3)* el 13 de septiembre.[12] En las tres fechas se rinde culto a la Santa Cruz y a Tonantzin (Nuestra Madre, la Virgen [María]). Las tres fiestas consisten en ceremonias que se celebran en la iglesia del pueblo, y la otra parte fundamental la constituyen los ritos desarrollados en la cumbre del cerro.

En esta región de tierra caliente la siembra tiene lugar a fines de junio-principios de julio, cuando han caído las primeras lluvias. Los habitantes de Ameyaltepec usan para la siembra aquellas semillas que se consagraron durante las ceremonias. Los ritos del 15 de agosto coinciden con la importante fiesta católica de la "Asunción de María"[13] y garantizan la maduración de la planta del maíz. Por otro lado, la fiesta del 13 de septiembre ocurre en la víspera de la fiesta católica de la Exaltación de la Santa Cruz (14 de septiembre); se llama *xilocruz* (la cruz de jilote, el brote del maíz tierno) y se centra alrededor de las ofrendas de milpa tierna que se hacen en la iglesia. Asimismo, abarca ceremonias desarrolladas en el Cerro de Ameyaltepec durante el día. Sin embargo, hay que señalar que las ceremonias del 1 y 2 de mayo en el Cerro de San Juan son las más elaboradas, y sólo éstas duran de la noche al amanecer.

---

[11] Esta pequeña imagen sale en diferentes ocasiones a las peregrinaciones, mientras que la otra, la imagen principal de la patrona de Ameyaltepec, está permanentemente en el altar de la iglesia (Good, comunicación personal).

[12] Good, *Notas de campo*, 1980.

[13] En el pueblo vecino de San Juan Tetelcingo se le llama Tonantzin Agosto o Agostina (Celestino, *1997*, p. 108).

Las primicias del *xilocruz* culminan dos semanas más tarde en la fiesta de San Miguel (29 de septiembre), en la cual la gente hace grandes ofrendas de elotes y demás comida en la iglesia de Ameyaltepec y para los muertos que están enterrados en el patio de la parroquia. Los primeros elotes se recogen a partir del *xilocruz* el 13 de septiembre y durante el mes de octubre. La cosecha propiamente dicha es del 10 al 20 de noviembre.[14]

San Juan Tetelcingo:
el trabajo comunitario en la fiesta de la Santa Cruz

En un estudio monográfico dedicado a San Juan Tetelcingo, otra comunidad nahua del Alto Balsas y vecina de Ameyaltepec y Oapan, Eustaquio Celestino (1997) describe en detalle el sistema de cargos y el trabajo comunitario involucrados en la celebración de la fiesta de la Santa Cruz.

Nos habla de la estructura político-religiosa de la ceremonia agrícola del pueblo, en la cual intervienen las autoridades políticas (principales, jueces, regidores, topiles, etc.), las autoridades religiosas (fiscales, mayordomos, topiles del templo, cantores, rezanderos, etc.), y finalmente, los cargos específicos de la fiesta, como músicos, "aguadores", viudos, las pastoras y las "pedidoras" de pastoras. En los preparativos de la fiesta, sobre todo de la ofrenda, que incluye enormes cantidades de comida, se movilizan un número impresionante de miembros de la comunidad, ya que la participación en los ritos, a su vez, legitima la pertenencia a la comunidad.

Es de notarse que donde colindan Ameyaltepec y Tetelcingo comparten un cerro alto, llamado Cerro de San Juan por los de Ameyaltepec (donde suben la noche del 1-2 de mayo), mientras que los de Tetelcingo lo conocen como Cacalotepetl (Cerro del Cuervo).[15] Tetelcingo tiene dos cruces en el Cacalotepetl; Ameyaltepec, una. Cada quien ofrenda a sus propias cruces, pero la

---

[14] Good, *Notas de campo*, 1980.

[15] *Cacalotl* (cuervo). Al parecer, los cuervos, al igual que los zopilotes, se relacionan con los aires y el viento que traen la lluvia; también se vinculan con los muertos (Good, comunicación personal).

ofrenda se reparte entre las tres. Los de Tetelcingo suben allí la noche del 2 al 3 de mayo.[16] Al retirarse cargan con sus dos cruces y las bajan al pueblo para que en la "Misa de Rogación" que tendrá lugar a fines de mayo (en la fiesta movible de la Ascensión de Cristo) escuchen misa y "juntas coman" con las demás 27 cruces del pueblo, reunidas para este efecto en la iglesia (*op. cit.*, p. 142). Posteriormente, las cruces son regresadas a sus lugares respectivos, en el campo y en los cerros. Hay que imaginarse el impacto visual de esta congregación de cruces, que son adornadas con cadenas de flores, y reciben sahumerios de copal y ofrendas de comida, además del tronar de los cohetes, los cantos, los rezos y las súplicas de la gente.

En Tetelcingo la cruz se llama "Señor Cruz, *Totatzin* Cruz, Santísimo Cruz" (Celestino, *op. cit.*, pp. 162-163) y difiere de otras comunidades, donde se le identifica con la Virgen; sin duda, significan variaciones locales. Celestino señala que el símbolo de la cruz existía en la época prehispánica en el sentido del "árbol de vida", y representaba la fecundidad (citando a Sepúlveda, 1973, p. 12). De ahí que en Cholula, en el siglo XVI, al adoptar la cruz cristiana los indios la llamaron *tonacaquahuitl* (madero que nos da el sustento). En algunos lugares del Alto Balsas, como en Totolzintla, los nahuas hacen cruces de una sola pieza con las ramas de cierto tipo de árboles. En Tetelcingo y en Xalitla las cruces de mayo tienen dibujos de algunos productos agrícolas, imágenes pintadas en color que representan matas de maíz, chile, jitomate, sandía y melón (Celestino, *op. cit.*, p. 125).

En San Juan Tetelcingo la gente "tiene memoria" (*quimaztica*) de que dentro de los cerros hay agua que brota a través de los manantiales. Además, en el interior de los cerros moran las deidades del viento, los *yeyecame* (los vientos), que son de varios colores.

Incluso, algunos ancianos aún recuerdan que en el interior de los cerros hay *polocatl*, "tamo" del olote y del grano, como símbolo y origen del maíz [...] Al respecto una informante comentaba que ella al ir al

---

[16] En Tetelcingo, al igual que en Ameyaltepec, las ceremonias nocturnas en el Cacalotepetl están a cargo de un grupo de familias emparentadas, los *ixcotian*, mientras que la ofrenda de "todo el pueblo" se lleva al Huey tepetl, otro cerro alto al sur de Tetelcingo. Este último lugar de culto lo comparten los de Tetelcingo con los del pueblo de San Marcos Oacatzingo, que suben allí el 1 de mayo (Celestino,

Santuario de Xalpatlahuac con su delantal recogió el "tamo" que sale de la cueva de aquel lugar. Y al llegar a su casa, ese "tamo" lo revolvió con el maíz escogido para la siembra para que tuviera buena producción agrícola en esa temporada (Celestino, 1997, p. 186).

Se cree que en las cimas de los cerros *(pane tepetl)* se forman las nubes y ahí viven las serpientes y las nubes de agua. La gente recuerda que en esas alturas moran las deidades vinculadas con el agua, a quienes están dedicadas las cruces de madera. Los cercos de los altares en las cimas de los cerros son lugares donde yacen los muertos que son "los protectores". Los difuntos de la comunidad pasan, de esta manera, a formar parte del panteón indígena *(op. cit.,* p. 187). En las plegarias a las cruces de los cerros, el rezandero invoca a la lluvia, a la fertilidad y a los muertos *(op. cit.,* p. 139). Esta circunstancia sólo se entiende si se toma en cuenta que los muertos desempeñan un papel fundamental en el cumplimiento del ciclo agrícola *(cf.* Good, 1996).

Oapan: culto a los aires y a los zopilotes en el Mishuehue

San Agustín Oapan ha sido un importante centro regional desde la época prehispánica; está registrado en la *Matrícula de tributos* debido a que fue cabecera tributaria mexica. Asimismo, durante la Colonia el Camino Real hacia Acapulco pasaba por Ohuapan (el lugar de las cañas verdes de maíz) para cruzar el río Balsas precisamente en dicho lugar.

Tuvimos la oportunidad de asistir en Oapan a unos ritos que se llevan a cabo el día 2 de mayo desde la caída de la noche hasta el amanecer en el cerro más alto de la región, el Mishuehue.[17] A este cerro sube un grupo reducido de personas, adultos y niños,[18] que arriban a la puesta del sol. La vegetación en esta época del año está completamente seca; sólo destacan algunos árboles en flor en el

1997, pp. 132-142). La geografía ritual de estos pueblos vecinos establece así complejas relaciones sociales derivadas de una historia compartida.

[17] Asistí a esta ceremonia en mayo de 1988 con Catharine Good, a quien agradezco haberme invitado a participar y compartir conmigo generosamente sus datos de campo sobre Oapan. Véase su capítulo incluido en este volumen.

[18] En 1988 subieron cerca de 25 adultos y 10 niños (Good, en este volumen).

paisaje abrasado por el sol y el intenso calor. Esta parte del Alto Balsas es una de las regiones más calurosas de México, según apuntara en el siglo XVI el autor de la *Relación geográfica de Ohuapan:* "[...], al medio día, hiere el sol derecho en el cenit sobre la cabeza, que no hace sombra, o muy poca [...] Es tierra cálida, poco húmeda [...], es tierra seca [...]" (Acuña, 1985, t. I, p. 340).

En lo alto del escarpado cerro se encuentra un rudimentario altar de piedras con dos cruces de madera pintadas de azul[19] (véase la figura 3.3). La ofrenda que la gente de Oapan sube a lo alto del Mishuehue consiste en guajolote en mole verde de semilla de calabaza, atole, sal, agua, mezcal, sandía y flores. No faltan las velas, el copal y los cohetes. Adornan las cruces con cadenas de flores y colocan en el altar pequeñas canastas con semilla que va a sembrarse en el próximo temporal.

Reunida, la gente pasa la noche en vela en lo alto del cerro, acompañada por el cantor, rezando y bebiendo mezcal. Allí escuchan el trueno de los cohetes que se oyen a lo lejos, de los cerros de las comunidades vecinas, lo cual los hace sentir que ellos forman parte de una comunidad más grande, en la que cada uno contribuye a la tarea común de pedir el buen temporal (Good, en este volumen).

La salida del sol ilumina el altar con las cruces. La gente se levanta y con prisas se retira del lugar de culto. En el altar sólo dejan las flores y la cazuela con el guajolote en mole, que es la ofrenda reservada para los zopilotes. Éstos pronto se apropiarán de ella, lo cual es visto como una buena señal para el próximo temporal. Con ansiedad se observa si el zopilote, desde sus alturas en el cielo azul, de veras se va a acercar a la ofrenda que se le ha dejado en lo alto del cerro (véanse las figuras 3.3, 3.5).

El Mishuehue es un antiguo lugar de culto a los aires, los *yeyecame* (*ehecame*), desdoblamiento de *ehecatl*, el viento. El dios prehispánico del viento Ehecatl-Quetzalcoatl barría los caminos para la lluvia y estaba íntimamente emparentado con Tlaloc (Sahagún, *Códice Florentino*, libro I, p. 9). En esta región nahua de Guerrero se ha conservado la creencia de que los zopilotes son manifestación del vien-

---

[19] Al lado del altar en la cúspide del cerro había dos grandes pozos de saqueo. El saqueo es frecuente en las regiones retiradas e inhóspitas de Guerrero, donde se conservan aún muchos vestigios arqueológicos sin explorar. Los saqueadores seguramente sabían lo que buscaban (¿y encontraron?) en este lugar tan apartado.

FIGURA 3.3. *El altar en lo alto del Cerro Mishuehue* (foto de J. Broda).

to, pájaros poderosos que traen la lluvia desde Oztotempan. Este gran pozo o falla natural (véase el siguiente apartado) es un centro de peregrinación muy importante para numerosas comunidades nahuas de Guerrero. Representa, en términos de la cosmovisión, una entrada al paraíso del dios de la lluvia (el antiguo Tlalocan), al cual se accede mediante la cueva *(oztotl)*, lugar donde se ubica también la casa de los vientos, puesto que en Oztotempan vive *itecoehecatl* (el dueño del viento).[20]

[20] Oztotempan significa "en la orilla de la cueva", al igual que Oztotenco. Celestino (1997, p. 149) reporta que la gente de Tetelcingo iba a Oztotenco, ya que "para que tuvieran buenas cosechas era necesario que fueran a pedir lluvia a aquel lugar, llevando su respectiva ofrenda". Sin embargo, en los últimos años cada vez menos gente va a esa peregrinación.

FIGURA 3.4. *Amate pintado que representa la fiesta
de la Santa Cruz (Ameyaltepec, Gro.).*

La región más amplia

Los pueblos nahuas del Alto Balsas, como Ameyaltepec, Oapan y
San Juan Tetelcingo, están situados en el noreste de Guerrero en la
latitud próxima a los 18° N (véase el mapa 3.1). Colindan con los
nahuas del centro del estado, región que se extiende hacia el sur
hasta Chilpancingo y Chilapa y hacia el este hasta Tlapa y la Montaña de Guerrero.

   Los nahuas de esta región más amplia han conservado una cultura y formas de vida tradicionales de gran interés para el estudio
etnográfico. Ellos, particularmente en Oztotempan, Citlala y Acatlán,

FIGURA 3.5. *Amate pintado que representa a los zopilotes que se invocan en la fiesta de la Santa Cruz* (pintura de Roberto Mauricio).

siguen celebrando de una manera muy elaborada la fiesta de la Santa Cruz. En los años setenta se publicaron varios excelentes informes etnográficos sobre estos ritos en Citlala y Oztotempan (Sepúlveda, 1973; Suárez Jácome, 1978; Olivera, 1979). La síntesis que presentamos a continuación se basa en estos estudios pioneros. Varios otros artículos monográficos posteriores añaden datos interesantes sobre varios aspectos de esas fiestas en la región referida.[21]

Por otro lado, la etnografía de la Montaña de Guerrero, región que colinda con el estado de Oaxaca y donde conviven nahuas, mixtecos y tlapanecos, fue documentada por primera vez en los años treinta por Leonhard Schultze-Jena; luego, ha sido estudiada por varios autores más.[22] Sin embargo, falta aún mucho trabajo etnográfico por hacer en esta apartada región de riqueza cultural extraordinaria.

---

[21] Saunders, 1983, 1984; Iwaniszewski, 1986*b*; Villela, 1990.

[22] Muñoz, 1963; Dehouve, 1991; Van der Loo, 1987; Villela, 1990, y Neff, s.f. Karl Anton Nowotny (1961, pp. 272-275) hizo un paradigmático análisis en el que demuestra que ciertas ceremonias actuales de los tlapanecos y mixtecos de la Montaña, en las que se ofrendan manojos de pino u ocote, coinciden con ritos representados en los códices prehispánicos.

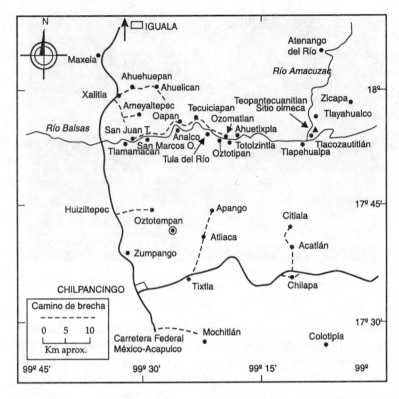

MAPA 3.1. *Los pueblos de la región del Alto Balsas y de Atliaca (Oztotempan)-Citlala* (adaptación del mapa de Alejandro Robles).

Según ya hemos anotado, las comunidades del Alto Balsas y de la región de Citlala-Chilapa tienen vínculos históricos con las de la cuenca de México. Además de que fueron conquistadas por los mexicas en el siglo XV (Ohuapan y Chilapan aparecen en la lámina de Tepecoacuilco de la *Matrícula de tributos,* 1980, f. 9r), también hubo migraciones de grupos nahuas de la cuenca hacia esa región. Así, podemos afirmar que las semejanzas con la sociedad mexica no se dan sólo en términos funcionales, ya que también existió una historia compartida.

Citlala: *el profuso simbolismo de las cruces*

En Citlala, al igual que en los demás pueblos de esta parte montañosa de Guerrero, los cerros, las cuevas, los peñascos, las barrancas y los pozos se consideran espacios sagrados porque allí residen los aires: los *ahacatl* (es decir *ehecatl*) son seres sobrenaturales
asociados con los vientos de los cuatro rumbos.

En el municipio de San Nicolás Citlala[23] la elevación más alta es
el Cerro Cruzco o Cruztenco (2 200 m). De acuerdo con los informantes, en la cueva situada en esta montaña se sacrificaban niños
hasta fines del siglo XIX. Hoy los habitantes de Citlala siguen ofren-
dando flores y velas en esta cueva y extraen lodo de ella, el cual
mezclan con las semillas de sembrar. Las ceremonias, que culminan en la fiesta de la Santa Cruz, tienen lugar en los santuarios de
los cerros y en los pozos del pueblo. Su finalidad es propiciar *los
aires del este,* para atraer la buena lluvia, mientras que procuran
prevenir contra *los aires negros del norte,* que traen granizo, heladas
y lluvia en exceso (Suárez Jácome, 1978, p. 5).

La fiesta de la Santa Cruz es celebrada por los tres barrios del
pueblo, además de la pequeña comunidad de Tlapehualapa que
depende de Citlala. En los cargos ceremoniales designados con un
año de anticipación participan más de 400 personas. Las ceremonias inician el 24 o 25 de abril (día de San Marcos) y duran nueve
días, hasta el 2 de mayo. Las cruces, que normalmente se ubican en
el Cerro Cruztenco, cada una correspondiente a un barrio, se bajan
al pueblo y durante siete días se mantienen en las casas de los regidores, los oficiales ceremoniales más importantes de cada barrio. El 1 de mayo son llevadas al lecho del río que cruza el pueblo,
donde se colocan sobre un altar a la sombra de unos ahuehuetes
ancestrales. Las cruces se adornan con cadenas de flores, panes y
los delantales bordados llamados *tlaquenti,* que se ciñen a la cruz a
manera de falda. Los jefes de familia ofrecen a las cruces canastas
con semillas de maíz, frijoles y calabaza; estas semillas serán usadas posteriormente en la siembra. Otras ofrendas incluyen velas,
copal, pollos, cadenas de flores con pan y los *tlaquenti,* que se en-

[23] Citlala tenía a principios de los años setenta aproximadamente 11 000 habitantes (Olivera, 1979, p. 143). El nombre del pueblo se deriva de *citlalin* (la estrella), es decir, Venus.

tregan a los cargueros. Mientras se quema copal delante de las cruces, la banda de música toca y los rezanderos entonan himnos sagrados. Las cruces casi desaparecen debajo de las cadenas de flores (de *cempoalxochitl* y *cacaloxochitl*), los panes y los *tlaquenti* nuevos, colocados encima de los que ya tienen. En una procesión que avanza lentamente las cruces son llevadas por cuatro doncellas por las calles del pueblo hasta la iglesia, mientras, siguen recibiendo ofrendas en el camino. Así adornadas son introducidas en la iglesia. La gente queda allí velando y rezando durante toda la noche. Otros hacen ofrendas en los pozos, rindiendo culto a las cruces ubicadas en aquellos lugares; las adornan con *xochicadenas* (cadenas de flores). Las mujeres llevan a los niños (multitud de niños) a los pozos de agua (Good, comunicación personal), mientras, durante toda la noche las autoridades velan las cruces en la iglesia. Esa misma noche los "tigres" (jóvenes disfrazados con trajes amarillos y máscaras de jaguares) hacen su aparición por las calles del pueblo; ellos participarán en la danza ritual de la fiesta. En las casas, la gente termina los preparativos para la ofrenda del día siguiente (Olivera, 1979, pp. 145-148).

Antes que amanezca, los mayordomos, regidores, molenderas y demás ayudantes suben al Cerro Cruztenco todo lo necesario para preparar la comida ritual. Cruztenco es una pequeña explanada en la parte alta del cerro, a cuatro horas de camino. En la explanada hay varios montículos; sobre el más grande, como si fuera el último piso de una antigua pirámide, está el altar donde habrá de realizarse la ceremonia (Olivera, *op. cit.*, p. 149).[24]

Cuando sale el sol las autoridades de los barrios hacen la primera "entrega" de ofrendas en el altar. Sacrifican unos cien pollos negros y cuatro grandes guajolotes, cortándoles la cabeza y haciendo escurrir la sangre en lo profundo de un agujero que han excavado en la tierra. En el mismo agujero frente al altar depositan las cabezas de los animales sacrificados. La sangre se considera alimento para "Nuestro Señor (Señora) la Tierra, que con su fuerza

---

[24] Existe una semejanza entre esta plataforma en la cumbre del Cerro Cruztenco y las que se encuentran en el Cerro de San Juan en Ameyaltepec, en el Mishuehue en Oapan o en el Cerro Azul en Acatlán. Parece que se trata de antiguos sitios arqueológicos. Es de notar que los santuarios mexicas de los cerros de la cuenca de México eran muy parecidos a estos lugares de culto (Broda, 1991*a*, 1997; Iwaniszewski, 1986*a*, 1986*b*).

nos traerá la lluvia" *(op. cit.,* p. 151). Las entrañas de los guajolotes son ofrenda para los zopilotes, los ayudantes del viento; "ellos acarrean las nubes" *(ibid.).*

La principal ofrenda, llamada *cuemitl tlacuallo* (la comida del zurco), inicia a las tres de la tarde, cuando el pueblo está reunido en Cruztenco. Las cruces acaban de arribar a la cumbre y cubiertas de cadenas de flores se colocan con gran respeto sobre el altar (Suárez Jácome, 1978, p. 9). Ahora las autoridades depositan la principal ofrenda, que consiste en unos tamales de tamaño muy grande *(huey tamales),* aguardiente, mole verde con pollo, guajolote y tortillas, todo preparado en el lugar. Se queman grandes cantidades de copal y los asistentes, rezando de rodillas alrededor del altar, imploran con gran fervor la llegada de las lluvias.[25] Cuando las molenderas y los regidores terminan de entregar la ofrenda a la cruz, coronan con *cacaloxuchiles* a todos los asistentes, y en cazuelitas de barro les ofrecen mole verde con pollo y tamales de frijol (Olivera, 1979, p. 155). Los primeros en recibir la comida son los niños, que son los "inocentes", cuya intermediación es crucial para asegurar la llegada de las lluvias (Suárez Jácome, 1978, p. 9). También se hacen ofrendas de ropa en miniatura por cada niño que ha muerto desde la fiesta del año anterior; estas camisas y huipiles en miniatura, recortados en manta blanca, llamados *tlaquenti,*[26] se entierran en la base de las cruces. De los niños muertos se dice que "ya han alimentado a la tierra, están cerca de ella [...] Son acompañantes de la Santa Virgen de la Cruz [...] y le ayudarán a hacer que llueva pronto" (Olivera, *op. cit.,* p. 154).

La gente permanece en Cruztenco hasta el atardecer; después, todos bajan del cerro. Algunas personas acompañan a los mayordomos a llevar su ofrenda a los pozos "para que [éstos] no se sequen" *(op. cit.,* p. 155). Ceremonias paralelas se efectúan en otros cerros sagrados de la jurisdicción de Citlala: el Huey Cruz, el Calvario y el Citlaltépetl (Suárez Jacome, 1978, p. 9). En sus casas la gente adorna los altares domésticos y los cuezcomates con cade-

---

[25] Las lágrimas que derraman las mujeres (Olivera, 1979; Celestino, 1997, p. 77) constituyen un acto mágico para atraer las lluvias, al igual que las lágrimas que derramaban los niños en los sacrificios infantiles en la fiesta mexica de Atlcahualo (Broda, 1971).

[26] Se llaman *tlaquenti*(n) al igual que los delantales bordados con que se adornan las cruces *(cf.* la nota 5).

nas de flores. Al mediodía colocan en dichos altares las canastas con las semillas, que utilizarán para la siembra, prenden velas y ponen una ofrenda de tamales y mole verde para la cruz. Los jefes de familia le rezan pidiendo una buena cosecha y que llueva pronto. Finalmente sahúman toda la casa, empezando por los graneros.

Por la noche del día 2 la fiesta termina. Los habitantes de Citlala se sienten satisfechos por haber cumplido con sus obligaciones rituales; están convencidos de que lloverá pronto y podrán sembrar su maíz. "La Santa Cruz de los mantenimientos no nos abandonará, habrá buenas aguas y buenas cosechas." Si, por el contrario, las lluvias tardan en llegar, creen que sus ofrendas fueron insuficientes o que incurrieron en alguna negligencia. En este caso, la tierra sigue estando "muy hambrienta" y la gente en sus altares domésticos y las autoridades en el Cerro Cruzco tendrán que repetirlas (Olivera, *op. cit.*, pp. 152, 155-156).

La pelea de los tigres: un antiguo rito de fertilidad

El día 2 de mayo se desarrolla en Citlala, simultáneamente con las otras ceremonias, una dramática pelea de tigres. Tiene lugar en el lecho del río, desde la mañana hasta el mediodía. Para este combate ritualizado en el cual se derrama sangre llegando a grados de considerable violencia, inclusive la muerte, los jóvenes de Citlala y Tlatehuanapa se preparan con varias semanas de anticipación. La gente considera que la cruenta pelea de tigres forma parte de la invocación por la lluvia y que está dirigida a la Santa Cruz para incrementar la fuerza de sus peticiones. Hoy participan en el combate dos bandos constituidos por los diferentes barrios; sin embargo, antaño la lucha solía ser de "todos contra todos" (Suárez Jácome, 1978, pp. 11-12; Olivera, 1979, pp. 152-153).

Saunders (1983, 1984) describe la pelea de tigres del pueblo vecino de Acatlán con más detalle. Allá, al igual que en Citlala, los jóvenes que participan en el combate visten cascos de cuero pintados como máscaras de tigres, en lugar de las máscaras de madera que se conocen de otros pueblos en México. En este disfraz se presentan en parejas de a dos y pelean a golpes con la clara finalidad de derramar sangre. De acuerdo con Saunders (1983, p. 400), los habitantes de Acatlán consideran a la sangre humana "como análoga a la lluvia [...] es un símbolo potente de la fertilidad, y si los humanos derraman su sangre para la deidad del jaguar, esperan que él en reciprocidad derrame su sangre en la forma de lluvia para regar la siembra del maíz".

En Acatlán la pelea de los tigres tiene lugar, al mediodía del 3 de mayo, en la cumbre del Cerro Azul, a tres horas de distancia. El nombre, sin duda, contiene un referente al simbolismo acuático. Temprano por la mañana la gente se reúne en la cumbre del cerro, sobre una plaza que contiene tres altares de piedra (véase la nota 24). En el altar mayor hay una cruz adornada con cadenas de flores y ofrendas de velas. Ya reunidas, las mujeres cantan en grupo alabanzas a la Santa Cruz antes de que comience la pelea al mediodía.

Al día siguiente (4 de mayo), a la puesta del sol, los habitantes de Acatlán acuden al pozo principal del pueblo y comparten una comida ritual de pozole y tamales. Esta vez los niños hacen una fingida pelea de tigres en imitación del ritual del día anterior. Este contexto establece un vínculo aún más claro con el agua y la fertilidad agrícola (Saunders, 1983, p. 404; 1984, p. 91).

Oztotempan: la peregrinación al "ombligo del mundo"[27]

Cerca de Citlala se encuentran la comunidad de Atliaca y el sitio de peregrinación de Oztotempan: un gran pozo o falla natural[28] que en la fiesta de la Santa Cruz atrae a cientos de peregrinos de una extensa región (véanse las figuras 3.6, 3.7). En este lugar, el ancestral culto del agua, las cuevas y los cerros se hace aún más obvio que en Citlala o Ameyaltepec. Se dice que en el fondo de este enorme pozo corre un río, y sobre una saliente de la pared

---

[27] La descripción que presentamos a continuación se basa en Sepúlveda (1973) y es complementaria al texto sobre Oztotempan de Good (incluido en este volumen). Según Good, los peregrinos conocen a Oztotempan como el "ombligo del mundo". En la cosmovisión prehispánica había varios importantes lugares de culto en la cuenca de México que se llamaban "ombligo" (*xictli*), como por ejemplo Xico, la isla en el lago de Chalco. En la actualidad este nombre se sigue usando para los lagos que se encuentran en el cráter de la cumbre del Nevado de Toluca (*cf.* Robles, s. f.).

[28] Mide aproximadamente unos 200 m de diámetro por 300 m de profundidad (Sepúlveda, 1973, p. 10).

FIGURA 3.6. *Amate pintado que representa el lugar de culto en Oztotempan, Gro., y a los peregrinos congregados en la fiesta de la Santa Cruz* (pintura de Roberto Mauricio).

crece un frondoso árbol de amate. A un lado del precipicio se encuentra una capilla, que en 1972, según María Teresa Sepúlveda (1973, p. 10), albergaba 48 cruces de madera de diferentes tamaños, de las cuales 18 pertenecían al poblado de Atliaca y el resto a las demás comunidades participantes. Alrededor del pozo había otras 10 cruces y, en una roca saliente, desde la cual se lanzan las ofrendas, se levantaban 20 cruces más.

De acuerdo con la leyenda local existen cuatro cuevas en el fondo de este pozo; cada una contiene un jardín en el cual crece toda clase de semillas, principalmente el maíz de todos los colores. Los jardines están al cuidado de cuatro gigantes, los cuales además de tener unos látigos que producen el estallido del trueno, representan a los vientos de los cuatro puntos cardinales: el del oriente atrae las nubes y la lluvia buena; el del norte produce el granizo, las heladas y la lluvia mala; el del oeste aleja las nubes y provoca la sequía, y el del sur algunas veces trae lluvia buena y otras veces mala. Este pozo es un antiguo lugar de culto, y según la tradición local, a raíz de la Conquista los habitantes arrojaron allí sus ídolos para esconderlos de los españoles (Sepúlveda, 1973, p. 11).

FIGURA 3.7. *Otra vista de los ritos de la Santa Cruz en Oztotempan,*
Guerrero (pintura de Roberto Mauricio).

Oztotempan es un centro de peregrinación para más de 30 comunidades que viven en los municipios de Zumpango del Río, Mártir
de Cuilapan, Ixtla de Guerrero, Mochitlán y Chilpancingo. La región más amplia también incluye a Citlala, Acatlán, Ameyaltepec,
Oapan y Tetelcingo, los últimos tres situados en la cuenca del Alto
Balsas (véase el mapa 3.1).

De acuerdo con un calendario distribuido entre las comunidades participantes, algunos pueblos visitan el pozo desde el 15 de
abril; sin embargo, la concurrencia mayor tiene lugar entre el 1 y el
2 de mayo. En 1972 asistieron de 1 500 a 2 000 peregrinos. Las ceremonias son dirigidas por la comunidad de Atliaca, con la ayuda

de varios pueblos vecinos. Atliaca es en la actualidad un pueblo pequeño (en 1972 tenía sólo 3 800 habitantes, de los que 60% eran monolingües), pero anteriormente era más importante. Fue cabecera de municipio hasta 1920 (Sepúlveda, *op. cit.*, pp. 11-12).

Existe una compleja organización ceremonial en torno de estos ritos que involucran a la región entera. Las Hermandades de la Cruz tienen un mayordomo encargado de llevar la ofrenda a su cruz respectiva en Oztotempan. Dichas hermandades proceden de las diferentes comunidades e intervienen en las ceremonias supeditadas a la dirección de las autoridades rituales de Atliaca, que son: *1)* los *huehueyotes* (o principales) y los mayordomos; *2)* los cantores (rezanderos) encargados de dirigir el ritual, y *3)* un conjunto de voluntarios encabezados por un personaje apodado *el Tigre.* En Atliaca se ha conservado una compleja jerarquía religiosa que incluye, en orden ascendente, a los *semaneros,* los diversos mayordomos con sus ayudantes y, finalmente, al mayordomo de la Cruz de Oztotempan. Este último es elegido por el grupo de 12 huehueyotes o principales.

Los dirigentes del ritual son llamados cantores, *homochtique* o *teotlatoque.* En Atliaca existen varios y sólo los más prestigiados pueden dirigir las ceremonias de Oztotempan. Adquieren sus conocimientos en un largo proceso de adiestramiento: "aprenden las oraciones en náhuatl y el ritual requerido para cada tipo de ceremonia, como los encaminados a curar el 'mal de aire', el 'aire negro', 'el frío´ y el 'espanto'. Son gente predestinada que en sueños tienen revelaciones o son tocados por el rayo" (Sepúlveda, 1973, p. 14).[29]

Desde el 24 de abril (día de san Marcos), las cruces que se habían bajado desde Oztotempan al pueblo de Atliaca se guardan durante 7 días en la casa del mayordomo y diariamente se llevan a la iglesia acompañadas por la quema de cohetes y toritos. El 1 de mayo las autoridades de las Hermandades de Chilpancingo, Tixtla y el rancho El Durazno llegan a Atliaca. Sus esposas preparan la comida que se ofrece este día en la iglesia. Por la tarde, las cruces son llevadas, en procesión, a la iglesia con la ofrenda de comida,

---

[29] Esta última información es particularmente interesante, ya que permite establecer ciertos paralelos con los especialistas rituales de la cuenca de México y valles aledaños, los "graniceros", que adquieren su vocación cuando son tocados por el rayo (*cf.* Albores y Broda [eds.], 1997); este hecho había pasado prácticamente inadvertido en el caso de Guerrero (*cf.* la nota 8).

que consiste en canastos de pan, tamales, café, chocolate, miel, mole y pollo. Después de las oraciones y los sahumerios, se distribuye la comida dentro de la iglesia, donde es consumida por los asistentes. Aproximadamente a las 6 de la tarde la procesión parte de la iglesia en dirección a Oztotempan, ubicado a unos 6 km de empinada subida. Por la tarde han llegado allí los peregrinos de las demás comunidades participantes,[30] quienes se congregan en la capilla al borde del pozo.

Las autoridades de las hermandades ofrecen velas y flores a las 48 cruces que se encuentran dentro de la capilla y a las 10 cruces localizadas al borde del pozo. Los peregrinos han traído consigo las semillas de maíz, que se colocan en el altar para recibir la bendición. A las 9 de la noche los principales y mayordomos salen de la capilla, cada uno cargando su cruz, seguidos por los cantores, las rezanderas, las bandas que han venido de diferentes pueblos, los grupos de danzantes y el resto de la gente. Se efectúa un rito de "encuentro entre las cruces" que ya estaban allí y las que apenas fueron llevadas. Este "encuentro" se acompaña con música, oraciones y sahumerios de copal. Entonces el cantor de Zumpango arroja al aire papel de estaño picado y pétalos de tapayola para simular la lluvia. En formación ordenada todos regresan a la capilla.

Allí, las autoridades de Atliaca ofrecen incienso, ceras y flores a las 48 cruces. El cantor de Atliaca, con una mazorca y un incensario en las manos, reza a los vientos de los cuatro puntos cardinales y a la Santa Cruz. Los ritos alcanzan su punto culminante cuando se consagran los recipientes con semillas que los peregrinos han traído. Uno por uno reciben la bendición. En los rezos, el cantor pide buenas cosechas, abundancia de agua y bienestar en general. El ritual dura hasta las 4 a.m. y es seguido por la ofrenda principal que se prepara dentro de la capilla. Encima de cuatro petates, los mayordomos de los cuatro pueblos principales colocan las ofrendas de comida, siguiendo un estricto orden. Más tarde, esta ofrenda será repartida entre todas las cruces que se encuentran dentro y fuera de la capilla. En este momento se colocan unos arcos de flores a la entrada del templo (*op. cit.*, pp. 16-19).

---

[30] Es decir, de Zumpango, Huiziltepec, San Marcos, Citlala, Apango, Acatlán, Atempa, San Francisco, San Juan, Mezcala, Xochipala, Chichihualco, Xalitla, Totolzintla y Chilapa (Sepúlveda, 1973, p. 17) (véase el mapa 3.1).

Cuando el sol apunta sobre el horizonte, el cantor principal entona una alabanza dirigida al astro. Entonces los peregrinos congregados inician una extraña ceremonia que consiste en buscar "semillas" debajo de las piedras y raíces del suelo. Estas "semillas" o pequeñas piedras serán mezcladas con los granos para la siembra a fin de asegurar una cosecha abundante (*op. cit.*, p. 20).

A las 6 a.m. del 2 de mayo las autoridades de cada hermandad preparan unas "canastas", hechas de maguey, carrizo y cadenas de flores, que se llenan de ofrendas de comida. A las 8 a.m. se inicia una solemne procesión alrededor del pozo. Los danzantes, los músicos, las autoridades con las cruces a cuestas y los peregrinos con velas encendidas en sus manos se detienen para rezar delante de cada una de las cruces. La procesión rodea el borde del pozo, y finalmente, aquellas "canastas de flores" con la comida dentro y varios pollos y guajolotes son lanzados al pozo por medio de una garrocha. En los rezos que acompañan este acto, el cantor se dirige a los vientos, a la Cruz, a san Marcos, a san Isidro y a san Francisco pidiendo nuevamente lluvias y cosechas abundantes.

Por la tarde, la gente regresa a sus respectivas comunidades. En la iglesia de Atliaca, las autoridades pasan la noche en vela. El 3 de mayo a las 10 a.m. termina la secuencia de los ritos que componen la fiesta de la Santa Cruz para el pueblo de Atliaca. Si las lluvias tardan en caer lo atribuyen a una negligencia en la ejecución de los ritos, en cuyo caso será necesario repetirlos en una fecha fijada por las autoridades.

Finalmente, Sepúlveda añade otras dos interesantes observaciones a su excelente descripción: el 14 de septiembre tienen lugar las ceremonias de *xilocruz* (la cruz de jilote), mientras que en octubre o noviembre, en un día señalado por los huehueyotes, se organiza otra peregrinación a Oztotempan para agradecer el cumplimiento de la estación de lluvias (*op. cit.*, pp. 14, 20). Nos referiremos a estas dos fechas en el análisis posterior.

Análisis de los ritos de la Santa Cruz

La fiesta de la Santa Cruz es, desde luego, el resultado de procesos sincréticos que hemos tratado de delinear al inicio de este trabajo. Es una fiesta del santoral católico, que fue implantada en México por los españoles. Sin embargo, la historia de su introducción durante la Colonia, particularmente en los niveles regionales, no se conoce bien y requiere de futuras investigaciones. Es igual de importante, para el presente análisis, tener más información sobre sus antecedentes en Europa, particularmente en la España medieval. Durante el siglo XVI en España, el día de san Marcos (abril 25) constituía el principio del año para los pastores; en esta fecha ya se había terminado la siembra y se anunciaba el mes de mayo. El primero de mayo se celebraba en todas partes de Europa la exaltación del verdor y el retoñar de la naturaleza, de las flores, de la primavera y del amor; se trataba de una fiesta de orígenes paganos. El 3 de mayo, día de la Santa Cruz, esta exaltación adquiría una expresión más cristiana, pues era respaldada por la liturgia católica. A nivel popular, el contenido de tales ritos giraba además alrededor del árbol, como símbolo de la resurrección de la naturaleza (Caro Baroja, 1978, p. 336).[31]

Si bien a este nivel se producía en la Nueva España un sincretismo entre la fiesta europea y los ritos indígenas, dado que ambos estaban íntimamente relacionados con el ciclo agrícola y las estaciones, hay que tener mucho cuidado con suponer una asimilación automática de estos ritos europeos por parte de los indígenas. Si en Europa mayo es el mes del retoñar de los árboles y las flores después de los rigores del invierno, en México el clima es totalmente diferente. En México no hay cuatro estaciones como en Europa sino dos: la estación de lluvias y la de secas. Los mexicas las llamaban *xopan* (el tiempo verde) y *tonalco* (el calor del sol) (*cf.* Carrasco, 1979; Broda, 1983).

Numerosos investigadores, a partir de Eduard Seler hace un siglo, han caído en el error de transferir la concepción de las estaciones europeas a México. Así, Seler fue el primero en proponer que en la fiesta de Tlacaxipehualiztli (mes de marzo) los mexicas celebraban la resurrección de la tierra mediante el sacrificio del desollamiento, interpretación que desde entonces ha sido repetida innumerables veces, a pesar de tratarse de una equivocación (*cf.* Broda, 1970). En términos climáticos, los meses de marzo a mayo son en

[31] El primero de mayo se suelen poner en Europa, sobre todo en los países de habla alemana, "los árboles de mayo", unos altos troncos totalmente alisados en cuya cúspide se ponen algunos alimentos. Los jóvenes del pueblo hacen una competencia para subir a estos troncos y derribar los alimentos.

México los más secos y calurosos del año que anteceden la llegada de las lluvias. No existe la primavera en el sentido europeo, ya que la división básica del año es entre la estación seca y de lluvias, con todo el simbolismo cosmológico que estos hechos pueden implicar. Estas circunstancias fueron notadas por el capitán Fernando Alfonso de Estrada, autor de la "Relación geográfica del siglo XVI sobre Iguala y su partido", pues escribió que "llueve en estas provincias al contrario de España, que comienza [el agua] por mayo y acaba por septiembre, que es providencia divina q[ue] se pudiera habitar como tórrida zona, [ya] q[ue] las aguas y humedad mitigan el excesísimo calor" (Acuña, 1985, v. I, p. 344).

Los ritos de la Santa Cruz que se celebran hoy en Ameyaltepec, Oapan, San Juan Tetelcingo, Citlala, Acatlán y Oztotempan, Guerrero, son ceremonias indígenas sincréticas que oficialmente pertenecen al culto católico. Muestran una serie de características muy interesantes desde el punto de vista de la cosmovisión y el ritual. A continuación señalaré algunas características fundamentales de esta fiesta, de particular interés para el presente estudio. Se trata de elementos del ritual que denotan la cosmovisión nahua y los ritos tradicionales, derivados de principios estructurales del culto prehispánico, señalando la íntima mezcla que se forjó en la Colonia entre elementos prehispánicos y católicos coloniales.

El simbolismo de la Santa Cruz

Aunque la fiesta se dedica a la Santa Cruz, el simbolismo de ésta, tal como lo podemos interpretar a partir del material etnográfico referido, no pertenece a la teología y liturgia cristianas. Abarca un complejo simbolismo que muestra variantes locales en los ritos y creencias. Si bien la cruz se invoca como "Nuestra Santísima Virgen" ("Nuestra Madre [Tonantzin]", estrechamente relacionada con el culto a la Virgen María), esta advocación se hace en el sentido de "la Santa Cruz de nuestro mantenimiento" o de "Nuestra Señora (o Señor) de la tierra que sembramos" (Olivera, 1979, p. 144), o en la advocación del *tonacaquahuitl* (el árbol de nuestro sustento) (Celestino, 1997, p. 123). Se trata de una deidad masculina y femenina a la vez, en el sentido de la concepción prehispánica de la tierra referente a la fertilidad y a los mantenimientos *(tonacayotl)*. Existen analogías con la concepción de la pareja divina, de los antiguos mexicanos, Tonacatecuhtli-Tonacacihuatl (el Señor y la Señora de nuestro sustento) así como con la diosa mexica del maíz y de los mantenimientos: Chicomecoatl, quien era la patrona de la fiesta mexica correspondiente.

Por otro lado, encontramos también la advocación de la cruz como "Nuestro Padre (Totatzin)" (Celestino, 1997, p. 123) o, en plural, como *totatatzitzihuan* (nuestros reverenciados padres) en referencia a los muertos o ancestros que moran en los cerros (Good, comunicación personal). Es de notar que los santos también reciben este nombre (Celestino, *op. cit.*).

Asimismo, las cruces se relacionan con la delimitación del territorio de los pueblos. Celestino registra 27 cruces en la jurisdicción de Tetelcingo, que llevan los nombres de los lugares donde están ubicadas (*op. cit.*, pp. 126-128, mapa 8). En los días de la Santa Cruz y del *xilocruz* las cruces son bajadas de los cerros "para venir a 'oír' misa [...] También dicen que vienen al pueblo a 'comer' y después 'se van a sus casas' en los cerros y montes, una vez reunidas todas [...] dentro de la iglesia" (Celestino, p. 128). En mayo las cruces se quedan dentro de la iglesia por varios días; en septiembre sólo permanecen un día y una noche. En estas ceremonias las cruces son tratadas como si fueran personas; cada una tiene su identidad propia y recibe las vistosas ofrendas de xochicadenas, flores, copal y comida. La personalidad de las cruces se enlaza con el territorio del pueblo, las milpas y los cerros donde se encuentran los "aires" *(yeyecame)* y los muertos y/o ancestros *(totatatzitzihuan)*.

Dichas cruces generalmente están pintadas de azul o verde, colores que simbolizan el agua. Son "cruces de agua" que tienen la fuerza mágica de atraer la lluvia y proteger los cultivos de los peligros de esta estación (Olivera, 1979, p. 144).

Por último, existe también un simbolismo que conecta a las cruces con el árbol como eje cósmico. Hay cruces hechas de troncos naturales que tienen las ramas en forma de cruz.

El simbolismo de los ritos que se efectúan con estas cruces se centra en la siembra del maíz y la petición de agua; además procuran atraer al viento benéfico al tiempo que conjurar a los vientos dañinos. Las principales ceremonias se desarrollan en el lecho del río, en los pozos y manantiales de la comunidad, en las cumbres de los cerros y en Oztotempan, la enorme barranca en cuyo fondo corre el agua. En el lugar, al borde del precipicio se encuentran unas 80 cruces pertenecientes a los distintos pueblos que allí acuden. Otras ceremonias se realizan también en la iglesia, donde se congregan todas las cruces que son traídas del territorio para recibir ofrenda, "oír misa" y "comer juntas".

Autoridades y trabajo comunitario

En los ritos de la Santa Cruz, en los pueblos nahuas de Guerrero, por lo general no participa ningún sacerdote católico. Los ejecutantes son las autoridades civiles-religiosas del pueblo (mayordomos, regidores, principales, etc.), mujeres con funciones específicas (las encargadas de las pastoras, las molenderas, las esposas de los mayordomos, etc.), las pastoras (niñas vírgenes que cantan y bailan en la fiesta), así como el rezandero o cantor, que cumple con las funciones de especialista ritual indígena.

En la organización de las ceremonias de Oztotempan intervienen las hermandades encargadas del culto. La red de interacción ritual que se manifiesta a nivel regional congrega a participantes de una amplia área del centro y noreste de Guerrero. Tales redes rituales indican la existencia de antiguas raíces históricas comunes que unen a estas comunidades nahuas de Guerrero.

En cuanto a la realización de la fiesta de la Santa Cruz, la capacidad organizativa y el trabajo comunitario que invierten las autoridades con la ayuda de personas específicamente comisionadas son de primordial importancia. Esta organización del trabajo comunitario no sólo hace posible concretar la fiesta; también permite que se mantenga viva la tradición que une a los miembros de la comunidad.[32] En el caso de Oztotempan, la tradición y afirmación de la identidad cultural y de los lazos intercomunitarios se extienden a la región más amplia.

---

[32] En su citada obra Celestino (1997) describe con detalle esta estructura comunitaria y las actividades colectivas. Se trata de un rasgo común a todas las fiestas indígenas (cf. Good, 1988, 1994).

Las ofrendas y otros elementos rituales

Las ofrendas del altar. Este aspecto constituye uno de los rasgos más conservadores del ritual. Las ofrendas consisten en comidas tradicionales (tamales, tortillas, mole verde de semillas de calabaza, pollos, guajolotes, chocolate, café, licor y sandías, de innovación reciente), además de velas y copal. Se queman grandes cantidades de cohetes en las ceremonias. Otras ofrendas son las canastas con semillas para la siembra, que se colocan en los altares de la Santa Cruz.

Las comidas compartidas. En diferentes momentos de la fiesta se efectúan comidas rituales, que comparten los asistentes en la cumbre del cerro, en Oztotempan, en los altares de los pozos (al amanecer) o en la iglesia (al anochecer). En ellas participan las autoridades encargadas de las ceremonias junto con toda la gente. Estas comidas, culminación de un complejo proceso de trabajo comunitario y muy bien organizado, refuerzan el sentido de pertenencia y solidaridad entre los asistentes.

El alimentarse mutuamente implica un importante simbolismo ritual. Mediante las ofrendas la gente alimenta a los vientos, a las cruces, a los santos, etc., quienes, a su vez, dan el sustento a la gente.

El adorno de las cruces. Las cruces son adornadas con los *tlaquenti*, que les dan una apariencia femenina, y les colocan cadenas de cacaloxochitl y cempoalxochitl: dos flores altamente simbólicas en la tradición mesoamericana. En Citlala las cruces reciben, además, profusas ofrendas de cadenas de panes, y conforme avanza la procesión, éstas casi desaparecen debajo de la cantidad de ofrendas que las cubren.

Las procesiones. Las cruces reciben sahumerios de copal y son llevadas en procesión por las autoridades (en Oztotempan) o por las doncellas (en Citlala). El estallido de los cohetes imita el trueno y llama la tormenta. Otros elementos rituales son cantar y bailar en los santuarios de los cerros (en Ameyaltepec, el rezandero entona las canciones y las pastoras bailan y cantan toda la noche).

La fiesta abarca además periodos de preparación ritual (abstinencia sexual, un elemento característico del culto prehispánico) y vigilias que anteceden el día de la Santa Cruz.

La fiesta de la Santa Cruz
como denominador común de la siembra

Según hemos visto, en los altares de la Santa Cruz se colocan canastas con semillas. Estas semillas se usarán en la siembra que en tierra
caliente tiene lugar a fines de junio o principios de julio. La petición
de lluvias se vincula con el ciclo agrícola, ya que la caída de las primeras aguas es la condición para poder sembrar. Por tanto, el
simbolismo más importante de la fiesta tiene que ver con la siembra
del maíz y la petición de lluvia: las ofrendas, las plegarias, los cantos
y las danzas de las pastoras; las lágrimas de las mujeres, las comidas
rituales y las peleas de los tigres están encaminados a lograr este
objetivo.

Es un hecho conocido que en el territorio montañoso de México
existe una enorme variabilidad de altitudes, climas y terrenos, y que
la siembra de temporal depende de la combinación de estos factores en una comunidad o un campo específicos. Estas fechas pueden variar de marzo a julio, según sea fría, templada o caliente la
tierra; sin embargo, la siembra ocurre generalmente entre fines de
abril y mediados de junio, mientras que la cosecha, que también
depende de esos factores, se levanta de fines de octubre a diciembre. Al respecto, en diversos trabajos (1983, 1986) he propuesto la
hipótesis de que la fiesta de la Santa Cruz como fiesta de la siembra funciona como denominador común para la siembra en las diferentes zonas geográficas. Es decir, representa una fecha fija en el
calendario actual, aunque las prácticas para sembrar varían de comunidad en comunidad en función de la altitud y los microclimas
respectivos. En la época prehispánica encontramos exactamente la
misma situación. La fiesta católica de la Santa Cruz remplazó durante la Colonia la celebración prehispánica de Huey tozoztli, la
fiesta mexica de la siembra (véase más adelante).

La petición de lluvias y el papel de los niños

Algunos rasgos de estos ritos se derivan específicamente del culto
prehispánico a la lluvia, culto que está ampliamente documentado
entre los mexicas, aunque era un rasgo común de la cultura mesoamericana (Broda, 1971, 1997). La circunstancia de que muchas ce-

remonias se desarrollan durante la noche y a la salida del sol recuerda las fiestas mexicas en honor de Tlaloc, en las cuales las víctimas se sacrificaban al amanecer.

Otro rasgo significativo es el papel destacado de los niños en la fiesta de la Santa Cruz: en Citlala las ofrendas de ropa en miniatura, llamadas *tlaquenti*, se entierran en la base de las cruces; los niños son los primeros en recibir la comida ritual; los niños asisten a la ofrenda en los pozos; etc. En la cosmovisión mesoamericana, desde el Preclásico, los niños guardaban una relación especial con la lluvia, y los sacrificios de infantes eran parte esencial de este culto; son los sacrificios humanos más antiguos que se conocen en Mesoamérica (Broda, 1971, 1983).

Según un informante de Ameyaltepec, los niños pequeños que mueren se van al cielo; "como son muy ligeros, ellos suben muy alto. Ellos traen la lluvia para *xopantla*" ("el tiempo de verdor", es decir, la estación húmeda),[33] afirmación que concuerda totalmente con la creencia mexica registrada por el cronista fray Juan de Torquemada, según la cual los niños sacrificados vivían durante la estación de lluvias "con los dioses *tlaloque* en suma gloria y celestial alegría" (Torquemada, 1969, v. II, p. 151), y desde allá mandaban la lluvia. Regresaban a la tierra al final de esta estación, cuando había madurado el maíz.[34]

El rugido del jaguar y la llegada de las lluvias

Otro elemento de la fiesta de la Santa Cruz que refuerza la petición de lluvias son las peleas de tigres, que se desarrollan en Acatlán y Citlala. Estas peleas entre jóvenes enmascarados parecen haber sido más ampliamente difundidas en antaño; hoy están documentadas en los estados de Guerrero, Morelos y Puebla (Horcasitas, 1980). Existen numerosas variantes que incluyen tanto las *Danzas de los Tecuanes* (por ejemplo, la de Coatetelco, Morelos [Maldonado, 1998]) como las dramáticas luchas ritualizadas que se escenifican en Citlala y Acatlán, Guerrero.

[33] En Ameyaltepec se dice que los niños pequeños todavía no han comido el maíz, por eso, son "limpios" y "ligeros" (Good, *Notas de campo*, 1986).

[34] Para conocer unos comentarios más amplios sobre esta interesantísima cita, véase Broda (s.f.).

El jaguar era un poderoso símbolo religioso en Mesoamérica desde los tiempos de los olmecas. Su iconografía se vinculaba con la tierra, las cuevas, la selva tropical, la oscuridad de la noche y del cielo estrellado. Los mexicas llamaban a esta deidad Tepeyollotl (el corazón del cerro) y lo representaban en los códices con la figura del jaguar. Este dios felino, que adquirió importancia desde el Preclásico en la cultura olmeca, se propagó desde la costa del Golfo hasta el centro de México y el actual estado de Guerrero. Existe una presencia iconográfica del jaguar en Teopantecuanitlan, importante sitio olmeca de Guerrero, y en las pinturas rupestres de la cueva de Oxtotitlan. Esta última cueva, que se ubica en las cercanías de Acatlán y Citlala, representa en sus pinturas a un gobernante olmeca ataviado con las insignias del felino (Grove, 1970). No muy lejos de Oxtotitlan se encuentra la Gruta de Juxtlahuaca, que alberga otro conjunto de pinturas olmecas. En ellas aparece otro personaje, tal vez un sacerdote, vistiendo la piel de jaguar, con un simbolismo sexual en alusión a un rito de fertilidad (Montero, 1998).

Las peleas de tigres que se desarrollan en la fiesta de la Santa Cruz establecen un vínculo importante con el culto prehispánico de la lluvia, los cerros, las cuevas y la tierra. El hecho de que llegue a derramarse la sangre de los contendientes refuerza el simbolismo de la fertilidad agrícola.

En este sentido, en la cosmovisión prehispánica la sangre se equiparaba a la lluvia como el vital líquido. Además, el rugido del jaguar se asociaba con el trueno. De esta manera, personificar al jaguar tiene el propósito de conjurar el trueno y la lluvia. En Olinalá, otro pueblo nahua de Guerrero, la gente cuenta que al iniciarse la temporada de lluvias escuchan "un rugido" en el pozo de la comunidad. Este pozo es "como un remolino, está en continuo movimiento como si fuera el mar". Cuando las lluvias están por terminar, se produce de nuevo un rugido similar.[35]

El "rugido" de los pozos y del jaguar, evocación de la tormenta, pertenece al mismo complejo de conceptos asociados con la noche, la humedad, la lluvia, el trueno y el mar. Es significativo que la *Danza de los Tigres* se baila en esta región de Guerrero en abril/

---

[35] Janet Long Solís, comunicación personal y notas de campo (Olinalá, 4 de octubre de 1984). Agradezco a Janet Long su lectura paciente de una versión anterior de este trabajo y sus comentarios en aquel entonces.

mayo y en septiembre/octubre (Saunders, 1984; Olivera, 1979; Suárez Jácome, 1978).

Los zopilotes, los cuervos y los vientos (yeyecame)

Otros animales relacionados con la petición de lluvias en los cerros son los zopilotes, pájaros majestuosos que vuelan alto en el aire, pero que viven también en las profundas barrancas de las montañas (véase la figura 3.5). Quizá de allí surja su asociación con los *yeyecame*, "los aires" o vientos de diferentes calidades. Los zopilotes son un desdoblamiento del viento, *ehecatl*, que barre el camino para la lluvia; estaba desde la época prehispánica íntimamente asociado con Tlaloc. En Citlala mencionan al "aire negro, amarillo, rojo y blanco" (Suárez Jácome, 1978, p. 5). En Oztotempan la gente dice que del fondo del pozo surgen los vientos de los cuatro rumbos, de calidades distintas (Sepúlveda, 1973, p. 11).

Al parecer, los cuervos también se asocian con este complejo de ideas, y de manera especial con los muertos.[36] En relación con Oztotempan, los nahuas de Oapan señalan que los pájaros llamados *tlapayehualtotomeh* y un perico silvestre también vienen de este lugar (Good, en este volumen).

Periodos calendáricos de la fiesta de la Santa Cruz

Otro rasgo sobresaliente de la fiesta de la Santa Cruz es su importancia calendárica, es decir, su ubicación en una fecha clave del ciclo agrícola. En algunas comunidades se observa una etapa de preparaciones rituales que inician nueve o 18 días antes. Por lo general, este periodo empieza el día de San Marcos (abril 25). Los ritos más importantes se desarrollan en Ameyaltepec, Citlala y Atliaca-Oztotempan en la noche del 1 al 2 de mayo, el 2 de mayo y en la noche del 2 al 3 de mayo para terminar el día 3, ya sin mucha relevancia. La misa que se suele oficiar este último día en la iglesia es poco concurrida.

[36] Véase la nota 15. En el Valle de Toluca existe la creencia de que unos "pájaros negros" se vinculan con la Alta Montaña del Nevado; estos últimos también reciben el nombre de "pájaros graniceros" (Robles, s.f.).

El día de san Marcos se vincula simbólicamente con la fiesta de la Santa Cruz y señala el inicio del periodo ritual respectivo no sólo entre los nahuas de Guerrero sino también en otras regiones indígenas de la antigua Mesoamérica.[37]

La fiesta de la Santa Cruz pertenece, de hecho, a un ciclo más amplio de fiestas íntimamente asociadas con el ciclo agrícola, de ahí que para el desarrollo de esta investigación resultara ser de particular importancia la información recopilada inicialmente en Ameyaltepec acerca de que la "ida al cerro" se repite el 15 de agosto y el 13 de septiembre.[38] El 15 de agosto, fiesta de la Asunción de la Virgen, ya no se trata de implorar la lluvia desde la cumbre de los cerros sino de darle seguimiento al ciclo del crecimiento del maíz. En agosto la planta ya es grande y requiere del trabajo de la cabada para cumplir su ciclo, mientras que en septiembre ya hay los primeros elotes. El ritual del *xilocruz* coincide con la fiesta cristiana de la Exaltación de la Santa Cruz (14 de septiembre). La cosecha tendrá lugar hasta noviembre, después del Día de Muertos.

Las fiestas de la Santa Cruz (mayo 3) y del Día de Muertos (noviembre 2) marcan los límites de la estación de lluvias y del ciclo agrícola del maíz. En Ameyaltepec la gente comenta: "Antes, las lluvias solían iniciar en mayo y algunas veces todavía llovía en noviembre, hasta los muertos".[39] En Oztotempan se efectúa otra peregrinación al santuario a fines de octubre o en noviembre, según lo fijen las autoridades; su finalidad es "agradecer por el temporal" (Sepúlveda, 1973, p. 20).

Estos datos provenientes de la región en estudio me indicaron inicialmente (Broda, 1986, 1991*a)* que la fiesta de la Santa Cruz pertenece a un ciclo calendárico arraigado en las prácticas agrícolas actuales. Las otras fechas clave son la Asunción de la Virgen (agosto 15), el *xilocruz* (septiembre 13/14), san Miguel (septiembre 29) y el Día de Muertos (noviembre 2). En posteriores investigaciones (1993, 1995, 2000, s.f.) he profundizado en el estudio de la importancia calendárica de estas fechas y en su comparación con los

---

[37] Por ejemplo, entre los chorties de Copan, Honduras, la fiesta de la Santa Cruz, precedida por la de san Marcos, tiene una importancia extraordinaria (Wisdom, 1940; Girard, 1962).

[38] Agradezco a C. Good esta información inicial, que he complementado posteriormente con otros datos.

[39] Good, *Notas de campo,* 1980.

ritos mexicas, el calendario y la astronomía prehispánica. En el último inciso de este trabajo expondremos algunas conclusiones de este estudio comparativo.[40]

LA EVIDENCIA HISTÓRICA: EL RITUAL MEXICA

A continuación veamos la evidencia histórica sobre el ritual mexica. Las extensas descripciones de las fiestas del calendario mexica son textos que equivalen a un *corpus etnográfico del pasado*[41] y que he interpretado en estos términos.[42] La reconstrucción de este material etnográfico mexica permite establecer comparaciones sistemáticas y así percibir el trasfondo histórico de los ritos actuales. En el caso de la fiesta de la Santa Cruz, conocemos mejor sus antecedentes prehispánicos, que los antecedentes cristianos implantados por los españoles en el siglo XVI y su desarrollo sincrético posterior.

La fiesta de Huey tozoztli

La fiesta mexica de IV Huey tozoztli,[43] que se celebraba a fines de abril, pertenecía al ciclo de fiestas dedicadas a los dioses de la llu-

---

[40] Paralelamente he reunido ejemplos de datos etnográficos de diversa procedencia a lo largo de estos años, lo cual me ha permitido confirmar las hipótesis desarrolladas en estas investigaciones (1991a, 1995). Sin embargo, ofrecer todos estos ejemplos rebasaría con mucho los límites del presente trabajo.

[41] Acerca de las fiestas del calendario mexica, que se celebraban en los 18 meses del año solar (véase el Apéndice "El calendario mesoamericano"), existe una riquísima documentación histórica en los relatos de los cronistas del siglo XVI. El *libro II* de la *Historia general* de Sahagún (con sus versiones en náhuatl y en español) y el *libro de los ritos* de Durán son una mina de oro sobre los ritos prehispánicos; se complementan con el relato de otros cronistas, varios textos anónimos y algunas fuentes pictográficas.

[42] En mis investigaciones sobre el ritual mexica he aplicado las técnicas del análisis antropológico a este "material etnográfico prehispánico" (1970, 1971, 1979). Mediante una metodología interdisciplinaria desarrollada en el estudio del culto prehispánico (1983, 1991a, 1991b, 1995, 1997b, s.f.) he llegado a interpretar estos datos en el contexto socioeconómico, calendárico y de la observación de la naturaleza. Este tipo de interpretaciones permiten establecer la comparación sistemática con los ritos actuales.

[43] Los números romanos se refieren a la secuencia de los meses según Sahagún,

via y del maíz (*cf.* Broda, 1971, 1979, 1983). Se componía de tres tipos de ceremonias, que se desarrollaban simultánea y complementariamente en distintos lugares de la cuenca de México, para pedir la lluvia y la fertilidad del maíz; éstas eran

a) Ritos mexicas de la siembra, que se efectuaban en el templo de Chicomecoatl, en las milpas y en los altares domésticos.
b) Ritos de petición de lluvias en el Monte Tlaloc.
c) Sacrificios en la laguna: el árbol cósmico y el sumidero Pantitlan.

El culto mexica al maíz (Tozoztontli y Huey tozoztli)

En el calendario mexica había dos meses dedicados a los ritos preparatorios para la siembra de temporal: III Tozoztontli y IV Huey tozoztli. Su nombre significaba "la pequeña y la gran velación" y parece haberse relacionado con tal aspecto agrícola durante marzo y abril. En III Tozoztontli, según fray Diego Durán,

> [...] todos salían a sembrar los llanos y las pertenencias, aunque algunos [lo] dejaban para el mes que viene [...] En este día bendecían las sementeras los labradores e iban a ellas con braseros en las manos y andaban por todas ellas echando incienso, e íbanse al lugar donde tenían el ídolo de su sementera y allí ofrecían copal y hule y comida y vino (1967, v. I, pp. 247, 249).

De acuerdo con una fuente anónima,[44] en "Totzotzintli" las mujeres nobles hacían ofrendas en las milpas, bailaban allí mismo y se emborrachaban junto con los niños y las niñas, hijos de los principales y del pueblo. Los sectores de la sociedad mexica vinculados de manera particular con el crecimiento de las milpas eran los niños, los jóvenes del *telpochcalli* y, muy en particular, las niñas, las doncellas (*ichpopochtin*) y las mujeres nobles (véanse las figuras 3.8, 3.10).

en la cual el año empezaba con I Atlcahualo el 2 de febrero (Juliano), equivalente al 12 de febrero después de la Reforma Gregoriana en 1582. Según esta corrección, III Tozoztontli corría del 24.3. al 12.4., y IV Huey tozoztli, del 13.4. al 2.5. (Broda, 1983, cuadro 2).

[44] *Costumbres de Nueva España*, 1945, p. 40.

FIGURA 3.8. *La fiesta mexica de Huey tozoztli (1): ofrendas de cañas verdes de maíz y de ocholli, el maíz para la siembra (Sahagún, Códice Florentino, libro II, fig. 13).*

Bernardino de Sahagún describe con mayor detalle los ritos dedicados a Chicomecoatl (Siete Serpiente), la diosa del sustento humano *(tonacayotl),* incluido el maíz (véanse las figuras 3.9, 3.11, 3.12). La fiesta daba inicio en Tenochtitlan con un periodo de autosacrificios de sangre que llevaban a cabo los hombres jóvenes *(telpopochtin).* En víspera de la fiesta los jóvenes recibían atole en los telpochcallis, centros educativos de los barrios. Los altares de los dioses se adornaban con juncos, unas ramas verdes llamadas *acxoyatl* y heno. En la madrugada los jóvenes y los sacerdotes *(tlamacazque)* visitaban las casas y recibían limosnas de atole de la gente. De acuerdo con Sahagún,

> [...] después de esto iban todos por los maizales y por los campos y traían cañas de maíz y otras yerbas que llamaban *mecoatl*. Con estas yerbas enramaban al dios de las mieses [es decir, la diosa Chicomecoatl (J.B.)] cuya imagen cada uno tenía en su casa, y componíanla con papeles y ponían comida delante de esta imagen, cinco chiquihuites con sus tortillas, y encima de cada *chiquihuitl* una rana asada, de cierta manera

FIGURA 3.9. *La fiesta mexica de Huey tozoztli (2): ofrendas*
a la diosa de los mantenimientos, Chicomecoatl
(Sahagún, Códice Florentino, *libro II, fig. 14).*

guisada, y también ponían delante de esta imagen un *chiquihuitl* de hari-
na de *chía* que ellos llaman *pinolli*; otro *chiquihuitl* con maíz tostado, re-
vuelto con frijoles; cortaban un cañuto de maíz verde y henchíanle de
todas aquellas viandas, tomando de cada cosa un poquito, y ponían aquel
cañuto sobre las espaldas de la rana como que le llevaba a cuestas. Esto
hacían cada uno en su casa [...]; y después, a la tarde, llevaban todas estas
comidas al cu de la diosa [...] Chicomecoatl y allí [...] lo comían todo.

En esta fiesta llevaban las mazorcas de maíz que tenían guardadas
para semilla, al *cu* de Chicomecoatl y de Cinteotl, para que allí se hiciesen benditas; llevaban las mazorcas unas muchachas vírgenes a cues-

FIGURA 3.10. *La fiesta mexica de Tozoztontli, según los* Primeros memoriales *de Sahagún (1974, lám. 1, fig. 3).*

tas, envueltas en mantas, no más de siete mazorcas cada una [...]. Cuando iban por el camino iba con ellas mucha gente, [...] y todas las iban mirando sin apartar los ojos de ellas [...]"(Sahagún, *Historia general*, libro II, 23, t.1, pp. 150-152).

En el texto náhuatl del *Códice Florentino* (libro II, 23, pp. 59-63) Sahagún añade otros detalles relevantes: a la puesta del sol la gente llevaba las matas verdes de maíz *(toctli)* al Cinteopan, el templo de Chicomecoatl, donde iniciaban unas luchas rituales atacándose mutuamente con las matas de maíz. Las mazorcas que tenían "guardadas para semilla"[45] las juntaban en manojos de siete y éstos, a su vez, eran adornados con papel rojo decorado con hule líquido;[46] eso era el *ocholli*, el maíz para la siembra[47] (véase la figura 3.8). Posteriormente, regresaban estas mazorcas a sus casas y las echa-

[45] *In cintli, xinachtli iez* (el maíz que será semilla).

[46] Los adornos de papel salpicados con *ulli* líquido eran característicos de los dioses de la lluvia y la fertilidad *(cf.* Broda, 1971).

[47] Los *ocholli* son mencionados específicamente por Durán en el contexto del mes II Tlacaxipehualiztli. Señala el cronista que eran "unos manojos de mazorcas que los indios guardaban todo el año colgados de los techos de las mismas hojas [...]

FIGURA 3.11. *La fiesta mexica de Huey tozoztli, según
los* Primeros memoriales *de Sahagún (1974, lám. 1, fig. 4).*

ban en las trojes; "decían que era el corazón de la troje, y en el
tiempo del sembrar, sacábanlas para sembrar; el maíz de ellas ser-
vía de semilla" *(op. cit.,* p. 152).

Una imagen de la diosa Chicomecoatl era compuesta en Tenochtitlan, y la gente decía que ella les daba los mantenimientos, el
sustento de la vida: "por medio de ella vivimos y estamos fuertes.
Sin ella, nos moriríamos de hambre" (véanse las figuras 3.9, 3.11). A
ella le atribuían toda la gama de alimentos *(tonacayotl);* todos los
géneros de maíz en sus diferentes etapas de desarrollo; todas las va-
riedades de frijoles, *huauhtli* y *chía* (Sahagún, *Códice Florentino,* libro II, 1950, pp. 62-63). "[...] Y por esto la hacían fiesta con ofrendas

que ellos les llaman *ocholli*". Servían para los siguientes propósitos: *a)* para preparar unas "tortillas retuertas, a manera de melcochas" que llamaban *cocolli* y se comían en la fiesta de Tlacaxipehualiztli: "de ellas hacían sartales [...] y bailaban ceñi-
dos con ellas"; *b)* se daban como limosnas a los limosneros de Xipe; *c)* se ofrendaban
en los templos; *d)* finalmente, su uso más importante era para guardarlas como
semilla para la siembra. Durán anota: "Lo cual hoy en día se usa [...] Es [...] tan
ordinario el tener manojos de mazorcas colgados en los techos, que en ninguna
casa entraran [...] que no hallen dos o tres manojos de estos colgados [...] y de
aquel han de sembrar y no de otro" (Durán, 1967, v. I, p. 243).

FIGURA 3.12. *La diosa Chicomecoatl, según Durán*
(1991, cap. XCII, p. 426).

de comida y con cantares y con bailes, y con sangre de codornices;
y [...] en las manos la ponían cañas de maíz" (Sahagún, *Historia
general,* libro II, 1956, p. 152).

En el clima frío de la cuenca de México el maíz se sembraba entre
marzo y abril, según indica correctamente Durán. De este modo, la
fecha calendárica de la fiesta de Huey tozoztli funcionaba en la época prehispánica como un denominador común para la siembra en el
ciclo de temporal, ya sea que en tierra fría ya hubiera ocurrido o que
en tierra templada y caliente se fuera a sembrar en mayo o junio.[48]

[48] Sin embargo, las ceremonias de Huey tozoztli no sólo giraban alrededor del
simbolismo del maíz para la siembra en el ciclo de temporal, sino que también se

El culto a los cerros

El maíz se planta en todas las altitudes después de las primeras lluvias. La fiesta de Huey tozoztli coincidía así con la petición de lluvias en la temporada más seca del año y con la anticipación de la llegada de éstas. De acuerdo con la cosmovisión prehispánica, se creía que los cerros eran los lugares donde se almacenaba la lluvia, para ser liberada por los *tlaloque* (los dioses de la lluvia) al inicio de la estación húmeda. Los cerros, que se concebían como huecos en su interior, repletos de cuevas, eran imaginados como grandes trojes que contenían toda clase de riquezas y plantas alimenticias, sobre todo, maíz.

Los mismos conceptos estaban presentes en el Templo Mayor de Tenochtitlan. Según he argumentado en mi estudio de las ofrendas enterradas al pie de este templo principal (1987), los hallazgos arqueológicos evidencian que el culto a los cerros, el agua y la tierra, dedicado a las deidades de Tlaloc y Tepeyollotl (el corazón del cerro), jugaba un papel fundamental en la religión mexica. La pirámide de Tlaloc en el Templo Mayor era la recreación mítica de la original "Montaña de Nuestro Sustento", el Tonacatepetl.

De acuerdo con varios mitos mexicas, los dioses de la lluvia eran los dueños originales del maíz. Para obtenerlo, los hombres debían establecer un contrato con los dioses. Los sacrificios humanos (*nextlahualli*, la deuda pagada), particularmente los sacrificios de niños, representaban este contrato, mediante el cual se obtenía el sustento de la vida. Los sacrificios se acompañaban de una exuberante gama de ofrendas que reforzaban la eficacia mágica de los ritos (Broda, 1971, pp. 256, 260, 320-325).

En Huey tozoztli terminaba el importante ciclo de los sacrificios de niños, iniciado desde febrero, o incluso antes, hasta abril, "para que los *tlaloque* diesen el agua" (Sahagún, *Códice Florentino*, libro II, 1950, 3, p. 5). Se celebraba la gran fiesta de Tlaloc en el cerro del

usaban matas verdes (*toctli*) en las ceremonias. Según mi interpretación (Broda, 1983), se trata de matas procedentes de los campos de regadío que se usaban para reforzar el buen enlace del ciclo de temporal. El crecimiento del maíz en los campos de regadío de la cuenca de México se veía como la garantía para el buen crecimiento del maíz de temporal, y mediante los ritos se deseaba garantizar que de manera análoga creciera también aquel maíz que apenas se iba a sembrar. En términos de la cosmovisión, el ciclo básico era, definitivamente, el de temporal.

mismo nombre donde acudían los supremos gobernantes de la Triple Alianza con su nobleza para sacrificar a uno o varios niños varones en lo alto de la montaña. El cronista Diego Durán describe estos ritos y señala que se encaminaban a "pedir un año fértil, porque el maíz que habían sembrado ya empezó a germinar" (Durán, 1967, v. I, p. 83). De acuerdo con el cronista de Tetzcoco Juan Bautista Pomar, la estatua del dios Tlaloc que se encontraba en la cumbre del cerro del mismo nombre tenía en su cabeza un recipiente con semillas de toda clase, como maíz, frijoles, *chía, huauhtli, michihuauhtli* y chile. Este conjunto de semillas "se renovaba todos los años en cierta fecha [...] acompañado de sacrificios de niños" (Pomar, 1941, p. 15).[49]

El culto a la laguna: el árbol cósmico y los ritos en Pantitlan

Según anotamos, la fiesta mexica de Huey tozoztli consistía en a) el culto del maíz y de la diosa Chicomecoatl, b) los ritos de petición de lluvia efectuados en el Monte Tlaloc, y c) un tercer aspecto dedicado al culto de la laguna. A estos últimos ritos nos referiremos a continuación.

Según el cronista Durán, varios días antes de la fiesta de Huey tozoztli los sacerdotes y los jóvenes traían un árbol del Monte de Culhuacan (es decir, el Cerro de la Estrella), "el más alto, hermoso y coposo que podían hallar y el más derecho y grueso" (1967, I, p. 87). Por nombre le ponían *tota* (Nuestro Padre). Este árbol era llevado al Templo Mayor, "donde en el patio del templo delante del oratorio de [...] Tlaloc [ponían un bosque pequeño con] muchos matorrales, montecillos, ramas y peñasquillos que parecía cosa natural" (*op. cit.*, p. 86). En medio de aquel bosque hincaban el árbol grande y, rodeándolo, otros cuatro pequeños que se conectaban con él por medio de "unas sogas de paja torcida [...] con muchas borlas colgadas a trechos, hechas del mismo esparto o paja" (*op. cit.*, p. 87).

En este bosquecillo, al pie del gran árbol, los sacerdotes rendían culto a una niña de siete u ocho años vestida de azul que representaba a la laguna (es decir, a la diosa Chalchiuhtlicue). Después

---

[49] *Cf.* el análisis de estos ritos en mis estudios anteriores (Broda, 1971, 1979, 1983, 1991*a*).

llevaban a la niña, junto con el enorme árbol, en procesión a la laguna, y embarcándose en canoas remaban hasta el Pantitlan, el sumidero de la laguna que era uno de los lugares más importantes del culto a Tlaloc y su consorte Chalchiuhtlicue. Este lugar temible estaba cercado por unas banderas[50] y por los troncos de los árboles *tota* que cada año se hincaban alrededor del sumidero en el fondo de la laguna. Los sacerdotes clavaban el árbol en el cieno, junto al ojo de agua, degollaban a la niña y lanzaban su cuerpo al sumidero rociando la sangre en el agua. Después se arrojaban ofrendas de piedras preciosas en el remolino (Durán, *op. cit.*, p. 88; Broda, 1971, pp. 279-281).

Mientras que el sacrificio de la niña estaba dedicado a la laguna, el árbol, al parecer, simbolizaba el árbol cósmico.[51] Las sogas de zacate torcido colgadas de él recuerdan el *malinalli*, que, según López Austin (1994, pp. 84-85, 225-229), representaba la vía de comunicación entre el cielo, la tierra y el inframundo, es decir, el eje cósmico.

El Pantitlan era para los mexicas la entrada al inframundo; creían que las aguas subterráneas conectaban con el mar, el cual, como símbolo absoluto de la fertilidad, pertenecía al inframundo, que rodeaba la tierra.

Análisis de algunos aspectos clave del ritual prehispánico

Obviamente, hoy no se trata de los mismos ritos que en el culto mexica. Sin embargo, existen una serie de similitudes estructurales que en seguida trataremos de delinear.

Características generales del culto mexica

Entre estas similitudes figuran numerosos elementos formales: la importancia de las ofrendas de comida (se trata de los alimentos ancestrales mesoamericanos: tamales, tortillas, mole, atole, etc.); la

---

[50] De allí el nombre del sumidero como *Pantitlan* (el lugar de las banderas) (Sahagún, *Códice Florentino*, libro I, 1950, p. 21).

[51] Véanse las investigaciones de Heyden (1983), López Austin (1980, 1994) y Florescano (1995), quienes han tratado el tema del árbol cósmico.

importancia simbólica de las flores, las plantas y, específicamente, el maíz; el copal; el profuso uso de adornos y atavíos de los participantes; las procesiones, los cantos, la música y la danza; las peregrinaciones; los periodos de preparación ritual y de abstinencia sexual; ritos en la noche y al amanecer, que formaban parte del culto a los cerros y a la lluvia; ofrendas hacia los cuatro rumbos y hacia el sol naciente; el intercambio ritual de comida; los convites; la participación social diferenciada en los ritos; las jerarquías de funcionarios o sacerdotes encargados de los ritos, etcétera (*cf.* Broda, 1978, 1979).

En la sociedad prehispánica el culto público del Estado tenía múltiples nexos sociales, económicos, y políticos y el ritual calendárico alcanzó un desarrollo exuberante. Estos ritos anuales —las 18 fiestas de los meses— se fundaban en la observación de la naturaleza, en un íntimo vínculo con los ciclos naturales y agrícolas, y expresaban los conceptos míticos de la cosmovisión (Broda, 1983, 1987, 1991*a*, 1991*b*).

El simbolismo del maíz

Los ciclos básicos del ritual mexica giraban alrededor de la petición de lluvias (culto a Tlaloc) y del culto al maíz. Los ritos se encaminaban a pedir la lluvia necesaria para el cumplimiento del ciclo agrícola. La tierra era una deidad benéfica y destructora a la vez. El maíz era la planta sagrada cuyas diferentes etapas de crecimiento se celebraban en el culto. A las diferentes partes de la planta del maíz, paralelamente a sus usos agrícolas, les correspondían advocaciones rituales: la mata de maíz antes que espigue (*toctli*); la caña con las hojas verdes (*ohuatl*); el jilote (*xilotl*); el elote (*elotl*); la mazorca (*cintli*); el olote (*olotl*), es decir el corazón de la mazorca, y, finalmente, el *tlaolli*, maíz seco ya desgranado. El *ocholli* era los racimos de mazorcas secas que se colgaban de los techos para la siembra y *xinachtli* quiere decir semilla en general (Molina, 1970; Broda, s.f., cap. 3).

Las diferentes etapas del crecimiento del maíz se identificaban con diferentes deidades. En los ritos de la siembra (Tozoztontli, Huey tozoztli) correspondientes a abril/mayo se invocaba a Chicomecoatl (Siete Serpiente), la diosa de los mantenimientos en general (*tonacayotl*) (véanse las figuras 3.9, 3.12).

En el momento de producirse la fertilización del maíz (VIII Huey tecuilhuitl, a fines de junio/principios de julio) se festejaba a Xilonen, la diosa del jilote, asociada en un claro simbolismo sexual con el joven dios solar Piltzintecuhtli-Xochipilli y con Xochiquetzal, la diosa del amor. Las doncellas que hacían su servicio en el templo bailaban con el cabello suelto, en analogía al cabello del maíz (los tubos polínicos) que fertiliza al jilote.

Cuando ya había elotes (XI Ochpaniztli, correspondiente a septiembre), de nuevo se rendía culto a Chicomecoatl y a la diosa madre Toci. Finalmente, en el invierno (XVII Tititl, fines de diciembre/principios de enero), después de la cosecha se festejaba a Ilamatecuhtli, la diosa vieja, relacionada con la tierra y con la mazorca seca (Broda, s.f., caps. 3, 4).

Los niños, las doncellas, las mujeres y el culto al maíz

En el calendario de fiestas mexicas existía una clara asociación entre el maíz y las mujeres (doncellas-mujeres maduras), simbolizada a través de las fases del crecimiento de la mazorca. Sin embargo, por otro lado, el ciclo agrícola también se vinculaba conceptualmente con los sacrificios de niños que se hacían durante los meses de mayor sequía.

De acuerdo con la cosmovisión mexica, los niños al ser sacrificados en los cerros se incorporaban al Tlalocan, el espacio en el interior de la tierra, donde en la estación de lluvias germinaba el maíz. Los infantes sacrificados se identificaban no sólo con los *tlaloque,* sino también con el maíz que apenas iba a sembrarse. En cierta forma, los niños eran el maíz. Los niños muertos desempeñaban un papel activo en el proceso de la maduración de las mazorcas, y desde los cerros (es decir, el Tlalocan) regresaban a la tierra en el momento de la cosecha, al término de la estación de lluvias, cuando el maíz ya estaba maduro (¡los niños eran las mazorcas!) (Torquemada, 1969, II, p. 151; Broda, s.f.).

En Mesoamérica los sacrificios infantiles son los más antiguos en la documentación arqueológica. También son los sacrificios humanos que aparentemente se siguieron practicando de manera clandestina en momentos de crisis hasta hace pocos años. Hay noticias de fines del siglo pasado acerca de ello en el Cerro Tlaloc (Wicke y Horcasitas, 1957, p. 86), así como en la cueva del Cerro Cruzco en

Citlala (Suárez Jácome, 1978, p. 5). Sin embargo, más importante que estas aisladas prácticas son todos los elementos que asocian simbólicamente a los niños con los ritos de la Santa Cruz.

Además de los niños, destaca el papel de las mujeres en los ritos actuales: las doncellas *(ichpopochtzin)* son las "pastoras" que bailan y cantan en la fiesta. Una viuda encabeza el grupo de las pastoras.[52] Las esposas de los oficiales preparan la comida para la ofrenda. Las mujeres "chillan" *(tzatzia)* y lloran para implorar la lluvia. Entre los mexicas las doncellas y las mujeres tenían una relación especial con el culto al maíz, relación que hasta hoy se conserva. En la etnografía del Alto Balsas es muy explícita la analogía entre las muchachas, las mujeres y las mazorcas. La Virgen también cuida el maíz. Dicen que esta planta es como una muchacha y que los cabellos del jilote *(ixilo)* son como el cabello de las mujeres. La milpa es una mujer.[53] Estos conceptos actuales denotan su raigambre prehispánica.

El simbolismo de IV Huey tozoztli:
el cielo, el inframundo y el árbol cósmico

Según hemos visto, los ritos mexicas de la siembra se efectuaban en el templo de Chicomecoatl, en las milpas y en los altares domésticos. Sin embargo, este simbolismo se entrelazaba con la fiesta del Monte Tlaloc (el culto a los cerros y los sacrificios de niños para pedir lluvias) por un lado, y con los sacrificios en la laguna, por otro. Mientras que el ascenso al Monte Tlaloc podría haber simbolizado el ascenso al cielo, el sumidero de la laguna, el Pantitlan, se concebía como la entrada al inframundo. Allí, los sacerdotes mexicas hincaban el árbol *tota* en analogía con el eje cósmico que establecía la comunicación entre el cielo, la tierra y las aguas del inframundo. Podría ser significativo que este eje cósmico se activaba en la fiesta que marcaba el paso de la estación seca a la estación de lluvias, atribuyéndole así un complejo significado cosmológico a esta fecha clave del ciclo agrícola.

[52] En relación con las doncellas, por un lado, y las viudas, por otro, parece aludirse ritualmente a su estado antes y después de la vida sexual activa.
[53] Good, en este volumen.

Cabe la posibilidad de pensar que el simbolismo prehispánico del árbol cósmico se retomó y elaboró con nuevos elementos después de la Conquista por medio del simbolismo de la cruz cristiana. Para que se gestara esta reelaboración simbólica, quizá lo que influyó fue una analogía con la situación en Europa, donde a principios de mayo también se rendía culto a los árboles como símbolos del verdor y del crecimiento de la vegetación.

En Mesoamérica existía el símbolo cruciforme del "árbol de la vida". Posiblemente por eso en el siglo XVI los indios adoptaron la cruz cristiana bajo el nombre de *tonacaquahuitl* (el árbol de nuestro sustento). Entre los nahuas de Guerrero encontramos en la actualidad la noción de la "Santa Cruz de nuestros mantenimientos". En Xalitla algunas "cruces de mayo" tienen pintados los alimentos básicos, "nuestro sustento" *(tonacayotl)*. Por último, también se hacen cruces de una sola pieza con las ramas de cierto tipo de árboles (Celestino, 1997).

Esta relación entre cruces y árboles también está documentada entre los nahuas del Valle de Toluca en Xalatlaco (González, 1997, pp. 332-333) y en Texcaliacac (Albores, 1997), así como entre los otomíes del Valle del Mezquital (Sánchez, 1998). Valdría la pena explorar más esta interesante asociación de conceptos cosmológicos y documentar el proceso histórico que produjo tal sincretismo.

*El culto a los cerros y al paisaje ritual de la cuenca
de México (la evidencia arqueológica)*

Este culto era fundamental en los ritos prehispánicos de la petición de lluvias y de la fertilidad agrícola. Los cerros en cuyas cumbres se engendran las nubes portadoras de la lluvia eran invocados para solicitar las aguas que se necesitaban para el crecimiento de las milpas. Cerros, lluvia y maíz formaban una unidad conceptual en la cosmovisión y en el ritual prehispánicos. Estos cultos agrícolas son de vieja raigambre y sus raíces se pierden en el pasado más remoto; han sobrevivido la Conquista, fueron reelaborados de mil formas y, aunque de manera fragmentada, encontramos su importancia en los ritos actuales de la Santa Cruz. Por esto, entre los pueblos del Alto Balsas el ritual de petición de lluvias se llama *yalo tepetl* (la ida al cerro).

Además de los datos contenidos en las crónicas del siglo XVI, existe una abundante evidencia arqueológica que confirma el culto prehispánico a los cerros. En la cuenca de México el Monte Tlaloc era el santuario mexica más importante que se ha conservado en Alta Montaña (Iwaniszewski, 1994; Morante, 1997). Sus imponentes restos —un recinto a 4 120 m de altitud— tienen además una asombrosa orientación astronómica: es el punto adecuado de observación para ver salir el sol en un alineamiento de 15.5° detrás del perfil de la Malinche y el Pico de Orizaba (que desde allí se encuentran alineados sobre el horizonte). Esto ocurre durante los últimos cinco días (los *nemontemi)* que precedían al inicio del año mexica, el 12 de febrero (Morante, 1997, pp. 118-122).

Aparte del Cerro Tlaloc, se conocen en las faldas del Iztaccíhuatl y del Popocatépetl varios otros sitios arqueológicos de Alta Montaña que datan de la época mexica, tolteca o, quizá, teotihuacana (Lorenzo, 1986; Iwaniszewski, 1986*a,* 1986*b;* Montero, 1998). Sin embargo, había también numerosos otros lugares de culto en los demás cerros de la cuenca que configuraban lo que he llamado el "paisaje ritual mexica".[54]

Datos etnográficos sobre meteorología indígena:
los graniceros *o* tiemperos[55]

Existe una rica evidencia etnográfica actual sobre las prácticas rituales del culto a los volcanes Iztaccíhuatl *(Doña Rosita)* y Popocatépetl *(Don Gregorio)* (Glockner, 1996). Los sitios arqueológicos en las faldas de los volcanes muestran vestigios de uso durante la Colonia, según indican fuentes como Durán (1967), Ruiz de Alarcón (1987) y Jacinto de la Serna (1987), que nos hablan de ceremonias de petición de lluvias practicadas clandestinamente en santuarios en los cerros después de la Conquista. Estas ceremonias, que subsisten hasta ahora, son ejecutadas por los *graniceros* o *tiemperos,* es-

[54] Me remito a las publicaciones que he hecho sobre este tema (Broda, 1982*a,* 1987, 1991*a,* 1991*b,* 1993, 1996, 1997*a,* 1997*b*).

[55] *Graniceros,* en el sentido de "los que atajan el granizo", o *tiemperos,* "los que interpretan e influyen sobre el tiempo y la meteorología". Existen en la actualidad numerosos nombres nahuas para estos especialistas, que se reseñan en Albores y Broda (eds., 1997).

pecialistas indígenas cuya tarea es proteger a sus comunidades de las tormentas, los rayos, el granizo, el exceso de lluvia, etc. Cada corporación tiene su cueva sagrada o "templo" y cada granicero posee una cruz pintada de azul.

De acuerdo con los datos recopilados por Guillermo Bonfil (1968), los graniceros de la región de Amecameca usan las cuevas sagradas de Alcaleca en el Iztaccíhuatl y la "Cueva de las Cruces" *(Canoahtitla)* con vistas hacia el Popocatépetl. Allí invocan a "las cruces", a los "aires",[56] a los vientos, al rayo y a los dueños de los manantiales y de las cuevas. Ellos piensan que el granizo y las lluvias se almacenan en la cueva de Alcaleca; por eso, allí ejecutan un ritual para atraer las lluvias (Bonfil, *op. cit.,* pp. 110-115).

La Cueva de las Cruces tiene 19 cruces de madera pintadas de azul. Dos veces al año los graniceros acuden allí: el 4 de mayo y el 4 de noviembre. La finalidad de la ceremonia de mayo es pedir la lluvia, mientras que en noviembre se trata de dar las gracias por la terminación de la estación húmeda. Durante estos ritos las cruces se adornan ricamente con flores naturales (como, por ejemplo, la *cacaloxochitl [cf.* la nota 7]), flores y coronas de papel picado, listones de colores, etc. Se encienden velas, se quema copal y los miembros de la corporación cantan y bailan frente a la cueva. Como parte de los ritos en mayo, pequeños pedazos de papel de diferentes colores y pétalos de flores se lanzan al exterior en un acto que simula la llegada de las lluvias.[57] Después vienen las ofrendas de comida (mole, tortillas, frutas, panes, café y licor) a las cruces, y finalmente, los graniceros congregados consumen una comida ritual afuera de la cueva. Lo que sobra de esta comida se lo llevan a casa.

Un participante anciano indicó que antes solían hacer vigilias que duraban toda la noche. Otra ceremonia similar se repite el 4 de noviembre, diferenciándose sólo por la variación estacional de las ofrendas (Bonfil, 1968, pp. 116-120).

[56] Los "aires" son entidades complejas relacionadas con el viento, el frío, la humedad, las cuevas, las barrancas y los cerros, cuyos antecedentes prehispánicos son los *tlaloque,* los servidores del dios de la lluvia (Tlaloc), y los *ehecatontin,* los "vientecillos" ayudantes del dios Ehecatl-Quetzalcoatl. Los *ehecatontin* corresponden a los *yeyecame* de los nahuas de Guerrero que hemos mencionado en el presente trabajo *(cf.* Albores y Broda [eds.], 1997; Maldonado, 1998).

[57] En los ritos de Oztotempan hemos mencionado un ritual análogo.

Entre las actividades de los graniceros o tiemperos de otras regiones aledañas, la petición de lluvias en la Santa Cruz y el agradecimiento por el temporal a principios de noviembre figuran entre sus principales obligaciones (Glockner, 1996; Albores y Broda [eds.], 1997).

Entre los nahuas de San Mateo Texcaliacac, Valle de Toluca, estas ceremonias se llaman explícitamente "abrir y cerrar el temporal". Los graniceros de aquella región suben en ambas fechas al Cerro Olotepec ("el Cerro del Olote").[58] En la cumbre de este antiguo volcán, con su cráter cubierto de vegetación, se encuentra el altar "Tres Cruces", con vista al Nevado de Toluca.[59] A este lugar suben los graniceros el día 2 de mayo "para abrir el temporal". Visten las tres cruces que se encuentran allí, colocan ofrendas y después, a un costado del altar, comparten una comida ritual.

A continuación visitan otros lugares sagrados en la cumbre del Cerro Olotepec. En un sitio con una formación peculiar de rocas, llamado "la Compuerta", realizan un rito para pronosticar el temporal. Se asoman a las piedras del abrigo rocoso y allí escuchan; de lo que oyen, predicen el temporal del año venidero.

Después bajan al fondo del cráter, donde se encuentra "el Toro", una gran piedra de brillo metálico donde depositan ofrendas, y se dirigen hacia otra roca llamada "el Pez". Según la creencia, antiguamente el fondo del cráter estaba lleno de agua; era un lago que conectaba con el mar.[60]

Los graniceros suben a estos lugares sagrados de culto a la naturaleza el 2 de mayo, el 14 de agosto y el 2 de noviembre, tres fechas

[58] Agradezco a Beatriz Albores la oportunidad de visitar el Olotepec, el 2 de noviembre de 1991, en compañía de don Carlos, granicero de Texcaliacac. B. Albores generosamente ha compartido conmigo estos datos, que forman parte de su propia investigación (véase Albores, 1997, 1998).

[59] El altar se ubica sobre una plaza artificial aplanada, con una orientación de entre 14°-15° que corresponde, precisamente, a las cuatro fechas investigadas en el presente estudio. Sobre este eje se puede observar la salida del sol el 30 de abril y el 13 de agosto (acimut 76°), y la puesta del sol el 30 de octubre y el 12 de febrero (acimut 256°). Es posible que esta plaza se encuentre situada sobre los vestigios de una estructura prehispánica. El altar mismo se halla desviado de este eje con 7° (acimut 97°), lo que corresponde a una orientación hacia la salida del sol a principios de marzo y de septiembre, respectivamente (medición con brújula, J. Broda, 2.11, 1991).

[60] Información de don Carlos. Véanse otros ejemplos de esta imagen de lagunas en lo alto de los cerros en Broda (1991a, pp. 481-487) y en Robles (s.f.).

fijas que marcan el inicio, apogeo y fin de la estación de lluvias, así como el ciclo agrícola de temporal (Albores, 1997, 1998; Broda, 1995). El 2 de mayo se entierran botellas con agua para pedir lluvia, mientras que el 14 de agosto las ofrendas incluyen cañas frescas de maíz.

Las mismas fechas se confirman en los ritos de otros santuarios de culto a los cerros y al agua, que abarcan prácticamente toda el área de Mesoamérica (desde la cuenca de México, el Valle de Toluca, el Altiplano central y Guerrero hasta Yucatán, Chiapas y Guatemala). Estos datos nos permiten situar los ritos de petición de lluvias que hemos estudiado en el caso de los nahuas de Guerrero en un contexto más amplio, determinado por sus fechas calendáricas en los ciclos estacional y agrícola.

LA IMPORTANCIA CALENDÁRICA
DE LA FIESTA DE LA SANTA CRUZ

La fecha del 2-3 de mayo

A lo largo de este estudio hemos presentado detallados datos etnográficos e históricos sobre ritos que se vinculan con el periodo de fines de abril y comienzos de mayo. El contenido de estos ritos, es decir, el tipo de ceremonias, los lugares y la temporalidad de su desarrollo, la participación de los grupos sociales, etc., denotan claramente que giran alrededor de la fertilidad agrícola (la siembra y el crecimiento de la planta del maíz) así como a la petición de lluvia en la estación más calurosa del año. Tales características se aplican tanto a la fiesta de la Santa Cruz celebrada en la actualidad como a los ritos prehispánicos reconstruidos a partir de los cronistas.

Una hipótesis que surge a partir del presente estudio se refiere a la *fecha calendárica* de la fiesta de la Santa Cruz: el periodo de fines de abril y principios de mayo ha sido históricamente uno de los principales momentos del año, debido a la coincidencia de una serie de fenómenos que parecen haber influido en la elaboración del calendario prehispánico en tiempos remotos y que hasta hoy mantienen su vigencia. Se trata de los siguientes factores:

a) El ciclo agrícola: según hemos señalado, la fiesta de la Santa Cruz constituye un "denominador común" para la siembra en las diferentes regiones de la antigua Mesoamérica, a pesar de las variaciones geográficas locales.

b) Fenómenos climatológicos: se trata del periodo de calor más intenso, que se presenta antes de que lleguen las lluvias; por ende, la importancia de la petición de lluvias.

c) Fenómenos solares: el primer paso del sol por el cenit que, dependiendo de la latitud geográfica, ocurre entre el 30 de abril (latitud 15°N, sitios arqueológicos de Izapa y Copan) y el 17 de mayo (latitud 19°30´N de Tenochtitlan; latitud 19°40´N de Teotihuacan) *(cf.* Tichy, 1991; Broda, 1996*b).* En las latitudes del trópico el primer paso del sol por el cenit marca el máximo grado de calor del año y se vincula, causalmente, con el inicio de la estación de lluvias.

d) La coincidencia de otros fenómenos astronómicos con el calendario solar: la desaparición anual de las Pléyades (Broda, 1982*a);* ciertos fenómenos del ciclo de Venus como los máximos extremos norte de su salida como estrella de la tarde, que no se presentan cada año (Closs, Aveni y Crowley, 1984; Sprajc, 1996*a,* 1996*b).* La coincidencia de estos sucesos en el periodo de fines de abril y principios de mayo reforzaba el simbolismo cosmológico de la fertilidad agrícola tan crucial en esta época. En el México prehispánico se le atribuía primordial importancia a la observación del planeta Venus, que se vinculaba estrechamente con la fertilidad, la lluvia y el maíz, así como con el calendario. Entre las constelaciones, las Pléyades o Cabrillas *(miec* o *tianquiztli* en náhuatl) también se asociaron íntimamente con este complejo ceremonial.

En las latitudes tropicales de Mesoamérica hay un reconocimiento temprano de la interdependencia causal de los fenómenos solares, de Venus, de las Pléyades, del clima y del ciclo agrícola. El interés por establecer estas concordancias fue probablemente una de las fuerzas motrices para la creación del calendario. El hecho es que las fechas estudiadas en el presente trabajo se reflejan en la simetría interna del calendario prehispánico y en su proyección material en la orientación de templos y sitios arqueológicos, tema este último que ha sido abordado en años recientes por la arqueoastronomía (Broda, 1993). Los días entre el 30 de abril y el 3 de mayo corresponden al grupo de orientaciones de edificios y asentamientos con un acimut[61] de 15°-16°. Se trata de un principio básico de orientación en la arquitectura mesoamericana; las cuatro fechas del año que corresponden a esta orientación tenían la misma importancia que las de los solsticios, los equinoccios y el paso del sol por el cenit; estas fechas son las de abril 30, agosto 13, octubre 30 y febrero 12.[62]

La simetría interna del calendario mesoamericano y la orientación de 15°30'

Este alineamiento ha sido estudiado, si bien en otros contextos, por numerosos investigadores, y aquí nos llevaría demasiado lejos explicar en detalle estas indagaciones.[63] No sólo es una de las orientaciones más frecuentes que encontramos tanto en el Altiplano central como en el resto de Mesoamérica, sino que es la orientación que subyace en la planeación de la gran ciudad de Teotihuacan. Por esto ha sido llamada "la orientación de Teotihuacan" (cf. Aveni, 1991).[64] La Pirámide del Sol está orientada con 285°30' hacia donde se pone el sol sobre el horizonte los días 30 de abril y 13 de agosto.[65] La Calzada de los Muertos parte en ángulo recto de la Pirámide del Sol, y ambas determinan así la orientación básica de la gran metrópoli, que es de 15°30' (Aveni, 1991, figura 68).

Los intervalos entre las fechas 30 de abril-12 de agosto y 13 de agosto-29 de abril (correspondientes a la orientación 15°30') eran de 105 y 260 días, respectivamente. Se trata de dos ciclos fijos de días ajustados de modo perfecto en el año solar.[66] Este ciclo fijo

[61] El acimut se cuenta desde el Norte en dirección de las manecillas del reloj (0°-360°). Para mayor detalle sobre estas mediciones véanse Aveni, 1991, capítulos 3 y 5; Tichy, 1991; Galindo, 1994.

[62] Para consultar los datos básicos referentes al calendario prehispánico, véase el Apéndice.

[63] Cf. Broda, 1993, 2000; Morante, 1993, 1995, 1996; Aveni, 1980; Iwaniszewski, 1991; Galindo, 1990, 1994; Tichy, 1991; Malmstrom, 1978, 1997.

[64] En Teotihuacan se encuentra además la orientación de 16°30'; algunos autores hablan de "la orientación de Teotihuacan" con referencia al acimut de 17° (Aveni, 1991; Tichy, 1982, 1991). Sin embargo, se trata de dos alineamientos diferentes, y no incluimos el acimut de 17° en el presente estudio porque implica fechas divergentes (Broda, 2000).

[65] Cf. Drucker, 1977; Millon, 1992, p. 387; Morante, 1996; Broda, 2000.

[66] Otra particularidad es que estas fechas caen 52 días antes y después del solsticio de verano. Estos 52 días parecen haber sido periodos calendáricos signifi-

de 260 días no debe confundirse con el calendario ritual de 260 días (el *tonalpohualli)*, que se combinaba con el año vago de 365 días (el *xiuhpohualli)* en ciclos permanentemente entrelazados para formar la rueda calendárica de los 52 años (véase el Apéndice).

A la orientación de 15°30' le corresponden cuatro acimuts del ciclo anual, de 74°30', 105°30', 254°30' y 285°30', respectivamente. Dos de estos acimuts pertenecen a la salida y dos a la puesta del sol. El acimut de 105°30´ marca las salidas del astro el 12 de febrero y el 30 de octubre, y el de 74°30', las del 30 de abril y 13 de agosto; así, mientras el acimut de 285°30' pertenece a las puestas de sol del 30 de abril y 13 de agosto, el acimut de 254°30' pertenece al ocaso solar del 30 de octubre y 12 de febrero.

Según he argumentado ya con anterioridad (1993, 1995, 2000), estas cuatro fechas correspondían a cuatro fiestas del ciclo agrícola anual que tenían en la cultura mexica importantes connotaciones socioeconómicas y cosmológicas: *1)* el 12 de febrero era el día inicial del año mexica, de acuerdo con nuestra mejor fuente histórica: fray Bernardino de Sahagún (1956, v. 2, p. 274); *2)* el 30 de abril, según hemos comentado ampliamente aquí, correspondía a Huey tozoztli, la fiesta mexica de la siembra y de la petición de lluvias; *3)* sucede, por otra parte, que el 13 de agosto era el día inicial de la Cuenta Larga de los mayas, según ha señalado insistentemente Malmstrom (1978, 1997). Parece no tratarse de una mera coincidencia que esta fecha de enorme importancia cosmológica para los mayas clásicos coincida así con una de las cuatro fechas de la orientación de 15°30'. Finalmente, *4)* el 30 de octubre marcaba el fin del ciclo agrícola y el inicio de la cosecha en el culto mexica (Broda, 1983).

A partir de estas evidencias he propuesto que estas cuatro fechas eran fundamentales en términos de la estructura interna y la simetría del calendario solar mesoamericano, así como de los ritos basados en él; se dividía el año en cuatro partes simétricas (subdivisiones fijas de 260 + 105 [52 + 53] = 365 días), circunstancia que era significativa para los mexicas. Esta peculiar subdivisión calendárica parece haberse originado en el Preclásico. Después, fue particularmente relevante en Teotihuacan, de donde fue transmitida a las culturas del Clásico y del Posclásico. Sin embargo, otra cir-

cativos, según fue notado por Drucker (1977) y Tichy (1983, 1991) con anterioridad, y estudiado más recientemente por Morante (1993, 1995, 1996).

cunstancia de especial interés respecto a estas fechas es cuán importantes eran para la estructura interna del calendario solar prehispánico, que aún puede ser percibida, en cierto modo, en el calendario agrícola de fiestas de las comunidades indígenas tradicionales de México. Las fiestas del santoral católico, conspicuas en términos sincréticos, que han sido mencionadas en el presente estudio son éstas: 1) la de la Virgen de la Candelaria, el 2 de febrero;[67] 2) la de la Santa Cruz (el 3 de mayo), cuya celebración se inicia muchas veces el 25 de abril, día de san Marcos; 3) la de la Asunción de la Virgen (el 15 de agosto), fiesta católica muy importante que también ha sido abordada en este trabajo, y, finalmente, 4) el 30 de octubre o, más bien, el 1 y 2 de noviembre, correspondientes al Día de Todos Santos y al Día de Muertos, forman parte de otra fiesta sincrética de enorme importancia actual que reúne en sí una gran variedad de ritos tradicionales.

Estas cuatro fiestas constituyen el marco fundamental para la celebración de los ritos agrícolas en las comunidades indígenas tradicionales, ceremonias complejas que muestran grandes variaciones de una región a otra en sus detalles; empero, se trata de variaciones dentro de un simbolismo básico que conserva muchos elementos de la cosmovisión prehispánica. Tales ritos giran alrededor del maíz, la lluvia y los cerros, y se vinculan estrechamente con conceptos aún vigentes de paisajes rituales. Existe una considerable evidencia etnográfica acerca de estas fiestas, ritos, ofrendas, etc., susceptible de ser estudiada mediante el enfoque aquí planteado.

REFLEXIONES FINALES

El ritual es el medio a través del cual la sociedad toma posesión del paisaje simbólico y trata de incidir sobre los ciclos de la naturaleza. El ritual establece el vínculo entre los conceptos abstractos de

---

[67] Se trata de la única de las cuatro fiestas que corresponde más bien a la fecha Juliana original dada por Sahagún, en este caso la del inicio del año mexica (1956, vol. 2, p. 274). Puesto que Sahagún reunió sus datos antes de la Reforma Gregoriana en 1582, deben añadirse después de la Reforma 10 días a las fechas Julianas. Así, la fecha Gregoriana del inicio del año mexica cae en el 12 de febrero. Sin embargo, ¡la importante fiesta cristiana sigue siendo, en este caso, el 2 de febrero y no el 12 de febrero!

la "cosmovisión" y los actores humanos. Es el proceso concreto por medio del cual el mito es transformado en realidad social.

Hemos investigado en este trabajo la importancia del culto como eje articulador entre el calendario, las fechas festivas, las estaciones y los ciclos agrícolas. Hemos argumentado que para apreciar la riqueza etnográfica de la fiesta actual de la Santa Cruz es útil hacer la interpretación a partir de la realidad prehispánica, cuando cosmovisión y ritual indígenas formaban parte de un sistema autóctono y coherente. Sobrevive la Conquista sólo la visión campesina, aldeana, no la de los grandes centros urbanos prehispánicos. El culto estatal y la especulación de la clase sacerdotal mexica acerca de las leyes del cosmos fueron destruidos violentamente.

Una de las múltiples conclusiones que podemos extraer de este análisis es que en el estudio etnográfico actual es importante fijarse en las fechas de los ritos a lo largo del año. El ciclo de rituales estudiados en el presente trabajo forma parte de una estructuración calendárica coherente, basada en la observación de la naturaleza y las actividades económicas y sociales. La fiesta de la Santa Cruz adquiere mayor significado al colocarla dentro de este contexto ritual y calendárico más amplio.

Otra conclusión se refiere al papel del culto como factor conservador de la tradición cultural, que incide sobre los procesos que configuran la identidad de los miembros de las comunidades agrarias de México. En esta perspectiva, resulta absurdo "explicar" los ritos únicamente en términos míticos de la cosmovisión o en términos antropológicos-funcionalistas en cuanto a "cómo se hacen, quién los ejecuta y dónde". La funcionalidad se ubica dentro del ciclo agrícola, las estaciones y el paisaje, en el que viven los campesinos indígenas. Pero además de esta funcionalidad impuesta por el medio ambiente y la economía, las modalidades están históricamente determinadas. En los ritos de la fiesta aquí reseñada (¡no en todas las fiestas del ciclo anual!) la herencia prehispánica es preponderante, pues los elementos católicos fueron integrados en el culto y la cosmovisión indígenas a través de un proceso creativo de siglos, lo que ha contribuido a mantener la identidad cultural de estas comunidades, pese a los embates agresivos de la sociedad nacional dominante. En algunos aspectos, es hasta estos días que los curas católicos —que han estado prácticamente ausentes hasta hoy en la mayoría de las comunidades implicadas— inciden sobre la fiesta de la Santa Cruz y tratan de suprimir sus múltiples aspectos "paganos". Las sectas protestantes o variantes ortodoxas del catolicismo, que actualmente están incrementando su influencia, también han actuado en contra de estos ritos pero sólo en épocas muy recientes. El efecto de dichas políticas religiosas sobre las fiestas tradicionales no deja de hacerse sentir, en detrimento de la cultura tradicional, y agudiza la crisis socioeconómica, política y cultural de la inserción en la sociedad mayor en la era del neoliberalismo y la globalización, cuyas consecuencias son un embate deculturalizador brutal y generalizado.

Para comprender la plena dimensión de los antiguos ritos agrarios, que integran al hombre con la naturaleza (el paisaje, los ciclos estacionales y de cultivo) y que adquieren su verdadera fuerza de la solidaridad comunitaria y el trabajo colectivo invertido, es muy importante entenderlos en su dimensión histórica, como expresión de la compleja y rica tradición cultural indígena mesoamericana, que tiene sus raíces en la civilización prehispánica y en su exuberante desarrollo del ritual calendárico. Esta tradición cultural incorporó numerosos elementos cristianos medievales después de la Conquista, refuncionándolos y adaptándolos a las condiciones regionales y locales de las comunidades indígenas.

La vida del campesino es cíclica, sujeta al retorno de las estaciones, las actividades agrarias y las fiestas del barrio, del pueblo y de la región. Donde todavía funcionan estas costumbres en México, ellas son el cúmulo de una tradición de siglos, de milenios. A los que participan puntualmente en los ritos, cumpliendo con sus obligaciones y tareas en el proceso de trabajo que implica el ritual, esta participación les confiere un sentimiento de pertenencia, una razón de ser y la convicción de desempeñar un papel útil dentro de la comunidad —en un universo social restringido e históricamente determinado que a su vez define la identidad de sus miembros.

Apéndice

El calendario mesoamericano

Este sistema calendárico fue uno de los principales logros de la civilización mesoamericana. Sus inicios datan, por lo menos, del primer milenio a.c. Seguía funcionando plenamente entre todos los pueblos mesoamericanos en el momento de la Conquista. Consistía en el año solar de 365 días (*xihuitl* lo llamaban los mexicas), dividido en 18 meses de 20 días más cinco,[68] y se combinaba con el ciclo ritual de 260 días (*tonalpohualli* [la cuenta de los días] en náhuatl), compuesto por 13 veintenas. La combinación entre ambos ciclos formaba unidades mayores de 52 años en la llamada "Cuenta Corta" (*xiuhmolpilli* o "atadura de años"), que era el sistema típico del centro de México en el momento de la Conquista.[69] Se diferenciaba de la "Cuenta Larga", que sólo los mayas clásicos llegaron a desarrollar y que establecía una cronología absoluta contada a partir de una ficticia fecha cero: el 13 de agosto de 3114 a.c.

El calendario se basaba ante todo en la observación solar. En términos astronómicos, las fechas clave eran los solsticios y los equinoccios, y dada la latitud tropical de Mesoamérica, los dos pasos del sol por el cenit. El año solar se combinaba también con la observación de los ciclos de Venus, de las Pléyades y de la Luna.[70] El ciclo de Venus de 584 días se observaba con un admirable grado de precisión, y se registraba su coincidencia con el *xiuhpohualli* y el *tonalpohualli* después de 104 años solares.[71]

En términos rituales, se le atribuía una gran importancia a los fenómenos observables de Venus y de las Pléyades. Los aztecas

[68] La diferencia entre el año vago de 365 días y la verdadera duración del año es de un día cada cuatro años, el llamado "bisiesto" en el calendario cristiano. Hasta el momento constituye un gran problema sin resolver si los antiguos mexicanos hacían correcciones periódicas a su calendario. La investigación arqueoastronómica de los últimos años ha comprobado que tenían los conocimientos para hacer tales correcciones, pero queda la incógnita de *cómo* las aplicaban al calendario.

[69] En la cuenta corta de 52 años se cubrían 73 *tonalpohualli* (52 x 365 = 73 x 260 = 18 980 días). Al cabo de este periodo, las combinaciones de los ciclos de 365 y 260 días se agotaban, y comenzaba otro ciclo mayor exactamente con las mismas fechas.

[70] El papel que las observaciones lunares desempeñaban, no ha podido ser dilucidado hasta el momento para el calendario de los pueblos del Altiplano central, sobre todo en su vinculación con la antigua diosa madre de la tierra. En la religión prehispánica, las advocaciones selénicas de varias diosas y dioses eran muy importantes (*cf.* Báez-Jorge, 1988).

[71] El año de Venus tiene 584 días, y cinco años de Venus corresponden a ocho años solares; por lo tanto, cada 65 años de Venus coinciden con 104 años solares y con 146 *tonalpohualli* (65 x 584 = 104 x 365 = 146 x 260 = 37 960 días).

iniciaban los ciclos de 52 años mediante la fiesta del Fuego Nuevo, que hacían coincidir astronómicamente con la fecha en que la constelación de las Pléyades (*miec*) pasaba por el centro del firmamento a medianoche. En las latitudes del Altiplano central su ciclo anual muestra ciertas relaciones particularmente interesantes, ya que se encuentra en una "simetría opuesta" al curso del sol. El primer paso del sol por el cenit a mediados de mayo coincide, por una parte, con el periodo de invisibilidad de las Pléyades, mientras que, por otra, la constelación pasa el meridiano a medianoche a mediados de noviembre, es decir, exactamente medio año después del cenit del sol. Esta fecha corresponde, por lo tanto, al "anticenit" o nadir del sol, fenómeno al cual los mexicas parecen haber atribuido una gran importancia cosmológica y ritual (Broda, 1982*a*, pp. 129-158). De esta manera, el ciclo de las Pléyades delimitaba casi exactamente el comienzo y el fin de la estación de lluvias. Al igual que el planeta Venus, las Pléyades se asociaban en el México antiguo, con la lluvia y el maíz.

La existencia del sistema calendárico mesoamericano denota implícitamente ciertos elementos de la observación astronómica. Este conocimiento se adquirió y preservó durante siglos de pacientes observaciones de los sacerdotes-astrónomos y una tradición cultural ininterrumpida. Sin embargo, en todas las civilizaciones antiguas el calendario fue, ante todo, una construcción social cuya finalidad era establecer denominadores comunes entre los ciclos de los astros, las estaciones y las actividades sociales, económicas y religiosas.

Todos los calendarios persiguen operar con periodos de duración unificados y regulares. Aunque el mecanismo de la medida del tiempo en los calendarios se deriva de la observación de la naturaleza, su principal finalidad es imponer un orden social y no sólo hacer observaciones científicas. Históricamente, los calendarios sólo adquieren importancia en las antiguas civilizaciones agrarias. En concordancia con esta regla general, el sistema calendárico mesoamericano estaba íntimamente vinculado con la agricultura y el ritmo de las estaciones.

Conforme va creciendo el cúmulo de datos arqueoastronómicos sobre alineamientos de templos y asentamientos prehispánicos, vemos su intrínseca vinculación con las fechas calendáricas. He propuesto la hipótesis (1993) de que en la cosmovisión mesoamericana lo que más importaba eran las fechas, es decir, los días precisos del ciclo anual, los cuales estaban físicamente presentes en los alineamientos a través de la observación del Sol en el horizonte.

En cuanto al *tonalpohualli*, o ciclo de 260 días, hasta el momento no se ha podido aclarar si estaba basado en la observación de la naturaleza o si resultaba de la combinación numérica de los ciclos rituales de 13 x 20 días (Broda, 1996*b*, 2000). Existe una hipótesis acerca del origen solar de este ciclo que merece particular atención: en la latitud geográfica de 15°N la distancia entre los dos pasos del sol por el cenit es 105 y 260 días, respectivamente. En esta latitud se encuentran dos lugares mayas de suma importancia: el gran centro clásico de Copan, donde hay evidencia de una desarrollada actividad astronómica, y el sitio preclásico de Izapa, en la costa del Pacífico, en Chiapas, que en varios aspectos parece haber dado comienzo a una rica tradición cosmológica, que posteriormente encontramos en el resto de Mesoamérica. La hipótesis de Malmstrom (1978, 1997) sugiere que el calendario de 260 días acaso haya sido inventado en esta latitud geográfica durante el primer milenio a.C.

Es de notar que sólo allí coincide el 30 de abril con el primer paso del sol por el cenit, es decir, ocurre pocos días antes de la fiesta de la Santa Cruz; el segundo paso tiene lugar el 13 de agosto, fecha cercana a la Asunción de la Virgen (agosto 15).[72] En el resto de la Mesoamérica prehispánica, donde las fechas de los pasos del sol por el cenit varían según la latitud geográfica,[73] encontramos

[72] Es de notar que los chorties, que viven en las cercanías de Copan, Honduras, y que son los descendientes de aquel gran centro del Clásico maya, le atribuyen hoy una gran importancia a la celebración de la Santa Cruz. Los interesantes ritos calendáricos de este grupo indígena han sido documentados por Wisdom (1940) y Girard (1962). Según Girard, los chorties observan un ciclo calendárico fijo de 260 días, que empieza el 8 de febrero y en el cual la fiesta de la Santa Cruz ocupa un lugar destacado, en íntimo enlace con los conceptos de la cosmovisión. Sería interesante emprender una comparación sistemática entre los ritos de los chorties y los de los nahuas de Guerrero. Tichy (1983, 1991) hizo estudios pioneros comparando el ciclo fijo de 260 días entre los chorties con un hipotético ciclo compuesto de periodos análogos en el Altiplano central.

[73] Los dos pasos del sol por el cenit sobresalen como observación fundamental de la astronomía mesoamericana. Sólo es posible hacerla en las latitudes que caen dentro de los trópicos. El paso cenital significa que el sol cruza dos veces al año la latitud geográfica respectiva, tanto en su camino hacia el norte como a su regreso.

una evocación de estas mismas fechas en la orientación de templos y asentamientos con un acimut de 15°-16°.

Tales circunstancias son de gran interés en lo que se refiere a los estudios planteados en el presente trabajo acerca de la simetría interna del calendario mesoamericano y la orientación de 15°30´, así como la importancia calendárica de las fechas de febrero 12, abril 30, agosto 13 y octubre 30. A una de estas fechas, la del 30 de abril (o, más bien, el 3 de mayo), corresponde la fiesta de la Santa Cruz, que hemos investigado en este ensayo.

BIBLIOGRAFÍA

Acuña, René (ed.), *Relaciones geográficas del siglo XVI: México*, vol. 2, IIA, UNAM, México, 1986.

Albores, Beatriz, "Los quicazcles y el árbol cósmico del Olotepec, Estado de México", en Beatriz Albores y Johanna Broda (eds.), *Graniceros: cosmovisión y meteorología indígenas de Mesoamérica*, El Colegio Mexiquense, A.C.-IIH, UNAM, México, 1997, pp. 379-446.

―――, "Ritual agrícola y cosmovisión: las fiestas en cruz del Valle de Toluca, Estado de México", *Ponencia en la XXV Mesa Redonda de la Sociedad Mexicana de Antropología*, San Luis Potosí, julio de 1998.

Albores, Beatriz y Johanna Broda (eds.), *Graniceros: cosmovisión y meteorología indígenas de Mesoamérica*, El Colegio Mexiquense, A.C.-IIH, UNAM, México, 1997.

Aveni, Anthony F., *Observadores del cielo en el México antiguo*, FCE, México, 1991.

Aveni, Anthony F. (ed.), *World Archaeoastronomy*, Cambridge University Press, Cambridge, 1989.

Báez-Jorge, Félix, *Los oficios de las diosas*, Universidad Veracruzana, Xalapa, 1988.

―――, *Entre los naguales y los santos*, Universidad Veracruzana, Xalapa, 1998.

Bloch, Maurice, *From Blessing to Violence*, Cambridge Studies in Social Anthropology, Cambridge University Press, Cambridge-Nueva York, 1986.

El solsticio de verano ocurre cuando el sol alcanza el trópico de Cáncer. Allí, el sol da la vuelta en su recorrido anual. En el trópico de Cáncer, por lo tanto, el solsticio de verano coincide con el paso del sol por el cenit (latitud 23°27′N), otra observación que los pueblos mesoamericanos parecen haber hecho con precisión. Para más detalles sobre el cenit, véanse Tichy (1991, pp. 31-35, 64-67) y Aveni (1991).

Bonfil, Guillermo, "Los que trabajan con el tiempo", *Anales de Antropología*, vol. V, UNAM, México, 1968, pp. 99-128.

Broda, Johanna, "Tlacaxipehualiztli: A Reconstruction of an Aztec Calendar Festival from 16th Century Sources", *Revista Española de Antropología Americana*, vol. 5, Madrid, 1970, pp. 197-274.

――――, "Las fiestas aztecas de los dioses de la lluvia", *Revista Española de Antropología Americana*, vol. 6, Madrid, 1971, pp. 245-327.

――――, "Relaciones políticas ritualizadas: el ritual como expresión de una ideología", en Pedro Carrasco y Johanna Broda (eds.), *Economía política e ideología en el México prehispánico*, Nueva Imagen-Centro de Investigaciones Superiores del INAH, México, 1978a, pp. 219-255.

――――, "Cosmovisión y estructuras de poder en la evolución cultural mesoamericana", Simposio de la Fundación Alemana para la Investigación Científica, octubre de 1978, *Comunicaciones*, núm. 15, Proyecto Puebla-Tlaxcala, Fundación Alemana para la Investigación Científica, Puebla, 1978b, pp. 165-172.

――――, "Estratificación social y ritual mexica: un ensayo de antropología social de los mexica", *Indiana*, vol. 5, Berlín, 1979, pp. 45-82.

――――, "La fiesta azteca del Fuego Nuevo y el culto de las Pléyades", en Franz Tichy (ed.), *Space and Time in the Cosmovision of Mesoamerica, Lateinamerika-Studien* 10, Wilhelm Fink Verlag, Munich, 1982 a, pp. 129-158.

――――, "Astronomy, Cosmovision and Ideology in Prehispanic Mesoamerica", en Anthony F. Aveni y Gary Urton (eds.), *Ethnoastronomy and Archaeoastronomy in the American Tropics, Annals of the New York Academy of Sciences*, vol. 385, The New York Academy of Sciences, Nueva York, 1982b, pp. 81-110.

――――, "Ciclos agrícolas en el culto: un problema de la correlación del calendario mexica", en Anthony F. Aveni y Gordon Brotherston (eds.), *Calendars in Mesoamerica and Peru: Native American Computations of Time*, BAR International Series 174, Oxford, 1983, pp. 145-165.

――――, "Significant Dates of the Mesoamerican Agricultural Calendar and Archaeoastronomy", Ponencia presentada en la *2nd Oxford, International Conference on Archaeoastronomy*, Mérida, enero de 1986, resumen en Aveni [ed.], 1989, p. 494.

――――, "Templo Mayor as Ritual Space", en Johanna Broda, David Carrasco y Eduardo Matos, *The Great Temple of Tenochtitlan: Center and Periphery in the Aztec World*. University of California Press, Berkeley, 1987.

――――, "Cosmovisión y observación de la naturaleza: El ejemplo del culto de los cerros", en Johanna Broda, Stanislaw Iwaniszewski y Lucrecia Maupomé (eds.), *Arqueoastronomía y etnoastronomía en Mesoamérica*, IIH, UNAM, México, 1991a, pp. 461-500.

Broda, J., "The Sacred Landscape of Aztec Calendar Festivals: Myth, Nature and Society", en David Carrasco (ed.), *To Change Place: Aztec Ceremonial Landscapes*, University Press of Colorado, 1991b, pp. 74-120.

————, "Astronomical Knowledge, Calendarics, and Sacred Geography in Ancient Mesoamerica", en Clive Ruggles y Nicholas Saunders (eds.), *Astronomies and Cultures*, University Press of Colorado, Niwot, 1993, pp. 253-295.

————, "La historia y la etnografía", en *Reflexiones sobre el oficio del historiador*, IIH, UNAM, México, 1995, pp. 11-36.

————, "Paisajes rituales del Altiplano central", en *Arqueología Mexicana*, vol. IV, núm. 20, 1996a, pp. 40-49.

————, "Calendarios, cosmovisión y observación de la naturaleza", en Sonia Lombardo y Enrique Nalda (eds.), *Temas mesoamericanos*, INAH, México, 1996b, pp. 427-470.

————, "Lenguaje visual del paisaje ritual de la cuenca de México", en Salvador Rueda, Constanza Vega y Rodrigo Martínez (eds.), *Códices y documentos sobre México: 2° Simposio*, INAH, México, 1997, pp. 129-161.

————, "Calendarics and Ritual Landscape at Teotihuacan: Themes of Continuity in Mesoamerican Cosmovision", en David Carrasco, Lindsay Jones y Scott Sessions (eds.), *Mesoamerica's Classic Heritage: Teotihuacan and Beyond*, University Press of Colorado, Niwot, 2000, pp. 397-432.

————, *Ritual mexica y observación de la naturaleza: una etnografía de los ritos prehispánicos*, s.f. (en preparación).

Caro Baroja, Julio, *Las formas complejas de la vida religiosa*. Akal, Madrid, 1978.

Carrasco, Pedro, "Las fiestas de los meses mexicanos", en Barbro Dahlgren (ed.), *Mesoamérica: homenaje al doctor Paul Kirchhoff*, INAH, México, 1979, pp. 51-60.

Celestino Solís, Eustaquio, *Gotas de maíz: sistema de cargos y ritual agrícola en San Juan Tetelcingo, Guerrero*, tesis doctoral, Facultad de Filosofía y Letras, UNAM, México, 1997.

Closs, Michael P., Anthony F. Aveni y Bruce Crowley, "The planet Venus and Temple 22 at Copan", *Indiana 9 (Gedenkschrift Gerdt Kutscher, Teil 1)*, Berlín, 1984, pp. 221-247.

Costumbres de Nueva España, pub. por Gómez de Orozco, Federico. *Tlalocan*, vol. II, núm. 1, México, 1995, pp. 37-63.

Dehouve, Daniele, *Quand les banquiers etaient des saints: 450 ans de l'histoire economique et sociale d'une province indienne du Mexique*, Éditions du Centre Nacional de la Recherche Scientifique, París, 1990.

Drucker, David R., "A Solar Orientation Framework for Teotihuacan", en *Los procesos de cambio (en Mesoamérica y áreas circunvecinas)*, vol. 2, XV *Mesa Redonda de la Sociedad Mexicana de Antropología e Historia*, Guanajuato, México, 1977, pp. 277-284.

Durán, fray Diego, *Historia de las Indias de Nueva España*, 2 vols., Ángel Ma. Garibay (ed.), Porrúa, México, 1967.

————, *Historia de las Indias de Nueva España*, 2 vols., J. Rubén Romero y Rosa Camelo (eds.), Ediciones del Equilibrista-Banco Santander, 1991.

Florescano, Enrique, *El mito de Quetzalcoatl*, FCE, México (2a. ed.), 1995.

Galindo Trejo, Jesús, "Solar Observations in Ancient Mexico: Malinalco". *Archaeoastronomy*, núm. 15 (*Journal for the History of Astronomy*), 1990, pp. S17-S36.

————, *Arqueoastronomía en la América antigua*, Colección La Ciencia y la Tecnología en la Historia, Conacyt y Editorial Equipo Sirius, Madrid, 1994.

Girard, Rafael, *Los mayas eternos*, Libro Mex, México, 1962.

Glockner, Julio, *Los volcanes sagrados: mitos y rituales en el Popocatépetl y el Iztaccíhuatl*, Grijalbo, México, 1996.

González Montes, Soledad, "Pensamiento y ritual de los ahuizotes de Xalatlaco, en el Valle de Toluca", en Beatriz Albores y Johanna Broda (eds.), 1997, pp. 313-358.

Good Eshelman, Catharine, *Haciendo la lucha: arte y comercio nahuas de Guerrero*, FCE, México, 1988.

————, "Trabajo, intercambio y la construcción de la historia: una exploración etnográfica de la lógica cultural nahua", *Cuicuilco*, Nueva época, vol. 1, núm. 2, ENAH, México, pp. 139-153.

————, "El trabajo de los muertos en la Sierra de Guerrero", *Estudios de cultura náhuatl*, vol. XXVI, IIH, UNAM, México, 1996, pp. 275-287.

————, *Notas de campo, Ameyaltepec, Guerrero* (1980, 1986, 1988).

————, "El ritual y la reproducción de la cultura: ceremonias agrícolas, los muertos y la expresión estética entre los nahuas de Guerrero" (en este volumen).

Grove, David, "Los murales de la Cueva de Oxtotitlan, Acatlán, Guerrero: Informe sobre las Investigaciones Arqueológicas en Chilapa, Guerrero", en M. del A. Casado López y Lorena Mirambell (eds.), *El arte rupestre en México*, INAH, México, 1990, pp. 513-565.

Gruzinski, Serge, *El poder sin límites: cuatro respuestas indígenas a la dominación española*, INAH-Instituto Francés de América Latina, México, 1988.

Heyden, Doris, *Mitología y simbolismo de la flora en el México prehispánico*, IIA, UNAM, México, 1983.

Horcasitas, Fernando, "La danza de los Tecuanes", *Estudios de cultura náhuatl*, vol. XIV, IIH, UNAM, México, 1980, pp. 239-286.

Iwaniszewski, Stanislaw, "De Nahualac al Cerro Ehécatl: Una tradición prehispánica más en Petlacala", en *Arqueología y etnohistoria del estado de Guerrero*, INAH-Gobierno del Estado de Guerrero, México, 1986a, pp. 497-518.

Iwaniszewski, Stanislaw, "La arqueología de alta montaña en México y su estado actual", *Estudios de cultura náhuatl*, vol. 18, UNAM, México, 1986*b*, pp. 249-273.

———, "La arqueología y la astronomía en Teotihuacan", en Johanna Broda, Stanislaw Iwaniszewski y Lucrecia Maupomé (eds.), *Arqueoastronomía y etnoastronomía en Mesoamérica*, IIH, UNAM, México, 1991.

———, "Archaeology and Archaeoastronomy of Mount Tlaloc, Mexico: A Reconsideration", *Latin American Antiquity*, vol. 5, núm. 2, 1994, pp. 158-176.

Kartunnen, Frances, *An Analytical Dictionary of Nahuatl*, University of Oklahoma Press, Norman y Londres, 1992.

León-Portilla, Miguel, *La filosofía náhuatl estudiada en sus fuentes*, IIH, UNAM, 1993 (1a. edición 1956).

López Austin, Alfredo, "El fundamento mágico-religioso del poder", *Estudios de cultura náhuatl*, IIH, UNAM, México, 1976, pp. 197-240.

———, *Cuerpo humano e ideología*, 2 vols., IIA, UNAM, México, 1980.

———, *Los mitos del tlacuache*, Alianza Editorial Mexicana, México, 1990.

———, *Tamoanchan y Tlalocan*, FCE, México, 1994.

———, "La cosmovisión mesoamericana", en Sonia Lombardo y Enrique Nalda (eds.), *Temas mesoamericanos*, INAH, México, 1997, pp. 471-507.

Lorenzo, José Luis, *Las zonas arqueológicas de los volcanes Iztaccíhuatl y Popocatépetl*, Dirección de Prehistoria, núm. 3, INAH, México, 1957.

Maldonado Jiménez, Druzo, *Dioses y santuarios: religiosidad indígena en Morelos (época prehispánica, colonial y etnografía actual)*, tesis de doctorado en antropología, ENAH, México, 1998.

Malmstrom, Vincent H., "A Reconstruction of the Chronology of Mesoamerican Calendarical Systems", *Journal for the History of Astronomy*, núm. 9, 1978, pp. 105-116.

———, *Cycles of the Sun, Mysteries of the Moon: The Calendar in Mesoamerican Civilization*, University of Texas Press, Austin, 1997.

Matrícula de tributos, Akademische Druck-und Verlagsanstalt, Graz, 1980.

Medina, Andrés, "Arqueología y etnografía en el desarrollo histórico mesoamericano", en Yoko Sugiura Y. y Mari Carmen Serra P. (eds.), *Etnoarqueología (Primer coloquio Bosch-Gimpera)*, IIA, UNAM, México, 1989.

———, *En las cuatro esquinas, en el centro. Etnografía de la cosmovisión mesoamericana*, tesis de doctorado en antropología, Facultad de Filosofía y Letras, UNAM, México, 1999.

Millon, René, "Teotihuacan Studies: From 1950 to 1990 and Beyond", en Janet Catherine Berlo (ed.), *Art, Ideology, and the City of Teotihuacan*: Dumbarton Oaks, Washington, D.C., 1992, pp. 339-419.

Molina, fray Alonso de, *Vocabulario en lengua castellana y mexicana*, ed. facsimilar, Porrúa, México, 1970.

Montero, Arturo, "Criterios de evaluación utilizados para el registro de sitios arqueológicos en la Alta Montaña mexicana", *Ponencia en la XXV Mesa Redonda de la Sociedad Mexicana de Antropología*, San Luis Potosí, julio de 1998.

——, *Las formaciones subterráneas naturales en la historia de México*, tesis de maestría en historia, Facultad de Filosofía y Letras, UNAM, México, 1999.

Morante López, Rubén B., *Evidencias del conocimiento astronómico en Xochicalco, Morelos*, tesis de maestría, ENAH, México, 1993.

——, "Los observatorios subterráneos", en *La palabra y el hombre*, núm. 94, Xalapa, Veracruz, 1995, pp. 35-71.

——, *Evidencias del conocimiento astronómico en Teotihuacan*, tesis de doctorado, Facultad de Filosofía y Letras, UNAM, México, 1996.

——, "El Monte Tlaloc y el calendario mexica", en Beatriz Albores y Johanna Broda (eds.), El Colegio Mexiquense, A.C.-IIH, UNAM, México, 1997, pp. 107-139.

Muñoz, Maurilio, *Mixteca-nahua-tlapaneca*, INI, México, 1963.

Neff, Francoise, "Petición de lluvias en la Montaña de Guerrero", *Ponencia en la XXV Mesa Redonda de la Sociedad Mexicana de Antropología*, San Luis Potosí, julio de 1998.

Nowotny, Karl Anton, *Tlacuilolli: Die Mexikanischen Bilderhandschriften*, Verlag Gebr. Mann, Berlín, 1961.

Olivera, Mercedes, "Huemitl de mayo en Citlala: ¿ofrendas para Chicomecoatl o para la Santa Cruz?", en Barbro Dahlgren, *Mesoamérica: homenaje al doctor Paul Kirchhoff*, INAH, México, 1979, pp. 143-156.

Pomar, Juan Bautista, "Relación de Tezcoco", en Pomar-Zurita, *Relaciones de Texcoco y de los señores de la Nueva España. Colección de documentos para la historia de México*, vol. I, S. Chávez Hayhoe, México, 1941, pp. 1-64.

Robles García, Alejandro, *Paisajes de lava y cosmovisión indígena: estudios históricos y etnográficos sobre el paisaje cultural del Altiplano central*, tesis de doctorado en antropología, ENAH, México, s.f. (en preparación).

Ruiz de Alarcón, Hernando, *Tratado de las supersticiones y costumbres gentilicias...*, en Pedro Ponce, Pedro Sánchez de Aguilar y otros: *El alma encantada*, INAH-FCE, México, 1987, pp. 125-226.

Sahagún, fray Bernardino de *(Códice Florentino): Florentine Codex: General History of the Things of New Spain*, 13 parts, ed. y trad. por Arthur J. O. Anderson y Charles Dibble, *Monographs of the School of American Research*, núm. 14, The School of American Research and the University of Utah, Santa Fé, Nuevo México, 1950-1982.

——, *Historia general de las cosas de Nueva España*, 4 vols., Ángel Ma. Garibay (ed.), Porrúa, México, 1956.

——, *Primeros memoriales*, trad. y edición de Wigberto Jiménez Moreno, Colección Científica, núm. 16, INAH, México, 1974.

Sánchez, Sergio, "La Santa Cruz: culto en los cerros de la región otomí Actopan-Ixmiquilpan", *Ponencia en la XXV Mesa Redonda de la Sociedad Mexicana de Antropología*, San Luis Potosí, julio de 1998.

Saunders, Nicholas, "The Day of the Jaguar", *Geographical Magazine*, Londres, agosto de 1983, pp. 401-404.

―――, "Jaguars, Rain and Blood: Religious Symbolism in Acatlan, Guerrero, Mexico", *Cambridge Anthropology*, vol. 9, núm. 1, Department of Social Anthropology, Cambridge University, Cambridge, 1984, pp. 77-81.

Schultze-Jena, Leonhard, *Bei den Azteken, Mixteken und Tlapaneken der Sierra Madre del Sur von Mexiko. Indiana*, vol. III, G.Fischer-Verlag, Jena, 1938.

Sepúlveda, María Teresa, "Petición de lluvias en Oztotempan", *Boletín INAH*, Segunda época, núm. 4, INAH, México, 1973, pp. 9-20.

Serna, Jacinto de la, *Manual de Ministros de Indias*, en Pedro Ponce, Pedro Sánchez de Aguilar y otros: *El alma encantada*, INAH-FCE, México, 1987, pp. 263-482.

Sprajc, Iván, *Venus, lluvia y maíz: simbolismo y astronomía en la cosmovisión mesoamericana*, Colección Científica, INAH, México, 1996a.

―――, *La estrella de Quetzalcoatl: El planeta Venus en Mesoamérica*, Editorial Diana, México, 1996b.

Suárez Jácome, Cruz, "Petición de lluvia en Citlala, Guerrero", *Boletín INAH*, Tercera época, núm. 22, INAH, México, 1978, pp. 3-13.

Tichy, Franz, "The Axial Direction of Mesoamerican Ceremonial Centers on 17° North of West and their Associations to Calendar and Cosmovision", en Franz Tichy, (ed.), *Space and Time in the Cosmovision of Mesoamerica*. *Lateinamerika-Studien* 10, Wilhelm Fink Verlag, Munich, 1982, pp. 63-84.

―――, "Observaciones del sol y calendario agrícola en Mesoamérica", en Anthony F. Aveni y Gordon Brotherston (eds.), *Calendars in Mesoamerica and Peru: Native American computations of time*. BAR International Series 174, Oxford, 1983, pp. 135-144.

―――, *Die geordnete Welt indianischer Völker: Ein Beispiel von Raumordnung und Zeitordnung im Vorkolumbischen Mexiko*, Franz Steiner-Verlag, Wiesbaden, 1991.

Torquemada, fray Juan de, *Monarquía indiana*, 3 tomos, Porrúa, México, 1969.

Van der Loo, Peter L., *Códices, costumbres, continuidad: un estudio de la religión mesoamericana. Indiaanse Studies*, vol. 2, Archeologisch Centrum, Leiden, 1987.

Villela F., Samuel, "Ritual agrícola en la Montaña de Guerrero", *Antropología*, Nueva época, núm. 30, INAH, México, 1990, pp. 2-9.

Wicke, Charles y Fernando Horcasitas, "Archaeological Investigations on Monte Tlaloc, Mexico", *Mesoamerican Notes* 5, México, 1957, pp. 83-96.

Wisdom, Charles, *The Chorti Indians of Guatemala*, The University of Chicago Press, Chicago, 1940.

4. El ritual y la reproducción de la cultura: ceremonias agrícolas, los muertos y la expresión estética entre los nahuas de Guerrero

CATHARINE GOOD ESHELMAN*

> Pienso que lo que pinto podría ser lo que había antes, porque aún hoy seguimos las mismas costumbres. Nosotros las cargamos adentro... Nosotros sabemos que hacemos las ofrendas para la lluvia, que vamos a los cerros, esto hacemos cada año, cada año. Nosotros no rompemos el cordón, no dejamos las costumbres de antes como las hemos venido siguiendo. Yo sé que no se ha perdido todo. Nosotros estamos aquí. Nosotros estamos vivos. Nosotros todavía seguimos los caminos que nuestros abuelos nos enseñaron... Y eso es lo que pinto.
>
> Pintor nahua, San Agustín Oapan, diciembre de 1993

La investigación acerca de las sociedades indígenas pasadas y contemporáneas en México, al igual que en otros países de América Latina, ha puesto de relieve una realidad sorprendente: después de 500 años de colonización europea y a pesar de las medidas draconianas de distintos regímenes políticos y económicos, sigue existiendo una gran población culturalmente identificable con los descendientes de las civilizaciones prehispánicas. Uno de los problemas centrales para la antropología es explicar cómo estos grupos se adaptaron y recrearon su propia cultura en condiciones tan adver-

* División de Estudios de Posgrado, Escuela Nacional de Antropología e Historia.

sas. Los estudios etnológicos recientes demuestran la estrecha relación entre la compleja vida ceremonial de las comunidades indígenas y campesinas, en Mesoamérica, y la capacidad para mantener una identidad cultural propia. En el presente texto, a partir del caso de un grupo nahua que he estudiado etnológicamente desde hace 20 años (Good, 1981, 1988, 1993), exploro por qué y cómo tanto la actividad ritual como la expresión artística sirven para crear y transmitir la cultura.

CONSIDERACIONES METODOLÓGICAS Y TEÓRICAS

Los problemas que planteo exigen integrar analíticamente el ritual, el arte, la organización socioeconómica y los cambios que el grupo ha vivido a través del tiempo. No bastaría con documentar las condiciones materiales sin considerar otros aspectos de la cultura tales como los valores locales, la religión y la estética; tampoco sería adecuado limitarse a la dimensión simbólica o mítica de la religión y el arte sin abordar su relación con la historia, la vida social y la producción material. Este artículo es producto de la investigación etnográfica, cuya metodología requiere analizar con cuidado los datos empíricos reunidos en el prolongado trabajo de campo en la lengua nativa. La disciplina antropológica favorece también el empleo de una visión holística de la cultura que incorpora materiales comparativos y, como etnóloga, intento privilegiar la perspectiva local al examinar la sociedad.

Mi enfoque coincide con los planteamientos de Broda para el estudio del culto y la cosmovisión prehispánicos (1982, 1983, 1991), mismos que utilizan otros autores que participan en esta obra. Se analiza el ritual como acto colectivo en el que participan las personas como sujetos sociales, vinculadas con distintas instituciones y estructuras de la sociedad. El ritual expresa de manera empíricamente observable la cosmovisión, y para Broda (1991) este concepto postula una visión estructurada y coherente del mundo natural, de la sociedad y de la interrelación entre ambos. Toma la organización social y las prácticas rituales como el punto de partida para abordar la cosmovisión; no parte del estudio de los mitos o de modelos idealizados a los que tienen que conformarse los datos empíricos. La cosmovisión no es eterna ni inmutable; y es uno de los problemas por investigar cómo ésta se modifica a través del tiempo y en distintos contextos sociopolíticos. Habrá contradicciones internas e incongruencias lógicas, precisamente porque la cosmovisión es un producto histórico colectivo. La presencia en México de numerosa población indígena es el resultado de complejos procesos en los cuales las diferentes etnias lograron transmitir su cultura y reproducir sus propias formas de organización social a través del tiempo y nos obliga a entender su situación actual como producto de las experiencias históricas que han vivido como grupos culturales. Al remitirnos a la historia debemos abordar las relaciones entre una determinada sociedad indígena y las distintas formas de dominación política, económica y religiosa que el grupo ha enfrentado durante cinco siglos. Sin embargo, el énfasis en la tarea del análisis etnológico se centra en la dinámica interna de la sociedad local y considera a los indígenas como protagonistas de su historia, no como receptores pasivos de las fuerzas externas.

Esto conduce a otro problema complejo: cómo conceptualizar el cambio y la continuidad en el caso de estos grupos. En mi opinión, este problema está estrechamente vinculado con el concepto de cultura (Good, 1991, 1993). Las ciencias sociales como disciplinas académicas han elaborado modelos teóricos que reflejan la ideología de las instituciones políticas y las formaciones económicas dominantes. Muchos de los estudios de los científicos sociales producen una imagen falsa de los hechos sociales reales, lo que dificulta la comprensión de los procesos históricos (véase Wolf, 1982, pp. 7-19). Este fenómeno se dio en la etnografía de Mesoamérica cuando se llegó a considerar a la cultura indígena moderna como un remanente petrificado de las civilizaciones pasadas (*cf.* Farriss, 1983). La cultura se concebía como una suma de rasgos descriptivos y el cambio consistía en un proceso unilineal en el que se pierden los rasgos culturales indígenas y se adquieren rasgos supuestamente mestizos (Good, 1991, 1993). Este esquema interpretativo coincidía con el proyecto del Estado revolucionario cuyo objetivo era crear una cultura nacional sustentada en la ideología del progreso y la modernización. En este modelo, la historia se convierte en un proceso evolutivo que inexorablemente conduce a la desaparición de las diferencias étnicas para producir una identidad nacional uniforme (*cf.* Bonfil, 1987).

La realidad en el México actual contradice esta versión debido a la marcada diversidad entre los diferentes grupos culturales que conforman la nación. Los datos empíricos de mi investigación me obligaron a reconocer las limitaciones teóricas y conceptuales de muchos estudios antropológicos. Además de analizar cómo los nahuas se reproducen social y culturalmente, otro de mis objetivos ha sido ilustrar cómo el uso de estrategias analíticas y conceptos teóricos nuevos puede ofrecer una visión distinta de la historia. Junto con las demás contribuciones al presente libro, mi aportación plantea como tema central la continuidad histórica en las sociedades indígenas y las diversas variantes regionales que conforman la realidad cultural mesoamericana de hoy. Esta perspectiva nos permite encontrar una unidad entre las expresiones de la cosmovisión mesoamericana, desde el culto estatal de las jerárquicas sociedades prehispánicas hasta la acción ceremonial en las comunidades indígenas o campesinas actuales. Éste es el caso que describo a continuación.

La REGIÓN Y LOS NAHUAS

La región cultural más amplia donde realicé mi trabajo de campo abarca 22 pueblos nucleados y una serie de pequeñas rancherías distribuidas a lo largo de ambas orillas del Río Balsas, o esparcidas entre los altos cerros que rodean el valle principal. Por lo menos 60 000 hablantes de náhuatl viven en este territorio y su población está creciendo rápidamente; sus antepasados llamados *coixca nahuas*, llegaron en el siglo XII, si no es que antes. Ubicado en medio de la accidentada Sierra Madre del Sur, en el estado de Guerrero, este grupo nahua ha florecido dentro del medio ecológico conocido como bosque tropical seco. En los últimos quince años las ciencias naturales han reconocido la gran riqueza biológica de este tipo de ecosistema (Flores-Villela y Gerez, 1988, 1989), caracterizado por una alta concentración de especies endémicas, y por su flora y fauna adaptadas a las extremas condiciones climáticas de la cuenca del Balsas: una larga, caliente temporada seca que se alterna con una corta, intensa temporada de lluvias. El contraste dramático en el paisaje entre la época seca y la húmeda constituye un tema importante en el arte nahua y una preocupación constante en la agricultura y la vida ritual.

Geográficamente la región está dividida en dos grupos de pueblos, cada uno orientado hacia la comunidad actual que fue el centro político administrativo prehispánico: Tlacozautitlán y Oapan (véase el mapa 4.1). No obstante las diferencias etnográficas menores y las rivalidades entre miembros de algunas comunidades vecinas, el alto grado de unidad del área cultural mayor se expresa de muchas maneras: la endogamia a nivel de pueblo y en la región; las relaciones de parentesco y compadrazgo entre miembros de distintas comunidades; las marcadas semejanzas en la organización social; el uso compartido de recursos naturales clave para la subsistencia. A estas consideraciones hay que sumar diversos aspectos de la vida ceremonial que facilitan la integración regional: los intercambios recíprocos; las peregrinaciones hacia puntos sagrados fuera de la cuenca; el ciclo de ceremonias agrícolas distribuidas a lo largo del año.

Concentré mi trabajo de campo en los pueblos que han desarrollado una dinámica producción artesanal, cuyo antiguo centro era Oapan. A partir de 1961 empezaron a transferir los motivos estilizados que adornaban la alfarería tradicional al rústico papel amate y así crearon una nueva forma de expresión artística conocida hoy día en México e internacionalmente. Los mismos artesanos desarrollaron el comercio ambulante en todo el país y así lograron ganancias excepcionales, especialmente entre 1970 y 1990. Han tenido éxito en la economía de mercado (Good, 1981, 1988, 1993) y se han vuelto muy experimentados por la estrecha interacción que tienen con turistas extranjeros, esta realidad contrasta con el estereotipo del indígena como un ser aislado, pasivo y tímido frente al mundo moderno. En marcado contraste con los modelos convencionales que postulaban un proceso de aculturación lineal, la nueva actividad comercial fortaleció la identidad cultural nahua (Good, 1988, 1991, 1993).

Su proceso histórico explica esta situación ya que el comercio itinerante ha sido su estrategia económica preferida desde hace siglos. Durante la época colonial este grupo nahua combinaba la agricultura de subsistencia y la ganadería, con la arriería y el pequeño comercio. Esta adaptación permitió que mantuvieran su autonomía en el ámbito de la comunidad y la región en un patrón similar a lo que Dehouve (1990) documentó entre tlapanecos y nahuas en la Montaña de Guerrero. Tales estrategias facilitaron la

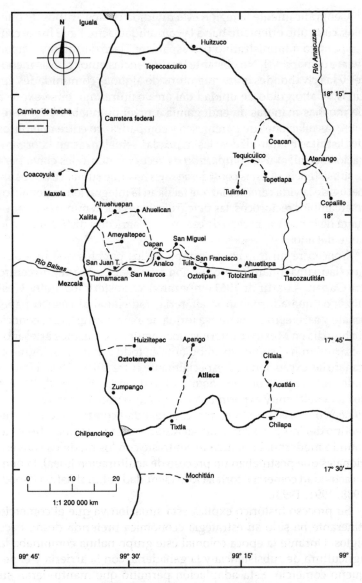

MAPA 4.1. *Los pueblos nahuas de la cuenca del Río Balsas en su ubicación regional* (adaptación del mapa de Alejandro Robles).

reproducción de una identidad cultural fuerte en el contexto colonial, en contraste con otras regiones de México donde la colonización europea provocó el despojo de tierras y la explotación directa de la fuerza de trabajo indígena. A lo largo del siglo XIX y hasta 1940 los nahuas de la cuenca del Río Balsas se dedicaron al comercio itinerante de la sal de mar. Realizaban viajes a la Costa Chica con recuas de mulas propias para aprovisionarse del producto en las salinas; luego viajaban dentro del estado de Guerrero para vender la sal en pueblos y plazas urbanas (véase Good, 1988). Durante la década de 1950, después de la interrupción de su comercio tradicional, los nahuas de Ameyaltepec y San Agustín Oapan combinaron los recursos de su tradición alfarera con su experiencia mercantil para crear nuevas artesanías y penetrar mercados diferentes (Good, 1981, 1988, 1991, 1993, 1996a). Puesto que las estrategias comerciales están entretejidas con las relaciones sociales y los patrones culturales, éstas han resultado flexibles y muy adaptativas.[1]

Al establecer redes de venta por todo el país, los comerciantes han acumulado una riqueza considerable. Han utilizado sus ganancias para realizar fiestas cada vez más lujosas, comprar tierra de cultivo y animales de trabajo, y mejorar su vivienda y su dieta. También han invertido en bienes para el intercambio recíproco, el ritual agrícola y las ofrendas a los muertos. Este uso de recursos responde a la cosmología, los valores culturales y las relaciones sociales de la comunidad. La vida social nahua se basa en dos conceptos: trabajo, *tequitl*, entendido en términos amplios como energía que circula, y el acto de amar y respetar, *tlacaiita* y *tlazohtla*, expresados en el dar y recibir recíproco de los bienes y la fuerza de trabajo (Good, 1993, 1994). Estos intercambios nutren el flujo de fuerza, *chicahualiztli* o energía vital que define a los grupos domésticos y a las comunidades (Good, 1998), y crea a la persona como ser social. El constante intercambio recíproco de objetos y trabajo y *chicahualiztli* ocurre entre los vivos y los muertos, entre grupos domésticos y el pueblo, entre el grupo étnico y la tierra, los santos y otros seres sagrados. Además de guiar el uso de la riqueza genera-

[1] Los nahuas de otras comunidades adoptaron una estrategia semejante; actualmente producen hamacas en Copalillo y Tlacozautitlán y otro tipo de alfarería en Tulimán para vender a los turistas. Los pintores en amate producen también una línea comercial del barro, máscaras talladas de madera, joyería de piedras semipreciosas, pinturas en bateas de madera y yute, entre otros.

da por el comercio, estos conceptos y la vida ceremonial en ellos basada ocupan un papel central en el proceso histórico de recrearse a sí mismos como nahuas (Good, 1994, s.f.). En este trabajo examino cómo la vida ceremonial constituye las comunidades social y culturalmente, y cómo asegura la continuidad histórica. Hago énfasis aquí en las fiestas agrícolas, el ritual mortuorio, y en el papel del arte para facilitar la reproducción de identidad.

LAS CEREMONIAS AGRÍCOLAS

El cultivo del maíz y las plantas asociadas en la milpa han sido básicos para la civilización mesoamericana desde hace más de 3500 años.[2] Durante mi trabajo de campo en la cuenca del Río Balsas fue evidente que para estos nahuas, al igual que para otros grupos mesoamericanos, el cultivo del maíz y las prácticas rituales vinculadas con él son centrales para su identidad cultural. Al examinar detalladamente la organización del trabajo y sus dimensiones ecológicas y tecnológicas, he enfatizado la importancia económica de la agricultura de subsistencia (Good, 1988, 1993). Aquí exploro la actividad ceremonial necesaria para asegurar el éxito en la producción del maíz. A continuación presento datos etnográficos sobre una serie de rituales en la región que, en su conjunto, permiten acercarnos a la construcción cultural nahua del mundo natural, de la sociedad y de la cosmología. Muchas de sus actividades ceremoniales se retoman como material para la expresión en el arte. Describo primero una peregrinación en plena época seca; luego, considero varias de las ofrendas relacionadas tanto con el inicio de las lluvias como con la aparición de los primeros frutos de la milpa y, finalmente, concluyo con las ofrendas a la mazorca deshojada al final de la temporada.

Sobresale el aspecto cíclico de las observaciones rituales; cada actividad responde a una secuencia de ofrendas y rituales que en conjunto conforman una totalidad. No hay una separación entre los acontecimientos, ya que en cada momento se festeja simultá-

---

[2] Los arqueólogos, botánicos y etnólogos han documentado la domesticación del maíz y las diversas tecnologías para lograr una alta productividad en distintos medios ecológicos. Hay que agregar las cambiantes relaciones sociales que se han generado para su producción en los diferentes periodos históricos.

neamente la culminación de una y la transición hacia la siguiente etapa productiva. Desde el punto de vista local, estas ceremonias son eficaces; hacen que el mundo natural funcione y coordinan la actividad humana. La postura de un hombre suplicando a un dios todopoderoso corresponde a las conceptualizaciones judeo-cristianas, pero no es la actitud cultural mesoamericana. Aquí la actividad ritual colectiva influye directamente en la naturaleza —sobre los vientos, las nubes, la lluvia, las plantas— y para asegurar la productividad agrícola en general. El maíz es consustancial al proceso ritual que revela toda una filosofía de la vida colectiva y su importancia para mantener el equilibrio en el mundo natural. Actividades ceremoniales afines han sido documentadas en otras regiones indígenas y campesinas de México, algunas descritas por otros autores que participan en el presente volumen. En este sentido, las ceremonias nahuas que documento aquí son manifestaciones locales, particulares de una tradición mesoamericana más amplia. No son vestigios históricos sino expresiones dinámicas, modernas, de una cultura milenaria vigente.

Peregrinación a Cuetzala

Los nahuas realizan esta peregrinación anual el Miércoles de Ceniza, día que marca el inicio de la Cuaresma en el calendario católico. La fecha varía, pero casi siempre ocurre durante el mes de febrero, cuando la larga época de sequía está en pleno apogeo; la vegetación de la cuenca del Río Balsas se ha secado por el fuerte sol y el calor árido, y el entorno natural queda reducido a monótonos tonos de café. En medio de la accidentada sierra, Cuetzala del Progreso, Guerrero, está ubicado al pie de un alto cerro donde brota agua abundante de un manantial durante todo el año. Desde lejos se percibe como un oasis por el verdor de sus huertas de árboles frutales y los cultivos de riego.

Al hablar de este lugar, los nahuas siempre enfatizan la gran cantidad de agua que hay y el esplendor de los árboles frutales y los campos irrigados. Una actividad importante para todos los peregrinos es bañarse en el agua de este manantial. Mientras lavan a sus hijos, las mujeres dicen que el agua les dará fuerza, les ayudará a no enfermarse y a crecer (*in atlzintli mitz macas chicahualiztli*, esta agua te da fuerza). Todos los peregrinos llevan jarros de agua de regreso a sus pueblos para aquellos que no asistieron; al recibirlo, siempre toman un poco y lo frotan en sus cabezas, brazos y pies para recibir su fuerza. En el cerro detrás del manantial hay una pequeña cueva cuya tierra tiene propiedades medicinales. Los oficiales religiosos de Cuetzala la preparan en pequeñas galletas que luego distribuyen como reliquia junto con unas algas secas que crecen dentro del manantial. Los peregrinos llevan ambos productos a sus pueblos y las utilizan para hacer tés curativos; también guardan el agua para casos de enfermedad.

Esta peregrinación tiene una dimensión agrícola importante. Acercándome al manantial en el cerro escuché comentar a los miembros de la familia de Oapan que me acompañaba que los cerros están llenos de agua y que ésta siempre sale en Cuetzala. A mis preguntas respondió uno de ellos: "Sí, ¿no ves? Aquí, donde estamos, ya se secó todo. Pero dentro hay agua, es pura agua allí dentro. Siempre fluye, siempre baja el agua aquí" (*Xti-quitac? Ye tlahuac nican. Pero itic, puro atl itic. Nochepa quiza, nochepa temoa, nochepa unca nican*). Me dijeron que por el camino de mulas los peregrinos encuentran otro manantial en la cumbre del cerro, donde también brota agua todo el año. Cuando los nahuas viajan a Cuetzala con burros o mulas[3] bajan directamente al manantial, que es el destino real de la peregrinación. Tardan un día y medio para llegar desde la cuenca del Balsas por la ruta de arrieros, y una parte importante de la experiencia de la peregrinación es la relación humana con el paisaje. Después de largas horas en la caliente sierra con vegetación seca, el aspecto visual del lugar y los olores que se perciben al descender hacia el pueblo tan verde por el abundante agua y los sembradíos de riego, produce una impresión espectacular.

Los oficiales religiosos de Cuetzala apilan grava extraída del manantial en el atrio de la iglesia y los peregrinos buscan allí piedras que revuelven con la semilla que sembrarán cuando empiece la época de lluvias. Escogen piedritas específicas, negras y lisas en forma de granos de maíz, frijol o semilla de calabaza. Me explicaron que es "piedra como si fuera semilla; lo siembras con el maíz para que salga mucho" (*Tetl, quen itla semilla. Tic tocas ica motlayohl, para ma quiza hueye*). Precisaron que estas piedras no atraen la llu-

---

[3] En 1988 algunos nahuas de la zona todavía llegaban en bestia; sin embargo, la mayoría contrató camiones en Iguala.

via, sino que más bien actúan sobre la semilla y sobre la parcela al quedar sembrado allí; sirven para dar fertilidad a la milpa como proceso productivo completo.

Un cristo negro apareció dentro del agua y se construyó una capilla al lado del manantial donde se venera su imagen conocida como el Señor de Cuetzala. Algunas familias nahuas ofrecen anualmente regalos de ropa al Cristo, y al hacer la presentación de una manta nueva, recuperan la prenda entregada el año anterior. Los oficiales religiosos de Cuetzala constantemente cambian la ropa que trae puesta el Cristo durante el año hasta usar todo lo que recibió de los fieles. Los nahuas consideran que las telas que estuvieron en contacto directo con la imagen quedan impregnadas de su "fuerza" (*chicahualiztli*) y guardan estas prendas para otros fines rituales, entre ellos el entierro de los muertos. La presencia de esta imagen le da una apariencia cristiana a la peregrinación a Cuetzala, pero la mayor parte de la actividad ritual tiene raíces más antiguas.

El culto a los cerros

En toda la región del Alto Balsas los nahuas celebran un largo y complejo ciclo de rituales que incluye varias ofrendas a los cerros más importantes del medio geográfico de la cuenca. Un primer periodo de actividad ceremonial muy intensa está asociado con la celebración de la fiesta católica de la Santa Cruz y empieza aproximadamente el 20 de abril y dura hasta el 3 de mayo. En cuanto a su importancia para la agricultura, representa la continuación de la actividad ritual iniciada con la peregrinación a Cuetzala y la observación de la Semana Santa, entre otras fiestas. Se repiten ofrendas semejantes en los cerros conforme avanza el crecimiento de las plantas del maíz. Por limitaciones de espacio describiré aquí sólo dos de estos acontecimientos ceremoniales: un ciclo de tres ofrendas que realiza el pueblo entero[4] en Ameyaltepec y una ceremonia nocturna para "alimentar" al viento en el cerro Mishuehue de San Agustín Oapan.

[4] Otros pueblos de la región también realizan este ritual. En Ameyaltepec diferentes grupos de parentesco colocan ofrendas "particulares" que incluyen parte de su semilla en distintos altares, que marcan distintos lugares del campo alrededor del pueblo. Familias de San Juan y Ameyaltepec ponen ofrendas recíprocas en sus respectivos cerros. La noche del 1 al 2 de mayo familias de Ameyaltepec van al

El cerro de Ameyaltepec

Al igual que las otras comunidades de la región, los habitantes de Ameyaltepec colocan una ofrenda colectiva a nombre de todo el pueblo tres veces por año: el 2 de mayo, el 15 de agosto y el 13 de septiembre, respectivamente (véase la figura 4.1). Estos ritos se llaman *yalo tepetl* (la ida al cerro). Algunos aspectos son similares en cada ocasión: las muchachas *(ichpocameh; ichpochtzintzinteh)* preparan las comidas rituales colectivamente bajo la dirección de algunas mujeres viudas, llamadas *ilamatzitzinteh* cuando cumplen un papel ritual. Un grupo que llega a contar hasta con 50 a 60 niñas, encabezado por las viudas, lleva la comida hasta un altar de piedra que ostenta tres cruces de madera y se encuentra en la cima del cerro inmediatamente detrás del pueblo. Las acompañan los cantores, los músicos y las autoridades religiosas en turno que representan al pueblo. Otro grupo de niñas, llevan cargando al cerro una imagen que identifican como *Tonantzin* (Nuestra Venerada Madre), una versión pequeña de la patrona del pueblo, la Virgen de la Concepción. La comida siempre consiste en dos tipos de tamales, gallinas de rancho en mole de semilla de calabaza, y frutas, sobre todo sandía. La ofrenda en el cerro incluye otros elementos, como velas, flores, sal, agua e incienso de copal. Los oficiales adornan el altar con un arco de hojas verdes, y las viudas visten las cruces con faldas *(tlaquentli)* como parte de la ceremonia. Las muchachas adoran la ofrenda durante toda la tarde mientras los cantores recitan rosarios, los músicos tocan y los oficiales religiosos truenan cohetes. Al terminar reparten la comida a todos los participantes, quienes consumen una parte allí y otra la llevan a sus casas en pequeños jarros de barro.

Con la puesta del sol todos bajan del cerro para dejar "descansar" a la imagen de *Tonantzin* en una casa particular en la orilla del pueblo, donde recibe ofrendas de velas y flores de diferentes familias de la localidad. Antes de dispersarse, las niñas que fueron al cerro comen juntas caldo de gallina en la casa de los oficiales religiosos. En la noche, todas las personas del pueblo se reúnen en la casa donde "descansó" la imagen y la acompañan, junto con los

cerro de San Juan, mientras que familias de San Juan suben allí del 2 al 3 de mayo (véase Broda, en este volumen).

FIGURA 4.1. *Ofrenda en el Cerro de Ameyaltepec, que realizan las doncellas del pueblo el 2 de mayo, el 15 de agosto y el 13 de septiembre* (foto de C. Good).

músicos, las danzas y los oficiales civiles en una procesión hasta la iglesia. Allí oficiales religiosos reúnen las cruces de todos los altares ubicados en el campo alrededor del pueblo, las sacan para recibir a la pequeña Virgen de regreso a su altar permanente. Con las cruces y la Virgen hacen una procesión alrededor de la iglesia antes de terminar la ceremonia.

Los elementos principales de la ofrenda son los mismos el 2 de mayo, el 15 de agosto y el 13 de septiembre, salvo una diferencia importante. El 2 de mayo los oficiales incluyen atole de *izquitl* y *totopochtli* preparados por sus esposas como ofrenda a la Virgen de la Concepción principal, también llamada *Tonantzin* (Nuestra Venerada Madre) y los demás santos de la iglesia. Todos los participantes en la procesión nocturna reciben el atole y comen *totopochtli* que reparten los oficiales religiosos y sus esposas (véase la figura 4.2). El 13 de septiembre llevan a cabo la última celebración en este ciclo, llamado *ixilocruz* (la cruz de jilote), ya que marca la aparición del jilote y la formación de la mazorca. Las autoridades reciben en la iglesia los primeros elotes, calabazas, chiles y melones de las

FIGURA 4.2. *Preparativos para una ofrenda familiar el 2 de mayo en un altar en el campo. Véanse la* tlaquentli, *la semilla y las gallinas en mole con tamales* (foto de C. Good).

milpas de todas las familias que sembraron durante la temporada. Dejan sus primicias ante todos los santos y también ante dos cruces, una de madera y otra de piedra, en el centro del pueblo.

En la celebración de *ixilocruz,* mientras las muchachas están en el cerro, las familias van a sus milpas para colocar flores de *cempoalxochitl* en las matas de maíz, justo donde aparece el jilote; sahúman las milpas con copal por los cuatro lados, y marcan cada esquina con una pequeña cruz hecha de palma que reciben en

Oapan el Domingo de Ramos. Construyen en medio un pequeño altar de piedra con una cruz de madera pintada con figuras de productos agrícolas —elotes, chiles, melones, calabazas—, normalmente guardada en el altar familiar, y ofrecen flores, velas e incienso de copal. En ese momento cortan los elotes tiernos para la ofrenda de la tarde (véase la figura 4.3).

De las ofrendas tanto de mayo como de agosto y septiembre los informantes dicen: "damos de comer a *Tonantzin* y a los santos" *(titlacualsqueh Tonantzin huan Totatzitzihuan).* Sólo después de *ixilocruz,* el 13 de septiembre, pueden comer productos de su milpa. Una mujer me explicó así la importancia de este ritual:

> Antes de comer nosotros, come Dios, los santos y *Tonantzin,* y despúes podemos comer nosotros. Ellos siempre comen primero —chile, elote, calabaza— todo lo que sembramos. Ésta es costumbre de antes, de los abuelitos de los abuelitos y más antes. Ésta es costumbre de antes y nosotros no podemos romper el cordón *(xticotoniskeh).*

Si la temporada de lluvia ha sido buena hay grandes montones de elotes cocidos en todos los altares al final de la tarde; después de la procesión nocturna las autoridades religiosas distribuyen los elotes entre los participantes. Se comenta que en especial los niños, las mujeres y los ancianos son quienes deben recibir estos elotes.

Ofrenda en Mishuehue

Otro tipo de ofrenda que forma parte del mismo ciclo se realiza en el cerro llamado Mishuehue, cerca de San Agustín Oapan; esta ofrenda "alimenta" al viento en forma del zopilote (véase la figura 4.4). La descripción que presento a continuación se basa en mi diario de campo de mayo de 1988, y sirve para ilustrar las diversas actividades que incluyen estas ceremonias.

Las esposas de los oficiales religiosos de Oapan preparan las comidas rituales y son ellas las que inician el trabajo: el 29 de abril hicieron *totopochtli* e *izquitl;* el 30 hicieron *itacatl* y *chiltixtli* y también molieron en metate la semilla de calabaza para el mole. Al día siguiente hicieron tamales y, finalmente, el 2 de mayo guisaron el guajolote en mole y prepararon más tamales para llevar al cerro y para comer de regreso.

FIGURA 4.3. *Arreglo final de una ofrenda familiar en un altar en el campo en Ameyaltepec, Guerrero. Véanse el arco de hojas verdes y el lujo de la fruta, las flores y otros elementos* (foto de C. Good).

El 2 de mayo partimos alrededor de las 4:30 de la tarde y nos tardamos un poco más de una hora en mula para llegar a la cima de Mishuehue, uno de los cerros más altos de la región. Allí se reunieron unos veinte adultos y entre ocho a diez niños, llegando todos a la puesta del sol. Había un altar de piedra con una base cuadrada y dos cruces de madera. La ceremonia duró toda la noche hasta el amanecer. A las 10 de la noche llegaron otras cuatro o cinco personas con más tamales calientes, sandía y cadenas de flores que agregaron a la ofrenda; la sandía y las flores eran productos de sus huertas de riego. Con ellos llegó el cantor que recitó varios rosarios y después todos tomaron mezcal. Los asistentes se turnaban toda la noche cuidando la ofrenda, prendiendo las velas que el viento apagaba, rezando y bebiendo. La ofrenda era relativamente pequeña en cuanto a la cantidad de bienes incluidos en comparación con las ofrendas de Ameyaltepec, pero estaban presentes todos los elementos: flores, velas, copal, cohetes, la semilla que iba a sembrarse en este temporal, el guajolote en mole, tamales, atole de *izquitl, totopochtli,* sal y agua.

FIGURA 4.4. *Altar en el Cerro Mishuehue con el guajolote en mole para alimentar al viento en la forma de un zopilote* (foto de C. Good).

Durante la noche se escuchaba el trueno de los cohetes desde la iglesia principal y en un cerro pequeño entre Mishuehue y Oapan, donde las muchachas de Oapan pusieron su ofrenda. Se escuchaban también los cohetes del cerro de Ameyaltepec y del de San Juan, también de los cerros de San Miguel y San Marcos; cada pueblo realizaba sus ofrendas esa noche en sus respectivos cerros. Las personas en Mishuehue identificaban los diferentes puntos donde se originaban los cohetes cada vez que los oían tronar. Tenían muy presente que su ceremonia formaba parte de una actividad ritual colectiva de la región en su conjunto, no obstante que cada pueblo y cada grupo ejecutara su parte aparentemente por separado. Fue impresionante para mí captar la dimensión regional y la coordinación en el tiempo y el espacio de tantas ofrendas; percibí muy claramente la unión entre la geografía y las comunidades que, a través del ritual, se orientan en el mundo natural y en las actividades productivas. Hay que enfatizar que este complejo ritual forma parte integral del ciclo del cultivo del maíz; desde el punto de vista local, esta actividad ceremonial es tan necesaria para la productividad como lo es el acto de sembrar la semilla.

Al amanecer, todos se levantaron y fueron rápidamente, retirando casi toda la ofrenda. El altar quedó muy simple, con sólo unas pocas flores, mucha cera escurrida sobre las piedras por las velas que se quemaron durante la noche, y el plato de barro con el guajolote en mole. Pese a que se esperaba la llegada del zopilote, nadie hizo referencia a esto, y simplemente dijeron *tiahue* (vámonos). El pueblo de Oapan tiene una historia de conflictos por las tierras con un pueblo vecino y la gente sospecha que podrían mandar a alguien a destruir su ofrenda[5] para que no tengan buenas cosechas. Por este motivo siempre dejan dos hombres para vigilarla. Casi inmediatamente apareció un zopilote que volaba lentamente en círculos arriba del cerro. Era realmente bello mientras jugaba con las corrientes del aire; se distinguían perfectamente el perfil de las plumas y la forma de sus alas y su cola contra el cielo azul de la madrugada. Después de un rato se reunieron cinco o seis zopilotes; de repente bajó uno directamente al plato con el guajolote, justo como me lo habían descrito anteriormente. Después nos retiramos porque los oficiales estaban preocupados de que nuestra presencia ahuyentara a los zopilotes y causara "una desgracia".

En visitas posteriores otros informantes me explicaron que el viento, los zopilotes, los pájaros llamados *tlapayehualtotomeh* y un perico silvestre vienen de Oztotempan.[6] Usaban siempre la forma

[5] El sabotaje de las ofrendas o de los lugares sagrados eran prácticas conocidas en la época prehispánica, precisamente en esta misma fiesta (Broda, 1971).

[6] Varias personas de Oapan han expresado la idea de que hay un paraíso agrícola al fondo de Oztotempan, un gran pozo o falla natural que los nahuas llaman *oztotl* o "cueva". Refiriéndose a los zopilotes y al viento, un informante me explicó que "la casa del zopilote y la casa de los vientos, es una sola" y que en Oztotempan vive "el dueño del viento" (*iteco-ehecatl*) (véase la sección *Post scriptum*, p. 283 ss.).

plural, *ehecameh* (los vientos), y decían "ellos son muchos" *(miaqueh yehuameh)*. Consideran que los zopilotes y los vientos son la misma cosa; sin embargo, varios informantes precisaron que no todos los zopilotes son el viento —sólo el que llega a la ofrenda, que es diferente, y que sí es un dios. Un hombre me explicó respecto a la ofrenda en Mishuehue: "Nosotros (el pueblo) damos de comer a los vientos" *(tetlacualskeh ehecameh)*. Me han señalado que la ofrenda trae la lluvia porque es el viento el que dirige la lluvia y la baja donde están ellos. A veces observan que está lloviendo lejos y no viene la lluvia; entonces se pide al viento jalar las nubes para llevar la lluvia hasta sus milpas.

Ofrenda a la mazorca deshojada: cintlacualtilo

Después de la cosecha se hace una ofrenda a la mazorca que se ha deshojado antes de desgranarla. Cada grupo doméstico realiza esta ceremonia de manera particular, pero normalmente la fecha cae en enero o febrero, en plena época seca, antes de la peregrinación a Cuetzala que marca el inicio de un nuevo ciclo agrícola. Conocí esta ceremonia primero en los amates pintados, pero al observarlo confirmé una vez más que el arte refleja fielmente la práctica ritual.

En el patio de la casa empieza por separarse en grandes montones las mazorcas de los cuatro colores del maíz: azul *(yauhtli)*, amarillo *(coztic)*, rojo *(xocoyolin* o *chichiltzin)* y blanco *(iztac)*. Con cuidado se arregla una hilera de mazorcas paradas alrededor de cada montículo, y dentro de cada uno colocan tres o cuatro cañas de maíz, las que eran excepcionales en producir dos mazorcas. Junto con las cañas de maíz colocan cañas del río con muchas hojas; me explicaron que éstas se usan por su color verde, *xoxoque*. Las cañas del río y su hoja se parecen mucho a las matas de maíz tiernas; colocadas dentro de los montones de mazorca junto a las cañas de doble mazorca, dan a la ofrenda el aspecto de una milpa verde rodeada de un gran producto de maíz (véase la figura 4.5).

También preparan un altar frente a otro montículo pequeño compuesto de las mazorcas escogidas para ser la semilla en la próxima temporada de lluvias. En el centro ponen una cruz de caña de maíz adornada con una cadena de flores; adelante hay un arco de la misma caña del río y encima de las mazorcas de semilla acuestan

FIGURA 4.5. *Ofrendas a la mazorca deshojada o* cintlacualtilo
*en San Agustín Oapan. Véanse las hojas verdes de la caña
de río y las mazorcas paradas* (foto de C. Good).

tres manojos de sus hojas verdes. Arreglan una ofrenda de comida
entre este pequeño altar y los montículos grandes que consiste en
tamales de frijol y *telolotzin,* mole de semilla de calabaza con gallina de rancho. Al señalar la ofrenda me explicaron: *ticualtisqueh
totzintleh* (damos de comer a nuestra mazorca). La ofrenda incluye
velas, sal, incienso de copal y agua. Pregunté sobre las mazorcas
paradas alrededor y la mujer de la casa dijo: "Así pueden comer
mejor, pueden llevar su comida mejor". A la misma pregunta en otra
casa un hombre mayor me explicó: "Nosotros decimos, ellas son
muchachitas. Les decimos, Nuestra Venerada Madre. Por eso les
damos de comer". (*Tohuameh tiquitohan, yehuameh ichpochtlitzitzihuan.
Tiquimilian tonantzin. Yehua ica tiquimtlacualtian.*) En todas las entrevistas los informantes de Oapan dijeron que hacen esta ofrenda
porque respetan y aman al maíz, y que le dan de comer porque el
maíz, a su vez, los alimenta a ellos (véase la figura 4.6).

Por casualidad enseñé algunas fotografías de esa ofrenda a mis
compadres de Ameyaltepec y éstas generaron una conversación
reveladora. Admiraron detenidamente y con entusiasmo el maíz

FIGURA 4.6. *Ofrenda a la mazorca deshojada, detalle de la comida para alimentar a la mazorca y la semilla* (foto de C. Good).

que la otra familia había cosechado, el tamaño de sus mazorcas y la belleza de la ofrenda en sí. Su reacción demostró que hacer esta ofrenda es un asunto de orgullo, ya que demuestra la capacidad productiva de las personas que lo cultivaron. Comentaron detalladamente el aspecto estético de su arreglo y empezaron a describir como han puesto ellos la misma ofrenda. Explicaron que esto se hace porque "amamos a nuestro sustento el maíz" *(tictlazohtlan tonacayotl)* y, agregó mi comadre, "nos dicen que está vivo nuestro sustento el maíz" *(quitoan iyoltic tonacayotl)*. Cuando mencioné que las mazorcas son como muchachas, agregó mi compadre que por eso dicen "mi madre, nuestro sustento el maíz" *(nonan tonacayotl)*.[7] En otra ocasión después de poner una ofrenda agrícola, un hombre explicó el significado de la palabra: "Nosotros lo llamamos *tonacayotl* porque sin él no podríamos vivir. No podríamos comer, y por eso no podríamos vivir. Aún los animales no podrían vivir sin

[7] Su hijo de 24 años de edad estaba atento a nuestra conversación. Dijo que recuerda muy bien haber oído en su niñez las oraciones en la iglesia cuando las mujeres presentaban su semilla; comentó que nuestra plática le aclaró por qué las escuchaba invocar siempre *nonan tonacayotl*.

el maíz. Nosotros decimos *tonacayotl* porque sin él nada podría vivir. Por eso... respetamos y amamos a *tonacayotl*, porque nos da nuestra vida".

Una cosmovisión integrada

Los datos etnográficos expuestos aquí permiten apreciar que los nahuas han incorporado algunos símbolos cristianos a su cosmología nativa, los cuales se manifiestan en la presencia de los santos como el Señor de Cuetzala, las imágenes de la Virgen y las cruces; además, estas ceremonias se articulan en el tiempo con el calendario católico. Los nahuas no distinguen entre elementos europeo-cristianos y elementos indígenas; los manejan en un solo sistema coherente para ellos. Sin embargo, la presencia de símbolos cristianos y la insistencia de los informantes en que son "muy católicos" no significa que una ceremonia corresponda a una visión cristiana ortodoxa. Más bien los datos evidencian la asombrosa capacidad creativa de la cultura nahua; se apropiaron de elementos impuestos durante su experiencia histórica como pueblos conquistados para crear la cosmología integrada que mantienen en la actualidad. Utilizaron los nuevos símbolos para transmitir la lógica fundamental de la tradición cultural mesoamericana.

Quiero profundizar más sobre el significado de las cruces. Los habitantes de Oapan no bajan las cruces de los cerros para concentrarlas en la iglesia o hacer procesiones como en Ameyaltepec y otros pueblos de la región. Me explicaron allí que las cruces siempre están en su lugar y sólo acuestan la cruz principal de la iglesia para recibir las ofrendas de incienso, hojas verdes y flores en mayo, y de elotes y productos de la milpa en septiembre. Conocí este ritual primero a través de un amate en el que el pintor representó la cruz acostada sobre una mesa, rodeada de los elotes en *ixilocruz*. Al igual que los santos, las cruces reciben regalos de "ropa" (*tlaquentli*) y quedan cubiertas con telas adornadas con encaje y, a veces, con figuras bordadas. Por el manejo que hacen de ellas concluí que para los nahuas las cruces no son símbolos religiosos en sí, sino objetos valiosos, cargados de cierto tipo de poder. Su potencia reside en la asociación de cada cruz como personalidad propia, con el lugar sagrado específico donde está ubicada. En Ameyaltepec ponen una etiqueta en cada cruz cuando las concentran en la iglesia para después regresarlas a sus respectivos lugares. Las cruces también tienen poder por su identificación con las bases de piedra que denotan su antigüedad histórica. Todas las manipulaciones rituales que se hacen con las cruces tienen la finalidad de acceder a la fuerza *(chicahualiztli),* que canalizan.

LOS MUERTOS Y LOS VIVOS

Los nahuas mantienen una relación muy estrecha con sus muertos, que se expresa ritualmente en diferentes momentos del ciclo vital de los individuos y durante el calendario anual. La manifestación más espectacular de esta relación íntima con los muertos se da en las ofrendas del 31 de octubre, y del 1 y 2 de noviembre (véase la figura 4.7). Éstas han crecido en tamaño y lujo como resultado de la prosperidad económica generada por la venta de las artesanías. Documenté la misma tendencia en toda la vida ritual de la región incluyendo las fiestas para los santos, las bodas, los regalos rituales de ropa, las ceremonias agrícolas y el trabajo colectivo festivo. Al principio centraba mi análisis en las consecuencias sociales de destinar considerables recursos económicos a estas actividades (Good, 1988, 1993, s.f.). El trabajo humano y los bienes invertidos en la vida ceremonial fortalecen las redes de obligación recíproca necesarias para la agricultura, la construcción de casas, el servicio en el sistema de cargos y también constituyen un apoyo para la sobrevivencia en las ciudades donde venden. El gasto suntuario, lejos de ser un desperdicio de recursos, se revierte en un aumento de la capacidad productiva colectiva —no individual— a largo plazo.

Pero observar a través de los años la actividad ritual alrededor de los muertos me llevó a descubrir otros significados (Good, 1996*b).* La vida ceremonial incorpora los muertos continuamente, como miembros activos del grupo familiar y del pueblo. Entre éstas hay que señalar diferentes ofrendas a los difuntos: en el aniversario de su muerte, cuando se casa un miembro del grupo doméstico, cuando se construye una nueva casa, cuando parte del grupo se separa del hogar natal y cuando hay enfermedades o sueños extraños. La preocupación constante por mantener relaciones directas con los difuntos refleja su cosmovisión compleja y revela un pensamiento

FIGURA 4.7. *Ofrenda para los muertos en un altar casero,*
Ameyaltepec (foto de C. Good).

filosófico históricamente transmitido. En estas páginas exploro en
detalle el entierro y las ofrendas que demuestran el vínculo directo
entre los muertos y la producción del maíz —por limitaciones de
espacio no describiré, aquí, todas las prácticas mortuorias.

Despidiendo al muerto

Una serie de objetos rituales acompaña a los difuntos en el momento del entierro. En el caso de los ancianos, se preparan años
antes de la muerte y entre otros, figuran una jícara pintada, un
rosario, un "cinturón" trenzado, un morral de *ixtle*, un cántaro de
barro para agua, cuatro o cinco granos de maíz, huaraches tejidos
de palma, tiras de tela cortada de la ropa de diferentes santos. Cada
objeto refleja diversos aspectos de los lazos sociales formados durante la vida de la persona o hace referencia a las experiencias del
difunto después de su muerte.

Durante su vida cada persona debe recibir un regalo ritual de
ropa, normalmente de sus padrinos de bautizo, y junto con ella

se regala una jícara pintada *(xochihuacal)* y un rosario; estos objetos se guardan toda la vida para enterrar a la persona con ellos. La
jícara[8] permite que el muerto tome agua durante sus andanzas; se
llena continuamente con el agua tomada durante su vida en las
distintas ocasiones rituales. El "cinturón" se teje de las mechas de
velas; cada *compadre y comadre* contribuye con una mecha y el tamaño del cinturón refleja así las relaciones sociales ritualmente establecidas en la vida. Lo amarran a la cintura del difunto antes de
enterrarlo y dicen que esta cinta le da fuerza *(chicahualiztli)* y lo
"jala" por el camino que tiene que recorrer después de la muerte.
A alguien muy enfermo se le pone su cinturón y a veces la fuerza
que emana lo ayuda a recuperar la salud. Los granos de maíz tienen que ser de color rojo *(xocoyolin)* y benditos por un sacerdote; se
colocan cuatro o cinco en la boca del difunto al enterrarlo. Finalmente, el morral de *ixtle* sirve para llevar la comida ofrendada
durante el velorio junto con la cantimplora llena de agua. Estos
bienes son para el difunto y sirven también para que los regale a
los otros muertos que encuentre en el camino (véase la figura 4.8).

Los huaraches se tejen de la palma distribuida el Domingo de
Ramos en San Agustín Oapan, centro ritual e histórico de la región;
ponérselos le da fuerza al difunto en su camino. Las tiras de tela
vienen de la ropa de diferentes santos en Ameyaltepec, Oapan y
de otros importantes lugares de peregrinación como Cuetzala del
Progreso. La gente acostumbra cortar "cintas" de la ropa de los
santos después de cambiarla, ya que transmite la fuerza *(chicahualiztli)*, de la imagen que la portó. Los nahuas cargan pedazos de
estas telas durante sus viajes comerciales para asegurar la "suerte"
y evitar que las personas se pierdan cuando anden lejos de su pueblo. Las cintas cumplen la misma función después de la muerte. Es
muy marcado el uso de las fibras, las telas y los objetos tejidos en el
entierro. Los nahuas utilizan la imagen de un cordón, o de fibras y
tejidos en la frase "no rompemos el cordón/los hilos" *(xticotoniskeh)*
para referirse a la continuidad con un pasado histórico común (véase Good, 1993, 1994). Aquí las fibras simbolizan la conexión entre
los vivos, los muertos, y el paisaje ritual; facilitan el flujo de la luz, el
calor, y la fuerza entre las diferentes esferas socialmente construidas.

---

[8] Es significativo este uso de las jícaras; cada persona posee una jícara que la
acompaña toda su vida y también después de su muerte.

FIGURA 4.8. *Ofrenda para despedirse de los muertos en el lugar del entierro. Véanse las ollas, los chiquihuites y los morrales para que los muertos se lleven la comida, Ameyaltepec* (foto de C. Good).

Todos los informantes concuerdan en señalar que al dejar esta vida y separarse de su cuerpo físico el alma enfrenta un gran cuerpo de agua; algunos dicen que es un río y otros lo comparan con el mar. Para cruzarlo, necesita la ayuda de un perro negro,[9] que viene a recoger el alma y la carga sobre su lomo; este perro debe haber pertenecido al muerto o a un pariente suyo durante su vida. Después de pasar el agua el perro abandona al difunto en un playón lleno de grandes rocas. El alma camina sola y pronto aparecen los cuervos que empiezan a pegarle en la cabeza; para poder seguir su camino saca los granos de maíz de su boca y los arroja al piso. Esto distrae a los cuervos y así el difunto puede continuar su viaje. Empieza a ver vegetación verde, exuberante, y muchas milpas altas; pronto el difunto se encuentra rodeado de milpas llenas de elote, calabaza, frijol, melones. Ve manantiales de agua cristalina que brotan por todos lados. El alma nueva encuentra entonces a las otras almas que habitan allí y que le dan la bienvenida y le

[9] Los perros blancos son flojos y no trabajan; *cf.* Goose (1994) y Allen (1988) acerca de esta idea de la región andina.

piden regalos y noticias de los vivos que ésta acaba de dejar; de no traer ningún encargo, todas se ponen tristes y empiezan a llorar. Pero cuando viene bien aprovisionada, las almas viejas la festejan, la dirigen a su lugar y la guían en sus nuevas actividades.

Los muertos en el cultivo del maíz

Los nahuas dicen que los muertos "trabajan" *(tequitin)* y este desempeño es el más relevante para el presente escrito. Los muertos trabajan junto con los vivos en la agricultura y benefician directamente a la comunidad al controlar la lluvia y la productividad de las plantas y la tierra. Es útil recordar que por la extrema aridez del bosque tropical seco, el rendimiento de las milpas en esta región varía hasta un 70%, según la cantidad y frecuencia de la lluvia. Los muertos pueden traer el viento y las nubes cargadas de agua y hablan directamente con los santos, los dioses y *Tonantzin* para que ellos manden la lluvia. También aumentan o reducen la productividad de las plantas y la tierra, por lo que en la compleja cosmología nahua los muertos son esenciales para la fertilidad en general.

En la percepción local de la muerte, la persona deja su cuerpo físico, pero sigue perteneciendo a la comunidad y al grupo doméstico como miembro productivo. Al considerar así a los difuntos los nahuas desarrollan un sentido de su propia historicidad que está ligado íntimamente con los muertos, los lugares de entierro y las actividades rituales que implican. Estas ideas concuerdan con el uso de las víctimas de sacrificio en la época prehispánica para llevar recados y mensajes. A partir de un concepto del muerto como actor social que "trabaja" en determinadas esferas de actividad, era lógico que los pueblos mesoamericanos atribuyeran a los sacrificados la capacidad de cumplir con tareas específicas en beneficio de la sociedad.

En la región donde he realizado mi investigación etnográfica los informantes siempre insisten en que los muertos son "ligeros" y "veloces" porque son libres de su cuerpo. No están fijos en la tierra y pueden hacer llegar las peticiones de los vivos a lugares donde éstos no pueden ir. Un hombre me lo explicó así:

A nosotros, la gente [golpeándose a sí mismo en el pecho para indicar la existencia corporal] no nos hacen mucho caso. No nos hacen mucho caso porque somos gente [se golpeó otra vez]. Pero a las almitas, a ellas sí les hacen caso. Las almitas son *almitas*. Ellas pueden ir a todos lados. Ellas pueden ir lejos. Ellas pueden ir hasta *Tonantzin*, los santos y Dios. Ellas son ligeras, son rápidas y se van. Y sí les hacen caso a las almitas. Pueden escucharlas mejor que a nosotros. Y las almitas pueden explicar las cosas bien, pueden pedir las cosas. Nosotros, la gente, podemos hablar a las almitas, y ellas nos escuchan. Las almas llevan nuestros recados arriba, hasta los que mandan la lluvia. Y las almitas pueden explicar lo que nosotros, la gente, aquí [pisó la tierra con su pie varias veces para poner énfasis], aquí abajo, estamos necesitando.

Los muertos actúan en concierto con otras fuerzas —el viento, los zopilotes, las cuevas, los manantiales, los cerros, los santos y *Tonantzin*. En la sección anterior vimos cómo los vivos invocan directamente a estas entidades sagradas. Por medio de toda su actividad ritual la comunidad coordina y organiza una constelación de fuerzas; además, los humanos tienen que realizar las labores físicas necesarias.

Los muertos reciben ofrendas especiales durante la temporada húmeda, cuando la escasez de lluvia pone en peligro los cultivos. En Ameyaltepec los cantores llaman al pueblo para poner ofrendas a los muertos y ellos deciden qué comidas deberán preparar. En este caso asisten las familias que se encuentran en el pueblo; las almas que reciben las ofrendas hablarán a las otras almas y pronto logran reunirlas. Entonces los cantores y la misma gente del pueblo hablan a los muertos para explicar que no ha llovido, que sus milpas están sufriendo por la falta de agua y piden su intervención.

Varios aspectos de la fiesta de San Miguel tienen un simbolismo agrícola que no podría detallar aquí, aunque cabe señalar que en estas fechas los muertos llegan en masa para residir un mes en el pueblo. El 29 de septiembre en todas las casas las mujeres preparan una ofrenda especial para darles la bienvenida; después, a lo largo del mes de octubre colocan comida a diario en los altares familiares. La ofrenda de *ixilocruz* es seguida de la ofrenda de San Miguel y durante todo este periodo hay abundantes elotes tiernos. Las ofrendas más lujosas se realizan el 31 de octubre y el 1 y 2 de noviembre; son las más espléndidas, pero consisten casi por completo en artículos comprados para este fin. Varias diferencias entre las ofrendas de bienvenida y las finales son significativas: las primeras son principalmente de elotes y otros productos de la milpa

que uno mismo —o un familiar— cultivó. Se utilizan frutos agrícolas para recibir a los muertos, cuya llegada coincide con el inicio
de la cosecha. Estas ofrendas reconocen explícitamente su ayuda
durante el ciclo agrícola y, por eso, deben consistir en productos de
la milpa, así los vivos y los muertos se alimentan mutuamente,
igual que el maíz y la comunidad humana. Las últimas ofrendas
son de despedida y por eso incluyen morrales de *ixtle,* servilletas y
ollas vacías para que los muertos lleven la comida consigo. También los muertos reciben colectivamente encargos y mensajes de
los vivos cuando se acaba su estancia en la comunidad, de la misma
manera que un difunto individual en el momento de su entierro.

Otro elemento que sobresale en las ofrendas a los muertos es la
gran atención que se presta a los detalles estéticos de su arreglo en
cuanto a la estructura general, la ubicación de los objetos y las combinaciones de colores. Estas ofrendas son visualmente espectaculares; son obras de arte efímeras que los miembros del grupo doméstico construyen colectivamente y sobre las que inciden las redes
sociales mayores. Las ofrendas a los muertos se montan en el altar
familiar de cada casa, y también en el lugar del entierro en los momentos de la llegada de las almas y al despedirse de ellas. Representan una forma de expresión visual muy importante que se repite en
otros momentos de la vida ritual, como son las ofrendas agrícolas.
La vida ceremonial expresa un sistema estético culturalmente transmitido que se manifiesta también en las pinturas de los nahuas.

EL ARTE Y SU IMPORTANCIA CULTURAL

La técnica de pintar en papel amate se difundió en la región por
medio de las relaciones sociales que vinculan los pueblos entre sí. A
partir de 1961, los alfareros de Ameyaltepec y Oapan empezaron a
pintar en amate y, en menos de cinco años, se extendió el arte a otras
siete comunidades[10] donde no existía la tradición alfarera. Cuando
en 1972 conocí por primera vez a los nahuas de la zona, ya producían miles de cuadros anualmente para venderlos en los diferentes
centros turísticos del país. Dado que los miembros de casi todos los

---

[10] Xalitla, Ahuehuepan, Ahuelican, Analco, San Juan Tetelcingo, Tlamamacan
y Maxela (véase el mapa 4.1, p. 244).

grupos domésticos de estas comunidades han pintado el barro o el amate, me pareció sumamente importante explorar las implicaciones culturales de esta intensa actividad artística (Good, 1993, 1996a).

Durante la década de 1950 los nahuas descubrieron que los turistas y extranjeros residentes en México estaban dispuestos a comprar el barro de producción local. Los originarios de Ameyaltepec y Oapan respondieron creando una línea de alfarería comercial con dibujos más elaborados en piezas nuevas como macetas, máscaras y ceniceros. La transición del barro a otro medio más portátil para los dibujos siguió una progresión natural, y los pintores experimentaron primero con papel cartulina, antes de pasar al rústico papel amate. He examinado sistemáticamente piezas antiguas de barro, los primeros cuadros en papel cartulina y las obras iniciales en amate. Descubrí que en los primeros trabajos se distribuían al azar flores, plantas, pájaros y animales. Pocos años después, los pintores resolvieron el problema de estructurar los elementos sobre una superficie plana: utilizaron un árbol o arbusto como eje central y colocaron las aves en las ramas y otros animales o plantas abajo. Desde entonces han generado un extraordinario número de nuevas representaciones de estos elementos básicos de la flora y la fauna. Crearon un segundo género de cuadros que representan escenas de la vida del pueblo y que llaman *tlacatzitzinteh*, "pequeños hombres" o historias; por su contenido, estos cuadros son de gran interés etnológico.

Los datos demuestran que los nahuas han sido los protagonistas en el desarrollo de la pintura sobre amate; no obstante, se le ha atribuido a varias personas ajenas a la cultura local la "invención de la pintura en papel amate" (Ehrenberg, 1996; Stromberg, 1976). Desafortunadamente, estas versiones concuerdan con los estereotipos demasiado comunes del indígena como un ser incapaz de actuar por iniciativa propia. La interacción entre los nahuas y un público amplio, compuesto tanto de mexicanos como de extranjeros, estimulaba el proceso, pero no se puede considerar esta relación como causal o determinante de los eventos posteriores.

El arte y los significados locales

Simplemente al escoger cierto tipo de material para la representación gráfica, los artistas documentan con excepcional cuidado cier-

tos detalles de su experiencia colectiva. Tratan siempre la misma
temática: la actividad humana colectiva en los pueblos dedicada al
trabajo *(tequitl)*, sobre todo en los quehaceres domésticos, las tareas
agrícolas en la milpa, los usos del medio ambiente (como la recolección de plantas, la cacería, la pesca o el pastoreo), las fiestas y la
vida ritual. A su vez, el arte expresa la conceptualización local del
mundo natural. Por ejemplo, allí plasman su visión del entorno inmediato enfatizando los paisajes y las transformaciones en la vegetación entre la época de lluvias y la de sequía que domina su relación con la ecología local. Los nahuas también pintan los efectos del
sol y de la luna en los paisajes, los fenómenos astronómicos y los
movimientos de insectos y aves significativos para la vida ritual o la
agricultura. Muchas veces sus cuadros contienen milpas verdes, paisajes llenos de flores, árboles y plantas dando frutas, en los que se
representa un mundo ideal de productividad agrícola. En las escenas del pueblo dedican mucha atención al inventario completo y a
la colocación correcta de los distintos elementos de las ofrendas. Los
cuadros de las fiestas y del trabajo incluyen a todos los actores sociales necesarios para su realización. Sólo es posible apreciar la fide-
lidad etnográfica de los amates al estudiar estas obras sistemáticamente y con un conocimiento profundo de los acontecimientos
representados. Observar casualmente los amates en el mercado, o
enfocarse en el trabajo de un solo pintor no permite comprender
esta dimensión del trabajo artístico colectivo.

Por el hecho de ofrecer una visión positiva de la vida en el campo, algunos observadores han concluido que los amates presentan
imágenes románticas, irreales, producidas para agradar a los turistas,[11] y que estos últimos están deseosos de apropiarse de una
visión idealizada de la cultura indígena. Se han incluido los amates
en la categoría peyorativa de "arte de aeropuerto" (Graburn, 1976,
p. 6; Stromberg, 1976, 1981). Me parece demasiado simplista suponer que el mercado determina el contenido; cualquier estudio de

---

[11] No se puede suponer que los productores de artesanías comerciales conside-
ren su cultura como mercancía y que los consumidores determinen los significados
de su obra. Un enfoque demasiado económico (Cook y Binford, 1990; Littlefield,
1976, 1978; Nash, 1993; Waterbury, 1989) tampoco permite descubrir los posibles
usos internos de estos objetos. Queda por establecerse si el comprador realmente
pretende apropiarse de la cultura del productor de las artesanías étnicas. Las causas
para la demanda de estos productos son complejas y requieren más investigación.

las "artes turísticas" debe distinguir analíticamente entre los significados de un objeto para la persona y la comunidad productora, y las motivaciones e interpretaciones del comprador. Esta diferenciación crítica es sumamente importante en los casos en que el productor y el consumidor operan en contextos culturales diferentes. A continuación describo cómo los pintores comunican sus propios significados en los amates y cómo utilizan el acto de su producción para realizar sus propios fines culturales.[12]

Algunos ejemplos ilustran cómo la pintura en amate puede facilitar la reproducción social. Para pintar una escena que representa la vida ceremonial local, el artista tiene que conocer tanto las formas de organización social para su realización, como las nociones generales —si no particulares— de la cosmología expresada en la acción ritual. Cuando empecé a estudiar los cuadros de los niños descubrí que su obra revela la transmisión de la cosmovisión y los conceptos que organizan la actividad colectiva. La construcción cultural nahua de su entorno ecológico inmediato y de su mundo social queda expresada claramente en el trabajo de los niños, que incluye todos los elementos necesarios aunque posiblemente dibujados con un menor dominio técnico (véase la figura 4.9).

Citaré otro ejemplo de este proceso. En una ocasión encontré una escena desconocida para mí entre una serie de cuadros producidos por un grupo doméstico de Oapan. El hombre joven que lo pintó me explicó que representaba las ceremonias agrícolas de Oztotempan. Decidió usar este tema para un cuadro después que la hermana de su madre le contó de la peregrinación que había realizado el año anterior. Visitó a su tía varias veces a fin de informarse sobre la ofrenda y el aspecto físico del lugar antes de empezar a pintar el cuadro. Mientras hablaba con él, su esposa, sus padres y sus hermanas menores hicieron comentarios que indicaron que ellos también habían tomado parte en las conversaciones. La decisión de representar una escena específica en el amate requirió de un trabajo etnográfico por parte del pintor. Así, facilitó la transmisión de la información relevante para la cosmovisión del grupo cultural y sobre los detalles de

[12] En este sentido, los amates no son tan diferentes de los objetos valiosos de otras sociedades no occidentales que sirven para propósitos colectivos ocultos para el observador ajeno. Para un grupo de estudios excelentes al respecto, véase Kuechler (1992); Schaefer (1989); Cereceda (1986), (1990); Guss (1989); Weiner (1980), (1986); Murra (1975).

FIGURA 4.9. *Amate que representa una ceremonia a la hora
del amanecer, San Agustín Oapan* (foto de C. Good).

la actividad ritual a personas que no habían participado directamente en estas ceremonias. De la misma manera que los trabajos de los
niños, este cuadro sirvió como un mecanismo de apropiación colectiva del evento y sus significados más profundos no obstante que se
pintó para venderse.

El arte y la historia

Descubrí otra manera en la que el arte facilita la reproducción cultural. En una larga entrevista que realicé en 1993, el pintor citado
al principio de este artículo insistió en que los cuadros de la vida
del pueblo representan tanto la vida actual como escenas históricas. Usó como ejemplo los amates que representan las fiestas, las
ofrendas para los muertos y las ceremonias agrícolas: estos acontecimientos, junto con el trabajo agrícola, son los temas preferidos en
las "historias". Después declaró:

> Pienso que lo que pinto podría ser lo que había antes, porque aún hoy
> seguimos las mismas costumbres. Nosotros las cargamos adentro. Por

ejemplo, nosotros vamos a los cerros para hacer las ofrendas, para la lluvia. O, si no llueve, o si deja de llover, nos juntamos para ver qué vamos a hacer...

En la primera parte de este trabajo exploré algunas de estas actividades rituales. Lo que es significativo aquí es la visión del pintor de que tanto el arte como la realización de las ceremonias en sí expresan la continuidad del grupo cultural nahua. Las referencias a la historia fueron más explícitas en lo que dijo a continuación,

Nosotros tenemos estas costumbres porque son las de antes (*ihcsan*). Yo sé que no se han perdido porque, como ya dije, hoy seguimos los caminos que nos enseñaron nuestros abuelos. Por ejemplo, cómo hacer las ofrendas; los conocimientos de cómo hay que hacer estas cosas. Nosotros los seguimos en esto. Únicamente nuestra gente conoce todas estas costumbres. Porque en otros lados, en la ciudad, la gente hace cosas de otra manera. ¿Quién sabe qué camino siguen ellos? Pero nosotros sabemos que hacemos las ofrendas para la lluvia, que vamos a los cerros, esto hacemos cada año, cada año. Nosotros no rompemos el cordón (*xticotoniskeh*), no dejamos las costumbres de antes como las hemos venido siguiendo... Y eso es lo que pinto.

De nuevo hizo énfasis en la actividad ceremonial como una expresión de la continuidad histórica, y también como tema central de su arte.

La importancia etnológica de estos ejemplos es singular; demuestran cómo el proceso de pintar en amate cumple un papel crítico de reproducción cultural dentro de las comunidades. Esto no es necesariamente incompatible con su éxito comercial. Muchos antropólogos entrenados en la tradición intelectual occidental no perciben que objetos valiosos ajenos a su experiencia cultural pueden expresar significados importantes, o bien servir como instrumentos para reproducir a la sociedad (Weiner, 1986). En parte por esto, las artesanías no se consideran dignas de la etiqueta de "arte";[13] además, el desdén hacia las artesanías comerciales refleja la opi-

---

[13] La limitación principal de muchos estudios sobre el arte en sociedades no europeas resulta de tomar como universal una construcción cultural, históricamente particular, de "arte". La idea occidental contemporánea se centra en la figura del personaje del artista, un individuo único motivado por su "inspiración creativa". Obviamente, la producción artística en otros contextos corresponde a distintos conceptos culturales.

nión de muchos de que el turismo corrompe y contamina a los grupos étnicos. Calificar como "no auténticas" las artesanías elaboradas con fines comerciales resulta de las posiciones equivocadas que plantean la identidad indígena como no compatible con el cambio; los datos expuestos en este capítulo demuestran la falsedad de esta postura.

El poder de los muertos y la agricultura

Para concluir retomo una pregunta clave que surgió del análisis del material etnográfico: ¿por qué los muertos tienen un papel tan central en el pensamiento nahua? Para explorar esto hay que volver a la conceptualización de la relación entre los humanos, la tierra y la agricultura. Los nahuas del Alto Balsas expresan una idea clave con la siguiente afirmación: "Nosotros comemos la tierra, y la tierra nos come a nosotros". Los humanos "comen la tierra" por medio del maíz, ya que la tierra nutre a las plantas y los humanos reciben su fuerza a través del grano. Por eso se observa una constante preocupación en el ritual agrícola por impulsar el flujo de la fuerza o *chicahualiztli*. Un hombre lo describió así: "Nos dieron el maíz para comer y él nos da su fuerza. Por eso lo respetamos, porque es nuestra fuerza. Sin maíz no podemos vivir nosotros, ni los animalitos pueden vivir sin el maíz..." Al recibir el don inicial del maíz y dedicarse a la agricultura para producirlo, los seres humanos incurren en una deuda perpetua para con la tierra; dependen de la tierra igual que de la lluvia, y por eso dicen "comemos la tierra".

Por otra parte, cuando dicen "la tierra nos come a nosotros" se refieren a la descomposición lenta del cuerpo enterrado después de la muerte. Usan la expresión "la tierra come" para la absorción gradual del cadáver, y también para la descomposición de la caja de madera, la ropa y lo demás. Me han descrito en detalle gráfico las etapas en que se descompone alguien después de la muerte, proceso que dura unos cinco años, terminando con el comentario: "Es bonito, me gusta, me gusta así. Así debe de ser; comemos la tierra y luego la tierra nos come". Esta conceptualización implica ver la tierra como un ser vivo que nutre, pero que también devora (Broda, 1987). La tierra da sustento a la comunidad humana, pero a la vez necesita alimentarse.[14] Por medio de los entierros y la acción devoradora de la tierra que consume ropa, objetos de fibra, comidas rituales y la sangre de los animales sacrificados, los humanos cumplen con su obligación recíproca de alimentarla también.

Las almas de los muertos tienen poder porque son parte de la comunidad humana que ya saldó su deuda primordial con la tierra (véase Monaghan, 1991, 1995, para una descripción de conceptos afines entre los mixtecos). Esta conceptualización también explica por qué los niños muertos en la infancia se consideran moradores de un lugar especial con poderes excepcionales para traer la lluvia y ayudar a la productividad de la milpa. Estos difuntitos reciben solamente ofrendas líquidas —café, chocolate, caldo sin carne—. Me explicaron que esto es así porque "no comieron maíz" o "no comieron tierra" en sus cortas vidas. Estos niños muertos están "limpios", son "ligeros", van "más lejos", porque "no tienen *tlahtlacolli*". Los nahuas traducen *tlahtlacolli* como "pecado", pero no en el sentido cristiano; los datos etnográficos demuestran más bien que *tlahtlacolli* se refiere a una deuda por pagarse o un favor no devuelto. Los niños que nunca comieron tierra se encuentran sin *tlahtlacolli*, son "puros" porque nunca contrajeron una deuda con la tierra (Broda, 1971, describe el *nextlahualli* [la deuda pagada] en el ritual mexica).

De los huesos y las piedras

Hay otro aspecto interesante en este sistema conceptual. Me explicaron que los huesos de los muertos "ayudan" a los vivos, ya que éstos hablan con los huesos para expresar una necesidad o pedir consejos. En caso de una transgresión, se puede pedir la venganza a los huesos, la restitución por el daño o, simplemente, que desaparezca del círculo social inmediato la persona culpable. Los huesos

---

[14] Otras ofrendas alimentan a la tierra y son consecuencias lógicas de esta cosmovisión. Una mujer de Oapan explicó la ofrenda de sangre animal realizada cuando se construye una casa nueva así: "La tierra vive, pues, así nos dijeron los abuelitos *(tecolcolhuan)*. Nosotros decimos, 'que coma la tierra, que tome sangre' ...Ella toma, ella come *(matlacua tlatipac, ma coni yeztli, yegua coni, yegua tlacua)*". Otra persona me dijo *toyauhui yeztli, tik tocas yeztli* (se derrama y fluye la sangre; tú siembras la sangre). De no hacer esta ofrenda al construir, las personas que viven en la casa corren el peligro de enfermarse; un hombre dijo que alguien podría llegar a morir para que la tierra coma si no recibe la ofrenda de sangre.

permiten también encontrar algo perdido o robado. Las personas comunican sus planes a los huesos en cuanto a actividades productivas; además, pueden traer la "suerte" en el comercio, en la agricultura o en el amor. Los que "ayudan" de esta forma son los huesos secos y viejos; los vivos invocan solamente a los huesos "sin carne", ya que éstos "no tienen pecado" (*shkipian tlahtlacolli*). Su fuerza proviene de la separación de la carne del hueso; quedan limpios de cualquier residuo de la deuda contraída con la tierra mientras vivía la persona. Me han dicho que antes guardaban los huesos en sus casas y que los cráneos a veces servían para dar consejos, para resolver problemas o lograr objetivos, al darles un uso oracular.

Una conversación destacó la relación conceptual entre las piedras, los huesos y las cruces. A mi pregunta sobre *tetetlan*, un lugar de mucha piedra donde miembros de la comunidad ponen ofrendas agrícolas, una mujer me explicó que hacen ofrendas en todos lados donde hay cruces e insistió en que, donde hay cruces, también hay piedras. Puso de ejemplo varios altares en el campo y señaló cómo cada uno "tiene sus piedras", que deben ser piedras de *ihcsan*, antiguas o históricas. Sugiero como interpretación que hay una asociación cercana entre piedras y huesos. He establecido que la idea nahua del "pecado" es la deuda humana para con la tierra, y que los huesos viejos también quedan "limpios" después que la tierra consume la carne y la sangre del muerto. Estos huesos tienen fuerza porque representan la permanencia ya "limpia" de la persona. Sería lógico suponer que la tierra y la vegetación son las partes blandas del mundo natural —también un ser vivo—, mientras que las piedras forman una especie de esqueleto. La piedra y el hueso[15] podrían sustituirse mutuamente, tanto ritual como simbólicamente.

Por otra parte, los huesos humanos manifiestan temporalidad y una dimensión histórica por haber cumplido con el sacrificio a la tierra. En este sentido, los huesos representan a los ancestros y dan testimonio de su cumplimiento histórico con la obligación humana de alimentar a la tierra. También simbolizan el aspecto cíclico de la renovación de la vida humana y del crecimiento de la vegeta-

---

[15] Ha sido difícil obtener la información acerca de los huesos y su relación con las piedras; lo cual contrasta con la libre discusión que existe sobre las almas. Posiblemente la renuencia, poco usual, se deba a que éstas son ideas prohibidas por el cristianismo, mientras que el "alma" aparentemente corresponde a la religión europea; inclusive usan la palabra castellana en el náhuatl local.

ción. En este contexto es sugerente la presencia de las piedras en el camino que recorre el alma después de su muerte. Esta identificación entre piedras y huesos humanos podría explicar también la constante asociación de las piedras antiguas con las cruces en los lugares donde el ritual va dirigido a iniciar anualmente el ciclo del cultivo y del trabajo humano productivo.

Las comidas que alimentan a todos

El trabajo etnográfico demostró la importancia de ciertas comidas asociadas con cada acontecimiento ritual documentado, mismas que aparecen en otros momentos ceremoniales. Estas comidas son el producto de tradiciones antiguas, ampliamente difundidas en otras partes de Mesoamérica, y su persistencia requiere una mayor explicación. Además, la preparación de las comidas rituales contribuye al alto *status* de la mujer en la cultura local al crear una esfera de dependencia por parte de la comunidad y de los hombres en el trabajo especializado de sus esposas, hijas, madres y hermanas; de los esfuerzos de ellas resulta la eficacia de la acción ritual. En general, los etnógrafos no han dedicado suficiente atención a la comida y su relación con la historia y la cosmología, por lo que quisiera presentar algunas reflexiones sobre este tema.

En los días anteriores a la salida de la peregrinación a Cuetzala las mujeres de Oapan preparan *itacatl* —pequeñas tortillas gruesas, doradas, hechas de masa de maíz molido con ajonjolí y chile— y *chiltixtle* —semilla de calabaza molida con sal, chile y ajonjolí hasta formar una pasta espesa. Preparan también *itacatl* y *chiltixtle* en la celebración del carnaval, antes del inicio de la cuaresma, y como parte de la ofrenda en Mishuehue en mayo. El atole de *izquitl* y *totopochtli* cobra importancia también el 2 de mayo para las ofrendas en Mishuehue y en Ameyaltepec. El atole de *izquitl,* además, forma parte de la primera ofrenda de despedida a los muertos. Estas comidas se repiten en la ofrenda en Oztotempan: *itacatl* y *chiltixtle, totopochtli* y atole de *izquitl.* Para preparar el *izquitl* tuestan granos de maíz en comal y los muelen con piloncillo hasta formar un polvo fino. El *totopochtli* se hace de masa de maíz y piloncillo, pero se dora en comal exactamente como sale del *metlapil* en el metate; son hojas delgadas irregulares cuya forma está determinada por las piedras y la acción de moler. Se puede guardar el *totopochtli*, igual que el *itacatl* hasta 10 o 15 días. El *izquitl* en polvo se puede guardar durante años y para hacer el atole sólo se mezcla con agua y se hierve.

En las ofrendas a los cerros siempre se colocan dos tipos de tamales: *telolotzin*, hechos de pequeñas bolitas de masa de nixtamal sazonada con tequezquite y sal, y *yetamal*, de frijol. Ambos tipos se envuelven en hojas verdes de la planta del maíz llamadas *izuatl*. Cuando las milpas están en pleno desarrollo las hojas se cortan especialmente para este uso ritual, y el *izuatl* transmite a la masa el sabor de la planta tierna. Estos tamales se preparan para las ofrendas a las cruces tres veces al año y también para las de los muertos. Para las ofrendas en el cerro en Ameyaltepec en mayo, agosto y septiembre hacen un tamal de frijol muy grande, llamado *huey tamal*, que ocupa un lugar central. Pedazos de éste se reparten a todos los participantes en la ceremonia.

Descubrí en mis conversaciones con los nahuas que estas comidas usadas en un contexto ritual tienen significados históricos. Los *itacatl* y el *chiltixtle* se usaban en la arriería y los viajes a la Costa Chica para traer la sal de mar, ya que se conservan por mucho tiempo, igual que el *totopochtli;* los arrieros llevaban el *izquitl* para trueque en la costa. Otras asociaciones se establecerían con fuentes históricas sobre comidas rituales en el periodo prehispánico. Estas cuatro comidas se identifican con la época seca del año y su uso ritual es exclusivo de este periodo, con excepción del atole de *izquitl* que figura entre las ofrendas a los muertos. También utilizan tamales de *telolotzin* y gallinas en mole verde como ofrenda a las almas de los ancestros de la mujer cuando una novia sale de su hogar natal para vivir con su marido. El chocolate molido en metate con piloncillo y canela también se usa en las bodas y forma una parte importante de las ofrendas para los muertos. Así, las comidas rituales cobran importancia en el matrimonio, otro momento crítico para la reproducción del grupo social y la regeneración de la vida. Sus significados son compatibles con el uso de estas comidas en ceremonias para los muertos y para la agricultura.

Obviamente, muchos de los elementos de la comida ritual tienen un simbolismo importante que queda por explorar a fondo. Carlsen y Prechtel (1991) proponen una interpretación del equivalente maya del *izquitl* que se usa para hacer la bebida ceremonial *maatz*, semejante al atole de *izquitl*. Consideran que los granos dorados del maíz representan las calaveras o, posiblemente, los huesos de los muertos en general. De acuerdo con un mito maya, las calaveras se convirtieron en plantas de maíz después que se molieron en metate y se arrojaron como polvo a un río. El análisis de Carlsen y Prechtel depende de versiones míticas y en la zona náhuatl del Alto Balsas no he descubierto una tradición mítica oral importante. Sin embargo, esta línea interpretativa sugiere posibles relaciones históricas y simbólicas entre ciertas comidas, los muertos y el ritual agrícola. Desde hace tiempo he sospechado que las bolitas del *telolotzin* tienen alguna relación simbólica con las piedras y los huesos, aunque no he logrado establecerlo en conversaciones con los nahuas.

El tema de la transformación es otro aspecto importante expresado en el uso de las comidas. Los nahuas requieren de gallinas de rancho para cualquier ofrenda agrícola, para los muertos o para las bodas; igualmente, los puercos utilizados para intercambios matrimoniales tienen que ser de crianza local. Explican que su criterio principal es la alimentación de los animales; estas gallinas o puercos son "puro maíz, puro maíz". Es inaceptable para el uso ritual la carne de pollos o puercos de granja, ya que han comido alimentos industriales en lugar de maíz. Este concepto de la transformación también está implícito en la combinación de las comidas utilizadas en las ofrendas agrícolas. Por un lado tenemos los alimentos asociados con la lluvia y la temporada agrícola, como los tamales con su envoltura de *izuatl*, cocidos al vapor; y por otro, los *totopochtli* e *itacatl*, comidas vinculadas con la época seca hechas de masa de maíz doradas y resecadas en el comal.

Finalmente, quiero explorar el significado de las comidas y de las metáforas de la alimentación tan generalizadas en el sistema ritual. Aquí no he descrito los complejos intercambios ceremoniales de comida entre los actores sociales humanos que apoyarían aún más el argumento elaborado en el presente trabajo. En los datos expuestos en este capítulo ha sido muy claro que la comida es consumida por los seres no físicos, como las almas de los muertos, los santos y las cruces, entre otros. Ellos reciben los vapores, olores y sabores de la comida ofrendada. Desde el punto de vista local, por medio de las comidas se transmite el trabajo humano y la fuerza *(chicahualiztli)*, de los que la producen y preparan. La comida y el consumo de la comida facilita la circulación de la fuerza, aumenta la productividad y representa la dependencia mutua.

En la conversación antes citada, que sostuve con mis compadres de Ameyaltepec sobre las ofrendas al maíz desgranado, éstos expresaron otra idea sumamente importante. Repitieron lo que he escuchado con gran frecuencia en todos los pueblos de la región: "Tienes que cuidar al maíz y respetarlo para que esté contento contigo, para que se quede contigo, para que se haga más. El maíz se aleja de las personas que lo maltratan, que lo tiran dondequiera, que lo queman, que no lo respetan. El maíz se va cuando no está contento". Señalaron la ofrenda a la mazorca desgranada como un acto que le demuestra al maíz que es querido y respetado. De la misma manera que en Oapan insistieron en que "hay que dar de comer al maíz, porque el maíz nos da de comer a nosotros". Usaron la frase, "tú lo nutres y lo proteges, y a ti te nutrirá y te protegerá" *(tichuapauhuas huan mitz huapauhuas)*. Esta formulación en particular expresa de manera explícita la idea de la transmisión de fuerza o *chicahualiztli* entre el maíz y los humanos. La palabra *huapauhua* implica nutrir, criar, proteger, cuidar; se usa principalmente para describir la relación ideal entre madre e hijos. Esclarece el sentido de la frase *nonan tonacayotl*. La gente mantiene con el maíz —"mi madre, nuestro sustento"— la misma relación recíproca que debe existir entre padres e hijos. El compromiso de nutrirse mutuamente implica un endeudamiento permanente. En su visión, la misma relación prevalece entre la comunidad de agricultores, la tierra viva y el maíz como producto de ese esfuerzo común que coordina el trabajo físico con la actividad ritual.

UNA OBSERVACIÓN HISTÓRICA FINAL

Lo que he descrito aquí es actual e históricamente la versión contemporánea más generalizada de una cosmovisión mesoamericana. Muchos elementos de la vida ritual nahua pueden encontrarse también a nivel arqueológico y en los documentos históricos sobre la religión prehispánica (Broda, 1971, 1983, 1987, 1991; López Austin, 1994; Monaghan, 1990). Por otra parte, los datos demuestran la capacidad nahua de incorporar elementos nuevos y seguir elaborando una visión propia del cosmos, del mundo natural y de la actuación correcta de la comunidad humana. Evidencian la tenacidad extraordinaria de los pueblos mesoamericanos, que han sufrido 500 años de conquista y diversos proyectos de cambio social impuesto. Mantener esta cosmovisión y realizar los actos rituales necesarios para ella, reflexionar sobre su cosmología en el arte y ordenar las relaciones humanas de manera coherente con ella les permite reproducir su propia sociedad. El caso nahua demuestra que estas acciones rituales crean un grupo social vigoroso y aseguran una continuidad en la cultura mesoamericana en el presente y para el futuro.

"POST SCRIPTUM"[16]

Oztotempan: "El ombligo del mundo"

Desde la publicación del trabajo de Teresa Sepúlveda (1973) sobre las ceremonias en Oztotempan, Guerrero, el 1, 2 y 3 de mayo, los investigadores han reconocido la importancia de este lugar para el estudio de las tradiciones religiosas mesoamericanas. Sin embargo, no se han publicado otros registros etnográficos sobre los rituales que se celebran allí anualmente. El presente trabajo retoma el tema de Oztotempan y lo que significa para miembros de un grupo de comunidades nahuas ubicadas en la cuenca del Río Balsas. Se basa en mi documentación de la peregrinación a Oztotempan, realizada por los habitantes del pueblo de San Agustín Oapan en 1988. Considero también la conceptualización del lugar y las versiones que acerca de éste existen entre los pobladores de esta región. Oztotempan es una falla geológica en las formaciones rocosas de la Sierra Madre del Sur; es un enorme hoyo, completamente redondo y de gran profundidad. Los nahuas del Río Balsas lo denominan *ixictl mundo* (el ombligo del mundo), aunque usan también el término *oztotl* o "cueva".

Profundizar sobre el significado cultural de Oztotempan requiere de una óptica más amplia sobre la vida ritual y la cosmovisión nativa. Los datos que presento aquí deben ser analizados en el con-

---

[16] Por el gran interés que tiene el material sobre Oztotempan, en relación con los temas tratados en este libro y de manera especial con el capítulo de Broda (en este volumen), se incluye aquí como *post scriptum* el texto sobre Oztotempan que fue redactado como un trabajo posterior. Parte de este material se presentó como ponencia en el simposio sobre "La montaña en el paisaje ritual" de la *Mesa Redonda de la Sociedad Mexicana de Antropología*, San Luis Potosí, julio de 1998.

texto de otras ceremonias que observan los nahuas en una región geográfica extensa. Estas ceremonias en su conjunto forman un complejo ciclo ritual relacionado con la agricultura, los muertos y su construcción cultural de la causalidad en el mundo natural. Antes he analizado el culto a los cerros y los rituales realizados en puntos clave del entorno de los pueblos. La peregrinación a este lugar es parte de una serie de peregrinaciones que realizan los nahuas, en temporada seca, a diferentes lugares de importancia ritual fuera de la región, entre ellos Cuetzala del Progreso, Tonalapa del Río, Mayanalán, Atlixtac y Tixtla. Por otra parte, las ceremonias en Oztotempan se vinculan con el culto a los muertos e indican el papel clave de los difuntos como elementos necesarios en el manejo colectivo de las fuerzas productivas y reproductivas humanas (Good, 1993, 1996). Finalmente, la actividad ritual colectiva que allí se desarrolla es central para la reproducción cultural porque incluye organización social, acción ceremonial, concepto de territorialidad, articulación con otras comunidades en el espacio y el tiempo y transmisión de la cosmovisión.

Organización social y preparativos

La ceremonia más conocida en Oztotempan se realiza del 1 al 3 de mayo y coincide con la fiesta de la Santa Cruz. Sepúlveda (1973) describe los ritos organizados allí por nahuas de Atliaca, el pueblo más cercano a la falla natural. Las comunidades de la cuenca del Río Balsas quedan más lejos y sus pobladores recorren de 10 a 14 horas en mula o a pie para llegar.[17] Empiezan a hacer peregrinaciones al sitio a partir del 12 o 15 de abril, y cada día un pueblo diferente envía una delegación para hacer ofrendas allí. De los días 1 al 3 de mayo realizan ceremonias en los cerros alrededor de sus comunidades y no asisten a Oztotempan.

En 1988 la delegación de San Agustín Oapan partió el 22 de abril y regresó el 23. El día anterior había ido un grupo de San Marcos Guacatzingo y el día siguiente acudió otro de San Miguel Tecuixiapan; nos encontramos en el camino de regreso con parte de la delegación de San Miguel que iba a su *tequitl*, palabra que usan para

---

[17] En ocasiones, durante la década de 1990, han ido a Oztotempan desde el pueblo de Atliaca, al que llegan ahora por carretera.

designar el trabajo o sacrificio ritual y obligaciones sociales recíprocas (Good, 1994). Asisten nahuas de los pueblos de Analco, San Juan Tetelcingo, Totolzintla, San Francisco Zumatlan, Tula, Ahuetlixpa, San Agustín Oztotipan, entre otros, de la cuenca del Río Balsas;[18] también van a Oztotempan nahuas de otras comunidades y sus alrededores, Tulimán, Huiziltepec y Mochitlán. La ceremonia que describe Sepúlveda (1973) y los datos presentados aquí representan sólo una pequeña parte de las celebraciones; un estudio completo de Oztotempan requiere enfocarse a la totalidad de los ritos por un periodo de casi un mes[19] realizados por más de 30 comunidades.

En el pueblo de Oapan la misma familia organiza la peregrinación y la ofrenda cada año; se considera un acto voluntario y no es un puesto rotativo, aunque la ofrenda beneficia al pueblo entero. Las personas más importantes de la organización de la ofrenda tienen que ser "limpios" para hacer la peregrinación, porque Oztotempan es un lugar muy "fuerte". La restricción que observan durante ocho días antes de hacer la peregrinación es "ayunar" —no comer alimentos sólidos durante el día— y abstenerse de relaciones sexuales. Los preparativos para la ofrenda requieren varios días de trabajo femenil colectivo en la casa de la familia organizadora. Ponen nixtamal, muelen el maíz y preparan los tamales de frijol (*yetamal*) y de bolitas de masa (*telolotzin*) en el pueblo. También muelen la semilla de calabaza para el mole.

En 1988 fueron 30 hombres y mujeres, algunos iban siempre y otros lo hacían por primera vez. Cada peregrino llevaba una mula y el grupo llevaba cuatro o cinco mulas adicionales para cargar la comida y los trastes necesarios para la ofrenda. Me dijeron que a veces llevan a los músicos del pueblo o algún grupo de danza. Nos levantamos a las dos de la mañana y salimos cerca de las cuatro de la mañana. Tardamos más de 12 horas en llegar a Oztotempan; había que cruzar el Río Balsas y recorrer un camino bastante escabroso en medio de la accidentada sierra. Llevaron las gallinas vivas y a medio camino se detuvieron en un pequeño valle donde hay un pozo de agua abundante llamado Ahuexochitlan. Allí mataron y

[18] Representantes de Ameyaltepec y Xalitla no han ido últimamente, aunque asistían hace 20 o 30 años.

[19] Habría que investigar si no hay actividad ritual en Oztotempan en otras fechas, especialmente en septiembre o en noviembre.

limpiaron las gallinas mientras descansaban los animales y llenaban sus piroles de agua para llevar a Oztotempan.

Descripción de la ceremonia

Llegamos a Oztotempan a las 6:30 p.m., cerca de la puesta del sol. Oztotempan es una enorme abertura en un piso rocoso, absolutamente redonda[20] con paredes de piedra perpendiculares. No es posible ver el fondo por su gran profundidad, por el precipicio que no permite asomarse y por la oscuridad, ya que el sol no ilumina hasta el fondo. Oztotempan representa la inversión de los cerros en su estructura física. Inmediatamente los hombres tronaron cohetes dentro del hoyo que retumbaban con mucha fuerza y producían un fuerte eco. Yo estaba sorprendida por el gran número de árboles en la alta planicie; tampoco esperaba sentir tanto frío en la noche, ya que soplaba el viento constantemente.

En el extremo poniente del hoyo hay una pequeña estructura abierta que los nahuas llaman *calzintli* o "casita",[21] con bajas paredes de piedra por tres lados y vigas de cemento y castillos de varilla sosteniendo el techo. Había cruces de madera montadas a lo largo de las paredes alrededor del *calzintli*, 11 del lado derecho, 9 del lado izquierdo y 34 cruces en frente, donde hay un altar principal también de piedra. Las cruces laterales son chicas pero las cruces en el altar central son de todos los tamaños, incluyendo un número considerable de cruces más altas que un adulto de estatura promedio. Todas las cruces son de madera, la mayoría pintadas de azul y algunas con el nombre de un pueblo tallado en sus brazos, entre ellos Huiziltepec, Tixtla, Totolzintla y Zumpango del Río. Los de Oapan me explicaron que cada cruz corresponde a un pueblo que se encarga de "cuidarla".

En diferentes puntos alrededor de la falla hay siete altares chicos formados por piedras apiladas y tres altares adicionales en la entrada del recinto ritual, llegando desde el camino del pueblo de Atliaca que se ve abajo en la lejanía. Algunos de los altares pare-

---

[20] Un informante me había descrito a Oztotempan como el Estadio Azteca; al verlo me di cuenta de que era atinada su comparación.

[21] No "capilla" o iglesia (*teopan*).

cían replicar la estructura de la falla por tener un hueco en medio, y cada uno contaba con una o tres cruces. Otro altar se ubica sobre una saliente rocosa que es el punto más cercano al hoyo, también del lado poniente, justo debajo del *calzintli*. En todos los altares vi restos de flores, velas y cera escurrida; las hormigas se llevaban pétalos de flor. Muchas cruces dentro y fuera de la "casita" tenían ofrendas florales frescas y secas. Varias de las cruces principales estaban adornadas con cadenas de flores y *tlaquentli* o "ropa". Predominaban flores de *cempoalxochitl* y *cacaloxochitl*, pero también había mucha bromelia de diferentes tamaños colocada sobre las piedras como ofrenda (véase la figura 4.10).

Al llegar, todos los peregrinos de Oapan saludaron a las cruces dentro de la "casita". La cruz de Oapan estaba parada en el lado izquierdo del altar principal y colocaron semilla de maíz de los cuatro colores, y semilla de calabaza y chile en jícaras o en bolsas de plástico sobre las piedras delante de ella. Adornaron su cruz con cadenas de *cempoalxochitl* y *cacaloxochitl* y le pusieron *tlaquentli* (ropa) nueva; algunas otras cruces recibieron flores en menor cantidad. También dejaron flores y velas prendidas frente a las cruces chicas en los altares alrededor del hoyo. Todos hicieron sus peticiones en voz alta, dirigiéndolas a la cruz de Oapan. Todo el mundo pidió *fuerza*;[22] una mujer lloró al reclamar *fuerza* para ella y sus hijos. Otra mujer pidió *fuerza* para volver a Oztotempan en otra ocasión futura. Un hombre explicó en sus oraciones que él iba a sembrar, solicitó ayuda para él y sus hijos, *noche noconehuan*[23] y también para sus burros. Otras personas pidieron buen temporal para sus milpas, *fuerza* para las plantas y que no les faltara el maíz.

Después, las mujeres cocieron el mole y calentaron los tamales para la ofrenda principal; todos descansaron un rato acostados en costales y utilizando las sillas de los animales como almohadas. Había bastante viento y se comentaba el frío que hacía al bajar el sol. Colocaron la ofrenda de comida a las 9 de la noche y cantaron rosarios hasta las 11:30; empezaron otro rosario a las 2 a.m. que terminó a las 4. Tronaron cohetes dentro del hoyo toda la noche

---

[22] En el léxico local *fuerza* connota el uso de energía y el espíritu personal para realizar un objetivo. *Fuerza* se utiliza en referencia a las actividades físicas y se extiende al igual que *tequitl* a tareas rituales, artísticas e intelectuales. El equivalente más cercano en náhuatl es *chicahualiztli* (véase la página 245).

[23] Sus hijos, nietos y descendientes en general.

FIGURA 4.10. *Cruces adornadas con flores y* tlaquentli *que pertenecen a diferentes comunidades, en Oztotempan* (foto de C. Good).

provocando un trueno tremendo que se oía desde muy lejos. Prendieron velas en los pequeños altares alrededor de la apertura en la tierra y diferentes personas las vigilaban toda la noche para cambiarlas cuando se consumía la cera y prenderlas de nuevo cuando el viento las apagaba.

La ofrenda de comida consistía en 10 gallinas en mole verde, café, tamales, camote, calabaza en dulce, sal, mezcal, cigarros y agua. Tendieron un mantel de plástico en el piso frente a la cruz de Oapan y arreglaron 32 o 34 platos de mole. Al lado de cada plato prendieron una vela y pusieron un tamal de bolitas de masa *(telolotzin)* y un tamal de frijol *(yetamal)*.[24] Colocaron en medio del mantel un plato de fruta, una jícara de camote y una jícara de calabaza, además de la sal, los cigarros y el mezcal; también pusieron la semilla para la próxima siembra. Tenía el aspecto de una ofrenda para los muertos, o de las mesas que arreglan en el pueblo de Oapan para los oficiales en cumplimiento de cargos ceremoniales. Me explicaron que la ofrenda es para *totatatzitzihuan*, literalmente "nuestros

[24] El simbolismo de la comida preparada para uso ritual requiere de un análisis cuidadoso (véase la sección Las comidas que alimentan a todos, p. 276).

venerados padres". Prendieron velas delante de cada cruz chica
—conté un total de 96 velas prendidas durante la noche dentro de
la "casita"—. Sus luces bailaban en el viento nocturno e ilumina-
ban todas las cruces creando un bello efecto visual. A la vez, colocaron otra pequeña ofrenda de comida, con los mismos elementos,
en el altar más cercano al hoyo.

A las 5:30 de la mañana, cuando empezaba a escucharse el canto de los pájaros y se acercaba el amanecer, los hombres tronaron
más cohetes dentro del hoyo y las mujeres prendieron más velas
en cada altar. Todo el mundo se apuró para ensillar las mulas.
Muchas aves volaban en círculos en el aire arriba de la falla; son
las aves que duermen o hacen sus nidos en las paredes de roca.
Después, el grupo entero sacó la cruz de Oapan para hacer una
procesión especial, en sentido levógiro alrededor de la falla. Todos
caminaban en retroceso, muy pausada y deliberadamente. No podían ver las piedras por la poca luz y por caminar al revés; a veces
se tropezaban y se caían. Se detuvo el grupo solamente en el extremo oriente opuesto a la "casita" para tronar cohetes y sahumar la
cruz y el hoyo con incienso de copal en las cuatro direcciones. La
procesión terminó cuando llegó a un pequeño altar cercano al precipicio, justo en el momento en que el sol salió por el horizonte.
Allí todos se pararon y cada peregrino caminó en frente de la cruz,
se persignó y la sahumó para despedirse de la cruz y pedir *fuerza*
de nuevo. Los primeros rayos del sol bañaban a la cruz de Oapan
así como a los peregrinos en el acto culminante.

Rezar allí y dirigir al precipicio las mismas peticiones colectivamente fue el momento más emotivo de toda la ceremonia en
Oztotempan. Las mujeres lloraron y chillaron y algunos hombres
alzaron la voz al pedir *fuerza*, lluvia y salud para ellos, para sus
hijos, para las milpas y para sus animales. Después caminaron de
frente, de manera normal, en procesión, para devolver la cruz a su
lugar dentro del *caltzintli*. Las mujeres recogieron la ofrenda de
comida y la repartieron para comer entre todos antes de salir. Habían llegado tres mujeres y un hombre de Atliaca al amanecer, quienes saludaron a todos en náhuatl y pusieron su propia ofrenda
delante de otra cruz. Los de Oapan compartieron comida de su
ofrenda con ellos. Todos los peregrinos fueron al altar para despedirse de la cruz de Oapan por última vez; lloraron y rezaron de
nuevo, tanto hombres como mujeres imploraban *xnech maka fuerza*

(que se me dé fuerza) o *mani-tequiti* (que tenga fuerza para trabajar). Habían tomado el mezcal de la ofrenda y algunas mujeres
estaban muy alteradas. Despedirse de la cruz y del lugar provocaba
un llanto generalizado; una mujer se echó al suelo gritando que no
podría irse, mientras otra mujer la jaloneaba. Finalmente la levantaron entre varias. Intentaron consolarla diciendo que todos volverían
el año que entra, que no se iba para siempre. Por fin, a las 8 de la
mañana todos habían emprendido el camino a su pueblo (véase
la figura 4.11).

La experiencia de peregrinar

En el largo camino de ida y de regreso había bastante conversación
entre los peregrinos, también muchas bromas y largos periodos de
silencio. Todos los miembros de nuestro grupo observaban y comentaban los recursos naturales en el campo: los árboles frutales, las
diferentes flores y plantas silvestres, la ubicación de leña. Pasamos
un cerro con muchas palmeras y, de regreso, algunos se detuvieron
y cortaron palma para arreglar sillas. Comentaban la condición del
ganado y los burros que veíamos pastando, de sus hábitos y especu-
laban sobre el dueño al cual pertenecía un determinado animal. Hablaban del comercio, las fiestas, eventos en la comunidad, sus relaciones con pueblos vecinos. Dentro de la plática escuché historias de
visitas anteriores a Oztotempan, recuerdos de otras personas que
habían hecho la peregrinación y reflexiones sobre estas experiencias.

Algunos hablaron del vuelo de los pájaros que habían visto en
Oztotempan y lo compararon con el año pasado; no escuché todo
pero oí que una mujer explicaba a una compañera de camino que
esto auguró una buena temporada. Muchas de las ideas y los conceptos clave acerca de los lugares sagrados, los rituales y la percepción de la naturaleza se transmiten de manera casual. No hay
ninguna instrucción formal; los conocimientos importantes pueden salir en cualquier plática, inclusive en las borracheras. No sólo
el investigador sino los nahuas mismos se enteran casi por accidente de ciertos aspectos de la cosmovisión si están presentes cuando se aborda un tema.[25]

---

[25] Posiblemente esta forma fragmentaria de transmitir conocimientos clave es
una estrategia de defensa cultural adoptada por pueblos colonizados y militar-
mente reprimidos por largos periodos.

FIGURA 4.11. *La falla natural de Oztotempan con el pequeño altar del oriente, a la hora de la despedida del lugar* (foto de C. Good).

Las sensaciones físicas que experimentaban los peregrinos eran importantes temas para comentar. En realidad, el viaje resulta cansado para todos; todos experimentan extremos de calor y de frío, les quema el sol, sienten mucha sed, el dolor del cuerpo se vuelve constante por tantas horas en mula, y duelen las piernas al bajar del animal para caminar. Todo eso forma parte integral de la experiencia y, en este aspecto, hacer la peregrinación queda impreso en el cuerpo.

Concepto del lugar

Antes y después de ir a Oztotempan hablé con hombres y mujeres en Oapan y otros pueblos de la cuenca del Río Balsas. Aprendí que hay un conocimiento generalizado sobre el lugar y su aspecto físico; también descubrí que muchas personas conocen las ceremonias que se realizan allí en detalle, aun cuando nunca han estado personalmente. Todos los informantes, tanto en Oapan como en otras comunidades de la región, coincidieron en los siguientes puntos.

Oztotempan es el centro y también el ombligo del mundo. Abajo existe una realidad paralela donde hay mucha agua que brota de los manantiales y que fluye continuamente. De allá sale el agua para que las lluvias caigan aquí. Hay muchos campos cultivados con flores y plantas verdes; en este mundo subterráneo viven también muchas personas, animales, aves y otros seres. La gente abajo disfruta de milpas con grandes matas de maíz, excepcionalmente altas, verdes y productivas. Todo el tiempo se cosecha elote, sandía y melón; en este mundo siempre hay mucho maíz y flores de todo tipo. Se puede resumir su concepto al decir que es un lugar de abundancia agrícola permanente, y de prosperidad y felicidad. Representan una visión de un paraíso agrícola que es completamente opuesto al paisaje quemado que rodea a los nahuas durante la larga época de sequía que es cuando hacen estas ofrendas.

El agua para la temporada de lluvias, tan necesaria para la gente en nuestro mundo, viene de Oztotempan. De Oztotempan salen también los vientos; de hecho, me dijeron que es "la casa del viento o de los vientos" *(ichan ehecatl/imchan ehecameh)*. Son varios vientos, muchos vientos, y me dijeron que en Oztotempan vive el "dueño del viento". También de Oztotempan vienen los zopilotes, que son una manifestación del viento. Esta concepción se reitera en otras ceremonias que realizan los pobladores de Oapan durante el ciclo agrícola, especialmente las ofrendas para los zopilotes en el cerro de Mishuehue por medio de las cuales alimentan al viento (véase la sección El simbolismo del maíz). Un informante me explicó que los zopilotes son dioses, ellos son el viento, es fundamental que coman. Refiriéndose a los zopilotes y al viento dijo: "la casa del zopilote y la casa de los vientos, es uno" *(san ce imchan)*. La ofrenda a los zopilotes sirve para atraer a la lluvia porque el viento jala las nubes para que descarguen el agua en donde están los sembradíos.

290 EL RITUAL Y LA REPRODUCCIÓN DE LA CULTURA

El mismo informante explicó que los señores ancianos le han dicho que los zopilotes son ánimas o almas, una clara referencia a los muertos. Otras aves salen de Oztotempan, entre ellas los *cacalomeh*, o cuervos que también tienen una asociación importante con la muerte y el lugar de los muertos (Good, 1996). Una anciana de Ameyaltepec mandó conmigo a Oztotempan unas velas para sus "abuelitos" que están allí. Por estas referencias es claro que Oztotempan está asociado estrechamente con el mundo que habitan los muertos.

Varios informantes en diferentes pueblos de la región del Río Balsas describieron las ofrendas que antes hacían en Oztotempan. Arrojaban animales vivos —gallinas blancas, chivos, becerros— que no se mueren porque llegan a un mundo de mucha agua y abundantes milpas. También me dijeron que bajaban una gallina blanca amarrada a un *chitatli*, rodeada de flores y con velas prendidas alrededor en la orilla. Me explicaron que los vientos salen de las paredes de roca de la falla para "agarrar" y "jalar" hacia ellos estas ofrendas. Nadie mencionó la existencia de cuatro cuevas al fondo de Oztotempan que recopiló Sepúlveda (1973), pero estas versiones sugieren la idea de una división en cuatro partes de este mundo subterráneo.

Significado de la acción ritual

De manera muy explícita la acción ritual realizada en Oztotempan tiene la finalidad de atraer a la lluvia, y de provocar o agilizar el cambio de las estaciones. Pregunté a varios hombres, entre ellos los encargados de la ceremonia, por qué caminaron hacia atrás en la procesión. Dijeron que siempre se hace así en Oztotempan. Un hombre explicó que en el pueblo caminan de frente para las procesiones, solamente en Oztotempan se hace de otra forma. El organizador principal dijo: "Así lo hemos visto desde antes, viene de los abuelitos". *(Icon o-tiki-taqueh de iksan, de tococolhuan hualah.)* En Oapan, posteriormente, un informante explicó que se hace así porque están pidiendo la lluvia; se está pidiendo que venga el temporal, ya que de allí sale el agua para las lluvias. Será una acción eficaz para deshacer lo que ya está (Johannes Neurath, c.p.) o para pasar a una nueva etapa que, dentro de un ciclo, es también regresar a lo anterior. Figura de manera sobresaliente el uso de cohetes en todas las fases del ritual en Oztotempan y el tronarlos constantemente dentro de la falla para producir un estruendo que se oye desde muy lejos. La naturaleza no material de los sonidos y de los olores los convierte en el medio preferido para la comunicación entre el mundo físico que habitan los humanos y un mundo más ideal (Gell, 1977). El constante uso de sabores, olores y sonidos en las ceremonias agrícolas y para los muertos sugiere que parte de su función es trascender las barreras entre estas realidades.

La acción ritual en Oztotempan también tiene la finalidad de asegurar la producción del maíz, del elote, de los melones y de todos los productos agrícolas —"encargas para que te traigan todo" (*tik tlaquehuas noche*)—. Esto se logra al incidir sobre los elementos del mundo natural, el viento, las nubes, la lluvia y las aves. Está fundamentado en el concepto culturalmente compartido de que la comunidad humana debe intervenir en el mundo natural y en los fenómenos cíclicos. Su colaboración mediante el ritual es necesaria para asegurar el funcionamiento correcto del cosmos.

El ritual estimula la fertilidad en la agricultura de manera particular. Revuelven la semilla que había sido parte de la ofrenda con la semilla por sembrar durante la próxima temporada. La presencia de la semilla en el lugar sagrado y la ceremonia realizada allí le imparte una potencia especial que es transmisible y aumenta la productividad de todas las semillas. Una actividad afín es la recolección de piedritas para revolverlas con la semilla por sembrar. Los nahuas de la cuenca del Río Balsas realizan esta actividad en Cuetzala del Progreso. Sepúlveda (1973) describe esta acción en Oztotempan por parte de los peregrinos de Atliaca, pero no lo observé entre los que acudieron de Oapan. Esta acción de ofrendar la semilla se repite en diversas actividades ceremoniales durante el periodo más seco del año: se hace en los cerros, en unos altares de piedra en distintos lugares del campo y en la iglesia donde se presenta la semilla a *Tonantzin*, la Virgen, "Nuestra Venerada Madre", y a varios santos durante la Cuaresma y la Semana Santa. Todas estas acciones le dan más *fuerza* a la semilla.

Los informantes no lo expresaron directamente, pero es obvio que hay un importante componente del culto al Sol en la ceremonia en Oztotempan. Toda la actividad ritual se realizó durante la noche; los peregrinos llegaron a la hora de la puesta del sol. La procesión fue en la madrugada y culminó en el momento en que salió el sol por el horizonte. En estas fechas los rayos del sol naciente iluminan primero las cruces de todos los pueblos en el altar del *caltzintli* y luego la cruz de Oapan y la congregación de los peregrinos en el punto más cercano al precipicio. Tanto la cruz de Oapan como los integrantes de la procesión quedaron bañados con la primera luz de la mañana, acto que también imparte energía y fuerza especial.[26]

Interpretación

La ceremonia en Oztotempan es una expresión regional de una cosmovisión más generalizada en Mesoamérica y, por lo tanto, es particularmente significativa. No he emprendido la tarea de interpretar la ceremonia documentada en relación con las fuentes históricas o comparativas de otras regiones porque ello supone un trabajo mucho más extenso. Sin embargo, hay que señalar algunos puntos importantes al respecto. En Oztotempan tenemos la coincidencia de varios sistemas que se han analizado como esferas separadas de la acción ritual indígena. Estos sistemas coinciden en un lugar físico específico y punto destacado de la geografía donde se da la coordinación de las actividades rituales que convergen desde diversos puntos de un territorio compartido. Esto se refuerza aún más si tomamos en cuenta que los rituales en Oztotempan que efectúa cada pueblo son parte de un ciclo más complejo de ceremonias que los mismos llevan a cabo en otros sitios del medio natural cerca de su comunidad.

La ceremonia y la conceptualización del lugar revelan otros elementos de la cosmovisión. Hay una importante asociación entre Oztotempan y el mundo subterráneo. Es el punto de acceso a un lugar cuyos habitantes tienen una existencia paralela a la vida en la tierra donde están las comunidades actuales. Por una parte, la referencia al lugar como "ombligo del mundo" hace hincapié en su papel como conexión entre la Tierra y el inframundo. Las características de este último son significativas. Es un lugar de lluvia, de manantiales, de agua abundante, de plantas vigorosas y de milpas en constante producción. Es un mundo generosamente dotado de elotes, calabazas, melones y maíz; es un mundo ideal, caracteriza-

---

[26] En un cuadro de papel amate pintado por un artista de Oapan se representa una ceremonia curativa que requiere apropiarse de la *fuerza* de los primeros rayos del sol.

do por su abundancia y verdor, en agudo contraste con la ecología tan árida de la sierra en esta región del estado de Guerrero.

Hay que enfatizar las asociaciones muy explícitas entre los muertos y este lugar de la abundancia eterna, de fertilidad y productividad agrícola. Esto se expresa en distintos aspectos de las ceremonias en Oztotempan. La ofrenda de comida es obviamente una ofrenda para los muertos. Los *cacalomeh*, cuervos, de Oztotempan recuerdan a los cuervos que debe enfrentar el alma de un difunto nuevo cuando emprende su viaje hacia el lugar que habitan las demás almas (Good, 1993, 1996). Las descripciones que me han hecho los nahuas del mundo al fondo de Oztotempan coinciden de manera sorprendente con las versiones de la morada de las almas viejas. Algunos informantes asocian los zopilotes con las almas de los muertos, y también vienen de Oztotempan. Es de importancia singular que en Oztotempan coincidan los conceptos del lugar de los muertos con la visión de un mundo de abundancia agrícola, de agua y de productividad.

En conversaciones posteriores con diferentes personas en varios pueblos de la región, éstas insistieron en que pueden verse los *totatatzitzihuan* (nuestros muy venerados padres) en Oztotempan, que ellos habitan allí abajo. Es problemático precisar quiénes son los *totatatzitzihuan*. En Oztotempan, mientras estaba contemplando la salida del sol, se me acercó uno de los hombres; le señalé el amanecer y él se persignó y me dijo: *Totatatzin* (Nuestro Venerado Padre). Así que el Sol es *totata*; varias personas de diferentes pueblos han expresado esta idea. También me han dicho y he oído que las cruces son *totatatzitzihuan*. A la vez, utilizan la palabra para los ancestros y para los muertos. En otros contextos he escuchado a los nahuas llamar *totatatzitzihuan* a Jesús y a los santos católicos. El concepto *totatatzitzihuan* es complejo y sintetiza diferentes ideas, ya que se refiere a los ancestros o los antepasados en un sentido general, y a las almas de los muertos de la comunidad en particular. Significativamente, también se usa para designar al Sol.

Por último, en el ritual descrito en este capítulo sobresale el concepto de fuerza como trabajo, potencia y poder personal y colectivo; la fuerza es energía vital, creativa, con capacidad de generar riqueza o bienestar. La caracterización de este lugar como "ombligo" o centro del mundo también reitera la fuerza como concepto cultural clave. Oztotempan es un lugar destacado del paisaje por ser la inversión de los cerros y es el punto de acceso al inframundo. Pero Oztotempan es un centro, un ombligo, también porque representa un lugar sagrado donde los humanos acceden a esta fuente de energía productiva y reproductiva. En este sentido es un eje de la fertilidad colectiva, humana y agrícola. Es el punto en el que los humanos se articulan con la tierra viviente, con los elementos del mundo natural, la vida vegetal, el sol y los muertos.

Agradecimientos

El Consejo Nacional para la Ciencia y la Tecnología (Conacyt) me otorgó el nombramiento a una cátedra patrimonial de 1994 a 1996 en apoyo al taller de investigación dirigido por la doctora Johanna Broda, "Organización social y cosmovisiones prehispánicas" en la División de Posgrado de la Escuela Nacional de Antropología e Historia; en este periodo analicé una parte de los materiales etnográficos presentados aquí. Ha seguido mi colaboración con este taller incluyendo el periodo de redacción de este texto. Quiero agradecer el apoyo institucional del Conacyt y de la ENAH y el apoyo intelectual y académico de Johanna Broda en el desarrollo de mi trabajo etnológico.

BIBLIOGRAFÍA

Allen, Catherine, *The Hold that Life Has,* Smithsonian Institution Press, Washington, 1988.

Bonfil Batalla, Guillermo, *México profundo,* Ciesas, México, 1987.

Broda, Johanna, "Las fiestas aztecas de los dioses de la lluvia", *Revista Española de Antropología Americana,* Madrid, 1971, pp. 245-327.

———, "Astronomy, Cosmovision and Ideology of Prehispanic Mesoamerica", en Anthony F. Aveni y Gary Urton (eds.), *Ethnoastronomy and Archaeoastronomy in the American Tropics. Annals of the New York Academy of Sciences,* vol. 385, The New York Academy of Sciences, Nueva York, 1982, pp. 81-110.

———, "Ciclos agrícolas en el culto: un problema de la correlación del calendario mexica", en Anthony F. Aveni y Gordon Brotherston (eds.), *Calendars in Mesoamerica and Peru: Native American Computations of Time,* BAR International Series, núm. 174, Oxford, 1983, pp. 145-165.

Broda, Johanna, "Templo Mayor as Ritual Space", en Johanna Broda, David Carrasco y Eduardo Matos (eds.), *The Great Temple of Tenochtitlan*, University of California Press, Berkeley, 1987, pp. 61-123.

——, "Cosmovisión y observación de la naturaleza: el ejemplo del culto de los cerros", en Johanna Broda, Stanislaw Iwaniszewski y Lucrecia Maupomé (eds.), *Arqueoastronomía y etnoastronomía en Mesoamérica*, IIH/ UNAM, México, 1991, pp. 461-500.

Carlsen, Robert y Martin Prechtel, "The Flowering of the Dead: An Interpretation of Highland Maya Culture", *Man*, N.S., núm. 26, 1991, pp. 23-42.

Cereceda, Verónica, "The Semiology of Andean Textiles: The Talegas of Isluga", en John Murra, Nathan Wachtel y Jacques Revel (eds.), *The Anthropological History of Andean Polities*, Cambridge University Press, Cambridge, 1986, pp. 149-173.

——, "A partir de los colores de un pájaro...", *Boletín del Museo Chileno de Arte Precolombino*, núm. 4, 1990, pp. 57-104.

Cook, Scott y Leigh Binford, *Obliging Need: Rural Petty Industry in Mexican Capitalism*, University of Texas Press, Austin, 1990.

Dehouve, Daniele, *Quand les Banquiers étaient des Saints: 450 ans de l'histoire économique et sociale d'une province indienne du Mexique*, Centre Nacional de la Recherche Scientifique, París, 1990.

Ehrenberg, Felipe, "Prólogo: el arte nahua y las antinomias de la estética mexicana", en Jonathan Amith (ed.), *La tradición del amate*, La Casa de las Imágenes, Mexican Fine Arts Center Museum, México-Chicago, 1996, pp. 17-22.

Farriss, Nancy, "Indians in Colonial Yucatan: Three Perspectives", en Murdo MacLeod, y Robert Wasserstrom (eds.), *Spaniards and Indians in Southeastern Mesoamerica*, University of Nebraska Press, Lincoln, 1983, pp. 1-39.

Flores-Villela, Óscar y Patricia Gerez, *Conservación en México: síntesis sobre vertebrados terrestres, vegetación y uso de suelo*, Instituto Nacional de Investigación sobre Recursos Bióticos, Jalapa, 1988.

——, *Mexico's Living Endowment: An Overview of Biological Diversity*, Conservation International, Washington, 1989.

Gell, Alfred, "Magic, Perfume, Dream...", en I. Lewis (ed.), *Symbols and Sentiments*, Academic Press, Londres, 1977.

Good Eshelman, Catharine, "Arte y comercio nahuas: el amate pintado de Guerrero", *América Indígena*, vol. XLI, núm. 2, 1981, pp. 245-263.

——, *Haciendo la lucha: arte y comercio nahuas de Guerrero*, Fondo de Cultura Económica, México, 1988.

——, "Indígenas en el México contemporáneo: una experiencia urbana", *Umbral XXI. Revista de la Universidad Iberoamericana*, vol. 2, núm. 1, 1981, pp. 29-35.

Good Eshelman, C., *Work and Exchange in Nahuatl Society: Local Values and the Dynamics of Indigenous Economy*, tesis doctoral, The Johns Hopkins University, Baltimore, 1993.

―――, "Trabajo, intercambio y la construcción de la historia: una exploración etnográfica de la lógica cultural nahua", *Cuicuilco*, Nueva época, vol. 1, núm. 2, 1994, pp. 139-153.

―――, "Painting Local Meanings, Domesticating Money: Nahuatl Bark Cloth Artists of Mexico", *Museum Anthropology*, vol. 20, núm. 3, 1996a, pp. 11-25.

―――, "El trabajo de los muertos en la Sierra de Guerrero", *Estudios de Cultura Náhuatl*, vol. XXVI, 1996b, pp. 275-287.

―――, "Las fiestas religiosas en la construcción de la cultura: procesos de identidad entre los nahuas del Alto Balsas, Guerrero", ponencia en el "Encuentro Identidad y Región", Tepoztlán, Morelos, 28 al 31 de octubre, 1996. Por publicarse en *Identidad y región*, Miguel Morayta (ed.), INAH-CONACULTA, México, s.f. (en prensa).

―――, "Trabajando juntos: conceptos nahuas del grupo doméstico y de la persona en el Alto Balsas", ponencia en el simposio *"Familia y parentesco en México y Mesoamérica: unas miradas antropológicas"*, Universidad Iberoamericana, 11 de febrero de 1998.

Gose, Peter, *Deathly Waters and Hungry Mountains*, University of Toronto Press, Toronto, 1994.

Graburn, Nelson H. (ed.), *Tourist and Ethnic Arts. Cultural Expressions from the Fourth World*, University of California Press, Berkeley, 1976.

Guss, David, *To Weave and Sing*, University of California Press, Berkeley, 1989.

Kuechler, Suzanne, "Making Skins: Malangan and the Idiom of Kinship in Northern New Ireland", en Jeremy Coote y Anthony Shelton (eds.), *Anthropology, Art and Aesthetics*, Clarendon Press, Oxford, 1992, pp. 94-112.

Littlefield, Alice, *La industria de las hamacas en Yucatán, México*, Instituto Nacional Indigenista, México, 1976.

―――, "Exploitation and the Expansion of Capitalism. The Case of the Hammock Industry of Yucatan", *American Ethnologist*, vol. 5, núm. 4, 1978, pp. 495-508.

López Austin, Alfredo, *Tlalocan y Tamoanchan*, Fondo de Cultura Económica, México, 1994.

Monaghan, John, "Sacrifice, Death and the Origins of Agriculture in the Codex Vienna", *American Antiquity*, vol. 55, núm. 3, 1990, pp. 559-569.

―――, *The Covenants with Earth and Rain. Exchange, Sacrifice and Revelation in Mixtec Sociality*, University of Oklahoma Press, Norman, 1995.

Murra, John, "La función del tejido en varios contextos sociales y políticos", *Formaciones económicas y políticas del mundo andino*, Instituto de Estudios Peruanos, Lima, 1975, pp. 145-170.

Nash, June (ed.), *Crafts in the World Market: The Impact of Global Exchange on Middle American Artisans*, State University of New York, Albany, 1993.

Schaefer, Stacy, "The Loom and Time in the Huichol World", *Journal of Latin American Lore*, vol. 15, núm. 2, 1989, pp. 179-194.

Sepúlveda, Teresa, "Petición de lluvia en Ostotempa", *Boletín del Instituto Nacional de Antropología e Historia*, 2a. época, núm. 2, 1973, pp. 9-20.

Stromberg, Gobi, "The Amate Bark Paper Paintings of Xalitla", en Nelson Graburn (ed.), *Ethnic and Tourist Arts*, University of California Press, Berkeley, 1976, pp. 149-162.

———, "Introducción" y "La pintura sobre papel de amate", en *El universo del amate*, Museo Nacional de Culturas Populares, México, 1982.

Waterbury, Ronald, "Embroidery for Tourists: A Contemporary Putting Out System in Oaxaca, Mexico", en Annette Weiner y Jane Schnieder (eds.), *Cloth and the Human Experience*, Smithsonian Institution Press, Washington, 1989.

Weiner, Annette, "Stability in Banana Leaves", en Mona Etienne y Eleanore Leacock (eds.), *Women and History: Studies in the Colonization of Pre-Capitalist Societies*, J.E. Bergin, Nueva York, 1980, pp. 193-270.

———, "Forgotten Wealth: Cloth and Women's Production in the Pacific", en Eleanore Leacock y Helen Safa (eds.), *Women's Work, Development and the Division of Labor by Gender*, Bergin and Garvey, South Hadley, 1986, pp. 96-110.

Wolf, Eric, *Europe and the People Without History*, University of California Press, Berkeley, 1982.

5. Conocedores del tiempo: los graniceros del Popocatépetl

> A la memoria de doña TEÓFILA FLORES,
> quien dedicó su vida a procurar la lluvia
> para el bienestar de los pueblos.

> Lo sagrado como tal es la fuente de la tradición; lo
> tradicional es inseparable de lo sagrado. Quien ca-
> rece del sentido de lo sagrado es incapaz de percibir
> la perspectiva tradicional; el hombre tradicional ja-
> más está separado del sentido de lo sagrado.

> SEYYED HOSSEIN NASR

REFLEXIONES INTRODUCTORIAS:
TRADICIÓN CULTURAL Y MEMORIA COLECTIVA

Toda sociedad existe en una duración en la cual puede distinguir-
se dos dimensiones de temporalidad, una cronológica y otra que
podríamos llamar cultural. La temporalidad cronológica es una
línea tendida en el tiempo que en la actualidad, a pesar de las diferentes apreciaciones calendáricas, hace ineludiblemente contemporáneos al habitante de Pekín, Bagdad, Nueva York y la Sierra
Tarahumara: todos vivimos un *hoy* dentro de la aldea global aunque esté fechado de diversas maneras de acuerdo con diversas tradiciones. La temporalidad cultural, en cambio, implica la historia

---

* Instituto de Ciencias y Humanidades de la Universidad Autónoma de Puebla.

singular de cada sociedad, es una temporalidad circular que se nutre del pasado y lo actualiza en las más diversas formas. Mientras la primera forma temporal nos homologa, en Occidente, como cruce de generaciones que se acercan al fin del segundo milenio después de Cristo, la segunda forma resalta nuestras profundas diferencias en la manera de pensar y vivir esta contemporaneidad.

México es un país en el que esta polaridad existe a lo largo y ancho de su territorio. Las comunidades indias y los pueblos campesinos que conservan antiguas tradiciones viven una dimensión espacio-temporal radicalmente distinta a la de las modernas sociedades urbanas. De mil maneras podemos percibir y referirnos a esta disparidad que siempre estaremos contrastando, tradición con modernidad. Es justamente este contraste el que se revela ante nosotros cuando consideramos los rituales de petición y propiciación de la lluvia que se llevan a cabo en la región de los volcanes Popocatépetl e Iztaccíhuatl, región campesina de origen nahua literalmente cercada por un cinturón de modernidad urbana.

Para los habitantes de la ciudad los volcanes son fundamentalmente un paisaje cotidiano (para los de la ciudad de México ya ni siquiera eso) y la relación con ellos es exclusivamente visual. El atributo primordial que se les reconoce es su belleza alzada en el horizonte. De este modo, el vínculo que se establece con sus bosques, arenales y cimas nevadas, es puramente contemplativo e imaginario. Los campesinos que habitan en sus faldas, en cambio, mantienen con ellos una relación corporal que comprende no sólo todos sus sentidos orgánicos, sino el sentido mismo de su existencia individual y colectiva. Las diversas labores agrícolas y el pastoreo, la recolección de hongos, plantas comestibles y medicinales, la caza, la obtención de agua, piedra, jaltete, leña, madera y carbón, no sólo actualizan una relación cuerpo a cuerpo entre los volcanes y los hombres, mediada por una técnica más o menos rústica, sino que en esta relación se ha sustentado, a lo largo de los siglos, un vínculo de carácter mágico-religioso entre ellos.

Todas estas actividades se despliegan en lugares íntimamente entrelazados, de tal modo que la noción de familiaridad con estos espacios no se ve afectada por las distancias que los separan. Entre la milpa y la barranca, el huerto y el bosque, el arroyo y el pastizal de alta montaña existe un vínculo múltiple que los familiariza con la casa y su solar, con el pueblo y sus calles que, en unos cuantos

metros, se convierten en veredas que conducen a los campos cultivados y al monte. Lo medular en este vínculo es, por supuesto, el
sustento material de las familias. El maíz que fue cultivado a una
hora de camino ahora está puesto en la mesa, junto a un plato de
frijoles cocinados en un fogón que fue encendido con leña acarrea-
da del bosque. Esta circunstancia, tan simple, implica mantener
una relación de sobrevivencia con el mundo natural, circunstancia
absolutamente ajena para la gente de la ciudad. En este vínculo
elemental y primigenio se fundamenta la relación sacra que los
campesinos mantienen con los volcanes. Los campesinos saben y
hacen saber que su sustento no se debe sólo a su trabajo, sino que
primordialmente proviene de la generosidad de la tierra, de la abundancia de la lluvia, y ambas de la voluntad de dios, de manera que
las condiciones que hacen posible su mantenimiento se atribuyen
no sólo a la naturaleza en cuanto tal sino a los seres que la habitan
y a la voluntad divina que la gobierna. Esto último lo digo enten-
diendo que la diferencia natural-sobrenatural es nuestra y que en
el pensamiento chamánico al que voy a referirme tal distinción no
existe de manera expresa, ni implica necesariamente una dualidad
bipolar materia-espíritu o materia-voluntad divina, sino más bien
se concibe la voluntad de dios como permeándolo todo, absolutamente todo, permitiendo que las cosas que ocurren en el mundo
que llamamos natural sean como son, ya fueren sus resultados benéficos o perjudiciales para los hombres: "Dios sabe por qué lo
hace". Entonces, entre los espacios donde se despliega la actividad
humana se encuentran también los lugares sagrados, que no se
limitan a las iglesias, capillas y altares familiares que existen en los
pueblos, sino que aparecen en lugares apartados, generalmente en
cuevas, cascadas, manantiales, hondonadas y otros parajes, en algunos casos muy distantes de los terrenos de siembra y pastoreo,
en alturas donde sólo el silencio y un intenso frío acompañan a
quien los frecuenta.

El hombre que cultiva la tierra ha experimentado siempre, en
su relación con la naturaleza, la regularidad, la alternancia perió-
dica y el ritmo de sus ciclos, pero también su discontinuidad y sus
aspectos azarosos, estos últimos vinculados por lo general con la
llegada de la temporada de lluvias, su intensidad y su duración.
Para atender a la regularidad de los ciclos los hombres ejecutan un
trabajo, pero nada les asegura, desde el más remoto pasado hasta

la actualidad, que el trabajo desempeñado fructificará y podrá ser aprovechado. Una de las formas empleadas para encarar esta incertidumbre es la magia, que no es sino un dispositivo, más o menos sofisticado, para enfrentar el azar. Tanto los antiguos como los actuales agricultores se han valido, simultáneamente, de una relación técnico-instrumental con la naturaleza mediante el trabajo, y de una relación simbólica con ella a través de rituales mágico-religiosos. Esta relación simbólica implica la intuición y el reconocimiento de una dependencia y reciprocidad con la naturaleza, entendida como algo superior a los hombres mismos, al tiempo que expresa el deseo de establecer vínculos con esa misteriosa potencia que reside en ella y que hace posible la vida. En una palabra, lo que la relación simbólica nos revela es que, en la perspectiva de la tradición campesina, lo sagrado reside en la naturaleza de la realidad misma, pues esta realidad es obra de Dios y en ella se manifiesta su voluntad.

En la continuidad de esta visión del mundo a lo largo del tiempo se ha forjado eficazmente una memoria colectiva, memoria no sólo en un sentido mental —con una función exclusivamente psicológica e intelectual que se manifiesta en el recuerdo y la tradición oral—, sino también en un sentido corporal, que se expresa en una compleja gestualidad aprendida y repetida en la duración histórica. Sería absurdo pretender fechar "el origen" de los símbolos que constituyen la memoria colectiva pues, como afirma Eliade, el pensar simbólico es consustancial al ser humano: precede al lenguaje y a la razón discursiva. El símbolo —prosigue— revela los aspectos más profundos de la realidad que escapan a cualquier otro medio de conocimiento. Imágenes, símbolos y mitos no son creaciones irresponsables de la psique; responden a una necesidad y llenan una función: dejar al desnudo las modalidades más secretas del ser (Eliade, 1983). No obstante, a fin de contextualizar históricamente los rituales a los que voy a referirme, debo decir que esta visión del mundo se nutre de dos vigorosas corrientes religiosas, la judeocristiana y la mesoamericana. De ellas provienen sus imágenes y sus símbolos, su gestualidad ritual y sus mitos, muchas veces mostrando profundas semejanzas que propiciaron su sincretismo.

"Es el costumbre", es la respuesta que se emplea en los pueblos para dar cuenta del por qué las cosas se hacen como se hacen y no de otra manera. La sustancia de esa costumbre es memoria colectiva en ambos sentidos, mental y corporal. La sustancia es tradición, es decir, dar la integridad del pasado en la integridad de una costumbre presente. Digo integridad no en un sentido de pureza intemporal y ahistórica, lo cual es absurdo e irreal, sino integridad en tanto que acto completo. Pero, ¿en qué consiste la integridad de la tradición, en qué reside aquello que lo completa, que le da sentido y coherencia?: reside en lo sagrado. Éste es justamente el punto en que se bifurcan la modernidad y la tradición. Siguiendo las reflexiones que sobre la tradición y lo sagrado ha hecho Seyyed Hossein Nasr, digo que en el mundo moderno, desacralizado, de las ciudades occidentales contemporáneas, lo sagrado se ha considerado como un exotismo, como lo totalmente otro, como una radical otredad opuesta a la perspectiva del mundo profano.

> Lo verdaderamente excepcional del mundo moderno —dice Hossein— es que la perspectiva sapiencial (que vive en lo sagrado y contempla lo profano en términos de lo sagrado), después de ser una presencia viva en las civilizaciones normales, ha llegado a quedar tan olvidada que la única visión posible de lo sagrado, en caso de que la posibilidad de lo sagrado sea aceptada, es la de algo ajeno a lo que aparece como la vida humana "normal" (Seyyed Nasr, 1993, p. 21).

Desde esta perspectiva, cuando se penetra en lo medular de una cultura es cuando se tiene acceso a su tradición, que ineludiblemente está ligada a una forma histórica de lo sagrado.

LOS TIEMPEROS

Iniciación y experiencia chamánica

En algunas comunidades campesinas que rodean a los volcanes existen especialistas en el manejo mágico del clima: los llaman tiemperos, *quiatlazques*, pedidores de agua, ahuizotes, quiapequis, conjuradores, ahuaques, aureros o graniceros en los estados de Puebla, Morelos y México. La iniciación chamánica de estos "trabajadores temporaleños" hombres o mujeres ocurre cuando un rayo o una centella caen sobre su propio cuerpo o a una distancia muy cercana, aunque ha habido iniciaciones, como la del tiempero de Xalitzintla, en Puebla, en la que sólo se escuchó un fuerte tronar en un cielo sin nubes mientras él reparaba una cruz maltrecha. Algunos quiapequis de Morelos hacen una distinción entre el poder del rayo, que generalmente sólo quema y "deja sin sentido", y el de la centella, que es como una canica o un granizo grande que cae del cielo y mata a quien golpea. Quienes sobreviven al golpe del rayo, que en ocasiones también puede matar, han recibido una señal "de allá arriba", han sido "exigidos" o "endonados" desde el cielo para dedicar su vida a conseguir buenas lluvias y conjurar los malos temporales. Aquellos que mueren fulminados por el rayo o por la centella pasan a formar parte de las fuerzas celestiales de los "trabajadores temporaleños" que combaten contra el mal tiempo, pues su espíritu se incorpora a un ejército de ángeles, espíritus de niños que murieron sin ser bautizados y espíritus de conjuradores muertos, para procurar que los cultivos de sus pueblos se logren. Quien ha sido tocado por el rayo y rehúsa asumir el compromiso que le fue otorgado como un don, se expone a graves peligros, como enfermedades frecuentes y prolongadas, e incluso a la muerte.

Con el golpe del rayo la tradición campesina establece, de modo contundente, la relación sacra de los hombres con el cielo. Este suceso cargado de significación puede ocurrir en cualquier momento en la vida de una persona. Si el exigido sobrevive y "recuerda", es decir, si recupera la conciencia que reconocemos como normal, deberá ser atendido por un especialista en curar "rayados". En el estado de México y el de Morelos las congregaciones se organizan jerárquicamente, teniendo a la cabeza del grupo un *mayor caporal*, a quien acompaña un *orador* y a ambos los *discípulos*. Quien realiza la curación de un rayado ha de ser, preferentemente, un mayor. La técnica curativa varía según la región y el tiempero de quien se trate. En Morelos los graniceros realizan primero una rogativa en el altar de su casa, donde invocan a los santos y a los espíritus con quienes trabajan para solicitar su auxilio. En seguida se dirigen al lugar donde cayó el rayo a recoger a la persona golpeada por él. Es conveniente que la persona permanezca en el sitio sin que nadie la toque, pues quien lo haga puede contagiarse del espíritu del rayo que en ese momento posee. Sólo los quiapequis mayores, que en su momento fueron golpeados por el rayo, tienen el poder suficiente para entrar en contacto con tal espíritu sin tener padecimientos posteriores. En seguida se traslada a la persona a la casa del tiempero para que ante su altar se le someta a un baño con agua de lluvia, después de haberle quitado la ropa que cubre la parte afectada. El baño ha de realizarse con dos manojos de flores, uno en cada mano, a fin de extraerle "la nube" que se encuentra en el interior de su cuerpo. Algunos mayores le ofrecen unos tragos de aguardiente al paciente, quien deberá tomarlos forzosamente, pues la bebida no es para él sino para el espíritu que penetró en su cuerpo con el rayo. Durante este baño de purificación va saliendo poco a poco la nube que el rayado tiene dentro, hasta que el cuarto prácticamente se llena con ella. Entonces debe abrirse la puerta para expulsarla hacia afuera. Una manera de cerciorarse de si la persona efectivamente ha sido exigida para trabajar con el temporal es la lectura del huevo con el que se ha limpiado al paciente: si en la superficie se forma un círculo de pequeñas burbujas esto es señal de que ha sido endonado.

Es muy probable que, durante el estado de alteración de la conciencia que causa la tremenda descarga, se tengan algunas visiones en las que los "Señores del Tiempo" le entregan al elegido las "armas" con las que combatirá las tempestades, como le sucedió al quiapequi de Atlatlaucan, a quien se le apareció "una señora y un señor" con un crucifijo y un sahumerio, una palma y una escoba. Con estos objetos don Alejo ha trabajado desde 1955, fecha en que lo golpeó el rayo cuando tenía 17 años y trabajaba en la parcela de su familia. Doña Teófila Flores, recientemente fallecida a la edad de 97 años, fue golpeada por el rayo cuando tenía sólo 10. Sus familiares la creyeron muerta y cuando la estaban velando despertó. Doña Teo se refería a esta experiencia como a una muerte, y en un sentido metafórico efectivamente lo es, pues se muere para el mundo profano como condición para renacer, para iniciarse mediante esta fuerte experiencia en el mundo sagrado. Una de las iniciaciones más sorprendentes fue la del quiapequi de Nepopualco, quien a la edad de 30 años fue sorprendido por el rayo sin que él lo advirtiera. Don Lucio, nacido en 1915, cuenta que se encontraba en el campo, a donde había llevado a pastar a sus animales, cuando repentinamente se aproximó una tormenta tan intensa que el cielo parecía un "mar de olas negras" de donde descendía un agua que rebotaba en el suelo. Después todo se cubrió de neblina y en esa blanca penumbra surgió, flotando a una distancia accesible de su cuerpo, una esfera de colores. Cuando don Lucio extendió las manos para tocarla, la esfera se esfumó y en ese momento todo fue una oscuridad absoluta. Después de varias horas despertó y se dio cuenta de que un árbol cercano a él había sido quemado por un rayo, entonces comprendió lo que había sucedido. Su estupor se transformó en miedo cuando escuchó una voz que le decía "¿para qué huyes si éste es tu fin?"

> Corrí para ver mis vacas —le contó a Jacobo Grinberg—, y al tocarme la cabeza la sentí húmeda y sin sombrero. Eso me sorprendió y volví a buscar mi sombrero. Vi que el pasto donde había estado estaba aplanado y, de pronto, me acordé de lo que había pasado. Me dio un miedo de muerte porque entendí que me había caído el rayo encima. Corrí hacia mi ganado y me encontré con un amigo. Le dije que quería guarecerme en mi casa por temor de que el rayo me volviera a encontrar. Mi amigo se rió de mí y me dijo que aun en la casa podía suceder. Entendí que tenía razón y me conformé. ¡Al fin y al cabo en todos lados era lo mismo!

Cuando llegó a su casa, trastornado y "oliendo a quemado", no comentó nada, ni siquiera a su mujer que tenía escasos dos meses de embarazo. Cuatro días después volvió al mismo lugar donde le pegó el rayo, ubicado en un cerro cercano a su casa, y nuevamente se vio envuelto en aquella neblina poblada de voces y gente que acarrea las nubes, el agua y la luz: "me ponían de veras bien loco con todo lo que hacían y decían" —le dijo a Concepción Labarta en una entrevista—. A este lugar, llamado La Mayoría, ha vuelto desde entonces todos los años, después de haber ofrendado y adornado las cruces del altar de su casa con sus discípulos el día anterior, y antes de acudir a la cueva de Alcaleca a pedir la lluvia el 5 de mayo.

Luego de varios encuentros con los Señores del Tiempo que habitan la niebla, don Lucio fue perdiendo el apetito y entró gradualmente en un estado de debilidad hasta desfallecer por completo, entonces se presentó ante él una mujer alta y rubia cubierta con un rebozo: "me miró sin decir palabra, se quitó el manto y comenzó a enrollar mi cuerpo en él, empezando por la cabeza y terminando por los pies. Y me dormí". Este "sueño" se prolongó por tres años, tiempo durante el cual don Lucio permaneció en un estado incierto, indeterminado: "ni muerto ni vivo". Durante este lapso en el que el tiempo cronológico transcurrió sin ser advertido por don Lucio, pues se hallaba en un tiempo sincopado de carácter sagrado, tuvo acceso a un mundo poblado de espíritus que trabajan con el temporal, "llevando las nubes y el agua". Durante el tiempo que vivió con los "trabajadores temporaleños" viajó con ellos alrededor de la Tierra, repartiendo agua por el mundo. Le enseñaron a controlar las tormentas, desviar los granizos y dirigir los rayos con una potente luz que emanaba de sus dedos. Según los relatos hechos a Labarta, a Grinberg y a mí, el primer año estuvo con los trabajadores de la tierra, conociendo las cosas de la tierra, es decir, aprendiendo a cuidar los cultivos de maíz, frijol y todo tipo de sementeras. El segundo año trabajó con

> la gente del tiempo, seres que viajan en una nube y sacan de sus dedos el poder del relámpago... Caminaba con los rebaños de un lado a otro. Allí, en un minuto camina uno de México a Estados Unidos. Vigilábamos las nubes y los relámpagos y dábamos vueltas alrededor del mundo cuidando y cambiando el rumbo de las tormentas.

Durante ese prolongado lapso don Lucio aprendió también a reconocer las propiedades curativas de las hierbas medicinales y a emplearlas adecuadamente. Al tercer año, relata, "me quedé solo y conocí a los pastores de rebaños de todos los colores y al Gran Anciano". Don Lucio me describió al Gran Anciano como una solemne figura colocada en la cima de una montaña rodeada por millones de almas, "por doce millones de almas". El Anciano tiene un aspecto venerable, con una barba que se prolonga hasta la mitad del pecho y una coronilla de cabello en la cabeza calva. Tiene también, a sus pies, un sombrero y un bastón colocados sobre el piso y, desde esa altura, preside todos los "rebaños" de almas que llegan hasta Él. Fue el Gran Anciano quien le hizo conocer todas las regiones del "Universo del Cielo", antes de hacerlo descender nuevamente a su cuerpo y permitirle así conocer a su pequeño hijo que para entonces tenía más de dos años de edad.

> En el Universo del Cielo —le explicó a Labarta y a Grinberg— tres guardianes me enseñaron el contenido de tres cajas: una llena de agua hirviente y cristalina. Unas gotas me salpicaron y una me cayó en la frente. Comprendí que era el líquido del bien. La otra caja era de agua color ceniza y en movimiento, también me salpicó. De la última caja se me dijo que era terrible y que si yo no quería, no me la enseñarían. Me negué y la tapa fue abierta. Un remolino terrible la lanzó al aire y pude

ver el interior. Animales horribles vivían dentro. Víboras espantosas se cruzaban con ranas y sus bocas venenosas salían de la superficie de un líquido muy oscuro tratando de morderme. Era agua negra y ponzoñosa que ocupaba mundos enteros.

Después de ver todo esto don Lucio volvió a encontrar al Pastor Mayor, y el Anciano le dijo: "Unos llegan hasta el Primer Pastor y me vislumbran a lo lejos, pero se dan media vuelta porque no quieren esforzarse en llegar hasta mí. Las cajas te enseñaron todo lo que debías saber. Ahora regresa porque todos los rebaños que viste acudirán a ti en busca de ayuda". Entre esos rebaños se encuentran los Servidores del Tiempo que han trabajado con él a lo largo de su vida.

> Yo me sentí morir. Después de tres años de estar en la Gloria me hacían regresar al infierno de la tierra. A pesar de mi disgusto acepté mi misión pero le pedí al Pastor que su presencia me acompañara en mi trabajo. No sólo eso —me contestó—, también tendrás la ayuda del mundo espiritual. Regresé, pues, a este mundo, y una tarde le dije a mi mujer que me ensillara una burrita. Así lo hizo y monté en ella y me fui al campo. Encontré un prado junto a un árbol y allí me acosté. Me levanté después de unas horas y regresé a mi casa. Mi mujer me recibió y poco a poco me fui curando yo solo con ayuda del campo... Ahora sé que nadie muere, los Señores del Tiempo cabalgan en la nube y para ellos no hay cansancio, ni amor sexual. Son ligeros, animosos y alegres, y de un trueno se llevan varias almas con ellos al sitio donde todo es posible. Por la noche no sueño, trabajo. Ellos me ayudan a llegar a distancias increíbles y me dicen qué he de hacer.[1]

Naturaleza y percepción de la realidad

¿Cómo explicar que la descarga de un rayo abra puertas perceptivas desde las que es posible ver y escuchar a seres que aparecen ante la mirada y el oído "interiores" de una persona que no duda, en ningún momento, de su existencia puesto que los tiene ante sí? Si de-

---

[1] Grinberg (1987, tomo I). Labarta (s.f.). Lamento no hacer la referencia completa de esta entrevista (Labarta, *op. cit.*) que llegó a mis manos en una fotocopia que no incluía la portada de la revista en la que fue publicada. En los relatos de ambos autores hay algunos cambios en el orden de la secuencia pero no en el contenido.

jamos de lado la respuesta de que se trata de simples embaucadores, respuesta implícita en los análisis de muchos antropólogos, podemos considerar que estos "sentidos interiores" son constituciones culturales del sujeto en un sentido pleno.

Y es que la cultura se trae inscrita en el cuerpo, se trae puesta, intelectual y orgánicamente hablando, y se revela tanto en una capacidad corporal como en una disposición mental.

En el mundo campesino el tránsito entre el mundo material y el inmaterial, lo visible y lo invisible, proviene de una antigua tradición en la que el paso de un estado a otro es posible debido a que conforman dos momentos de un solo mundo. Las diferencias entre ellos son sumamente sutiles debido a que participan de la misma realidad. Esto posibilita, entre otras cosas, ofrendar a los muertos y a los cerros, que se llevan el "aroma", la "sustancia" de los alimentos que se les obsequia; posibilita también la comunicación de los graniceros con los espíritus de sus maestros muertos, ya sea en sueños, en los altares de sus casas o en los lugares sagrados de los cerros y las montañas.

> No crea que es invento nuevo —le dijo don Lucio a Jacobo Grinberg—, ¡no señor! Estos inventos no son inventos, sino que son trabajos que se hacían en aquella época, más mejor todavía que lo que hacemos. Así es desde que el Señor dijo que hacía falta el agua y que tenía que llover. Desde luego, hubo gentes que trabajaban en la nube, quienes llevaron el agua a diferentes partes. Desde esa época, señor, esto no es nuevo y pregúnteselo a otro que sepa más que yo (Grinberg, tomo II, 1987, p. 73).

Estos enlaces místicos hacen factible, además, el tránsito entre lo humano y la naturaleza, pues de acuerdo con los mitos de origen de la región hubo un tiempo en que los volcanes eran como los hombres, "andaban parados". En ciertas ocasiones, generalmente antes de que dé inicio el ciclo anual de ritos propiciatorios de la lluvia, los volcanes se revelan en sueños a los tiemperos de Puebla bajo el aspecto de un anciano y de una mujer rubia, para pedir que se les complazca con algunos obsequios especiales como un sombrero, una capa, una guitarra o mole rojo de camarón.[2]

Cuando se escuchan estos asombrosos relatos, narrados con la simpleza que tiene la sinceridad, surge la tentación de ir un poco

---

[2] A este respecto se puede consultar mi trabajo *Los volcanes sagrados, mitos y rituales en el Popocatépetl y la Iztaccíhuatl*, 1996.

más allá de la simple documentación de estos hechos, un poco más allá de su simple registro etnográfico, sobre todo porque nuestra idea de la realidad ha sido perturbada. Esta inquietud puede ser resuelta —y en antropología generalmente es lo que se hace—, ubicando el discurso que hemos escuchado en el terreno de las "creencias religiosas", de las "concepciones del mundo", de manera que creamos una distancia conceptual fundamentada en la ciencia para reflexionar, *desde* nuestro territorio mental, sobre lo que en el fondo de nuestra intimidad intelectual consideramos ideas ilusorias y erróneas sobre el mundo.

En un interesante trabajo, Peter Winch critica algunos planteamientos de Evans Pritchard que podrían considerarse como el prototipo de la actitud intelectual de un antropólogo que se enfrenta a creencias ajenas a su cultura. Según Pritchard

> No es señal de superior inteligencia por mi parte el que yo atribuya la lluvia a causas físicas. No llegué a tal conclusión a través de observaciones e inferencias y, de hecho, tengo escaso conocimiento de los procesos meteorológicos que conducen a la lluvia; simplemente estoy aceptando lo que el resto de los miembros de mi sociedad acepta, esto es, que la lluvia se debe a causas naturales. Esta idea concreta formaba parte de mi cultura desde antes de que yo naciera y requirió de mí poco más que adquirir suficiente habilidad lingüística para aprenderla. De igual modo, un salvaje que cree que bajo condiciones naturales y rituales favorables la lluvia se verá influida por el uso de la magia apropiada no debe ser considerado, con base en esta creencia, como menos inteligente. Él no construyó tal creencia a partir de sus propias observaciones e inferencias, sino que la adoptó, del mismo modo que adoptó el resto de su legado cultural, simplemente por haber nacido en él. Tanto él como yo pensamos según pautas de pensamiento que nos son proporcionadas por las sociedades en las que vivimos. Sería absurdo decir que el salvaje está pensando místicamente lo que nosotros pensamos científicamente sobre la lluvia. En ambos casos se encuentran procesos similares y, además, el contenido del pensamiento se deriva de un modo similar. Pero podemos decir que el contenido social de nuestro pensamiento acerca de la lluvia es científico, está de acuerdo con factores objetivos, mientras que el contenido social del pensamiento salvaje acerca de la lluvia no es científico al no estar de acuerdo con la realidad, y puede incluso ser místico allí donde admite la existencia de fuerzas suprasensibles.

Peter Winch argumenta, me parece que con razón, que Evans Pritchard se equivoca en su intento de caracterizar lo científico en cuanto a lo que está "de acuerdo con la realidad objetiva", pues su concepción de "realidad" debe considerarse inteligible y aplicable *fuera* del contexto del razonamiento científico mismo, ya que es aquello con lo que guardan relación las nociones científicas y no las nociones acientíficas (Winch, 1994).

El argumento de Winch es clave porque plantea que lo real se constituye desde una cultura y un lenguaje —dicho así podría pensarse en un relativismo extremo que es ajeno a la posición de este autor—, aspecto en el que difiere de Evans Pritchard, lo que implica que el hombre vive esa realidad de acuerdo con las pautas que su cultura le ofrece, aspecto en el que coincide con él.

En el caso de los tiemperos del volcán nos topamos con una concepción de la realidad que pide ser entendida no sólo como perteneciente al mundo de las "creencias" religiosas, porque lo interesante de la experiencia chamánica es que ocurre fundamentalmente en el terreno de la percepción. No es que don Lucio y los demás tiemperos de la región "crean" que hablan con los espíritus de los volcanes o de los graniceros muertos, lo importante de su experiencia es la intensidad con la que *se vive* y se percibe un acto de hierofanía, de contacto con lo sagrado, que es parte constitutiva de su realidad.

Así como el físico Heisemberg planteó un desplazamiento en la representación que la física moderna se hace de la naturaleza al decir: "si se puede hablar de una imagen del mundo lograda por las ciencias de la naturaleza en nuestro tiempo, ya no se trata más de una mera imagen de la naturaleza, sino de una imagen de *nuestras relaciones* con la naturaleza", del mismo modo puede afirmarse que nuestra imagen de la realidad, en tanto que hombres pertenecientes a una cultura determinada, no es sino una imagen de nuestras relaciones con ella.

Obviamente nuestras relaciones con las nubes, el viento, la lluvia, el suelo que pisamos, los cerros y los volcanes son radicalmente diferentes a las que tiene un granicero, pero también nuestra concepción de lo que es la muerte, el espíritu y dios son radicalmente distintas. ¿Cómo pretender, entonces, que conocemos sus "creencias" cuando ni compartimos ni creemos en sus conocimientos? Peter Winch sugiere una respuesta a un problema semejante a éste cuando se refiere a las condiciones en las que un antropólogo europeo da cuenta del sentido de lo que dice un miembro de la tribu zande cuando éste habla de lo que el antropólogo traduce como "brujería", "oráculo", etcétera. Winch hace entonces una analogía con el aprendizaje de dos lenguajes y pone como ejemplos el aprendizaje del francés y el lenguaje de las matemáticas. Voy a citarlo extensamente para una mejor comprensión de su planteamiento, que me servirá de guía para lo que quiero decir. Contrastando las diferencias y las semejanzas entre la cultura inglesa y la francesa, Winch afirma que las primeras son irrelevantes frente a las segundas, y afirma que para un inglés

> aprender francés no consiste principalmente en aprender a expresar ideas radicalmente nuevas, sino en aprender a expresar en un medio diferente de vocabulario y sintaxis el tipo de cosas que un inglés puede ya expresar perfectamente en su propio lenguaje. Aprender el lenguaje de las matemáticas, por otra parte, a duras penas puede distinguirse de aprender matemáticas. Aprender cómo expresar órdenes en francés no equivale a aprender cómo dar órdenes o qué es dar órdenes. Mas, si yo aprendo a formular una demostración matemática (como algo distinto a cómo operar con una notación particular), no estoy adquiriendo una nueva forma de expresar algo que yo ya supiera (esto es, la demostración matemática). Estoy aprendiendo cómo demostrar algo, incluso *lo que es* "demostrar" algo matemáticamente. En este sentido, mientras que podríamos hablar de una traducción del inglés al francés, difícilmente hablaríamos de una traducción de las matemáticas al... bueno, ¿a qué? No hay algo así como una traducción a términos no matemáticos de la frase "solución de una ecuación diferencial". El concepto de ecuación diferencial pertenece a las matemáticas y debe expresarse en "el lenguaje de las matemáticas". Cuando estamos considerando la "traducibilidad" del *zande* al inglés, estas maneras de distinguir "diferentes lenguajes" se solapan. En un amplio campo no sería muy difícil coincidir en que ciertas expresiones en un lenguaje "significan lo mismo" (aproximadamente) que ciertas expresiones en otro. Pero en otros campos pretender una traducción del *zande* al inglés sería como pedir una traducción de algo matemático a algo no matemático (Winch, 1994).

Entre estos "otros campos" encontramos justamente el lenguaje mágico-religioso. En el caso de los graniceros del volcán el problema de la traducción de un idioma a otro no existe ya que las ceremonias propiciatorias de la lluvia, las invocaciones a los espíritus y a los montes se hacen en castellano, pero subsiste el problema de fondo, que consiste en el propósito último de tales invocaciones, en la lógica que implican, pues apelan a entidades que en nuestra cultura no consideramos como "interlocutores": el viento, las nubes, las montañas... El antropólogo inglés, dice Winch,

> debe aprender no sólo cómo los azande expresan lo que hacen cuando consultan el oráculo, sino lo que hacen, qué es consultar el oráculo del veneno. No hay mayor razón para suponer que el inglés que él habla, sin más extensión, proveerá de expresiones a las que traducir lo que el azande dice sobre esta materia, que la que hay para suponer que el lenguaje de una tribu sin matemáticas proporcionará un medio para traducir expresiones relativas a las ecuaciones diferenciales.

Una de las conclusiones a las que llega Winch más adelante es la siguiente: "La cultura establece límites para poder decir, inteligiblemente, qué está haciendo un individuo". Su planteamiento es claro y certero, pero en esta analogía la falta de énfasis en la condición sagrada de aquello que es culturalmente inaccesible soslaya precisamente la clave que permite comprender la diferencia radical entre ambas culturas.

En la región de los volcanes el sincretismo religioso y el castellano como lenguaje común entre los tiemperos y el antropólogo que los estudia hacen más accesible el significado y la comprensión de los rituales propiciatorios que ahí se realizan; sin embargo, llega un momento en que la comprensión de estos ritos se topa con su carácter fundamental, que es la experiencia de lo sagrado, "el contacto" —como dice don Lucio— con los poderes divinos. Aquí la única alternativa para aproximarse un paso más en la comprensión plena de estos ritos radica en lo que me parece una imposibilidad: haber tenido una experiencia semejante. De este modo, cuando se llega al umbral de la auténtica diferencia, el método de la "observación participante" se suspende para quedar circunscrito a la condición del simple testimonio observado desde fuera. La impenetrabilidad del sentido de lo sagrado en los ritos propiciatorios, o en los "combates" contra los malos temporales, no es una limitación exclusiva de la gente que no pertenece a la cultura campesina de la región, pues aun entre los propios campesinos sólo tendrán acceso al sentido pleno de este lenguaje ritual aquellos que han sido "endonados", quienes han recibido una señal clara del cielo. Un buen quiapequi sabe que aunque una persona repita con toda minuciosidad las oraciones, los ademanes, las invocaciones y las alabanzas del ceremonial, si no ha sido "exigida" por el rayo no tendrán ningún efecto, porque carecerá de las facultades otorgadas por la divinidad para establecer contacto con los poderes sobrenaturales que gobiernan la naturaleza.

DON ALEJO UBALDO, MAYOR CAPORAL DE ATLATLAUCA

El relato de su iniciación

Un golpe de suerte me permitió conocer a don Alejo Ubaldo, mayor caporal de Atlatlauca, en el estado de Morelos.

Viajando por la carretera que va de Amecameca a Cuautla, después de haberse frustrado una procesión en la que acompañaría a algunas personas de San Mateo Tecalco, al pasar por el pueblo de Tepetlixpa recordé que en esa localidad había realizado su trabajo Guillermo Bonfil hacía 30 años. Como era temprano y tenía todo el día para mí, decidí entrar en el pueblo y preguntar si aún se realizaban las visitas al templo-cueva de Las Cruces. Un anciano que vendía nieve en la calle me informó de una familia de danzantes que, probablemente, era la gente que yo buscaba; así fui a dar con un hombre muy amable que, en la conversación que tuvimos, me informó que en su padre estaba inspirado el personaje de Tlacaélel. Él mismo me dio indicaciones de cómo llegar con la familia que buscaba (sin que yo supiera al principio a quién buscaba) y le pidió a su hijo que me acompañara. Cuando llegamos a la casa de don Francisco Maya, su hijo, un hombre de unos sesenta y cinco años, se sorprendió de que alguien buscara a su padre, muerto hacía muchos años. En el patio de su casa conversamos un rato y recordó la experiencia de su padre:

> Cuando a mi papá le cayó el rayo, lo tiraron y lo dejaron tirado en el suelo, pero crucificado, acá así —dijo, extendiendo los brazos—, se quedó así en el suelo, así, con sus pies así —decía mientras juntaba los pies—, como un cristito. Cuando le cayó el rayo ya era grande, tenía como cincuenta o cincuenta y dos años. Eso fue una vez. Y luego, como a los quince días, le vuelve a pegar de nuevo otro rayazo, en el campo.

Entonces lo dejaron medio quemado. Ora sí que a mi jefe lo dejaron medio quemado y también crucificado, sí señor. Y de ahí nomás andaba enfermo, andaba enfermo, porque no quería decir que sí le había pegado el rayo. Aquí su familia no le decía qué es lo que le había pasado en el campo. Lo mantuvo en secreto hasta que sintió que ya estaba malo, ya estaba grave, ya nomás andaba'ai, tenía escalofrío y escalofrío. Y hasta que fue a ver a un señor que también era de eso, era del tiempo, un señor de aquí de Tepetlixpa que se llamaba don Felipe García. Él fue el que lo alivió, sí, lo curó, lo que pudo lo curó y de ahí le dice: "tiene usté don, señor don Francisco, tiene usté don por mando de Dios, le pegó a usté dos veces, ajá, si quiere usté lo voy a curar, le voy a dar el reconocimiento porque tiene usté cargo. Usté dice, si agarra usté este trabajo lo curo y me comprometo, y si no... porque si no, si dice usté que no se quiere usté curar, no se alivia usté". Y sí, lo curó cinco veces, y dice: "y vamos a hacer un trato pa'cuándo puede usté recibir". Y recibió y sí se alivió. Lo curó y se alivió y ya, ya andaba requetebien mi jefe.

Las limpias con huevo con las que curaron a don Francisco se realizaron en casa del mayor caporal don Felipe García. Desde entonces comenzó a trabajar con él, y don Francisco, según su hijo, le decía:

> Ay, señor, pero yo soy un escuincle al lado de usté; no me van a respetar sus compañeros que tiene usté —dice—. ¡Cómo que no! —dice—, usté va a ser el mayor igual que yo.
>
> Y sí, quedó de remplazo mi jefe, fue mayor porque al año muere don Felipe, el que lo curó. Sí quedó de remplazo mi jefe y duró como dieciocho años. Y cada año iban a la cuevita de Las Cruces, iban el cuatro de mayo, no iban el tres. Iban a dejar ofrenda, todos llevaban su bocadito. Llevaban molito, pancitos, platanitos, sí, es lo que llevaban, como ofrenda lo ponían ahí... Mi papá tenía sueños pero "de arriba", tenía sueños de cómo debía curar. Curaba de los que les pega el rayo, de ésos curaba y veía si tenía cargo o no. Aquí en el pueblo dos tenían cargo, pero como no quisieron recibir, luego les volvió a caer el rayo y murieron... sí... eso es todo señor.

Don Francisco Maya le confió a Bonfil (1968) que había sido coronado con "corona de tres reyes", éste es su relato:

> Me cayó un rayo en la barriga, en la boca del estómago; quedé tendido en medio de los surcos, inmóvil y crucificado; entonces vi a la virgen con tres angelitos. Ella me dijo cómo levantarme: que desmenuzara

tres cigarros y los frotara en todo mi cuerpo; ahí estuve, poco a poco, con hartas dificultades, y pude levantarme. Llegué a mi casa y no dije nada; pero olía mucho a pólvora quemada, trascendía a azufre. Estuve mal como mes y medio, curándome con medicinas que me recetaban los doctores de Amecameca. Por fin me pude levantar y me fui de nuevo al campo. Y entonces que me cae otro rayo. Ya no pude ocultarlo y pedí que me viera don Felipe, que entonces era el mayor. Él trabajó "los niños"[3] para saber qué es lo que tenía y halló que estaba coronado con corona de tres reyes. Luego me dijo que estaba exigido. Yo, la mera verdad, no quería entrar. Me daba pena. Al fin le dije que en cuánto tiempo estaría curado y él me contestó que en cuatro limpias, y que después de la última me coronaría. Todo esto me costó 250 pesos. Me hizo las limpias y luego fijamos la fecha de mi coronación. Vino don Felipe con toda su corporación y aquí les tuve que dar de desayunar y de almorzar. Pero ellos trabajaron toda la noche. Les tuve que dar dos manos de papel de china para que hicieran las flores que se usan. A las 12 de la noche me sacaron al patio de la casa y me dieron mi cruz, mi escoba y mi palma. Me dijo don Felipe que volteara para arriba y ahí se veía una cruz de nubes. Ésa se ve siempre en las coronaciones, aunque se hagan en mes de seca. Don Felipe me dijo que había de ser Mayor; le pregunté por qué, si había otros que estaban en la corporación antes que yo. Me contestó: "no tengas miedo, eso viene de Arriba. A mí me va a llevar la chingada, qué bueno que te quedes tú para que no se caigan los altares". Le pedí que me diera un apunte en un papelito, para saber todo lo que tenía que hacer; don Felipe me dijo que ni un cacho de papel, ni medio número escrito: todo me llegaría de lo Alto.

[3] Según explica el propio Bonfil, los "niños" o *pipiltzintzintli* son "una variedad de frijoles (pequeños, redondos, colorados con una mancha negra), que se ingieren con la semilla de mariguana y producen efectos alucinantes". Por desgracia, no hizo una identificación botánica de esta semilla, pero por la descripción de ella puede pensarse o en ololiuhqui *(rivea corymbosa)* o en la semilla del colorín *(erithrina coralliodes),* llamada tzompanquáhuitl por los aztecas. Los "niños" hablan con quien los ingiere y a través de él hacen escuchar su voz. Generalmente hablan en náhuatl —dice Bonfil—, ven el mundo, conocen el pasado, saben de las cosas perdidas. El uso de los niños no es privativo de los graniceros (también se sabe de yerberos que emplean ese procedimiento); pero en este grupo se usan no sólo para fines adivinatorios y curativos, sino también para conocer, en última instancia (cuando la consulta de los huevos en agua falla), si alguien tocado por el rayo está o no exigido, cuáles poderes tendrá y qué rango le corresponderá dentro de la corporación. Ésta y las citas que se hacen más adelante del mismo autor pertenecen al artículo "Los que trabajan con el tiempo, notas etnográficas sobre los graniceros de la Sierra Nevada, México" (Bonfil, 1968).

Le pregunté entonces al hijo de don Francisco si sabía de alguna otra persona, en otro pueblo, que hiciera la visita a la cueva de Las Cruces, donde acudía su padre al menos dos veces al año para pedir la lluvia, en mayo y en noviembre, después de la fiesta de muertos, para agradecer el agua y los productos de la tierra que se recibieron. Entonces me dijo que don Alejo Ubaldo, que vivía en el pueblo de Atlatlauca, probablemente continuara visitando aquel templo. Nos despedimos y al llegar a la esquina de aquella calle una pareja de jóvenes me pidió un "aventón". Iban al mismo sitio y decidí llevarlos. En el camino supe que también ellos buscaban a don Alejo, de modo que llegamos directamente a su casa, donde nos informaron que estaba trabajando en el campo. Ellos ya habían visitado antes a don Alejo para curarse, por lo que conocían su parcela. Don Alejo es un hombre corpulento, de unos setenta años, enfermo de una pierna y con una dicción que de pronto se dispara a una velocidad en la que las palabras se pierden en un flujo de sonidos. Es un hombre afable que sabe crear, de inmediato, un clima de confianza en su entorno. Nos sentamos a platicar a la sombra de un árbol y yo notaba que le sorprendía agradablemente la forma en que había llegado hasta él. Era notoria su emoción cuando recordaba a don Francisco Maya, quien lo había iniciado como granicero en 1955. Recordó también a Guillermo Bonfil, quien lo conoció cuando él apenas tenía el cargo de orador, es decir, encargado de entonar las alabanzas durante la celebración de los rituales propiciatorios y de agradecimiento.

En 1955 fue cuando me pegó el rayo aquí en el campo —dice don Alejo—. Estábamos sentados en una piedra, pero no bajo árboles. A las tres habíamos echado un taco y como a las tres y media de la tarde, cuando empieza la lluvia, pero no una lluvia fuerte, una lluvia lluvia, normal. Pero de por sí, cuando ya le va a tocar a uno... ya... pega un rayo pa'llá, otro pa'cá, otro pa'llá de lado, otro pa'cá... y hasta ahí me di cuenta, de ahí pa'delante ya no. Cuando me di cuenta ya estaba en casa de ustedes, como a las seis de la noche ya me di cuenta: ¡camisa pegada! Estaba yo quemado. Todavía tengo una cicatriz muy pequeña, mire usté —dice mostrando una mancha en el brazo—, pero ya no se ve en mi pecho —afirma tras haberse desabrochado la camisa—, pero estaba acá así, cruzado —agrega trazando una cruz sobre su pecho—. Y mi sombrero, lo quemó todo de arriba, todo por arriba un hoyo. El compañero que estaba conmigo ese día se fue pa'la casa a avisar que ya estaba yo muerto, pero no, cuando llegué a la casa ya estaba yo con vida, como a las ocho y media de la noche. Ya en mi casa había harta gente con flores y veladoras y ceras, pero yo estaba con vida.

Cuando le pregunté si no había tenido revelaciones en el tiempo en que se quedó tirado en el campo el día que lo golpeó el rayo, me dijo:

En ese momento, un Señor y una Señora me entregaron la palma y la escoba, y el sahumador y un crucifijo. Me dijeron: "con esto va usté a trabajar". Uno, de momento, como no se ha dado cuenta de esas cosas, se dice: ¿cómo voy a creer?, ¿por qué? Pero me dijeron los Mayores: "usté va a tener revelación en la noche. Y con lo que usté sueñe, con eso va a estar usté trabajando, y lo que le pidan los espíritus es lo que le va a pedir al enfermo. Esas personas son de muchas partes, son los espíritus anteriores que murieron, vienen aquí de Guerrero, de Morelos, de Tetela, o de aquí de la ciudad de México. Son dos morenos y dos güeros, altos".

La madre de don Alejo, en la década de 1960, le comentó a Guillermo Bonfil la angustiosa experiencia que tuvo cuando se enteró de lo sucedido:

fue en julio de 1955. Llovía. Alejo y su amigo estaban en el cacahuatal, donde no hay ni un árbol, sentados, enmangados y con sus sombreros para no mojarse. Yo todo el día había estado sintiendo no sé qué, como de presentimiento. Llegó un muchacho corriendo a decirme que Alejo estaba muerto y que lo fuéramos a recoger. El padre de él ni lo quería creer y al principio no quiso ir. Yo fui corriendo como loca, con los vecinos, hasta el otro lado de la carretera y el río estaba crecido. Ahí estaba sentado, sin moverse.
—¿Qué te pasa? —le pregunté.
—¿A mí?, nada... —respondió, pero lo decía como atontado.
—¿Y tu sombrero?..., para qué lo cortaste así, insistí al ver que no le quedaba más que el ala, se habían llevado la copa.
    —¡Ah! —dijo nomás. Luego se levantó la manga derecha. Tenía marcada una cruz, luego su nombre y su apelativo y encima dos cintas. En el pecho el culebrín bien marcadito, de quemadura. La mitad de la cabeza como rasurada, y quemada toda la pierna derecha, el oído derecho con harta pus, y el cuello. Lo trajimos en una camilla de madera y uno del camión le avisó a una mujer del kilómetro 88 que decían que curaba.

Fumábamos unos cigarros y platicábamos ante la mirada atenta de un pequeño cebú echado a unos cuantos metros de distancia de nosotros. El pulque que los jóvenes le llevaron de obsequio a don Alejo permanecía en la botella, recostada entre las raíces del árbol donde estábamos sentados. Don Alejo continuó su relato:

Luego me vio una doctora y trató de curarme pero no me pudo componer. Luego ya no quiso seguirme curando, hasta que vino don Felipe García, él era el que mandaba a todo el grupo, vino de Tepetlixpa a verme y dice: "No lo voy a poder curar yo", debo traer mi Mayor. Todavía no conocía yo a mi compadre Francisco Maya. Ya fue a traerlo y vinieron los dos a curarme ¡tres días! Ganaron 10 pesos cada uno. Entonces ya vinieron todos a curarme, fueron cuatro limpias, primero me hicieron tres ellos solos los dos, y después ya fueron 25 personas, uno con sahumador, otro con crucifijo, otro con los huevos, con chocolate, con bolillo, con la palma y la escoba, con tamales y mole, bueno... con todo eso lo hicieron, sí, aquí en mi casa repartimos todo eso, sí, y después de la limpia todo eso se va a tirar. Fue el día primero de agosto, y el día dos fue la coronación, y me dijeron: "ahora sí, ya usté sabe lo que va a hacer". Pero me dijo mi compadre Francisco y mi comadre Estefanía: "mira, de ahí, para cuando haya un trabajo ya te mandamos a traer". Está bien... ya me mandan a traer, fuimos allá en Tepetlixpa, fuimos a Ozumba, también fuimos a Tenango del Aire y hasta México íbamos a dar, a curar por allá, con el motivo de enseñarme cómo se trabajaba la palma y la escoba, cómo se conocían las yemas, de cuando es de rayo, de cuando es remolino, cuando es un aire de campo, todo se ve en el huevo...

Ahora es el propio don Francisco Maya quien habla, relatando a Bonfil la curación de don Alejo:

Esa doctora lo llenó de algodones y le puso inyecciones. ¡Pues peor!, porque son calientes ¡y con la calentura del rayo!... Luego buscaron a otro que sí sabe, pero no quiso venir porque no lo recibieron bien. Entonces les hablaron de la difunta Estefanía [que era la Mayora compañera de don Felipe García] que todavía estaba viva y allá fueron por ella. Vino, pero no pudo, porque era de rayo. Dijo que me buscaran y fueron a verme ella y aquí mi compadrito. Llevaron cera y flores. "Ni agradezca la visita" —que me dice doña Estefanía—. Y ya me dijo lo que querían. Ahí venimos. Llegamos ya noche y estaba apretado de gentío. Toditos me admiraron porque yo lo iba a curar. Yo me entré derechito al altar y ofrecí las flores y las ceras y pedí permiso. Entonces sí fui donde estaba Alejo. Pedí dos huevos que no fueran de granja, le hice una limpia con los huevos, luego los partí, los eché en agua y los llevé al altar. Ahí estaba clarito el rayo y las tres imágenes que lo protegían a Alejo. Pedí agua lluvediza y dos claveles rojos, y si no, dos malvones del mismo color. Le quité los algodones y lo limpié con el agua y las flores. Le dije aquí a mi compadre que su hijo estaba exigido y que sí me hacía cargo de curarlo, si aceptaba entrar en la corporación. Le dije también a Alejo y cuando ya estuvimos de acuerdo nos pusimos a discutir los aranceles [precio pagado por la curación]. Fueron cuatro limpias y la coronación. Aquí mi compadre me dijo: "No se apure, si no alcanzo a juntar el dinero para entonces, le regalo esta marranita". Me comprometí de que Alejo iría por su propio pie a la fiesta de Tepetlixpa, en agosto. Y allá estuvo, aunque lo tuvieron que ayudar un rato en el camino...

Una vez que Alejo estuvo curado, se llevó a cabo su coronación durante una ceremonia en su casa, muy similar a la que describe don Francisco cuando lo coronó el Mayor Felipe García. Dice don Alejo que en la coronación, en la cual se le coloca una corona de papel dorado en la cabeza ante el altar familiar al iniciado, es muy importante la presencia de su esposa o de su madre, pues alguna de las dos habrá de compartir con él la responsabilidad del cargo, ya que cuando el quiapequi está ausente del pueblo será ella quien asuma el compromiso de combatir el mal temporal encendiendo copal en un sahumerio ante el altar familiar y, sahumando las imágenes, hacer las invocaciones a los santos y los espíritus de los tiemperos muertos, utilizando después las "armas" apropiadas para el caso: crucifijo y sahumerio o palma bendita y escoba sin mango. Estos dos últimos instrumentos se utilizan para "barrer" las tempestades y ahuyentarlas en dirección de la cueva de Alcaleca, de donde provienen. El granizo o el "aguaviento" pueden provenir también del templo de Timiqui, cercano a Nepopualco. En ambos casos se trata del *Torito*, un espíritu tempestuoso que muchas veces es "soltado" por algunos graniceros interesados en hacer maldades y perjudicar cultivos ajenos.

Don Alejo mencionó también que a la media noche salieron al patio de su casa para que don Francisco lo presentara con los espíritus de los trabajadores temporaleños, es decir, de los quiapequis muertos que trabajan con el clima desde el cielo. No mencionó, como le ocurrió a don Francisco cuando lo coronaron, la formación de una cruz de nubes en el cielo aquella noche. Después de la coronación se lleva a cabo, durante la realización de las ceremonias de obligación en los primeros días de mayo o de noviembre, la presentación del iniciado en el templo-cueva correspondiente. A partir de ese momento ya se encuentra "reconocido", tanto por las deidades como por los espíritus de los antepasados y por la comunidad de graniceros en funciones, como un Servidor del Tiempo más, capacitado para curar a quien ha sido tocado por el rayo, para realizar ritos propiciatorios de la lluvia si es Mayor, y para combatir el mal tiempo. Si algún día llega a ser Caporal Mayor, el cargo más alto en la jerarquía, tendrá que repetir las mismas formas del ritual que aprendió a lo largo de su experiencia, pero añadirá también aquellas alabanzas, oraciones o indicaciones rituales que reciba en sueños.

En una ocasión, don Alejo fue acusado de brujería en su propio pueblo. Dice que llegó a verlo un judicial fingiendo ser un enfermo de las piernas. Él comenzó a "limpiarlo" para saber la causa de su enfermedad, cuando de pronto el hombre se identificó como policía que iba a cumplir una orden de aprehensión en su contra por el cargo de brujería. En la copia de la denuncia que llevaba consigo no aparecía el nombre del denunciante y, sin embargo, don Alejo estaba acusado de utilizar culebras, huesos de muerto y tierra de panteón en sus supuestas hechicerías, además de poseer un tecolote, un gato negro y un zopilote con los que hacía maleficios. Don Alejo se defendió pidiéndole al policía que revisara toda la casa, le ofreció las llaves de su único ropero y le pidió que buscara en el patio, en el granero... por donde él quisiera, y si encontraba algo sospechoso lo acompañaría en calidad de detenido, pero si no hallaba ninguna prueba no había ningún motivo para ir con él. El asunto terminó cuando el judicial, después de revisar minuciosamente, se disculpó con don Alejo y su familia mientras se guardaba 20 pesos en la bolsa.

Ritos en el templo de Las Cruces, Cueva de Canotitla

Tres días después de la conversación con don Alejo en su parcela, lo acompañamos el día de la Santa Cruz a la cueva-templo de Las

Cruces, lugar al que no acudía desde hacía seis años. Al llegar encontramos una docena de personas, algunos venían de Atlatlauca y otros de Santiago Mamalhuasuca, entre ellos un hombre delgado, ojeroso, calvo, de unos sesenta años, que había sido tocado por el rayo hacía muchos años y no había asumido la responsabilidad que esto implicaba. El hombre padecía fuertes dolores en las piernas y lo atribuía a su desobediencia, de modo que al encontrar a don Alejo trató con él la posibilidad de ser coronado y presentado en el templo de Canotitla, como también se le llama a la cueva.

Es indispensable comenzar un ritual por la limpieza del espacio donde va a realizarse, que en este caso estaba totalmente cubierto de hojas secas. Al barrer y escombrar el lugar aparecían vasos de veladoras consumidas y manojos secos de flores colocadas al pie de las cruces de madera hacía mucho tiempo. La cueva no es profunda ni alta y tiene, vista de frente, una cruz de cemento colocada a la derecha de la boca cuya función es la de permitir el acceso al interior, es decir, es una "cruz puertera", una "puerta" en la que se debe solicitar el permiso a las entidades que ahí habitan para poder pasar a realizar la ceremonia. En el otro extremo de la boca, hacia la izquierda, se encuentran las cruces de los "Mayores Antecesores", es decir, las cruces de los quiapepquis muertos, comenzando de atrás con la cruz de don Felipe García de Tepetlixpa, de don Melesio Jiménez de San Mateo Tecalco, de don Seferino Torres de San Juan Tehuixtitlán, de don Francisco Maya de Tepetlixpa y la de don Alejo Ubaldo de Atlatlauca hasta adelante.

Después de dirigirse al "Señor San Felipe Puertero" en estos términos, "Abridnos el entendimiento y abrid estas puertas de este templo consagrado, para que lleguen todos tus discípulos a hacer otros trabajos, otras curaciones... a hacer crecer las plantas...", en seguida don Alejo hace, una y otra vez, invitaciones a los espíritus de los Mayores antecesores y sus Mayoras, de los Oradores y supongo que también de algunos discípulos ya fallecidos:

Espíritus y ángeles del cielo, pasen y lleguen a este templo consagrado, donde estamos reunidos ahorita, en este 3 de mayo de 1997, aquí está su Caporal de Atlatlauca, don Alejo Ubaldo, que les va a recibir, a reunirles a todos... y que las personas que están aquí para acompañar en este lugar que no les vaya a venir ningún castigo, ningún martirio... Reciban este anhelo, este consuelo, estos alimentos sustanciales que

estamos invitando en este día, en el nombre del Padre, del Hijo y del
Espíritu Santo... Que vengan todos aquellos ángeles a rodearse, a saludar en el templo de Canotitla ante el que estamos reunidos aquellos
trabajadores o escobadores del tiempo o temporal... Venimos ahorita
para tener un buen temporal en nuestras sementeras... Todo temporal
que venga, que Dios nos lo mande, que no vaya a venir con tempestades, ni con garbancillos [granizo], esperamos que aquel temporal venga limpiamente para que tengamos alimento nosotros y tengan alimento los ángeles del cielo... Trabajadores temporaleños, reciban este
anhelo, este consuelo, en el nombre del Padre... Ante tanta Cruz que
se encuentra aquí, que fue la que venía a venerar y a adorar don Felipe
García, después quedó en su lugar don Francisco Maya, ahora ya no
existe, pero estamos nosotros aquí, en esta sagrada mesa, para darle
aquel consuelo, aquellos alimentos sustanciales... Ángeles y espíritus
del cielo, señor don Felipe García y doña Estefanía Martínez, señor
don Melesio Jiménez y doña Romana Pérez, don Seferino Torres y doña
María García, señor don Modesto Lima, ustedes reúnan todas las Gober-
naciones [los espíritus de otros templos-cueva], todas las Mayorías, todos los Distritos, para que pasen a alimentarse ahorita en esta sagrada
mesa que acabamos de invitar... Gloria al Padre, al Hijo y al Espíritu
Santo... Santísima Cruz, usté también ruéguele al Eterno Padre para
que nos mande buen temporal para las sementeras. Vamos a refrescar
esta Madre Tierra... Santísima Cruz del cielo, bendíceme a mí y a toda esta compañía que me acompaña en este templo de Canotitla. Ya no
he venido, tú sabes muy bien por qué motivo, pero hoy hay personas
que me trajeron aquí a tus plantas. No traje grandezas, no traje fine-
zas, solamente traje este consuelo para ofrecerte y a todos los ángeles
del cielo... Ábrannos las puertas de este templo para entregar estos
consuelos, estos anhelos, estos alimentos sustanciales, Gloria al Padre...

Haciendo alusión al señor de Santiago Mamalhuasuca que le
pidió lo presentara en la próxima ceremonia de noviembre, dijo:

El señor que está presente de Santiago Mamalhuasuca, que según quiere
recibir el cargo, porque se lo han revelado, nomás que nos avise para
pasarlo a presentar en este templo consagrado, en este templo de entendimiento... ¡Pero que sepa muy bien que una vez que reciba el cargo de la Santísima Cruz del cielo que no se le vaya a olvidar, que no
diga "hoy no voy porque tengo otra salida, porque tengo familiares",
porque primeramente está Dios y después los santos. Entonces es lo
que le pido. Y si usted cumple su sagrado deber con la Santa Cruz y
hace sus oraciones, nadie de nosotros va a propagar, solamente Dios

nuestro señor es el único que le dará el entendimiento para que siga viniendo aquí a este santo lugar.

Finalmente, antes de depositar la ofrenda, don Alejo tomó unos angelitos de barro que se elaboran en Tlayacapan para la fiesta de muertos y comenzó a cantar:

> Los ángeles en el cielo
> te alaben con alegría
> y nosotros aquí en la tierra
> digamos Ave María.
> El santísimo sacramento
> hijo del Eterno Padre
> alumbra nuestro entendimiento
> para que las almas se salven.
> De Jesús y de María
> de Jesús, María y José,
> Árcangel San Miguelito,
> capitán que eres del cielo,
> capitán que eres del mundo,
> príncipe y generoso,
> de las nubes promovidas,
> de las nubes resplandecientes,
> nuestro guía
> nuestro guía
> en este presente día
> en este presente día.

A continuación depositó tres angelitos en un extremo de la boca de la cueva, al pie de las cruces de los Mayores Antecesores, y otros tres en el otro extremo, al pie de la Cruz Puertera, diciendo:

Ave María Purísima, Ave María Santísima: Mayores Antecesores, don Felipe García... Aquí tienen estos soldaditos que van a salir al frente cuando haya aquellos ventarrones, aquellos garbancillos, aquellas perlillas, aquellas tempestades. Ellos tendrán que estar al frente en la presentación de la Santísima Cruz del cielo, en el nombre de Jesucristo. Estos ángeles van a salir para brindar a todo el mundo que no haya tempestades, que no haya garbancillos, que no haya perlillas en las sementeras, que manden aguas cristalinas pa'las sementeras, pa'que den alimento a nosotros y a los ángeles del cielo, Trabajadores Temporaleños.

Estos ángeles se van a enfrentar, con la Santísima Cruz del cielo y madre de Jesucristo y toda su compañía, en el nombre de Dios Padre...

En seguida se colocó la ofrenda en una pequeña explanada frente a la cueva, donde se extendieron manteles blancos. Se colocaron en pequeños montones, que la persona que los acomodaba no tocaba con las manos sino con un plato; naranjas, plátanos, panes y un plato de mole con una pieza de pollo y tortillas con arroz. Después comimos nosotros, bebimos un poco de pulque mientras conversamos y fumamos y esperamos poco más de una hora para que los Trabajadores Temporaleños terminaran de "merecer", es decir, de tomar la esencia, "el aroma" de los alimentos ofrendados. Luego don Alejo se despidió del templo y nos regresamos a Atlatlauca con el cielo nublado, lluvia en el camino, y a lo lejos una hermosa vista de los volcanes recién cubiertos de nieve.

Las peregrinaciones al Popocatépetl

Las "visitas" anuales (12 de marzo; 2 y 3 de mayo; 13 de junio; 30 de agosto; 21 de diciembre)

El volcán Popocatépetl tuvo una suerte de acta de nacimiento en el lenguaje el año de 1347, año nueve-caña según las *Relaciones originales de Chalco-Amaquemecan* de Chimalpahín (1965). De acuerdo con estos textos, el volcán tenía hasta ese momento el nombre de *Xaliquehuac*, que significa "arenales que se levantan", pero sucedió que aquel año hizo una erupción tan impresionante que dejó su huella en el lenguaje cuando los agricultores nahuas que vivían en sus alrededores lo empezaron a llamar *Popocatépetl* (monte que humea).

Medio siglo antes de este acontecimiento, hacia finales del siglo XIII, las tribus chichimecas llamadas *tecuanipas* (la gente del tigre), se establecieron en la región de Amecameca, al pie de las laderas occidentales de los volcanes Popocatépetl e Iztaccíhuatl. Uno de los sabios ancianos que guiaba a estas tribus, de nombre Chalchiuhtzin, "El Señor de la Esmeralda", se trepó arriba del Popocatépetl —dice la quinta *Relación*— buscando propiciar la lluvia, porque entonces el sol y la sequía habían cobrado fuerza y había hambre y necesidad: "Allá arriba se flageló el Chalchiuhtzin, según refieren los ancianos. Llegó bien hasta la mera cabeza, hasta arriba del Popocatépetl y allí se flageló. Él fue el único que pudo llegar de aquí, de Tecuanipan Amaquemecan" (Chimalpahín, 1965, pp. 146-147).

El autosacrificio del Chalchiuhtzin para propiciar la lluvia, realizado hace 700 años, nos revela la continuidad de una costumbre en esta región, que consiste en efectuar procesiones anuales a los sitios sagrados ubicados a 4 500 metros de altura, aproximadamente, para ofrendar al viejo volcán con el propósito de obtener lluvias abundantes y buen temporal durante el ciclo agrícola.

En Santiago Xalitzintla, estado de Puebla, las "visitas" a los volcanes se llevan a cabo después de haber bendecido las semillas el día de la Candelaria, el 2 de febrero en la iglesia del pueblo. La primera procesión se efectúa el día del santo del volcán, el 12 de marzo. Esta visita se hace con la sola finalidad de obsequiar al Popocatépetl sin solicitar de él favor alguno relacionado con los cultivos. Se trata de una anticipación llevada a cabo por los mayordomos del Señor del Sacromonte y sus segundos, encabezados por el conjurador o tiempero de la comunidad. La segunda visita se hace el 2 de mayo en el Popocatépetl, y el día 3, día de la Santa Cruz, en la Iztaccíhuatl. Como en estas fechas se ha iniciado ya el periodo de siembras, el propósito fundamental de estas ceremonias es el de solicitar y propiciar la lluvia. Entre los asistentes hay quienes aprovechan la ocasión, como sucede también en la visita de marzo, para pedir favores personales a los volcanes como buena salud para ellos y sus familias, protección para los hijos que se encuentran trabajando en los Estados Unidos, mejor suerte en el trabajo, conservación de sus animales, etc. La visita a la Iztaccíhuatl, a quien también llaman en Xalitzintla, *Rosita, la Volcana*, la encabezan los mayordomos del Señor de Chalma acompañados por el mismo tiempero. La tercera procesión (si consideramos el 2 y 3 de mayo como una sola ceremonia) se lleva a cabo el 30 de agosto, día de Santa Rosa de Lima, y tiene como finalidad festejar el santo de *La Volcana*, a quien los campesinos ofrendan comida, ropa y prendas personales. Esta ceremonia es un gesto de gratitud por los beneficios recibidos durante los meses transcurridos desde la siembra, pues a estas alturas ya el maíz está jiloteado y próximamente vendrá la cosecha. En esta ocasión algunas mujeres buscan en el fondo de un arroyo transparente, cercano a la cueva donde se en-

trega la ofrenda, pequeñas piedras que por su forma sean semejantes a las semillas del maíz, el frijol, el ayocote o la calabaza.
Estas piedras-semilla se conservarán el resto del año para ser ben-
decidas el próximo 2 de febrero; posteriormente, serán sembradas
en los terrenos de cultivo pues cumplen la función de procurar el
crecimiento de las plantas. Finalmente, en las primeras semanas
de diciembre, cuando ya las cosechas de maíz y frijol se han levantado, se realiza otra procesión a ambos volcanes en señal de gratitud por los frutos que han obtenido de la tierra.

Entre las ceremonias de mayo y la de agosto se realiza el ritual
de "la plantación de cruces" en las cimas de las dos cadenas de cerros que flanquean la población, al norte y al sur, y desde las que se
dominan los sembradíos. Se trata de ocho cruces de madera que
los mayordomos del Sacromonte y del Señor de Chalma "arranca-
ron" de sus respectivos lugares, a principios de mayo, para llevar-
las a la iglesia del pueblo "a oír misa" el día de la Cruz. De la
iglesia las recogen, ya enfloradas, el 13 de junio, día de san Antonio y santo del tiempero, para volverlas a plantar, cuatro de cada
lado, en las cimas de los cerros. Las cruces no sólo son objetos sagrados dignos de adoración y destinatarias de algunas oraciones y
alabanzas, son además instrumentos mágicos, es decir, sujetos activos en la propiciación y el mantenimiento del buen temporal.

Los rituales de petición y propiciación de lluvias que año con
año se organizan tienen como uno de sus fundamentos la revelación en sueños que recibe el tiempero por parte de los volcanes.
El sueño como ámbito para alojar una experiencia sagrada es un
elemento religioso muy antiguo, en Mesoamérica existían incluso
libros de los sueños y especialistas que los interpretaban (temi-
namictiani). Durante el periodo colonial los sueños sagrados fueron auscultados y condenados por las instituciones eclesiásticas
cristianas; sin embargo, la tradición que ve en ellos revelaciones y
signos admonitorios no desapareció en la región de los volcanes
y actualmente continúa existiendo lo que podríamos llamar un re-
levo onírico, en función del cual una vez muerto el tiempero en
funciones una nueva persona vuelve a recibir en sueños una revelación en la que se le darán instrucciones precisas para realizar su
trabajo como conjurador o conjuradora del tiempo.

Aparición de don Gregorio Popocatépetl como anciano,
ante el peligro inminente

El calendario de las ceremonias anuales ligadas al ciclo agrícola se vio perturbado a raíz de la erupción de ceniza ocurrida en diciembre de 1994. A partir de entonces, sucedieron varios hechos interesantes en las comunidades del estado de Puebla más afectadas por estas emanaciones, y que se localizan entre la ciudad de Cholula y el Paso de Cortés.

Desde el año de 1989, cuando comencé a frecuentar la región, me enteré de que el volcán ocasionalmente visitaba los pueblos o sus alrededores en forma de un anciano que vestía con extrema humildad. Cuando algún acomedido le ofrecía de comer o de beber, el viejo rechazaba la invitación diciendo: "Mejor me lo han de llevar allá", refiriéndose al adoratorio donde se depositan las ofrendas al Popocatépetl. Las versiones que escuché de esta historia coincidían en lo fundamental: el volcán no aceptaba obsequios "aquí abajo", sus necesidades eran distintas a las nuestras, eran de tipo ritual y, en consecuencia, sólo aceptaba dones consagrados como ofrenda "allá arriba".

Con la erupción del 21 de diciembre de 1994 la gente de los pueblos de Xalitzintla, San Nicolás, San Pedro, Ozolco y Nealtican vivió una experiencia muy desagradable: a medianoche sonaron las sirenas de la policía y con altavoces se urgía a las personas a salir de sus casas para abordar los camiones que se tenían dispuestos. Se trataba de abandonar lo más pronto posible el pueblo porque, se decía, "el volcán iba a explotar". Entre el llanto de los niños y la angustia de muchos adultos, varios miles de personas dejaron sus casas para dirigirse a los albergues improvisados en escuelas y otras instalaciones de Cholula, Huejotzingo y la ciudad de Puebla. No obstante el apoyo y la buena disposición de las dependencias oficiales y de la población civil, lo que los campesinos evacuados querían era volver a sus pueblos ante la evidencia, después de dos o tres días, de que nada grave había sucedido. En cambio, evaluaban el daño que estaban sufriendo al haber abandonado sus pertenencias y principalmente a sus animales. Al cuarto día se permitió que los hombres entraran en los pueblos a dar de comer y beber a los animales; a los siete días regresaron las gentes de veinte comunidades y poco después las de Xalitzintla, por considerar que corrían mayor riesgo.

A escasas tres semanas de que los evacuados habían vuelto a sus pueblos, el volcán fue visto otra vez en las afueras de Xalitzintla personificado en un anciano. En esa ocasión se le apareció a un hombre joven cuya religión, la mormona, lo mantenía —y al parecer lo mantiene— en una actitud de distante incredulidad respecto de los rituales propiciatorios celebrados en el Popocatépetl y la Iztaccíhuatl. Era de noche y caminaba rumbo a su casa cuando, de pronto, de entre el zacate, apareció en el camino un viejo que lo llamó para que se acercara. Cuando estuvo a su lado le pidió unos cerillos, como el hombre no tenía le ofreció ir a buscarlos a una tienda cercana. Al verlo un tanto sorprendido, el viejo le dijo: "Mira, no te espantes, yo no soy cualquiera, yo soy el volcán, Gregorio Chino Popocatépetl. Yo te estoy hablando. Ya pasé a buscar tu presidente pero no hay nadie, está solito l'edificio, no hay nadie, ni quien me encuentre, ni quien saludar. Entonces vámonos, a ver dónde compras los cerillos".

Al acercarse a la tienda, el viejo lo esperó a cierta distancia y cuando el hombre volvió con los cerillos le ofreció también un refresco y un pan, el anciano los tomó agradecido pero del pan sólo se comió la mitad y le dijo: "Éste lo guardo pa'mi esposa, mi esposa se llama Genoveva Iztaccíhuatl. Esto se lo llevo y el refresco me lo llevo también. Córrele muchacho, vete pa'tu pueblo, nomás diles que ya te encontré y avísales que los espero allá, que me vayan a visitar y que me lleven ropa. Hace siete años que no me llevan ropa. Diles que yo los espero allá, que no se olviden de mí. Y tú, muchacho, cuando vayas por allá y veas un venado, ése soy yo". Diciendo esto el viejo desapareció en la noche, sus pasos se escucharon unos instantes más haciendo ruido entre el zacate.

El hombre le contó a su mujer lo sucedido y al día siguiente fueron con el presidente de la Junta Auxiliar Municipal. Su relato fue escuchado por decenas de personas que acudieron a las oficinas, y al cabo de cuatro días el rumor había adquirido las formas e interpretaciones más diversas. Se decía, por ejemplo, que los japoneses estaban escarbando el volcán, que el ex presidente Salinas les había vendido seis volcanes y que por eso estos "hombres de ojos rasgados" buscaban algo en el interior del Popocatépetl perforando y lastimando su cuerpo. Gregorio estaba molesto por esa situación y por eso había comenzado a echar fumarolas de ceniza. Se decía también que el viejo que se le apareció al mormón le había preguntado si él era de los que se habían "largado" cuando la erupción. Al responder que él se había quedado en el pueblo, el viejo Gregorio le confió que la gente de los pueblos cercanos no debía preocuparse porque a ellos no les iba a pasar nada, que el daño en realidad lo había hecho "del otro lado", en Japón, provocando el desastroso terremoto que por aquellos días padecieron los habitantes de aquel país. Se dijo también, y lo escuché de dos tiemperos, que el volcán se había quejado de quemaduras en los pies, lo que fue interpretado y convertido por algunos en un reproche contra aquellos que año con año queman los pastizales provocando incendios en los bosques. Atendiendo a esta queja del volcán se le llevaron cremas y pomadas entre las cosas que se presentaron como ofrenda el día de su santo.

Cuatro días después de la aparición de Gregorio Popocatépetl ya se había organizado una colecta para comprarle su ropa y llevarla como parte de los dones que incluían también mole poblano, frutas, música y alguna bebida fuerte como brandy o tequila, que es sabido son del gusto del volcán. Cerca de 300 personas acudieron en procesión. Como en esos días el tiempero se encontraba en la ciudad de México, lo mandaron llamar para que se hiciera cargo de la ceremonia. Dado que este ritual no tenía como origen una revelación del conjurador y tampoco coincidía con las fechas en que él acostumbra ofrendar, aceptó el trabajo más por compromiso y presionado por las circunstancias que por una íntima convicción de lo que había sucedido. Es decir, los papeles se habían invertido y ahora era el propio tiempero quien veía con cierta desconfianza el hecho de que Gregorio se le hubiese aparecido a un incrédulo mormón. No obstante, la gente del pueblo reconocía en él a la única persona "endonada", es decir, señalada y dotada con un don divino y, por tanto, la única capaz no sólo de efectuar la ofrenda sino de lograr que el volcán la recibiera.

La procesión se realizó el 23 de enero de 1995. Se sacrificó un guajolote ante las dos cruces de madera que se encuentran en la oquedad de una inmensa formación rocosa conocida como El Ombligo, su sangre fue vertida en un pequeño recipiente y ofrendada al volcán colocándola al pie de las cruces. El guajolote fue guisado en mole y más tarde ofrendado con tortillas, fruta y brandy. Las cruces fueron vestidas y calzadas con ropa "de lujo", sobre todo una de ellas fue ataviada con "traje de licenciado", es decir, con saco y pantalón de casimir, camisa blanca y corbata, zapatos y sombrero. Si nos remontamos algunos siglos atrás, encontraremos esta costumbre ritual descrita por Sahagún cuando nos habla de los atavíos con que los antiguos mexicanos adornaban al volcán Popocatépetl al representarlo en la forma del dios de la lluvia, utilizando para moldear su figura masa de bledos embadurnada posteriormente con hule derretido, enseguida le colocaban un adorno de plumas de quetzal en la nuca, un bastón de juncia en la mano y lo vestían de papel. La antigua indumentaria de Tlaloc-Popocatépetl se ha recreado hoy en los trajes de licenciado y de guerrero con que se visten las cruces de Gregorio Popocatepetzintli. Sabemos que los antiguos mexicanos conocían la cruz como símbolo de los cuatro rumbos del universo y como atributo de las deidades de la lluvia y el viento, de modo que en la utilización sacra de las cruces cristianas aparecieron los primeros brotes de un sincretismo religioso que ha perdurado a lo largo de casi cinco siglos.

Durante el mes de febrero se extendió la noticia de la aparición de Gregorio Popocatépetl en los pueblos asentados en las faldas occidentales de los volcanes correspondientes al estado de Puebla, pero se habló también de otras apariciones. A una señora de San Pedro Nexapa le pidió pulque y unas tortillas y le dejó un mensaje de advertencia. Le dijo que debían arrepentirse porque estaban haciendo enojar a Dios con su comportamiento: "Yo los puedo castigar fácil, pero si se arrepienten tal vez Dios se conmueva y no les pase nada. Yo también ya estoy viejito y algún día me voy a morir. Yo no quisiera hacer el castigo pero Dios me manda, él es mi papá, él me hizo, yo también estoy mandado por mi padre. Arrepiéntanse —le dijo—, va a venir la guerra, va a venir el hambre, la enfermedad, y todo eso es necesidad para todos. Yo los cuido, yo los quiero porque son mis hijos, pero si se pasan de pecadores los voy a castigar".

La experiencia de la estadía en los albergues era reciente y las autoridades invitaban a la gente a participar en simulacros de evacuación con poco éxito: sólo asistían los niños llevados desde las escuelas. Lo más frecuente era escuchar que la gente ya no saldría de balde, que sólo se irían del pueblo "cuando de veras" fuera necesario. Por aquellos días, previos al de su santo en marzo, el volcán se le reveló en sueños al tiempero de Xalitzintla, éstas son sus palabras: "Don Goyo me dijo: 'Yo estoy plantado por nuestro

Padre y mientras nuestro Padre no me diga yo no me levanto, pero cuando me lo diga nos levantamos yo y Rosa, pero mientras no me diga que no pasa nada, no se preocupen y no salgan del pueblo'". El hecho de que los volcanes "se levanten" nos remite a un tiempo mítico, cuando éstos "andaban parados". En los mitos de origen que existen en la región (Julio Glockner, 1996) se relata cómo fue que los volcanes ocuparon la disposición geográfica que tienen actualmente, pero además, el sueño del tiempero revela también "el fin de los tiempos", pues el conjurador relaciona el acto de "levantarse" de los volcanes con la segunda venida de Cristo que ha leído en la Biblia. Después de las últimas explosiones y emanaciones de ceniza en mayo de 1997, el tiempero de Xalitzintla tuvo una revelación en sueños en la que Gregorio Popocatépetl lo invitó a pasar a una casa abriéndole una puerta. Cuando estuvo en el interior le preguntó si sabía leer. El tiempero contestó que "un poco". Gregorio le indicó entonces que leyera lo que estaba escrito en una pared de la casa, donde estaban "formadas unas letras rojas". El letrero decía, según recordaba don Antonio, que en el mundo había hoy muchos presidentes, pero que pronto sólo gobernaría uno: el Padre Eterno. Desde hace varios años el tiempero está convencido, y con él mucha gente de la región, de que las fumarolas del volcán son "nomás un aviso" de lo que está por venir con el fin del milenio.

REFLEXIÓN FINAL: LA IRRUPCIÓN DE LA MODERNIDAD

Aquí se advierte una diferencia radical en la apreciación del riesgo ante una eventual erupción del volcán: para muchos campesinos se trata de un asunto imprevisible de carácter trascendente: la voluntad del Padre Eterno; para los vulcanólogos, las autoridades y la gente de la ciudad es un asunto inmanente a la naturaleza cuya predicción es posible alcanzar mediante un equipo técnico adecuado. Las experiencias y las convicciones de unos resultan incomprensibles y absurdas para los otros: la insensatez que un geólogo podría ver en los sueños del tiempero como método para evaluar la posibilidad de una explosión volcánica de alto riesgo es proporcional a la insensatez que un tiempero atribuye a los conocimientos y aparatos con los que se pretende predecir y calcular el peligro de esta explosión. Es decir, lo que para uno, el geólogo, es mera fantasía cuando piensa en los sueños como revelación, para el otro, el tiempero, la técnica científica no es sino un juego pretencioso con el que se intenta inútilmente tomarle el pulso a dios (Glockner, 1998).

La población mestiza de origen nahua que habita las faldas de los volcanes se encuentra en un tránsito, cada vez más acelerado, de la vida rural a la urbana. Miles de jóvenes emigran del campo a las ciudades para ocuparse generalmente en subempleos, en empleos temporales y en menor medida en trabajos definitivos. El servicio de transporte colectivo ha tendido una red que permite el vínculo cotidiano con las ciudades que rodean a los volcanes. Por otra parte, hay un sector numeroso de jóvenes que emigran a los Estados Unidos. La permanencia de este contacto, que en algún tiempo fue esporádico, está implicando cambiar el mundo campesino y no sólo cambiar algo en el mundo campesino. La educación pública y las clínicas de salud, la inserción de los pueblos en el mercado regional, la radio y la televisión estimulan relaciones que despliegan al interior de los pueblos el afán de "cambiar", de "mejorar". Todo parece indicar que en el mundo campesino prolifera una voluntad de no querer conservarse, un poder que impulsa hacia afuera y hacia la adopción de las formas externas, no sólo por necesidad sino también por la simple fascinación de la novedad urbana. El cambio del mundo campesino no significa, ni remotamente, tan sólo su incorporación como mano de obra ocupada o de reserva, significa abrir la percepción y el entendimiento a nuevas experiencias y nuevos valores, a otras ideas, costumbres y creencias. En el contexto de este proceso de aculturación, la concepción de la naturaleza de los futuros tiemperos, y con ella su concepción del mundo sagrado, adquirirán probablemente una modificación sustancial. Desde la ciudad de México, Los Ángeles o Nueva York, el mundo campesino de sus padres y sus abuelos será visto por las nuevas generaciones, tal vez con nostalgia, como un pasado ligado a la infancia con la que ellos han roto irremediablemente. Pues aunque vuelvan al pueblo temporalmente y ayuden a sus familias en las jornadas agrícolas, han sentido ya el gusto por la banqueta y aprecian más la calle que la milpa. Sin embargo, no todos están en este tránsito, desde luego, pero son varios miles los que con gusto se afanan en él.

Bibliografía

Bonfil Batalla, Guillermo, "Los que trabajan con el tiempo, notas etnográficas sobre los graniceros de la Sierra Nevada. México", *Anales de Antropología*, vol. V, UNAM, México, 1968, pp. 99-128.

Chimalpahín Cuauhtlehuanitzin, Francisco de San Antón Muñón, *Relaciones originales de Chalco-Amaquemecan*, trad. del náhuatl al español por Silvia Rendón, Fondo de Cultura Económica, México, 1965.

Eliade, Mircea, *Imágenes y símbolos*, Taurus, Madrid, 1983.

Glockner, Julio, *Los volcanes sagrados, mitos y rituales en el Popocatépetl y la Iztaccíhuatl*, Grijalbo, México, 1996.

———, "El sueño y el sismógrafo", en *Elementos*, vol. 5, núm. 30, abril-junio, Universidad Autónoma de Puebla, 1998.

Grinberg, Jacobo, *Los chamanes de México*, tomo I: *Psicología autóctona mexicana*, tomo II: *Misticismo indígena*, Alpa Corral, México, 1987.

Labarta, Concha, "Don Lucio de Morelos, el hombre que durmió durante tres años" (mecanuscrito inédito), s.f.

Seyyed Nasr, Hossein, *Qué es tradición*, Heliópolis, México, 1993.

Winch, Peter, *Comprender una sociedad primitiva*, Paidós, Barcelona, 1994 (Col. Pensamiento Contemporáneo, núm. 33).

6. La cosmovisión de los nahuas de la Sierra de Puebla

ALESSANDRO LUPO*

INTRODUCCIÓN

Los historiadores y antropólogos suelen afirmar que, tras la Conquista y la batalla emprendida exitosamente por los evangelizadores contra la clase sacerdotal indígena, los pueblos de Mesoamérica muy pronto quedaron sin los principales responsables de la elaboración, conservación y transmisión de la compleja y original cosmología prehispánica.[1] Esto es cierto, sin lugar a dudas, cuando nos referimos a los refinados conocimientos de carácter astronómico, calendárico o adivinatorio necesariamente ligados a formas de escritura y a los aspectos públicos y más evidentes de las creencias y prácticas religiosas, contra los que estuvo particularmente alerta

---

* Universidad de Roma "La Sapienza".

[1] Comparada con el término *cosmovisión*, "cosmología" implica, en virtud de la raíz *logos* que contiene, un mayor grado de conciencia, intencionalidad y sistematización teorética en la elaboración de los modelos culturales para el conocimiento y la representación del cosmos; ambos vocablos, sin embargo, se usan a menudo como sinónimos. En un reciente volumen sobre las religiones mesoamericanas, David Carrasco entiende por *cosmovisión* "las maneras en que los mesoamericanos *combinaban sus nociones cosmológicas referidas al tiempo y al espacio en una visión del mundo estructurada y sistemática*" (1990, p. xix, cursivas del autor); acepción similar en la sustancia a la de cosmología propuesta, eficaz y brevemente por George Lakoff en un comentario aparecido en *Current Anthropology:* "un modelo folklórico (1) del universo, que sea (2) omnicomprensivo, (3) coherente, (4) consciente, (5) en el que se cree y (6) sobre el que se actúa" (1989, p. 473). Aquí usaré *cosmología* para referirme a los nahuas prehispánicos, y *cosmovisión*, para los actuales, por la naturaleza más "implícita" y menos articuladamente consciente de los modelos de estos últimos, que quedan expresados en la acción (ya sea o no ritual) mucho más que en la elaboración teórica.

la atención de los colonizadores. Sin embargo, más allá del interés que merecen las expresiones más complejas y vistosas del saber cosmológico de los antiguos mexicanos, no hay que olvidar que el mismo estaba difundido, aunque de manera simplificada y reducida, en todas las capas de la población modelando sus valores y sentimientos y regulando sus acciones. Precisamente por esta minuciosa difusión, además de por su profundo enraizamiento en las prácticas cotidianas, un núcleo coherente de los principios que inspiraban la antigua cosmología han podido conservarse casi intactos hasta nuestros días y ejercen una fuerte influencia sobre las "verdades", conocimientos y comportamientos que a lo largo de los siglos se les ha transmitido a los indígenas de manera más o menos forzada.

A simple vista, la visión del mundo de los nahuas de la Sierra de Puebla se nos presenta hoy profundamente marcada por los modelos introducidos por los europeos: la religión oficialmente profesada es la católica (o en raros casos la protestante), los seres sobrenaturales representados en las imágenes sagradas son los del imaginario cristiano, e incluso las celebraciones litúrgicas públicas y los valores que regulan la moral parecen ser sustancialmente ortodoxos. No obstante, cuando se observa la dimensión privada, o se pasa de los aspectos formales al nivel del significado, las diferencias saltan a la vista poniendo de relieve la sustancial y profunda autonomía de la construcción surgida del encuentro entre las tradiciones culturales del Viejo y el Nuevo Mundo. Si examinamos en detalle las peculiaridades del caso nahua comprenderemos la agilidad creativa con que los nativos han dado vida a la realidad actual, que se caracteriza de manera manifiesta por un alto grado de sincretismo.

No obstante, al mencionar el sincretismo que se observa en la Sierra de Puebla siento la necesidad de aclarar en seguida cuál es el significado que, considero, debe atribuirse a este término, a fin de eludir la vaguedad que inevitablemente comporta su uso cada vez más frecuente y desenvuelto. El término se utiliza por lo común para definir los procesos de síntesis y reelaboración original que en tantas regiones del mundo se dieron tras los contactos entre culturas diferentes, así como los resultados de dichos procesos. Ahora bien, no cabe duda de que la actual cultura de los nahuas de la Sierra, vista la evidente pluralidad de matrices de las que surge, puede calificarse de sincrética, al igual que la de otros innumerables grupos indígenas de América Latina. Pero si esta definición sirviera sólo para describir las múltiples fuentes de las que deriva la actual síntesis, cabría preguntarse hasta cuándo debemos aplicarle este adjetivo (considerando también que los propios nahuas han perdido en parte la percepción de esa antigua mezcla). Por otro lado, ¿qué cultura, si escarbamos en el pasado, no es a fin de cuentas sincrética? Al momento de encontrarse y fundirse con la de los conquistadores españoles, ¿la cultura de los pueblos del Altiplano central no seguía, acaso, presentando las marcas de la doble aportación de los cultivadores sedentarios del México central y de los cazadores nómadas procedentes del septentrión? Así pues, no consideraré esta segunda acepción, básicamente descriptiva y banal, a la hora de definir como "sincrética" la cultura y la cosmovisión de los nahuas; sino que pretendo subrayar que el proceso de síntesis y negociación entre modelos culturales diferentes aún no ha concluido, lo que origina una ambigüedad y tensiones que, como en siglos anteriores, impregnan el diversificado contexto social de la Sierra donde maestros, sacerdotes, comerciantes y administradores procedentes de fuera, mestizos del lugar e indígenas nahuas y totonacas conviven a diario compartiendo numerosísimas formas de expresión y de comportamiento, aunque atribuyéndoles cada uno significados y valores en nada homogéneos, o claramente contrapuestos.[2]

Pese a que durante más de cuatro siglos y medio los modelos culturales de los indígenas de la Sierra fueron obstaculizados y combatidos por las autoridades coloniales tanto religiosas como civiles, así como por las mexicanas, además de verse desacreditados y ridiculizados por españoles, criollos y mestizos, en las últimas décadas han sido objeto de una revaloración parcial. Entre la dedicación indigenista de numerosos funcionarios públicos, la apertura posconciliar del clero católico hacia los valores de las culturas autóctonas, la valoración en términos nacionalistas del pasado in-

---

[2] Para un examen más completo del concepto de sincretismo, aplicado sobre todo a los estudios sobre Mesoamérica, véase un reciente artículo mío (Lupo, 1996); aquí me limito a señalar que la exigencia de circunscribir la aplicación del concepto de sincretismo a las fases en las que la dinámica de fusión entre tradiciones diferentes sigue sin resolverse ha sido advertida por diferentes estudiosos, entre ellos Pye (1971), Marzal (1985), Droogers (1989) y Shaw y Stewart (1994).

dígena en los programas escolares, la creciente curiosidad del turismo nacional y extranjero (particularmente marcada en Cuetzalán) y, no menos importante, la atención de los propios antropólogos, los nahuas se han vuelto cada vez más conscientes de su identidad y tradiciones. Por una parte, las contraponen a los modelos que ofrece con gran ímpetu la sociedad nacional y, por otra, las transforman, adaptándolas a dichos modelos.

La consecuencia de este fenómeno ha sido el reciente énfasis que se ha puesto en una característica del saber cosmológico nahua: esto es, su extrema diversificación por lo que las prácticas y creencias varían sensiblemente no sólo de una comunidad a otra sino al interior, incluso, de cada una de éstas. Tal diversificación obedece a muchas razones, entre ellas, *in primis*, al espacio reducidísimo que a lo largo de los siglos se concedió a la expresión pública de este saber, contrario a lo ocurrido en relación con los grupos sociales hegemónicos, lo que minó la fuerza homogeneizadora que es capaz de aportar el tamiz crítico de la colectividad. Pero en este sentido hay que tener presente, además, la dimensión esencialmente pragmática mediante la cual se adquiere, se transmite y se vive la cosmovisión, que sólo en ciertos casos de especialistas rituales, inclinados en particular a la reflexión especulativa se traduce en un diseño teórico estructurado (*cf.* Signorini y Lupo, 1989, pp. 13-18; Signorini, 1991).

De hecho, no hay que olvidar que las condiciones de vida en extremo precarias de la mayoría de los nahuas de la Sierra, quienes debido a su marginalidad económica y cultural disponen de instrumentos técnicos y conceptuales muy limitados para controlar las innumerables dificultades de la existencia, los inducen constantemente a intentar encauzar su conducta por el sendero sin sobresaltos de la tradición. Y dentro de ésta, como veremos, el papel atribuido a la intervención de las fuerzas extrahumanas que se invocan, propician y conjuran mediante la actividad ritual tiene una importancia fundamental: lo atestigua la difusión y frecuencia de los momentos rituales, que rubrican casi todas las iniciativas humanas de cierto relieve, ya sean éstas las prácticas domésticas, las fases principales de la actividad productiva o en general las etapas y vicisitudes de la existencia.

Al momento de ofrecer el cuadro de la cosmovisión nahua será, pues, indispensable examinar en detalle las acciones y palabras rituales a través de las cuales ésta se concreta, así como confrontar las numerosas y diversas formas que trasluce el saber de los individuos. Si la imagen resultante presenta a veces incoherencias o contradicciones, habrá de atribuirse en parte a la inevitable fragmentación de los saberes en un contexto social amplio y abigarrado, no menos que a la vitalidad con que hasta la fecha continúan adaptándose a las condiciones de vida en constante y progresivo cambio. Todo ello sin olvidar que "las cosmovisiones no son sistemas perfectos [...] Tienen contradicciones, lagunas, excepciones, absurdos, duplicidades, parches [...] Son construcciones con las que los hombres pretenden ajustarse a su presente" (López Austin, 1990, p. 231).

APUNTES HISTÓRICO-CULTURALES
SOBRE LA REGIÓN DE CUETZALÁN

La mayor parte de la información etnográfica en la que se basa la descripción y el análisis de las páginas siguientes, es producto de las investigaciones realizadas desde 1984 en la comunidad de Santiago Yancuictlalpan, agencia del municipio de Cuetzalán del Progreso.[3] Debido a que los estudios sobre los nahuas de la región se han multiplicado en los últimos años, he considerado también las publicaciones recientes que tratan temas afines a los del presente trabajo, mismas que figuran en la bibliografía.

El territorio de Cuetzalán ocupa las estribaciones nororientales de la Sierra Madre Oriental y se asoma a la amplia llanura costera del Golfo de México. Sus habitantes, la mayoría indígenas,[4] se distribuyen en numerosas aldeas menores y en rancherías dispersas, en altitudes que van de los 1 200 a los 400 metros sobre el nivel del mar. El clima caliente-húmedo, con abundantes precipitaciones es-

[3] Aquí he realizado siete temporadas de investigación de campo en los años 1984, 1985, 1986, 1988, 1996, 1997, con una duración total de 16 meses, dentro de las actividades de la Missione Etnologica Italiana en México, dirigida por Italo Signorini (1973-1994), Alberto M. Cirese (1994-1996) y Maria Minicuci (a partir de 1996). Las investigaciones fueron posibles gracias al constante apoyo del Ministerio de Asuntos Exteriores Italiano y a la financiación del Ministerio Italiano de Universidades e Investigación Científica y Tecnológica y del Consiglio Nazionale delle Ricerche, a los que aquí les expreso mi agradecimiento.
[4] En 1990 la población total del municipio era de 35 676 habitantes, de los cuales dos tercios hablaban náhuatl (XI Censo General de Población y Vivienda).

tivales (de junio a septiembre) y nortes invernales (noviembre-febrero), es particularmente propicio para el cultivo del café, sobre todo en los terrenos de alturas inferiores a los 1 000 metros, en los que el riesgo de heladas es mínimo. Este producto es hoy el principal recurso agrícola, no obstante aún se cultiva la caña de azúcar (cada vez menos), el maíz y el frijol, que componen la base de su dieta y que se complementa con productos de la cría a escala doméstica (pollos, pavos, cerdos) y, con menor frecuencia, con los del ganado vacuno, en su mayoría en manos de los mestizos.

El náhuatl (en su variante dialectal del este, según la clasificación de Lastra, 1986) es la lengua predominante entre la población indígena, aún hoy ampliamente mayoritaria, si bien no faltan los hablantes del totonaco. Los restos arqueológicos hallados en la región, y en particular el centro ceremonial de Yohualichan (¿siglo VII?), con pirámides cuyos nichos son afines en su estilo a los de El Tajín, atestiguan que los antiguos habitantes pertenecían al área cultural de la costa del Golfo. Es muy probable que ya durante el periodo clásico el valle del Apulco (río que marca los confines orientales del territorio de Cuetzalán) representara una de las vías de comunicación entre la Costa y el Altiplano, y que en él se entremezclaran la influencia cultural de estas dos áreas y otras más meridionales (cf. García Martínez, 1987, pp. 32-40). La penetración de los nahuas del Altiplano y el repliegue de los totonacas, iniciado quizás en el periodo Clásico tardío tras la caída de Teotihuacan, creció notablemente a mediados del Posclásico tanto por la llegada de grupos empujados hacia la Sierra a raíz del asentamiento de invasores chichimecas en el valle de Puebla-Tlaxcala (Muñoz Camargo, 1981, citado en García Martínez, 1987, p. 49) como por la intervención directa de estos últimos en los siglos XII y XIII (*Relación de Xonotla*, 1905). El sometimiento definitivo de esta parte de la Sierra debió ocurrir a fines del siglo XV por obra de los gobernantes de la Triple Alianza (*Relación de Xonotla*, 1905, pp. 128, 140; Alva Ixtlilxochitl, 1891, vol. I, p. 320; García Martínez, 1987, p. 57), de manera que a la llegada de los españoles la provincia de Tlatlauhquitepec (a la que pertenecía el actual territorio de Cuetzalán) era tributaria del imperio mexica (*cf. Códice Mendoza*, 1978, p. 62 [f. 51 r]).

En la primera etapa de la época colonial las dificultades de acceso y la relativa escasez de riquezas naturales fueron la causa por la cual los españoles prefirieron no aventurarse por esos rincones de la Sierra, donde la presencia europea más significativa fue representada durante mucho tiempo por miembros del clero (en un primer momento por franciscanos y luego, a partir de 1567, por sacerdotes seglares). Las terribles epidemias que comenzaron en el siglo XVI y que afectaron de manera particular las zonas más bajas y calurosas redujeron aún más la ya de por sí escasa población indígena, lo que acentuó la situación de marginalidad que las poblaciones sobrevivientes padecían desde la época prehispánica. Pese a su enorme aislamiento, los representantes de la Iglesia emprendieron, con ayuda de colaboradores locales (fiscales, catequistas), la conversión de los indígenas logrando en poco tiempo que éstos hiciesen suyos el credo del mundo sobrenatural cristiano y las prácticas de culto católicas (si bien no pudieron evitar que ambas fueran objeto de frecuentes y conspicuas reelaboraciones totalmente heterodoxas). Hasta inicios del siglo pasado, la presencia de forasteros en la región de Cuetzalán fue numéricamente irrelevante: todavía en 1807, el párroco y el maestro de escuela eran los únicos habitantes no indígenas de Cuetzalán (Thomson, 1995, p. 18). Luego, de manera lenta e inexorable, dio inicio la penetración de criollos y mestizos que debió vencer la resistencia, en algunos casos violenta, de los indígenas, si bien dicha penetración iría en aumento con la introducción del café (hacia 1870) y la llegada de emigrantes españoles e italianos (*idem, passim*). Durante este siglo el ritmo de las transformaciones ha sido arrollador con la construcción de nuevas carreteras, el gran incremento de los intercambios comerciales, los esfuerzos del gobierno central en relación con la planificación agrícola, la escolarización, la asistencia sanitaria, y la presencia y atención cada vez mayores de la Iglesia (la creación de la parroquia de Yancuictlalpan data de 1985). Y si bien es cierto que estos acontecimientos han significado beneficios para los indígenas, es evidente también que en su mayoría éstos han sufrido la progresiva erosión de sus posesiones y una marginación política creciente.

Como es de prever, la cosmovisión de los nahuas refleja las distintas facetas de la situación en la que actualmente se encuentran inmersos: en su base económica, ligada a una agricultura precaria que depende del mercado controlado por los mestizos; en su difícil situación sanitaria, sólo parcialmente amortiguada por las estructuras de asistencia y los médicos presentes en la zona; en la pérdida de autonomía en la gestión del poder, controlado cada vez más fuertemente por las ricas familias mestizas de Cuetzalán. No es de sorprender que en estas circunstancias sea precisamente en el ámbito de la dimensión simbólica, todavía escasamente afectada por la secularización que padece la sociedad serrana, donde los indígenas reivindican con tesón su primacía, afirmando su propia autonomía.

REPRESENTACIÓN DEL COSMOS

Contrario a lo ocurrido en el pasado prehispánico, cuando la élite religiosa elaboró complejas representaciones, incluso iconográficas de la ordenación del cosmos,[5] en la actualidad los nahuas de la Sierra no formulan de una manera igualmente explícita sus concepciones sobre la forma y estructura del universo. Ello no significa, empero, que éstas no afloren en las actividades y palabras rituales, siempre y cuando se las examine con atención. La relativa vaguedad en relación con el modelo bíblico introducido por el cristianismo favoreció la persistencia de la antigua tripartición del cosmos en planos superpuestos, que resultó ser fácilmente compatible con aquél, al punto de que los términos indígenas de uso cotidiano son casi los mismos que los utilizados por los nahuas del siglo XVI. En las súplicas que los especialistas rituales dirigen a las fuerzas extrahumanas, la palabra con que se designa toda la extensión de los espacios donde se desarrolla la existencia humana es *cemanahuac*, que significa literalmente "lo que está rodeado por las aguas" (*cf*. León-Portilla, 1983, p. 379) y que a menudo se asocia con los términos *talticpac* y *talmanic*, que indican la tierra en general, el primero en el sentido de "en la arista de la tierra" (Toumi, 1997, p. 158) y el segundo "sobre la tierra plana que se extiende" (*cf*. Lupo, 1995*a*, p. 140; Taller y Beaucage, 1996, p. 40). La idea que emerge es la de una superficie plana y finita, sobre y bajo la cual se colocan los otros dos planos del cosmos: el cielo *(ilhuicac)*, surcado por los astros y los fenómenos atmosféricos, y el inframundo (designado con el término *talocan; cf*. Knab, 1991), en cuyas entrañas viven fuerzas

[5] Piénsese, por ejemplo, en las representaciones de la subdivisión del espacio con sus respectivas divinidades contenidas en el *Códice Fejérváry-Mayer* (1971, tabla 1), para los pueblos del Altiplano, y en el *Códice Tro Cortesiano* (o *Madrid*) (1967, ff. 75-76), para los mayas.

y seres telúricos que se comportan de manera ambivalente respecto del hombre. Puesto que el cielo y el inframundo se corresponden, además, con los destinos ultraterrenales de los muertos según el imaginario cristiano, el primero (por ser morada de los beatos) puede también ser definido con el préstamo español "Gloria", mientras que la residencia subterránea de los condenados es denominada *mictan*, antiguo vocablo náhuatl al que, sin embargo, se atribuye una connotación moral unívocamente negativa muy diferente del pasado prehispánico (*cf.* Brotherston, 1994).

Que la tierra sea considerada una superficie plana (cuadrangular o circular) y no una esfera, queda confirmado por su proyección microcósmica dentro del espacio doméstico. Tanto la casa como los espacios más relevantes de su interior (el altar y el fogón) se conciben como reproducciones (aunque parciales) a escala reducida del universo, cuya estructura comparten y revelan. En plena sintonía con tantos otros grupos mesoamericanos del pasado y del presente, también los nahuas afirman que el plano terrestre está sostenido por cuatro seres extrahumanos colocados en sus extremidades, identificando a estos atlantes con "ángeles"; en el plano doméstico, estos mismos ángeles sostienen los palos colocados en los cuatro extremos de la casa, bajo los cuales a veces se entierran las ofrendas que se les dedican.[6] Pero la estructura del cosmos se refleja también en las partes que constituyen el altar y el fogón. El primero está compuesto por una mesa adosada a una pared (normalmente hacia el este), en cuya parte anterior se disponen las ofrendas (veladoras, incienso, flores, etc.), mientras que en la posterior, más elevada, se alinean las imágenes sagradas y las eventuales cruces conmemorativas de los familiares difuntos; sobre todo ello se colocan tiras de papel de colores y, en las principales celebraciones ceremoniales, también se fabrica una especie de arco del que se cuelgan flores y otras ofrendas: la superficie de la mesa representa el plano terrestre, que separa la esfera celeste (a la que pertenecen Cristo y los santos) del inframundo, dominio de las fuerzas telúricas.

Un modelo aún más elaborado del universo lo ofrece el fogón, compuesto por un gran arcón de madera, lleno de tierra, con cua-

<hr/>

[6] La denominación de estos ángeles no es unívoca, sino que recurren a las figuras de los tres arcángeles (Rafael, Gabriel y Miguel) y del Ángel de la Guarda (*cf.* Lok, 1987, p. 214; Lupo, 1995*a*, p. 161).

tro patas y una olla de barro cocido en el centro *(ticomit* [olla del fuego]), en cuyo interior arden brasas y a su rededor se colocan los tres *tenamazte,* soportes troncocónicos del *comal* y de los otros recipientes (Lupo, 1995*a,* p. 178). Precisamente el disco del comal, en cuya superficie superior se cuecen las tortillas, representa para los nahuas la superficie terrestre, mientras que el fuego que calienta la parte inferior no es más que el sol en su trayecto subterráneo nocturno: en otras palabras, como ha ilustrado claramente Rossana Lok (1987, pp. 217-219), el mismo astro que en la dimensión del macrocosmos favorece con su irradiación luminosa el crecimiento "natural" de las plantas de maíz, en el microcosmos de la dimensión doméstica permite la transformación "cultural" del maíz en el principal alimento de la dieta indígena *(cf.* Lupo, 1991*a,* p. 228; 1995*a,* pp. 177-181; 1995*d).* El valor terrestre del comal lo acreditan, además, la identificación de los tres *tenamazte,* sobre los que se apoya, con las personas de la Trinidad cristiana y la de esta última con la divinidad terrestre (aunque, como veremos en seguida, la tierra se concibe de hecho como una pareja heterosexual y no como una tríada divina).[7]

La figura solar, que la convergencia entre los códigos simbólicos cristianos e indígenas terminó por identificar también en este caso con Jesucristo, como en tantas otras regiones de Mesoamérica y del mundo cristianizado traza el principal eje espacial de su cosmos: en relación con la trayectoria aparente del sol, definida paradigmáticamente como "el camino de Dios", se orientan los edificios sagrados (iglesias, capillas), las casas y sus espacios interiores, las tumbas e incluso las danzas ceremoniales (véase Lok, 1987; Burdi, 1996*d,* p. 115). El eje norte-sur, ortogonal respecto a este eje y contrapuesto simbólicamente, es designado "el camino del hombre" y configura un esquema que encierra las diferentes y complementarias dimensiones de la existencia divina y humana; las palabras de una mujer, que sigue asociando aún hoy los cuatro puntos cardinales con los cuatro colores de las principales varie-

---

[7] Respecto de la denominación recurrente de los tres *tenamazte* como *Dios tetahtzin, Dios tepiltzin, Dios Espíritu Santo* (Dios Padre, Dios Hijo, Dios Espíritu Santo), tenemos a veces la introducción del elemento femenino en sintonía con la connotación preponderante, en este sentido, de la tierra, tanto en lugar del Paráclito *(Dios tetahtzin, Dios tenanzin, Dios tepiltzin;* Dios Padre, Dios Madre, Dios Hijo) como de las tres personas divinas *(María, Colasa, Xihuana;* María, Nicolasa, Juana).

dades del maíz muestra un cuadro en el que el antiguo modelo precolombino adquiere nuevo significado a la luz de la simbología cristiana: "porque dicen: 'a donde sale el sol es rojo; a donde entra es negro, o sea, morado. Y el hombre [en el norte] nace blanco y [en el sur, donde] muere, es amarillo. Y el centro es a donde se encuentran los dos [caminos], como si fuera la cruz. Porque nos cruzamos con el camino de Dios y con el camino de la vida del hombre'".

El tema de la disposición y los valores atribuidos a los diferentes planos y direcciones que componen el universo es, de todos modos, inseparable de las múltiples fuerzas que se cree lo animan. Así pues, trataremos de perfilar a partir del heterogéneo panorama de gestos, enunciados y objetos de los nahuas, una imagen lo más clara posible de estas fuerzas y entidades.

FUERZAS Y ENTIDADES QUE ANIMAN EL UNIVERSO

Pese a lo inadecuado de los recursos de que disponen los nahuas en la vida cotidiana para resolver los principales problemas de la existencia humana —motivo por el que hacen constantes referencias a las entidades extrahumanas, que consideran dotadas de la capacidad y fuerza necesarias para este fin—, sería inexacto decir que postulan una radical otredad ontológica entre ellos y dichas entidades. Más que una diferencia cualitativa en lo concerniente a la naturaleza, los nahuas reconocen una fractura cuantitativa (aunque no una discontinuidad intrínseca) entre los diferentes planos del ser al que pertenece cada uno. El enunciado bíblico según el cual el hombre fue hecho a imagen y semejanza de Dios fue asimilado dándole el sentido, entre otros, de una especie de consustancialidad (si bien asimétrica) entre los dos, de manera que la criatura puede a veces sentirse uno con su creador: éste es el sentido que habría que dar a la afirmación de un especialista ritual para quien "la Santísima Trinidad somos nosotros. Dios Padre, Dios Hijo, Dios Espíritu Santo somos nosotros".

En la base de la concepción nahua de las fuerzas extrahumanas se encuentra la idea de la unidad fundamental de todas las cosas en Dios, a pesar de que luego éste quede subdividido en innumerables seres con características de lo más variadas. El énfasis que ponen las sagradas escrituras y la enseñanza de los sacerdotes en la unicidad de Dios ha llevado a concebir las principales figuras del mundo sobrenatural católico como una especie de emanaciones de Dios Padre, aunque dotada cada una de ellas de una esfera de acción y una voluntad autónomas. Por numerosos que sean los santos, es a Dios a quien siempre se invoca a través de ellos: "El patrón es uno, ese Dios Nuestro Señor es el mero dueño de todo, que lo bendeció [bendijo] a todo. Nomás que [como] abogado tenemos cada quien [de los santos] que maneja [su propio dominio]... Cada santo tiene su ocupación... Porque son muchos santos, muchas imágenes, pero el patrono es uno nomás." Al respecto, es fundamental la función ejemplar de la iconografía, ya que es precisamente la multiplicidad de las representaciones de Dios y de los santos presentes en las iglesias y los altares domésticos, lo que da testimonio de la pluralidad de las formas en que se manifiesta lo trascendente.[8] Debido tal vez a lo poco frecuente de las imágenes de Dios Padre, unido a la naturaleza básicamente abstracta de su poder, en la actividad ritual tanto pública como privada éste aparece con mucha menor frecuencia que Jesucristo, los santos y seres como la tierra, con los que el hombre está en contacto constante y directo.[9]

Precisamente la tierra, como teatro de lo que sucede en torno del hombre, además de ser fuente y sepulcro de cualquier forma de vida, constituye el principal interlocutor extrahumano en las modalidades de culto privadas. La omnipresencia de los temas agrícolas en la cultura nahua, que hace que la vida sea pensada a partir del prototipo vegetal (cf. Knab, 1986; Signorini y Lupo, 1989, p. 48; Lupo, 1995d), hace de la tierra el responsable primero e inmediato del bienestar humano, y a ella se dirigen en la inauguración de una casa, del altar y fogón domésticos, durante todo el ciclo pro-

[8] Es evidente que ya en las primeras fases de la evangelización los indígenas se resistían a distinguir categóricamente entre representación y cosa representada; en sintonía con el catolicismo popular europeo muchos acabaron considerando el ser espiritual y su forma tangible como completamente integrados (Lockhart, 1992, p. 238; cf. Gruzinski, 1989, 1990).

[9] Nos parecen plenamente aplicables a los actuales nahuas de la Sierra las observaciones de Lockhart (1992, p. 254) sobre el culto de Dios y los santos en el Altiplano en el siglo XVI: "La esfera de poder de Dios era la estructura religiosa inmutable de la salvación, la eternidad y los sacramentos [...] la esfera de los santos, más en primer plano, era la organización y la economía de la vida cotidiana del altepetl [comunidad] y de la vivienda, el mundo de la experiencia viva en evolución".

ductivo del maíz y de las demás plantas de cultivo, en los diagnós-
ticos y la cura de algunas enfermedades, e incluso, en el momento
de clavar el palo para la danza ceremonial de los "Voladores"
(*Cuapatanini*). Precisamente debido a la universalidad de su influjo y a la multiplicidad de las formas en que éste se manifiesta, la
tierra se concibe como entidad plural, designada con varios nombres, a los que se asocia siempre el de la Trinidad.[10] El hecho de que
al describirla se la coloque "en el regazo" *(cuexanti)* de Dios hace
pensar en algunas representaciones iconográficas de la Trinidad,
en las que el Padre, sentado en el trono, sostiene de este modo al
mundo *(cf.* Aramoni, 1990, p. 168); si bien su identificación con la
Trinidad también se relaciona con la estrecha conexión entre el
comal (su representación en el microcosmos doméstico) y los tres
tenamazte, que llevan los nombres de las tres personas divinas cristianas. Sobre todo, el epíteto de Trinidad indica la idea de pluralidad divina en general, aunque dicha pluralidad no se traduce en
una tríada sino en una pareja de componentes, por lo general de
sexo diferente: "la Trinidad, el mundo, es [el] mismo Dios nuestro
señor y su mujer... la mitad de mujer, la mitad de hombre" *(cf.*
Signorini y Lupo, 1989, pp. 227-228; Aramoni, 1990, pp. 165, 170;
Lupo, 1995*a*, pp. 141-142).

No cabe duda de que esta figura tan importante presenta algunas ambigüedades, inevitables si tenemos en cuenta la difícil compatibilidad con los modelos prehispánicos de los que claramente
deriva a partir de los dictámenes de la Iglesia, aunque también
están ligadas a la ya mencionada flexibilidad interpretativa de los
propios nahuas: según un terapeuta, por ejemplo, los dos componentes de la tierra-Trinidad reflejan los papeles de los sexos en el
mundo humano, por lo que el elemento femenino, sostén esencial
de la vida familiar, corresponde a la piedra, que como un esqueleto aguanta el peso del elemento productivo del que es complemento, la tierra, a su vez connotada en sentido masculino (Signorini
y Lupo, 1989, p. 228). Esta opinión está en aparente contraste con
el papel de gran generadora (de signo femenino) que usualmente
se atribuye a la tierra en general. Bien mirada, sin embargo, la

---

[10] Algunas de las denominaciones más usuales: *Padre Trinidad* y *Madre Trinidad,*
Juan Antonio Trinidad y *María Nicolasa Trinidad, Antonio Martín Marqués* y *María*
Madre Trinidad (cf. Signorini y Lupo, 1989, pp. 204 ss., 226-228; Lupo, 1995*a*, pp. 129,
141, 196, 260-261; Aramoni, 1990, pp. 165, 217, 234).

bipartición de la divinidad terrestre no hace más que reflejar en su interior la subdivisión dual más general de las fuerzas que animan el cosmos. No por nada el elemento masculino es generalmente designado con el nombre de Antonio, es decir, el nombre del santo que según los nahuas controla el fuego, mientras que su contraparte femenina lleva casi siempre el nombre de María, la entidad extrahumana asociada con la luna y la circulación de los líquidos. No obstante, pese a estar concebida en términos duales, a la Tierra se le atribuye sobre todo una connotación femenina, además de fría y húmeda. En este sentido se la contrapone como complemento de las fuerzas masculinas, calientes y luminosas que corresponden a la dimensión celeste, personificadas de manera ejemplar en la figura solar de Cristo, además de estarlo en la más lejana y abstracta de Dios Padre.

La identificación de Jesucristo con la mayor fuente celeste de luz y calor se ha visto favorecida no sólo por la ya mencionada simbología cristiana, sino también por numerosos paralelismos entre la figura del Mesías y la antigua divinidad solar nahua.[11] A las consideraciones precedentes sobre la centralidad del Sol en la cosmovisión nahua hay que añadir que la omnisciencia de Cristo proviene, más que de su naturaleza divina, de su capacidad para ver todo lo que ocurre en la superficie terrestre, al sobrevolarla cotidianamente (por lo cual se le invoca en los ritos adivinatorios; cf. Lupo, 1995a, pp. 116-128). Además, las numerosas narraciones apócrifas del catolicismo popular europeo, que ven en el Redentor una especie de héroe cultural, fueron adaptadas con facilidad a la tradición nativa, atribuyéndole la donación a los hombres de las principales plantas cultivadas (sobre todo el maíz) y el aguardiente, la creación de los animales domésticos y la fundación de innumerables aspectos de la realidad presente (Lupo, 1991b; 1995a, pp. 204-205, 253; 1995d; Aramoni, 1990, p. 114; Taggart, 1983, pp. 56-

---

[11] Ambos ocupan la posición más relevante en sus respectivas religiones, fueron concebidos milagrosamente, son pobres, mueren sacrificándose por el bien de la humanidad, resucitan y suben al cielo (véase Sahagún, 1990, pp. 202-204, 479-482; Burkhart, 1988; Bierhorst, 1992, pp. 147-149). En una versión nahua actual del mito de la creación del Sol el huérfano Manuel se tira en una hoguera para purificarse de sus pecados y transformarse en astro luminoso para el bien de los hombres; luego resucita como Cristo-sol en Jerusalén, desde donde cada mañana se eleva de su camino subterráneo nocturno (Lupo, 1991a).

57; López Austin, 1991). Con esta función, a Cristo se le asocian a menudo la Virgen[12] y los santos, verdaderos coprotagonistas de la mitología nahua actual.

Aunque ya hemos aludido a algunas de las razones por las cuales los santos son considerados más próximos al hombre que a Dios, a pesar de ser una especie de emanaciones suyas; habrá que añadir otras no menos significativas: en un pasado remoto los santos fueron seres humanos y, como tales, debieron afrontar las dificultades de la vida, venciéndolas a menudo; además, la tradición local ha elaborado numerosas narraciones hagiográficas apócrifas que establecen vínculos territoriales y sociales muy estrechos entre algunos santos específicos (en particular los patronos) y las comunidades, o bien con la población indígena en su conjunto; finalmente, en virtud de los hechos de que fueron protagonistas, los santos poseen poderes específicos y particularmente fuertes sobre determinados aspectos de la realidad, que hacen de ellos referentes casi obligados a la hora de resolver, mediante la intervención ritual, los problemas que los conocimientos técnicos no pueden resolver.

La iconografía y la hagiografía católicas constituyen la base de la atribución a cada uno de los santos, de esferas de influencia y cualidades propias; sin embargo, un examen atento de la praxis ritual nahua revela que a menudo los indígenas han interpretado y elaborado con extrema libertad e imaginación los materiales a los que acudieron. Prueba de ello es la identificación de la Virgen María con la luna, virgen que además de ser representada como la Inmaculada Concepción y como la Guadalupe, está relacionada con el elemento líquido, sobre el que la luna ejerce múltiples influencias (las mareas, la menstruación, el pretendido aumento de la linfa y la sangre en plantas y animales durante su fase creciente).

En la tradición hagiográfica popular europea se inspiró también la atribución a san Antonio del control del fuego, el santo abad

---

[12] Quizá sería mejor hablar de varias vírgenes, visto que la diversidad de las imágenes al final coincide en la mayoría de los casos con una verdadera partición de la virgen en varias personas distintas, cada una de ellas dotada de prerrogativas propias; entre éstas, además, sobresale la Virgen de Guadalupe, cuya calificación de "Madre de los mexicanos" interpretan los nahuas en un sentido restrictivo, dado que para ellos el término mexicano designa el idioma náhuatl como la identidad indígena vinculada al mismo, en oposición a la de los mestizos y los blancos hispanohablantes.

del siglo IV del que en el Mediterráneo se cree que donó el fuego a los hombres, robándoselo al infierno, y en cuyo nombre se cura el *herpes zoster*, conocido como "fuego de san Antonio"; en la Sierra se le identifica con el fogón doméstico (a veces llamado *ticomit nanton* [Antonio olla de fuego]) y como tal se le invoca con los apelativos de *san Antonio tixochitzin, san Antonio ticohuatzin, san Antonio timeyotzin* (san Antonio Flor de fuego [llama], san Antonio Serpiente de fuego [rayo], san Antonio Rayo de fuego [reflejo de la llama]). Su lucha victoriosa contra los demonios tentadores hace también de él un formidable coadjutor en la defensa de la brujería, papel cuya eficacia se ve incrementada precisamente por su connotación ígnea, adecuada en particular para oponerse térmicamente a los efectos "gélidos" que los ataques mágicos provocan en las personas (Signorini y Lupo, 1989, pp. 280-281).

Asimismo, numerosos personajes del mundo sobrenatural católico fueron asociados por los nahuas a otros tantos elementos o fenómenos del mundo natural. La función bautismal de san Juan, por ejemplo, postula su estrecha conexión con el agua, que ha llevado probablemente a atribuirle muchas de las prerrogativas de las divinidades pluviales prehispánicas: se le designa como "hacedor de agua" *(achiuhque)* y se le considera el dispensador de las lluvias, que distribuye mediante los rayos *(quiauhteyome)*, que le deben obediencia, pequeños seres vestidos de blanco ("ángeles" para algunos) que se sumergen en el mar para empapar de agua sus ropas (o sus alas) y luego sobrevuelan el mundo, sacudiéndose y provocando la lluvia, o bien agitando su machete y desencadenando el rayo (Lupo, 1995*a*, pp. 233-255). A san Juan Bautista se le reconoce también el dominio sobre las plantas cultivadas, que Jesús concedió a los hombres a petición suya (Lupo, 1995*a*, p. 253), y cuyo crecimiento sería imposible sin la lluvia que él derrama. Entre otras cosas, con el nombre de *san Juan teperrico* (rico del cerro), se le atribuye el papel de guardián de las enormes riquezas escondidas en las entrañas de la tierra, que según se cree ofrece a veces a los hombres que, el día anterior al de su fiesta, el 23 de junio, dan con la caverna donde reside. Esta fecha esconde, sin embargo, también algunos peligros, pues se cree que existe otro personaje, especie de "gemelo malo" del Bautista, llamado *Ahuehuexcho* (pavo de agua), que precisamente el 24 de junio pretende celebrar su aniversario y que, si no se le engañara y distrajera con los rayos, provocaría terribles inundaciones.[13] Entre las diversas figuras que giran en torno de san Juan, está también su contraparte femenina, que controla las aguas de los mares, lagos y corrientes: se trata de uno de los pocos seres extrahumanos nahuas de primer plano al que no se le atribuye una identidad católica, y tanto su nombre (*Atmalin* [espiral de agua] o *María Malin* [María remolino]) como su principal manifestación (los remolinos de agua) le otorgan gran parecido con las diosas acuáticas prehispánicas (Chalchiuhtlicue y Matlalcueye). Advirtiendo quizá la connotación "paganizante" de su naturaleza, por no tener cabida dentro del espectro sobrenatural cristiano, los nahuas no la invocan en forma directa en los ritos propiciatorios de la lluvia, sino que hacen que sea invocada por personajes mucho menos heterodoxos y jerárquicamente superiores a ella, como san Juan Bautista o Jesucristo (Lupo, 1995*a*, pp. 251-252, 268).

Otras figuras que están estrechamente ligadas a espacios o fenómenos naturales son san Cristóbal, residente "en medio del mar" (*tatahco de mar*), al que se le cambia a veces el nombre por el de *san Cristóbal Colón*, y san Andrés, pescador y, por consiguiente, considerado el guardián de los peces y animales acuáticos, emparejado con la *Atmalin* según algunos. Señores del rayo y máximos "defensores" (*tepixcatzitzin* [abogados]) de los hombres frente a las asechanzas del mal son Santiago y San Miguel: estas prerrogativas derivan no sólo por la denominación evangélica del primero como "hijo del trueno" (Marcos: 3, 17), sino por el hecho de blandir ambos una espada (flameante en el caso del arcángel), de la que puede desprenderse el rayo, y porque ambos pueden trasladarse de manera milagrosa "a la velocidad del rayo": uno con el caballo y el otro con las alas. En cuanto al papel de protectores, éste se evidencia porque en todas sus representaciones "pisotean al demonio" (así se interpreta al infiel pisoteado por el caballo de Santiago caballero), pero adquiere mayor fuerza porque ambos se oponen con su naturaleza ígnea a la antitéticamente gélida del diablo y sus emanaciones, los *ehecame* (vientos) o "aires" (Signorini y Lupo, 1989, pp. 217-243).

[13] Sobre esta figura de manifiesta ascendencia prehispánica y muy conocida por los grupos indígenas de la Sierra de Puebla, que encarna el aspecto excesivo y peligroso de los seres que controlan las precipitaciones, véanse Ichon (1973, pp. 123-132), Williams García y García Ramos (1980, p. 57), López Austin (1990, pp. 187, 286).

En cuanto al viento atmosférico, antiguamente considerado la manifestación de una divinidad de gran importancia como Ehecatl-Quetzalcoatl, cae bajo el control de una figura de identidad ambigua, que representa de manera ejemplar la desenvoltura con que los nahuas suelen interpretar, fundir y remodelar los elementos de las diferentes tradiciones que dieron origen a su cultura actual. Se trata de *san Ramos,* cuya imagen representa, según algunos, a Jesús montado en un asno el domingo de Ramos, aunque la mayoría la interpreta como un "compañero de Cristo", un seguidor que lo defendió de las persecuciones de los demonios-judíos agitando la palma que empuña y levantando con ella un viento violentísimo. De las hojas de palma bendita se extraen pequeñas cruces (llamadas metonímicamente *san Ramos),* usadas a menudo para proteger los espacios habitados y los campos cultivados de todo tipo de aires (tanto atmosféricos como demoniacos). Resulta difícil soslayar la sugerencia de establecer una relación entre los rasgos de este santo imaginario —que se asocia con la cruz y el viento y cuya celebración precede en una semana a la resurrección de Cristo-sol— y algunos aspectos de Quetzalcoatl, que señoreaba en los vientos y tenía como uno de sus símbolos la cruz (llamada precisamente "del viento"; *cf.* Seler, 1980, vol. I, p. 244; vol. II, p. 137; López Austin, 1990, p. 332), y que al igual que Venus matutina antecedía la salida de la divinidad solar (Lupo, 1995*a,* pp. 225-233).

Son muchos otros los seres extrahumanos que, pese a llevar nombres de santos y tener aspecto de tales, se apartan decididamente de sus modelos católicos. Como tampoco faltan quienes, como la *Atmalin,* no toman atributo alguno de la tradición cristiana.[14] Sea como fuere, en conjunto, casi todos revelan de una u otra forma algunas características que determinan sus relaciones con los seres humanos: entre éstas figuran una cierta ambivalencia moral, que potencialmente les confiere la capacidad de realizar desafueros o prevaricaciones; una falibilidad frecuente, por lo que pueden ser engañados o cometer errores; la capacidad de experimentar sensaciones de tipo humano como la cólera o la diversión; y, en fin, la posibilidad de que, a pesar de sus inmensos poderes,

---

[14] Otro personaje peculiar de la tradición nahua, que tal vez desciende en línea directa de concepciones precolombinas, es el *cuauhtahuehuentzin* (viejito de la selva), señor de la selva y los animales, cuya autorización se considera necesaria para talar y cazar sin inconvenientes (Lupo, 1995*a,* pp. 189-196).

lleguen a encontrarse en situaciones de carencia y necesidad, y cuya satisfacción puede ser cumplida por el hombre, con o sin su consentimiento.

Quizás el mejor ejemplo de lo antes expuesto esté representado precisamente por la divinidad terrestre, la cual simboliza la mayor fuente de bien ("todo viene de la tierra"), pero también por su inagotable generosidad se ve inducida a proveerse de energía en todo momento, "engullendo" sin demasiadas distinciones morales a todo ser vivo que se ponga a su alcance. Por consiguiente, no sólo se reapropia de los despojos mortales de plantas, animales y seres humanos, transformándolos en nueva vida, sino que a menudo anticipa el momento establecido por el supremo deseo de Dios, al capturar los componentes espirituales que pierden los individuos a causa de un susto, lo que provoca la enfermedad y la muerte (véase más adelante). El desenfrenado apetito que la anima no es sólo una señal de lo finito de sus recursos (y, por tanto, índice de carencia), sino que deja claros los límites éticos de su juicio, por lo que puede ser responsable de acciones "injustificadas" (características totalmente extrañas a la concepción cristiana de la Trinidad, con la que se le identifica).

Quizás con excepción de Dios Padre, todas las figuras del mundo extrahumano nahua muestran frente al hombre una actitud que no obedece a cánones morales absolutos, sino que varía según las circunstancias y las relaciones que los individuos o las comunidades en conjunto logran establecer con ellas.[15] Por esto, como veremos, gran parte de las actividades rituales, tanto públicas como privadas, intentan nutrir, alegrar, recompensar y amansar a todos los seres de cuyos poderes depende el bienestar del hombre, instaurando con ellos una constante relación de *do ut des*.

En lo concerniente al vasto y variado grupo de entidades usualmente designadas con el término de *amo cuali* ("no bueno", es de-

---

[15] Retomando una eficaz distinción de Ioan Lewis (1981, pp. 144-151) puede observarse que la religión de los nahuas, pese a que por su declarada observancia de los dictámenes cristianos debería quedar englobada dentro de las escatológicas (que resuelven la instancia moral delegando al supremo e infalible juicio divino la compensación tras la muerte de la conducta terrenal), se configura de hecho como una "religión de lo inmediato" *(instant religion),* ya que sostiene que las fortunas y desventuras de la existencia son el premio o el castigo que cada cual se merece según las relaciones instauradas con el prójimo y lo sobrenatural.

cir, "mal") y por lo mismo genéricamente ubicadas dentro de la esfera de influencia del demonio cristiano, aun cuando su connotación moral negativa no es cuestionada, sí queda atenuada porque responde a los designios superiores y divinos, de los que son un componente ineludible. De todos modos, que lo perverso de estos seres no sea advertido tanto en términos abstractos como mediante la experiencia concreta, queda atestiguado por la etimología de *amo cuali*, derivado por negación de *cuali*, cuyo significado originario es "comestible" (de *cua* [comer, morder]),[16] como también la expresión equivalente *tein amo cualtiya* (usada siempre referida al diablo), que significa literalmente "el que no sirve", lo que expresa la clave pragmática según la cual se percibe la idea de mal.

Lo peligroso de estas entidades depende, quizás aún más que de su voluntad hostil hacia el hombre, de su naturaleza totalmente fría, capaz de apagar por oposición "térmica", como si fuera su antimateria, toda chispa vital en el cuerpo de los vivos. Por ello se las define genéricamente como *ehecame*, aires, subrayando su cualidad imperceptible, etérea, y su pertenencia a la dimensión del inframundo, caracterizada por la polaridad fría y oscura. No es casualidad que el más allá, del cual proceden gran parte de los temibles seres llamados *amo cuali ehecame* [aires malos], que como vimos lleva aún el nombre de *mictan*, no corresponde al infierno de llamas y sulfato de la tradición europea, sino que se presenta como el reino desolado de las tinieblas y el hielo (Signorini y Lupo, 1992, pp. 84-85).

De cualquier modo, el abultado grupo de "espíritus" *(ehecame)* no encierra en sí mismo tan sólo a las emanaciones del demonio y las almas de los condenados, sino que también incluye a otras numerosas entidades, cuyas principales, según su naturaleza y la actitud que adoptan frente al hombre, se agrupan en el cuadro 6.1.

Aun sin necesidad de examinar detalladamente cada uno de los tipos de *aires*[17] indicados en el cuadro 6.1, basta con observar que éstos comprenden numerosos seres dotados de autonomía opera-

---

[16] Véase, sobre la posible introducción del concepto abstracto de mal (y quizá también de la expresión *amo cuali*) en la época colonial por parte de los evangelizadores, Toumi (1997, pp. 117-120; *cf.* también Burkhart, 1989, pp. 38-39; Signorini y Lupo, 1992, p. 90; Lupo, s.f.).

[17] Para un examen más profundo de los "aires" véase Lupo (s.f.). *Cf.* también con Montoya Briones (1964, pp. 158-165) y Sandstrom (1978; 1991, pp. 260-279).

CUADRO 6.1. *Ehecame*

	Hostiles	Indiferentes
No humanos	Satanás y demonios Dueños de los lugares ------> *Mazacame*	*Cuauhtahuehuentzin*
(vivos)	Proyecciones de brujos	

Humanos
(muertos)
	Muertos de muerte
	    violenta
		Ánimas
		   con compromisos
		   no cumplidos

	Ánimas condenadas *Llorona*	Ánimas vagantes

tiva propia, que utilizan contra los humanos por maldad connatu-
ral (los demonios, los *mazacame*,[18] los condenados), por la radical
otredad de los espacios a los que pertenecen (los dueños de los
lugares) o porque están obligados a ello por castigo divino *(la Llorona)*.[19] Otros *ehecame,* en cambio, son almas de difuntos (de muerte
violenta) que penetran en los cuerpos de los vivos tanto voluntariamente, para hallar en ellos un envoltorio corporal provisio-
nal, como involuntariamente, porque quienes se topan con ellos se
asustan (las ánimas con compromisos incumplidos y las ánimas
vagantes). Otro tipo de *ehecat* consiste en la proyección a distancia
por parte de los brujos *(nahualme)* de uno de sus componentes
anímicos, con el que aterrorizan, penetran y tratan de destruir a
sus víctimas (véase más adelante).

   Potencialmente peligrosos son, en fin, los espíritus de los difuntos que aún no han pasado definitivamente al tranquilizador estatus
de difuntos, que según se cree vuelven una vez al año a visitar a
los vivos con motivo de la festividad de Todos Santos: si bien su
papel frente a los humanos es esencialmente el de intermediarios

---

[18] Los *mazacame* son espíritus malvados que viven en las cavernas en forma de
murciélagos y que atacan a los seres humanos más débiles (especialmente a los
niños), chupándoles la sangre y provocándoles de este modo la muerte *(cf.*
McKinlay, 1964; Signorini y Lupo, 1989, pp. 86-88; Lupo, s.f.).
[19] Sobre la concepción serrana de este conocido personaje del folclor mexicano,
véase Signorini y Lupo (1989, p. 85) y Lupo (s.f.).

benévolos con la divinidad, su pertenencia al mundo subterráneo los convierte en seres codiciosos de todo lo que alegra la vida terrenal (luz, calor, perfumes, sabores, colores, etc.); por ello, si durante su reaparición anual no se satisface su apetito con ofrendas adecuadas, se corre el grave peligro de que ellos mismos lo hagan, dirigiéndolo precisamente contra los vivos, llevándoselos consigo (*cf.* Lok, 1991; Signorini y Lupo, 1989, pp. 53-55; Signorini, 1996; Nutini, 1988; Baez Cubero, 1996).

De todo lo dicho hasta aquí se deduce la poca consistencia del confín entre el mundo humano y las entidades y fuerzas consideradas exteriores a su dimensión ordinaria: el pensamiento de los nahuas los coloca a ambos en el *continuum* esencialmente sin roturas que constituye el conjunto del cosmos. Estas entidades, no sólo poseyeron a menudo en épocas pasadas (como los santos y los diferentes tipos de difuntos) una naturaleza humana, sino que a veces la poseen también en el presente (como en el caso de las proyecciones de los brujos), revelando de este modo la complejidad y originalidad de la concepción nahua de la persona; éste será el tema en el próximo apartado.

EL SER HUMANO

En su difícil existencia cotidiana, los nahuas comprueban día con día lo frágil y precario de los equilibrios sobre los que ésta se sustenta, razón por la cual tratan constantemente de instaurar, mantener o reinstaurar las mejores relaciones posibles con las entidades que se cree poseen el poder de influir en dichos equilibrios. Si por un lado la cosmovisión indígena deja al individuo menos solo ante sus propias decisiones y acciones que lo postulado por las enseñanzas cristianas, por el otro lo somete a una maraña de influjos diferentes que limitan su libertad de acción. Esto no sólo se traduce en el plano ético —al reducir sensiblemente, junto con el libre albedrío, la responsabilidad moral de los individuos—, sino que se refleja también en el modo de concebir su identidad individual más profunda, que resulta compuesta, mudable, pero no autónoma y que puede ser parcialmente compartida por varias personas. Para tener una idea clara de la concepción nahua del ser humano es indispensable tomar en cuenta el conjunto de los componentes espirituales de los que se cree que está dotado, las relaciones que se establecen entre ellos y sus dinámicas a lo largo de la vida y después de la muerte.

Desde el momento de la concepción, el ser humano es el fruto de la suma de influencias diferentes que se integran al momento de plasmar su identidad. El cielo le otorga el alma inmortal, que controla las emociones y el pensamiento, que según se cree reside en el órgano del que toma su nombre el corazón, *yolo*, y que abandonará el cuerpo solamente en el instante de la muerte (Signorini y Lupo, 1989, pp. 47-55). De la aportación (no sólo "biológica") de los padres se plasma el cuerpo, cuyos rasgos revelarán las huellas de las emociones y experiencias impresas durante todo el embarazo: si, por ejemplo, durante el coito uno de los padres experimenta una atracción particular hacia su pareja, ello quedará reflejado en la imagen del feto; o bien éste llevará la imagen de objetos, personas o acontecimientos que pudieran haber impresionado la imaginación materna (por eso las embarazadas se cuidan de no mirar cosas espantosas o "monstruosas").

Sin embargo, así como el alma inmortal *(yolo)* no agota la dotación espiritual de la persona, tampoco la impronta de los padres es suficiente para forjar el carácter de la prole: al respecto, resultan absolutamente fundamentales los otros dos componentes anímicos que recibe cada persona al nacer, y que varían según el momento en que ello ocurre (véase el cuadro 6.2). Los nahuas, en efecto, consideran que cada individuo tiene una relación de coesencia con un *alter ego* generalmente animal, aunque también con fenómenos atmosféricos, que lleva una existencia aparte y paralela y que determinará, según sus características específicas, el carácter de su contraparte humana. Este espíritu compañero (pues de "espíritu" se trata, pese a tener a veces expresión corporal)[20] otorga al indivi-

---

[20] La corporeidad del *alter ego* queda demostrada por la posibilidad de ser matado (por ejemplo, por un cazador), algo que determina la inmediata y simétrica muerte de la persona. Sobre la aparente contradicción de la idea de un "espíritu" dotado de concreción material, López Austin (1994, pp. 23-41 y *passim)* ha ilustrado bien cómo el pensamiento nahua, tanto prehispánico como contemporáneo, no postula ninguna drástica solución de continuidad entre sustancias opuestas como la materia y el espíritu de la tradición occidental, sino que atribuye a la materia diferentes grados de "densidad": en el caso de los hombres y las cosas terrenales, es "pesada" y directamente perceptible por los sentidos, mientras que en lo concerniente a los dioses y otras entidades extrahumanas, es "ligera" y "sutil", perceptible sólo en situaciones excepcionales.

CUADRO 6.2. *Los componentes espirituales*

Yolo	Ecahuil	Tonal
en el corazón	en el cuerpo (cabeza, sangre)	exterior
inseparable	separable	independiente
inmortal	caduco y mortal, en parte puede transmitirse	mortal, aunque poco vulnerable
antropomorfo	antropomorfo	por lo general zoomorfo
caliente (?)	frío	caliente
gobierna el pensamiento y las emociones	aporta la resistencia anímica y espiritual y el destino	determina el carácter y las emociones

duo la fuerza vital caliente necesaria para vivir y resistir los ataques del mundo exterior; se le denomina, en efecto, *tonal*, palabra que designa la principal fuente de esa misma energía: el Sol.[21] Estrechamente ligado al *tonal*, aunque en cierto sentido de signo contrario, está el *ecahuil* (sombra): la otra entidad anímica que adquiere el individuo al momento de nacer. El *ecahuil*, que ocupa todo el cuerpo, concentrándose preferentemente en la sangre y la cabeza, y que proyecta la silueta oscura de su posesor en presencia de fuentes luminosas, constituye el nexo indispensable entre el ser humano y su espíritu compañero, su extensión, por así decir, dentro del cuerpo (y con el que se le confunde a veces por sus términos), además de ser el complemento necesario en lo que concierne a la polaridad oscura de las fuerzas cósmicas.

[21] No quiero entrar aquí en la consideración de la transformación que pudiera haber sufrido entre los nahuas de la Sierra el concepto prehispánico de *tonalli* como entidad anímica ligada al influjo calendárico (Signorini y Lupo, 1989); queda registrada la idea de que el espíritu compañero, tal como hoy aparece en muchos grupos de la Mesoamérica oriental y meridional, probablemente era extraña en el periodo Posclásico a los nahuas del Altiplano (*cf. ibidem*, pp. 41-44; López Austin, 1984, vol. I, p. 431).

Al contrario del *yolo* o alma inmortal, el *ecahuil* puede separarse de su receptáculo corporal: ello ocurre naturalmente durante el sueño, estado en el que se cree se reúne con el *alter ego* y transmite al durmiente las sensaciones experimentadas por este último, o bien cuando los individuos que poseen capacidades de brujería (los *nahualme*) lo proyectan intencionalmente fuera de sí para dañar al prójimo; en estos casos el *ecahuil* parece personificar la conciencia del individuo, que de este modo transita de un polo a otro de la relación de coesencia. También puede perderse de manera involuntaria, tras un susto fuerte que al parecer provoca una repentina relajación de los orificios corporales por los que "cae" el *ecahuil*, que es capturado y tragado por la tierra, la cual, como ya vimos, está en constante espera y urgida de todo lo que pueda compensar su insaciable apetito, a raíz del gasto de tanta energía generadora.

Si bien hemos hablado hasta el momento del *tonal* y el *ecahuil* como entidades anímicas en sí, en realidad para los nahuas no están unidos, sino que son plurales y separables: por lo que respecta al espíritu compañero, cada individuo puede tener hasta un máximo de trece, todos de especies diferentes, pese a que sólo el principal *(tayecanque)*, según las características de la especie al que pertenezca, determina el carácter de su contraparte humana, y eventualmente su muerte; los otros *tonalme* menores ejercen una influencia más reducida y su muerte provoca sólo achaques y enfermedades. Sin embargo, sus diferencias dan cuenta de lo variado de la personalidad y del comportamiento de la persona. Para los nahuas, el conjunto de los *alter ego* representa, en efecto, la parte animal del hombre, su vitalidad primordial, frenada de alguna manera por el rito "humanizador" del bautismo; pese a otorgar al hombre una indispensable (y plural) aportación energética, los *tonalme* también lo exponen al peligro de perder de cuando en cuando su naturaleza plenamente humana, de cometer "bestialidades", al punto de considerar con frecuencia que las acciones más violentas y vergonzosas se cometen empujados por uno de los *tonalme:* "A veces nos atrevemos a hacer muchas cosas: robar, matar... ¿Por qué? Porque nuestro *tonal* es así, es animal. Porque hay animales que son brutos, nos obligan a hacer cosas malas. Pero son los animales que andan por ahí los que nos obligan." La diversidad de los *tonalme* da cuenta de las bruscas variaciones de temperamento que a veces se observan en los individuos, mientras que la suma de varios *alter ego* de signo negativo (como jaguar, gavilán, serpiente, comadreja, etc.) condena a una naturaleza irremediablemente perversa y a un destino de brujo *(nahual)* (Signorini y Lupo, 1989, pp. 57-71, 98-106; 1992).

En cuanto al *ecahuil*, es uno, aunque divisible en varias fracciones, como demuestra la creencia de que un fuerte susto puede provocar la caída de parte de él, disminuyendo las resistencias espirituales de la persona y haciéndola más sensible a otros sustos, que harán que se pierdan otras partes de *ecahuil* y contribuirán a que sea cada vez más difícilmente reversible el proceso de debilitamiento anímico al final del cual, si no se interviene con los procedimientos terapéuticos y rituales adecuados, la muerte será inevitable. La continuidad existente para los nahuas entre la dimensión corporal y la espiritual, los lleva a representar en el plano orgánico esta pérdida del *ecahuil*, que se asocia a la sangre que se convierte en agua, al enfriamiento del cuerpo y al volteo de la úvula y el recto, disfunciones que hay que combatir con intervenciones farmacológicas y "mecánicas" para "calentar" el organismo debilitado y volver a colocar en su posición correcta las partes afectadas. Además, la posibilidad de que el *ecahuil* pueda fragmentarse y separarse del cuerpo está en la base de otras creencias, entre ellas, como ya vimos, las que sostienen que éste se reúne con el *tonal* durante el sueño, o que un brujo pueda proyectarlo contra sus víctimas; pero va ligado también a la idea de que una parte de quien hubiera muerto de manera violenta, derramando su sangre, permanece "como un eco", asustando a todo el que transita por la zona; o bien que el *ecahuil* es transmisible a los descendientes que lleven el mismo nombre, en una especie de parcial reencarnación.

La naturaleza de todo ser humano, pues, se concibe como el fruto de la suma temporal de varias (y compuestas) entidades anímicas alrededor (no sólo "dentro") de la envoltura corporal. El conjunto de estos componentes, sin embargo, está sometido a los influjos más variados a lo largo de toda la existencia, si bien éstos inciden mayormente en las fases inicial y final, cuando el conjunto de las fuerzas del individuo es menor. En los primeros años de vida el niño es extremadamente vulnerable a los peligros que puedan provenir del mundo exterior, pudiéndose tratar de miradas cargadas de emoción (y por consiguiente vehículo de fluidos patógenos) de adultos de connotación espiritual muy fuerte (*ixchicahuac* [de mirada fuerte]), o bien, de las emanaciones peligrosamente "calientes" de mujeres en estados particulares (con la menstruación o puérpera), que los pueden "quemar".[22] En general se dice que en la infancia se posee una constitución de conjunto tan "tierna" que los objetos, seres y acontecimientos pueden imprimir con extrema facilidad su propia impronta, muy incisivamente. El verbo *tahuelia*[23] indica este tipo de acción, que afecta a la naturaleza más íntima de los individuos: los ejemplos van desde el riesgo que implica comer los huevos aún no formados que se hallan en el vientre de las gallinas, pues puede volver la piel delicada e irritable o provocar el nacimiento de hijos inmaduros, hasta el peligro de que el cordón umbilical se enrosque alrededor del cuello de los hijos durante el parto si se juega a saltar la cuerda o se camina sobre ella, o también la posibilidad de evitar la excesiva delgadez si se abraza el grueso tronco de un árbol de *pochocuahuit* (*Ceiba pentandra* L.; *cf.* Burkhart, 1989, p. 161). La concepción que poseen los nahuas sobre el desarrollo del ser humano es, de este modo, equiparable en cierto sentido al endurecimiento de la greda en las manos del alfarero: inicialmente es húmeda y blanda y en ella quedan impresas con facilidad las formas dadas con los dedos, pero con el tiempo se seca y se cuece, sin que pueda observarse ya ningún rastro de las manipulaciones a que se le somete.

En estas creencias y prácticas es fácil encontrar la persistencia de concepciones que López Austin (1994, pp. 164, 174-175) atribuye a los antiguos nahuas del altiplano, según las cuales durante la vida se registraba una progresiva transición de la "frescura" juvenil al "calor" cada vez mayor de la etapa senil que podía templarse ingiriendo sustancias "frías", como el pulque. Además, mediante

---

[22] En la clasificación general de los componentes del cosmos según su cualidad "térmica", la mujer es por lo común considerada más "fría" que el hombre, por vinculársela a las fuerzas terrestres de la generación, pero también por las recurrentes pérdidas de sangre que la enfrían. La sangre que pierde por los genitales es considerada especialmente "caliente", capaz de "quemar" a quienes (como los niños indefensos o el marido impaciente) se le acercan sin las debidas precauciones.

[23] En náhuatl clásico, *tahuelia* significaba "sentir ira hacia alguien"; el diccionario de Key y Ritchie (1953, p. 194) da, por su parte, a *quitahuilia* (*sic* por *quitahuelia*) el significado de "lo pone marca de nacimiento"; un reciente artículo sobre las concepciones del mundo animal lo traduce como "echar suertes" o "causar desgracias" (Taller y Beaucage, 1990, p. 15).

la capacidad de influir místicamente unos sobre otros, capacidad atribuida a seres y cosas de distintos órdenes diferentes de la realidad, se ilustra la sustancial continuidad ontológica entre dichos seres. Continuidad que queda expresada de manera paradigmática en las constantes afirmaciones sobre la consustancialidad del hombre y el maíz: la vida humana no sólo es asimilada siempre a la de la planta (Signorini y Lupo, 1989, p. 48; Lupo, 1995a, pp. 200-212; Lupo, 1995d), y la relación entre ésta y quien la siembra no sólo es tan estrecha que impone rigurosas normas de conducta con el fin de no perjudicar la cosecha, sino que el maíz se concibe como algo tan esencial para la existencia humana que con frecuencia se le define, ni siquiera tan metafóricamente, como el "corazón-alma" (yolotzin) y el "principio vital" (yoliatzin) del hombre (Lupo, 1995a, pp. 235, 247-248; 1995d; Toumi, 1997, p. 135). Tal es la primacía del maíz sobre todos los demás alimentos que a menudo llega a identificarse su principal transformación culinaria, la tortilla, con la hostia consagrada, con la que comparte su forma circular, el color blancuzco, el origen divino (el maíz es considerado don de Jesucristo) y sus virtudes regeneradoras, tanto en el plano orgánico como en el espiritual.

Sin embargo, así como la planta de maíz una vez que ha dado su fruto se debilita y muere, también el ser humano está destinado a recorrer un camino análogo. Si por un lado el proceso de maduración comporta un "endurecimiento" respecto de los influjos potencialmente nocivos del mundo exterior, por el otro los ineludibles transcursos de la existencia terminan privando progresivamente al individuo de parte de sus recursos anímicos: los sustos provocan la dispersión de fragmentos cada vez mayores del ecahuil, mientras que algunos de los espíritus compañeros sucumben inevitablemente ante las asechanzas de su vida animal. El resultado es el debilitamiento gradual del conglomerado formado por el cuerpo y los tres componentes espirituales, que se encaminan hacia su definitiva disgregación. A pesar de presentarse a veces como un acontecimiento instantáneo (como en las muertes violentas o cuando se mata al tonal principal), la muerte a veces es vista como un proceso de separación y disolución gradual de las entidades anímicas, a las que les esperan destinos muy diferentes. Tampoco la ausencia de señales de vida en el cuerpo indica que el alma lo haya abandonado definitivamente: de hecho, se cree que el alejamiento entre ambos es lento y difícil, y que ha de ir acompañado y facilitado por las prácticas rituales apropiadas (*cf.* Lok, 1991). Al finalizar éstas, el *yolo* continúa su existencia separado de la envoltura corporal, alcanzando los lugares del premio o el castigo eternos (la Gloria o el *mictan*), o eventualmente purgando con una permanencia temporal en una especie de purgatorio terrenal las culpas y las omisiones del individuo antes de morir. Al respecto hay que observar que el destino ultraterrenal de las almas a menudo depende, más que de la conducta en vida, de cómo se produjo la muerte, como si en ello fuera posible leer una señal de la naturaleza moral y el destino final del difunto. Como ya hemos dicho, el pensamiento de los nahuas es reacio a reconocer la posibilidad de que un individuo sea totalmente inocente en relación con las desgracias que pudieran caer sobre él: más bien habrá siempre alguna conducta (propia o de personas tan próximas a él que lo hagan copartícipe de la responsabilidad) a la que es posible imputar el origen de la desventura. Pero tampoco la concepción del más allá estimula sobremanera el comportamiento de los vivos: lo demuestra el ansia con que se cree que las ánimas de los difuntos vuelven a la tierra para saborear, en las raras ocasiones en que les está permitido, las alegrías de los vivos, evidentemente bastante superiores a las del otro mundo lo que provoca en ellos un profundo sentimiento de nostalgia.

Bien diferente es el destino que reserva la muerte a los otros dos componentes espirituales, que según se cree son reabsorbidos por la tierra, como el cadáver, perdiéndose así en el indistinto flujo de las fuerzas que circulan por el cosmos y de las cuales, como ya vimos, las mismas divinidades sienten la constante necesidad de reapropiarse. Sólo el *ecahuil*, según se cree, escapa a veces del total aniquilamiento: ello ocurre cuando existen acontecimientos especiales que atan de manera más estrecha de lo normal la "sombra" de un difunto a lugares específicos (como cuando éste ha derramado en ellos su sangre, los ha frecuentado mucho tiempo o enterró allí tesoros), o también cuando el nacimiento de un descendiente que lleve el mismo nombre de la persona desaparecida hace que el *ecahuil* se transmita al nuevo ser, en el que imprimirá su propia marca, produciendo semejanzas en su aspecto y carácter (Signorini y Lupo, 1989, pp. 71-74; Lupo, s.f.).

En conjunto, del examen de las concepciones nahuas sobre el hombre emerge un ser de naturaleza compleja, formado por varias partes constitutivas diferentes cuya combinación no es constante en el tiempo, sino mudable y efímera, además de estar sujeta desde los primeros instantes de la vida a las más variadas influencias del mundo en el que le ha tocado vivir, que limitan su libertad de acción y su responsabilidad moral. Condenado a tambalearse con sus escasos medios entre equilibrios extremadamente precarios posee, sin embargo, una posición de absoluto relieve a la hora de mantener estos equilibrios, que dependen en gran parte de su actuación. La conciencia de ello sustenta gran parte de la actividad ritual de los nahuas, lo que los convierte en conscientes defensores de un orden que la secularizada sociedad mestiza y blanca ignora y descuida en gran parte.

EL RITO: RELACIONES ENTRE EL HOMBRE Y EL MUNDO EXTRAHUMANO

El conjunto de las concepciones sobre el hombre, el cosmos, las fuerzas y los seres extrahumanos se expresa raras veces por medio de formas analítico-descriptivas tan explícitas y esquemáticas como las que he venido adoptando en mi exposición. Aunque no faltan formulaciones verbales capaces de enunciar de manera organizada y representativa el pensamiento cosmológico de los nahuas (como, por ejemplo, las súplicas dirigidas por los especialistas rituales a las principales figuras del panteón indígena),[24] esto se traduce por lo general en acciones, palabras y objetos de profundo significado simbólico, que constituyen la esencia de su intensa y compleja vida ritual. Si bien es cierto, como se dijo al principio, que las elaboraciones más articuladas y finas de la cosmovisión nahua son terreno de algunos especialistas, a quienes la colectividad les reconoce una autoridad especial en la materia, también lo es que dicha cosmovisión es compartida y vivida por todos los miembros del grupo, aunque con grados de dominio diferente, mediante su constante concretización ritual, realizada en un plano tanto individual como colectivo, tanto público como privado. Es precisamente la

[24] Respecto a la importancia heurística de los textos rituales en náhuatl y las implicaciones teórico-metodológicas de su uso, véanse algunas publicaciones mías recientes (Signorini y Lupo, 1989; Lupo, 1995a y, particularmente, 1995c).

dimensión del rito lo que permite a los nahuas aprender, experimentar y poner en práctica su visión del mundo (a menudo incluso transformarla, dando además lugar a que el observador externo aprehenda sus rasgos predominantes).

Hay que añadir también que, pese a que los nahuas advierten las diferentes actividades rituales en las que participan como algo sustancialmente unitario, que se puede reducir a un cuadro explicativo más o menos coherente, hay un factor que es evidente para el observador ligado a las relaciones de fuerza entre los diferentes grupos y actores sociales presentes en la escena, y que constituye un significativo elemento de discriminación entre los múltiples contextos en los que estas actividades tienen lugar. Me refiero a la importancia tan diferente que tiene el control que el clero y (aunque en menor medida) la sociedad mestiza ejercen sobre el rito público en contraste con el doméstico y privado de los indígenas. Tal y como ya han observado numerosos estudiosos de las religiones amerindias, también en la Sierra Norte de Puebla es posible verificar los presupuestos de lo que Pedro Carrasco (1975, p. 199) definió como "sistema religioso doble", en el que el monopolio de la Iglesia católica a las expresiones sacramentales, colectivas y públicas del culto les confiere una *facies* infinitamente más en sintonía con los modelos cristianos ortodoxos que con lo que sucede en los actos rituales que la población nativa practica cotidianamente en la intimidad de sus propios espacios, y precisamente por ello, conservan una connotación más acorde con la tradición autóctona (también muy cristianizada, no obstante, sigue conservando conceptos y valores que pueden ser rastreados directamente en el pasado prehispánico). Lo cual no quita que, como veremos, en la concepción indígena también las prácticas de culto que presentan una mayor adhesión al dictamen de la Iglesia puedan ser interpretadas en clave nativa, produciendo esa ambigüedad de significados que constituye la esencia del fenómeno sincrético (véase *supra* y nota 2).

Tanto la ritualidad pública como la privada apuntan a un tipo de relación que confiere al ser humano, a pesar de su intrínseca debilidad, una capacidad de negociación mucho más marcada que en el ámbito del catolicismo popular mestizo (y europeo). Ello depende sobre todo del alto grado de antropomorfización de las entidades extrahumanas nahuas, a las que por lo general no se les reconocen las cualidades de omnipotencia, omnisciencia y justicia (en definitiva, la naturaleza perfecta) que por definición caracterizan a la divinidad cristiana. Por el contrario, el que dichas entidades tengan carencias, apetitos o que cometan errores las hace susceptibles de ser doblegadas de diferentes maneras a los deseos del hombre; el cual, si bien a veces es víctima más o menos inocente de estas "debilidades",[25] no deja de servirse de ellas cada vez que advierte la necesidad de conjurar, propiciar o de valerse de los poderes de los seres extrahumanos (que a él por constitución le están negados).

La misma lejana figura de Dios Padre, que encarna el mayor grado concebible de perfección y justicia, está vista con relativa desconfianza por algunos, quienes interpretan en términos negativos (como si fuesen un "capricho") la extrema independencia de su voluntad respecto a las exigencias y las peticiones de los vivos; lo revela la peculiar opinión de un anciano campesino sobre las entidades que han de ser invocadas para conseguir una buena cosecha: "Ése no. No rezas al [Padre] Eterno [para pedirle ayuda], no. Es muy loco. Si alguna cosa [que hiciste] no le gustó, te llama, y se termina[n] todo[as] tus semillas. Rézalo al señor san Pedro y san Juan y san Antonio y *talocan tata* y *talocan nana*.[26] [...] Pero el Eterno es muy delicado [irritable]. Luego se enfada [...] y te quita todas tus cosas".

Cualesquiera que sean los interlocutores extrahumanos a los que se dirigen, e independientemente del método de acercamiento que se les reserve, lo que casi siempre empuja a los individuos a recurrir a sus poderes es de orden utilitario. Esto quiere decir que la praxis ritual de los nahuas casi nunca consiste en actos de devoción gratuitos, para la sola contemplación y adoración de lo trascendente; incluso cuando estamos ante iniciativas que no persiguen la obtención directa de algún beneficio, como en la ejecución

---

[25] Ya hemos aludido que la moral nahua tiende a atribuir al individuo cierta responsabilidad incluso en las desventuras que aparentemente menos se haya merecido, aunque sólo fuera por involuntarias omisiones en el respeto de normas de conducta y rituales que, de haber sido atendidas habrían podido convertirse en un adecuado escudo contra el mal (Signorini y Lupo, 1992; Sandstrom, 1991, p. 322).

[26] El "padre" y la "madre" del *talocan* son dos figuras extrahumanas sin ninguna correspondencia en el panorama sobrenatural cristiano que controlan las fuerzas, los seres y los bienes custodiados en las entrañas de la Tierra (es decir, el *talocan).*

de actos de culto prestablecidos o en las acciones de gracia, se trata
siempre de comportamientos cuya principal motivación es preservar una relación correcta, esencial para conjurar los acontecimientos nefastos y propiciar los faustos.

La dimensión privada

La esfera en la que todo se desarrolla en su máximo nivel es la de
la ritualidad privada cotidiana, llevada a cabo por los indígenas
sin recurrir casi nunca à la competencia y mediación de los sacerdotes católicos, sino basándose en los conocimientos que cada cual
posee y, si acaso, dirigiéndose a los numerosos especialistas nativos que actúan en el territorio. En la práctica, son muy pocas las
actividades y acontecimientos considerados de cierta relevancia
que no sean objeto de algún tipo de atención ritual, desde las más
sencillas y recurrentes acciones cotidianas (comer, viajar, acostar-
se) a las mínimas actividades productivas (colocar los huevos para
el empolle, almacenar el maíz, etc.), desde las etapas de la existencia individual (nacimiento, pubertad, matrimonio) a la vida social
y política (establecer alianzas, desempeñar cargos públicos), por
no hablar de las situaciones de crisis (calamidades naturales, enfermedad, muerte). En éstas como en tantas otras circunstancias la
acción ritual de los nahuas va dirigida a conocer, prevenir, conjurar, contrastar, secundar, solicitar o directamente controlar la voluntad y la iniciativa de las fuerzas y entidades extrahumanas.
Tampoco es posible efectuar en este ámbito una distinción, según
parámetros normalmente usados, para definir la magia y la religión,[27] puesto que los ritos domésticos nahuas presentan una flexibilidad extrema a la hora de aunar actitudes de sumisión y ruego
con otras de abierta manipulación, de ahí que los dirijan tanto a las
fuerzas y seres escasamente personificados (como los *ehecame* o

---

[27] Me refiero a las clásicas y controvertidas distinciones entre la actitud co-
municativa propia de la religión y la manipuladora propia de la magia (Frazer,
1976), y entre el hecho de que la primera se dirige a seres de naturaleza divina (con
identidades, esferas de influencias y atributos específicos, además de ser objeto de
culto) y la segunda a fuerzas o seres impersonales (Tylor, 1871); es aún más difícil
aplicar al caso nahua una tercera distinción, entre la naturaleza individual y privada de la magia y la colectiva y pública de la religión (Durkheim, 1925, pp. 58-63).

aires) como a los entes divinos (por ejemplo, la tierra) *(cf.* Signorini y Lupo, 1989, pp. 192-193, 209-211).

El presupuesto de que entre los diferentes planos de lo real existen constantes correspondencias que la acción ritual, mediante la implicación de las entidades extrahumanas, puede evidenciar, se encuentra en la base de las diferentes prácticas adivinatorias nahuas. Éstas comprenden a veces el antiquísimo uso de granos de maíz, que se echan en una jícara llena de agua para establecer, dependiendo si se hunden o flotan, la identidad de los autores de acciones delictivas (como robos o ataques de magia), la naturaleza y causa de las enfermedades, o también el estado y ubicación de las entidades anímicas eventualmente perdidas; pero por lo general consisten en la interpretación de las señales aparecidas en sueños ("en el sueño se ve todo", "se va derecho en el sueño, no engaña") o en las llamas de una veladora que se pasa sobre el cuerpo del enfermo, cuya esencia se cree que absorbe (Signorini y Lupo, 1989, pp. 121-124; Lupo, 1995*a,* pp. 112-128). Naturalmente, la revelación mágica de las supuestas correspondencias entre los diferentes componentes del cosmos se hace posible sólo con la correcta interacción con el mundo extrahumano (que en este caso, al igual que otros, comprende tanto a figuras del "panteón" católico como a otras totalmente ajenas a éste), que debe ser adecuadamente invocado y propiciado.

Pero donde el esfuerzo de la *captatio benevolentiae* frente a las fuerzas y seres que pueblan ese mundo se manifiesta en toda su extensión, es en los ritos que tienen por finalidad la prosperidad y la salud individual y familiar. Aquí la urgencia inmediata de las necesidades que llevan a emprender la acción ritual deja muy claro los presupuestos de las capacidades de que los nahuas se consideran dotados para influir en el mundo extrahumano: si se cree que el ordenado decurso del cosmos se rige por precisos y a la vez delicados equilibrios, el hombre posee la facultad de vigilarlos y contribuir a su preservación, estableciendo con las fuerzas mayores que él una constante relación de intercambio, basado en un verdadero principio de *do ut des* (Nutini, 1989, p. 111; Sandstrom, 1991, pp. 312-313; Lupo, 1995*a,* p. 269). Como ya vimos, las entidades extrahumanas no disponen ilimitadamente de las diferentes y complementarias energías que animan el cosmos (la caliente, seca y luminosa de valor masculino, y la húmeda, fría y oscura de valor femenino), pues éstas se agotan si no están en constante circulación. Ello induce a los nahuas a devolver, a través de variadas ofrendas rituales, las fuerzas de las que se consideran beneficiarios. La responsabilidad del hombre a la hora de preservar la armonía entre los componentes del cosmos no consiste sólo, desde un punto de vista de la ortodoxia cristiana, en respetar las normas morales de comportamiento, cuya infracción desencadena la reacción y el castigo de los seres extrahumanos, se traduce sobre todo en la acción esencial, plenamente heterodoxa desde el punto de vista cristiano, de satisfacer las necesidades y compensar las carencias que han de afrontar estos seres en su incansable obra de sustento de las más variadas formas de vida.

Ello es evidente sobre todo en la enorme cantidad de ritos que tienen como destinataria a la tierra, es decir, la figura divina que con mayor generosidad alimenta las plantas, los animales y los hombres, pero que precisamente por esta incesante pérdida de energía experimenta violentos y peligrosos apetitos, los cuales está dispuesta a satisfacer, independientemente de toda consideración ética, con los despojos corporales de todos los seres vivos, que incorpora a su metabolismo como si se tratara de un verdadero proceso digestivo;[28] además, dirige su propia "hambre" contra los componentes espirituales de estos últimos, los que está dispuesta a capturar (y "engullir") cada vez que un acontecimiento traumático (como un susto) provoque su separación del precario conjunto que constituye la persona. No sorprende, pues, que en los tradicionales ritos terapéuticos dirigidos a recuperar las entidades anímicas perdidas, además de manifestar a la tierra con tonos desconsolados los sufrimientos del enfermo y de sus familiares, se le ofrezcan compensaciones concretas por lo que se le pide que haga, entre otras cosas pavos, pollos y otros "alimentos", cuando no monedas, que en náhuatl reciben nombres tan explícitos como *iixpatca* (su remplazo) y *taxtahuil* (remuneración o pago) (Signorini y Lupo, 1989, pp. 127, 244-246; Lupo, 1995*a*, pp. 130, 144-146).

También en los ritos celebrados con motivo de la construcción de una nueva casa (de manera particular para la consagración del

---

[28] Al respecto es elocuente el comentario de un terapeuta: "Nosotros somos de la tierra: de la tierra nacimos, la tierra nos come" (Signorini y Lupo, 1989, p. 48; *cf.* también Lupo, 1995*a*).

altar y el fogón domésticos) o de las diferentes fases del cultivo del maíz (presentación de las semillas ante el altar, siembra, cosecha, etc.), la tierra recibe numerosas ofrendas que tienen como objetivo compensarla (por lo general anticipadamente) de los muchos bienes que se le pide que otorgue.[29] En todos estos casos los objetos y oraciones ofrendados a la divinidad terrestre revelan el complejo abanico de finalidades que mediante éstos pretende conseguir el rito: saciar el apetito de la tierra "nutriéndola" ("pues ahí [con la ofrenda] le anticipamos su alimentación para que mañana, pasado, nos dé también a nosotros"); confiarle sus propias riquezas[30] para que las conserve y las devuelva multiplicadas ("para que haiga más en abundancia más adelante, que no se agote, que siempre haiga"); hacer que los propios destinatarios de la intervención se beneficien de las energías contenidas en las ofrendas (en las semillas) que le dirigen a la tierra (Lupo, 1995a, pp. 219-220).

Esta pluralidad de objetivos (y de métodos utilizados para alcanzar aquéllos) refleja en forma clara el pragmático eclecticismo propio de la tradición nahua (calificada por ello como inclusiva por Sandstrom (1991, p. 317), opuesta a la "exclusividad" del catolicismo); esto es aún más evidente en los ritos de curación, en los que la complejidad de las estrategias terapéuticas depende directamente de la multiplicidad de los factores que entran en juego a la hora de determinar la enfermedad. Las principales categorías diagnósticas que para los nahuas exigen intervención ritual (cuya terapia es terreno exclusivo y connotado de los terapeutas indígenas, considerados en esto muy superiores a los especialistas de la medicina "científica", que ni siquiera las saben reconocer), presu-

---

[29] En el caso de la inauguración de una nueva casa, por ejemplo, hay quien entierra bajo el altar una ofrenda (llamada *calyolot* [corazón/alma de la casa]) compuesta de una cruz de palma bendita, siete puros, siete trozos de vela, resina de copal, siete flores de *cempoalxochitl (Tagetes erecta)*, siete monedas, siete granos de maíz, siete frijoles, siete semillas de pipián *(Cucurbita pepo)*, siete bolitas de semillas de ajonjolí, siete chiles secos, siete dientes de ajo y algunas partes de un pollo (Lupo, 1995a, pp. 154-171). Al terminar la siembra, en cambio, suelen enterrarse en el centro de la milpa los restos del mole de guajolote consumido por los braceros (que consisten en los huesos del pavo y en siete fragmentos de tortilla, *cf.* Lupo, 1995a, pp. 212-225).

[30] Esto ocurre en lo concreto o bien de manera simbólica, dependiendo de si las ofrendas consisten en cosas dotadas de valor en sí, como las semillas, o en representaciones metonímicas.

ponen todas el debilitamiento del individuo en el plano anímico, e igualmente en el orgánico, en concomitancia con la intervención más o menos voluntaria y hostil de fuerzas místicas. Todas llevan el nombre del acontecimiento, del ser o de la acción que se piensa que las ha originado: *nemouhtil* (susto), *ehecat* (aire) y *quixoxque* (a ojo; literalmente, lo fascinó) (Signorini y Lupo, 1989).

Ya antes hablábamos de la convicción de que un susto (*nemouhtil*) puede determinar la "caída" de parte de la dotación anímica (el *ecahuil*, sombra) de la persona, y que la tierra está siempre dispuesta a adueñarse de ella, ya que anticipa la "comida" a que de todos modos tendrá derecho en el momento de la muerte natural; cuando esto ocurre, los nahuas creen que el debilitamiento en el plano espiritual va acompañado de consecuencias que se aprecian también en el plano corporal, como el que la sangre se vuelva más aguada, el enfriamiento del organismo y el "volteo" de la campanilla y el recto. Del mismo modo, el mal causado por la intrusión de un "aire"[31] se cree que "congela" el organismo, paralizando sus principales funciones vitales, originando molestias diversas, aunque todas caracterizadas por la rápida evolución de sus síntomas y su extrema gravedad. En fin, el mal de ojo, también provocado por la penetración en seres particularmente débiles (como los niños) del poderoso y peligroso fluido anímico que algunos individuos (dotados de *alter ego* fuertes y agresivos) transmiten con la mirada, prevé la instantánea alteración de las funciones fisiológicas normales de la víctima, como por lo demás se constata precisamente gracias a las transformaciones similares del ojo (forma, color, etc.), es decir, del órgano a través del cual se transmite el fluido que provoca el morbo.

Pues bien, en la terapia ritual de estos tres males, las acciones y palabras utilizadas por los terapeutas nahuas combinan una pluralidad de planos de acción y de destinatarios: por un lado intentan persuadir directamente a las entidades responsables del mal de lo injustificado de éste desde el punto de vista moral, esperando convencerles de que anulen los efectos de sus acciones; por otro,

---

[31] Aires que pueden tener tanto naturaleza humana (si se trata de la proyección extracorporal del *ecahuil* de un *nahual* o "brujo"), como extrahumana (si se trata de la emanación de un ser dueño de los lugares, de un demonio o del espíritu de un difunto).

invocan y tratan de congraciarse con las figuras más importantes del "panteón" católico, cuya suprema intervención puede derrotar cualquier voluntad malévola; además, utilizando una considerable cantidad de energía (con la ofrenda de pavos, pollos, incienso, flores, velas, veladoras, además de abundantes oraciones católicas), pretenden "saciar" a los antagonistas extrahumanos, distrayéndoles y haciendo que se desembaracen de sus presas humanas; paralelamente, mediante una especie de carambola intentan que esa misma energía alcance y fortalezca a las víctimas, que quedaron gravemente mermadas por el ataque místico; además de todo ello, tienden a expeler las esencias patógenas que hubieran penetrado en el cuerpo del enfermo; y, por último, no desdeñan tratar en el plano de la farmacología y el manual (con pociones, supositorios, masajes, etc.) los efectos más estrictamente "orgánicos" de la pérdida o intrusión anímica.

La curación del "susto" prevé, pues, junto al suministro de té de hierbas y de supositorios hechos en casa (a base de sustancias preponderantemente "calientes") y el "enderezamiento" manual de la campanilla, la ejecución repetida de un complejo rito conocido genéricamente como *tanotzaliz* (llamada), que prevé la invocación (en náhuatl) de la divinidad terrestre y de las otras principales figuras del mundo extrahumano, la verdadera "llamada" a la entidad anímica perdida (que se realiza golpeando el suelo o soplando en un recipiente lleno de agua), la entrega a la tierra del "remplazo" animal *(iixpatca)* o la "remuneración" en dinero *(taxtahuil)*, además de la ofrenda —a todos los interlocutores extrahumanos interpelados— de los objetos acostumbrados que acompañan los ritos domésticos (flores, velas, veladoras e incienso) y, en fin, las específicas oraciones católicas (en español o, para los pocos que son capaces de ello, en náhuatl) (Signorini y Lupo, 1989, pp. 113-136, 204-246; Lupo, 1995a, pp. 128-152). Por el contrario, el tratamiento de un mal mucho más insidioso (porque va ligado a las fuerzas del Mal), el "aire" (o *ehecat*), contempla, además de calentar con pociones y friegas con sustancias muy "calientes" el cuerpo "helado" del enfermo, la ejecución de un rito *(tachipahualiz*, limpia) consistente en tratar de expulsar mecánicamente el fluido patógeno (que se realiza utilizando sustancias repelentes o "contrarias" por su naturaleza a los espíritus agresores, como humo, huevos, ajos y otras sustancias "calientes"), acompañada y propiciada por la in-

vocación a Cristo y los principales santos que se enfrentaron victo-
riosamente al demonio, y por la ofrenda a éstos de los mismos
dones, además de un diferente tipo y cantidad de oraciones (aquí
se utiliza el *Credo*, porque se piensa que posee más fuerza mística)
(Signorini y Lupo, 1989, pp. 136-157; 248-288).[32] En cuanto al tercero de los males que afectan la esfera anímica, el mal de ojo, su
menor gravedad e incidencia (concierne esencialmente a los niños) influye también en su praxis ritual, limitada a la extracción
(igualmente mediante la limpia) del fluido que penetró con la mirada, lo que se hace rezando una breve fórmula que no prevé
la invocación directa de coadjutores extrahumanos ni el rezo de
oraciones católicas (Signorini y Lupo, 1989, pp. 157-168).

Por lo que respecta a los otros innumerables ritos de la dimensión privada que como es obvio, no es posible ilustrar aquí, se inspiran en los mismos principios y reflejan las mismas modalidades
de ejecución que los que hemos venido examinando, si bien con
notables variaciones en cuanto a los interlocutores extrahumanos
interpelados en cada ocasión y las ofrendas que se les dirigen. De
manera particular, resulta claro que el significado original de tantas prácticas de culto de raigambre católica ha sido sustituido por
otros más en sintonía con la cosmovisión indígena, según los cuales las acciones, los objetos y las palabras, en vez de representar
simples testimonios de fe y devoción, son verdaderos receptáculos
de las energías que necesitan las divinidades, aunque en diferente
medida que los seres humanos. Esto queda demostrado de manera ejemplar por el uso que se hace de la más inmaterial de las
ofrendas: las oraciones católicas. Su número y tipo varía, de hecho,
según la cantidad de fuerza que ha de generarse, por lo que las
oraciones consideradas menos "fuertes" (y "calientes"), como el
Ave María, se rezan en mayor número y con mayor frecuencia que
las más fuertes, como el *Padrenuestro* y, en mayor grado, el *Credo*.
La idea de que una parte de la energía puesta en circulación mediante las ofrendas alcanza también a los beneficiarios terrenales
de los ritos (como las semillas recién sembradas o los componen-

---

[32] Son muy pocos quienes poseen la competencia y el valor de enfrentarse directamente a los agresores responsables de un "aire"; si se trata de espíritus dueños de los lugares, sin embargo, no se excluye la posibilidad de ablandarlos ofre-
ciéndoles un "remplazo" animal (Signorini y Lupo, 1989, pp. 152-157).

tes espirituales de un enfermo) lleva a "dosificar" cuidadosamente las oraciones, con el fin de no dañarles con una carga energética excesiva (Signorini y Lupo, 1989, pp. 90-93, 128-129; Lupo, 1995a, pp. 212, 225, 232; 1995b). Las palabras de un anciano especialista ritual aclaran las ideas sobre el destino de las ofrendas:

> El papá Dios necesita oraciones para [estar] manteniendo [a] los santos de Gloria, y con eso se mantiene ése. Y flor e incienso y veladora. Sí. Ése necesita el Dios. Pero [yo] trabajo mucho para que alcanza para su gente, hay muchos santos milagros de Gloria, hay muchos... Puro oraciones y veladoras e incienso. Lo entrego en el cielo y que ya lo apartan el Dios eterno Jesucristo, que lo riegue en el cielo para que con ése se sirve con los ángeles, apóstoles, santos milagros, todo lo que hay en el cielo.

La celebración doméstica en la que el intercambio ritual con las fuerzas extrahumanas insiste más manifiestamente en el imperativo de la reciprocidad es la festividad cristiana de Todos Santos, a principios de noviembre. En esta ocasión los nahuas creen que los difuntos, en la única oportunidad anual en que están libres de abandonar su morada ultraterrenal, regresan con los vivos, ansiosos de volver a saborear los goces de aquella vida corporal que ya les está negada para siempre. Los vivos esperan su llegada disponiendo sobre los altares domésticos una rica variedad de ofrendas, alimenticias o no, cuya esencia saborean las ánimas, satisfaciendo con ello su ansia de vida.[33] De este modo, los nahuas pretenden ahuyentar de sí mismos y de sus bienes la grave amenaza de esos apetitos, consiguiendo a cambio la intercesión a su favor de las almas de los muertos ante los principales seres del mundo extrahumano:

> Cada xihuit nanhuitzeh nantechitaqueh. Huan ica nehin tahpalol tamechaxcatiliah para namehhuan nantahtozqueh ihuan totepixcatzin Jesucristo ne ilhuicac, para mah techcahua más in talticpac, para occepa tamechmohuiztilizqueh ce xihuit.

> [Cada año ustedes han venido a vernos. Y les hacemos dueños de esta ofrenda para que hablen con nuestro Defensor Jesucristo allá en el cie-

---

[33] Las súplicas en náhuatl que se rezan en esta ocasión manifiestan claramente la convicción de que con comida, flores, velas, incienso y oraciones los difuntos se "alimentan" (*xicmahcehuacan*), "calman su sed" (*ximoamiccehuican*), "descansan" (*xicpiyacan descanso*) y "refrescan su ánimo" (*ximoyolcehuican*).

lo, para que nos deje [estar aún] más en este mundo, para que una vez más les veneremos [a ustedes] un año [más] (*cf.* Nutini, 1988; Lok, 1991; Báez Cubero, 1996; Signorini, 1996).]

La dimensión pública

Además de las ocasiones en las que la actividad ritual se desarrolla en contextos privados, no escasean otras con dimensión pública. Ello ocurre con ocasión de las festividades del calendario católico[34] y, por consiguiente, con la intervención (y a menudo, bajo la vigilancia) de miembros del clero, además de la cada vez más numerosa población mestiza. Este hecho incide, como es obvio, en la habilidad de los indígenas de aplicar también en dichos contextos las formas expresivas, los significados y los valores de su tradición. Pese a ello, si por un lado en el pasado no han faltado fuertes presiones para que se homologaran con la ortodoxia (aunque nunca hasta llegar a aniquilar completamente la libertad de los nahuas de atribuir sus interpretaciones heterodoxas a los más diversos componentes de la liturgia cristiana), por el otro, en los últimos tiempos la tolerancia e incluso el interés por lo cultural indígena han aumentado visiblemente entre la Iglesia posconciliar (que ve en la inculturación del Evangelio el camino para llevar a cabo su misión de salvación)[35] y los mestizos, sensibilizados con la revaloración (en la clave político-identitaria aunque también turística y económica) de los vestigios del pasado prehispánico.

Sin embargo, a pesar de tener presentes los condicionamientos y limitaciones de que hablamos, no cabe duda de que tanto en la cabecera Cuetzalán como, con mayor razón, en las comunidades satélites, el principal apoyo (económico y operativo) y la mayor participación en el ritual público proceden todavía de la población indígena. Aún más, es precisamente en este ámbito en el que, afirmando la primacía del compromiso y los valores indígenas, en-

[34] Como excepciones a esta regla se pueden citar las procesiones con las imágenes de los santos con motivo de adversidades especiales (sequía, carestía, etc.).

[35] Por lo que concierne a las estrategias misioneras de la Iglesia católica, que persiguen la valoración de las culturas locales y la "traducción" según sus códigos del mensaje evangélico, véase la encíclica de Juan Pablo II, *Redemptoris missio*, de diciembre de 1990 (*Enchiridion Vaticanum*, 1976, sigs., vol. 12, pp. 547-732, par. 52).

cuentran los nahuas la posibilidad de expresar su antagonismo hacia los mestizos y conseguir frente a ellos una de las pocas reivindicaciones posibles, lo cual, como es obvio, no excluye que la intensa devoción de los nahuas dependa también de la escasez de instrumentos (técnicos y conceptuales) para afrontar y resolver las situaciones de extrema penuria en que se encuentran, pero añade a las funciones cognoscitivas, psicológicas y sociales de las actividades rituales también la de representar y, en cierta medida, servir de desahogo a las tensiones y conflictos entre los diferentes grupos presentes en el territorio.

Las principales festividades religiosas tienen como objetivo la celebración de los santos patronos y prevén la ejecución, durante varios días, de misas, procesiones, danzas y otras actividades rituales, a las que acuden numerosos participantes y espectadores, procedentes de centros no sólo de la Sierra sino también de fuera. Con la ejecución correcta de las prácticas prescritas, los miembros de las comunidades pretenden confirmar y fortalecer los vínculos que los ligan con sus protectores celestiales. La naturaleza colectiva de la ceremonia, cuyo eje está representado por la imagen del santo epónimo de la comunidad, definida significativamente como el "corazón de todos" (Burdi, 1993, p. 43),[36] hace que las aportaciones de quienes concurren a la realización de la fiesta, aunque lo hayan hecho empujados por motivos de carácter personal, sirvan para conseguir beneficios que alcanzan a todos indistintamente. En su conjunto, la fiesta persigue objetivos de alcance general, y por lo mismo genéricos, mientras que en su interior cada uno de los participantes puede negociar con el santo las contrapartidas personales que espera recibir, poniendo en práctica las técnicas de persuasión (y eventualmente de "constricción") que considere más apropiadas. Debido precisamente al alcance global del intercambio realizado con las fuerzas extrahumanas durante las festividades públicas, quienes invierten sus propios recursos obtienen de sus paisanos el respeto que contribuye a elevar su estatus (cf. Slade, 1992; Burdi, 1993; 1994).

[36] No hay que olvidar que en la Sierra los nombres nahuas de todos los centros habitados van precedidos del nombre del santo patrón y que, por consiguiente, éste es el principal referente simbólico para la identificación desde el punto de vista comunitario.

Entre las formas más importantes de "servicio" mediante las cuales los individuos contribuyen a la realización de las festividades públicas están, por un lado, asumir el cargo de mayordomo, que prevé el cuidado durante un año de la imagen del santo en la iglesia (y, en el caso de los santos de mayor importancia, la custodia en casa de una reproducción de su imagen) y los principales gastos necesarios para la celebración de su fiesta,[37] y, por otro lado, la afiliación (durante un periodo de cuatro o siete años, mismo que puede ser renovado) a uno de los numerosos grupos de danza ceremoniales activos en la región, siempre presentes en todas las festividades más importantes, los cuales, con mínimas variaciones locales, incluyen normalmente a los *Cuapatanini* (Voladores), los *Cuezalime* (impropiamente denominados en español "Quetzales"),[38] los *Santiagos*, los *Negritos*, los *Matachines* y los *Toreadores* (Signorini y Lupo, 1989, pp. 27-32; Burdi, 1993; 1996a; 1996b) (véanse las figuras 6.1 y 6.2).

Pese a desarrollarse en un plano manifiestamente público y siendo una aportación fundamental para el bienestar colectivo, los interesados asumen el compromiso previsto por ambas formas de servicio empujados por motivos de carácter esencialmente indivi-

[37] Estos gastos, extremadamente elevados en el caso de los patronos, comprenden la colocación en la Iglesia de ricos adornos vegetales (flores de *chamaqui* [*Heliconia bihai*], ruedas de *tehuitzot* [una pequeña palmera], festones de agujas de pino), la preparación de grandes cirios (*xochitcera*) decorados con flores de papel de colores, la compra de varias docenas de cohetes, la preparación de enormes cantidades de comida (especialmente mole de guajolote), destinada a los danzantes, a los coadjutores del mayordomo y a sus numerosos huéspedes. En los últimos años, debido al crecimiento de los gastos y la dificultad de que el mayordomo pudiera afrontarlos solo, ha adquirido cada vez mayor importancia el papel de los diputados, que le ofrecen su ayuda voluntariamente.

[38] Que estos danzantes no deban su nombre al célebre quetzal de plumas verdes (*Pharomacrus mocinno*), sino a otro pájaro de plumaje rojo, llamado *cuezaltotot*, queda demostrado por su nombre en náhuatl (*Cuezalime*, y no *Quetzalime*), por la tradición oral indígena (Taller, 1994, pp. 77, 91), por el hecho de que el propio topónimo *Cuetzlan* (originalmente *Cueçallan*, véase Ms. 6877) se representaba en el sistema pictográfico nahua (si bien refiriéndose a otra *Cuezalan*, en el estado de Guerrero) con un manojo de plumas rojas en vez de verdes (*Códice Mendoza*, 1978, p. 53 [f. 37r]), y por la denominación alternativa del mismo grupo de danza como "Guacamayas" (en Chignautla; Slade, 1992, pp. 71-72), es decir los pájaros (*Ara macao*) cuyas plumas de color escarlata se llamaban antiguamente *cuezalin* (Sahagún, 1963, p. 23; 1990, p. 693; López Austin, 1985, p. 327).

FIGURA 6.1. *El jefe de los* Cuezalime *guiando a sus danzantes hacia la iglesia de Yancuictlalpan* (foto de A. Lupo).

FIGURA 6.2. *Danzantes* Cuezalime *frente a la capilla de Tepetitan* (foto de A. Lupo).

dual o familiar. La mayoría de las veces se trata de votos o promesas hechos en ocasión de situaciones críticas, de las que se espera salir gracias a la intervención mística de las divinidades celebradas, o bien porque se les quiera agradecer el haber salido de ellas. Esto es válido sobre todo en lo relativo a las mayordomías, de duración anual (aunque a veces se pueden renovar, especialmente cuando se trata de santos menores) y comporta mayores gastos en lo inmediato; por su parte, en el caso de la afiliación a grupos de danza, que a menudo comienza a temprana edad (particularmente los *Negritos*, *Cuezalime* y *Santiagos*, que aceptan a veces a niños de 5 o 6 años), la decisión, aunque siga la tradición familiar, puede nacer del deseo de instaurar, mediante un compromiso prolongado en el tiempo (en ocasiones bastante arriesgado, como en el caso de los *Voladores)*, una relación privilegiada con el mundo extrahumano en su conjunto, visto que los danzantes están obligados, especialmente si los invitan los mayordomos, a actuar en las festividades de todos los principales santos de la región (lo que puede mantenerlos alejados de las actividades productivas incluso más de 30 días al año, sin calcular los preparativos de los trajes y los ensayos).

El compromiso en las actividades ceremoniales públicas, sea en el nivel que fuere,[39] subraya algunos aspectos de la concepción indígena de las relaciones entre el hombre y las fuerzas extrahumanas: introduciéndose orgánicamente en el contexto de la religiosidad católica destaca el valor moral y social de los esfuerzos mantenidos, sin cancelar que, en la cosmovisión nahua, la simple moralidad de la conducta no es suficiente para garantizar la existencia humana, que ha de estar bajo tutela incluso prestando atención a no alterar los delicados equilibrios sobre los que se apoya el orden cósmico. Bien visto, la preservación de estos equilibrios es una de las funciones prioritarias de este "sacrificio", es decir, de la capacidad de los hombres de renunciar a algunos de sus bienes (materiales o inmateriales, como las riquezas, el tiempo, el cansancio) para volver a ponerlos de nuevo en circulación mediante el servicio prestado en beneficio de esos mismos seres de los que los reciben[40] y,

[39] Además de las formas de colaboración con los mayordomos y el desempeño de cargos públicos en la jerarquía religiosa (como "fiscal", "teniente", etc.; Burdi, 1994), también es posible tomar iniciativas de alcance más modesto, como comprar nueva ropa o adornos para las imágenes religiosas.

[40] En las súplicas pronunciadas por los especialistas rituales nahuas son fre-

por consiguiente, más o menos indirectamente, en beneficio de sus semejantes. Un sacrificio que, para que sea agradecido y consiga los efectos deseados, ha de ser afrontado siendo conscientes de que se está apoyando el necesario proceso de redistribución de la suma global de energías (limitadas y finitas) y, sobre todo, ha de ser realizado con generosidad, reserva y abnegación (*cf.* Sandstrom, 1991; Slade, 1992). No es una casualidad que se considere antitética de los valores tradicionales indígenas y que se juzgue con severa desaprobación la ideología de los mestizos que, cuando se hacen cargo de una mayordomía, lo hacen con fines esencialmente privados, utilizando la institución para objetivos que para los nahuas son profanos y desaforadamente individualistas: "Lo hacen para sentirse superiores, para realzarse, lo hacen no porque es un sacrificio, sino porque les sobra, porque quieren hacer fiesta en la casa: no hay motivo por qué hacer fiesta y entonces reciben una imagen y ya, en la noche el bailazo" (Burdi, 1993, p. 51).

Además de proporcionar una aportación al mantenimiento del orden cósmico, las actividades rituales públicas son también una compleja y rica representación de los componentes y principios sobre los que se funda dicho orden. En este sentido poseen un papel de primer plano las danzas, el elemento que más connota el ceremonial indígena, ejemplo emblemático de la fecunda fusión de formas culturales precolombinas y actividades coréutico-teatrales cristianas (Alberro, 1998). En el panorama de la Sierra de Puebla pueden reconocerse aún hoy las danzas introducidas por los españoles, como los *Santiagos* (que recrean el modelo del conflicto entre "moros y cristianos"), los *Negritos,* los *Toreadores,* y las de derivación autóctona, como los *Voladores* y los *Cuezalime;* sin embargo, independientemente de su procedencia histórica, todas ellas revelan su profunda integración en la actual tradición indígena, que ha modificado sustancialmente su significado y función originales. Naturalmente, como ocurre siempre en la exégesis de los símbolos rituales, el dominio y la capacidad de hacer explícito el sentido de las danzas no pertenecen por igual a todos los miembros de la sociedad nahua; ello es evidente sobre todo en los casos

cuentes las expresiones como *nimitzaxcatiliti nehin tahpaloltzin tein tehhuatzin tinechaxcatilia* (te voy a hacer dueño de estas pequeñas ofrendas de las que Tú me haces dueño), que subrayan precisamente la circularidad de los bienes que se ofrecen (*cf.* Signorini y Lupo, 1989, pp. 258-259).

de danzas menos claramente inspiradas en alguna trama narrativa (como los *Cuezalime* o los *Voladores)*, mientras que las que "cuentan una historia" (como *Santiagos, Negritos* y *Toreadores)* gozan de una comprensión más honda y uniforme. Tanto unas como otras pueden representar y, por lo mismo, reafirmar dentro del contexto ritual aspectos fundamentales de la cosmovisión indígena.

No hay más que pensar en la reinterpretación en código nativo de la danza de los *Santiagos,* en la cual la contraposición entre el santo "Matamoros", armado y a caballo, y sus antagonistas (los "Pilatos", responsables de la crucifixión de Cristo) se configura como verdadero paradigma de la lucha victoriosa de las fuerzas del Bien contra las del Mal, en la que se inspiran muchos de los ritos de la esfera doméstica (Signorini y Lupo, 1989, pp. 216-220, 236-240, 258-265, 282-284). En torno de este conflicto, que en las intenciones de los evangelizadores que introdujeron la danza habría debido resumir también el conflicto existente entre cristiandad y paganismo (con los indígenas relegados a esta última dimensión), los nahuas han elaborado de manera autónoma narraciones originales hagiográficas, naturalmente apócrifas; una verdadera mitología sincrética (poco compatible con el dictamen de la Iglesia) en la que la figura de Santiago se reviste de propiedades nuevas, como las de gobernar el rayo (hay que recordar que en el Evangelio es llamado "hijo del trueno"; Marcos: 3, 17); tener a sus órdenes a los numerosos coadjutores celestiales que controlan los elementos atmosféricos; saber recuperar, con los instrumentos y técnicas del "vaquero" (el caballo, la lazada, el cerco), los componentes anímicos perdidos (Burdi, 1996*d*, pp. 116-118; Signorini y Lupo, *ibidem).* Para algunos, la contraposición de Santiago con los "Pilatos" deicidas es incluso entendida invirtiendo las partes respecto al pasado colonial como un prototipo de la actual situación entre indígenas y mestizos, en la que los primeros, por su mayor devoción, encarnan a los "campeones de Cristo", triunfadores por lo menos en este campo sobre los segundos y sobre su tibia fe (Burdi, 1996*a;* 1996*b;* 1996*c;* 1996*d).*

Otro interesante ejemplo de la riqueza de los significados que atribuye la tradición nahua a las danzas rituales lo ofrece el recurrente motivo de la rotación *(malacachoa* [girar alrededor de su propio eje]), uno de los "pasos" propios del danzante que personifica a Santiago, además de los *Cuezalime,* y que corresponde además al lento movimiento espiral con el que los "voladores" bajan desde lo alto del palo. Sin remontarnos necesariamente al concepto prehispánico de *malinalli* como flujo helicoidal de energías cósmicas (*cf.* López Austin, 1994, pp. 91-101) que muy bien pudiera haber inspirado antiguamente la ceremonia del "Palo Volador", la cosmovisión nahua actual identifica este tipo de movimiento con las fuerzas capaces de liberar energía caliente y luminosa que vivifica el mundo: una espiral roja pintada en lo alto de la cúpula de la iglesia de Tzinacapan reproduce el sol (Lok, 1991, p. 74), mientras que las piruetas que Santiago realiza sobre un solo pie con la espada desenvainada se cree que desencadenan el rayo (Burdi, 1996*d*, pp. 115-117), que en el momento de llegar al suelo manifiesta su fuerza precisamente con la acción penetrante de un taladro: "El rayo es la fuerza [...] *Malacachtic* [como una espiral]. Sí, como un remolino hazte cuenta [es] la fuerza. Tienen fuerza al caerse pa abajo [...]. Todas las cosas [extrahumanas] deben de dar vueltas así para que caigan. [... Es como una bala.] Tiene que ir dando vueltas para que truene, se meta. Rápido se agujera, como barreno". Incluso el corazón humano, en la fiesta de Todos Santos, se representa con *tamales* de maíz y frijoles de sección en espiral (Lok, 1991, pp. 72-73); en tanto que el remolino de cabellos (*cuamalacach*) en lo alto del cráneo se identifica con la sede de la energía intelectual del hombre. La recurrencia de varias versiones del motivo del movimiento giratorio no hace más que reafirmar dentro del escenario sagrado de la fiesta una de las propiedades de los seres y las fuerzas que se quieren celebrar; lo mismo ocurre, de manera más o menos explícita y consciente, con otros numerosos componentes de la actividad ritual pública que de este modo contribuye a representar, confirmar y difundir una parte importante de los elementos que constituyen la cosmovisión nahua, parte que en el restringido ámbito de los ritos domésticos corre peligro de perder su valor colectivo.

El ceremonial público, además, al enunciar la centralidad de la aportación humana al mantenimiento de los equilibrios del cosmos exalta el papel de aquellos sobre quienes en mayor medida recae su cometido: los indígenas. Mediante la recurrente y enfática afirmación de la primacía de sus propios modelos tradicionales, tan diferentes de los de los mestizos, los nahuas consiguen darle la vuelta, si bien de manera simbólica, al desequilibrio de poder en su contra, persiguiendo un dramático desquite de su multisecular situación de subalternidad:

Los *koyomej* [mestizos] que vienen nos dicen que gastamos mucho dinero [...] Y es cierto, uno ve a los *koyomej* allí en Cuetzalán, pues nunca los vemos que sean mayordomos o que veamos a un *koyot* brincando, bailando en la danza [...] Y nosotros hacemos el esfuerzo de no perder nuestras costumbres, por una parte, porque somos gustosos y por otra porque todavía podemos, todavía no nos duelen los pies (Taller, 1994, pp. 569-570, 571).

Esta función del ritual no es siempre advertida por igual por todos los actores y espectadores nahuas, por no hablar de los sacerdotes y los mestizos que, por lo general, la ignoran. El caso es que en los ritos públicos se manifiesta la ambigüedad que, a mi entender, hace que pueda definirse como "sincrética" la realidad que hemos examinado: son, en efecto, la principal oportunidad que tienen para expresarse conjuntamente la ideología cristiana del clero y de los fieles "ortodoxos" y la cosmovisión tradicional de los indígenas. Esos mismos significados, concepciones y valores que en la dimensión privada de los nahuas —que es administrada por ellos con total autonomía— se traducen en objetos, hechos y palabras manifiestamente distintos respecto del modelo católico romano, en el ámbito público donde el control está en otras manos y subyacen en las prácticas y símbolos rituales de raigambre inequívocamente católica. Puesto que este "mimetismo público" induce a la tácita (y por lo general inconsciente) aceptación de la cosmovisión nativa por parte de los que condenarían su *facies* privada, los nahuas consiguen con ello una implícita e inesperada legitimación de su modelo.

La ambigüedad es doble en estos casos. Por un lado tenemos la parte del ritual administrada por el clero (misa, procesiones, sacramentos, etc.), que los indígenas no pueden modificar en su forma exterior, pero a la que le atribuyen significados heterodoxos, en plena sintonía con su cosmovisión, confiriendo identidades diferentes a Dios (Cristo/Sol, Trinidad/Tierra) y a los santos (verdaderas divinidades menores con poderes y esferas de influencia específicas sobre el agua, el viento, el fuego, etc.) y asignando valores peculiares a los *paraphernalia* rituales (por ejemplo, asimilando la hostia a la tortilla [Lupo, 1995d]). Por el otro lado, están las pocas aunque significativas actividades rituales cuya ejecución se deja completamente a los nahuas (*in primis* las danzas), cuyos significados tradicionales ignoran por lo general los que no son indígenas, quienes las interpretan si acaso como testimonios genéricos de devoción, apreciándolas desde un punto de vista meramente estético. La coexistencia en un mismo contexto social de ambos modelos está posibilitada por la escasa percepción que tienen los diferentes grupos de la discrepancia entre éstos y de su difícil compatibilidad. En efecto, las raras veces en que la otredad de fondo sale a la luz, se producen reacciones para propugnar la superioridad de las "verdades" que cada cual siente como suyas: por un lado (el hispano-católico) apelando a la legitimación divina de la Iglesia de Roma (cuando no al peso político de la cultura dominante); por el otro (el indígena) escudándose en la pretendida mayor antigüedad de su tradición (de la que se ha eliminado o ignorado el pasado "pagano" prehispánico), de su carácter autóctono (que puede ser afirmado con mayor fuerza cuando se ignoran las aportaciones "externas") y de su integración más profunda en el contexto natural y humano de la Sierra.

Aún más que los tantos factores cuya suma, desde dentro de la sociedad, determina continuas e inadvertidas transformaciones culturales, son estas dinámicas negociadoras, en las que cada grupo trata de defender y afirmar sus propios modelos, lo que hace de los nahuas los sujetos conscientes y activos de la reformulación de su cosmovisión: complejo entramado de concepciones, valores y prácticas que, precisamente por las constantes y originales adaptaciones a los cambios de las condiciones de vida de los indígenas, ha conservado la capacidad de ofrecerles respuestas que, si bien no siempre consiguen resolver las dificultades de la existencia humana, al menos permiten enmarcarlas dentro de un cuadro cognoscitivo coherente.

BIBLIOGRAFÍA

Alberro, Solange, "Bailes y mitotes coloniales como producto y factor sincrético", en Alessandro Lupo y Alfredo López Austin (eds.), *La cultura plural. Reflexiones sobre diálogos y silencios en Mesoamérica. Homenaje a Italo Signorini*, IIA, UNAM, México, 1998, pp. 119-137.

Alva Ixtlilxochitl, Fernando de, *Obras históricas* (publicadas y anotadas por A. Chavero), Secretaría de Fomento, México, 1891-1892, 2 vols.

Aramoni, María Elena, *Talokan tata, talokan nana: nuestras raíces. Hierofanías y testimonios de un mundo indígena*, CONACULTA, México, 1990.

Baez Cubero, Lourdes, "*Mopatla intlakwalle:* el banquete en Todos Santos. Formas de reciprocidad y redistribución entre los nahuas de la Sierra de Puebla", en Ingrid Geist (ed.), *Procesos de escenificación y contextos rituales*, Universidad Iberoamericana-Plaza y Valdés, México, 1996, pp. 255-269.

Bierhorst, John, *History and Mythology of the Aztecs. The Codex Chimalpopoca*, The University of Arizona Press, Tucson, 1992.

Brotherston, Gordon, "Huesos de muerte, huesos de vida: la compleja figura de Mictlantecutli", *Cuicuilco*, núm. 1, n.s., 1, 1994, pp. 85-98.

Burdi, Patrizia , "Estamos aquí para cumplir. Lesercizio della mayordomía a Santiago Yancuictlalpan, Sierra Norte de Puebla (Messico)", *L'Uomo*, núm. 6, n.s., 1-2, 1993, pp. 29-61.

————, "Modelos ideológicos y ejercicio del poder en el sistema de cargos en una comunidad mestiza de la sierra norte de Puebla, México", *La Palabra y el Hombre*, núm. 90, 1994, pp. 77-101.

————, "Danza de conquista, danza de resistencia. Sincretismo y conflictos étnicos en una representación coreográfica indígena de moros y cristianos", en Bernd Schmelz y N. Ross Crumrine (eds.), *Estudios sobre el sincretismo en América Central y en los Andes*, Holos, Bonn, 1996a, pp. 93-117.

————, "Los tiempos de la fiesta. Estructura ritual y valencias simbólicas del culto a Santiago Matamoros (Sierra Norte de Puebla, México)", en Ingrid Geist (ed.), *Procesos de escenificación y contextos rituales*, Universidad Iberoamericana-Plaza y Valdés, México, 1996b, pp. 179-200.

————, "Algunas reflexiones sobre la percepción de la historia entre los nahuas de la Sierra de Puebla (México)", *Revista de Antropología Social*, núm. 5, 1996c, pp. 39-63.

————, "Percepción del tiempo, espacio social y poder simbólico: los procesos performativos en la construcción de la identidad (entre estructura y representación)", *Cuicuilco*, núm. 2, n.e., 6, 1996d, pp. 103-120.

Burkhart, Louise M., "The Solar Christ in Nahuatl Doctrinal Texts of Early Colonial Mexico", *Ethnohistory*, núm. 35, 3, 1988, pp. 234-256.

————, *The slippery earth. Nahua-Christian moral dialogue in sixteenth-century Mexico*, The University of Arizona Press, Tucson, 1989.

Carrasco, David, *Religions of Mesoamerica. Cosmovision and Ceremonial Centers*, Harper Collins, Nueva York, 1990.

Carrasco, Pedro, "La transformación de la cultura indígena durante la Colonia", *Historia Mexicana*, núm. 25, 1975, pp. 175-203.

Codex Fejérváry-Mayer, introducción de Cottie A. Burland, Akademische Druck-und Verlagsanstalt, Graz, 1971.

Codex Mendoza. Aztec manuscript (ed. Kurt Ross), Miller Graphics, Friburgo, 1978.

Codex Tro-Cortesianus (Códice de Madrid), introducción y edición de Ferdinand Anders, Akademische Druck-und Verlagsanstalt, Graz, 1967.

Droogers, André, "Syncretism: The Problem of Definition, the Definition of the Problem", en Jerald D. Gort, Hendrik M. Vroom, Rein Fernhout y Anton Wessels (eds.), *Dialogue and Syncretism. An Interdisciplinary Approach*, Rodopi, Amsterdam-Atlanta, 1989, pp. 7-25.

Durkheim, Émile, *Les formes élémentaires de la vie religieuse*, Alcan, París 1925.

Enchiridion Vaticanum, 14 vols., EDB, Bolonia, 1976ss.

Frazer, James George, *The Golden Bough*, Macmillan, Londres, 1976 (1922).

García Martínez, Bernardo, *Los pueblos de la Sierra. El poder y el espacio entre los indios del norte de Puebla hasta 1700*, El Colegio de México, México, 1987.

Gruzinski, Serge, "Images, objets de culte et métissage dans le Mexique colonial", en Italo Signorini (ed.), *Messico terra dincontro: la cultura mestiza*, L'Uomo, núm. 2, n.s., 2, 1989, pp. 151-182.

———, *La guerre des images. De Christophe Colomb à Blade Runner (1492-2019)*, Fayard, París, 1990.

Ichon, Alain, *La religión de los totonacas de la Sierra*, INI, México, 1973 (1969).

Key, Harold y Mary Ritchie de Key, *Vocabulario mejicano de la Sierra de Zacapoaxtla, Puebla*, Instituto Lingüístico de Verano-SEP, México, 1953.

Knab, Tim "Metaphors, Concepts, and Coherence in Aztec", en Gary H. Gossen (ed.), *Symbol and meaning beyond the closed community: Essays in Mesoamerican ideas*, The University at Albany, Nueva York, 1986, pp. 45-55.

———, "Geografía del inframundo", *Estudios de Cultura Náhuatl*, núm. 21, 1991, pp. 31-57.

Lakoff, George, "Commentary to: Roger M. Keesing Exotic readings of cultural texts", *Current Anthropology*, núm. 30, 4, 1989, pp. 472-473.

Lastra de Suárez, Yolanda, *Las áreas dialectales del náhuatl moderno*, IIA, UNAM, México, 1986.

León-Portilla, Miguel, *La filosofía náhuatl, estudiada en sus fuentes*, IIH/UNAM, México, 1983 (1956).

Lewis, Ioan M., *Social Anthropology in Perspective. The Relevance of Social Anthropology*, Penguin, Harmondsworth, 1981 (1976).

Lok, Rossana, "The House as a Microcosm. Some Cosmic Representations in a Mexican Indian Village", en Rob de Ridder y Jan A.J. Karremans (eds.), *The Leiden Tradition in Structural Anthropology. Essays in Honour of P.E. de Josselin de Jong*, E.J. Brill, Leiden, 1987, pp. 211-233.

———, *Gifts to the Dead and the Living. Forms of Exchange in San Miguel Tzinacapan. Sierra norte de Puebla*, México, Center of Non-Western Studies, Leiden, 1991.

Lockhart, James, *The Nahuas after the Conquest. A Social and Cultural History of the Indians of Central Mexico, Sixteenth Through Eighteenth Centuries*, Stanford University Press, Stanford, 1992.

López Austin, Alfredo, *Cuerpo humano e ideología. Las concepciones de los antiguos nahuas*, IIA, UNAM, México, 1984 (1980), 2 vols.

———, "El texto sahaguntino sobre los mexicas", *Anales de Antropología*, núm. 22, 1985, pp. 287-335.

———, *Los mitos del tlacuache*, Alianza Editorial, México, 1990.

———, "Cuando Cristo andaba de milagros. La innovación en el mito colonial", conferencia presentada en el *Summer Symposium, Mesoamerican Archive and Research Project*, University of Colorado at Boulder, 1 a 5 de julio de 1991.

———, *Tamoanchan y Tlalocan*, Fondo de Cultura Económica, México, 1994.

Lupo, Alessandro, "El sol en Jerusalén", *La Palabra y el Hombre*, núm. 80, 1991a, pp. 197-206.

———, "Tatiochihualatzin, valores simbólicos del alcohol en la Sierra de Puebla", *Estudios de Cultura Náhuatl*, núm. 21, 1991b, pp. 219-230.

———, *La Tierra nos escucha. La cosmología de los nahuas de la Sierra a través de las súplicas rituales*, INI-CONACULTA, México, 1995a.

———, "La oración: estructura, forma y uso. Entre tradición escrita y oral", en Carmelo Lisón T. (ed.), *Antropología y Literatura*, Gobierno de Aragón, Dep. de Educación y Cultura, Zaragoza, 1995b, pp. 49-66.

———, "Parole sante. Dialogo mistico e verifica etnografica", *Etnosistemi*, núm. 2, 1995c, pp. 80-94.

———, "El maíz es más vivo que nosotros. Ideología y alimentación en la Sierra de Puebla", *Scripta Ethnologica*, núm. 17, 1995d, pp. 73-85.

———, "Síntesis controvertidas. Consideraciones en torno a los límites del concepto de sincretismo", *Revista de Antropología Social*, núm. 5, 1996, pp. 11-37.

———, "Aire, viento, espíritu. Reflexiones a partir del pensamiento nahua", en José A. González Alcantud y Carmelo Lisón Tolosana (eds.), *El aire. Mitos, ritos y realidades*, Anthropos-Diputación Provincial de Granada, Barcelona, s.f.

Marzal, Manuel M., *El sincretismo iberoamericano. Un estudio comparativo sobre los quechuas (Cusco), los mayas (Chiapas) y los africanos (Bahía)*, Pontificia Universidad Católica del Perú, Lima, 1985.

McKinlay, Arch, "Nahuatl Folklore from Xalacapan, Puebla", *Tlalocan*, núm. 4, 2, 1964, pp. 164-165.

Montoya Briones, José de Jesús, *Atla: etnografía de un pueblo náhuatl*, INAH, México, 1964.

Ms. 6877 (*Visitas pastorales del obispo Mota y Escobar*), Biblioteca Nacional, Madrid, 1609-1624.

Muñoz Camargo, Diego, *Descripción de la ciudad y provincia de Tlaxcala* (ed. René Acuña), UNAM, México, 1981.

Nutini, Hugo G., *Todos Santos in Rural Tlaxcala: A Syncretic, Expressive and Symbolic Analysis of the Cult of the Dead*, Princeton University Press, Princeton, 1988.

————, "Sincretismo y aculturación en la mentalidad mágico-religiosa popular mexicana", en Italo Signorini (ed.), *Messico terra dincontro: la cultura mestiza*, L'Uomo, núm. 2, n.s., 1, 1989, pp. 85-124.

Pye, Michael, "Syncretism and Ambiguity", *Numen*, 18, 1971, pp. 83-93.

"Relación de Xonotla y Tetela (1581)", en Francisco del Paso y Troncoso (ed.), *Papeles de Nueva España*, 2a. serie geográfica y estadística, vol. 5, Sucesores de Rivadaneyra, Madrid, 1905, pp. 125-173.

Sahagún, Bernardino de, *Florentine Codex. General History of the Things of New Spain. Book 11-Earthly Things*, trads. y eds. Charles E. Dibble y Arthur J.O. Anderson, The School of American Research and the University of Utah, Salt Lake City-Santa Fe, 1963 (1575-1585).

————, *Historia general de las cosas de Nueva España*, Alianza Editorial Mexicana-CONACULTA, México, 1990 (1575-1585).

Sandstrom, Alan R., *The image of disease. Medical practices of the Nahua Indians of the Huasteca*, Museum of Anthropology, University of Missouri, Columbia, 1978.

————, *Corn is our blood. Culture and ethnic identity in a contemporary Aztec indian village*, University of Oklahoma Press, Norman, 1991.

Shaw, Rosalind y Charles Stewart, "Introduction: Problematizing Syncretism", en Charles Stewart y Rosalind Shaw (eds.), *Syncretism/Anti-Syncretism. The Politics of Religious Synthesis*, Routledge, Londres, 1994, pp. 1-26.

Signorini, Italo, "Lasino di Buridano, ovvero i dilemmi delletnografo", L'Uomo, núm. 4, n.s., 2, 1991, pp. 177-207.

————, "I morti e Noi", *MicroMega*, núm. 1/96, 1996, pp. 173-181.

Signorini, Italo y Alessandro Lupo, *Los tres ejes de la vida. Almas, cuerpo, enfermedad entre los nahuas de la Sierra de Puebla*, Universidad Veracruzana, Xalapa, 1989.

————, "The Ambiguity of Evil Among the Nahua of the Sierra (Mexico)", *Etnofoor*, núm. 5, 1/2, 1992, pp. 81-94.

Slade, Doren L., *Making the World Safe for Existence. Celebration of the Saints Among the Sierra Nahuat of Chignautla, Mexico*, The University of Michigan Press, Ann Arbor, 1991.

Taggart, James M., *Nahuat Myth and Social Structure*, University of Texas Press, Austin, 1983.

Taller de Tradición Oral de la Sociedad Agropecuaria del CEPEC, *Tejuan tikintenkakiliayaj in toueyitatajuan. Les oíamos contar a nuestros abuelos. Etnohistoria de San Miguel Tzinacapan*, INAH, México, 1994.

Taller de Tradición Oral del CEPEC y Pierre Beaucage, "Le bestiaire magique: catégorisation du monde animal par les Maseuals (Nahuats) de la Sierra Norte de Puebla (Mexique)", *Recherches amérindiennes au Québec*, núm. 20, 3-4, 1990, pp. 3-18.

Taller de Tradición Oral y Pierre Beaucage "La bonne montagne et leau malfaisante. Toponymie et pratiques environnementales chez les Nahuas de basse montagne (Sierra Norte de Puebla, Mexique)", *Anthropologie et Sociétés*, núm. 20, 3, 1996, pp. 33-54.

Thomson, Guy P.C., *Francisco Agustín Dieguillo. Un liberal cuetzalteco decimonónico: 1861-1894*, Puebla, Secretaría de Cultura del Gobierno del Estado de Puebla, 1995.

Toumi de Pury, Sybille, *De palabras y maravillas. Ensayo sobre la lengua y la cultura de los nahuas* (Sierra Norte de Puebla) CEMCA-CONACULTA, México, 1997.

Tylor, Edward B., *Primitive culture*, J. Murray, Londres, 1871.

Williams García, Roberto y Crescencio García Ramos, *Tradición oral en Tajín*, SEP-Universidad Veracruzana, Xalapa, 1980.

7. *Tlacatecolotl, Señor del bien y del mal (la dualidad en la cosmovisión de los nahuas de Chicontepec)*

FÉLIX BÁEZ-JORGE
ARTURO GÓMEZ MARTÍNEZ*

APROXIMACIÓN CONCEPTUAL Y DEFINICIÓN TEMÁTICA

En este ensayo se describe la cosmovisión de los nahuas de Chicontepec a partir del análisis de *Tlacatecolotl*, divinidad asociada a las nociones del bien y el mal que integra atributos y oficios ambivalentes, características propias de las deidades prehispánicas. El examen enfatiza la persistencia de la división dual del cosmos, concepto compartido por la tradición religiosa mesoamericana, a la que —en opinión de López Austin (1994, p. 12)— se suma la de las religiones de las sociedades indígenas coloniales, "esto es, las religiones que se producen entre las líneas tradicionales de la antigua religión indígena y las del cristianismo, desde el inicio de la Colonia hasta nuestros días".

Al destruirse el cuerpo sacerdotal de la religión mesoamericana precolombina, al desmantelarse su organización ceremonial y reprimirse sus manifestaciones canónicas, los cultos populares emergieron como alternativa a la catequesis cristiana, o bien como mediadores simbólicos que, en algunos contextos, terminaron sincretizándose con las imágenes católicas. En el primer caso operaron como clave de la resistencia ideológica, mientras que en el segundo funcionaron como materias primas de una nueva superestructura,

* Instituto de Investigaciones Histórico-Sociales, Universidad Veracruzana, Xalapa.

construida a partir de la religión prehispánica y del cristianismo colonial, pero distinta de ambas matrices.

La cosmovisión y los rituales de los nahuas de Chicontepec expresan la dinámica de la represión religiosa colonial instituida a partir del siglo XVI. Sus centros numinosos (mitos, ceremonias, lugares sagrados, deidades autóctonas e imágenes católicas) devienen piezas fundamentales de un lenguaje simbólico que es, simultáneamente, pasado y presente de las modalidades asumidas por la conciencia social del grupo étnico en el cual arraigan y al que proporcionan marcos de identidad comunitaria y lealtad étnica. En tanto representaciones colectivas configuradas en el proceso colonial, operan como "morfología" y "sintaxis" en su ordenación sociocultural, interactuando estructuralmente en condición de determinantes y determinadas.[1]

Tal como lo apunta Durand (1968, pp. 56, 132), la función de la imaginación se orienta al equilibramiento biológico, psíquico y sociológico. En las sociedades llamadas "primitivas" —apunta el citado autor— la falta de desarrollo tecnológico, la carencia de problemas tecnocráticos, parece suplirse "con una fantástica profusión imaginativa. Los actos más cotidianos, las costumbres, las relaciones sociales, están sobrecargados de símbolos, duplicados en todos sus detalles por todo un cortejo de valores simbólicos".

Las cosmovisiones constituyen entidades integradoras del imaginario colectivo que refiere, implícitamente, al tema de las mentalidades. Al estudio de las ideologías, en el sentido marxista, se ha sumado el análisis de las mentalidades, entendidas como resultantes de estructuras sociales, en un marco temporal de "larga duración", según lo planteara Braudel (1958). Al respecto, el punto de vista de Broda (1996, p. 455) es fundamental en nuestro análisis:

el concepto de ideología se refiere al *sistema de representación simbólica que es la cosmovisión, desde el punto de vista de su nexo con las estructuras sociales y económicas.** La ideología tiene la importante función social de legitimizar y justificar el orden establecido y, de esta manera, permite su reproducción. La ideología siempre tiene una finalidad práctica en manos de la clase dominante. La cosmovisión como visión estructurada no implica en sí, de un modo necesario, el manejo ideoló-

---

* Cursivas de la autora.
[1] Véase Báez-Jorge, 1988, p. 350; 1998.

gico de ella; sin embargo, también llega a adquirir funciones de este tipo.

Para comprender en toda su amplitud el planteamiento anterior, conviene recordar que Broda (s.f.) ha señalado que el término *cosmovisión* tiene connotaciones más amplias que el de cosmología, subrayando que se trata de una expresión cultural colectiva. En todo caso, indica, la noción refiere "a una parte del ámbito de la religión, ligado a las creencias, las explicaciones del mundo y el lugar del hombre en relación al universo, pero de ninguna manera puede sustituir el concepto mucho más amplio de la religión".

En el cuadrante de los enfoques culturalistas la visión del mundo de los pueblos indígenas mesoamericanos se ha examinado como dimensión ideacional autónoma, desprendida de su entorno social. Esta óptica impide comprender plenamente su complejidad simbólica resultante de una formación social clasista, en la cual sólo en sentido general puede hablarse de culturas homogéneas y de identidades étnicas plenamente compartidas, coherentes y orgánicas. Las formas de conciencia social, los patrones de organización, los relatos míticos, la práctica ritual, manifiestan diferencias de localidad a localidad e, inclusive, dentro de una misma comunidad. De tal manera, la dinámica cultural sigue ritmos alternos; se presenta en forma diferente dentro del cuerpo comunitario.[2] El cambio se produce con mayor aceleración en unas instituciones culturales que en otras, determinando que la cosmovisión se transforme de acuerdo con particulares procesos de continuidad y reinterpretación.[3]

Un aspecto de suma importancia en las cosmovisiones indígenas es la noción del mal, reelaborada a partir de la idea difundida por la catequesis colonial, para adaptarla a su sistema conceptual. Entre los nahuas de Chicontepec, el bien y el mal no son concebidos como absolutos éticos en oposición, sino como contingencias cuyo sentido negativo o positivo depende del contexto en el cual se desarrollan las conductas, de acuerdo con el patrón del pensa-

[2] En este sentido y en relación con los otomíes Galinier, 1990, p. 335, anota: "Cada pueblo, cada ranchería, alberga variantes que reflejan las condiciones locales de su adaptación al medio ambiente, así como sus modalidades de inserción en la sociedad nacional".

[3] *Cf.* Báez-Jorge (1988).

miento prehispánico; en este marco ideacional se explican las creencias en torno a *Tlacatecolotl*. Al señalar lo anterior, seguimos los puntos de vista expresados por Signorini y Lupo (1992, p. 83) respecto a la ambigüedad del mal entre los nahuas de la Sierra de Puebla. En opinión de estos autores: "El proceso de sincretismo fue particularmente agudo con respecto a aquellos símbolos, instituciones y creencias que, para comenzar, estaban en paralelo. Un buen ejemplo es la figura del diablo cristiano. En el México colonial el diablo adquirió muchas características de ciertas divinidades prehispánicas conectadas con la oscuridad y el inframundo".

Las investigaciones de las religiones indígenas han explicado los fenómenos de correspondencia y homología entre algunas concepciones prehispánicas y las cristianas, en el ámbito de lo sagrado. Sin embargo (exceptuando contadas monografías sobre el periodo colonial)[4] las nociones del bien y el mal presentes en el *mapa mental* de las comunidades indígenas de nuestros días no han sido examinadas de manera comparativa, dejando también de lado sus expresiones polisémicas. En este contexto analítico la imagen del diablo (configurada con base en diversas tradiciones culturales que se sintetizan en el medievo europeo) tiene importancia analítica fundamental. A propósito, en su formidable ensayo sobre demonios y exorcismos en los siglos de oro, Lisón Tolosana (1990) advierte que "las máscaras del mal desbordan hasta el más espacioso museo".

Los datos etnográficos en torno a la cosmovisión y los rituales de los nahuas de Chicontepec fueron registrados por Arturo Gómez Martínez en los meses de febrero y marzo de 1996, 1997 y 1998, en las comunidades de Teacatl, Ixcacuatitla, Tepeica, Coaxiloapa, Teposteco, Xoquixhual, Toloncuitlatla, Xalatla y Zacatitla. En Ixhuatlán de Madero se visitaron Xochimilco, Tecalco y Colatlán. En el municipio Benito Juárez, la comunidad de Hueycuatitla aportó, también, valiosa información. En el trabajo de campo se utilizó, preferentemente, la lengua náhuatl.

---

[4] Al respecto, el libro de Cervantes (1996) sobre el impacto del diabolismo en la colonización tiene especial relevancia.

PRECISIONES GEOGRÁFICAS E IDENTIFICACIÓN ÉTNICA

El grupo nahua motivo de este estudio se asienta al noroeste de la entidad veracruzana, en la región geográfica y cultural conocida como Huasteca Meridional o Sierra de Chicontepec. Habita los municipios de Chicontepec, Benito Juárez, Ilamatlán y en una porción los territorios de Ixhuatlán de Madero y Zontecomatlán. El número de habitantes asciende a 108 116, y de esta cifra 91 242 son mayores de cinco años y 16 873 son menores de cinco años (INEGI, 1990). Desde los tiempos prehispánicos comparte su hábitat con huastecos, tepehuas y otomíes, vecindad que los identifica en sus creencias y cultura material;[5] es muy probable que lo único diferente entre ellos sea la lengua (véase el mapa 7.1). Sobre este tema, Stresser-Péan (1952-1953) ha señalado que la etnología de los nahuas de la región muestra rasgos comunes con los huastecos, evidenciando en algunas zonas plena identidad. Relaciones socioculturales menos acentuadas mantienen con los totonacas de la Sierra Norte de Puebla. Al respecto, debe considerarse la apreciación de Ochoa (1989, p. 81):

> Desde varios siglos antes de la conquista europea, tepehuas, otomíes y nahuas se encontraban establecidos entre totonacos y huastecos. Aunque los siglos transcurridos han dejado la huella de las interinfluencias causadas por esa vecindad, éstas no han bastado para borrar sus particulares concepciones, que se dejan sentir en distintos aspectos de la vida cotidiana. Todos esos grupos, con sus propias características, de alguna manera u otra se encuentran entrelazados. El conocimiento de sus creencias y costumbres es de gran relevancia a fin de entender las repercusiones que sobre ellos conlleva el mundo moderno que, poco a poco primero, y ahora de manera acelerada, les hace perder su propia esencia.

Los nahuas y sus vecinos siempre están en contacto a través del comercio interétnico y de la celebración de los rituales públicos, principalmente de los que se llevan a cabo en el cerro de Postectitla, uno de los espacios sagrados más importantes de la región. Gran parte de la población se dedica a las tareas agrícolas, actividad

---

[5] *Cf.* Medellín Zenil, 1989, pp. 111-121.

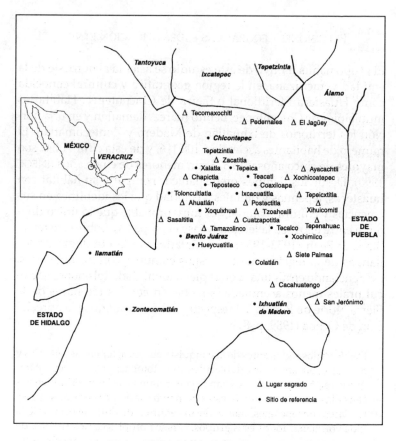

MAPA 7.1. *El territorio de los nahuas de Chicontepec, Veracruz.*

propia de los hombres, quienes cultivan maíz, frijol, chile, plátano
y otros vegetales comestibles. Las mujeres se responsabilizan de
las tareas domésticas; además de criar a los hijos y cocinar, cuidan
del altar doméstico. Un grupo minoritario de familias vive de la
ganadería y del comercio; los mercaderes acaparan las mercancías
y las distribuyen en el sistema de mercados de toda la región, va-
liéndose de las lenguas tepehua, ñañú (otomí), totonaco y tének
(huasteco). Ellos llevan y traen las noticias del medio urbano.[6] La
vida de los nahuas se equilibra por medio de rituales que se ofre-

    [6] *Cf.* Reyes García y Christensen, 1990, p. 16.

cen a las divinidades para que se "mantengan en calma y no enfurezcan". Realizan rituales privados cuando se trata de beneficiar o ayudar a una familia o a una persona, y rituales públicos cuando el problema es comunal o de interés general, como es el caso de las ceremonias del agua, del *nahnahuatilli* (carnaval), entre otras.

Como el resto de los indígenas de México, los nahuas de Chicontepec mantienen una condición subalterna frente a la sociedad nacional. Padecen los efectos de la sujeción económica y política, conflictiva orientación social que ha permeado las cabeceras municipales sin alcanzar plenamente el interior de las comunidades.

La evangelización colonial se efectuó de manera superficial. La caracterizan intentos discontinuos que inician en 1545 con la llegada del franciscano Francisco de Zorita.[7] Fray Andrés de Olmos recorrió la Huasteca en 1532 (Toussaint, 1948, p. 160), y si bien su presencia no está documentada en Chicontepec, su nombre (santificado) es recordado en una oración ritual en honor de *Tlacatecolotl*. Los factores climáticos, orográficos y la resistencia del indígena fueron los principales agentes que impidieron la realización de una catequesis sistemática, situación que continuó en periodos posteriores a la Colonia y a la que contribuyeron diferentes conflictos armados. Fue hasta 1950 cuando los sacerdotes católicos se instalaron formalmente en las cabeceras municipales de la región. El proceso de la "nueva evangelización" apenas se inicia en la década de 1980 y toma auge a partir de 1990.[8] La religiosidad popular contemporánea de los nahuas de Chicontepec está signada por procesos de libre adaptación de las creencias del catolicismo y complejas relaciones de reelaboración simbólica. En los últimos años, contextuados por la "nueva evangelización", son constantes los esfuerzos por entronizar santos patronos en los poblados de la región, práctica que tropieza con el rechazo indígena, cohesionado a partir de su imaginario colectivo tradicional. A partir de la década de 1980, se hacen presentes las prédicas de diversas iglesias protestantes (Testigos de Jehová, Iglesia Anglicana, Luz del Mundo, etc.) y su aceptación varía, significativamente, de comunidad a comunidad.[9]

---

[7] Para mayor información consúltese Francisco del Paso y Troncoso, 1902, vol. V, pp. 219-221.

[8] *Cf.* Gómez, s.f.

[9] *Cf.* Sandstrom, 1998, p. 62.

Los estudios sobre la religión y la mitología de los nahuas de la Huasteca son limitados, entre las investigaciones más significativas destacan las de Stresser-Péan (1952), Reyes García (1960), Reyes García y Christensen (1990), Lenz (1973), Medellín Zenil (1982, 1989), Williams García (1997) y Sandstrom (1986, 1991, 1998).

LOS ÁMBITOS DEL UNIVERSO Y LAS DIVINIDADES

En el imaginario de los nahuas de Chicontepec el universo se concibe formado por tres planos superpuestos y orientados hacia cuatro *tlanescayotl* (regiones cardinales) y *tlaketzalmeh*[10] (esquinas): el celeste *ilhuicactli*, el terrestre *tlaltepactli* y el inframundo *mictlah* (lugar de los muertos), también llamado *tlaltzintla* (bajo la tierra) o *yoalcalco* (casa de la noche). La tierra siempre aparece como el plano principal, colocada en medio del espacio celeste y del inframundo. Este concepto de universo es muy claro en el pensamiento náhuatl y recibe el nombre de *semanahuactli* (que puede traducirse como *contenedor*), en el que están agrupadas las cosas. Hay quienes lo denominan *tlanextli*, aunque este término se refiere más al plano terrestre, y significa *superficie*, literalmente "donde se refleja la luz", "donde hay luz". En cuanto a los rumbos del universo, la orientación es ésta: *1) inesca tonatih* es el lugar donde sale el sol (es decir, el Este) y su color es el rojo; *2) ihuetzica tonatih* (Oeste) es el lugar donde se oculta el sol y su color es el amarillo; *3) inesca xopanatl* (Norte) es el lugar donde surge la lluvia y su color es el blanco, y *4) mihcaohtli* (Sur) es el rumbo de los muertos ("camino de los muertos") y su color es el negro.[11] Los ámbitos señalados son las regiones cardinales, separadas por las cuatro esquinas del plano que emergen del *tlalxictli* (centro de la tierra), como si estuvieran trazados por cuatro líneas iguales que originan al cuadrángulo (véase la figura 7.1). En su perspectiva tanto el cielo como la tierra están sostenidos por cuatro pilares (uno en cada esquina) que "son como

[10] Literalmente, *horcones*.
[11] Estas ideas se manifiestan claramente en las oraciones rituales. En *Xoquixhual* (Chicontepec) un *tlachixketl* (vidente) menciona estas cuatro direcciones para buscar en ellas una respuesta. De igual manera corta papeles ceremoniales y los ordena de acuerdo con el color de cada dirección del universo.

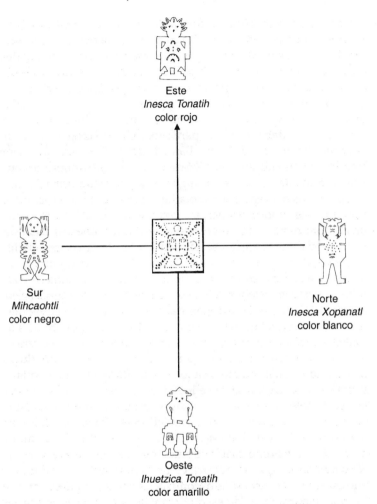

Este
Inesca Tonatih
color rojo

Sur
Mihcaohtli
color negro

Norte
Inesca Xopanatl
color blanco

Oeste
Ihuetzica Tonatih
color amarillo

FIGURA 7.1. *La orientación cósmica.*

los horcones de las casas", y se llaman *tlaketzalmeh* o *tlamamameh*. En cada uno de los cuatro costados, entre la tierra y el cielo, hay una especie de cerca hecha con tela, conocida como *tlalcueitl*, que significa "falda de la tierra". En las oraciones rituales este término se utiliza como sinónimo de regiones cardinales. El *tlalcueitl* es equiparado a un muelle que evita el escape de las aguas marinas.

Para otros informantes la forma del universo semeja una pirámide escalonada, representación colectiva en la que están presentes las cuatro esquinas o rumbos antes mencionados. Al igual que en la idea anterior, la tierra ocupa el eje central y está sostenida por los *tlaketzalmeh* (pilares), parados en el caparazón de una *ayotl* (tortuga) o sobre el lomo del *cipactli* (monstruo de la tierra). Arriba ubican el cielo, igualmente sostenido por pilares; abajo localizan el inframundo y debajo de éste (pero separado de la figura cósmica) se encuentra otro cuadrángulo llamado *Tzopilotlacualco*, que viene siendo como un ultramundo (véase la figura 7.2). Su nombre significa "comida de zopilotes" o "lugar de la podredumbre".

En las dos concepciones anotadas tanto el cielo como el inframundo tienen subdivisiones, y a cada capa o escalón se le asigna un nombre atendiendo a los elementos de la naturaleza o divinidades que en éstos se localizan. El cielo tiene siete capas igualmente cuadrangulares y comienzan a contarse de abajo hacia arriba. La primera se llama *ehecapa* (lugar de los vientos) y engloba al *ihyotl* (aire) y a los *cualli ehecameh* (vientos buenos) y *tlasolhecameh* (vientos malos); la segunda se denomina *Ahuechtla* y en ella se encuentra el *ahuechtli* (rocío); en la tercera está *Mixtla*, donde habita *mixtli* (nube) y *tecihuitl* (granizo); en la cuarta se ubica *citlalpa*, el sitio de las *citlalimeh* (estrellas); en la quinta se localiza *Tekihuahtla* (lugar de autoridades), donde moran los *tlamocuitlahuianeh* (guardianes superiores); a la capa sexta se le llama *Teopanco* y en ella habitan los *totiotzitzih* (santos católicos) y las divinidades autóctonas *Ompacatotiotzih* (Dios doble), *Chicomexochitl* (Siete flor), *Macuilixochitl* (Cinco flor), *Tonatih* (Sol), *Meetztli* (Luna) y *Tlacatecolotl* (hombrebúho). En el séptimo plano hay una especie de barrera llamada *Nepancailhuicac*, que se traduce como "límite del cielo". Piensan que éste es un espacio sólido (como de concreto) y que su interior es muy oscuro, lleno de escombros y cosas desechadas por las divinidades; en su parte superior anidan los *huitzitzilmeh* (colibríes) que alegran al sol en su paso al mediodía. El espacio o estrato que contiene las estrellas también se llama *Citlalcueitl* (falda de estrellas) o "camino de Santiago Apóstol".[12] El *Mictlah* (inframundo) se compone de cinco capas: la primera se llama *Tlaketzaltla* (lugar de

---

[12] Respecto a este estrato existe diferencia de opiniones porque hay quienes creen que el universo está dentro del *Citlalcueitl*.

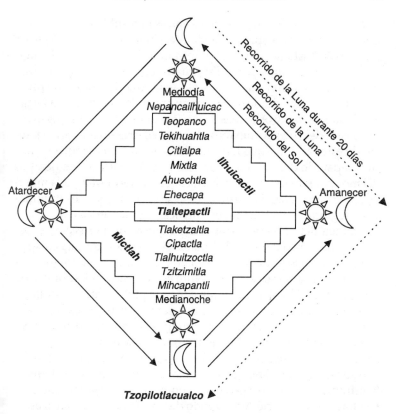

FIGURA 7.2. *El universo.*

horcones), allí están los cuatro cargadores de la tierra *tlamama-meh* o *tlaketzalmeh*. En la segunda *(Cipactla)* habitan la tortuga y el monstruo de la tierra, que sirven de pedestal de los *tlaketzalmeh* (cargadores). En la tercera, *Tlalhuitzoctla*, residen unos gusanos llamados *tlalhuitzocmeh*. La cuarta se llama *Tzitzimitla* y alberga los *tzitzimimeh* (fantasmas) y otros seres "que causan sustos". A la quinta y última capa se le denomina *Mihcapantli,* allí están *Mikistli* o *Mikilistli* (Señor de los muertos) y *Tlacatecolotl Tlahueliloc* (hombre-búho enfurecido).

Consideran que el Sol y la Luna giran constantemente alrededor del cosmos, de arriba hacia abajo, en dirección contraria a las manecillas del reloj. El Sol da vuelta a la figura cósmica y pasa por todas las capas; cuando amanece empieza a subir las siete capas celestes, llega a la cúspide al mediodía y luego baja por el Oeste las seis capas, hasta introducirse al inframundo; desciende los cinco estratos y luego sube por el Este cuatro capas, para llegar nuevamente a la posición que marca el nuevo día. La Luna realiza el mismo recorrido, desde que inicia su crecimiento hasta "que llega a la llena". Durante ocho días da vueltas completas al cosmos usando la ruta del sol; sin embargo, durante 20 días recorre sólo la mitad de este camino, "quedándose a descansar a medianoche" en el sitio separado del universo llamado *Tzopilotlacualco*. Los tiempos del movimiento lunar podrían asociarse a la fertilidad y a la muerte, respectivamente. Son éstos, como se sabe, dos planos numinosos integrados en las deidades selénicas mesoamericanas.

La idea del universo escalonado explica con perfección el ascenso y descenso del sol y la luna. En el contexto de esta concepción, el universo se imagina como un rombo con *tecuemitl* (escalones), cuyas gradas se extienden tanto en el espacio celeste como en el inframundo. La tierra siempre ocupa la parte central y continúa siendo plana y cuadrangular; lo que cambia es la forma del cielo, que semeja una gran cúpula o montaña. Hay quienes dicen que es como el fondo de una olla que tiene trece escalones para subir y bajar, seis están dispuestos en el extremo Este y seis al Oeste, a los que se agrega el último que está colocado entre ambos extremos. El inframundo también cambia y, conforme van descendiendo los escalones se convierte "en el fondo de una jícara" con cuatro escalones en el Este y cuatro al Oeste, más el último que sirve de fondo y base suman nueve escalones. Se piensa que el último escalón del inframundo es más grande que el de la cima del cielo porque sirve de base al cosmos, evitando que se caiga. Del *Mictlah* al *Tzopilotlacualco* hay un vacío, en cuyo lugar iría otro escalón; si se unieran también, tendría trece escalones, al igual que el cielo. La parte de arriba, la de abajo y los lados de la figura escalonada son sitios de posición del sol llamados *tonatincalli* (casas del sol). Por el Este se ubica *yoatzinco* (mañana), que indica la salida del sol; arriba está *tlahcotona* (el sol del mediodía); al Oeste, *teotlac* (el ocaso), y abajo, *tlahcoyahualli* (sol de la medianoche).

En ambas concepciones del universo imaginan que en la parte media de la distancia que hay entre el cielo y la tierra se localiza un árbol llamado *Xochicuahuitl* (árbol florido) o *Yolcacuahuitl* (árbol de la vida). Esta planta mítica nace en un precioso lago con aguas cristalinas, múltiples peces y plantas alrededor de ella. Primero fue *pochotl* (ceiba) y después se convirtió en un árbol que reúne las especies vegetales y animales, prodigando los mejores frutos, aves, insectos y toda clase de seres orgánicos y alimentos. Se piensa que el *Xochicuahuitl* (o *Yolcacuahuitl*) tiene múltiples tetas y que su leche alimenta a los niños difuntos lactantes en vida. La representación de este árbol mítico es frecuente, aparece en los bordados de la indumentaria autóctona y en los arreglos de palma utilizados durante el Domingo de Ramos. En este ramo de palma llamado *cuaxihuitl* se representan toda clase de animales, cestos, hojas y frutos, clara alusión al *Yolcacuahuitl* (véase la figura 7.3).

En el *tlaltepactli* o plano terrestre ubican a *Tlaltenana* (Madre Tierra) y a *Tlaltetata* (Padre Tierra), los cuales forman una dualidad. También están presentes las aguas terrestres y marinas, los vegetales, los animales, las rocas, el hombre y algunas deidades. En su concepción la tierra es geoide, semejante a un comal con bordes deformes, debido a los accidentes geográficos. En los espacios vacíos de su cuadrángulo se encuentran las aguas marinas que ocupan una buena porción de este plano.

Tlaltepactli es el punto de equilibrio entre el plano celeste y el inframundo, entre el hombre y las divinidades, entre lo caliente del día y el frío de la noche. El hombre es el actor principal en la tierra y el agente que puede destruir el equilibrio, por lo tanto debe cuidar su conducta y el uso indebido de la superficie terrestre, *tlalixpantzi* (la cara de la tierra). Por lo tanto, y para realizar cualquier acción, debe "pedirse permiso a la tierra" y hacerle múltiples ofrendas y oraciones. Este principio rige la orientación y función de los rituales. El plano terrestre se imagina habitado por algunas deidades y otros seres malévolos. Los *tlamocuitlahuianeh* (guardianes) se encuentran en distintas partes de la geografía accidentada, los *chanehketl* (duendes) están en las aguas terrestres y en los cerros, la *Apancihuatl* (Sirena) está en la mar,[13] el *Tepetlacatl* (Señor del cerro) habita en las colinas, el *Tecohmilli* (Señor de la milpa) y los demás *tecohmeh* (patrones) de los vegetales comestibles viven

---

[13] Entre los otomíes el culto a la Sirena tiene particular importancia, véase Galinier (1990, pp. 330 ss.). El tema, como se ha evidenciado en otro estudio (véase Báez-Jorge, 1992), merece un análisis particular.

FIGURA 7.3. *Árbol de la vida, manufacturado con palma* (foto de A. Gómez).

en la superficie de la tierra y el *Tlaltetata* (Padre Tierra) junto con la *Tlaltenana* (Madre Tierra) habitan en el interior.

En el *tlaltepactli* hay una serie de sitios sagrados como son los cerros de Postectitla-Ixcacuatitla, Tzoahcalli, Xochicoatepec (morada de *Tlacatecolotl*), Xihuicomitl, Ayacachtli, Tepenahuac, Tepeicxtitla, Teposteco, Cuatzapotitla, Xalatla, El Jagüey, Sasaltitla, Tepetzintla, Tres Pozos y Tamazolinco.[14] También destacan las ruinas arqueológicas *(tepetzacualli)* de Ahuatlán, Zacatitla, Chapictla, Tecomaxochitl, Cacahuatengo, Siete Palmas y Pedernales,[15] consideradas moradas de los ancestros. Los ríos, manantiales y encrucijadas también son importantes. Hay otros espacios sagrados propios del imaginario, o bien situados demasiado lejos a los que jamás acuden, entre ellos los volcanes Popocatépetl, Iztaccíhuatl y Citlaltépetl; las lagunas de Necaxa, San Jerónimo, Tamihua (Tomiahuatl) y México; "el mar de Tuxpan", el río Pánuco, el cerro La Sirena, la casa de los Tlaloques, la casa de Santa Rosa[16] *(Cannabis indica)*, la casa del rocío *(ahuechcalli)* y la casa de la neblina *(ayohuicalli)*.

El *mictlah* (lugar de la muerte) o plano subterráneo es un sitio oscuro, frío y con muchos desechos malignos arrojados desde la superficie de la tierra. Abajo, en la última capa o escalón habita *Mikistli* o *Mikilistl* (Señor de los muertos), quien además se encarga del funeral del sol.

La forma del universo es representada en los bordados de los textiles y en el papel ceremonial, figuras comparables con las que registran los códices y otros materiales precolombinos (véanse las figuras 7.4, 7.5). Algunos altares domésticos están construidos según esta idea, dispuestos sobre una tarima que consta de dos planchas. La parte de arriba señala el cielo y en ella se colocan las divinidades autóctonas, imágenes cristianas y objetos del rito; en

---

[14] Al respecto, véase la lista de cerros sagrados (incluido el Postectitla) mencionados en una oración de los nahuas de Benito Juárez (Reyes García y Christensen, 1990, pp. 60 y 65-68). También consúltese Medellín Zenil (1982, p. 101) sobre la subida al Cerro de Postectitla. Sandstrom (1991, p. 243) presenta un mapa de sitios sagrados, donde el Postectitla figura como el principal de la región, llamado popularmente *el Gobernador*.

[15] *Cf.* Medellín Zenil, 1982, p. 117.

[16] Es probable que la asociación de Santa Rosa con la *Cannabis indica* se deba a las visiones de santa Rosa de Lima, cuyo culto en la Huasteca fue introducido por los misioneros. Las visiones de la santa platicadas por los evangelizadores pudieron haberse relacionado con las alucinaciones que provoca la planta.

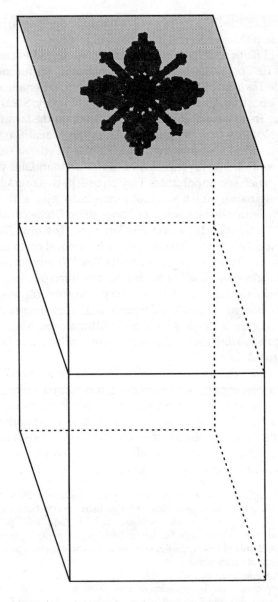

FIGURA 7.4. *El universo basado en el bordado
de un* mamalli *(rebozo para cargar niños pequeños).*

FIGURA 7.5. *Papel ceremonial en el que se representan los rumbos del universo.*

medio se localiza otra plancha que simboliza la parte terrestre, donde depositan el incensario y algunas ofrendas, y el inframundo se señala con el piso donde está clavada la tarima cuadrangula.

Conviene señalar que la tierra y el cielo también se representan en papeles ceremoniales: se trata de imágenes divinizadas. Las figuras recortadas tienen imagen humana, la mayoría con las manos hacia arriba. En su parte central y en sus tocados evidencian signos que las distinguen. Tanto el cielo como la tierra (en su representación divina) son imaginados acostados en baúles con la forma de cada ámbito del universo; el primero es curvo y el segundo, cuadrado. Las imágenes tienen los pies orientados a la parte Este, *inesca tonatih* (la salida del sol); su cabeza permanece colocada al Oeste, *ihuetzica tonatih* (por la caída del sol), y su *yolotl* (corazón) se dispone en el centro, de donde se piensa que parten los puntos hacia las cuatro esquinas. Durante las oraciones ejecutadas por los especialistas se les asocia con el término *tescatl*, que significa *espejo* o *luminosidad*, utilizado para subrayar su carácter divino.

El medio natural y algunos elementos como el agua terrestre, las rocas, el fuego, la masa de la tierra y los cristales de cuarzo son imaginados como componentes del cuerpo terrestre (animado). En este sentido los cerros representan la cabeza; los cuarzos, la masa encefálica; el fuego, el corazón; las rocas, los huesos; la masa de la tierra, la carne; y el agua, la sangre.[17] En cuanto a la antigüedad del mundo, la información es muy ambigua debido a la influencia del catolicismo. Algunos piensan que sufrió solamente un cataclismo provocado por diluvio, y que próximamente se suscitará otro fenómeno semejante. En Ixcacuatitla, Cuatzapotitla y Xalatla recuerdan mitos que hacen alusión a cinco cambios en el universo, es decir la existencia de cinco humanidades. La primera y más antigua humanidad nació de una pareja que los dioses hicieron de barro y se alimentaba de tierra y piedras; fue destruida por *tecuanimeh* (fieras). La segunda generación fue hecha de papel y se alimentaba de ciertas cortezas de árboles; fue destruida por huracanes. Los hombres de la tercera generación fueron hechos de madera (cedro) y comían *ohoxihtli* (ojite); fueron destruidos por incendios. La cuarta generación nació de tubérculos cocidos y amasados, comía todo tipo de camotes hervidos y fue destruida por inundaciones. La quinta generación es la que vivimos; los hombres fueron concebidos por *Ompacatotiotzih* (Dios doble) y otras deidades. Los cuerpos de la primera pareja se hicieron con huesos ancestrales, pasta de maíz, amaranto y frijol; cobraron vida con la ayuda de los dioses, el viento, el fuego, el agua y la luz del sol. Se les dio como alimento principal el maíz y se les indicó que este cereal sería su carne y sangre *(ni cintli elis inmonacayo huan inmoeeso)*, su sustento. En esta generación se ordenó el cosmos y se repartieron los oficios de las divinidades. Primero fue reorganizada la tierra, levantándose por sus cuatro esquinas con pilares. Los cargadores se para-

---

[17] *Cf.* Sandstrom, 1998, pp. 69-70.

ron encima del suelo que ocupó la cuarta generación y ese sitio se convirtió en el inframundo. Sobre la superficie de la tierra cuatro *tlamamameh* (pilares) levantaron otro bloque que se convirtió en cielo. El Sol y la Luna[18] se crearon posteriormente para que iluminaran la tierra y giraran alrededor del cubo cósmico. Las partículas de los suelos de las generaciones anteriores quedaron fuera de la esfera cósmica, compactándose en un pequeño ámbito ubicado debajo del inframundo, se convirtió en el *Tzopilotlacualco*, el ultramundo, como ya se dijo.

Diferentes relatos míticos (que en seguida sintetizamos) cuentan que al principio de los tiempos *Ompacatotiotzih* reunió a las divinidades en el cerro Postectitla para crear a los "nuevos hombres" y distribuir los oficios de las deidades. Terremotos y diluvios acabaron con la antigua humanidad, caracterizada por su desobediencia y desorden. Después de opinar respecto a cómo deberían ser los "nuevos hombres" y cómo serían gobernados, las deidades repartieron sus responsabilidades. *Tonatih* (Sol) se encargó de iluminar el día ("trabajo muy pesado, pues se tiene que tratar con lumbre"), para lo cual pidió ayuda a *Tlacatecolotl* (hombre-búho), considerando sus poderes mágicos. También se le propuso a *Tlacatecolotl* que observara la conducta de los humanos y castigara a los desobedientes, labor que cumpliría auxiliado por *Meetztli* (Luna), quien sería su esposa. A *Chicomexochitl* (Siete flor) y *Macuilixochitl* (Cinco flor) se les responsabilizó de la fertilidad humana y vegetal. *Mikistli* (Muerte) fue designado regente de los difuntos; *Atl* (Agua), de las lluvias; *Ehecatl*, del control de los vientos, e *Ichcatl* (Algodón), del tejido y de la ropa. Las imágenes de estas deidades se representan en papel ceremonial (véase la figura 7.6).

En los primeros tiempos el cerro Postectitla era tan grande que llegaba al cielo: unía el cielo, la tierra y el inframundo. Desde este cerro los hombres antiguos "espiaban a los dioses" para robarse la comida de "sus almacenes". Enojadas, las divinidades lo partieron en pedazos, conservando el nombre Postectitla la porción mayor. Las seis partes (cerros) restantes quedaron distribuidas a su alrededor. De esta manera, las deidades se asentaron en los cerros: en Tzoahcalli se entronizó el sol; Xochicoatepec se entregó a *Tlaca-*

---

[18] Se piensa que estos astros surgieron gracias al autosacrificio de las divinidades *Tonatih* (Sol) y *Meetztli* (Luna).

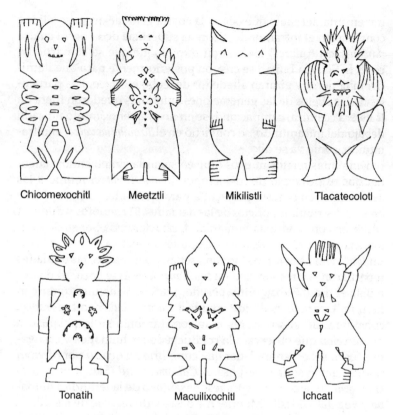

Chicomexochitl   Meetztli   Mikilistli   Tlacatecolotl

Tonatih   Macuilixochitl   Ichcatl

FIGURA 7.6. *Las divinidades autóctonas.*

tecolotl; Macuilixochitl y *Chicomexochitl* habitaron en Postectitla. En Tepenahuac, Tepeixitla, Xihuicomitl y Ayacachtli se aposentaron el resto de las divinidades.

Cansados de que los hombres ya no los respetaran, las divinidades abandonaron sus hogares en los cerros. Fueron a vivir al *Teopanco,* la sexta capa del cielo ya mencionada. En ese mismo plano los nahuas de Chicontepec ubican la morada de los *totiotzitzih* (santos). Como resultado del proceso evangelizador, diversas imágenes católicas fueron incorporadas a la cosmovisión nahua, y al igual que en otras configuraciones religiosas de carácter popular, Jesucristo se asimiló al *Tonatih* (Sol), y la Virgen de Guadalupe, a la *Meetztli* (Luna) o a *Tonantzin* (Nuestra Madre). A otros personajes del santoral católico se les atribuyeron funciones específicas: santa Catalina de Alejandría se vincula al cuidado de las cosechas; san Antonio de Padua, san Juan y san Isidro son patrones de la lluvia. Santiago Apóstol es el dueño de los rayos y los truenos y santa Cecilia rige la música ceremonial. La devoción a santa Rosa, como se dijo, se relaciona con el consumo ritual de la *Cannabis*.[19] San Ramón y san Andrés Olmo *(sic)*[20] son mencionados en una oración destinada a *Tlacatecolotl*. Es evidente que el proceso de reinterpretación simbólica de las imágenes cristianas acusa los efectos propios de una catequesis epidérmica y la presencia como protagonistas de las divinidades del antiguo sustrato religioso.[21]

TLACATECOLOTL EN EL MITO Y LA COTIDIANIDAD

Imaginan que *Tlacatecolotl* acude por la noche al cerro Xochicoatepec y de día visita la casa del sol *(tzoahcalli)*, a quien, como se dijo, auxilia en su tarea de alumbrar la Tierra. *Tlacatecolotl* siempre mantiene "muy buena relación" con otros dioses, "es un sabio" *(tlamatihketl)*, "maneja todo", se encarga de "resolver las peticiones de los hombres" y manifiesta su inconformidad, cuando éstos no cumplen con la "costumbre" (rituales) y la entrega de ofrendas, mediante los castigos correspondientes.

Los relatos míticos dicen que, considerando que los *macehuales* "eran muy delicados" (los dioses los hicieron de los huesos de los antepasados, así como de maíz, frijol, amaranto y chile), *Tlacatecolotl* se encargó de enseñarles buenas acciones y las formas de defenderse de sus enemigos. Con este propósito inventó la *tetlahchihuilli* (hechicería). Cuando los dioses abandonaron sus moradas en los cerros y se fueron al cielo "porque ya nadie los respetaba", *Tlacatecolotl* se fue de Xochicoatepec, pero dejó en su lugar al búho, "que todas las noches canta ahí y pasea alrededor de la montaña"; el búho es su *tonal. Tlacatecolotl* vive ahora donde se oculta el sol, a

---

[19] Véase Williams García (1997, pp. 251 ss.) para un análisis detallado del culto a santa Rosa entre los otomíes.

[20] Posiblemente el fraile Andrés de Olmos, pionero en la evangelización de la Huasteca.

[21] *Cf.* Sandstrom y Sandstrom, 1986.

quien acompaña en su recorrido nocturno hacia el inframundo, aunque en ocasiones se traslada con él durante el día, principalmente durante la "temporada de secas" (abril-mayo).

El aprecio de *Tlacatecolotl* al cerro Xochicoatepec es muy grande, allí *Tenantzitzimitl* (Vieja enojona) lo dio a luz cuando "trabajaba en su milpa". *Tlacatecolotl* nació junto con *Ehecatl* (Viento), a quien llamaron también *Tlachpoastli* (Escoba), porque se dedicó a "limpiar el ambiente" y "a quitar los malos vientos". Siendo gemelos, *Tlacatecolotl* y *Ehecatl* eran diferentes: el primero "era morenito", y el segundo, "blanco" (véase la figura 7.7). Los dos niños crecieron apresuradamente: en siete días hablaron, caminaron a los trece días, a los dieciocho eran adolescentes y a los veinte llegaron a ser hombres; a los veinticinco "llenaron las trojes de alimentos". Cuando cumplieron cincuenta y dos días de nacidos los gemelos pelearon porque mientras *Ehecatl* trabajaba, *Tlacatecolotl* descuidaba su labor por "andar cortejando a las mujeres". En sus milpas, *Tlacatecolotl* obtenía más productos que su gemelo *Ehecatl*, pese a no trabajar. Con su magia hacía que los animales laboraran por él: la tuza abría canales de riego, el conejo quitaba la hierba de la milpa, las aves combatían las plagas. Su madre le regañó por este proceder, poniendo como ejemplo a su hermano. Molesto, *Tlacatecolotl* embrujó a *Ehecatl*, quien partió rumbo a Tuxpan y no volvió: "se fue muy lejos hacia las aguas grandes (el mar), hacia la parte norte".

Tlacatecolotl se arrepintió de embrujar a su hermano, pero no logró que regresara. A partir de entonces vivió solitario y enojado. Permaneció un buen tiempo al pie del Postectitla y siempre tuvo alimento en abundancia, ropa, joyas y bienes materiales. "Cuando veía que alguien no tenía comida, él le regalaba una porción"; al contrario, si alguno le quitaba algo sin pedirlo, "se vengaba haciéndole maldades". Un día, *Tlacatecolotl* también decidió marcharse dejando todos sus bienes a su madre *Tenantzitzimitl*. Visitó los *tianguis* (mercados), construyó una granja y se "casó con una muchacha muy bonita llamada *Meetztli*" (Luna). En la granja tenía tigrillos, serpientes, lechuzas y martas, animales con los que hacía trueques. Logró reunir mucho dinero que enterró en ollas en varios lugares. Cuando la madre de *Meetztli* falleció, repartió parte de esa riqueza a los más necesitados. Partió del Postectitla con su esposa y se dedicó a ser *tepahtihketl* (curandero): "se convertía en

FIGURA 7.7. *Los gemelos* Ehecatl *y* Tlacatecolotl.

búho y guajolote; andaba siempre apoyado en un bastón, y cuando hacía frío, cuidaba que no se apagara la lumbre. Al morir, su cuerpo fue quemado sobre los *tenamastles*,[22] de sus cenizas mezcladas con la lluvia nacieron algunas plantas comestibles y otras venenosas".[23]

Otro relato mítico cuenta que a los 40 días del nacimiento de *Tlacatecolotl* una manada de búhos llegó al cerro Xochicoatepec y empezó a cantar, diciendo: "*Hueyi* Tlacatecolotl, *tlantoc mopantlanahuatil pan ni tlalli; namah achi cualli timocuapas ihuaya tonatih,*

[22] Tres piedras que sirven de apoyo al fogón.

[23] Se cuenta también que del cadáver de *Tenantzitzimitl*, madre de *Tlacatecolotl*, crecieron todo tipo de plantas venenosas y animales que hacen daño al hombre.

mitznekilchixticah" [Gran hombre-búho, tu misión en esta tierra ha tenido fin y ahora tendrás que regresar con el sol, porque te necesita].

Tlacatecolotl acudió al llamado llevando incienso y ofrendas, dialogó con los tecolotes y pidió un plazo de 28 días para "dejar en orden sus asuntos". Su petición fue aceptada; unos búhos lo esperaron en el cerro Xochicoatepec y otros lo vigilaban desde la altura del cerro Postectitla. Preparó a varios *tepahtianeh* (curanderos) y *tetlahchihuianeh* (hechiceros), enseñó la *tlaixcahcayahualli* (magia) y enterró su dinero diciendo que era el patrimonio de los pobres. Para que alguien tuviera acceso a este tesoro, "dijo que tenían que hacerle una gran petición con ofrendas". De acuerdo con este relato,

> al cumplirse el plazo de veintiocho días, *Tlacatecolotl* acudió al cerro de Xochicoatepec, llevándose solo un morral con su ropa, iba vestido con camisa de color blanco, pantalón de algodón café *(tecoloichcatl)*, huaraches y jorongo de color rojo. Portaba un *cuacopilli* (gorro cónico) manufacturado con palma y sobre sus manos un sahumerio desprendiendo humo de copal. Los búhos le dieron la bienvenida al pie del cerro de Postectitla, junto a la población de Ichcacuatitla. De ahí lo llevaron con gran reverencia hasta el cerro de Xochicoatepec y, al llegar, comenzó a desprenderse de la montaña mucho humo. Esto ocurrió a medio día, cuando el sol estaba candente. Con el humo se comenzó a formar una gran nube hasta oscurecerse por completo, mientras que el cerro estaba iluminado por luces de color amarillo, rojo y azul. Se escuchaban muchas voces y la oscuridad duró nueve días y al último día se oyó una gran explosión y una luz subió al cielo y en seguida bajó perdiéndose al penetrar bajo la tierra; después de esto vino nuevamente el día y todo fue normal. A la casa donde habitaba *Tlacatecolotl* acudieron muchos *tepahtianeh* (curanderos) y *tetlahchihuianeh* (hechiceros) e hicieron un gran banquete en su honor, bailaron e interpretaron varias melodías rituales y uno de los ritualistas creó el *nahnahuatilli* o carnaval para conmemorar a *Tlacatecolotl*.

El *nahnahuatilli* fue instituido únicamente como danza para varones, pero más tarde a un *huehuetlacatl* (hombre viejo, ritualista) se le apareció *Tlacatecolotl* en forma de mujer, diciéndole que en la danza también quería ver a los hombres disfrazados como mujeres. Cumplieron la petición y así se hace el festejo anualmente. El nombre de la festividad nació a petición de *Tlacatecolotl*, quien quiso que la fiesta no tuviera límites, "que hubiera mucha comida, bebida y diversión".

En lo cotidiano los nahuas expresan el carácter dual de *Tlacatecolotl*, asociándolo al demonio. Es imaginado ambivalente e indistintamente como hombre o mujer, anciano o niño, Señor de la noche o Señor del día. Dicen que, a la vez, puede ser bueno y malo, que cura y embruja, da la vida y propicia la muerte, otorga y quita la riqueza, es muy voluble, "puede estar contento o enojado", razón por la cual "se le alegra" con danzas, música, comidas y cohetes. En el plano imaginario de su asociación satánica, hablan de *Tlacatecolotl* como *masehualdiablo* (diablo indígena), *coyodiablo* (diablo mestizo) o *tecocolihketl* (envidioso), entidad maligna que "odia a los indígenas", asusta en los caminos y "destruye las milpas" asumiendo la forma de toro. Se dice que es el patrono de los mestizos. Lo describen alto, de color rojo, con cuernos y cola, "porta trinche" (tridente) y "vive en el infierno comiendo lumbre". Desde luego, esta descripción corresponde a la imagen del diablo que los catequistas difunden de manera insistente.

TRASFONDOS Y DINÁMICA DEL CARNAVAL

La celebración del carnaval (*nahnahuatilli*)[24] incluye un ceremonial, danzas y ofrendas en honor de las divinidades autóctonas, especialmente de *Tlacatecolotl*. Una semana antes de la Cuaresma son suspendidas las labores cotidianas para iniciar este festejo, que finaliza el Miércoles de Ceniza; tiene una duración de cuatro días, si bien en ocasiones se prolonga de acuerdo con la motivación y los recursos económicos de los participantes. Es antecedido por varios rituales de purificación; los participantes ayunan, se abs-

---

[24] También se llama *mecohtiliztli*, nombre que significa "fiesta de los chorreados o disfrazados". Respecto al término *nahnahuatilli* algunos informantes lo traducen como "fiesta de abrazos", pero el vocablo encierra varios significados; por ejemplo, en el diccionario de Molina se consigna *nanauatilia* (persuadir que le hagan mal a otro). En Simeon leemos *naualtia* (esconderse). *Itic mo naualtia in tlacatecolotl* (está poseído por el demonio, demoniaco); literalmente (donde se esconde el diablo). En opinión de Kurath (1958, p. 19), la celebración del carnaval coincide con la del ritual *nemontemi* de los mexicas ("días baldíos" o "aciagos" en palabras de Sahagún) y con la fiesta de la primavera en honor de *Xipe Totec*, véase Sahagún, 1992, p. 94.

tienen de la sexualidad, procuran no cometer "malas acciones" y algunos van a los sitios sagrados para orar y ofrecer comida. Finalmente, concluye con ceremonias de agradecimiento, en las que se honra a *Tlacatecolotl* con un banquete.

El dirigente del carnaval es llamado *tlayecanketl*[25] (el que va por delante). En cada comunidad (y si es posible en cada barrio) nombran a esta autoridad. Para cumplir con su tarea, los candidatos a desempeñar el cargo protagonizan un "ritual" que se inicia a través de los *temiktli* (sueños), en los que las divinidades revelan el cargo a los elegidos. Esta ratificación sobrenatural es confirmada en seguida por los *tlachixketl* (videntes), quienes apartan de "la vida normal" a los hombres escogidos y los "purifican": ofrecen una comida en los sitios sagrados más importantes con fines de aceptación y finalmente notifican a la comunidad. El nuevo *tlayecanketl* es exhortado para que desempeñe con atención su cargo.[26]

El *tlayecanketl* convoca a los *mihtotianeh* o *mecohmeh* (danzantes) y *tlatzotzonaneh* (músicos) para que integren la comparsa y comiencen a ensayar sus coreografías (véase la figura 7.8). Los ensayos generalmente se realizan por las noches en la casa del dirigente. Se reúnen fondos con los que se consiguen las ropas,[27] máscaras y demás útiles y objetos rituales. Se invita al *huehuetlacatl* (ritualista, hombre viejo) para vigilar el desarrollo de la festividad y, especialmente, para que realice el ritual de clausura en el que se ofrece una comida a *Tlacatecolotl*. Algunos dirigentes y sus danzantes acuden con anticipación a los cerros para orar, ofrendar, purificarse y "pedirle prestado el *tonal*" a *Tlacatecolotl*, con el cual podrán investirse de poderes y realizar curaciones.

El *nahnahuatilli* empieza con un ritual donde rezan a *Tlacatecolotl* y a otras deidades. Sahúman con copal las máscaras y demás disfraces; encienden velas, cortan papel ceremonial con la imagen de esta divinidad y las rocían con sangre de aves, ofrecen comida,

---

[25] Es conocido también como "capitán".

[26] Este sistema de elección ya casi está a punto de extinguirse y es practicado por escasas comunidades, hecho que se explica por la represión de los catequistas. Por tal razón, en algunas comunidades cualquier persona asume este papel sin cumplir con las pautas tradicionales de elección.

[27] Algunos de los que se disfrazan de mujeres piden prestada la ropa a sus familiares. Reyes García (1960) reporta las comparsas de *mecos* entre los nahuas de Ichcatepec.

FIGURA 7.8. *Músicos interpretando sones del carnaval*
(foto de A. Gómez).

música y danzas.[28] Una vez concluido el rito se disfrazan conforme a los personajes de la tradición, o bien con atuendos inspirados
en los problemas locales (o nacionales). Todos los participantes son
varones, generalmente jóvenes solteros; algunos se visten como
mujeres indígenas, otros de "ladinas" o de prostitutas. Del género masculino figuran ancianos, "comanches" (guerreros), diablos,
charros, locos, caciques y sacerdotes católicos, en cuyo caso imitan
burlonamente sus ademanes y sermones (véanse las figuras 7.9, 7.10).
Los disfraces expresan claramente la intención de ridiculizar los
comportamientos citadinos, lo cual evidencia la función de referente étnico que cumple el carnaval. El último día participa el
pihpisoltlasolli (basura estropeada), también llamado "oso", disfrazado con *cuaxilopahpatla* (hojas secas de plátano) o con *totomochtli*
(hoja de maíz).[29]

Cuando el *tlayecanketl* termina de disfrazarse de diablo, junto
con los danzantes y los músicos, visita las casas de la comunidad
(y pueblos aledaños) para ofrecer sus servicios de baile y "limpias". Se compensa su labor a través de pagos en efectivo o con
granos de maíz y frijol. El *tlayecanketl* mantiene el orden de sus
danzantes, procura que no ingieran alcohol y no riñan.[30]

El *tlayecanketl* y los *mecohmeh* anuncian su llegada en cada casa
por medio de gritos, ruidos producidos con cuernos de bovinos (o
con un caracol marino) y cohetes. Cuando son admitidos, se alinean en el patio de las viviendas y bailan los sones que el casero
pide; mientras ejecutan sus bailes gritan y dicen chistes; los
"comanches" golpean con un "chirrión" (látigo) o hacen estallar
cohetes. Bailan sones propios del carnaval, como el *tlahpalolli* (sa-

---

[28] Actualmente este ritual es practicado por las comunidades cercanas al cerro sagrado de Postectitla. En las demás localidades lo único que pervive son las cuadrillas de *mecohmeh* (danzantes), que realizan un sinfín de manifestaciones teatrales.

[29] La aparición de este personaje fue registrada por Williams García en un filme
etnográfico llamado *Carnaval en la Huasteca* (1960). En su libro *Danzas y andanzas*
(1997, p. 123) Williams informa que sobresale un viejo que jala a un disfrazado
cubierto totalmente de *paxtle*. Indica que su origen remite a "la actuación de un
gitano con su oso en un pueblo o ciudad de la región". Boiles (1971) y Galinier
(1990, p. 365) describen, entre los otomíes, un maniquí de paja, llamado *pohta*, que
asume funciones similares al *pihpisoltlasolli*.

[30] En Hueycuatitla (municipio de Benito Juárez) la culpa recae en el *tlayecanketl*,
por lo cual se le encierra en la cárcel del pueblo, cuando entre los danzantes se
suscitan problemas de ebriedad y violencia.

FIGURA 7.9. Mecohmeh *disfrazados de ladinas y prostitutas* (foto de A. Gómez).

FIGURA 7.10. *Los diablos* (foto de A. Gómez).

ludo), *tlapechtli* (tarima), *tzicuintli* (brinquito), "la polla pinta", "los enanos" y otros (véase la figura 7.11). Durante cuatro días visitan varias comunidades y las cabeceras municipales; en la tarde del día último sacan el *pihpisoltlasolli* (disfrazado como antes se ha mencionado), el cual sale del monte y va corriendo hasta donde están bailando los *mecohmeh* (véase la figura 7.12). A partir de ahí un grupo de jóvenes lo persigue por todo el pueblo hasta alcanzarlo: lo lazan con cuerdas y le quitan el disfraz ("su pellejo"). En seguida el hombre que representa al *pihpisoltlasolli* se retira al monte para que no descubran su identidad. Los jóvenes llevan el disfraz ante los *mecohmeh* como un trofeo.

Cuando hay algún enfermo en casa se contrata el servicio de los *mecohmeh*. Los familiares llevan el enfermo al patio de la vivienda y lo sientan en una silla, mientras el *tlayecanketl* (disfrazado de diablo) o una pareja de *mecohmeh* (hombre y mujer) asumen el papel de curanderos y limpian al paciente con ramas, velas y papel ceremonial. Mientras rezan, sahúman y "succionan" la enfermedad, la comparsa baila en círculo alrededor del enfermo hasta que termina el ritual. Estos danzantes (con la ayuda del *tonal* de *Tlacatecolotl*)

FIGURA 7.11. *Baile de los* mecohmeh (foto de A. Gómez).

FIGURA 7.12. *El* pihpisoltlasolli (foto de A. Gómez).

también purifican casas y animales domésticos para mantener el equilibrio y alejar los "aires malévolos".[31]

En algunas comunidades del municipio de Benito Juárez las cuadrillas de disfrazados suspenden sus labores un día antes del Miércoles de Ceniza; sin embargo, las de Chicontepec e Ixhuatlán de Madero terminan hasta la noche del citado día, cuando el *huehuetlacatl* los purifica poniéndoles una mancha en la frente con cenizas del fogón, y limpiándolos con hojas de "aguacate de olor". Después, en el altar doméstico del *tlayecanketl*, ofrecen una comida a las divinidades y rezan a *Tlacatecolotl*. Finalmente depositan en el altar el dinero y las semillas colectadas. El Miércoles de Ceniza honran a los que murieron trágicamente, les ofrecen tamales, guisos, bebidas, flores y música, tanto en el altar doméstico como en el cementerio; se piensa que moran en el aposento de *Tlacatecolotl*, quien es su patrón.

Durante el transcurso del *nahnahuatilli*, los especialistas en ritos realizan un ritual privado dedicado a *Tlacatecolotl* para agradecerle el "don" que les ha entregado. Entre estos especialistas figuran: *huehuetlacatl* (hombre viejo), *tepahtihketl* (curandero), *tlachixketl* (vidente), *tlakihkixtihketl* (succionador), *tetlahchihuihketl* (hechicero) y *tonalnotzketl* (llamador de *tonal*). Los ganaderos también hacen este ritual y le rezan tanto a *Tlacatecolotl* como al diablo para que se multiplique el ganado y aumente su riqueza material. Todos estos rituales privados se llevan a cabo a medianoche, ofrecen comida, papel ceremonial, velas, sangre de gallinas, bebidas y otros comestibles.

Ocho días después (con el dinero y las semillas colectadas por los *mecohmeh*, más la cooperación que ellos aportan) realizan el *mecohtlacualtiliztli* (comida de los mecos), ritual de agradecimiento a *Tlacatecolotl*. Organizan un baile popular al que acude toda la población, mientras que en la casa del *tlayecanketl* se contrata el servicio del *huehuetlacatl* para que oficie el rito de agradecimiento, ofreciendo papel ceremonial con la imagen de las divinidades (a las que rocían con sangre de aves), comidas, bebidas, rezos y música ritual. Agradecen a *Tlacatecolotl* la realización del carnaval y le devuelven su *tonal*, prestado a los *mecohmeh*. Finalmente se purifican todos los participantes con humo de copal y "limpias" con ra-

---

[31] *Cf.* Williams, 1997, pp. 127-128.

mas. En algunos poblados a media noche de este día, vuelven a bailar los *mecohmeh* y en seguida van al monte a despojarse de sus disfraces y a purificarse. Con esta ceremonia culmina el carnaval y el culto a *Tlacatecolotl*.

Los miembros de la cuadrilla de *mecohmeh* guardan sus máscaras y disfraces, con los que volverán a participar anualmente hasta cumplir un periodo de siete años. De no hacerlo, *Tlacatecolotl* los castigaría con "enfermedades" y "desgracias".

Presencia ritual de "Tlacatecolotl"

Como se ha mencionado antes, *Tlacatecolotl* destaca en la cosmovisión nahua por sus poderosos atributos en el manejo del bien y del mal: es una deidad temida y reverenciada. Para conseguir su tranquilidad, los devotos le rezan y ofrendan alimentos. Su presencia mitológica se advierte en la mayoría de los rituales, en los que, por lo menos, uno de los actos ceremoniales está destinado a pedirle que se mantenga en equilibrio, estado que se refleja en el orden terrestre.

Los rituales dedicados a *Tlacatecolotl* son públicos regionales, públicos comunitarios y privados.[32] Entre los primeros figura *Atlatlacualtiliztli*, en el que piden a las deidades del agua propiciar las lluvias. En este ceremonial (antes de avanzar en el corte del papel ceremonial con las imágenes de las deidades acuáticas y agrícolas) se representa a *Tlacatecolotl* y a los *tlasolehecameh* (vientos nefastos) en "papel revolución" blanco y "papel de China" policromo. Las figuras son utilizadas inmediatamente en el acto de purificación (*tlaochpanaliztli*, barrida), en el que los "malos vientos" son conjurados. El *huehuetlacatl* y sus ayudantes *tlamatineh* (sabios) se dirigen al exterior del *Xochicalli* (templo tradicional) y luego acomodan en el suelo figuras de papel cortado, ofrendas y demás objetos de la parafernalia. *Tlacatecolotl* y sus advocaciones se alinean en el centro y alrededor; formando un círculo se disponen los *tlasolehecameh* sobre hojas olorosas de laurel y "naranja cimarrón".

---

[32] A excepción del *nahnahuatilli*, estos rituales son movibles y se ejecutan de acuerdo con las ayudas que se requieren de las deidades. Los ceremoniales para pedir lluvias se realizan en los periodos de sequía.

En las cuatro esquinas se colocan terrones (obtenidos del piso de la casa de los ritualistas), refrescos, aguardiente, pan, tabaco, huevos, café, guisos, copal, velas de cebo y de cera; flores y manojos de hojas de coyol. El área de las deidades y ofrendas es delimitada por un aro manufacturado con bejuco y decorado con flores de *cempoalxochitl* y hojas de plantas olorosas, llamado *xochicopincayahualli* (aro florido que quita lo malévolo). Una vez encendidas las velas y ordenados los papeles con las viandas, el *huehuetlacatl* y su séquito comienzan a rezar y sahúman.[33] A un lado del aro se colocan los músicos que tocan los sones de la "barrida"; la concurrencia escucha y observa con atención el ritual.

Cuando los rezos terminan, los comestibles y bebidas se derraman sobre las figuras de papel; prenden hojas de tabaco y sahúman. En seguida, un grupo de ritualistas ayudantes "limpian" a toda la concurrencia con los manojos de hojas de coyol y velas, sin dejar de pronunciar oraciones en las que piden a *Tlacatecolotl* y a los *tlasolehecameh* "que no intervengan negativamente en el ritual y que dejen trabajar bien a todos". Luego dos de los ayudantes del *huehuetlacatl* toman el *xochicopincayahualli* y encierran en él a un grupo de personas para ser pasadas 14 veces sobre este aro (siete al oriente y siete al occidente); a este acto se le llama *xochicopinaliztli* (cambiarse de flores), metafóricamente "cambiarse de cuerpo o de piel". El procedimiento se repite con toda la concurrencia con la finalidad de captar la energía negativa que deambula y no pudo ser conjurada con la "barrida". Cuando salen del aro, otro ritualista se cerciora de que han desaparecido los "malos aires", balanceando sobre el grupo un ramo de ortigas y espinas que captan el mal que no desapareció. Una vez que todos los asistentes han pasado por el aro, éste se destruye cortándolo en cuatro partes que son depositadas sobre las deidades figuradas en papel. Cuando las velas se consumen, recogen las imágenes recortadas junto con restos de ofrendas y las retiran lo más lejos posible, en sitios donde "no camina ninguna persona".

En esta misma ceremonia visitan el cerro sagrado de Postectitla. Allí, junto al altar erigido en honor a *Ehecatl* (Viento), *mixtli* (nube) y *tlalli* (tierra), se coloca en el suelo un atado de papeles (al que llaman *petlatl)* con la imagen de *Tlacatecolotl* en sus diferentes

---

[33] *Cf.* Sandstrom y Sandstrom, 1986, pp. 39-43.

advocaciones, acompañado de los *ehecameh*. Se sahúman, se les reza y se ofrendan huevos, chocolate, tabaco, pan, carne de aves y dinero. Al término de las oraciones el ritualista recoge los papeles y los entierra, depositándole monedas y aguardiente para que *Tlacatecolotl* no impida la comunicación de *Apanchaneh* (Señora del agua o Sirena) con los sacerdotes tradicionales durante la petición de lluvias.

En los rituales públicos comunitarios es más evidente la presencia de *Tlacatecolotl*, en particular en el complejo del *nahnahuatilli*. Como hemos dicho, primero se presenta en los sueños de los que aspiran a dirigir el carnaval, así como de los *mecohmeh*. Más adelante ofrecen a *Tlacatecolotl* (de manera individual) un ceremonial para que acepte sus ofrecimientos. Al iniciar el *nahnahuatilli*, contratan el servicio del *huehuetlacatl* para que oficie un ceremonial público a *Tlacatecolotl* en la casa del *tlayecanketl*. Recortan las figuras correspondientes, son acomodadas al pie del altar y rociadas con sangre de aves; después le ofrendan guisos de gallina, bebidas, flores y música. El ritualista enciende las velas, sahúma y reza para pedir la buena función del carnaval: en seguida hace una "limpia" para purificar los disfraces y a los danzantes. En el altar se colocan las máscaras utilizadas por los *mecohmeh* y una, que representa al diablo, es puesta sobre una cruz de "palo mulato" decorada con ramas. Esta máscara se acomoda en el centro del altar para que presida el ritual. Al término (como ya se indicó) la comparsa de *mecohmeh* recorre la población investida de los poderes de *Tlacatecolotl* (quien les ha prestado su *tonal)*, por lo cual sus integrantes son capaces de curar a los enfermos. Mientras tanto, los papeles rociados con sangre se dejan en los cerros para que sean recogidos, después, por el "patrón del carnaval". Al concluir el *nahnahuatilli*, se agradece a *Tlacatecolotl* y se le devuelve el *tonal* durante la ceremonia del *mecohtlacualtiliztli*, ya mencionado. En los rituales privados *Tlacatecolotl* es representado en papel ceremonial; le ofrecen comidas y bebidas para pedirle favores, agradecerle o calmar su furia, o para que "levante los castigos". Durante el carnaval los especialistas en rituales y los ganaderos le rinden culto a medianoche para agradecerle los dones o riqueza material. Se dispone de mucha comida, bebidas, sangre de aves con la que se rocía los papeles ceremoniales, copal, velas y flores.

Los *tetlahchihuianeh* (hechiceros) piden la ayuda de *Tlacatecolotl* para castigar o provocarle mal a alguien. Le rezan a la advocación

Tlahueliloc (malo, enfurecido), ofreciéndole papel ceremonial manufacturado con fibras de ortigas y cornisuelos; comidas, bebidas, velas, copal y sangre de aves negras y rojas. Algunas personas ofrendan un convite a esta divinidad para pedirle ayuda en problemas difíciles; más tarde, si todo se arregla con perfección, le agradecen con múltiples banquetes. Los *tonalnotzaneh* (llamadores del *tonal*), rezan a *Tlacatecolotl* y le ofrendan aguardiente, tabaco y guisos pidiéndole que ayude a devolverle el *tonal* a las personas que lo han perdido a causa de sustos, estado al que se llama *tonalhuetztoc* (decaído, sin balance). Los *tepahtianeh* (curanderos) también recortan las imágenes de *Tlacatecolotl* y *ehecameh;* las sahúman, encienden velas, rezan y les invitan guisos, bebidas, dinero, tabaco y huevos; el ritual tiene la finalidad de pedirles a estas divinidades que levanten los castigos y se mantengan en equilibrio.

Cada especialista conoce la iconografía de *Tlacatecolotl* y lo representa (en los papeles) en sus múltiples formas y advocaciones. Es muy importante en casi todos los rituales la presencia de la imagen de *Tlacatecolotl*, aunque en algunos no figure en papel ceremonial ni se le ofrende. En las oraciones es mencionado cuando se le pide serenidad *(ma ax mosisini)*.

En el apéndice incluimos algunas de las oraciones pronunciadas durante los rituales. Se advertirá que sus contenidos refieren a cuestiones fundamentales de la vida cotidiana, la conservación de la vida y el orden comunitario. Se subraya en estas plegarias el carácter sagrado de los cerros, destacándose la intención de entregar ofrendas a *Tlacatecolotl* para tranquilizarlo, es decir, para no motivar su ira. La asociación de *Tlacatecolotl* con el Sol y la Luna (sus amos) es reiterada en uno de los rezos. Envidias, "malos vientos", maleficios, son planteados como entidades que deben ser conjuradas mediante el copal; esto, desde luego, es debido gracias a la intervención de *Tlacatecolotl*, quien, de tal manera, agradecería las ofrendas. En otra de las plegarias se destaca el poder propiciatorio de la fertilidad agraria atribuido a *Tlacatecolotl*. Se dice que él es quien da el maíz, porque "trae el agua para beber y la lluvia". El sincretismo en la cosmovisión nahua se hace presente cuando se pide a san Ramón, señor Santiago, señora Cecilia, santa Catalina y san Andrés Olmo que aconsejen al "Señor hombre-búho" para que "no se enoje".

En una de las plegarias registradas se advierte una preocupación manifiesta por los actos que pudieran enfurecer a *Tlacatecolotl*, de ahí el interés por preguntar esto:

> ¿Alguien te ha hecho enfurecer?
> ¿Alguien se burló de ti?
> ¿Te han hecho enfurecer mucho?
> ¿No te respetan?
> Si algo te hicieron,
> ya no te enojes; perdona;
> no hagas lo mismo que ellos;
> no los hagas sufrir;
> ya no queremos que estés enfadado;
> alégrate; acepta, acepta ya tus ofrendas.
> Aquí te ponemos una flor;
> acéptalo y llévatelo en tu cerro,
> en tu casa, donde te ilumina el espejo luminoso.

Atribuyen a *Tlacatecolotl* otros oficios: le vinculan con los difuntos (a los que se le pide "saludar") y consideran que cumple con la difícil tarea de defender al sol. Por último, cabe destacar la asociación de *Tlacatecolotl* con los lugares sagrados; en las oraciones son mencionados, en particular, cerros, encrucijadas, cuevas, manantiales y sitios arqueológicos. En relación con los cerros es pertinente indicar su importancia como espacios en que se realizan los rituales públicos. Al respecto, conviene recordar el punto de vista que externa Nájera (1987, p. 63), a propósito de las reflexiones de Guénon:

> La montaña es, por su altura, una kratofanía, símbolo del poder, lugar donde se asimilan el plano celeste y el terrestre. Además se vincula a una idea de estabilidad; está siempre presente, y es por ello que se considera un lugar sagrado cercano a los dioses, o bien funge como su morada. Es también una de las imágenes simbólicas mediante las que se representa el centro del mundo, al igual que el cruce de dos caminos, el [...] lugar donde se unifican los contrarios, en que se resuelven todas las oposiciones [...] es decir, el sitio del equilibrio y de la armonía.[34]

---

[34] Respecto a la importancia de los cerros en la religión mesoamericana véase Broda, 1996, pp. 459 ss.

CONTINUIDAD Y REINTERPRETACIÓN DE LA RELIGIÓN
MESOAMERICANA: EL PRINCIPIO DEL EQUILIBRIO Y LA DUALIDAD

Al examinar los acercamientos al "estudio de los fenómenos religiosos de interpenetración cultural en Mesoamérica", Lupo (1995, pp. 15, 20) señala que cuando se observa la ritualidad privada y se penetra en los significados cosmología y mitología indígenas

> se nos aparecen en toda su heterodoxa originalidad como modelos totalmente diferentes, en los que los elementos culturales de derivación europea y los autóctonos están entrelazados, fundidos y transformados de un modo tal que han dado vida a un complejo, completamente nuevo, extremadamente rico y articulado, irreductible a las remotas matrices que indirectamente lo originaron.

Al analizar en conjunto los elementos simbólicos que configuran la cosmovisión de los nahuas de Chicontepec, la reflexión anterior tiene particular utilidad en tanto explica sus dinámicas de continuidad y de reinterpretación en los planos míticos y rituales. Como se ha visto, la imagen de *Tlacatecolotl* evidencia la importancia de este proceso dialéctico de reelaboración de lo sagrado e incluye, desde luego, el ámbito que corresponde a las nociones del bien y del mal.

Destacamos, en primera instancia, que el término *Tlacatecolotl* está presente desde siglos atrás en la visión del mundo de los nahuas de la Huasteca. En su *Tratado de las hechicerías y sortilegios* (1553) fray Andrés de Olmos (1990, pp. 13 y 23) identifica la noción cristiana del diablo con la de *Tlacatecolotl*. La asimilación entre tales concepciones se aprecia claramente en el párrafo siguiente:

> Vosotros habéis de saber que este hombre-búho (*Tlacatecolotl*) se llama verdaderamente por una multitud de nombres: mal ángel Diablo, Demonio, Sathán. Acaso os han contado a menudo que fue arrojado del cielo por la grandísima falta que cometió porque era vanidoso, orgulloso, presuntuoso, él no quería en ningún modo obedecer al único, él solo, el verdadero Dios que en tiempos pasados, lo creó, lo formó, lo hizo, lo engendró...

En otro capítulo de su obra el precitado autor explica a los neófitos indígenas la diferencia entre la morada de Dios y la morada del demonio, idea que desprende de *La ciudad de Dios*, obra toral de san Agustín:

> así es ella, la casa del Diablo, la casa del hombre-búho; en ella se ve a todos los descreídos, todos aquellos que no creen en el verdadero Dios. No pertenecen a la Sancta Yglesia Cathólica, porque no hay un templo único, no hay una yglesia única en la que pertenezcan los descreídos, porque no creen en el único verdadero Dios, no lo siguen, porque no tienen una sola creencia y no reconocen la única verdadera creencia. No reciben el buen sacramento, no lo guardan.

En palabras de Baudot (1990, p. xxv), el diablo imaginado por Andrés de Olmos tiene un contenido cristiano, si bien lo refiere a un personaje indígena prehispánico (p. ej., un miembro de la nobleza aborigen) o a una divinidad autóctona. En su opinión, se trata de un "diablo fraguado por la política colonial".

Sahagún (1992, p. 234) dedica importantes comentarios a *Tlacatecolotl* y lo distingue del demonio. Al analizar el signo *ce quiahuitl* y su "desastrosa fortuna", dice que en éste nacían los nigrománticos, brujos y hechiceros. Además, advierte: "[El] vocablo *Tlacatecolotl* propiamente quiere decir 'nigromántico' o 'brujo'; impropiamente se usa por 'diablo'".

En otro apartado de su obra (preparado por Ángel María Garibay), cuando se ocupa del nahual, el astrólogo y el conjurador del granizo, Sahagún (1992, p. 905) se refiere al "Arte del hombre-búho":

> El hombre-búho, cuando aborrece a alguno, cuando desea su muerte, se sangra sobre él. Y cuando quiere que algunos bienes perezcan, porque le causan hastío, molestia, sobre ello se sangra, los va a ver con fijeza, los va a tocar con su mano. Pero que no la coja alguno, porque si la coge, ya no irá a su casa: allí mismo, cuando amanezca sobre él, morirá.
>
> Es un pobre infeliz, por eso se hace hombre-búho, para encantar a la gente. Amortece la tierra (con tinieblas). Anda pintado en las paredes de las casas, o se sangra en la gente con que se cruza en el camino, cuando tienen gana de que el dueño de la casa muera. Pero si coge algo, ya no se puede ir, pronto morirá.

La asociación de *Tlacatecolotl* con el diablo aparece también en la obra de Torquemada (1975, t. II, pp. 81-82), quien copió el término del *Tratado...* de fray Andrés de Olmos. En el texto de *Monarquía indiana* leemos: "Lo que los indios en su infidelidad tenían por Demonio, no era ninguno de ellos [...] sino a un fantasma o cosa espantosa [...] a ese fantasma llamaban *Tlacatecolotl* que quiere decir: persona Búho Hombre que tiene gesto o parecer de Búho".

Al parecer el culto a *Tlacatecolotl* tuvo una amplia utilización entre los indígenas de habla náhuatl. En un informe parroquial de fray Juan de Luján, vicario de Chicontepec (fechado en 1565, legajo s/n foja 4-6), se anota:

> [...] en estos naturales no hay propiamente la palabra demonio, es tan listo lucifer que escondió su nombre y con un pájaro que es tecolotl y este pájaro es propiamente el demonio, le gusta la noche y tiene cara de lucifer con pequeñas crestas. Este demonio cuando hace sus fechorías y pide tantos mitotes y comidas, animales y sabandijas dicen que se convierte en hombre y se llama propiamente *Tlacatecolotl*, que quiere decir señor búho, o también hombre tecolote, este es lucifer.[35]

No hay duda, en el ejercicio evangelizador los dioses autóctonos vinculados al mundo de los muertos y a los fenómenos conceptuados nefastos (p. ej., "los malos aires") fueron utilizados como referentes ideacionales y lingüísticos para entronizar la imagen cristiana del demonio. En este caso, la asociación con el tecolote se explica por su canto que se considera presagio de muerte y desgracia. En el imaginario nahua prehispánico la lechuza se identificaba con la morada de *Mictlantecuhtli* o con el inframundo. En el *Códice Borbónico* (pp. 1-20) se ve a *Mictlantecuhtli* con el búho nocturno, texto de los *quecholli* que según el testimonio indígena también puede servirle de mensajero.[36]

En la cosmovisión de los nahuas de Chicontepec se advierte la continuidad de elementos ideológicos y simbólicos de la antigua religión mesoamericana. Destaca en primer término la concepción del mundo dividido en tres planos y, a su vez, el cielo y el inframundo articulado en estratos. Su concepción de trece escalones (gradas) celestes y nueve del inframundo remite necesariamente al *Códice Vaticano Latino* (folios I y II), y diferencian los escalones

---

[35] Véase Gómez Martínez, s.f.
[36] *Cf.* Brotherston, 1994, p. 86.

que recorre el sol, de las capas en que se divide el cielo y la morada de los muertos, como hemos visto. ¿Es posible que diferencias de este tipo hayan ocasionado la gran confusión advertida en las fuentes coloniales respecto al número de cielos y de estratos del *Mictlan*?[37]

En lo que respecta a los cargadores del cielo y de la tierra *(tlamamameh)* a los que se imagina parados sobre una tortuga (o en el lomo de *cipactli),* se sabe que es una idea muy antigua en el pensamiento mesoamericano: está presente en una escultura olmeca de Potrero Nuevo y en la escultura de Cuilotitla (Chicontepec), piezas custodiadas por el Museo de Antropología de Xalapa. También se ilustra en la lámina 53 del *Códice Borgia.* La concepción de las regiones cardinales y sus colores asociados remite también a tiempos remotos, las registran la lámina 1 del *Códice Fejervary-Meyer;* las 75 y 76 del *Códice de Madrid* y la 53 del *Códice Borgia.*[38]

Por otra parte, el "árbol de la vida" *(Xochicuahuitl,* cubierto de tetas que alimenta a los pequeños difuntos) recuerda la imagen que se ilustra en el folio cuatro del *Códice Vaticano Latino.* Las ideas respecto a la Tierra no han variado mucho, se sigue considerando como el sitio "mantenedor", el plano donde el hombre nace y muere. En ella habita *Tlaltetata* (Padre Tierra) y *Tlatenana* (Madre Tierra), quienes regulan el uso de la superficie del suelo, igual que el *Tlaltecutli* en la época prehispánica. En su interior habita *cipactli,* monstruo al que los mexicas llamaban de igual manera.

También es importante la ubicación de las moradas del sol y de la luna, los cuales existen gracias al autosacrificio de las deidades; esta concepción remite al pensamiento registrado por Sahagún (1992, pp. 431 ss.) en torno a *Nanahuatzin* y *Teccuzistecatl,* divinidades convertidas en sol y luna, respectivamente. Las ideas relativas a las cinco generaciones y cataclismos por los que ha pasado la humanidad se asemejan a los del relato mítico de los cinco soles, narrado en la *Historia de los mexicanos por sus pinturas* y en otras fuentes (Ixtlilxochitl, Muñoz Camargo y Ruiz de Alarcón).[39]

[37] Al igual que en los tiempos prehispánicos, los nahuas de Chicontepec nombran los estratos celestes y los del inframundo de acuerdo con los elementos naturales o divinidades que los habitan.

[38] *Cf.* González Torres, 1975, pp. 141 ss.

[39] *Cf.* Moreno de los Arcos, 1967, pp. 183-210.

La ubicación de los cerros como lugares sagrados evidencia, también, la presencia de elementos del antiguo pensamiento mesoamericano. En este sentido tiene especial importancia el Postectitla, sitio donde las divinidades crearon a los humanos y mítico depósito de comestibles (véase la figura 7.13). Estas atribuciones corresponden a las funciones de *Tamoanchan* (noción fundamental en la cosmovisión prehispánica) que López Austin ha examinado de manera exhaustiva. Partiendo del examen de las múltiples acepciones de este término (revisa los puntos de vista de Sahagún, Muñoz Camargo, Motolinía, Jiménez Moreno, Garibay, entre otros), López Austin (1994, p. 77) apunta:

> *Tamoanchan* aparece ya como fuente de creación a través del pecado de los dioses, ya como lugar en el que se produce la creación [...] Sintetizando, 1° es el fundamento de la creación original en su conjunto (o sea creación total de lo existente); 2° es el lugar de la creación original de cada una de las clases, y 3° es el lugar de la creación continua cotidiana, de cada uno de los individuos existentes.

En un relato registrado en Ixcacuatitla se dice que, a petición de los hombres, las hormigas robaban el maíz del cielo subiendo desde la cima del Postectitla. Cuando los dioses se enteraron partieron la montaña en siete partes, conservando el Postectitla la mayor porción; seis cerros ubicados a su alrededor son considerados sus hijos.[40] Esta narración remite a un manuscrito de 1558, estudiado por León-Portilla (1983, p. 20), texto en el que se dice que *Quetzalcoatl* encuentra en *Tonacatepetl* (monte de nuestro sustento) los primeros granos de maíz con la ayuda de una hormiga, alimento que entregaría a los hombres. En relación con el carácter sagrado de los cerros, recuérdese que en las páginas 409-410 se señaló en qué cerros quedaron ubicadas las divinidades, por ejemplo, en el cerro Xochicoatepec quedó asentado *Tlacatecolotl*.[41]

El *pihpisoltlasolli* (personaje que participa en el carnaval) parece relacionado con el sacrificio por desollamiento, practicado en la

---

[40] Esta creencia también fue registrada por Medellín Zenil, 1982, pp. 13-15. Curiosamente estos siete cerros no forman parte de ninguna cadena montañosa y están ubicados a distancias muy cortas.

[41] López Austin (1994, pp. 217 ss.) ha examinado detalladamente este singular complejo numinoso de la cosmovisión prehispánica.

FIGURA 7.13. *El cerro Postectitla, morada de los dioses*
(foto de A. Gómez).

época prehispánica en honor de *Xipe Totec*. Esta idea se manifiesta
cuando los *mecohmeh* lo despojan de su disfraz, para vestirse con
él. También en la ceremonia *Atlatlacualtiliztli* está presente la idea
de "cambiarse de piel y de personalidad" al concretarse la purificación por medio del *xochicopincayahualli*.

El carácter numinoso de *Tlacatecolotl* corresponde a los atributos
de los antiguos dioses mesoamericanos. Considerando sus diferentes oficios, se advierte que *Tlacatecolotl* es comparable a *Tezcatlipoca*, del cual Sahagún (1992, pp. 31-32) apunta que

> era tenido por verdadero dios, e invisible, el cual andaba en todo lu-
> gar, en el cielo, en la tierra y en el infierno; y tenían que cuando anda-
> ba en la tierra movía guerras, enemistades y discordias, de donde re-
> sultaban muchas fatigas y desasosiegos. Decían que él mismo incitaba
> los unos a los otros para que tuviesen guerras y por esto le llamaban
> *Necoc Yaotl*, que quiere decir sembrador de discordias de ambas par-
> tes: y decían que él solo era el que entendía en el regimiento del mundo,
> y que él solo daba las prosperidades y riquezas, y que él solo las quita-
> ba cuando se le antojaba; daba riquezas, prosperidades y fama, y for-

talezas y señoríos, y dignidades y honras, y las quitaba cuando se le antojaba; por esto le temían y reverenciaban, porque tenían que en su mano estaba el levantar y abatir, de la honra que se ofrecía.[42]

En otro apartado, al referirse a la fiesta *toxcatl*, Sahagún (1992, pp. 194-195) señala que *Tezcatlipoca* era dios de los dioses,

> criador del cielo y de la tierra y era todopoderoso, el cual daba a los vivos todo cuanto era menester de comer y beber y riquezas [...] era invisible y como obscuridad y aire, y cuando aparecía y hablaba a un hombre, era como sombra; y sabía los secretos de los hombres [...] daba a los vivos pobreza y miseria, y enfermedades incurables y contagiosas de lepra y bubas, y gota, sarna e hidropesía, las cuales enfermedades daba cuando estaba enojado [...] [los enfermos] clamaban y rogaban diciéndole: hacedme merced de me relevar y quitar esta enfermedad que me mata, que yo no haré otra cosa que enmendarme [...] haré una fiesta para bailar en esta pobre casa [...] Y el enfermo desesperado, que no podía sanar, reñía enojado y decía: "¡Oh *Titlacahuan* puto, hacéis burla de mí!"[43]

Recordemos que en las narraciones presentadas se dice que *Tlacatecolotl* es una de las deidades más temidas: otorga riquezas y las quita, es piadoso y envidioso, provoca discordias y ayuda a resolver problemas difíciles, provee alimentos, castiga, cura las enfermedades y provoca la muerte: opera como mediador entre el bien y el mal. Cuando no atiende sus peticiones, los hechiceros lo

---

[42] *Tezcatlipoca* (espejo humeante) tenía varios nombres y connotaciones sagradas. Barjau (1991, pp. 13-14) proporciona el siguiente listado:

Titlacahuan: aquel de quien somos esclavos, el dios supremo; *Iautl:* enemigo; *Moyocoya:* comedido. Crear él, creador; *Nezahualpilli:* caballero del luto y el ayuno; *Monenequi:* el antojadizo, tirano (inexorable); *Teyocoyani:* el que inventa la gente; *Teimamatini,* de *Imati:* proveer, disponer lo que se ha de hacer (la providencia); *Moquequeloa:* se burla; *Tzoncozqui:* de pelo amarillo; *Telpochtli:* el joven por antonomasia (de 12 a 20 años), si no es casado; *Tlamazincatl:* el que habita el *Tlamatzinco,* sitio del templo mayor dedicado a *Tezcatlipoca,* donde está el que aprisiona.

González Torres (1975, p. 152) indica que el culto a *Tezcatlipoca* incluye muchos ritos en los que se adoran los rumbos. Este culto estaba asociado a la idea de la múltiple presencia de *Tezcatlipoca,* dios de la providencia que lo veía todo y para quien las cuatro direcciones implicaban la totalidad del universo.

[43] *Ibid.* Sahagún compila los discursos que le hacían a *Tezcatlipoca,* en los que se resaltan los atributos positivos de esta divinidad: piadoso, bondadoso, humano, noble, valeroso y amparador (*cf.* Barjau, 1991, p. 20).

insultan y le entregan comida podrida y carne de zopilotes. En los relatos se dice que *Tlacatecolotl* tiene un *tescatlapetlantli* (espejo luminoso) en el cerro de Xochicoatepec; se le imagina con indumentaria color "tecolote" (café) y con un sahumerio en el que quema copal. Los ritualistas en algunas ocasiones "lo han visto" vestido con los colores del maíz: blanco, amarillo, rojo y negro y, además, con otras telas pigmentadas de azul y verde, idea que remite, desde luego, a los colores del *Tezcatlipoca* ilustrado en el *Códice Borgia*. Es evidente que las creencias de los nahuas de Chicontepec en torno a *Tlacatecolotl* tienen similitud con los oficios que los antiguos mexicanos atribuían a *Tezcatlipoca*.

Al parecer el culto a *Tezcatlipoca* entre la población nahua de la Huasteca estaba bastante difundido; en un informe del siglo XVI el escribano de la *Relación de Huexutla* (actualmente en el estado de Hidalgo) indica: "Tenían una casa donde tenían sus ídolos, y tenían uno que le tenían por mayor Dios de los que ellos adoraban, que le llamaban *Tezcatlipucan* [...] y este ídolo era hecho a figura de un hombre".[44]

Las correspondencias entre las deidades del panteón de los nahuas de Chicontepec y las de los antiguos mexicanos refieren, además, a *Ompacatotiotzih*, que se identifica con *Ometeotl*; *Apancihuatl* (o *Apanchaneh*), con *Chalchiuhtlicue*; *Ehecatl* (gemelo de *Tlacatecolotl*), con *Quetzalcoatl*; *Tonatih*, con *Tonatiuh* y *Huitzilopochtli*; *Meetztli*, con *Tlazolteotl*, y *Chicomexochitl*, con *Chicomecoatl*; *Macuilixochitl* coincide con el nombre de la antigua deidad y se identifica con *Xochipilli*; *Mikilistli* es *Mictlantecuhtli*, y *Atl* se relaciona con *Tlaloc*. *Tzitzimitl* (madre de *Tlacatecolotl*) remite a las *tzitzimimeh* (las mujeres muertas durante el parto). El contenedor de las estrellas llamado *Citlalcueitl* (vía láctea) es la *Citlallin Icue*, mencionada por Sahagún (1992, p. 149). Si bien estas asociaciones refieren a un arcaico sustrato cultural compartido, deben entenderse en el contexto del actual sistema religioso de los nahuas de Chicontepec. Desde luego, el análisis de cada una de ellas requiere de un estudio particular.

En las páginas anteriores se ha evidenciado la importancia de *Tlacatecolotl* en la cosmovisión de los nahuas de Chicontepec. Se trata, ciertamente, de una deidad identificada por otros autores que, sin embargo, no había sido examinada en toda su compleja

---

[44] Véase Gómez Martínez, s.f.

función de intermediación simbólica. A pesar de su antigua presencia en el imaginario nahua (documentada por Olmos, Sahagún, Torquemada, etc.), en los informes etnográficos de Williams García (1963 y 1997) y Sandstrom (1986 y 1991), *Tlacatecolotl* es mencionado circunstancialmente, asociado al carnaval, "los vientos nefastos" y al diablo, sin profundizar en sus ámbitos numinosos, ni mencionar sus contextos míticos y rituales. Sandstrom (1986 y 1991) es el único autor que documentó la iconografía del "hombre-búho".

Repasando los atributos de *Tlacatecolotl* es necesario subrayar su condición de divinidad coadyuvante, distante de patronazgos específicos. En las referencias míticas y en su presencia ritual es imaginado propiciando y regulando beneficios y daños, pero no como una divinidad en sí misma buena o mala. Antes que un regente, *Tlacatecolotl* es un árbitro, un mediador, cuyo oficio principal es propiciar el equilibrio entre el *cualli* (lo bueno) y el *ax cualli* (lo no bueno), nociones que adquieren una mayor amplitud significante cuando se dice *chicahualiztli* (estado de bienestar) o *yolpalkiliztli* (alegría), en contraposición a *tlasolli* (basura) y *cuesolli* (tristeza). Las entidades en las que el mal *(ax cualli)* toma forma son el *tlasolehecatl* (viento nefasto), el *mahmatilli* (susto), el *tonalhuetzi* (caída del *tonal*) y la *tetlahchihuilli* (brujería).

Tlacatecolotl no es un dios, a un tiempo, bueno y malo. Su condición dual debe entenderse en términos de divinidad coadyuvante: regula el equilibrio cósmico, auxilia al Sol, propicia la fertilidad, se comunica con los muertos, protege la salud, etcétera. En este sentido se enfatiza su configuración numinosa en las oraciones rituales. Pero *Tlacatecolotl* no sólo auxilia a las divinidades; se le concibe cercano a los humanos en tanto les ayuda en su problemática cotidiana o les sanciona por desviarse de las pautas de conducta vinculadas al equilibrio. Se le imagina tan próximo a los hombres que los hechiceros lo insultan y le entregan alimentos podridos cuando no atiende sus peticiones; recuérdese, además, que se hace presente en los sueños. Así, el dualismo no refiere a una clave ontológica cósmica (a un absoluto ético, como en el cristianismo), sino al comportamiento de los seres humanos, es decir, a realidades contingentes.[45] La frontera entre el bien y el mal es el espacio en el que

---

[45] *Cf.* con lo que Signorini y Lupo (1992) plantean en relación con los nahuas de la Sierra de Puebla.

Tlacatecolotl desempeña sus oficios sagrados. ¿Acaso el "espejo luminoso" de *Tlacatecolotl* (como lo fue el de *Tezcatlipoca)* simboliza la imagen doble del bien y del mal, la condición ambivalente de estas nociones en la cosmovisión nahua? ¿Con este espejo *Tlacatecolotl* refleja la realidad o, mejor dicho, la transfigura para ser entendida en la dimensión de lo sagrado? Al prestar su *tonal* a los *mecohmeh* durante el carnaval, *Tlacatecolotl* entroniza su condición dual transfigurada simbólicamente. Es ésta una contingencia en la que los atributos mágicos operan a plenitud en beneficio de la salud, la protección comunitaria y la identidad étnica.

La asociación de *Tlacatecolotl* con el diablo debe examinarse en el marco de la superficial catequesis operada entre los nahuas. En un sentido más amplio expresa una reelaboración simbólica configurada a partir de la noción cristiana del mal y la concepción autóctona de las entidades malignas *(ax cualli)*. En todo caso, debe tenerse presente la profunda reflexión de Cervantes (1996, pp. 81-82):

> la recurrencia del concepto del demonio indica que una afirmación efectiva de su identidad indígena requería del uso y la manipulación de conceptos cristianos. Así como los nacionalismos orientales y africanos utilizan un concepto inconfundiblemente cristiano en aquellos casos en que querían oponerse al cristianismo. Hasta el mecanismo del pacto demoniaco, complejo con sus pensamientos seudofeudales de lealtad y vasallaje, parece haberse integrado con éxito en el esquema indígena de principios del siglo XVII.

En el mismo sentido, es necesario subrayar —siguiendo a Signorini y Lupo (1992, p. 82)— que los procesos de sincretismo en Mesoamérica fueron más intensos en aquellos símbolos, instituciones y creencias paralelas. Recordemos, a propósito, que en el plano simbólico e iconográfico *Tezcatlipoca* y el diablo comparten su cojera, que en el caso del primero fue causada por el monstruo de la tierra. En efecto, el proceso de cristianización incorporó a la noción de demonio numerosos atributos de las divinidades prehispánicas asociadas al mal y al inframundo.

APÉNDICE

Oraciones rituales*

I. *Oración registrada en un ritual privado en el cerro de Xochicoatepec:*

1	*Pan ni hora,*	1	En esta hora,
2	*pan ni tepetl,*	2	en este cerro,
3	*pan ni cuatitlamitl,*	3	en este monte,
4	*pan ni ohmaxalli,*	4	en esta encrucijada,
5	*pan ni tepetzacualli,*	5	en este cerro escondite,
6	*ti hualahtokeh, timitzpaxalocoh,*	6	hemos venido a visitarte,
7	*timitztlamacacoh,*	7	venido a ofrendarte.
8	*Timitztlatilicoh se cantela,*	8	Venimos a encenderte una vela,
9	*se cualli tlaxcalli*	9	una buena tortilla
10	*timitzmactilicoh,*	10	venimos a entregarte,
11	*se pilatzi, se pantzi, nochi*	11	una agüita, un panecito, toda
12	*ni tlacualiztli timitzmactilicoh,*	12	esta comida hemos venido a entregarte,
13	*cualli xiconselli, amo ximosisini,*	13	recíbela bien, no te enojes,
14	*cualli xitlaselli.*	14	recibe bien.
15	*Ni tonati no mitz mintoc,*	15	Este sol también te ha iluminado,
16	*Nomitztlachiltoc, ya moteco,*	16	también te cuida, él es tu amo,
17	*nohkía mopa meetzli moteco,*	17	igualmente la Luna es tu amo,
18	*cualli xiitzto pan ni mocha,*	18	que estés bien en tu casa,
19	*pan ni Xochicoatepetl,*	19	en este cerro Xochicoatepec,[1]
20	*tecolotl ma mitztlachilto,*	20	que el tecolote vea por ti,
21	*mamitzmanahui campeca tinemi,*	21	que te defienda por dondequiera que andas
22	*nicah xitlaselli*	22	aquí recibe tus ofrendas
23	*huan cualli xitech palehui*	23	y ayúdanos bien
24	*pan ni ilhuitl.*	24	en esta festividad.

* Traducción directa sujeta a modificaciones.
[1] Literalmente, "cerro de la culebra florida".

II. Oración registrada en Toloncuitlatla (Chicontepec). Mientras ordenaba los papeles ceremoniales y ofrecía huevos y aguardiente, el ritualista pronunció lo siguiente:

1	*Namah, namaya*	1	Hoy, hoy aquí
2	*nicah campa nitlatectoc,*	2	aquí donde he realizado los cortes [de papel],
3	*nicah campa nimechya-hualohtoc,*	3	aquí donde los he dispuesto en círculo,
4	*tlatecmeh, Tlacatecolotl,*	4	recortes ceremoniales, hombre-búho.
5	*Ehecameh huan tecocolianeh*	5	Vientos y envidiosos
6	*namah san nicah in tlamiseh,*	6	hoy se acabarán,
7	*ma tlamia inmotencococa,*	7	que ya se acabe su furia
8	*cualia cocolihcayotl,*	8	se dará fin a la envidia,
9	*ximahahuacahya tlasolehecatl,*	9	ya desháganse de los malos vientos,
10	*ayoc xitecocolicab,*	10	ya no envidien,
11	*san nicah tlami inmotlahuexchihual,*	11	aquí se acaban sus maleficios,
12	*nicah ica ni tlacualiztli,*	12	hoy aquí con esta comida
13	*timechmacahua,*	13	los despedimos,
14	*timechtlacotonaltiah,*	14	los destruimos,
15	*ya tlamis nochi tlen axcualli,*	15	se acabará todo lo malo,
16	*ya tlanki tlen intecocoliayah,*	16	ya se dio fin a sus envidias,
17	*tlanki tlen intetlatzacuiltiayah,*	17	se acabaron sus castigos,
18	*namah moneki xitetlapopolhuicah,*	18	hoy es necesario que perdonen
19	*ya tlami nicah inmotencococa.*	19	hoy aquí se acaba su furia.
20	*Nicah intlamih,*	20	Aquí se acaban,
21	*tlahuel intlahuexchihtokeh*	21	han hecho mucho daño
22	*campahueli campa inmemih,*	22	por donde andan
23	*nelnelia ayok kehmopa xinemicah,*	23	por piedad ya no hagan eso,
24	*nicah tlami nochi,*	24	aquí se acaba todo,
25	*tlaihcuenianeh ma mech camahuicah,*	25	que los purificadores les den consejos,
26	*tlamocuitlahuianeh ma mech sanilhuicah.*	26	que los guardianes les platiquen.
27	*Nicah tlami nochi tlen ax cualli,*	27	Aquí se termina todo lo maligno
28	*nicah ni poctli mech yolyamanias,*	28	este humo les hará comprender,

29 *san nicah tlami nochi,*	29 aquí se acaba todo,
30 *ni tlitl mechyolketzas,*	30 el fuego hará comprender sus corazones,
31 *mechtlahlamiktis,*	31 les hará ver la realidad,
32 *ma tlamia inmotzitzimihcapoh.*	32 que se termine su furia.

III. *Oración registrada en un ritual privado en honor de* Tlacatecolotl, *celebrado en Toloncuitlatla (Chicontepec).*

1 *Ay toteco, señor,*	1 Ay nuestro patrón, señor,
2 *namah nica timosentiltokeh,*	2 hoy aquí nos hemos reunido,
3 *namah nicah timosencahtoken,*	3 hoy aquí estamos presentes,
4 *namah pan ni nahnahuatilli ilhuitl,*	4 hoy en esta fiesta del nahnahuatilli [carnaval]
5 *pan ni toteco tlapialpixketl iilhui,*	5 en esta fiesta de nuestro patrón,
6 *pan ni tonatih yehyectzi,*	6 en este hermoso día
7 *pan ni hora, pan ni calli, pan ni tlalli,*	7 en esta hora, en esta casa, en esta tierra,
8 *namah nicah tihtlamacaseh ni toteco,*	8 hoy aquí ofreceremos comida a nuestro patrón,
9 *ya tech mocuitlahuia, tech tlamaca,*	9 el que nos cuida, nos da comida,
10 *huan tech maca tlen ica timopanoseh,*	10 y nos da con lo que vamos pasando [la vida]
11 *yeca tihchihua nitocostumpre, ni tlamantli.*	11 por eso hacemos esta costumbre, esta ceremonia.
12 *Ica cualli notihualtokeh pan ni motlaixpa,*	12 Con buena voluntad acudimos a tu altar,
13 *ica cualli timitz chihuiltokeh campa timosehuis*	13 con buena voluntad hemos hecho tu aposento
14 *campa titlaselis, nicah ni xomolco,*	14 donde recibirás presentes, aquí en este rincón,
15 *nicah timitz tlamacaseh, san ta tikitas,*	15 aquí te ofreceremos comida, sólo tú lo verás,
16 *san ta titlaselis, tahaya moitechpohui,*	16 sólo tú recibirás, te lo has merecido,
17 *ta tlahuel ti tech palehuihtoc,*	17 tú nos has ayudado bastante,
18 *titechmanahuihtoc ica mayantli,*	18 nos has defendido del hambre,
19 *mopeca axonhuetzi atl, axtlaelli,*	19 cuando no llueve nada se cultiva
20 *pero ta nochipa titech ihlamiki*	20 pero tú siempre te acuerdas de nosotros,
21 *huan titech maca achi pilsintzi,*	21 y nos das un poco de maíz,

22 *achi tlacualiztli, achi pilatzi ica tiatliseh,*

22 una poca de comida, una poca de agua para beber,

23 *nelnelia namah ayok mitztlepanitah,*

23 en verdad ahora ya nadie te respeta,

24 *yeca kehuac achi tomosisinia,*

24 por eso estás un poco enfadado,

25 *ta amo xi mo cuehso,*

25 tú no te preocupes,

26 *tohuante timitztlamacah,*

26 nosotros te ofrecemos comida,

27 *tohuante amo timitz ilcahuah,*

27 nosotros no nos olvidamos de ti

28 *yeca amo tihnekih xitechcocoli.*

28 por eso no queremos que nos odies.

29 *Macuah xihseli nimotlacualis,*

29 Pues recibe tus ofrendas,

30 *nicah timitzmactiliah, se tlaxcalli,*

30 aquí te entregamos unas tortillas,

31 *se cualli huinoh, se piotzih,*

31 un buen vino, una gallinita,

32 *se pantzi, se iyatl ica titlachichinas,*

32 un panecito, un tabaco para que fumes,

33 *xiconselli se chiltlacualli,*

33 recibe un platillo de mole,

34 *timitzmactilia se mocerveza,*

34 te entregamos una cerveza,

35 *se cualli tlacualiztli xiconselli,*

35 recibe un excelente banquete

36 *nochi tlen ni timitztlatlalihtokeh*

36 todo lo que nosotros hemos ofrecido en tu honor

37 *xiconselli, xicontlalanah*

37 recíbelo, tómalo

38 *tohuante ica cualli timitzmacah.*

38 nosotros te lo entregamos con buena voluntad.

39 *Namah nimitztlatilis se mo cantela,*

39 Ahora te entregaremos una vela,

40 *ma mitztlahuilli, no xiconitaya,*

40 para que te ilumine, para que veas

41 *ya mitztlahuilis, ihkino ica tlahuilli,*

41 cómo te ilumina, esta luz,

42 *ica pakiliztli tihnekih xitlaselli.*

42 porque queremos que recibas todo con alegría.

43 *Ayok xicualanto, xiyolpaki,*

43 Ya no estés enojado, alégrate,

44 *tohuante amo timitzilcahuah,*

44 nosotros no te olvidamos

45 *yeca namah timitztlamacah,*

45 y hoy te ofrendamos,

46 *cualli cuah xitlacuayah*

46 toma bien tus alimentos

47 *ayok amo ximocuehso.*

47 ya no estés triste.

48 *Ay nama nicah timitz tlapopochuiliah,*

48 Ay, hoy aquí te sahumamos,

49 *namah nicah timitz tlailhuikixtiliah,*

49 hoy aquí te festejamos

50 *namah nicah timitzhuicatiah,*
51 *nicah timitztlatzotzoniah.*
52 *Nelnelia timotlascamatih titechonpalehuihtoc,*
53 *ax titechmacatoc cuesolli,*
54 *cualli titechitztoc, axtlahuel timosisinihtoc,*
55 *ax tlahuel titechtlaihyohuiltihtoc,*
56 *cualli titech tlapopolhuihtoc*
57 *yeca namah timotlascamatih ica se tlacualli.*
58 *Ay señor san Ramón, señor Santiago,*
59 *Señora Cecilia, santa Catalina, san Andrés Olmo,*
60 *cualli xitlahtolmacaca ni señor Tlacatecolotl,*
61 *ma ayoctechcocolli, ma pakia, ma huetzcaya,*
62 *ma ayok mosisini, inmohuante xihyolmelahuacah,*
63 *xihyolyamanicah, ma axtechcocoli,*
64 *nelia namah ayok tlatlepanitah,*
65 *pero tohuante kena titlaneltocah,*
66 *yeca namah tihtlacualtiah ni tlacatecolotl.*
67 *Nelia Tlacatelotzih xitlaselia,*
68 *xiyolpakiah, xitlacuaya,*
69 *nochi tlen ni titlatlaltokeh xihtlana.*
70 *Ay nelia ica toyolo timitztlacualtiah,*
71 *ihki nochipa tipactinemis, amo ticualantos.*
72 *Campeca nemiseh ni moconehua,*
73 *xikinmanahui, xikintlapopolhui,*

50 hoy aquí te cantamos
51 aquí te interpretamos música.
52 Realmente te agradecemos pues nos has ayudado,
53 no nos has dado preocupaciones
54 nos has tratado bien, no te has enojado mucho,
55 no nos has traído sufrimientos
56 nos has perdonado muy bien
57 y hoy estamos agradecidos con este banquete.
58 Ay, señor san Ramón, señor Santiago,
59 Señora Cecilia, santa Catalina, san Andrés Olmo,
60 aconseja bien al señor hombre búho
61 que no nos odie, que se alegre, que se ría,
62 que ya no se enoje, ustedes deben convencerlo,
63 apacíguenlo, que no nos odie,
64 en verdad ahora casi no lo respetan
65 pero nosotros sí creemos
66 y ahora ofrendamos al hombre búho.
67 Por favor hombrecito búho recibe todo,
68 alégrate, ya consume tus alimentos
69 todo lo que hemos ofrendado levántalo.
70 Realmente con todo nuestro corazón te ofrendamos,
71 así siempre estarás alegre, no te enfadarás.
72 Donde anden tus hijos,
73 defiéndelos, perdónalos,

74 *amo mopeca tihcahuas*
   makinmahahuilicah
75 *se axcuali ehecatl, se*
   tlasolehecatl.
76 *Campeca ohmaxalpanoh,*
77 *amo tlen makinmahmati ni*
   moconehua,
78 *amo tlen makinpanti campa*
   nemih,
79 *amo mopeca se tlehtleya*
   kintonalhuicas,
80 *amo mopeca se tepetzacualli*
   kinontonalpachos
81 *Xikinmaca tekitl ni tlacatl ica*
   nochi iixmatihcahua,
82 *tlanmopeca onmomiltis,*
   macualli tlaelli,
83 *ma miak tlapixca.*
84 *Campeca itlapialhuah ma*
   cualli itztocah,
85 *ma momiakilicah, tlan*
   itorohhuah ma miak elicah,
86 *tlan ni torohmeh achi mone-*
   laxca amo icaxitecamahuilti.
87 *Yeca namah ni tlacualli*
   timitzmacah,
88 *yeca timitz tlapopochuiliah,*
89 *yeca timitz tlatiliah se cantela,*
90 *yeca ica timitztlatenohnotzah.*
91 *Ay tlacatecolotzi namah cualli*
   xiitzto
92 *campa tinemi, campa*
   timosehuia,
93 *tlan tlehtleya ax ticamati,*
94 *xitechmatilti pan temictli,*

95 *achi cualli tihmatiseh,*
96 *huan amo mopeca ticualantos,*
97 *amo mopeca timosisinihtos.*
98 *Ay toteco ¿nelnelia axtipactoc*
   ne campa tichantitoc?
99 *¿ahcahya mitznelcualanihtoc?,*

74 no dejes que en alguna parte les
   pongan
75 algún viento maligno, un viento
   de basura.
76 Cuando pasan en las encrucijadas,
77 que tus hijos no les pase nada,

78 que nada les pase por donde
   andan,
79 que no les robe la "sombra"
   alguna cosa,
80 que los montículos arqueológicos
   no se apropien de las "sombras".
81 Dale trabajo a este hombre,
   junto con sus familiares,
82 las milpas que haga que se
   cultiven bien,
83 que coseche mucho.
84 Que sus animales siempre estén
   muy bien,
85 que se reproduzcan, si son sus
   reses que se reproduzcan,
86 si las reses son de su propiedad
   no hagas maldades.
87 Hoy te entregamos este
   banquete
88 y te sahumamos
89 y te encendemos una vela
90 y te invocamos.
91 Ay, hombrecito búho, que estés
   bien
92 en todos tus caminos, en tu
   aposento,
93 si algo no te agrada
94 queremos que nos informes a
   través de sueños,
95 es mejor que lo sepamos,
96 para evitarte molestias,
97 y no andarás por ahí furioso.
98 Ay, nuestro patrón, ¿acaso no
   estás contento en tu hogar?
99 ¿Alguien te ha hecho enfurecer?

100 *¿ahcahya mitztlasolitztoc?,*
101 *¿mitz nelcuatotonihtokeh?*

102 *¿axtlatlepanitanih?,*
103 *tlan tlehtleya mitzchihuiltokeh,*
104 *ayoc xicualanto, xitetlapopolhui,*
105 *amo nohkía kenhueli xikinchihua,*
106 *amo xikintlaihyohuilti,*
107 *ayoc tih nekih xicualanto,*

108 *xiyolpakía, xiselia ni motlacualis.*
109 *Nicah tihtlaliah se xochitl,*
110 *xiseli huan ximohuikili pan motepeh,*
111 *pan mochah campa mitztlahuilia tescatlapetlanketl,*
112 *campa mitz ixitia tescatlatomonketl.*
113 *Cualli timitzmacahuaseh,*

114 *ica cualli tias pan ne tepepostectli,*

115 *pan ne tepexochicoatepec,*
116 *pan nochi ne tepemeh campa tinentinemi,*
117 *pan atlahtili, pan tepexitl, campeca*
118 *tinentinemi timitztlahsohtla,*
119 *yeca timitztlatlaliah,*
120 *nohkia timotlaiyohuiltia campa tinentinemi.*
121 *Cualli timitzmacahuaseh*

122 *ica axmopeca se tlayoaua*

123 *tikintlaihyohuiltihtinemis ni momasehualconehuah,*

100 ¿Alguien se burló de ti?
101 ¿Te han hecho enfurecer mucho?

102 ¿No te respetan?
103 Si algo te hicieron,

104 ya no te enojes, perdona,

105 no hagas lo mismo que ellos,

106 no los hagas sufrir
107 ya no queremos que estés enfadado,

108 alégrate, acepta ya tus ofrendas.
109 Aquí te ponemos una flor,
110 acéptala y llévatela a tu cerro

111 en tu casa donde te ilumina el espejo luminoso,
112 donde te despierta el espejo sonoro.
113 Te haremos una buena despedida,

114 irás con buena voluntad en el cerro Postectli [quebradero],

115 en el cerro Xochicoatepec,
116 en todos los cerros donde te paseas,

117 en los ríos, en las barrancas, por donde
118 andas nosotros te apreciamos,
119 por eso te ofrendamos,
120 porque también sufres por donde andas.
121 Te haremos una buena despedida
122 para que no molestes por las noches,
123 tus hijos macehuales,

124 *cualli cuah xi itztoya, ayoc*
    tlahuel timitzcuatotoniseh.
125 *Nohkia timitznekiliah ica cualli*
126 *xikin ontlahpalo to mihcatzitzi,*

127 *campeca tikinitas,*
128 *campeca tikinmelahuas*
    xikinontlahpalo.
129 *Ya timitztlamacah,*
    timitztlaoniltiah,
130 *namah timitztlahtlanilia,*
131 *ica cualli xitech palehui,*

132 *amo mopeca timoxicohtias,*
133 *yeca cualli timitztlatlaliliah,*

134 *ica cualli timitz macahuaseh,*

135 *no cualli tias tihnechcahuiti ne*
    tonatih,
136 *no ica cualli tias ne tonati*
    ihuetzica,
137 *ica pakistli tihmahuicatias ne*
    tonatih,
138 *no ica moyolo ihuaya tias*
    ne tonati,
139 *no ica cualli tihmacahuas kema*
    tlayohuas.
140 *Ay yeca timitzneltlahtlanilia,*
141 *ximoyolketzaya,*
142 *xitechcaki tohuante,*
143 *tlan mopeca mitzcocoliah,*
144 *amo nochi xitech tlaihyohuilti.*
145 *Cualli cuah ma elia mo yolo,*
146 *ma yolpakía motonal,*

147 *cualli ma nehnemiti motonal,*

148 *yeca mopa tecolomeh ma ax*
    tecamahuilticah,
149 *ma ax tetetzahuicah,*
150 *ica cualli no ma ti itztocahya,*

124 que estés bien, ya no te daremos
    más problemas.
125 También te pedimos con respeto
126 para que saludes a nuestros
    difuntos
127 cuando los veas,
128 cuando los encuentres por
    casualidad, salúdalos.
129 Te hemos ofrendado y te
    damos vino,
130 ahora te pedimos,
131 que nos ayudes con buena
    voluntad
132 y no te quejes,
133 por eso te entregamos una
    excelente ofrenda,
134 te haremos una buena
    despedida,
135 para que vayas muy contento a
    alcanzar al Sol,
136 irás muy alegre hacia el ocaso,

137 con alegría defenderás al Sol

138 e irás con el corazón alegre,

139 con buena voluntad lo despe-
    dirás cuando llegue la noche.
140 Te pedimos con gran fervor,
141 que pienses bien antes de actuar,
142 escúchanos,
143 si por ahí te odian,
144 no nos odies a todos.
145 Que seas de buen corazón,
146 ya es momento que se alegre tu
    "sombra"
147 que tu "sombra" se pasee con
    tranquilidad,
148 y ten presente que los búhos no
    hagan travesuras,
149 que no le deseen mal a nadie,
150 y que todos estemos en armonía,

151 *ica cualli no ma timoitacahya,*
152 *yeca timitzmactiliah, se cualli*
        tlacualli,
153 *se yehyectzi huicatl huan*
        tlatzotzontli.

151 que todos estemos pacificados,
152 por eso ponemos en tus manos
        un gran banquete,
153 un hermoso canto y una buena
        melodía.

IV. *Oración registrada en un ritual privado en Xochimilco (Ixhuatlán de Madero)
para equilibrar la conducta de* Tlacatecolotl.

1   *Ay totata, tonana,*
2   *namah nicah*
3   *timosentiltokeh,*
4   *tlan yalhuaya,*
5   *tlan huiptlaya,*
6   *timokokolihkeh,*
7   *matikilcahuacah,*
8   *amo tlen matechpasolo,*
9   *amo tlen matechcualancaita,*
10 *amo mopeca se cocoliztli,*
11 *amo tlen matechpanti.*
12 *Primero dios matechpalehui,*
13 *nochi totiotzitzih*
14 *matechcakicah,*
15 *ma axtechcualancaitacah.*

1   Ay, nuestro padre, nuestra madre
2   hoy aquí
3   nos hemos reunido
4   si ayer,
5   si el día pasado
6   nos enfadamos,
7   olvidemos
8   que nada nos separe
9   que nada nos haga enojar
10 que no haya enfermedades
11 que nada malo nos pase.
12 Primero dios nos ayude
13 todos nuestros dioses
14 que nos escuchen
15 que no estén enojados con
        nosotros.

16 *Namah nicah tihtlaliah*
17 *se tlacualiztli,*
18 *se cualli tlapechlli,*
19 *se cualli piltlacualtzih,*
20 *ni no itechpohui*
21 *makiselicah nitotiotziztzih*
22 *tlaihcuenianih,*
23 *tlamocuitlahuinih,*
24 *tlaochpanih, huan nochi*
25 *tlen tech palehuia*
26 *ica ma tiyoltocah*
27 *pan ni tlaltepactli,*
28 *pan ni tlayehyecolli.*
29 *Huan yeca namah nicah*
30 *pan ni calli, pan ni hora,*
31 *pan ni tlayecantli,*
32 *tih tlalia se cualli mesa,*

16 Hoy aquí ofrendamos
17 un buen banquete
18 una buena mesa
19 una buena comida
20 esto se lo merecen
21 recibamos a nuestros dioses
22 purificadores,
23 guardianes,
24 limpiadores y todos
25 los que nos ayudan
26 para estar bien
27 en esta tierra
28 en esta vida.
29 Por eso hoy aquí
30 en esta casa, en esta hora,
31 en esta diligencia
32 ponemos una buena mesa

33 *se cualli xóchitl huan*
34 *se tlatzotzontli.*
35 *Namah ni asitoc mecohtitla,*
36 *Tlacatecolotl ipoal,*
37 *Tlacatecolotl iilhui,*
38 *namah nicah ya tihtlamacah,*
39 *nicah tih tlaoniltiah,*
40 *nicah tihmactiliah*
41 *se cualli tlacualiztli.*
42 *Ayok tihnekih cuesolli,*
43 *ayok tihnekih cocoliztli,*
44 *ayoc tihnekih tlasolehecatl,*

45 *ayoc tihnekih mahmatilli,*
46 *ayoc tihnekih ma tlen techpacho.*
47 *Tihnekihya pakiliztli,*
48 *tihnekihya ica cualli tiitztoseh,*
49 *yeca namah titlatlacualtiah,*
50 *Ay ni Tlacatecolotl nelnelia*
51 *ax tihmatis iyolo,*

52 *kemantica noyolpactoc,*
53 *kemantica noteicneltoc*
54 *kemantica tlahuel te palehuia,*
55 *huan nelia kemah kualanih*
56 *tlahuel tetlatzacuiltiah,*
57 *ayok tihnekih macualanto,*
58 *nomayolpakia, namah nicah*
59 *pan ni calli, pan ni hora.*
60 *Nopayah campa tiitztoc*
61 *Tlacatecolotl, campa tilocotztoc,*

62 *canpa tichantitoc, timitztlamacah,*
63 *amo mopeca ticualantos, amo mopeca,*
64 *timosisinihtos, amo xitecocolli,*
65 *noica cualli xitechita.*
66 *Amo mopeca se ehecatl*
67 *netocalaxochtli,*
68 *netocalmapa,*

33 una buena flor y
34 una hermosa música.
35 Ha llegado el día de los "mecos"
36 el festejo del hombre búho
37 la fiesta del hombre búho
38 hoy aquí le ofrecemos comida
39 hoy aquí le ofrecemos vino
40 aquí le entregamos
41 una buena comida.
42 Ya no queremos tristezas
43 ya no queremos enfermedades
44 ya no queremos vientos malignos
45 ya no queremos sustos
46 ya no queremos que nada malo nos pase.
47 Queremos que haya alegría
48 ya queremos estar bien
49 y hoy ofrendamos.
50 En verdad este hombre búho
51 no sabemos la conducta de su corazón
52 en ocasiones está contento
53 en ocasiones es cariñoso
54 en ocasiones ayuda mucho
55 pero cuando enfurece
56 castiga muy feo
57 ya no queremos que se enoje
58 que se alegre, hoy aquí
59 en esta casa, en esta hora.
60 Ahí donde estás
61 hombre búho donde estás aposentado,
62 donde vives te ofrendamos
63 no estés enojado, no estés
64 furioso, no le desees mal a nadie
65 que ya veas bien a todos.
66 Que no haya malos vientos
67 en los perímetros de nuestra casa,
68 en el corredor de nuestra casa,

69	cualli noxiitztoya.	69	queremos que ya estés alegre.
70	Namah nicah timitzmactilia	70	Hoy aquí te entregamos,
71	se tlacualiztli, se huinoh,	71	un buen banquete, un vino,
72	se pantzih, se tomintzih,	72	un panecito, un dinero,
73	namah nicah tikinnochpanah,	73	hoy aquí hacemos una limpia,
74	nitoicnihuah,	74	a estos hermanos nuestros
75	cualli noxikinitaya,	75	trátalos bien
76	ya timitztlamacah, ya cualli	76	ya te ofrendamos, ya trata
77	xiteitaya, ayoc xitecocolli.	77	bien a todos.

BIBLIOGRAFÍA

Alva Ixtlilxochitl, Fernando de, *Obras históricas I y II*, UNAM, México, 1985.

Báez-Jorge, Félix, "Prólogo" a la segunda edición cubana de *Los peligros del alma. Visión del mundo de un tzoltil*, de Calixta Guiteras, Ciencias Sociales, La Habana, Cuba, 1988.

————, *Los oficios de las diosas. (Dialéctica de la religiosidad popular en los grupos indios de México)*, Universidad Veracruzana, Xalapa, 1988.

————, *Las voces del agua*, Universidad Veracruzana, Xalapa, 1992.

————, *Entre los naguales y los santos*, Universidad Veracruzana, 1998.

Barjau, Luis, *Tezcatlipoca. Elementos de una teología nahua*, UNAM, México, 1991.

Baudot, Georges, "Introducción" a *Tratado de hechicerías y sortilegios de Andrés de Olmos*, IIH, UNAM, México, 1990.

Boiles, Charles, "Síntesis y sincretismo en el carnaval otomí", *América Indígena*, vol. XXXI, núm. 3, México, 1971.

Braudel, Fernando, "Historie et sciences sociaux: la longue durée", *Anales E.S.C.*, 1958, pp. 725-756.

Broda, Johanna, "Calendarios, cosmovisión y observación de la naturaleza", en S. Lombardo y E. Nalda (coords.), *Temas mesoamericanos*, Instituto Nacional de Antropología e Historia, CONACULTA, México, 1996, pp. 427-470.

————, "Sociedad prehispánica, religión y cosmovisión", en Luz María Mohar, *Estratificación social en la Mesoamérica prehispánica: un balance*, CIESAS, México, s.f.

Brotherson, Gordon, "Huesos de muerte, huesos de vida: la compleja figura de Mictlantecuhtli", *Cuicuilco*, Nueva época, vol. 1, núm. 1, mayo/agosto, México, 1994, pp. 85-98.

Cervantes, Fernando, *El diablo en el nuevo mundo. El impacto del diabolismo a través de la colonización de Hispanoamérica*, Herder, Madrid, 1996.

Códice Borbónico, FCE, México, 1992.

Códice Borgia, FCE, México, 1963.

Códice Fejervary-Meyer, Antigüedades de México, basadas en la recopilación de Lord Kingsborough. Lectura de José Corona Núñez, vol. III, Secretaría de Hacienda y Crédito Público, México, 1964.

Códice Madrid, Los códices mayas, introducción y bibliografía de A. Thomas, Universidad Autónoma de Chiapas, Tuxtla Gutiérrez, Chis., 1985.

Códice Vaticano-Ríos o Vaticano Latino, Antigüedades de México, basadas en la recopilación de Lord Kingsborough. Lectura de José Corona Núñez, vol. III, Secretaría de Hacienda y Crédito Público, México, 1964.

Durand, G., *La imaginación simbólica*, Amorrortu, Buenos Aires, 1968.

Galinier, Jacques, *La mitad del mundo. Cuerpo y cosmos en los rituales otomíes*, IIA, UNAM, México, 1990.

Garibay, Ángel María, *Teogonía e historia de los mexicanos. Tres opúsculos del siglo XVI*, Porrúa, México, 1965.

Gómez Martínez, Arturo, *La espiritualidad de los nahuas chicontepecanos*, tesis de licenciatura (en proceso).

González Torres, Yolotl, *El culto a los astros*, SEP-Setentas, México, 1975.

Instituto Nacional de Geografía y Estadística, *Veracruz, I. Resultados definitivos*, tabulados básicos, XI Censo General de Población y Vivienda, México, 1990.

Kurath, G., "La transculturación en la danza hispanoamericana", *Folklore Américas*, vol. XVIII, núm. 2, Coral Gables, Florida, 1958, pp. 17-25.

Lenz, Hans, *El papel indígena mexicano*, SEP-Setentas, México, 1973.

León-Portilla, Miguel, *Los antiguos mexicanos a través de sus crónicas y cantares*, FCE, México, 1983.

Lisón Tolosana, Carmela, *Demonios y exorcismos en los siglos de oro*, La España Mental I, Akal, Madrid, 1990.

López Austin, Alfredo, *Tamoanchan y Tlalocan*, FCE, México, 1994.

Luján, Juan de, "Informes del vicario de Chicontepec al obispo de Tlaxcala", Manuscrito del Archivo Parroquial de Chicontepec, legajo sin número, foja 4-6, 1565.

Lupo, Alessandro, *La tierra nos escucha. La cosmología de los nahuas a través de las súplicas rituales*, CONACULTA-INI, México, 1995.

Medellín Zenil, Alfonso, *Exploraciones en la región de Chicontepec o Huasteca meridional*, Editora del Gobierno del Estado, Xalapa, 1982.

——, "Muestrario ceremonial de la región de Chicontepec, Ver.", L. Ochoa (coord.), *Huastecos y totonacos*, CONACULTA, México, 1989.

Molina, Alonso de, *Vocabulario en lengua castellana y mexicana y mexicana y castellana*, Porrúa, México, 1977.

Moreno de los Arcos, Roberto, "Los cinco soles cosmogónicos", *Estudios de Cultura Náhuatl*, vol. 7, IIH, UNAM, México, 1967.

Muñoz Camargo, Diego, *Historia de Tlaxcala*, Secretaría de Fomento, México, 1892.

Nájera C., Martha Ilia, *El don de la sangre en el equilibrio cósmico*, UNAM, México, 1987.

Ochoa, Lorenzo, *Huastecos y totonacos*, CONACULTA, México, 1989.

Olmos, Andrés de, *Tratado de hechicerías y sortilegios*, paleografía del texto náhuatl, versión española, introducción y notas de G. Baudot, IIH, UNAM, México, 1990.

Paso y Troncoso, Francisco del, *Papeles de Nueva España*, vol. V, Madrid, 1902.

Reyes García, Luis, *Pasión y muerte del Cristo Sol. Carnaval y cuaresma en Ichcatepec*, Universidad Veracruzana, Xalapa, 1960.

Reyes García, Luis y Dieter Christensen, *El anillo de Tlalocan*, Gobierno del Estado de Puebla, FCE, México, 1990.

Ruiz de Alarcón, Hernando, *Tratado de las idolatrías, supersticiones, dioses, ritos, hechicerías y otras costumbres gentílicas de las razas aborígenes de México*, Fuente Cultural, México, 1953.

Sahagún, Bernardino de, *Historia general de las cosas de la Nueva España*, Porrúa, México, 1992.

Sandstrom, Alan, *Corn is Our Blood. Culture and Ethnic identity in a contemporary aztec indian village*, University of Oklahoma Press, 1991.

———, "El nene lloroso y el espíritu del maíz: el cuerpo humano como símbolo clave en la Huasteca veracruzana", J. Ruvalcaba Mercado (coord.), *Nuevos aportes al conocimiento de la Huasteca*, CIESAS, México, 1998.

Sandstrom, Alan y Pamela Effrein Sandstrom, *Traditional papermaking and paper cult figures of Mexico*, University of Oklahoma Press, 1986.

Signorini, Italo y Alessandro Lupo, "The Ambiguity of Evil Among the Nahuas of the Sierra (Mexico)", *Etnofoor*, U (1-2), 1992, pp. 81-94.

Simeon, Remi, *Diccionario de la lengua náhuatl o mexicana*, Siglo XXI, México, 1983.

Stresser-Péan, Guy, "Les Nahuas du Sud de la Huasteca et l'ancienne extension méridionale des Huastéques", *Huastecos, totonacos y sus vecinos, Revista Mexicana de Estudios Antropológicos*, t. XII, México, 1952-1953, pp. 2-3.

Torquemada, Juan, *Monarquía indiana*, vol. II, Porrúa, México, 1969.

Toussaint, Manuel, *La conquista de Pánuco*, El Colegio de México, México, 1948.

Williams García, Roberto, *Los tepehuas*, Universidad Veracruzana, Xalapa, 1963.

———, *Danzas y andanzas*, Instituto Veracruzano de Cultura, Veracruz, CONACULTA, México, 1997.

8. Una mirada detrás del telón.
Rituales y cosmovisión entre los otomíes orientales

JACQUES GALINIER*

En este fin de siglo el mundo mesoamericano se enfrenta a una aceleración del proceso de occidentalización y a la globalización de las economías mexicana y guatemalteca. Las comunidades responden a este nuevo reto con soluciones culturales alternativas, muy variables de un grupo a otro, de un pueblo al vecino. Los otomíes sufren la uniformización creciente de su estilo de vida por la omnipresencia de pautas de conducta inspiradas en los modelos urbanos de consumo, en la organización de los espacios de comensalidad y en los valores que guían la vida colectiva. No obstante, a pesar de esta homogeneización, las diferencias culturales internas del área siguen estando perfectamente marcadas. Paradójicamente, se está acentuando el contraste entre las zonas más conservadoras y los núcleos en vía de extinción lingüística. Examinaremos esta curiosidad sociológica presentando el marco cultural de los otomíes de la Sierra Madre Oriental y del sur de la Huasteca, a los que llamaremos "orientales". Será la oportunidad de discutir la vigencia actual de las cosmovisiones indígenas, de su nivel de coherencia y de sus premisas filosóficas. Exploraremos la relación entre el saber explícito y su segundo término inconsciente, respecto de la economía interna del sistema ritual, para descubrir cómo sigue desempeñando una función integradora en el contexto de una agresión cultural irreversible, la de la sociedad nacional en su conjunto.

* Centre National de la Recherche Scientifique-Universidad de París X.

SEMBLANTES DEL MUNDO OTOMÍ:
LO COMPARTIDO Y LO ESPECÍFICO

El área otomí presenta una configuración cultural compleja por distintas razones. En primer lugar, de orden ecológico: selvas de altura cubiertas de pinos y abetos, como la Sierra de las Cruces en los alrededores de Huixquilucan, contrastan con mesetas envueltas en torbellinos de polvo dedicadas a la policultura (de Toluca a Ixtlahuaca o el Valle de Tulancingo), zonas semiáridas, parcialmente irrigadas (el Valle del Mezquital), montañas desérticas de relieve quebrado (Sierra Gorda), y una sucesión de ecosistemas que se inclinan desde el Altiplano central y la Sierra Madre Oriental, hasta las lomas y las mesas basálticas de tierra caliente, en el sur de la Huasteca, entre las cuales se intercalan biotopos de transición de una gran diversidad (Puig, 1976, p. 223). Sobresalen también razones históricas ya que la colonización, los disturbios de la Independencia y la Revolución no han tenido el mismo impacto en esas regiones. Además, la evangelización superficial de esas provincias de la Nueva España ha generado sistemas religiosos bastante diferenciados, sea que la tradición prehispánica haya casi totalmente desaparecido (en la región del río Laja), o que se haya conservado dentro del catolicismo popular (Valle de Toluca). En otras partes sigue constituyendo una vertiente bien estructurada dentro de un "doble sistema religioso", en el cual se diferencian de manera tajante actividades ceremoniales públicas, católicas, y rituales privados (Carrasco, 1957, pp. 198-203) o de "compartimentación" (Klor de Alva, 1982, p. 35). El autor se refiere a situaciones de aceptación de la religión cristiana sin que sean abandonadas las experiencias que remiten a la tradición indígena. Este esquema corresponde a la zona oriental, que estudiaremos más detalladamente.

Para el historiador y el antropólogo la zona otomí oriental tiene la ventaja de haber mantenido, como sus vecinos totonacos, tepehuas y nahuas, un gran número de rituales de origen prehispánico, y en particular un complejo panteón de deidades locales representadas por figurillas antropomorfas: los ídolos de papel picado. La zona otomí oriental se presenta como una franja de transición entre la Huasteca y el Altiplano central, en la que rasgos "costeños" integran los rituales locales, sobre todo en el carnaval. Si-

guen presentes figuras del panteón prehispánico huaxteco que desaparecieron paradójicamente, de acuerdo con el estado actual de
las investigaciones de campo, de las comunidades de Veracruz o
San Luis Potosí. Por su lado, Stresser-Péan ha señalado la posible
"nahuatlización" de huaxtecos de la parte meridional, la que colinda con el área otomí (Stresser-Péan, 1953, p. 290). Los otomíes
conservan viva una verdadera cosmovisión en la que se integran conceptos de espacio y de tiempo, una noción de persona,
una teoría del destino que tiene incontestables fundamentos
precortesianos. Se caracteriza también por diversos rituales, en
particular el espectacular palo volador, que permite guiar la reflexión hacia las categorías fundamentales del sistema filosófico
otomí. En esas condiciones, el sur de la Huasteca representa una
especie de laboratorio en el cual permanecen rasgos que han desaparecido en otras provincias del área otomí o que siguen vigentes
a un nivel semiconsciente o inconsciente en las zonas más afectadas por esta occidentalización niveladora. Por ejemplo, en todas
partes el ciclo de las fiestas católicas incluye la devoción al santo
epónimo y, sobre todo, el culto a los muertos. También el carnaval
es un elemento esencial de la presencia —a veces apenas perceptible— de "elementos focalizadores" comunes, en particular alrededor de la figura del diablo o del torito (Ixtlahuaca) o de una máscara de chivo colgando de un palo (Tierra Blanca). Más aún, entre los
mazahuas sigue vigente una concepción compleja del "sacrificio"
en su dimensión corporal y astral que revela sorprendentes semejanzas con la de los otomíes orientales (Galinier, 1990, pp. 251-267).
Esta analogía confirma la vigencia, en un estrato muy profundo de
la percepción del cosmos, de representaciones que no han desaparecido del patrimonio común de los grupos que constituyen la familia otomí-pame, como un rasgo "arcaico" escondido detrás de
la diversidad lingüística y cultural. Todos esos factores nos invitan
a "excavar" en el sistema ritual y en la cosmología de los otomíes
orientales para alcanzar el núcleo duro del *eidos* otomí, de lo que
ha resistido, tras complejos procesos de transformación, a cuatro
siglos de colonización.

LA DOBLE CARA DE LA EXÉGESIS

Comencemos por reflexiones de orden metodológico. Existe una larga "disputa", en el círculo de los antropólogos americanistas, acerca de la relación entre mito y ritual. El contexto mesoamericano pone de relieve la imposibilidad de considerar las prácticas ceremoniales como reflejos, explicaciones de textos sagrados referentes al origen o a la escatología de los grupos actuales. La articulación entre los dos es sumamente difícil de penetrar, y no puede afirmarse *a priori* de la investigación. Recordemos también que Lévi-Strauss, al final de *L'Homme nu,* considera el ritual como una experiencia torpe y patética para alcanzar el "valor límite" del mito: "Cette tentative éperdue, toujours vouée à l'échec, pour rétablir la continuité d'un vécu démantelé sous l'effet du schématisme que lui a substitué la spéculation mythique constitue l'essence du rituel" (Lévi-Strauss, 1971, p. 603). Definitivamente, la tesis lévi-straussiana no coincide con la concepción mesoamericana del actuar en el mundo para controlarlo y mantener su equilibrio. Quisiera demostrar cómo en el caso otomí el ritual no es una forma derivada, "bastardeada" —para utilizar la terminología del autor— del mito sino, al contrario, es el punto de cristalización y de activación de la visión indígena del mundo. En primer lugar, porque el patrimonio mitológico se ha vuelto un traje desgarrado, hecho de piezas y pedazos que ya no compite al saber compartido. Solamente algunos ancianos o chamanes detentan las claves del origen de los astros, de los distintos diluvios, del tiempo de los gigantes o del nacimiento de Cristo. Es un saber periférico, pero que sí puede surgir de manera espontánea durante el curso de un ritual e integrarse a las glosas que explican tal o cual secuencia. Por ejemplo, en el Volador de San Miguel el mito de la persecución de Jesucristo por los diablos se presenta como mito y como explicación de los brincos de Malinche en el *tecomate.* El mismo "texto" es parte de las racionalizaciones del evento ritual.

En otro trabajo he señalado la importancia de dos aspectos muy distintos de los comentarios proporcionados por los informantes acerca de los rituales (Galinier, 1986, p. 203). Por un lado, la "exégesis externa" corresponde a todas las glosas que los informantes revelan al antropólogo acerca de los actos que está presenciando.

Sin embargo, de manera frecuente he observado rituales complejos, como los "costumbres", comunitarios que implican la puesta
en marcha de largas secuencias que duran a veces hasta una semana. Mis informantes no podían relatar de memoria los detalles de
esas operaciones, ni recordar cómo se efectuaban. En el momento
de su realización, todo el mecanismo ritual se ponía espontánea-
mente en marcha. Esta "exégesis externa", captada en el momento
del proceso ritual, se presenta a veces como una versión estándar,
canónica, aceptada por todos. Es el caso, por ejemplo, de la celebración de una devoción al santo patrón del pueblo. Ahora, esta
clase de información no es suficiente de por sí para abarcar todo el
campo de la interpretación nativa del ritual. Deben tomarse en
cuenta glosas contradictorias, a veces de parte del mismo informante en otra manifestación de ese ritual, y confrontarlas para
descubrir los elementos comunes: en el simbolismo de los números o de los colores, por ejemplo, existe una gran confusión conceptual. Sin embargo, lo que importa no es tanto el contenido como
el concepto central según el cual el mundo puede "leerse" a través
de un código de colores y de números. Por eso me parece esencial
recurrir a otra clase de comentarios, la "exégesis interna". Así de-
nomino al conglomerado de comentarios desordenados, de cantos, de "pequeñas historias" y sobre todo de chistes, juegos de palabras, que circulan entre los mismos indígenas, *sin que el antropólogo
lo solicite*. Constituyen la materia prima tanto de la interpretación
de los rituales como de la cosmovisión otomí. Este tipo de información no es en absoluto neutra: en primer lugar, por las circunstancias durante las cuales se revela, es decir la embriaguez, que
implica una clase de trascendencia, de "entrada en lo sagrado" y
que permite destapar lo reprimido, esto es el "secreto" o la "caja
negra" de la cultura otomí. Este secreto se puede resumir así: muerte
y sexo. La "exégesis interna" nos enseña que el sistema del mundo
se explica a partir de premisas fundamentales que ponen de relieve el papel de la imagen del cuerpo como marco de comprensión
de fenómenos cósmicos y, sobre todo, de la fisiología sexual. El
coito como modelo del ritual, de la circulación de sustancias, del
"sacrificio" de un elemento masculino, el pene, dentro del cuerpo
de una madre terrestre provista de una vagina dentada. El "corte"
es el proceso que reactiva el ciclo de la vida humana y contribuye
a la buena marcha del universo.

Esta teoría se difunde en todo el sistema ritual y lo legitima. Es evidente que no se presenta como un sistema integrado, una filosofía depositada entre las manos de los chamanes, pero es la idea central que circula en las prácticas rituales y que confirma de manera elaborada la iconografía. En efecto, los muñecos de papel cortado muestran cómo en el ápex del panteón se ubican deidades "mutiladas", los "antiguas" o los "aires", sin pie o sin cabeza (es decir, metafóricamente sin pene). Estos "ídolos" confirman la vigencia de esta extraña "exégesis interna", secreta, y que el discurso etílico permite alcanzar: "el lugar de la verdad", *makhwani*, del "corte", es decir el aspecto oculto de los fenómenos.

EL DUALISMO REVISITADO

Una vez que se ha hecho explícita, esta cosmovisión autoriza una nueva lectura de la vida ritual y de la clasificación social de los otomíes, en particular del sistema dualista. Una metáfora *princeps* resume la quintaesencia del modelo bipartito: *mate okhâ, mate zithû*, "mitad Dios, mitad diablo", que se aplica respectivamente a la parte alta y a la parte baja del cuerpo, oponiendo lo masculino a lo femenino, la religión católica a la tradición otomí. Ahora desciframos el patrón de asentamiento en los pueblos que conservan una organización dualista. A diferencia de otras zonas de Mesoamérica, este modelo es probablemente de origen colonial. Viene de la política de las "congregaciones" del virreinato, durante el cual los otomíes fueron repartidos en "barrios" y "estancias" (Gerhard, 1972, p. 337). Lo interesante es que se imprime, en esta construcción relativamente reciente, el antiguo modelo de bipartición del cosmos y del cuerpo. Por ejemplo, en San Pedro Tlachichilco se opone la mitad de la cabeza (*mayâ*) a la "del culo" (*matui*), oposición que también puede entenderse como un contraste Sierra/Huasteca. A cada mitad corresponden lugares del culto, los oratorios, grupos de carnaval que antaño se enfrentaban de cada lado de una frontera imaginaria en medio del pueblo. Lo interesante es ver cómo la división local arriba/abajo corresponde a la oposición tierra fría/tierra caliente. En San Lorenzo Achiotepec existe la más completa versión de este sistema de "mitades", porque la parte *tâtô* y la parte *tânyûni* no solamente se relacionan con un cerro ubicado a cada lado del pueblo, sino también con un centro regional de culto: la Laguna para *tânyûni*, Iglesia Vieja para *tâtô*, y finalmente con Sol y Luna, los astros antagónicos. Como en San Pedro, observamos la proyección homotética, cuerpo/pueblo/cosmos. Este modelo conceptual sigue estando vigente en San Antonio y probablemente en Santa Mónica, pero no existe en otras partes de la Sierra. Tiene implicaciones importantes en lo que respecta al carnaval, ya que la concepción dualista se inscribe también en la organización de grupos de danzantes afiliados a cada mitad. Precisamente, el carnaval es el momento del enfrentamiento entre los dos principios antitéticos, el masculino y el femenino.

Otra manifestación ritual del principio dualista es la organización de los oratorios, común a toda el área otomí (Soustelle, 1936, pp. 97-117; Dow, 1974, p. 130). Son de varios tipos. En la Sierra alta se encuentran en San Pablito y Santa Mónica (Dow, *ibid.*). Son más bien capillas, casitas con paredes de carrizo y techo de zacate, en las cuales se conservan imágenes, que se visitan de manera aleatoria durante los "costumbres". En los dos pueblos del Altiplano existe una organización fundada sobre la presencia de dos estructuras juntas, un edificio mayor, dedicado a una deidad católica, y otra menor, reservada al culto de los ancestros y a los rituales de fertilidad agraria. Estos oratorios corresponden a grupos de filiación agnaticia, los linajes, la mayoría de los cuales no puede recordar el nivel de conexión genealógica entre sus miembros y constituyen en realidad verdaderos clanes. Sin embargo, no poseen los atributos clásicos de los "clanes" según la definición común y corriente que prevalece en el lenguaje antropológico. Son "clanes mortuorios", ya que su existencia es únicamente perceptible a partir del culto de los ancestros que precede, durante el mes de octubre, la fiesta de Todos Santos. En otras palabras, sin la presencia de esta armazón ritual no existiría ninguna huella de tal sistema de parentesco. Aparte de los oratorios clánicos, existen en Santa Ana Hueytlalpan oratorios comunitarios que representan el eslabón intermediario de un sistema piramidal que incluye (desde abajo hasta arriba) la casa con el altar doméstico, lugar de las devociones privadas a los difuntos del conjunto habitacional, el oratorio clánico "menor", tradicional, el oratorio comunitario, la cueva del Cerro Napateco y, finalmente, un centro extracomunitario, *mayonikha*. Aquí también sigue vigente el sistema dualista, integrando la otra vertiente del sistema piramidal, la cual incluye la casa (con las imágenes dedicadas a Cristo y a la Virgen), el oratorio clánico "mayor", católico, el oratorio comunitario, del Santísimo, y el Santuario de la Virgen de Guadalupe en México.

En el pueblo vecino de San Pedro Tlachichilco, donde existen también oratorios clánicos, no se encuentra una organización ritual tan compleja, con base piramidal. En Santa Ana Hueytlalpan, donde posiblemente predominaba una organización social en mitades, la división actual en cinco barrios es la base territorial a partir de la cual se desarrolla un complejo ritual de carnaval. Cada barrio se identifica por un palo, un torito, un grupo de danzantes. El conflicto entre mitades se ha reubicado en el marco de la división espacial en barrios. La ceremonia de identificación de los toritos, frente al juzgado, imprime el "sello" a cada unidad ritual. Una carrera en los límites de los barrios reafirma su propia identidad. El carnaval termina con el sacrificio del torito, desgarrado y abandonado, mientras que se conserva la máscara frontal para el año siguiente. El torito es el representante de la deidad mayor del Cerro Napateco, comúnmente llamado *zithû*, diablo. Su jurisdicción se extiende a todo el pueblo, y visita a las mujeres cada mes. Es el dueño de la noche, de la muerte y del sacrificio.

SEMBRAR EL MUNDO

El carnaval otomí es la "vía real" para entender el funcionamiento del dualismo asimétrico, las ideas sobre la reproducción, la relación con los ancestros y esta curiosa filosofía de la "falta". Se presenta como un "juego" *(nyeni)*, es decir un acto que implica el entrecruzamiento de dos principios, masculino y femenino (el diablo hace las veces de *tânyeni*, "gran jugador"). También puede ser denominado *nteni*, término que evoca el color rojo, tinte del sacrificio, de la sangre menstrual y de la luz del inframundo. En San Miguel lo llaman *s¢ke*, "apertura", lexema polisémico que abarca a la vez las ideas sobre el desgarramiento, la apertura de los cuerpos en el momento del coito y del *liber* del *Ficus* cuando se le retira para fabricar papel amate. La "abertura" remite además al espacio del inframundo, del cual van saliendo diablos, "huehues" vestidos de costales, llevando máscaras grotescas de palo de jonote o de hule, "damas" vestidas de popelina, "apaches", etc. Vienen a ocupar el territorio habitado para transformarlo en una especie de *Spielraum*, de duplicación del "mundo de abajo". Esta metamorfosis espacial es acentuada por rituales de transición. Por ejemplo, en San Miguel se saca al santito de la iglesia para colocarlo en una capilla afuera del pueblo. Regresará a su lugar al final del carnaval. En Texcatepec, cada día de la fiesta los actores se visten en el monte para no contaminar al pueblo.

Las variantes del carnaval son incontables en toda el área otomí; ya sea que se desarrolle en forma discreta, marginal, en las comunidades más occidentalizadas, o con excepcional fervor, como en toda la Sierra Madre, éste compite con un mismo guión. Se trata por excelencia de un "ritual de inversión" (Gluckman), que da a conocer la realidad del inframundo, un territorio dominado por la muerte, la putrefacción de los "padres podridos", los *sihta* o huehues y la exuberancia de la vida por venir.

En realidad, la ideología del carnaval no hace más que confirmar de manera espectacular la realidad de este axioma: la vida procede de los ancestros. Son los guardianes de la sustancia vital, el esperma, que se encuentra en la médula de sus huesos, conforme a una concepción prehispánica compartida con los mexicas (López Austin, 1980, p. 190). Todo esfuerzo de los vivos consiste en capturar esta sustancia. Por lo mismo, siempre aparece en el ritual la figura del Viejo, Dueño del Mundo. Puede ser un personaje disfrazado, vestido de traje, jorobado, que se apoya en su bordón, o un maniquí de paja instalado al pie del Palo Volador (Chicamole) o en un altar construido en medio del espacio ritual (Piedra Grande). Es la figura dominante del carnaval. Su canto expresa su deseo de fertilizar el mundo, a pesar de todos sus defectos y mutilaciones. En San Miguel existe una versión más explícita de esta ideología. El Viejo —llamado localmente hmûyântẹ, el "Dueño con Cabeza de Viejo"— viene en busca de su pareja, hẹrasu, oriunda de tierra caliente, la "mujer loca de amor". A través de un encuentro sumamente erotizado, como lo expresa el canto del actor, utilizando una voz de falsete, hẹrasu se presenta el primer día embarazada, y al día siguiente con una muñeca en los brazos, sea una niña rubia o un bebé negro, t'uzithu, es decir el "pequeño diablo", la futura generación otomí. Según mis observaciones, San Miguel es el único lugar donde asistimos a un verdadero "parto", que además incluye un ritual de *temazcal*, de purificación. Por otra parte, la figura de *h¢rasu* no deja de evocar a la deidad huaxteca integrada al panteón mexica con el nombre de Tlazolteotl, que representa a la vez la deidad lunar —el astro referencial del carnaval— del tejido (lleva un quechquemitl bordado), de la lujuria y de la confesión de los pecados. Este último aspecto no es visible a primera vista, pero se deduce del ritual del Palo Volador: los "viejos", al bajar, vienen a confesarse con *h¢rasu*.

El Palo Volador otomí se integra lógicamente al ciclo del carnaval. Ha desaparecido del área tepehua y huaxteca veracruzana, y subsiste entre los totonacos de la Sierra, sobre todo a través de la forma moderna de los Voladores de Papantla, cuya fama internacional los ha convertido en representantes emblemáticos del México indígena (Stresser-Péan, 1948). En la Sierra Madre se mantiene, sobre todo en el municipio de San Bartolo Tutotepec, en Santa María Apipilhuasco (Veracruz) y en Chila (Puebla), en una forma "arcaica" inventada en 1937 por un estadunidense, en el cual los danzantes se visten con un traje de plumas de gallina y máscaras con pico. Además, es un Volador con seis actores, en lugar de cuatro como en el resto de las comunidades. Existen exégesis clásicas respecto del significado del ritual, como danza de las águilas según los huaxtecos, los nahuas (Stresser-Péan, *ibid.*, pp. 328-329) y los tepehuas (Ichon, 1969, p. 327), o también como culto al agua con referencia a los puntos cardinales (Ichon, *ibid.*, p. 337; Bertels, 1993, p. 164). Lo interesante del Volador otomí es que está directamente conectado con la puesta en escena del carnaval. Expresa la oposición entre el mundo de arriba y el mundo de abajo, entre Cristo (representado por Malinche) y los diablos (los "Viejos" que vuelan hasta el suelo). Además, existen dos versiones complementarias del origen de la danza. La primera es la exégesis "cristiana": evoca la carrera celestial de Cristo para escapar de los diablos. La segunda se deduce de la simbolización del palo como *axis mundi* y sobre todo como falo universal. Es la representación por excelencia del gran coito cósmico. El mismo contexto del carnaval, como himno a la fertilidad, contamina al Volador y lo erotiza, lo que no aparece de manera tan visible en las comunidades donde se articula con otras fiestas, como la del santo patrono, el Señor de la Misericordia (Chila), Semana Santa en Pahuatlan o la Santa Cruz en Santa Mónica (Bertels, *ibid.*, p. 228). Además, los de Chila actúan en la ciudad de

México el 12 de diciembre en honor a la Virgen de Guadalupe. En San Miguel es preciso notar la presencia, al pie del palo, del Viejo como Dueño del Mundo y, más directamente, del inframundo. Es decir que la ideología del Volador hace resaltar su conexión con los ancestros, de tal manera que podríamos hablar de un verdadero "ritual mortuorio", a través de la "regeneración fálica" del Dueño con Cabeza de Viejo, *hmuyântę*, ubicado al pie del palo. La ecuación "palo = pene en erección", y su asimilación al falo del Dueño del Mundo nos enseña cómo un ritual revela al mismo tiempo la omnipotencia de un ser "podrido" y su infinita capacidad de reactivación. La prueba es que la cópula con la "mujer loca de amor" produce un nuevo ser, el "pequeño diablo".

Todo el ritual demuestra cómo el Volador es una celebración de la vida pasando por la muerte, la del Viejo, que viene cada año a recobrar su fuerza, *nzahki*, término derivado de *nza*, "palo". Esos indicios nos llevan a la conclusión que el "vuelo" hace las veces de metáfora del acto sexual, porque los Voladores no son más que "huehues", cuyo lenguaje escatológico, obsceno, indica su papel como vectores de la fertilidad, cargados de sangre, *khi*, es decir de esperma. Como lo hemos señalado, la variante del Volador de San Miguel se apoya directamente en la ideología del carnaval: no tendría significado fuera de este contexto o solamente como diversión, acrobático ornamento de un evento ceremonial. Puede ser sorprendente que el "código sexual" no sea manifiesto en los Voladores de otras comunidades o de las etnias circunvecinas. Podemos discutir sobre las razones que justifican la ausencia de esa referencia. Sin embargo, existen indicios que justifican esta interpretación. En primer lugar, numerosos datos confirman la importancia de la abstinencia sexual anterior al juego. Entre los totonacos de la Sierra, es de 4, 8 o 12 días, según los pueblos. Si no se respeta, provoca un accidente (Ichon, 1969, p. 336). También puede ser responsable de una enfermedad (Bertels, 1993, p. 173). Los nahuas de Yaonahuac explican que deben estar "desprovistos de pecados" antes de volar y de confesarse (*op. cit.*, p. 211). Esta dimensión transcultural del tabú sexual antes del vuelo y su carácter imperativo no ha sido comentado por los especialistas del Volador, ni siquiera por Bertels, que ha examinado de manera exhaustiva todas las fuentes (Bertels, *ibid.*). Estas precauciones confluyen para subrayar la importancia de la fase preliminar en la cual tiene que conservarse la energía antes de su desgaste cósmico. Podemos relacionar esa observancia con el "costumbre" totonaco necesario para integrarse al grupo de los Voladores, y la "limpia" de salida de la iglesia (Ichon, *op. cit.*, p. 338). Por otra parte, el capitán de la danza es generalmente un curandero, como Malinche lo es entre los otomíes, es decir un manipulador de "fuerza". La "descontaminación" necesaria al terminar el acto comprueba el carácter "delicado", *sunt'uski*, de la danza. Entre los nahuas de Yaonahuac se impone una exégesis cristiana, radicalmente opuesta a la versión otomí. En este ejemplo, la "confesión" se asemeja a la práctica católica. En San Miguel, el acto de "confesarse" es precisamente equivalente al coito, como bajada, "búsqueda de la verdad", lo que los "Viejos" enseñan al aventarse del marco. La erección continua del palo se simboliza a través de las múltiples subidas y bajadas de los Viejos.

El último día un danzante trata de ascender al palo pero se cae, "muerto". Este acto tiene una función precisa: permitir la reanudación del vuelo el año siguiente (Galinier, 1989, pp. 329-339). El Palo tiene que ser "desactivado", perder su fuerza como el Viejo después de su coito cósmico con la "mujer loca de amor". Se le conserva frente al juzgado. El año siguiente recibirá de parte del chamán las ofrendas apropiadas: un pollo enterrado vivo en el hoyo donde estará erecto, con muñecos de papel que materializan su "fuerza". Uno de esos muñecos representa al dueño del Volador. En lugar del sexo tiene un *tecomate*, la parte terminal del palo donde brinca la Malinche (Galinier, *op. cit.*, p. 330).

SANTOS Y CARGOS

Las fiestas católicas enfatizan el papel del santo patrón local como eje, cargador del mundo. A veces, su devoción no corresponde con la fecha del calendario como la de San Pedro y San Pablo, venerados en San Pablito durante la Semana Santa. Existen otros santos que figuran en la iglesia local y que pueden ser sacados en circunstancias particulares, como por ejemplo la fiesta de la Santa Cruz. Sobre todo, el culto a los santos es el marco dentro del cual se desarrollan los cargos religiosos. Conforme al modelo dualista, se combinan los puestos referentes a la celebración del santo patrón local con los cargos del carnaval. En lo católico, se destacan los puestos de "mayordomos". En San Miguel, se distribuyen en dos niveles, mayor y menor, lo que corresponde a inversiones financieras distintas. En el otro ramo, los puestos de capitanes de carnaval respetan esa doble distribución. La particularidad del sistema de San Miguel es que representa un tipo ideal del sistema de cargos. En primer término, porque es el modelo "ascencional", en el cual cada ciudadano puede progresar en el sistema al mismo tiempo que se integra a los puestos civiles, es decir, desde abajo hasta arriba, de mensajero a juez auxiliar, pasando por policía. Del otro lado, el proceso ascensional, de menor a mayor, se combina con una circulación "horizontal", de mayordomo a capitán. Todos esos cargos religiosos enfatizan la importancia de las contribuciones monetarias para ganar el indispensable "respeto", a la vez que como calidad intrínseca y valor acumulativo, que puede incrementarse durante el curso de la vida en función de la más o menos fuerte inversión en las fiestas. Hoy en día, el sistema de cargos sufre una crisis: ya no desempeña un papel integrador y nivelador en comunidades donde el éxito personal y la atracción del mundo urbano se enfrentan con la norma de solidaridad del mundo indígena tradicional. El principio jerárquico, que se consideraba tradicionalmente como inherente a cada sistema de cargo, no funciona de manera mecánica en la Sierra Madre Oriental, en particular por las discrepancias enormes que existen en la carga demográfica de cada comunidad. En pequeños pueblos, de menos de 1 000 habitantes, ya no existe, mientras que presenta formas más complejas cuando se incrementa la población y puede modelarse sobre la división del pueblo en "mitades" (San Lorenzo Achiotepec) o en barrios (Santa Ana Hueytlalpan).

Los cultos católicos presentan una gran uniformidad de un lado al otro de la zona. La presencia o la ausencia de un sacerdote les confiere mayor o menor rigidez. Ciertas procesiones indican una orientación y una referencia a la geometría del cosmos (en el sentido contrario del reloj) pero ninguna explicación nativa alude a ellas. En Santa Ana Hueytlalpan se articulan las procesiones con la presencia de los oratorios. El día de la fiesta local los fieles acompañan al sacerdote hasta el oratorio del Santísimo, donde se celebra una misa. Cuando se acaba, y después de la salida del reverendo, se abre el pequeño oratorio dedicado a los "costumbres" y a la veneración de los difuntos. En esta comunidad se verifica la estrecha articulación (y al mismo tiempo la oposición drástica) entre devociones cristianas y cultos tradicionales, como si el culto a los santos no pudiera ser suficiente de por sí para ordenar la buena marcha del mundo. Los otomíes orientales han integrado a su sistema religioso la religión católica, pero no pueden eliminar la vertiente "tradicional", chamánica. Es sorprendente observar al mismo tiempo el contraste entre el aspecto formalizado de las devociones cristianas, que parecen respetar un guión totalmente petrificado, y el grado de libertad que preside a los "costumbres" y sobre todo al carnaval. Éste no significa que *Dios*, o el *Santísimo*, sea un simple auxiliar del Dueño del Mundo, el diablo. Solamente indica que los límites de su jurisdicción se acaban con la puesta del astro diurno. La tríada "Dios/Jesucristo/Sol" ocupa una posición "mayor" de día, pero se ubica en un rango inferior de noche, el espacio/tiempo del "gran acoplamiento", de recreación de la vida.

UN COSMOS ANTROPOMORFIZADO

Proseguimos con el examen del modelo dualista en un campo donde se aplica de manera imperativa: las actividades terapéuticas. En toda la Sierra, los actos chamánicos se dividen en dos secuencias inmutables: la primera dedicada a la "mala obra", es decir a las fuerzas patógenas, las que bajo el control del diablo son responsables de los desórdenes psíquicos o somáticos. La segunda se dedica a *Dios*, o sea al conjunto de instancias (Jesucristo, los santos y la Virgen) que permiten restablecer el equilibrio del individuo enfermo. Es decir que el modelo corporal de oposición arriba/abajo sirve de referente para la lucha contra el sufrimiento, la desdicha. Así, la experiencia chamánica contribuye a mantener viva esta categorización en el campo más importante para el ser humano, el de la enfermedad y de la muerte. Podemos considerar que la persistencia de la "creencia" se encuentra precisamente en la fuerza heurística de esta configuración dual controlada por los chamanes.

El chamán es un personaje clave en la comunidad. Combina las funciones de curandero, de sacerdote de los grandes "costumbres", de adivino y también de hechicero (Dow, 1986); es uno de los depositarios del saber tradicional, pero no exclusivamente. Ciertos chamanes son expertos en comentar su técnica, y producen exégesis complejas que permiten relacionar los acontecimientos de los mitos con su peritaje en el caso examinado, el papel de los distintos jueces, etc. Existe una competencia evidente entre especialistas, pero nunca se pone en duda la eficacia de la práctica chamánica. Otra particularidad es que el diagnóstico se basa en una entrevista preliminar con el paciente, durante la cual éste comenta su sufrimiento y expresa su preocupación para con los comensales, los vecinos, y los conflictos que pueden ser responsables de su sufrimiento, en particular la "envidia". En San Pablito, ciertos chamanes colectan los sueños del visitante, que cargan informaciones susceptibles de orientar el diagnóstico, para "soñarlos" en la noche siguiente e indicar a su cliente los requisitos necesarios para el desarrollo del acto terapéutico: veladoras, tabaco, alcohol, entre otros. El día del acto, la ceremonia tiene lugar en la casa del enfermo. Empieza con el corte de los ídolos. Es una operación prolongada, que puede tardar varias horas según la gravedad de la enfermedad. Cada chamán conoce centenares de figuras. Escoge de este *corpus* las que puedan actuar eficazmente en el proceso de curación, el tipo de papel ("ministro" o de amate) que utilizará, el color, el tamaño, etcétera.

Toda esta combinatoria da como resultado el dispositivo instalado en las "camas" *(fiti)*, donde están dispuestas en series de números variables. Un momento clave es cuando el chamán "activa" esas figurillas, abriendo las lengüetas que representan los ojos y el *mbui,* el lugar de la fuerza, en medio del cuerpo. En este momento los "ídolos" se vuelven potencias *sunt'uski,* "delicadas". A veces el chamán sacrifica un pollo y unta con una pluma la boca de los ídolos para otorgarles el poder de palabra. Los ídolos se reparten en función de criterios que remiten al modelo local de organización social. No sólo llevan los mismos nombres que las instancias de poder ("juez", "alguacil", "policía", "presidente"), sino que también se distribuyen en función de una jerarquía, que se traduce por el tamaño, el color o el número de cada una de las instancias representadas.

En otras palabras, el "mundo otro" presenta una imagen especular del mundo de los vivos. Sus habitantes obedecen a un mismo sistema de poderes. El chamán da a conocer entonces la manera en que se sitúan esas fuerzas conectadas unas con otras. En este espacio de relaciones, los ídolos se ubican en una posición de menor a mayor, como sucede en el marco de la comunidad. El chamán tendrá como tarea controlar y redistribuir esas energías para adaptarlas al caso considerado. Toda la doctrina chamánica insiste en ese punto esencial: el mundo es una jungla en la que se enfrentan fuerzas antitéticas como Sol y Luna, Dios y Diablo, hombre y mujer. De allí el carácter susceptible, peligroso, de esas instancias que cada cual puede encontrar accidentalmente en su camino.

Los ídolos constituyen un incomparable medio de apreciación de la relación entre el cuerpo y el medio ambiente, gracias a esa antropomorfización de la naturaleza. El rectángulo, la "cama", donde se organiza el juego de los ídolos, indica que se trata de un verdadero cosmograma, una representación de la naturaleza en miniatura. Este cosmograma puede ser orientado según dos niveles: una parte en el suelo, otra en un altar, para señalar la oposición abajo ("mala obra")/arriba (*"Dios"*). Todas esas figurillas de papel demuestran a la vez cómo se instala un espacio patógeno en el recinto doméstico, cómo se comunican los vivos con el mundo exterior, pero también cómo se declina esa topología marcada por la presencia de indicadores territoriales. Los ídolos se perciben a la vez como instancias "naturales" ya que controlan puntos bien definidos del espacio, pero también como seres humanos. Las denominaciones de las figurillas pueden referirse a un *topos* específico: "juez del camposanto", "juez de la iglesia", "presidente del infierno", etcétera. Esta proyección del espacio socializado en el espacio natural, del mundo habitado sobre el mundo "salvaje", del monte, demuestra que el cuerpo *es* el mundo. Entre los dos existe una constante circulación de fuerzas, de sustancias, una misma dinámica de fluidos. En otros términos, podemos deducir que se verifica una verdadera "vida psíquica" en la naturaleza. La sintomatología de los afectos permite localizarla y, en consecuencia, actuar sobre ella. Otros indicios nos muestran cómo se conceptualiza esta "corporización" del medio ambiente. En la descripción de los puntos notables del espacio, se habla del "pie" de un cerro, de su "cabeza", de su "nuca". En los acantilados jurásicos de la Sierra Madre, los informantes reconocen el perfil del rostro de los "gigantes", esos seres prediluvianos que fueron metamorfoseados en piedras. Este proceso de transformación es otro indicio más de la presencia de vías de comunicación entre los hombres y la naturaleza. Se observa también en la metamorfosis de los chamanes en "nahuales", que pueden ser un doble animal. Dicho poder no está al alcance de cualquier persona. Solamente el chamán es capaz de cumplir con los requisitos mágicos que permiten ese cambio. Por otra parte, la parafernalia utilizada en los rituales de duración es la misma que figura en los "costumbres" y los actos de brujería. Se trata de un único campo de fuerzas, con diversos destinos y distintas capacidades de actuar, para bien o para mal de los hombres. El cuerpo humano aparece entonces, no sólo como un modelo de expresión de ideas sobre la naturaleza sino también como la representación de esa misma naturaleza, cuyas propiedades son idénticas.

Lógicamente, de esta manera se entiende por qué un mismo lexema, *si*, puede aplicarse a distintas clases de "pieles": humanas, vegetales, y cósmicas. La "piel" por excelencia es el *liber* de *Ficus* o de *Heliocarpus*, esencias con las que se fabricaba tradicionalmente el papel amate. Debemos enfatizar aquí otra correspondencia: el cuerpo humano "contamina" el medio ambiente cuando está enterrado, de la misma manera que los "ídolos" vienen a "ensuciar" el mundo habitado y a propagar enfermedades. Por eso, una vez terminado el ritual, tiene que tirarse el paquete de ídolos en el monte. El espacio no es una extensión inerte sino un medio constantemente activado: la acción ritual es indispensable para controlar el juego de las fuerzas que lo animan.

El saber del inframundo

Toda esa concepción de la naturaleza nos invita a examinar el concepto de *tȼzâ*, "Viejo Costal", que permite completar la imagen de la naturaleza concebida a la medida del hombre. ¿De qué se trata? Este *tȼzâ* es un personaje del carnaval, vestido con un costal, una máscara de palo de jonote negra y que lleva un bordón rayado. Todos ellos son elementos que remiten a una simbología lunar y evocan el mundo de los muertos. Sale del inframundo a principios de carnaval y desaparece de nuevo al final de éste. Pero *tȼzâ* es otro nombre del diablo, como lo confirman las súplicas que pronuncia el chamán durante las curaciones, en su discurso a la mala obra. Por otra parte, designa un espacio psíquico localizado en el cuerpo, invisible, en la parte baja, la parte del demonio. Este *tȼzâ* es un continente de representaciones que pueden circular en el mundo, en particular gracias a los sueños. De esta manera, el mundo corresponde a un circuito de fuerzas, y es además el campo de circulación de imágenes mentales. Esta concepción permite resolver la contradicción de una naturaleza que "piensa". El hombre no es más que el receptáculo de las representaciones que genera, pero que no le pertenecen. Se escapan en el sueño, se aglutinan con otras en otro individuo, pueden ser contaminadas por las que el demonio dirige. Lo confirma el estado del hombre ebrio, "poseído" por el diablo, o del homicida, lo que disminuye su propia responsabilidad. Explica por lo tanto que el chamán atribuye a los ídolos una verdadera capacidad cognoscitiva: son capaces de pensar, imaginar y hasta de "hablar", como lo indica el movimiento de las lengüetas. Este pensamiento distribuido en la naturaleza a través del juego infinito de las fuerzas que lo animan, se confunde con el del Dueño del Mundo, que es también una criatura antropomorfa. Lo llaman *simhoi*, "envoltura de la tierra". De tal modo que las fuerzas que agitan el universo son a la vez "naturalizadas", bajo la forma de elementos (aire, fuego, viento, torbellinos, etc.), y "antropomorfizadas". El mundo es un espacio sensorial con sus olores, sus sonidos, su música, como el mismo cuerpo humano.

Este modo de pensar a partir del cuerpo tiene otras dimensiones que remiten a la miniaturización de las fuerzas representadas en el proceso chamánico. Según la mitología otomí, seres de diminuto tamaño pueblan el inframundo. Los llaman "enanos". Están presentes en el juego del carnaval a través de los *katuyântç*, los "pequeños con cabeza de Viejo" o "pequeños diablos". También, cuando se muere un adulto, se instalan en su cajón objetos en miniatura: jarras, un arado (para un hombre), un telar (para las mujeres tejedoras). Los baúles que se conservan en los oratorios incluyen, entre otras cosas, muñecas de cartón vestidas con el traje local. Todos esos indicios sugieren una analogía con el prototipo del hombre miniatura, el *"s'u"* (cola), es decir el pene que contiene todas las características anatómicas y fisiológicas del cuerpo entero. Lo confirma de manera espectacular la iconografía ritual. Tiene una "cabeza", una "boca", un "cuello", un "tronco", hasta un "vestido", el prepucio. En Santa Ana Hueytlalpan se arrojan en las cuevas personajes de cartón falomorfos, con una capa de papel amate y un listón alrededor del cuello de varios colores. Al *s'u* se le atribuye propiedades notables. Es "un cuerpo que habla" gracias al esperma, "la" palabra por excelencia asimilada a la del mito. Por otra parte, revela propiedades singulares. La más importante de ellas es que puede separarse del cuerpo y circular en el mundo. Es un "pájaro" (s'ins'u, "venerable cola") capaz de metamorfosearse.

Esta homologación perfecta entre el cuerpo entero y el pene es totalmente explícita. Contribuye a esclarecer el concepto de nahualismo, gracias a mitos como el del zopilote. Un hombre acostumbraba quitarse una pierna durante la noche, brincar tres veces encima de la lumbre y volar como un zopilote para chupar la sangre de los niños. Una vez su mujer despertó, vio la pierna y la aventó al fuego. El hombre no pudo recobrar su forma humana y fue condenado a una existencia errática en el mundo. En este texto la pierna, *kwa*, es una metáfora del pene. El fuego se asocia con la lujuria, así como el zopilote, nombre que se atribuye a las mujeres "calientes". El número tres tiene una connotación fálica. Es decir que el *s'u* es el instrumento por excelencia de la transformación y la representación del "otro", del *alter ego* del hombre, que puede ser su "nahual". Esta delegación de propiedades y de competencias del cuerpo al pene permite nuevamente articular hombre y naturaleza, lo interior y lo exterior, y entender mejor la "circulación" de las imágenes mentales en el mundo. El mito precedente nos hablaba de la transformación voluntaria del héroe, quitándose su pierna. Sin embargo, en la ideología otomí este aspecto "sacrificial" se deduce de un evento mayor, inconsciente, invisible, que es el "corte" del pene por una vagina dentada. Cada cópula se concibe como evento sacrificial, como "falta" o pérdida de un cuerpo en miniatura que la mujer utilizará para fabricar un nuevo ser, la "pequeña cola".

De allí la multiplicidad de figurillas que presentan mutilaciones, cuyo personaje emblemático es el "aire sin pie" (es decir sin sexo), ser paradójicamente sobrepotente, y una de las encarnaciones más difundidas de *simhoi*, el Dueño del Mundo, *alter ego* de *tâskhwa*, el "gran pie podrido". Este concepto de "falta" (*mbeti*, "riqueza", la de la mujer predadora) explica la aparente contradicción que asimila lo lleno y lo vacío, lo presente y lo ausente. También porque se basa en nociones "equivalentes" (marcadas en la terminología entre pene y ano, vagina y ano, etc.). La clave es precisamente este proceso inconsciente que llega a producirse no solamente en el momento de la cópula, *makhwani*, "lugar del corte", de la "verdad", sino en toda la naturaleza; es cuando las fuerzas antitéticas entran en contacto para crear nuevos seres. Este concepto de "verdad" ya lo encontramos en la danza del Palo Volador cuando los Viejos vienen a "confesarse" con *h¢rasu*, la "mujer loca de amor". Sandstrom señala que entre los nahuas de la Huasteca Tlazolteotl en sí ha desaparecido del panteón local, pero sigue desempeñando una función purificadora, de eliminación de los pecados en relación con el diablo, función comprobada por el chamán en los actos curativos (Sandstrom, 1989, p. 362).

EL "LUGAR DE LOS MUERTOS", UN ESPACIO AGITADO

La cuestión de la muerte abre la puerta a consideraciones filosóficas acerca de la ontogénesis, de la sucesión de las generaciones y del control de los antepasados sobre los vivos. Los rituales mortuorios no difieren mucho en sí de los de sus vecinos del sur de la Huaxteca. En todos los lugares se respeta el tratamiento separado de los "angelitos" (almas de los recién nacidos), el 1 de noviembre, y de los adultos el día 2. Existe una diferencia mayor, que los otomíes comparten con los totonacos: los difuntos solteros o sin compañero sexual son celebrados el mismo día que los angelitos. Es decir que en una sola categoría se incluyen a todos los seres que no son reproductivos, sin tomar en cuenta el criterio generacional. Un indicio que acentúa la erotización profunda de la ideología de la muerte. En San Pedro Tlachichilco, esta creencia tiene una aplicación ritual. Los "angelitos" no reciben mole como ofrenda, porque el guajolote, ave conectada con el fuego, es un símbolo sexual por excelencia.

Mencionamos al respecto la supervivencia en Tutotepec de un ritual nocturno en un lugar llamado *ngu to'yo*, a un costado de la iglesia, donde se conservan huesos de los ancestros. No tiene ningún equivalente en los demás pueblos de la Sierra (aunque se practicaba también en San Miguel). Puede considerarse como un equivalente del ritual de los oratorios en Santa Ana Hueytlalpan. Los dos se dirigen hacia miembros de la comunidad que la memoria genealógica no puede ubicar en el pasado. Los rituales funerarios tienen una prolongación en lo que, según la terminología de Turner, aparece como un ritual de "aflicción" (el novenario). Sigue la ceremonia de "cabo de año", que se llevará a cabo durante dos años consecutivos en la vivienda del difunto, y se limita a una velada con oraciones. Su celebración no excede los dos años.

Continuamos con la exploración de la ideología de la muerte. Como en el carnaval, el ritual de Todos Santos tiene esta particularidad de marcar el retorno periódico de los muertos entre los vivos. En el primer caso se trata de una fecundación de las mujeres, de la creación de nuevas generaciones. Ahora bien, ¿hasta qué punto puede identificarse el carnaval con la devoción a los difuntos? No será sorprendente constatar que los Viejos, danzantes disfrazados, celebran activamente Todos Santos entre los nahuas de la Huasteca, en Huejutla y Tehuatlan (Williams García, 1989, p. 373). La muerte, como lo indica su denominación *tâte*, es una "gran vida", en todos los sentidos de la palabra. Lo comprueba la abundancia de alimentos que le son ofrecidos, como también en carnaval el banquete cotidiano de los Viejos. El último día, en Todos Santos, se reparten las oblaciones entre los vivos, mientras que los difuntos regresan a *nitû*, el "lugar de los muertos"; en el carnaval de San Miguel los Viejos despedazan la comida o la vomitan para manifestar su satisfacción antes de desaparecer en el inframundo. En verdad, se trata de un verdadero intercambio simbólico, entre vivos y muertos, que duplica el intercambio entre el hombre y la mujer; los mitos de Todos Santos acentúan la expresión de esta lógica (Galinier, 1990, p. 228). Debe compartirse con los muertos una comida cocinada, es decir femenina, contrapunto del esperma distribuido por los hombres y los ancestros, ya que sus huesos son portadores de la sustancia vital. Además, se observa una complementariedad entre Todos Santos, que se enfoca en reenergizar a los difuntos, y el carnaval. Se insiste más sobre su desgaste, como si el primer ritual fuera la condición de la celebración del siguiente. Parece acertado que los dos forman un sistema, siendo uno el espejo del otro.

La singularidad del ciclo anual de celebración de los difuntos es que incluye actos de carácter colectivo y privado, y una especialización en función del tipo de muerte y de las conexiones genealógicas de los muertos con los vivos. En el Altiplano, en Santa Ana Hueytlalpan y en San Pedro Tlachichilco, todo el mes de octubre se dedica al culto de los ancestros, en los oratorios *(ngûkhâ)*.

Se llama "fiesta de ánimas". Se asocian miembros no sólo de un patrilinaje que tiene el edificio como patrimonio, sino también a otros individuos que no pueden demostrar ninguna conexión genealógica con éste. Sin embargo, continúa visitándolo generación tras generación. Por eso, como hemos señalado, los grupos de oratorio remiten a una clase de "clanes mortuorios", cuya consistencia se revela únicamente en estos acontecimientos. Cada día entran en los oratorios los miembros afiliados, depositan ofrendas (alcohol o tamales) o reciben una limpia de parte de un chamán. Este acto es otro indicio del carácter "delicado" que implica cualquier tipo de relación con los difuntos. De ahí que la entrada del oratorio esté protegida por una carpa para evitar las miradas indiscretas. Este evento es el único ritual del ciclo de los muertos que requiere de tanta precaución. La razón evidente es que se trata de los muertos olvidados en la memoria genealógica, los *yasihta*, "padres podridos descompuestos", situados en el ápex de una escalera de potencia, y por tanto son los más peligrosos. Esto explica el retorno anual de todos los indios residentes en la ciudad de México, para no dejar de participar en estas ceremonias. El hecho de que los oratorios sirvan a la vez de lugar de devoción a los difuntos y de celebración de los "costumbres" indica la íntima relación entre muerte y fertilidad agrícola. Durante este mismo mes de octubre se celebra la acogida y la despedida de los difuntos por muerte violenta (asesinados, ahogados, los que se quitaron la vida), cuyo destino se separa de los muertos por enfermedad. El día de san Lucas corresponde a esos muertos. Representan un evidente riesgo para los vivos. Se les dedica un altar aéreo frente a su propia casa, el 18 de octubre, día de san Lucas.

EL MISTERIO DE "MAYONIKHA"

La peregrinación a *mayonikha* (Iglesia Vieja, en español) consiste en el acto ritual más respetado por todos los otomíes de la zona oriental, incluso para grupos circunvecinos como los nahuas de la Huasteca. Representa la meta última del recorrido iniciático de los chamanes, y para cualquiera una promesa que se tiene que cumplir por lo menos una vez en la vida. Este lugar simboliza una especie de quintaesencia del mundo, con sus distintos sectores especializados, los diferentes altares que componen el sitio. La Iglesia Vieja se sitúa en un acantilado disimulado en el monte, que domina el río Chiflón, en el municipio de San Bartolo Tutotepec, lejos de lugares habitados. La entrada hace las veces de "cueva", refugio en la roca protegido por la vegetación. Es un sitio eminentemente "delicado", donde no pueden dejarse excrementos. Al pie del cerro se celebra una ceremonia de ruego, en una "mesa", una gran laja, para pedir permiso al dueño de *mayonikha*. Después de comunicarse con él, el chamán dirige la procesión por la vereda que sube por el barranco hasta llegar a una abertura en la roca donde reside el Señor del Viento, al que se le dirigen ofrendas y cantos. Más arriba se extiende un primer centro ceremonial, levantado sobre las ruinas de habitaciones probablemente prehispánicas. Se trata de una barda de un metro y medio de altura, y de una plataforma de lajas sobrepuestas sobre la cual se erige un pequeño edificio en forma de *temazcal;* un círculo de piedras que corresponde al "altar del fuego", que el chamán rocía con café y aguardiente. Siguiendo el abrupto sendero la procesión llega hasta un claro donde aparece otro *temazcal* de dimensiones más reducidas que el precedente, habitado por el Señor del Viento. En una esquina del claro aparece un palo envuelto con un paño recubierto con pájaros de papel recortado. Las últimas ofrendas se colocan cerca de un edificio en forma de herradura. Al dejar el lugar, al día siguiente, el chamán procede a una "petición de salida" al Dueño de *mayonikha*, mientras que los participantes profieren gritos como de animales.

Sin entrar en los detalles de este complejo ritual podemos discutir algunos puntos centrales. En primer lugar, la "antigüedad" de *mayonikha*, considerado como una obra de los gigantes, es decir antes del diluvio que engendró la era actual. Las estructuras que conforman el sitio ceremonial se confunden totalmente con el mismo acantilado: según los informantes, se trata de un solo edificio, lo que expresa la "litomorfosis" de esos mismos gigantes, comentada en los mitos cosmogónicos. Por ello, se le considera como una "iglesia" (*nikha*), al igual que la de Tutotepec (construida por los agustinos en el siglo XVI), y que los gigantes no pudieron acabar en una sola noche. En el momento del canto del gallo se quedó inconclusa para siempre. Si *mayonikha* concentra tanta "fuerza", es que se trata de un lugar de génesis, de creación del mundo. Es la morada de *hmûmbeti*, el Dueño de la riqueza, y del Dueño del aire (*hmûntâhi*): en toda la Sierra se supone que las nubes salen de una de las cuevas de *mayonikha*, mientras que el agua celestial tiene su origen en el *temazcal*. Además, es el sitio de residencia del Dueño de las abejas y de la música: una campana suena de manera intermitente, dentro del cerro, y los músicos que acompañan los "costumbres" deben ser iniciados en *mayonikha*, como lo son los novicios chamanes.

LA ONIROCRÍTICA OTOMÍ: PRESUPUESTOS FUNDAMENTALES

Ahora abordaremos el campo de los sueños, que permite reforzar la idea de una estrecha articulación entre el cuerpo y el cosmos. La onirocrítica otomí, el saber sobre los sueños, no puede ser separada de una "física" con enfoque universal, es decir de una teoría general del cosmos. Además, las fronteras entre los mitos y los relatos de sueños resultan sumamente frágiles y, por ende, difíciles de establecer. Lo que resulta del discurso de los informantes es que los sueños pueden considerarse como actividades de tipo "ritual", chamánico; rituales con los que tiene rasgos en común: programación, sucesión de actos estereotipados, comunicación con el inframundo, "trastumbamiento" en otro espacio/tiempo, alteración de estados de conciencia, etcétera.

El sueño se compara con una "muerte", que empieza por un "corte", inductora de metamorfosis y de movilidad. Por eso la actividad del hombre que duerme puede asimilarse a la de un chamán. En el episodio en que el héroe que se quita una pierna durante el sueño de sus comensales, éste abandona su cuerpo "estático", cuerpo-envoltura, lleno, que se transforma en un cuerpo cenótafo, es decir "vacío", para circular en el mundo. El sueño desencadena un proceso dinámico que produce la fragmentación/recomposición invisible de las entidades corporales. Los chamanes elaboran una concepción del sueño que insiste de manera obsesiva en los procesos de agresión corporal de parte de un enemigo o por sustancias patógenas. Es una creencia bastante difundida en toda Mesoamérica. En el caso otomí, la agresión corporal compite con un modelo general de la predación, que podemos asociar a una escatología telúrica, y el carácter devorador de la tierra-madre, con la benevolencia del diablo. Él, como dueño de la muerte, rige también el curso de los sueños; por eso los indios temen el momento de entrada en el sueño, en el *su*, lo femenino, es decir "lo que espanta". Ahora bien, si examinamos la topología del inframundo éste aparece como un paisaje onírico, análogo al del pueblo. Cierta intimidad con la región otomí permite descubrir esos "mojones oníricos" que son los lugares-representaciones, puntos del espacio donde suceden "visiones" que se repiten durante el sueño. La concepción otomí del sueño pone en evidencia la omnipresencia de un principio de inversión entre el enunciado del sueño y su predicción, lo que remite a una noción de exterioridad espacial (arriba/abajo), y temporal (antes/después). El inframundo es un territorio en el que circulan sustancias de todas clases. ¿Será el mismo sueño una "materia"? No por casualidad los otomíes llaman a las pesadillas *bithâ* (sueño que produce estremecimientos o sueño-excremento). En la mitología se asimila a la riqueza, producida por el ano del diablo. El sueño es equivalente a una sustancia maloliente, "podrida", de tal modo que parece desempeñar durante la noche una función metabólica: se produce una transferencia de energía, con los riesgos que esto implica, hasta que al día siguiente se restablece un equilibrio homeostático. El sueño-excremento enfatiza la relación con la madre tierra, receptáculo de toda la suciedad, de las deyecciones orgánicas. Estas operaciones son obviamente "delicadas" (véase la prohibición de defecar en la entrada del santuario de *mayonikha*): cierto mito cuenta la historia de una mujer que había defecado en el lugar donde se encontraba una "piedra de antigua" y cuyo pie empezó a hincharse.

Todos esos sueños angustiosos evidencian el papel de personajes emblemáticos, como la "llorona" o el diablo, que invaden de repente el sueño. También los "altos" que ocurren durante la noche son provocados por la invasión de esas criaturas (o de animales del monte) en un episodio onírico. A partir de la descripción del paisaje del sueño como inframundo puede considerarse éste como un carnaval alucinatorio o el carnaval como un sueño en acción. Ahora bien, la práctica chamánica hace explícito el concepto de la actividad onírica considerada como un "ritual". El tratamiento de los "ídolos" explica claramente esta asimilación. El "hombre que sabe" prepara figurillas de papel, recorta la "boca", el *mbui*, centro de la fuerza vital y los "ojos", dibujando "párpados". Una vez acabada su obra, los ídolos están "muertos" todavía, o en estado de sueño. Para darles vida, el chamán tiene que dirigirles algunas palabras y sobre todo alzar las lengüetas. El muñeco "despierta" y se vuelve "delicado". Es decir, efectúa una traslación desde el mundo de abajo (de los difuntos) hasta el mundo de arriba (de los vivos). La "visión" del ídolo genera una nueva fuerza. Este "despertar cósmico" es indispensable para otorgar eficacia al ritual de curación. Cuando se acaba, las figurillas se tiran en el monte: vuelven a estar "muertas" (sin embargo, no existe un ritual simétrico de cerramiento de los párpados), antes de rejuvenecer a través de otros personajes.

Para los otomíes, el cosmos es el lugar de una necesaria fragmentación. Las leyes del sueño no tienen su explicación en el simple campo de la biología humana. Ellas radican en una cosmología general que utiliza categorías *a priori* del espacio y del tiempo. Por eso los sueños revisten necesariamente un carácter estereotipado; están almacenados en la memoria colectiva y "brotan" de manera repentina a través de la experiencia de un sujeto dado, al cual no "pertenecen". El que exista una "clave de los sueños" da la medida de este saber colectivo, que utiliza experiencias individuales para hacerlas explícitas de inmediato. Así, a cada enunciado del sueño corresponde necesariamente una predicción, ya que su contenido es inmediatamente socializado: no pertenece a ningún sujeto en particular. La "clave de los sueños" es interna al mismo saber colectivo, como la expresión de una categoría príncipes, interna a la razón cultural otomí. Evidentemente, se produce un empobrecimiento semántico del contenido de los sueños. Son "constricciones cognoscitivas", culturalmente elaboradas, que filtran los enunciados y que no pueden separarse de los demás sectores de la cosmovisión indígena. El sueño revela un discurso de "verdad", del "corte": es la puerta del inframundo, el lugar de la metamorfosis. La onirocrítica otomí transforma el sueño como experiencia sensorial idiosincrática en un mensaje que puede descifrarse colectivamente, con un código estable. Por eso los sueños siempre producen una impresión de *déjà vu*, porque no hacen más que reactivar acontecimientos, situaciones, que han tenido lugar y que yacían, almacenadas, en el "Viejo Costal".

En consecuencia, el pensamiento otomí no privilegia cualquier "sujeto" portador de una cosmovisión propia, ya que los "saberes", como hemos visto, son intercambiables, circulan de un individuo a otro. No son definitivamente "individualizados". Más aún, ciertos elementos del "puzzle" corporal se benefician de un estatuto de "extraterritorialidad", como por ejemplo el alma (con su doble anímico) o la sombra. Si el mundo está poblado de "balizas antropomorfas", esto significa que el espacio "se piensa" a partir del cuerpo y viceversa. Esta porosidad de la persona manifiesta la extrema importancia, como lo hemos mencionado, del concepto de "piel", como una clase de "frontera psíquica", ya que en ella se incrusta la marca del tiempo que pasa, la sucesión de generaciones, la senectud de los *sihta*, los "padres podridos" o "piel-padre" (*si-hta*). Dicho de otra manera, las representaciones circulan en el mundo de forma tal que se puede pensar a partir del cuerpo humano o fuera de él, ya que éste no tiene autonomía alguna. Esta doctrina es congruente con la creencia según la cual el Dueño del Mundo es el que en última instancia se encarga de la gestión de dichas representaciones, y las distribuye a su voluntad en el espacio y en el tiempo. Lo que aclara, paralelamente, la concepción otomí de la Historia, porque todas esas imágenes vienen a acumularse en el "Viejo Costal" (*t¢zâ*) y salen con una periodicidad, aleatoria o cíclica, en el ritual de Carnaval, sin ningún orden cronológico. Es por eso que personajes que evocan la Conquista cohabitan con el médico, el ingeniero o la estrella de cine, por ejemplo.

Haré mención aquí de un ritual discreto que pude observar en dos ocasiones, y que permite entender mejor esta relación entre mundo de arriba/mundo de abajo. La primera vez fue en San Lorenzo Achiotepec, durante un "costumbre" generado por una persistente sequía. Los vecinos del pueblo decidieron entonces repetir un "costumbre" que se suponía había sido abandonado desde hacía varias décadas. La segunda ocasión fue durante la peregrinación a Iglesia Vieja, *mayonikha*. Este ritual consiste en disponer un telón sobre una pequeña cueva, en un lugar retirado del monte. El chamán "tapa" el hoyo con estacas para evitar la propagación del "aire malo", es decir del soplo del diablo, de las palabras "sucias", en fin, de toda la historia del pueblo, ya que su resurgimiento puede afectar a los vivos. Este acto expone una evidente analogía con el carnaval, *soke*, "lo que se abre", y que permite la expulsión de todos esos hechos, esas imágenes, "encerradas" en el "Viejo Costal" y que vienen a invadir temporalmente el mundo. Como lo expresa púdicamente el Dueño con Cabeza de Viejo: "vengo aquí a regar mi sangre", es decir a contar la historia de los antepasados y regenerar el pueblo con la sustancia vital contenida en sus huesos: el esperma.

LA CONSTRUCCIÓN DE LA ALTERIDAD

La concepción otomí del "Viejo Costal" implica la presencia de este continente subterráneo, colectivo, donde vienen a perderse las experiencias de los individuos, para salir de nuevo a la luz a través de enfermedades, de palabras "sucias" o de eventos como el carnaval. Este vaivén es acompañado de una despersonalización de los contenidos reprimidos. Luego de haber sido revueltos en el "Viejo Costal", mezclados con otros, ligados a otras experiencias individuales, de otras épocas y otros espacios, "brotan" de nuevo a través de la "boca" (nde) del diablo, es decir su deseo. Lo que representa un obstáculo a lo reprimido es el orden de la comunidad, basado en el equilibrio de fuerzas antagónicas que la controlan.

¿Será esa ideología algo exclusivo de los otomíes? Es probable que no. Sin embargo, son pocos pueblos los mesoamericanos que se caracterizan por un erotismo tan marcado en su visión del mundo. Resulta interesante hacer un paralelo con los huaxtecos por diversas razones. Primero, porque pertenecen al mismo espacio cultural del Golfo, junto con los tepehuas, los totonacos y los nahuas. Segundo, como ya lo señalamos, por la presencia en el ritual otomí de una deidad típicamente huaxteca, hɇrasu, la "mujer loca de amor". Tercero, porque los otomíes llaman a los huaxtecos mems'u, "gente de la cola", y consideran que las "tierras calientes" son un lugar de lujuria, de exceso, asimilado al mundo de abajo, de las fuerzas genésicas. Los huaxtecos o teenek, hablan de seres del inframundo, los baatsik, que intervienen en el curso de la vida de la comunidad. La identidad huaxteca, según Ariel de Vidas, se define a partir de la oposición entre los "vencidos de la luz" y los vivos. Lo extraño es que los huaxtecos contemporáneos no muestran nada que recuerde la fascinación de sus antepasados prehispánicos para con el sexo, como por ejemplo el macrófalo de Yahualica, estatuas con un sexo entumecido (Tamacuil), o la desnudez de cuerpos adornados de tatuajes como el adolescente huaxteco. Al contrario de los otomíes, los huaxtecos (teenek) actuales parecen haber reprimido totalmente este aspecto de su cultura y de su personalidad. Es cierto que los *baatsik*, dueños del inframundo, permiten definir una identidad *teenek* que integre esta dimensión "subterránea" (Ariel de Vidas, 1996). Sin embargo, queda el misterio de su propia esencia. ¿A qué fuerzas representan? Los *teenek* guardan silencio. Mientras que los otomíes protegen el dispositivo dualista de combinación de una cultura cristiana y de otra "salvaje", indomable, los huaxtecos parecen haber incorporado el modelo dominante del indio nacional, nahua, "azteca", y se consideran como hombres de segunda clase. Esta autodesvaloración de los *teenek* está en total contradicción con el semblante que las crónicas nos proporcionan de ellos en los tiempos de la Conquista. Los otomíes escogieron, a través de sus rituales, en una forma violenta, sonora, su fascinación para con lo "podrido", lo "apestoso". Es el núcleo de su personalidad, de su modo de comportarse, de vestirse y de "presentarse" ante el mundo exterior. Valorizan la parte más "delicada", incontrolable y peligrosa de nuestra intimidad para ubicarla en el centro del universo, bajo la custodia del diablo. Lo que aparentemente han perdido los *teenek*, resurge en forma exuberante entre los otomíes orientales, como si fuesen los últimos guardianes de una tradición que instala el sexo en medio del cosmos.

Estas analogías siguen vivas entre los otomíes de toda el área, de Toluca al Mezquital, pasando por la Sierra Gorda. No obstante, es evidente que los del sur de la Huasteca han inventado una filosofía que explora las aplicaciones y las consecuencias de este dualismo asimétrico bajo todas sus formas, de manera sistemática. Posiblemente supieron encontrar el medio más adecuado de resistir a la colonización, de "aceptación pasiva". Les permitió seguir venerando sus ídolos, sin ninguna concesión al dogma cristiano, solamente aceptando sus ritos, sus reglas morales, indispensables para mantener cierto orden en el mundo, y que no "trastumben" en *tâkwati*, el más allá.

Reflexiones finales

Los otomíes orientales exponen una auténtica filosofía sin ser ésta una versión fosilizada de las cosmovisiones existentes en el México central en tiempos de la Conquista. Tampoco representa el resultado de un mestizaje ni la expresión de una religión popular con base colonial matizada con algunos adornos indígenas, como el papel amate, por ejemplo. Hablar de lo "indígena" significa tratar de alcanzar un estrato profundo de la cultura que ha resistido a la occidentalización bajo el barniz de la cultura nacional. Los mismos otomíes guían la etnografía hacia el descubrimiento de este "mundo de abajo". A través de su concepción de los sueños, del desorden incontrolable del carnaval, o de las peregrinaciones a *mayonikha*, puede observarse el mundo nocturno, de lo escondido, de lo secreto, "echar una mirada detrás del telón", como reza el dicho alemán, *einen Blick hinter der Vorhang werfen*. La particularidad de este "saber" es que, precisamente, se revela al mismo tiempo que se esconde porque remite a una íntima conexión entre los procesos fisiológicos, la reproducción sexual y el funcionamiento del cosmos. Es un secreto pesado, o "delicado", según la terminología local. Todos esos indicios rituales nos enseñan que, de manera sistemática, el código cultural esconde un código sexual, en el sentido que alude al proceso "sacrificial" que hemos expuesto, el "corte" *(makhwani)*, el paso por la muerte para reproducir lo vivo. Al mismo tiempo es un discurso que habla de la diferencia de los sexos, del "misterio" femenino, de la ontogénesis como de la filogénesis, y hasta de la cosmogénesis. La lógica de la "falta" es la clave para entender la ausencia de un principio de no contradicción, de equivalencia de principios antitéticos. La expresión más espectacular de este principio es notable en el carnaval, cuando el Viejo jorobado, agotado, ciego, sordo, mudo, viene a regenerarse volviéndose una instancia sexualmente superpotente, para luego "morir" de nuevo. Un solo ser combina las características de la senectud y de la juventud. Lo que explica que los bebés resultan "pequeños abuelos", es decir que nacen ya "ancestralizados", como criaturas "podridas".

El recubrimiento de las generaciones alternas enfatiza una visión cíclica del tiempo, de la incansable repetición de los mismos acontecimientos hasta el caos final. La humanidad futura no es más que la proyección de una herencia filogenética que transforma el pasado en futuro. Esta visión "sacrificial" del cosmos puede observarse en los efímeros accidentes de la vida cotidiana, ya sea en la mordida de un animal, una caída, una herida o en el drama nocturno del encuentro sexual. No existe ninguna frontera entre lo humano y lo no humano, lo animado y lo no animado. Solamente un principio vital, *nzahki*, una cantidad modulable existente en la naturaleza; aumenta y disminuye, es a la vez estática y dinámica, autónoma y posible de manipular. En este juego especular de representaciones que se mueven constantemente, como en un caleidoscopio, los otomíes nos guían hacia la "caja negra" que protege su intimidad y revela la dimensión a la vez burlesca y patética de su existencia.

BIBLIOGRAFÍA

Ariel de Vidas, Anath, "Entre *baatsik* y santos: ego y *alter ego* en la religiosidad huasteca", en Ingrid Geist (ed.), *Procesos de escenificación y contextos rituales*, Plaza y Valdés/Universidad Iberoamericana/CEMCA, México, 1996, pp. 157-170.

Bertels, Ursula, *Das Fliegerspiel in Mexiko: Historische Entwicklung und gegenwärtige Erscheinungsformen*, Münster, Lit., 1993.

Carrasco Pedro, "Tarascan Folk Religion", en M. Edmonson, S. Fisher, P. Carrasco y M. Wolf (eds.), *Synoptic Studies of Mexican Culture*, Middle American Research Institute, Tulane, 1957, pp. 1-63.

Dow, James, *Santos y supervivencias: funciones de la religión en una comunidad otomí*, Instituto Nacional Indigenista, México, 1974.

———, *The Shaman's Touch: Indian Symbolic Indian Curing*, University of Utah Press, Salt Lake City, 1986.

Galinier, Jacques, "Règles, contexte et signification des rituels. Notes américanistes sur deux propositions de Wittgenstein", en A.-M. Blondeau y K. Schipper (eds.), *Essais sur le rituel*, vol. II, Peeters, Lovaina, 1986.

———, "L'endroit de la vérité: Réflexions sur le mécanisme du rituel et son débranchement dans le Volador otomi", en *Enquêtes sur l'Amérique moyenne-Mélanges offerts à Guy Stresser-Péan*, México, 1989, pp. 329-334.

———, "El depredador celeste. Notas acerca del sacrificio entre los mazahuas", *Anales de Antropología*, vol. 27, UNAM, México, 1990, pp. 251-267.

Gerhard, Peter, *A Guide to the Historical Geography of New Spain*, Cambridge University Press, Londres, 1972.

Ichon, Alain, *La Religion des Totonaques de la Sierra*, Centre National de la Recherche Scientifique, París, 1969.

Klor de Alva, Jorge, "Spiritual Conflict and Accomodation in New Spain: Toward a Typology of Aztec Responses to Christianity", en G. Collier, R. Rosaldo y J. Wirth (eds.), *The Inca and Aztec States, 1400-1800, Anthropology and History*, Academic Press, Nueva York, 1982, pp. 345-366.

Lévi-Strauss, Claude, *Les Mythologiques: L'Homme nu*, Plon, París, 1971.

López Austin, Alfredo, *Cuerpo humano e ideología. Las concepciones de los antiguos nahuas*, IIA, UNAM, México, 1980.

Puig, Henri, *Végétation de la Huasteca, Mexique*, Mission Archéologique et Ethnologique Française au Mexique, México, 1975.

Sandstrom, Alan, "The Face of the Devil: Concepts of Disease and Pollution among Nahua Indians of the Southern Huasteca", en *Enquêtes sur l'Amérique moyenne-Mélanges offerts à Guy Stresser-Péan*, México, 1989, pp. 357-372.

Soustelle, Jacques, "Les cultes des oratoires chez les Otomis et les Mazahuas de la région d'Ixtlahuaca", en *El México Antiguo*, t. III, Sociedad Alemana Mexicanista, México, 1936, pp. 97-117.

Stresser-Péan, Guy, "Les Origines du Volador et du Comelagatoazte", *Actes du XXVIII Congrès de Américanistes*, París, 1948.

——, "Les Nahuas du sud de la Huasteca et l'ancienne extension méridionale des Huastèques", *Revista Mexicana de Estudios Antropológicos*, vol. XIII, núms. 2-3, México, 1953, pp. 287-290.

Williams García, Roberto, "La Huasteca y los `Viejos'", en *Enquêtes sur l'Amérique moyenne-Mélanges offerts à Guy Stresser-Pean*, México, 1989, pp. 373-379.

9. Lluvia del desierto: el culto a los ancestros, los ritos agrícolas y la dinámica étnica de los huicholes t+apuritari

INTRODUCCIÓN

Los huicholes, un grupo étnico "exitoso"

Nadie diría que la antropología es una disciplina que avanza rápidamente. Sin embargo, esto no impide que, al igual que ocurre con el resto de las ciencias, ésta pase por esos momentos críticos que se denominan "cambios de paradigma". En la actualidad es bastante notorio el hecho de que cada vez más miembros de nuestro gremio adoptan una nueva visión histórica acerca de los pueblos indígenas. El reconocimiento de que nuestros "objetos de estudio", como todos los seres humanos, sean actores activos o "sujetos" de la historia resulta ya algo natural, pero ello ha implicado una modificación profunda del quehacer antropológico. Por otra parte, hemos constatado que los viejos discursos indigenistas —culturalistas y primitivistas— simplemente fueron superados por la realidad. Los mismos pueblos indígenas han evidenciado lo absurdo que era considerarlos meros "sobrevivientes" de etapas "prehistóricas" de la humanidad. Así, en lugar de desaparecer ante los "inevitables avances de la modernización" (según los pronósticos de los expertos), a lo largo del siglo XX que está por concluir muchos grupos étnicos demostraron gran capacidad de autoafirmación cultural. No sólo existen todavía y reproducen sus tradiciones, sino que continúan desarrollándolas con dinamismo y creatividad.

* Museo Nacional de Antropología e Historia, INAH.

En reconocimiento de esta situación se han iniciado investigaciones sobre el papel de las "identidades culturales locales" dentro de los "procesos sistémicos globales".[1] Los huicholes, sin duda, representan un caso idóneo para analizar cómo un pueblo indígena interactúa exitosamente con su entorno. Lejos de ser el "fósil cultural" que pensaba haber descubierto Lumholtz (1987 [1902], p. 23; *cf.* Seler, 1901, p. 391), los *wixaritari* (pl. de *wixarika*, el endoetnónimo de los huicholes), son uno de los grupos etnolingüísticos de la República que experimentan actualmente un verdadero auge cultural. Con sus numerosos médicos tradicionales —los famosos *mara'akate* que practican entre todos los grupos de la región (mestizos, coras y tepehuanos)—, su internacionalmente reconocido arte simbólico —sobre todo tablas de estambre, trabajos de chaquira, bordados y tejidos— y sus excelentes músicos *xaweleros* y *mariacheros* los huicholes son uno de los grupos más destacados del actual mosaico cultural del occidente de México. El florecimiento artístico de los *wixaritari* está acompañado de un considerable crecimiento demográfico e, incluso, de una cierta expansión territorial. Su posición económica no es tan adversa como podría suponerse, sobre todo porque han podido mantener el control sobre grandes áreas de sus tierras comunales que les ha permitido desarrollar una ganadería mayor de tipo comercial.[2]

La dinámica cultural de los huicholes requiere múltiples explicaciones. Lo que analizaré en este ensayo son aspectos de la vida ritual en uno de los centros ceremoniales de los *wixaritari* de la comunidad de T+apurie o Santa Catarina Cuexcomatitán. A través de un estudio de caso quiero aportar material etnográfico que sirva, en el futuro, para la elaboración de una teoría global de la reproducción sociocultural huichola y de los grupos étnicos en general (*cf.* los planteamientos de Friedman, 1994, p. 7).

[1] No solamente me refiero al nuevo libro de Jonathan Friedman (*Cultural Identity and Global Process,* 1994), sino a los planteamientos de toda una serie de investigadores destacados que proponen que los denominados grupos étnicos también deben considerarse como "sujetos de la historia", entre ellos Wolf (1987, p. 468), Mintz y Price (1992), Farris (1983), Smith (1984), Wasserstrom (1989), Medina (1987, 1997) y Good (1988, 1994).

[2] Sobre las *nierikate* (tablas de estambre) véase Negrín (1975, 1977, 1985, 1986), Negrín y Neurath (1996); sobre las artes textiles, Schaefer (1990); sobre los trabajos de chaquira, García de Weigand (1990) y Kindl (1997); sobre los mariacheros huicholes, Jáuregui (1992, 1993 y 1996).

T+apurie, la comunidad donde realicé mis investigaciones de campo, se ubica en territorios de los municipios de Mezquitic, Jalisco, y Valparaíso, Zacatecas, a ambos lados del cañón del Río Chapalagana (véase el mapa 9.1).[3] Participando en las interminables danzas colectivas y en las grandes comidas festivas, aguantando las vigilias y presenciando los sangrientos sacrificios de toros; en una palabra, experimentando la *comunitas* de la gente reunida para celebrar las fiestas de la "casa grande" *(callihuey* o *tukipa)* me propuse averiguar cuál era la relación entre estos procesos rituales, la dinámica étnica de los huicholes de Santa Catarina y la demostrada capacidad de reproducción cultural que tiene esta comunidad. La posibilidad de considerar los ritos simplemente como expresiones de la inmanencia arcaica de una "sociedad fría" ha sido descartada.

Procesos rituales y reproducción social

Relacionar el ritual y el análisis de la reproducción cultural de un grupo étnico obliga a un enfoque histórico-procesal. En este sentido, las recientes propuestas del antropólogo inglés Maurice Bloch (1986) son a mi juicio las más interesantes y novedosas. Según este autor, los procesos rituales debieran siempre estudiarse etnográfica e históricamente. Analizando las estructuras simbólicas, la misma lógica interna de los rituales da la pauta para entender su eficacia social. A la vez, reconstruyendo las transformaciones que experimenta un sistema ritual a largo plazo, se puede distinguir entre aspectos que van adaptándose a diferentes circunstancias históricas y aquellos elementos que permanecen relativamente constantes a través de las épocas. Entre estos últimos pueden considerarse las prácticas que fundamentan la continuidad de una cultura específica o, más precisamente, que facilitan la experiencia colectiva de vivir una tradición ancestral ininterrumpida. Así, la antropología estructural-simbólica no tiene por qué menospreciar la investi-

---

[3] T+apurie tiene aproximadamente 3 000 comuneros. Los registros etnográficos sobre las fiestas que se discutirán más adelante se realizaron entre 1992 y 1997, principalmente, en Keuruwit+a (Las Latas), uno de los tres *callihueyes* (centros ceremoniales *tukipa)* de la comunidad *(cf.* mi tesis de doctorado, Neurath, 1998). Agradezco a todos los *t+apuritari* que me apoyaron en esta investigación, especialmente a don Chepito Xitakame Robles Cosío y familia.

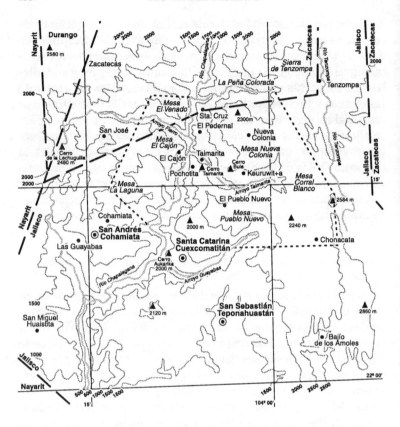

MAPA 9.1. *La comunidad t+apurie. Santa Catarina*
Cuexcomatitán y límites estatales.

gación sobre las determinaciones sociales e históricas del ritual
(Bloch, 1986, pp. 11, 194).

En el libro *Prey into hunter. The politics of religious experience* (1992),
Bloch postula que uno de los mecanismos simbólicos del ritual pareciera ser bastante similar en muchas zonas del mundo. Se refiere
a la capacidad de los ritos para producir una representación colectiva invertida de la realidad, esto es, para hacer creer que la vida
sólo tiene un valor insignificante y que toda continuidad "realmente" depende de los ancestros muertos, de los dioses o, simplemente,
del "más allá" (Bloch, 1982; 1986, p. 195; 1992). En muchas socie-

dades tradicionales este mensaje algo contradictorio es el fundamento para la legitimación política y religiosa de las instituciones.

A continuación analizaré el caso de los huicholes *t+apuritari*, en el que el ritual plantea que el sacrificio hace posible que la "verdadera lluvia" surja desde los áridos polvos del desierto. Veremos que la eficacia de los ritos radica, entre otros elementos, en su capacidad de convertir las aparentes paradojas de la ideología en realidades sociales no cuestionadas (Bloch y Parry, 1982; Bloch, 1986, 1989, 1992).[4]

Según los análisis comparativos de Bloch, los ritos suelen contar con características estructurales muy particulares que facilitan el cumplimiento de esta función. A menudo ponen de manifiesto violentos ataques de las fuerzas que representan el orden ancestral en contra de los aspectos vitales, salvajes o caóticos de la existencia (Bloch, 1992). A la vez, la fase liminal crea un gran caos en el que se pierden la noción del tiempo y las funciones sociales de la vida cotidiana. Experimentando este caos, los participantes se vuelven parte del mundo de los dioses o espíritus, es decir, del ámbito de un orden ancestral superior. Por lo general, la "antiestructura" de la fase liminal implica una simultánea afirmación y negación del orden (Turner, 1988 [1969]). Precisamente, es por ello que el ritual logra destruir las bases de una concepción empírica del cosmos para remplazarlas por un edificio ideológico, que, en muchos aspectos, niega o invierte la realidad de las cosas (Bloch, 1989, p. 29). En la última fase (la posliminal) hay que recuperar la vida profana que se ha dejado atrás. Las personas que ya forman parte del mundo de los ancestros no vuelven simplemente a lo cotidiano, su regreso, por fuerza, es una reconquista. Así es cómo se produce la síntesis —a menudo violenta— entre el ámbito "espiritual" de los ya iniciados y la vitalidad que ha sido negada en la fase liminal del ritual (Bloch, 1989, 1992).[5] De tal forma el proceso ritual reproduce

---

[4] Este último aspecto ha sido tratado con mucha claridad por el etnopsicoanalista suizo Mario Erdheim (1978, 1984). En los trabajos de Broda (1978, 1982, 1987a, b) se analizan los procesos de la reproducción de la ideología en el caso del ritual mexica.

[5] El modelo propuesto por Bloch implica una modificación sustancial del esquema de los ritos de paso (*rites du passage*) formulado originalmente por Van Gennep (1981 [1909]) y, más tarde, avivado por autores como Gluckman (1961), Leach (1978 [1976]) y Turner (1988 [1969]).

todo el sistema de oposiciones binarias jerarquizadas que estructuran una sociedad y su cosmovisión.

Hay que tener en cuenta que se trata de un modelo elaborado a partir de sociedades africanas, asiáticas y oceánicas. No obstante, me parece sugerente aplicarlo también en casos de indígenas de tradición mesoamericana. Uno de los aspectos más interesantes de los rituales huicholes que documenté en el campo fue, precisamente, la muy peculiar manera de combinar los ritos iniciáticos con las fiestas agrícolas. Es a través de esta vinculación como puede surgir la convicción de que los ancestros son seres indispensables y los sacrificios prácticas necesarias para asegurar la fertilidad y la continuidad de los ciclos naturales.

El complejo mitote

Siguiendo a Bloch, planteo el estudio del ritual huichol conforme a estas dos vertientes: primero presentaré datos históricos que permiten analizar las principales transformaciones del ritual cora-huichol durante los últimos tres o cuatro siglos; después, en las secciones posteriores hablaré del estudio etnográfico de caso, del ciclo anual de las fiestas agrícolas y de los ritos de iniciación de los huicholes *t+apuritari* que documenté en Keuruwit+a (Las Latas).

El estudio histórico-procesal del ritual implica adoptar un enfoque regional. La Sierra de Nayarit[6] es una región histórico-cultural; territorialmente incluye porciones de cuatro estados (Nayarit, Jalisco, Durango y Zacatecas) donde conviven comunidades de cinco grupos etnolingüísticos (huicholes, coras, tepehuanos, mexicaneros y mestizos) (véase el mapa 9.2). Lo que comparten los serranos nayaritas no sólo son las condiciones ecológicas sino una historia común, el haberse mantenido independientes del poder español durante la Colonia hasta 1722 y, de nuevo, durante varias décadas de la segunda mitad del siglo XIX, cuando el antiguo reino indígena del Nayar fue restablecido por el líder agrarista Manuel Lozada, el *Tigre de Alica*.[7]

---

[6] Los términos el *Gran Nayar*, la *Sierra del Nayar* y la *Sierra de Nayarit* se usan como sinónimos.

[7] Sobre la tardía conquista del Nayar véanse Ortega (1996 [1745]) y Meyer (1989a); sobre la época lozadista véase Meyer (1989b, 1989c [1984]).

La Sierra del Nayar

MAPA 9.2. *El Gran Nayar* (mapa de Alejandro Robles
y Johannes Neurath, 1998).

Tepehuanos
☆

1. San Francisco Ocotán.
2. Santa María Ocotán.
3. Canoas.
4. Azquelán.

Mexicaneros

1. Santa Cruz Acaponeta.
2. San Agustín Buenaventura.
3. San Pedro Jicoras.

Coras
★

1. Santa Teresa.
2. Dolores.

3. El Rosarito.
4. San Pedro Ixcatán.
5. La Mesa del Nayar.
6. Jesús María.
7. San Francisco.

Huicholes
○

1. San Andrés Cohamiata.
2. San Miguel Huaistita.
3. Zoquipan.
4. Guadalupe Ocotán.
5. El Colorado de la Mora.
6. Sitacua.
7. El Roble.
8. Santa Catarina Cuexcomatitán.
9. San Sebastián Teponahuastán.

10. Tuxpan de Bolaños.
11. Keuruwit+a.

Mestizos
□

1. Huazamota.
2. San Juan Peyotán.
3. San Juan Corapan.
4. Santa Lucía de la Sierra.
5. Tenzompa.
6. Huaynamota.
7. Huajicori.
8. Mezquitic.
9. San Martín de Bolaños.

Según ha demostrado Konrad Theodor Preuss (1908*a*, 1908*b*, 1909, 1931), los ciclos de fiestas agrícolas tipo "mitote" de los cuatro grupos indígenas del Gran Nayar deben considerarse como partes de un sistema más amplio de transformaciones. Los mitotes nayaritas son expresiones contemporáneas de un antiguo complejo ritual —probablemente de arraigo "chichimeca"— que comparten características estructurales.

El tema de la escenificación ritual es un conflicto de carácter cósmico. Uno o varios personajes "luminosos" de "arriba" luchan contra un grupo de seres "oscuros" de "abajo". La contradicción sistémica del mitote radica en el énfasis en el triunfo de la luz (y del calor solar) sobre la oscuridad (y el frío), pese a suponerse también que las batallas cósmicas nunca terminarán. La victoria de "los de arriba" equivale al amanecer y a un renacimiento de la vida.

Los cursos del sol y de los astros (oriente-cenit-poniente-nadir-oriente) marcan la temporalidad real del ritual. En el plano horizontal, la estructura espacial también es circular, pero ahí un acelerado movimiento dancístico remite a la atemporalidad de los orígenes y, en el ámbito de la experiencia, produce la sensación de perder la noción del tiempo y de entrar en trance. Curiosamente, esta suspensión del tiempo en la acción ritual forma parte de un proceso que debe asegurar la continuidad de los ciclos temporales, cósmicos y sociales.

En el centro (de ambos círculos) se ubican el fuego y su representante e interlocutor que es el chamán-cantador. Los centros ceremoniales, en un sentido metafórico, representan a todo el universo, mientras que las jerarquías de los encargados de la fiesta representan a las deidades más importantes del panteón. Los danzantes personifican a las estrellas o los venados, los muertos, las nubes o los remolinos, todos aliados o enemigos del Sol (*cf.* Preuss, 1908*a*, 1908*b*, 1908*c*, 1910, 1911, 1912, 1931; Neurath, 1998).

Dentro del esquema común existen amplias posibilidades de variación. Así, mientras que entre los huicholes las fiestas suelen culminar con el sacrificio de un toro que se realiza al amanecer, los coras matan a una gran serpiente acuática que amenaza con inundar el mundo, pero este sacrificio sólo se realiza teatral y simbólicamente (*cf.* Preuss, 1906, 1912). Otra diferencia es que los cantos coras, tepehuanos y mexicaneros van acompañados del arco musical, instrumento que no se usa comúnmente entre los huicholes.[8]

Ya hace casi un siglo, Seler (1901) y Preuss (1901, 1911) reconocieron la unidad cultural de las etnias de la región y llamaron la atención sobre las excelentes posibilidades que ofrece la Sierra de Nayarit para realizar un estudio histórico-comparativo de la religión mesoamericana, y sus derivaciones coloniales y actuales en una de sus vertientes regionales. Contamos con un volumen considerable de fuentes documentales sobre las religiones indígenas del Gran Nayar, algunas de las cuales son realmente caudalosas (cf. Del Barrio, 1990 [1604], Tello, 1945, 1968-1984 [1650-1653], Arias y Saavedra, 1899, 1990 [1673], Arlegui, 1851 [1737], Ortega, 1996 [1754], Bugarín, 1993 [1768-1769] y Navarro, 1989 [1777]), pero ninguno de estos textos ha sido evaluado etnológica o etnohistóricamente.

Las momias del Gran Nayar

En los siglos XVII y XVIII todavía existía un señorío indígena independiente en la sierra, gobernado por un poderoso linaje de "soles" o *tonatis* (del náhuatl *tonatiuh*). Informes de misioneros franciscanos y jesuitas describen con bastante detalle cuáles eran los rasgos principales del culto oficial de este pequeño estado serrano que tenía su centro político en el poblado cora de la Mesa del Nayar. En este lugar —también conocido como Toakamuta o Tsakaimuta— se rendía culto al dios niño Piltzintli, que era el Sol: "Nuestro Padre" Tayaoppa o, simplemente, *El Dios del Nayar*. Según el franciscano fray Antonio Arias y Saavedra, cuyo informe data del año 1673, los nayaritas veneraban a este dios como el creador de los animales y patrón de la guerra, de los rayos y de los truenos, y también lo asociaron con el oriente y con el Cristo católico. Piltzintli, además, se identificaba con don Francisco Nayarit, el primer *tonati*

---

[8] Sobre el mitote mexicanero *(xurawet)* véanse Preuss (1976) y Alvarado Solís (1994); sobre el mitote tepehuano *(xiohtal)* véanse Lumholtz (1987 [1902], 1, p. 474) y Remington de Willett (1995). Preuss (1906, 1910, 1912) estudió los mitotes coras de Jesús María y San Francisco; Guzmán (1997) y Coyle (1997), los de la Mesa del Nayar concernientes a Santa Teresa. Mason (1918) analizó las ceremonias correspondientes a los mitotes de los tepecanos de Azqueltán. Pronto se publicará mi etnografía de las fiestas *neixa* del *tukipa* huichol de Keuruwit+a (Neurath, 1998).

o rey cora, cuyo cadáver seco, junto con las momias de tres gobernantes posteriores, se guardaba en un adoratorio ubicado a un lado del gran templo del sol. Con la ayuda del dios Tzotonaric (la hierba *tapat* [¿un alucinógeno?]), dos sacerdotisas se comunicaron con estas momias, ya sea conversando en voz alta con ellas o a través de los sueños (Arias y Saavedra, en Calvo, 1990, p. 296). Tanto al sol como a los cuerpos de los soberanos muertos se les ofrecía sangre de venados, de indios huaynamotecos prisioneros de guerra y de otras víctimas humanas sacrificadas.

> Tiene esta casa [el templo de las momias] un pozo o cisterna puesta a la boca con cuidado y nivel al punto de medio día donde ofrecen la sangre que cada ranchería le llevaba en platos; principalmente la ofrecían cuando daban la muerte a algún indio huayanmoteco a cual quitándole la cabeza, la sangre que salía recogían en un vaso y la echaban en esta cisterna como brindándola al Sol. La cabeza la bailaban en la casa del Nayaryt y repartían en guedejas la cabellera a las demás rancherías para que la bailasen (Arias y Saavedra, en Calvo, 1990, p. 295).

Así, el mitote nayarita era un ritual guerrero. Como decía Arias y Saavedra, "hacen muchos bailes y fiestas que ellos llaman mitote que en su sentir de ellos quiere decir bailes y fiestas donde resulten guerras y muertes" (Arias y Saavedra, en Calvo, 1990, p. 293). La sangre derramada de las víctimas de guerra alimentaba al sol, Tayaupa, el dios supremo de la monarquía nayarita.

El mitote, la guerra ritual y los sacrificios humanos formaron parte de un elaborado culto a los ancestros reales. Según el jesuita José de Ortega, autor del libro *La maravillosa reducción y conquista de San Joseph del Gran Nayar...* (1996 [1754]), Tayaupa, el padre sol, era una piedra blanca, y el primer rey cora era considerado el hijo adoptivo de este ídolo (Ortega, 1996, p. 13). Los nayaritas

> ni lograron tener caudillo para su gobierno hasta que Naye[rit], el año 1500, empuñó el cetro. Reconocieronle como à Rey extendiendo su dominio por el Sur, hasta las costas del mar, y por el Norte, hasta el Mazapil. El feudo, con que le reconocían sus Vasallos, eran flechas, y calzas que todos le tributavan. Veneraronle tánto, que despúes de muerto [...] le fabricaron una casa en Tzacaimota mas abaxo del Templo del Sol, donde en una silla pusieron el cadáver con especiales adornos, travando, cuando se deshizo, el esqueleto con varios hilos [...] Los lienzos, y texidos, que le ofrecian por ser su Soberano, eran tantos, que

passavan de 300, añadiendoles, aunque sobre vistosamente labrados, la curiosidad de muchos caracolillos, y piedras preciosas, que llaman *chalchiguites* (Ortega, 1996, p. 9).

Una consecuencia del culto de los ancestros reales fue que los coras solían afirmar que ya no tenían reyes. Según Arias y Saavedra, los nayares solamente reconocieron al primer rey, don Francisco Nayarit, como tal:

> Es voz muy válida en algunos que estos indios tienen Rey y Señor natural a quién tributan y obedecen, lo cual no concuerda con su estilo y modo de hablar pues solo reconocen al Nayarit el cual há muchos años que murió y no han reconocido por Señor a ninguno de sus sucesores (Arias y Saavedra, en Calvo, 1990, p. 293).

¿Cómo debe entenderse esta afirmación? Del mismo documento de Arias y Saavedra se conoce la lista de los reyes del Nayar hasta 1673 —don Pedro Huaynori, don Alonso Yoquari, don Luis Uristi, Michi y Huaynori II—, todos ellos sucesores de don Francisco Nayarit (Arias y Saavedra, en Calvo, 1990, p. 290). Pero Arias y Saavedra aclara que de los descendientes de don Francisco "ninguno ha gobernado y gobierna en el presente [el año 1673], pues Huaynoly [Huaynori] que está vivo no domina en ellos [:..] sólo lo miran como a superior en la descendencia" (Arias y Saavedra, en Calvo, 1990, p. 293). Evidentemente, el rey vivo era la persona que gobernaba *de facto*, pero la ideología cora negaba este hecho ya que todos los sucesores del primer *tonati* fueron identificados con don Francisco Nayarit. Oficialmente, al *tonati* solamente se le reconocía como un intermediario entre la población viva y los ancestros. Sólo hasta después de su muerte, el *tonati* ocupó una posición equivalente a la de don Francisco Nayarit, ya que a medida que se iba descomponiendo uno de los cuatro cadáveres que se guardaban en Tsakaimuta, era remplazado con el cuerpo del último rey que había muerto (Arias y Saavedra, en Calvo, 1990, p. 293). Así, la persona que "realmente" decidió en asuntos importantes fue la momia del fundador de la dinastía que se comunicaba a través de las mencionadas sacerdotisas.[9]

---

[9] El cuerpo muerto del Nayarit "seguía presidiendo los destinos de los coras", así concluyó el historiador regional jalisciense Alberto Santoscoy (1899, p. LXI),

La identificación de determinadas personas con antepasados deificados de quienes se afirma detentaron originalmente los mismos cargos cívico-religiosos, es un rasgo de la religión nayarita que aún en la actualidad existe pero que se manifiesta de forma muy distinta. En el apartado siguiente veremos que los grupos de jicareros o peyoteros que encontramos en las comunidades huicholas actuales sí tienen algo en común con las momias del Gran Nayar, pese a que se trata de fenómenos y contextos históricos bastante diferentes.

Bloch afirma que *"descent is primarily denial of time through denial of relevance of death"* (1986, p. 168). El culto cora a las momias reales negaba la muerte de sus gobernantes y hacía énfasis en la continuidad del poderío del sol a través del linaje real y de los cadáveres de los reyes muertos.[10] Sin embargo, lo más interesante es que de los ancestros muertos del rey no sólo dependía el gobierno sino también la fertilidad y la vida de los súbditos. Cuando Arias y Saavedra pregunta a sus informantes coras "por qué sólo al Nayaryt, cuerpo frío, seco, difunto, le tributan vasallaje y no a sus descendientes", la respuesta que obtiene es muy interesante: "Responden que aunque es muerto todavía les inspira, *les da aguas* y

quien quiso explicarse cómo era posible que el mismo don Francisco apareciera en épocas históricas tan distintas. Vale la pena mencionar que el mismo don Francisco en el año 1649 firmaba cartas escritas en náhuatl y dirigidas al obispo de Guadalajara, don Juan Ruiz Colmenero. Por otra parte, varias fuentes afirman que don Francisco Nayarit se reunió con el capitán Miguel Caldera, quien murió en 1597 (Ortega menciona que en 1722 la momia del primer *tonati* aún tenía una espada que Caldera le había regalado al rey cuando el rey todavía vivía). Tello, por su parte, afirma que el padre Uranzú se encontró con el Nayarit en el año 1611 (Tello, 1945, p. 151; Tello, 1984, p. 303), mientras que Ortega menciona que en el año 1617 o 1618 Bartolomé de Arisbaba, persiguiendo a rebeldes tepehuanos, llegó a encontrarse con el Gran Nayarit (Ortega, 1996, p. 29). El reinado de don Francisco pudo haber durado de finales del siglo XVI hasta mediados del XVII; sin embargo, el Nayarit también aparece en contextos mucho más tempranos, como vemos en el texto de Ortega, que hemos citado arriba, o en un documento titulado *Relación del asiento del pueblo de çentispac...* (citado en Santoscoy, 1899, p. VIII), que data de la época anterior a la Conquista española de la costa de Nayarit y en el que se dice que Ozelotl, el cacique de los totorame de Sentispac, luchó continuas guerras contra los coras del cacique Nayarit, que era su principal enemigo.

[10] Sobre el culto nayarita a "momias" véanse Arlegui (1851, p. 158), Diguet (1992, p. 112), Hers (1982) y diversos documentos recopilados en Meyer (1989*a*).

dice lo que han de seguir siendo sus vaticinios ciertos" (Arias y Saavedra, en Calvo, 1990, p. 293).

Por la etnografía moderna sabemos la importancia al culto solar para la legitimación de la autoridad y en el contexto de los ritos de fertilidad de los grupos nayaritas actuales (coras y huicholes). Más adelante veremos que las ceremonias de "cambio de varas" —el cambio anual de cargos comunitarios— se realizan en una fecha cercana al solsticio de invierno, es decir, cuando "(re)nace" Nuestro Padre, el sol. Sin embargo, la fecha crucial en el calendario solar-agrícola es el solsticio de verano, cuando el astro diurno alcanza el extremo septentrional de su desplazamiento anual norte-sur. Es en el momento de máximo calor cuando inician las lluvias (cf. Preuss, 1907b, 1908c; Neurath, 1996, 1998).

Después de la conquista del Gran Nayar en 1722 desaparecieron los aspectos elitistas y guerreros de la religión nayarita, entre otros los sacrificios humanos y las guerras floridas.[11] El gran templo del sol hoy día está en ruinas y de las momias sólo quedó un cráneo que se atribuye al rey del Nayar, objeto al que se le sigue rindiendo culto en el templo católico de La Mesa del Nayar.[12]

Si contrastamos fuentes históricas y datos etnográficos del presente constatamos que sí existe cierta continuidad en la veneración nayarita de los ancestros aunque, a primera vista, sean más notables las profundas transformaciones que este culto ha sufrido durante los últimos 300 años. El ritual ya no está enfocado al santuario de un linaje real de "soles" como fuente principal de la fertilidad. Ya no existe un "clan cónico" considerado genealógicamente más cercano a los antepasados. El culto solar y la veneración de los ancestros se han "democratizado", si bien mantienen un vínculo directo con los sistemas de autoridades tradicionales.

---

[11] Cf. los planteamientos de Broda (1994) sobre la transformación de la religión y de la sociedad mesoamericanas después de la Conquista.

[12] En la iglesia del pueblo cora de Jesús María existe un crucifijo cuya armazón fue fabricada con el esqueleto entero de un mayordomo que vivía en el siglo XIX, probablemente durante la época lozadeña.

Iniciación y cosmovisión

El mito de los primeros peyoteros

Durante mis temporadas de trabajo de campo en T+apurie (Santa Catarina Cuexcomatitán) confirmé que los huicholes de esta comunidad aún están bastante convencidos de que la fertilidad y la vida dependen de sus antepasados. El mundo fue creado a través de los autosacrificios de las deidades —la penitencia y la austeridad que practican los seres humanos permiten que los momentos de creación y transformación sean reactualizados.

"En un tiempo muy remoto" todos los antepasados salieron del mar-inframundo, de la región "tenebrosa" que se ubica "abajo en el poniente". Entonces, todo el mundo aún estaba oscuro y "no se podía ver bien". Así, los dioses iniciaron una larga peregrinación en busca del Cerro del Amanecer (Paritek+a), es decir, de aquel lugar en el extremo opuesto del cosmos, "arriba en el oriente", por donde saldría el sol. Ellos aún no eran seres divinos, por lo que querían adquirir *nierika* (el don de ver). Esto significa que salieron a "encontrar *taiyari*" (nuestro corazón), concepto que puede traducirse como "iniciarse en el chamanismo" o, si quisiéramos emplear palabras más filosóficas, "desarrollar una forma genuina del ser" (*cf.* Negrín, 1985, 1986). Así, además del "Cerro del Amanecer", los dioses también buscaron Wirikuta, el país donde crece el peyote.

Durante su mítica peregrinación los antepasados formaron el primer grupo de jicareros (*xukuritamete*) o peyoteros (*hikuritamete*), como los que todavía existen en los centros ceremoniales *tukipa* de los huicholes. Llegando al desierto de Real de Catorce (San Luis Potosí), el venado (*maxa*, Tamatsi Parietsika) se entregó voluntariamente a los cazadores que lo persiguieron, por eso se transformó en peyote (*hikuli*). Probando el cacto psicotrópico los demás antepasados pudieron transformarse en dioses. A la vez, se convirtieron en toda clase de elementos de la naturaleza que sus descendientes, los seres humanos, necesitarían para vivir (*cf.* Negrín, 1975, 1985). Un niño se arrojó a una hoguera y renació como el dios solar. Después del primer amanecer, poco a poco, el acuático mundo original comenzó a secarse. Los antepasados que no habían llegado a Paritek+a se convirtieron en piedras, rocas y cerros, pero las madres conservaron su humedad y quedaron como ojos de agua, manantiales y lagunas. Para que el sol pudiera subir al cielo, los dioses levantaron los cinco árboles que sostienen la cúpula celeste. Así, con la primera salida del sol principia el tiempo tal y como lo conocemos, con su alternancia rítmica entre día y noche, cenit y nadir, temporada seca y temporal.

El sacrificio cosmogónico y la iniciación

El sacrificio cosmogónico (*cf.* Parry, 1982) es un concepto clave para entender el ritual, la mitología y la visión huichola del universo. Los seres humanos tienen la obligación de reactualizar lo que hicieron los antepasados que dieron origen a las cosas. Por eso, los centros ceremoniales *tukipa* organizan regularmente a los grupos de jicareros (*xukuri'+kate*) o peyoteros (*hikuritamete*) para realizar peregrinaciones y búsquedas colectivas de visiones. Cada peyotero recibe una jícara (*xukuri*) que representa o, más bien, *es* una réplica de uno de los antepasados deificados. Durante los cinco años que permanecen en el cargo, cada peyotero lleva el nombre del antepasado cuya jícara ha tomado (Neurath, 1994; Kindl, 1997).

En cierta forma, los peyoteros hacen todo lo posible para ausentarse del mundo cotidiano y profano. Bromean constantemente, cambian el lenguaje e invierten las funciones sociales establecidas (Myerhoff, 1978). Así se convierten en auténticos "seres liminales", payasos sagrados, bufones a la vez que dioses. Ya que el grupo de peyoteros debe reactualizar la experiencia y las hazañas de los antepasados que formaron el primer grupo de peregrinos, los cargos implican someterse a múltiples y duras prácticas de sacrificio. Primero, en el estricto sentido de la palabra *sacrificio* los jicareros tienen la obligación de matar reses durante determinadas ceremonias. Otro de los "castigos" consiste en renunciar a la migración estacional durante el tiempo que detentan el cargo, lo que puede significar perder un buen empleo u otras oportunidades de ganar dinero. Para muchos, lo más difícil son las reglas de austeridad, como la abstención de comer sal y, sobre todo, la prohibición de tener relaciones sexuales con mujeres que no sean sus esposas. Vale la pena mencionar que todas las transgresiones sexuales tienen que confesarse públicamente en ciertas fases de los ritos y peregrinaciones. Aquellos que tienen cargo de peyotero también deben soportar las "desveladas", que duran hasta tres noches, y, por supuesto, las interminables danzas, los largos viajes y caminatas de las peregrinaciones, así como las cacerías, que son cada vez más difíciles porque los venados de cola blanca se están acabando. Primordialmente durante las peregrinaciones al desierto de Wirikuta uno tiene que sufrir la sed, el polvo, el calor de los días y el frío de las noches.[13] Además de todo esto, tener un cargo implica participar en múltiples jornadas de trabajo comunitario, ya sea de coamil o de construcción (casas, corrales, cercas).

Por cierto, el cumplimiento de todas estas prácticas de sacrificio, penitencia y austeridad es absolutamente indispensable si uno pretende obtener visiones de peyote que sean religiosamente significativas. Nadie puede esperar grandes revelaciones místicas si no está dispuesto a aguantar hasta los límites del agotamiento físico. Cuando la privación del descanso se combina con el consumo de grandes cantidades de peyote, el efecto es que llegan a mezclarse los sueños con las alucinaciones. Así, el inconsciente se abre y la experiencia visionaria realmente puede ser profunda. Desde luego, la austeridad y la penitencia nunca son afines en sí mismos. En toda práctica de abstinencia se conduce a un momento en el que se practican y disfrutan las cosas prohibidas durante la temporada de "castigo".

Quiero subrayar que el viaje del grupo de peyoteros a Wirikuta no es sólo un rito de iniciación que sirve para que los jóvenes adquieran los conocimientos secretos y ancestrales. Según la ideología de los huicholes, las prácticas de sacrificio facilitan la reproducción del universo entero. Uno de los momentos clave en el ciclo ritual anual es cuando a los peyoteros les aparecen las serpientes de nubes (*haikuterixi*), en las visiones de peyote que tienen durante su estancia en el desierto. Los huicholes creen que éstas los seguirán de regreso hasta la sierra, donde caerán en forma de lluvia (Negrín, 1985). Así, la práctica de iniciación tiene un importante vínculo con el ciclo de ritos agrícolas. Por lo mismo, no es en modo

---

[13] Muchas peregrinaciones, hoy en día, se realizan en camión. Esto implica que ya no se sufre tanto sacrificio como en los tiempos cuando los peyoteros hacían todos sus viajes caminando.

alguno gratuito que los peyoteros sean también los principales protagonistas de grandes ceremonias comunitarias, como las fiestas de la preparación del coamil y de la siembra. La repetición de los ritos iniciáticos garantiza la lluvia y la continuidad de todos los procesos cíclicos de la naturaleza.

Entre los huicholes, los ritos de iniciación están abiertos a todos los miembros de la comunidad pero son relativamente pocos los que llegan a convertirse en *mara'akate* (pl. de *mara'akame*, persona iniciada, generalmente especialista religioso, como curandero o cantador). Ya que los ancianos *mara'akate* son los más avanzados en el proceso de iniciación, son ellos los —más cercanos a los ancestros; se les hace fácil "ver el corazón —la naturaleza verdadera— de las cosas" y comunicarse con los antepasados, ya sea a través de los sueños o de los cantos. Por eso, son ellos quienes ocupan los más altos cargos de la comunidad, dirigen los rituales y fungen como intermediarios entre los seres humanos vivos y los ancestros deificados.

La palabra huichola que refiere una historia (o mito) sobre los antepasados es *kawitu*, vocablo que se deriva de *kawi*, una especie de oruga que "traza el camino que lleva al conocimiento de las palabras de los antepasados" que es la ruta a Wirikuta y hacia el amanecer (Paritek+a) (Negrín, 1977, p. 16). Así, los miembros de los consejos de ancianos —la autoridad suprema de las comunidades— son llamados *kawiterutsixi* (los que saben los mitos y las rutas de las peregrinaciones) (Neurath, 1994).[14] Algunos de estos ancianos se acercan tanto a los antepasados deificados que, aunque siguen con vida, como si fuera uno de ellos, llegan a transformarse en un cristal de roca denominado +r+kame (Fikes, 1983; Kindl, 1996). Estas pequeñas piedras, por lo general, son personas destacadas ya fallecidas o alguna deidad. Se les conoce como +r+kate (pl. de +r+kame) porque se envuelven en pedacitos de tela y se amarran en flechas (+r+te), mismas que se guardan en templos del tipo *xiriki* que pertenecen a grupos bilaterales de parentesco. Junto a los +r+kate también se guardan los atados sagrados de mazorcas que representan a la diosa madre del maíz (Tatei Niwetsika). Nuevamente, el culto de iniciación tiene un importante vínculo con la agricultura.

---

[14] Según el lingüista José Luis Iturrioz Leza (Paul Liffman, com. pers., 1995), el término *kawiteru* más bien deriva de la palabra española *cabildo*.

Los ritos de los *xirikite* parentales son los más sencillos que existen en la religión huichola. El grado de complejidad aumenta considerablemente cuando analizamos los ritos que se realizan en los centros ceremoniales comunitarios, los *tukipa*. En trabajos anteriores presenté análisis detallados sobre la organización del *tukipa* huichol y describí la particular arquitectura y organización de estos centros ceremoniales (Neurath, 1994, 1996, 1998). Cada uno de los templos del *tukipa* representa a uno de los importantes lugares de culto que forman parte de la geografía ritual. Así, el centro ceremonial es un conjunto de réplicas que reúne las moradas de los antepasados deificados en una plaza. Los peyoteros, además de ser los encargados de los diferentes templos, fungen como representantes rituales de los mismos dioses. En su conjunto, el *tukipa* es una réplica de todo el universo, un modelo del cosmos que nos hace comprender mitológicamente, porque la palabra *kiekari* significa "pueblo" a la vez que "mundo".

Una gran parte del ritual huichol se ocupa del intercambio y la interacción entre los centros ceremoniales y los numerosos lugares sagrados del paisaje que corresponden a los diferentes dioses y a los cinco rumbos cardinales. Es por esta razón que las fiestas y peregrinaciones siempre forman una unidad. Por una parte, se invita a los dioses que vienen de sus moradas a asistir a las celebraciones. Luego, en las peregrinaciones, se visita a los mismos dioses en los lugares de culto donde viven. En las ceremonias, el cantador (*mara'akame*) cae en estado de trance y se comunica directamente con personajes míticos como Nuestro Hermano Mayor (Tamatsi), Nuestro Abuelo (Tatewari), Nuestro Padre (Tayau) y Nuestra Madre la Virgen Águila (Tatei Wierika Wimari). Por otra parte, la sangre de los animales sacrificados "hace hablar a las ofrendas" cuando éstas, en las peregrinaciones, son entregadas a las diferentes deidades. De los mismos lugares de culto que visitan, los peregrinos suelen llevarse "aguas benditas" para usarlas en ceremonias posteriores. Siempre se mantiene una relación de reciprocidad entre los seres humanos y sus antepasados deificados. Los dones más preciosos de los dioses son el agua, la lluvia, el crecimiento y la fertilidad. Es evidente que estos ciclos alternados de fiestas y peregrinaciones no deben ser interrumpidos jamás.

Los lugares de la geografía ritual forman parte de un elaborado culto a los ancestros y a la fertilidad. Sin embargo, el intercambio recíproco de dones es sólo uno de los niveles del ritual huichol. El más "esotérico" es la iniciación y la reactualización de los sacrificios cosmogónicos que originalmente sufrieron los ancestros. Iniciación —buscar: *taiyari*; adquirir: *nierika*— significa involucrarse en el mundo de los antepasados, revivir la comunidad original de los dioses y facilitar la continuidad de los ciclos naturales. No obstante, como lo demuestra Bloch, todos los ritos de iniciación se enfrentan a un problema: ¿cómo puede una persona iniciada, que aún sigue con vida, seguir existiendo en un contexto profano? Hay que lograr "una muy peculiar combinación jerarquizada de lo sagrado y de lo profano" (Bloch, 1992, p. 15). Así, para entender cómo se logra esta síntesis entre ambos mundos de los cuales las personas iniciadas forman parte —el mundo de los ancestros y el mundo de los seres vivos—, enfocaré mi análisis del ritual huichol hacia la manera en que se realizan las fases de reintegración (o posliminales) de los ritos.

El dualismo jerarquizado

Al igual que entre otros grupos de tradición mesoamericana (*cf.* López Austin, 1984, 1992, 1994), el universo huichol tiene una estructura dual, pero es muy importante reconocer que el dualismo huichol no plantea simplemente que los contrarios deben complementarse. La relación entre los opuestos es más compleja y tiene una naturaleza dialéctica y jerarquizada.

La estructura dialéctica del cosmos huichol (clave para comprender la dinámica de los ritos de paso) puede explicarse a través de la arquitectura del centro ceremonial *tukipa*. Probablemente la sierra huichola sea el único lugar de Mesoamérica donde aún se construyen pirámides con fines ceremoniales, ya que en el *tukipa* de Keuruwit+a se encuentran dos pequeños templos elevados del tipo *xiriki* que están construidos sobre basamentos de una altura de aproximadamente metro y medio. A estos adoratorios se accede por empinados escalones de piedra. Mientras que los troncos piramidales se consideran réplicas del Cerro del Amanecer (Paritek+a) ubicado en el extremo oriental del universo huichol, las escaleras representan el camino ascendente del sol en su viaje del inframundo hacia el cenit (mediodía). De acuerdo con su orientación hacia el Cerro del Amanecer (Paritek+a), estos templos están ubicados en el extremo oriental de una plaza central de danza. En el otro se encuentra el templo principal del *tukipa* que es una estructura hundida y circular, con un alto techo de zacate sostenido por dos postes. Este edificio se llama *tuki* y está orientado hacia el poniente. Mientras que la plaza con los adoratorios *(xirikite)* elevados representa el mundo superior que es el cielo y el desierto ubicado "arriba" en el oriente, el templo principal *(tuki)* es una réplica del inframundo y del mar, la parte más antigua del universo (Neurath, 1994, 1996, 1998).

Haramaratsie (el mar) y Paritek+a (el Cerro del Amanecer en el desierto de San Luis Potosí) son los dos extremos del universo huichol en el plano poniente-oriente que también es abajo-arriba. Geográficamente los dos lugares no podrían mostrar más contrastes, por un lado el mar y la tierra caliente de la costa de Nayarit con su clima húmedo y la vegetación tropical, por el otro lado las áridas estepas del altiplano. El territorio de los huicholes en la Sierra Madre Occidental se encuentra a medio camino entre ambos tipos de paisaje. Al oriente, los límites de las comunidades tradicionales coinciden prácticamente con la frontera ecológica de las estepas y desiertos. Al poniente, la parte de la sierra habitada por los coras desciende directamente a la zona de las planicies y marismas costeñas. Además, durante el transcurso del año se experimenta un contraste climático similar; por una parte las intensas lluvias y el exuberante crecimiento de la vegetación entre junio y septiembre y, por otra, la aridez de la época seca. Así, en el contexto geográfico de los huicholes es lógico que, en cierta manera, su "espacio-tiempo" asocie o "sintetice" el poniente con las lluvias y el oriente con las secas.

La costa, el mar y la temporada de lluvias son el dónde y el cuándo se liberan las fuerzas de una vitalidad caótica y de una fertilidad desenfrenada. Para los huicholes se trata del ámbito de *t+kari*, la "oscuridad" o "(media) noche". De esta manera, la costa se denomina *t+karita* o *y+wita* (donde está oscuro), mientras que la temporada de lluvias *(witarita)* en lenguaje metafórico también se llama *t+kari(pa)* (cuando está oscuro) (Preuss, 1907*a*; Neurath, 1996, 1998).

Como ya observó Preuss, la época de lluvias es la época del año que los huicholes más disfrutan:

Era un espectáculo grandioso cuando, durante la época de las lluvias, aparecieron nubes negras y se escuchó el ruido de terribles truenos, pero estuve bastante sorprendido cuando vi la alegre reacción que mostraron los huicholes en tales ocasiones, expresándose con palabras de encanto y utilizando los términos más variados para denominar las diferentes clases de nubes, lluvias y rayos. Su alegría tenía otras razones que la mía; ellos vieron a las diosas que llegaban con las nubes tormentosas, la del este, la del oeste, la del norte y la del sur, y se fijaron muy bien cuál de todas era la más generosa. Pero no solamente es eso, el agua garantiza la sobrevivencia más elemental, por esta razón los corazones de los indígenas se alegran tanto cuando caen los aguaceros más borrascosos, cuando retumban los oídos por los truenos y por el salvaje rugir de los ríos crecidos. Entonces, se dice que se escucha el mugir del Hakuyáka, el toro gigante que impetuosamente revuelve la tierra con sus pezuñas (Preuss, 1908b, p. 593).

A pesar de la alegría que las lluvias inspiran a los huicholes, en muchos contextos rituales se expresa un cierto menosprecio de elementos asociados con *t+kari*, la energía sexual y los impulsos espontáneos, el principio femenino y caótico que nunca fue creado. Estos aspectos "nocturnos" de la vida se oponen a *tukari*, el "(medio) día", que es la "vida" que nos da el padre sol. Seguramente no es casualidad que los términos *tukari* y *t+kari* sean tan similares. Diferenciándose apenas por un fonema se refieren a aspectos del tiempo y de la vida que son antagónicos y, a la vez, complementarios. *Tukari* es el equivalente del *tonalli* náhuatl que designa al Sol en el cenit, la luz y la "energía solar" (*cf.* López Austin, 1984), mientras que la "oscuridad" (*t+kari*) tiene un carácter ambivalente, ya que también se asocia con la enfermedad,[15] con el mundo mestizo[16] y con toda una serie de seres monstruosos y peligrosos; en una palabra, con los "aspectos reprimidos" de la cultura (*cf.* Galinier, 1990, p. 253). La mejor personificación de *t+kari* es la diosa Takutsi Nakawe. De un lado, esta deidad es la abuela creadora, la "semilla germinada" (*kutsi*) que teje el mundo y hace crecer las plantas con su bastón milagroso. Sin embargo, cuando Takutsi adquiere su as-

---

[15] Son los vientos que vienen del poniente los que traen las enfermedades.

[16] Según los huicholes, los mestizos son flojos, ávidos y egoístas, sobre todo porque no practican la reciprocidad ritual. *T+kari* también es la zona tabacalera de Nayarit, lugar donde muchos huicholes emigran estacionalmente para trabajar en las plantaciones.

pecto de monstruo *(nakawé)*, es un ser destructivo y bastante perverso.[17] Como gobernante y cantadora de los gigantes *hewiixi* fue déspota, abusiva y no muy cumplida. Su violenta muerte mítica es un importante acto creador, ya que de sus cabellos y de las diferentes partes de su cuerpo se originaron toda una gama de especies. Empero, la muerte de Takutsi también sirvió para acabar con el "matriarcado mítico" y establecer el orden "patriarcal" en el mundo (Neurath, 1996). Takutsi, de alguna manera, puede identificarse con la gigantesca serpiente que vive en el mar, rodeando la tierra, y que en cada atardecer devora al sol. Otro importante símbolo de *t+kari* es la res, no sólo el toro mítico Hakuyaka que personifica a los aguaceros. De hecho, la posesión de rebaños grandes de reses es el mejor índice de riqueza material en la cultura ganadera de la sierra. Así, sacrificar un toro es un acto que expresa cierto rechazo a los placeres de la "vida mundana".

El desierto y las secas son el espacio/tiempo que se asocian a la luz solar *(tukari)* y donde uno busca adquirir *nierika* (el don de ver *taiyari)*, revelaciones del orden y de la sabiduría ancestral. Como ya expliqué, el éxito en la búsqueda de visiones depende de la intensidad que tienen las prácticas de penitencia a las que el iniciado debe someterse. No se reconocen otras vías para acceder a los conocimientos ancestrales. Así, quienes buscan la iniciación chamánica tienen que abstenerse de mucho de lo que se asocia con la oscuridad *(t+kari)*, del sueño, de bañarse y, sobre todo, de la sal (es decir, del mar) y del sexo (esto es, la mujer).

Resumiendo, quiero recordar que los dos principios que componen el espacio/tiempo huichol —*t+kari* y *tukari*— son indispensables e inseparables el uno del otro, pero siempre se encuentran en una relación jerarquizada, en la que *tukari* resulta ser el principio de mayor prestigio.[18] La ideología huichola de sacrificio plantea que sólo rechazando lo que es *t+kari*, esto es negando la vida, se obtiene la "verdadera" vida.

[17] Takutsi Nakawe es parienta mitológica de la X-Tabai y de las demás "seductoras macabras" que analiza Báez-Jorge (1993).

[18] El concepto del dualismo jerarquizado fue elaborado por el etnólogo francés Louis Dumont en su famoso estudio del sistema de castas de la India (Dumont, 1980).

EL CICLO RITUAL DEL "TUKIPA"

De las lluvias a las secas

Si con anterioridad mencioné que para los huicholes el periodo lluvioso del año es un tiempo oscuro o una noche metafórica *(t+karipa)*, ahora debo añadir que también existe una clara asociación entre las lluvias y la niñez. Por ejemplo, dicen los huicholes que es en la época de lluvias cuando "todos somos niños" y "todos somos blandos como el jilote". Con el inicio del temporal, que equivale a la llegada de las serpientes de la lluvia, se recrea el acuático y oscuro mundo original del mito. Por otra parte, los niños —en especial los menores de cinco años— se asocian claramente con los elotes y las calabazas tiernas, lo que se nota, por ejemplo, en los nombres que se da a los recién nacidos. Además, existe una identificación de los niños con las nubes y la lluvia (Preuss, 1908*b*).[19]

Septiembre y octubre son los meses en los que crecen y maduran los elotes, convirtiéndose en mazorcas. En la concepción huichola, esta época del año es "cuando amanece", cuando "dejamos de ser como niños", y cuando se despiden las diosas de la lluvia. En términos mitológicos, el momento corresponde a la primera salida del sol, cuando se hizo sólido el mundo. La fiesta Tatei Neixa (la danza de nuestra madre), celebrada a fines de octubre, marca el momento en que los niños y los elotes se secan. Mientras que los niños dejan de ser como dioses de la lluvia y se vuelven verdaderos seres humanos, los elotes se convierten en mazorcas listas para el consumo y la pizca. En la primera parte del ritual los niños, los elotes y las calabazas aún se presentan juntos (o sea, como si fuesen lo mismo), pero en la segunda fase se realiza la separación entre los humanos y sus alimentos. El maíz muere al ser nixtamalizado o cocido —los niños se quedan con vida—. Con dos viajes imaginarios al Cerro del Amanecer —primero siguiendo la ruta de la peregrinación a Real de Catorce, la segunda vez pasando por el poniente, el mar y el inframundo— se inicia el subciclo ritual de "las secas",

---

[19] Por esta relación, por ejemplo, cinco niños son los únicos que pueden remplazar a los danzantes, que representan a las diosas de la lluvia Nia'ariwamete, cuando éstos quieren descansar del baile de la fiesta Namawita Neixa (Neurath, 1996).

que finaliza con el viaje de los peyoteros a Wirikuta y la subida al Cerro del Amanecer.

En el desierto, las serpientes de lluvia se aparecen a los peregrinos. Como señalé, es en este episodio del ciclo ritual donde se observa con mayor claridad cómo las prácticas religiosas inducen una creencia (o reproducen una concepción), según la cual el desenvolvimiento exitoso de los ciclos naturales *depende* de las prácticas de austeridad realizadas por las autoridades tradicionales. El viaje hacia el Cerro del Amanecer es una expresión del culto solar. Como ya explicó Preuss, los peyoteros son acompañantes del sol durante su viaje a través del inframundo (Preuss, 1907*b*, 1908*a*, 1908*c*). La llegada de los peyoteros al Cerro Paritek+a marca el triunfo del sol sobre la oscuridad. Muere la serpiente acuática de la noche, "nace" la lluvia del desierto. La verdadera fertilidad no proviene de *t+kari* sino de *tukari*. El sol y los peyoteros son la fuente última de la vida.

Durante la misma época del año en que se realizan las peregrinaciones a Wirikuta y Paritek+a, también se celebra la Fiesta de las Varas, el cambio de los cargos anuales que existen en la cabecera de la comunidad (el pueblo de Santa Catarina). Según mis informantes, los bastones de mando son "corazones" de Tatata Xaturi Ampá (Nuestro Padre Cristo, el Grande), es decir, el Sol. Las nuevas varas "nacen" inmediatamente después de la Natividad. El nacimiento del hijo de Tanana (Nuestra Madre, la virgen de Guadalupe) coincide con el viaje de los peyoteros hacia el Cerro del Amanecer y con la llegada del sol hacia la "derecha" (*tserieta*, el punto del solsticio de invierno) (Neurath, 1996).

La danza del peyote

El regreso de los peyoteros al *callihuey* es triunfal. Son los ancestros que traen la bendición y las lluvias. Durante varios meses los peyoteros permanecen aún en un estado "liminal", observando estrictas reglas de abstinencia. Diariamente comen peyote, divierten a la gente con bromas insolentes y realizan trabajos pesados para otros miembros de la comunidad (sobre todo cooperan en la roza del coamil o en trabajos de construcción). Hasta finales de las secas, ellos son las autoridades del centro ceremonial *tukipa*. Su mandato siempre es "obedeciendo", sirviendo a los demás. En la fiesta de Hikuli Neixa (la danza del peyote) —un muy complejo ritual de cinco días y cinco noches que se celebra en mayo— los peyoteros, finalmente, terminan su estado liminal de peregrinos y se reintegran, al menos por el momento, a una vida cotidiana "normal".

Durante el primer día de la fiesta Hikuli Neixa los peyoteros realizan su última jornada de trabajo, que consiste en limpiar los coamiles del centro ceremonial. En el mes de mayo el calor llega a su clímax. Las lluvias están a punto de comenzar. Como me explicaron en Keuruwit+a, el sol va acercándose a la Tierra cuando se mueve hacia el norte ("la izquierda"). Por eso el calor hace evaporar el agua, que, durante las secas, se había retirado hacia el interior de la Tierra. Se forman entonces las nubes y la lluvia (Neurath, 1996). La trayectoria triunfal del sol, que inicia en septiembre ("cuando amanece"), continúa con el renacimiento de Nuestro Padre (Navidad/año nuevo) y culmina en Hikuli Neixa con la llegada de los peyoteros a Paritek+a (el Cerro del Amanecer).

El rito principal de Hikuli Neixa es una danza que se realiza en la plaza del *tukipa*, en el espacio que corresponde al desierto de Wirikuta. La coreografía es bastante compleja y no podría describirla aquí. Pero para dar una idea de la riqueza de la indumentaria, quiero mencionar que el puntero de la danza —el *tekwamana*— porta una corona de plumas negras de gallo y lleva un traje que consiste en un cinturón de carriceras y dos bandas cruzadas de plumas blancas de guajolote. Además, mientras dura la danza, el puntero sostiene una vara azul y ondulada de madera, objeto que representa a la serpiente de nubes *(haiku)* o Tatei Nia'ariwame, la diosa madre de la lluvia que viene desde el oriente (Fikes, 1985, p. 184). Los peyoteros, también ataviados con plumas blancas, danzan detrás de este personaje formando una larga serpiente que igualmente representa a la *haiku*. En la coreografía se destaca que esta serpiente visita los cinco puntos cardinales "para limpiarlos" (Neurath, 1998).

Sin lugar a dudas, Hikuli Neixa es la fiesta más espléndida que se realiza en los centros ceremoniales de la comunidad de Santa Catarina. Luego de dar varias vueltas por la plaza y en el interior del *tuki*, los danzantes descansan en los puntos cardinales (marcados por pequeños pinos) y se refrescan con *hikuli* (peyote). Así, pronto se encuentran bastante "transportados" y danzan por espacio de casi dos días. Es difícil describir lo que uno siente durante esta interminable danza del peyote. Varias veces tuve la oportunidad de participar en este ritual y, gracias a esta experiencia, sé qué significa alcanzar un auténtico estado de éxtasis colectivo. Después de varias noches sin dormir y muchas horas de danza, los participantes pierden la noción del tiempo y del espacio. Ahora sí el *tukipa* es "todo el mundo" y por la cantidad de *hikuli* que se ingiere realmente puede observarse cómo danzan los dioses en el remolino coreográfico que es la serpiente de nubes.[20]

Durante la noche se escenifica una lucha ritual entre los peyoteros que actúan como si quisieran mantenerse en el poder y el resto de los comuneros que exigen "que ya renuncie el gobierno". El ambiente es carnavalesco y, supuestamente, nada es en serio. No obstante, es esta fase del ritual la que más se presta para expresar conflictos políticos verdaderos y la inconformidad con las autoridades en turno.[21]

En la mañana del cuarto día de fiesta, después de que ya muchos pasaron la tercera noche desvelados, y luego de un día y toda una noche de danza, el proceso ritual llega a su punto culminante. Mientras actuaron como peregrinos, cada uno de los peyoteros portaba un pequeño bule *(yakwai)* lleno de tabaco. Ahora, en un descanso de la danza, queman ese tabaco. Es una escena conmovedora cuando, por una última vez, los peyoteros recitan los nombres de todos los lugares sagrados que visitaron. Llorando queman el tabaco y las cuerdas con nudos que representan las estaciones de la peregrinación. Después de este acto los peyoteros quedan sin sus principales insignias y ya no pueden hacer tantas "vaciladas". Se realizan ligeros cambios en la coreografía y se sirve el último peyote para aguantar una segunda noche de mitote.

[20] Los movimientos coreográficos en círculos o espirales levógiras también representan a la *haiku*.

[21] En 1995 los peyoteros gritaron "¡Viva el PRI!" y "¡Viva la UCIH!" (Unión de Comunidades Indígenas Huicholas de Jalisco), mientras que un grupo de personas, que obviamente no estaba de acuerdo con la política de las autoridades actuales de la comunidad, respondieron "¡Viva el PAN!", "¡Qué muera el PRI!", "¡Viva la revolución!", "¡Viva Villa!" y "¡Abajo la UCIH!" Durante este "ritual de rebelión" (Gluckman, 1963), también se mencionaron los nombres de diversos personajes protagónicos en la política comunitaria y regional. Lo único en lo que todos coincidieron fue cuando gritaron "¡Viva Keuruwit+a!", el nombre de la comunidad de Las Latas.

Una vez que termina la fiesta Hikuli Neixa, los peyoteros descansan y, finalmente, quedan libres de obligaciones rituales. Durante la danza del peyote comienza la transición entre la época seca y la temporada de lluvias. Los peyoteros —que son representantes de todos los diferentes dioses— se transformaron en una representación colectiva de la serpiente de nubes (*haiku*, Tatei Nia'ariwame). Unas semanas después, en la fiesta de la siembra (Namawita Neixa), aparecerán los cinco desdoblamientos de la misma diosa de la lluvia, las Tateiteime Nia'ariwamete, personificadas por danzantes que no son peyoteros.

En la primera fase de la danza (el primer día y la primera noche) el triunfo de los peyoteros fue perfecto. Ahora, durante el segundo día, la reintegración de los buscadores de visiones adquiere matices cuyo significado ya no es tan inequívoco. En cierta forma el triunfo de la luz sobre la oscuridad se vuelve relativo. Este proceso marca tal vez una diferencia interesante respecto de los rituales africanos, asiáticos y oceánicos que fueron analizados por Bloch. En la siguiente fiesta, Namawita Neixa, observamos incluso un proceso ritual que invierte y destruye toda la construcción simbólica que los peyoteros erigieron con sus sacrificios.

El ritual de la siembra

Ya mencioné que los huicholes han observado correctamente que el inicio de las lluvias coincide con el solsticio de verano, cuando el sol llega a la "izquierda" *(utata)*, es decir, al extremo norte de su desplazamiento anual norte-sur. También se me ha explicado que el 21 de junio el sol llega a Y+rameta, lugar sagrado, dedicado a la diosa que se llama "Nuestra Madre del Retoño", que se encuentra al norte del territorio huichol, cerca del pueblo mestizo de El Bernalejo, en la zona limítrofe entre los estados de Zacatecas y Durango. A mediodía del primer día de la fiesta Namawita Neixa —frecuentemente el 21 de junio— se le ofrece al Sol una res en sacrificio. Nuestro Padre come, descansa un rato en El Bernalejo y luego suelta la lluvia.

Según el calendario, la fiesta de la siembra ocupa la posición opuesta a las ceremonias asociadas con el año nuevo y el solsticio de invierno. Lo que se celebra entonces es un nuevo nacimiento de

Nuestro Padre Sol, y este hecho se combina con la renovación de las varas de mando y con el cambio anual de los cargos. Namawita Neixa, por otro lado, marca un nuevo origen del mundo, un regreso al tiempo mítico que era una noche sin sol y, lo que es importante, también sin gobierno. El calor ha alcanzado su punto máximo. El sol queda agotado y es devorado por la gran serpiente del mar. Con el ocaso del Padre Sol termina la autoridad de los encargados del gobierno. Los funcionarios del *tukipa* entregan sus bastones de mando, así como los mecates para amarrar a delincuentes. A partir de entonces, y hasta mediados de septiembre, no podrán arrestar a nadie, ya que esto podría impedir el aumento de los coamiles.

Namawita Neixa es la fiesta del maíz en forma de semilla. Antes de iniciar la fiesta, cada uno de los encargados del *tukipa* trae uno de los atados de mazorcas que fueron ofrendados en la fiesta de los primeros frutos (Tatei Neixa) del año anterior. Estos atados se guardaron durante toda la temporada seca en los diferentes templos del centro ceremonial. Ahora se los junta para formar una gran escultura de la diosa del maíz, vestida con ropa femenina típica y adornada con collares de chaquira, morrales y diferentes tipos de plumas. La diosa del maíz (Tatei Niwetsika) tiene un papel protagónico en la fiesta de la siembra. Otro de los ritos preparatorios es la elaboración de un pan de maíz crudo molido que se llama *tamiwari*. ¿Cuál es la razón por la cual se preparan comidas de maíz no nixtamalizado? Me explicaron que así es como lo pide la diosa del maíz; es que ella desea descansar siquiera una vez al año, por eso no quiere que se le ponga a cocer en el nixtamal.

Además de la escultura de la diosa del maíz, el segundo elemento simbólico importante que aparece en la fiesta es una gran antorcha que se compone de múltiples trozos de ocote y mide al menos 4.50 m con un diámetro de entre 15 y 20 centímetros. El simbolismo de esta antorcha de ocote es igual al de los postes de pino que sostienen el techo del *tuki*: se trata de un *hauri*, del árbol (o de la vela) que se ubica en el centro del universo y sostiene al cielo.

El rito principal de la fiesta Namawita Neixa es la danza que inicia al caer la noche del segundo día. Mientras que el mitote del peyote se realizaba en el patio del centro ceremonial, ahora se danza casi exclusivamente en el interior del *tuki*, espacio que representa al inframundo. Como he señalado, existe un grupo de cinco hombres danzantes que representan a las diosas madres de la lluvia llamadas Tateiteime Nia'ariwamete y personifican a las ya mencionadas "serpientes de nubes". Sus trajes son muy bonitos y llamativos: cada danzante viste una capa compuesta de unas veinte cintas multicolores tejidas que vuelan en el aire cuando se realizan brincos, giros u otros movimientos dancísticos. También los tocados son bastante suntuosos, compuestos de plumas azules de urraca y un par de varas ceremoniales especiales del tipo *muwieri* con plumas rojas de aguililla. Los huaraches de los danzantes tienen suelas de cuero que hacen resonar los brincos. Los danzantes son las diosas de las nubes, mientras que sus pisadas son una imitación acústica de la lluvia.[22] Los cinco desdoblamientos de Tatei Nia'ariwame corresponden, desde luego, a los cinco rumbos.

Aparte de los representantes de las diosas de la lluvia aparece un danzante, también de sexo masculino, que representa a la diosa Takutsi Nakawe, la versión huichola del monstruo mesoamericano de la tierra. Como se trata de la diosa más antigua, su traje consiste en una falda de estilo antiguo, tejida con lana de oveja. El mismo personaje también porta una máscara gris de madera con una especie de peluca hecha de colas de ardilla. Su corona es de plumas negras de gallo, y su collar se compone de caracoles y conchas marinos. En ambas manos tiene bastones de otate, y en la espalda lleva a su hijo, que es un pequeño niño y representa a Tatei Yurianaka, la diosa madre de la tierra.

Aproximadamente a la medianoche se inician cinco procesiones durante las cuales la muñeca Niwetsika (la diosa del maíz) es sacada a bailar. El representante de Takutsi Nakawe toma el clásico papel cómico del "viejo" de la danza.[23] El momento más espectacular de la fiesta es cuando se enciende la punta de la antorcha *hauri*. Un grupo de peyoteros levanta la antorcha ardiente unos 30°, y así la sostienen durante un tiempo. Después de dar algunas vueltas, la bajan otra vez y la llevan a la parte norte del *tuki*. Allí los representantes de las diosas de la lluvia, con sus huaraches de

---

[22] La danza es circular y levógira, aunque, a veces, cambia la dirección. Los pasos son bastante variados, desde el simple caminar y pasos parecidos a los del baile de la fiesta Tatei Neixa y de los mitotes coras hasta brincos de dos pies y rápidos giros en el propio eje. A veces con gritos agudos los danzantes imitan al pájaro que se llama "huaco".

[23] *Cf.* Jáuregui y Bonfiglioli, 1996.

cuero, bailan en la punta de la antorcha hasta que las llamas se extinguen. Esta tarea puede resultar bastante difícil; no es tan frecuente, pero sí sucede que uno de los danzantes se queme los pies.

Luego de la quinta procesión termina el canto. Ahora se deshace la figura de la diosa del maíz y se desgranan las mazorcas. Las semillas se distribuyen entre la gente presente que las sembrarán en sus coamiles. Por lo pronto, se reconstruye la figura de la diosa, pero ahora sólo se rellena con los olotes y las hojas de las mazorcas. En la tercera y última noche de la fiesta tienen lugar un baile y una procesión. Aproximadamente a la medianoche, la gente se dirige hacia un lugar al lado del arroyo que atraviesa el pueblo. Ahí nuevamente se deshace la figura de la diosa del maíz. Los olotes y las hojas de las mazorcas son quemados en una gran hoguera. Se dice que el humo de la fogata se transforma en nubes de lluvia.

El rito de apagar el fuego con los pies tiene una exégesis que concuerda con esta temática: la diosa del maíz pide este ritual como un "castigo" para los seres humanos, porque ellos siempre queman el maíz y ahora deben sufrir al menos una vez lo que el maíz sufre todos los días. Por otra parte, los ritos relacionados con la antorcha de ocote también tienen importantes connotaciones sexuales. Sabemos que el *hauri* es una representación del árbol cósmico y, observando los ritos, resulta bastante evidente que se trata, además, de un símbolo fálico. El ardiente *axis mundi* copula con el mundo, el oscuro espacio femenino del templo *tuki* (Neurath, 1996). El simbolismo sexual de este rito forma parte de todo un complejo de simbolismos cosmológicos que se relacionan tanto con el inicio de la temporada de las lluvias, como con el solsticio de verano. Lo importante es que en este momento crucial del año coinciden las fuerzas opuestas (y antagónicas) del universo: las lluvias *(t+kari)* y el calor del sol *(tukari)*. En el solsticio de verano el calor del sol llega a su punto máximo, pero una vez iniciadas las lluvias rápidamente empieza a perder intensidad. En este contexto el rito de encender y levantar el *hauri*, y luego de tumbarlo y apagarlo, también es una forma muy lograda de representar metafóricamente lo que está sucediendo en la naturaleza. Tumbar el *hauri*, además, implica que "caiga el cielo" —regresar a un estado anterior a la separación de la tierra y el cielo, de la noche y el día, a la época mítica no diferenciada, cuando siempre era tiempo de lluvias, cuando todo creció por sí solo y cuando no existían el intercambio ni la dualidad. En Namawita Neixa podemos observar inversiones muy interesantes en relación con todos los demás ritos huicholes: se trata de la única fiesta en la que el cantador mira hacia el poniente y en la que la salida del sol no tiene importancia, porque no se festeja el triunfo del sol sobre la oscuridad sino lo contrario: "se hace fiesta para el sol que se mete". El astro diurno devorado por la oscuridad. En la danza, Takutsi tiene un papel protagónico, asusta a la gente con su máscara y, a veces, la golpea con su bastón riéndose maliciosamente. En la época de lluvias se restablece el poderío de esta antigua diosa que representa la vitalidad caótica y espontánea de la naturaleza. Por otra parte, con las lluvias se acaba el ascetismo que prevalecía durante las secas, la época de las peregrinaciones y búsqueda de visiones. La fiesta de la siembra es el momento de celebrar la sexualidad y todos los demás placeres reprimidos que se asocian con el concepto de *t+kari* (oscuridad).

Como hemos visto, en Hikuli Neixa los peyoteros forman una serpiente que representa la primera lluvia que llega desde el oriente. Poco después, en Namawita Neixa, se celebra un triunfo momentáneo de Takutsi y las cinco Nia'ariwamete sobre el fuego y el sol. Aunque son otros los encargados que las representan, las diosas de la lluvia son los peyoteros, ya transformados en serpientes de nubes. Así, la inversión simbólica es sólo relativa. Sin la acción de los ascéticos peregrinos el triunfo de la oscuridad no sería posible.

Namawita Neixa es cuando se "da crédito" a Takutsi y a las diosas femeninas que representan a *t+kari*; sin embargo, con lo que dijimos en relación con las serpientes de lluvia que aparecen primero en las visiones de los peyoteros (mismos que las llevan de regreso a la sierra) queda claro que las lluvias, la fertilidad, el crecimiento y la salud dependen, en primera instancia, de los ancestros y de los que practican la iniciación. Los peyoteros son los que sueñan la lluvia y la traen desde el oriente. También las Nia'ariwamete de Namawita Neixa son transformaciones de los mismos peyoteros. Las inversiones simbólicas de la fiesta de la siembra sirven para relativizar la ideología de sacrificio que predomina en el ritualismo huichol de la época de las secas. No obstante, viendo el conjunto del ciclo festivo, queda claro que esta suspensión momentánea de la austeridad —y de la autoridad— tampoco es absoluta. En cierta forma, cada época de lluvias marca un nuevo inicio, pero cuando se celebra Tatei Neixa (la presentación de los niños, elotes y calabazas), el discurso triunfalista de los peyoteros se retoma. Hay que vencer a las fuerzas de la oscuridad. El papel de la parte femenina del cosmos no es negado por completo, pero siempre queda claro cuál es la jerarquía.

REFLEXIONES FINALES

En la introducción se planteó el problema de la reproducción cultural y el papel que pueda tener el ritual en este contexto. El análisis del ciclo festivo del *tukipa* huichol que presentamos estuvo enfocado hacia un complejo temático que giraba en torno de las siguientes preguntas: ¿de qué manera se establece el vínculo entre la iniciación y la subsistencia, es decir, entre los ritos agrícolas y el culto a los ancestros?; ¿qué tiene esto que ver con la legitimación de un sistema de autoridad tradicional?, y ¿de qué manera la dialéctica de los ritos de paso reproduce las relaciones antagónicas jerarquizadas que componen el universo (social y natural) de los huicholes-*t+apuritari*? Pudimos demostrar que la misma estructura del proceso ritual se ve reflejada en los dualismos del orden social y de la cosmovisión.

Según la ideología huichola de sacrificio, el mundo que se renueva con el sacrificio es algo que se considera lógico. Si queremos entender cómo es posible que la gente realmente lo crea, la pista nos la da el ritual. La eficacia simbólica del ritual radica en la experiencia festiva, la *comunitas* o "intensidad" que tienen las fiestas y búsquedas de visiones. El ciclo anual culmina con el regreso triunfante de los peyoteros durante la danza de Hikuli Neixa. Es en momentos como ése cuando los mitos huicholes de los sacrificios cosmogónicos dejan de ser teoría y se convierten en una realidad social.

Invariablemente, la práctica ritual huichola logra reproducir la idea de que son los antepasados deificados, representados por los iniciados, los que facilitan la fertilidad. Así, la religión tiene una evidente función legitimadora para la autoridad tradicional. Al respecto también puede constatarse la existencia de una cierta continuidad, al menos desde el siglo XVI. La estructura de poder ya no es la misma que en el antiguo reino del Nayar, pero los mecanismos mitológicos y rituales se han adaptado a las nuevas realidades de las comunidades agrario-ganaderas.

La ideología de sacrificio exige ascetismo y, hasta cierto punto, tiende a despreciar lo placentero, espontáneo y caótico de la vida *(t+kari)*, mientras que, al mismo tiempo, se cree que estas prácticas de sacrificio son necesarias para obtener fertilidad. Esto significa que las fuerzas de lo que representa para los huicholes la vitalidad directa y natural (los jóvenes, las mujeres, las diosas) están subordinadas a una autoridad ancestral y de orden superior. Desde luego, vimos en las inversiones de Namawita Neixa que la negación de la vitalidad jamás es absoluta. El resultado es que la fertilidad espontánea no logra ser domesticada. La lluvia, las mujeres y los jóvenes terminan siendo controlados por la autoridad tradicional, los iniciados, los ancianos y los ancestros.

Así, el ritual huichol es un poderoso mecanismo social que reproduce una cosmovisión ancestral y un sistema de autoridad tradicional. Lo mismo puede afirmarse de la etnicidad. Los procesos rituales también producen nuevas síntesis culturales entre la tradición y su entorno. Brevemente me he referido a la asociación de *t+kari* con los mestizos (véase la nota 16). *T+kari* es necesario, pero debe ser superado por los *wixaritari* y sus prácticas de sacrificio. En el contexto de una comunidad que interactúa permanentemente con un entorno cambiante, el ritual también reproduce una síntesis cultural donde lo mestizo queda subordinado a lo huichol, el principio salvaje o asocial es domesticado y controlado. Aparentemente, ésta es la manera a través de la cual la cultura huichola intenta manejar todo lo que se asocia a la "modernidad".

GLOSARIO DE PALABRAS HUICHOLAS

callihuey: de náhuatl *calli* (casa) y *huey* (grande), templo, "Casa Grande".
haiku, -terixi: serpiente de nubes, de *haiwi*, "nube", y *ku*, "serpiente".
hakuyaka: toro mítico que personifica los aguaceros.
Haramaratsie: la roca blanca de San Blas, lugar de culto dedicado a Tatei Haramara.
hauri, -te: vela, ocote, pino, *axis mundi*, poste que sostiene el cielo.
hewiixi: gigantes, mítica población que habitaba en la Costa de Nayarit.
hikuli: peyote *(Lophophora williamsii).*

Hikuli Neixa: "la danza del peyote" o fiesta del peyote, también conocida como "la fiesta del maíz tostado" o "la fiesta del esquite".

hikuritame, -te: peyotero (cargo del *tukipa*).

iyari: corazón, metafóricamente: centro, esencia, ser verdadero.

+r+kame, +r+kate: pequeña piedra que se amarra a una flecha (+r+) y que representa una persona iniciada o un antepasado.

kawi: oruga.

kawitu: "camino de la oruga", mito.

kawiteru, -tsixi: "principal", miembro del consejo de ancianos, cargo vitalicio del *tukipa* y de la comunidad.

keuruwi: madera redonda vertical ("lata") usada en la construcción de techos de dos aguas.

Keuruwit+a: "Abajo del Cerro Keuruwi", ranchería y *tukipa* de la comunidad T+apurie, español: La(s) Lata(s), nombre esotérico: Yukaimuta.

kiekari: ranchería, aldea, comunidad, mundo.

kutsi: "semilla germinada", metafóricamente para abuelo o abuela.

mara'akame, mara'akate: chamán, curandero, cantador.

maxa: venado.

muwieri, -te: vara ceremonial con plumas, sirve para establecer contacto con deidades, lugares sagrados y rumbos cardinales.

Nakawe: monstruo mítico, transformación (o aspecto) de la diosa Takutsi.

Namawita Neixa: fiesta de la siembra.

neixa: danza, mitote.

nia'ariwamete: danzantes de la fiesta Namawita Neixa que representan los cinco desdoblamientos de la diosa Tatei Nia'ariwame.

nierika, -te: cara, mejilla, "instrumento para ver" (espejo, cuadro de estambre, tipo circular de ofrenda elaborado con varitas y estambre), "el don de ver".

niwetsika: atado de mazorcas que representa a la diosa Tatei Niwetsika o sus cinco desdoblamientos (mazorcas de los cinco colores).

Paritek+a: el "Cerro del Amanecer" ubicado cerca de Real de Catorce, San Luis Potosí, también: Reu'unari.

taiyari: "nuestro corazón".

Takutsi: "Nuestra Abuela", deidad de la fertilidad.

Takutsi Nakawe: Takutsi en su aspecto de monstruo Nakawe.

Tamatsi: "Nuestro Hermano Mayor", dios venado.

Tamatsi Parietsika: "Nuestro Hermano Mayor que camina en el amanecer", dios venado asociado con el oriente.

tamiwari: pan elaborado con maíz crudo, horneado en *te'aka.*

Tanana: "Nuestra Madre" o "Nuestra Raíz", diosa de la fertilidad identificada con la Virgen de Guadalupe.

Tatata Xaturi Ampa: "Nuestro Padre, el Cristo Grande".

Tatei Haramara: "Nuestra Madre, el Mar".

Tatei Neixa: "la danza de nuestra madre", también: "la fiesta del elote" o "la fiesta del tambor".

Tatei Nia'ariwame, -te: diosa madre de la lluvia asociada con el oriente, tiene cinco desdoblamientos que corresponden a los cinco rumbos y son representados por los danzantes *nia'ariwame* de la fiesta Namawita Neixa.

Tatei Niwetsika: diosa madre del maíz, tiene cinco desdoblamientos que representan las mazorcas de los cinco colores (azul oscuro, blanco, morado, amarillo y "pinto"), conceptualizados todos como hermanas y como esposas de Watakame. Las "muchachas maíz" se representan conjuntamente por un atado de mazorcas que se guarda en los *xirikite* parentales.

Tatei Wierika Wimari: "Nuestra Madre, el joven (o la virgen) águila real", diosa del cielo, a veces identificada con la Virgen de Guadalupe.

Tatei Y+rameka: "Nuestra Madre, el Retoño (Crecimiento)", diosa de la lluvia (Tatei Nia'ariwame) y de la fertilidad asociada con *utata* (el norte o la derecha, punto solsticial de verano) y con la cueva Y+rameta, ubicada cerca del pueblo mestizo de El Bernalejo, Durango.

Tatei Yurianaka: diosa madre de la tierra.

Tatewari: "Nuesto Abuelo", dios del fuego.

Tayau(pa): "Nuestro Padre", el Sol, también: Tawewiekame.

tekwamana: puntero de la danza en la fiesta Hikuli Neixa.

T+apurie: la comunidad o el pueblo de Santa Catarina Cuexcomatitán.

t+apuritari: santacatrineros, huicholes de T+apurie.

t+kari: la medianoche, la oscuridad.

t+karipa: "cuando es medianoche", metafóricamente: la temporada de las lluvias *(witarita).*

t+karita: "lugar de la oscuridad", el mar y la costa de Nayarit, *tat+ata,* Kam+kita, también: *y+wita.*

Tsakaimuta: dios solar asociado con el poniente y la Mesa del Nayar, el "padre" del venado.

tserieta: sur, izquierda, punto solsticial de invierno.

tukari: mediodía, luz solar, vida.

tuki, -te: templo grande de planta circular u ovalada.

tukipa: "donde está el *tuki*", centro ceremonial.

utata: norte, derecha, punto solsticial de verano.

wierika: águila real.

Wirikuta: desierto donde crece el peyote, al poniente de Paritek+a y Real de Catorce.

witari: lluvia.

witarita: la temporada de lluvias.

wixarika, wixaritari: huichol(es).
xaweri: instrumento cordófono, adaptación local del rawel (pequeño violín).
xiriki, -te: adoratorio, templo pequeño.
xukuri, -te: jícara.
xukuri'+kame, xukuri'+kate: jicarero, encargado del *tukipa*.
xukuritame, -te: jicarero, encargado del *tukipa*.
yakwai: pequeño bule para guardar tabaco.
Y+rameta: lugar de la diosa Tatei Y+rameka, cueva ubicada cerca del pueblo mestizo de El Bernalejo, Durango.
y+wi: negro, oscuro.
y+wita: "lugar de la oscuridad", el mar y la costa de Nayarit, *tat+ata*, Kam+kita, también: *t+karita*.

BIBLIOGRAFÍA

Alvarado Solís, Neyra, *Oralidad y ritual: "El dar parte" en el xuravet de San Pedro Jícoras, Dgo.*, tesis de licenciatura en etnología, Escuela Nacional de Antropología e Historia, México, 1994.

Arias y Saavedra, P. Antonio, "Información rendida por el P. Antonio Arias y Saavedra acerca del estado de la Sierra del Nayarit, en el siglo XVII" [1673], en A. Santoscoy (ed.), *Nayarit. Colección de documentos inéditos, históricos y etnográficos, acerca de la sierra de este nombre*, México, 1899, pp. 7-35.

————, "Información rendida en el siglo XVII por el P. Antonio Arias y Saavedra acerca del estado de la Sierra de Nayarit y sobre culto idolátrico, gobierno y costumbres primitivas de los coras" [1673], en T. Calvo, *Los albores de un nuevo mundo: siglos XVI y XVII*, México, 1990, pp. 284-309.

Arlegui, José, *Crónica de N.S.P.S. Francisco de Zacatecas*, Ed. Cumplido, México, 1851 [1737].

Báez-Jorge, Félix, "La corte de X-Tabai. El erotismo numinoso y la demonología sincrética en Mesoamérica", *L'uomo. Società Tradizione Sviluppo*, vol. 6, Università di Roma "La Sapienza", Roma, 1993, pp. 7-28.

Barrio, fray Francisco, "Relación de las cosas sucedidas en las serranías de choras y tepehuanes e de las costumbres y ritos destas naciones y de la disposición y sitios de sus tierras" [1604], en Calvo, 1990, pp. 255-273.

Bloch, Maurice, "Death, Women and Power", en Maurice Bloch y Jonathan Parry (eds.), 1982, pp. 211-230.

————, *From Blessing to Violence. History and Ideology in the Circumcision Ritual of the Merina of Madagascar*, Cambridge Studies in Social Anthropology, Cambridge University Press, Cambridge, 1986.

Bloch, Maurice, "From Cognition to Ideology", *Ritual, History and Power*, Monographs on Social Anthropology 58, London School of Economics, The Athlone Press, Londres, 1989, pp. 106-136.

―――, "Language, Anthropology and Cognitive Science", *Man. The Journal of the Royal Anthropological Institute* (N.S.), núm. 26, Londres, 1991, pp. 183-198.

―――, *Prey Into Hunter. The Politics of Religious Experience*, Cambridge University Press, Cambridge, 1992.

Bloch, Maurice y Jonathan Parry (eds.), *Death and the Regeneration of Life*, Cambridge University Press, Cambridge, 1982.

Broda, Johanna, "Relaciones políticas ritualizadas: el culto como expresión de una ideología", en Pedro Carrasco y Johanna Broda (eds.), *Economía política e ideología en el México prehispánico*, Nueva Imagen-Centro de Investigaciones Superiores del INAH, México, 1978, pp. 221-255.

―――, "Metodología en el estudio de culto y sociedad mexica", *Anales de Antropología*, núm. 19, Instituto de Investigaciones Antropológicas, Universidad Nacional Autónoma de México, México, 1978, pp. 123-137.

―――, "The Provenience of the Offerings: Tribute and Cosmovision", en Elizabeth H. Boone (ed.), *The Aztec Templo Mayor*, Dumbarton Oaks, Trustees for Harvard University, Washington, 1987a, pp. 211-256.

―――, "Templo Mayor as Ritual Space", en Johanna Broda *et al.*, *The Great Temple of Tenochtitlan. Center and Periphery in Aztec World*, University of California Press, Berkeley, 1987b, pp. 61-123.

―――, "Algunas reflexiones acerca de las continuidades culturales en la historia de México", *Cuicuilco*, Nueva época, vol. 1, núm. 1, Escuela Nacional de Antropología e Historia, México, 1994, pp. 27-37.

Bugarín, José Antonio, *Visita de las misiones del Nayarit, 1768-1769*, en Jean Meyer (ed.), Centro de Estudios Mexicanos y Centroamericanos-Instituto Nacional Indigenista, México, 1993.

Calvo, Thomas, *Los albores de un nuevo mundo: siglos XVI y XVII*, colección de documentos para la historia de Nayarit, vol. 1, Centro de Estudios Mexicanos y Centroamericanos-Universidad de Guadalajara, México, 1990.

Coyle, Philip Edward, *Hapwán Chánaka ("On the Top of the Earth"): The Politics and History of Public Ceremonial Tradition in Santa Teresa, Nayarit, Mexico*, tesis de doctorado en antropología, Universidad de Arizona, Tucson, 1997.

Diguet, Léon, *Por tierras occidentales. Entre sierras y barrancas*, en Jesús Jáuregui y Jean Meyer (eds.), CEMCA-INI, México, 1992.

Dumont, Louis, *Homo Hierarchicus. The Caste System and its Implications*, Universidad de Chicago, Chicago, 1980.

Erdheim, Mario, "Transformaciones de la ideología mexica en realidad social", en Pedro Carrasco y Johanna Broda (eds.), *Economía política e ideología en el México prehispánico,* Centro de Investigaciones Superiores del Instituto Nacional de Antropología e Historia-Nueva Imagen, México, 1979, pp. 195-220.

Erdheim, Mario, *Die gesellschaftliche Produktion von Unbewusstheit,* Suhrkamp Taschenbuch Wissenschaft, Frankfurt/Main, 1984.

Farris, Nancy, "Indians in Colonial Yucatan: Three perspectives", en M. MacLeod y R. Wasserstrom (eds.), *Spaniards and Indians in Southeastern Mesoamerica,* Universidad de Nebraska, Lincoln, 1983, pp. 1-39.

Fikes, Jay Courtney, *Huichol Indian Identity and Adaptation,* tesis doctoral, Universidad de Michigan, Ann Arbor, 1985.

———, "To Be or not to Be. Suicide and Sexuality in Huichol Indian Funeral-Ritual Oratory", en Arnold Krupat (ed.), *New Voices in Native American Literary Criticism,* Smithsonian Institution Press, Washington, 1923, pp. 120-148.

Friedman, Jonathan, *Cultural Identity and Global Process,* Sage Publications, Londres y Nueva Delhi, 1994.

Galinier, Jacques, "El depredador celeste. Notas acerca del sacrificio entre los mazahuas", *Anales de Antropología,* núm. 27, Instituto de Investigaciones Antropológicas, Universidad Nacional Autónoma de México, 1995, pp. 251-267.

García de Weigand, Celia, *Huichol Indian Beadwork: Techniques and Designes 1920 to 1980,* Monographs in Western Mesoamerican Research 1, Flagstaff, 1990.

Gluckman, Max, "Rituals of Rebellion in South-East Africa", en *Order and Rebellion in Tribal Africa,* Cohen and West, Londres, 1963, pp. 110-135.

——— (ed.), *The Ritual of Social Relations,* Universidad de Manchester, Manchester, 1966.

Good Eshelman, Catherine, *Haciendo la lucha. Arte y comercio nahuas de Guerrero,* Fondo de Cultura Económica, México, 1988.

———, "Trabajo, intercambio y la construcción de la historia: una exploración etnográfica de la lógica cultural nahua", *Cuicuilco,* Nueva época, vol. 1, núm. 2, Escuela Nacional de Antropología e Historia, México, 1994, pp. 139-153.

Grimes, Joseph E. y Thomas B. Hinton, "The Huichol and Cora", en *Handbook of Middle American Indians,* vol. 8, University of Texas Press, Austin, 1969, pp. 792-813.

Guzmán, Adriana, *Mitote y universo cora,* tesis de licenciatura en etnología, Escuela Nacional de Antropología e Historia, México, 1997.

Hers, Marie-Areti, "Santuarios huicholes en la Sierra de Tenzompa (Jalisco)", *Anales del Instituto de Investigaciones Estéticas,* Universidad Nacional Autónoma de México, 1982, pp. 35-41.

Jáuregui, Jesús, "Tres mariachis jaliscienses olvidados en su tierra", *Cuadernos de Estudios Jaliscienses*, núm. 9, El Colegio de Jalisco, INAH, 1992.

———, "Un siglo de tradición mariachera entre los huicholes: la familia Ríos", en Jesús Jáuregui (ed.), *Música y danzas del Gran Nayar*, CEMCA-INI, México, 1993, pp. 311-334.

———, "Cómo los huicholes se hicieron mariacheros: el mito y la historia", en Jesús Jáuregui, María Eugenia Olivarría y Víctor Pellotier (eds.), *Cultura y comunicación: Edmund leach in memoriam*, Universidad Autónoma Metropolitana, Unidad Iztapalapa, 1996, pp. 307-341.

Jáuregui, Jesús, Johannes Neurath y Adriana Guzmán (eds.), *Antropología e historia del Gran Nayar: coras y huicholes*, CEMCA-INI, México, s.f. (en prensa).

Jáuregui, Jesús y Carlo Bonfiglioli (eds.), *Las danzas de conquista en el México contemporáneo*, FCE, 1996.

Kindl, Olivia, "El principio de metamorfosis en la religión huichola: el caso del +r+kame", *Ponencia presentada en la XXIV Mesa Redonda de la Sociedad Mexicana de Antropología*, Tepic, Nayarit, 1996 (por publicarse en Jáuregui, Neurath y Guzmán [eds.], s.f., en prensa).

———, *La jícara huichola: un microcosmos mesoamericano*, tesis de licenciatura en etnología, Escuela Nacional de Antropología e Historia, México, 1997.

Leach, Edmund, *Cultura y comunicación. La lógica de los símbolos*, Siglo XXI, México, 1978.

López Austin, Alfredo, *Cuerpo humano e ideología. Las concepciones de los antiguos nahuas*, IIA, UNAM, México, 1984.

———, *Los mitos del tlacuache. Caminos de la mitología mesoamericana*, Alianza Editorial, México, 1992.

———, *Tamoanchan y Tlalocan*, FCE, México, 1994.

Lumholtz, Carl, *Unknown Mexico. A Record of Five Year's Exploration Among the Tribes of the Western Sierra Madre; in the Tierra Caliente of Tepic and Jalisco; and Among the Tarascos of Michoacan*, 2 vol. [Charles Scribner's Sons, Nueva York, 1902], edición facsimilar, Dover, Nueva York, 1987.

Mason, John Alden, "Tepecano prayers", *International Journal of American Linguistics*, vol. 1, Nueva York, 1918, pp. 91-153.

Medina, Andrés, "Los que tienen el don de ver: los sistemas de cargos y los hombres de conocimiento en los Altos de Chiapas", en Barbro Dahlgren (ed.), *Historia de la religión en Mesoamérica y áreas afines, I Coloquio*, IIA, UNAM, México, 1987, pp. 153-175.

———, "Arqueología y etnografía en el desarrollo histórico mesoamericano", en Sugiura Yoko y Mari Carmen Serra Puche (eds.), *Etnoarqueología (Primer Coloquio Bosch-Gimpera)*, IIA, UNAM, México, 1990, pp. 447-482.

———, "Cosmovisión, comunidad y sistemas de cargos", en Andrés Medina (ed.), *Homenaje a Pedro Carrasco*, IIA, UNAM, México, s.f. (en prensa).

Meyer, Jean, *El Gran Nayar. Colección de documentos para la historia de Nayarit*, vol. 3, CEMCA-Universidad de Guadalajara, México, 1989a.

——, *La tierra de Manuel Lozada. Colección de documentos para la historia de Nayarit*, vol. 4, CEMCA-Universidad de Guadalajara, México, 1989b.

——, *Esperando a Lozada*, Hexágono, Guadalajara, 1989c [1984].

Mintz, Sidney W. y Richard Price, *The Birth of African-American Culture. An Anthropological Perspective*, Beacon Press, Boston, 1992.

Myerhoff, Barbara G., "Return to Wirikuta: Ritual Reversal and Symbolic Continuity on the Peyote Hunt of Huichol Indians", en Barbara Babcock (ed.), *The Reversible World. Symbolic Inversion in Art and Society*, Cornell University Press, Ithaca y Londres, 1978, pp. 225-239.

Navarro, fray José Antonio, "Acerca de las noticias de esta Provincia del Gran Nayarit, hecha por el Padre Fray José Antonio Navarro Missionero de la de Jesús María, y Comissionario de las Missones de esta dicha Provincia", en Meyer 1989a, pp. 223-240 [1777].

Negrín, Juan, *The Huichol Creation of the World. Yarn Tablas by José Benitez Sanchez and Tutukila Carillo*, E.B. Crocker Art Gallery, Sacramento, 1975.

——, *El arte contemporáneo de los huicholes*, Universidad de Guadalajara, México, 1977.

——, *Acercamiento histórico y subjetivo al huichol*, EDUG, Universidad de Guadalajara, México, 1985.

——, *Nierica: espejo entre dos mundos. Arte contemporáneo huichol*, Museo de Arte Moderno, Bosque de Chapultepec, México, 1986.

Negrín, Juan y Johannes Neurath, "Nierika: cuadros de estambre y cosmovisión huichola", *Arqueología Mexicana*, vol. IV, núm. 20, 1996, pp. 56-64.

Neurath, Johannes, "Sistemas de cargos y cosmovisión: la jerarquía de los centros ceremoniales *tukipa* en la comunidad huichola t+apurie (Santa Catarina Cuexcomatitán)", *Ponencia presentada en la XXIII Mesa Redonda de Sociedad Mexicana de Antropología*, Villahermosa, Tabasco, 1994 (por publicarse en Medina [ed.], s.f., en prensa).

——, "Cosmovisión y sexualidad en la fiesta Namawita Neixa de Keuruwit+a", *Ponencia presentada en la XXIV Mesa Redonda de la Sociedad Mexicana de Antropología*, Tepic, Nayarit, 1996 (por publicarse en Jáuregui, Neurath y Guzmán [eds.], s.f., en prensa).

——, *Las fiestas de la Casa Grande. Ritual agrícola, iniciación y cosmovisión una comunidad wixarika (t+apurie/Santa Catarina Cuexcomatitán)*, tesis de doctorado en antropología, Facultad de Filosofía y Letras, UNAM, México, 1996.

Neurath, Johannes y Jesús Jáuregui, "La expedición de Konrad Theodor Preuss al Nayarit (1905-1907) y su contribución a la mexicanística", en K. Th. Preuss, *Magia, fiestas y literatura en el Nayarit. Ensayos sobre coras*, *huicholes y mexicaneros,* Jesús Jáuregui y Johannes Neurath (eds.), CEMCA-INI, México, s.f. (en prensa).

Ortega, José, "Maravillosa reducción y conquista de la Provincia de San Joseph del Gran Nayar, nuevo Reino de Toledo", en *Apostólicos Afanes de la Companía de Jesús [1754]*, edición facsimilar (Thomas Calvo y Jesús Jáuregui [eds.], INI y CEMCA, México, 1996, pp. 1-223.

Parry, Jonathan, "Sacrificial Death and the Necrophagous Ascetic", en Bloch y Parry (eds.), 1982, pp. 74-110.

Preuss, Konrad Theodor, "Reisebericht aus San Isidro vom 30. Juni 1906. Zwei Gesänge der Cora-Indianer", *Zeitschrift für Ethnologie,* Berlín, vol. 38, núm. 12, 1906, pp. 955-966.

————, "Die Hochzeit des Maises und andere Geschichten der Huichol-Indianer. Reisebericht III von K. Th. Preuss", *Globus,* vol. 91, Brunswick, 1907*a*, pp. 185-192.

————, "Ritte durch das Land der Huichol-Indianer in der mexikanischen Sierra Madre. Reisebericht IV von K. Th. Preuss", *Globus,* vol. 92, Brunswick, 1907*b*, pp. 155-161 y 167-171.

————, "Die religiösen Gesänge einiger Stämme der mexikanischen Sierra Madre", *Archiv für Religionswissenschaften,* vol. 11, Leipzig, 1908*a*, pp. 369-398.

————,"Ethnographische Ergebnisse einer Reise in die mexikanische Sierra Madre", *Zeitschrift für Ethnologie,* vol. 40, Berlín, 1908*b*, pp. 582-604.

————,"Die Astralreligion in Mexiko in vorspanischer Zeit und in der Gegenwart (gekürzt)", *3rd International Congress for the History of Religions Oxford,* vol. 1, 1908, pp. 36-41.

————, "Das Fest des Erwachens (Weinfest) bei den Cora-Indianern", *XVI Internationaler Amerikanisten-Kongress Wien,* vol. 2, 1908, A. Hartleben's, Viena y Leipzig, 1908, pp. 489-512.

————, "Die Opferblutschale der alten Mexikaner erläutert nach Angaben der Cora-Indianer", *Zeitschrift für Ethnologie,* vol. 43, Berlín, 1911, pp. 293-398.

————, *Die Nayarit-Expedition. Textaufnahmen und Beobachtungen unter mexikanischen Indianern 1. Die Religion der Cora-Indianer in Texten nebst Wörterbuch Cora-Deutsch,* G. B. Teubner, Leipzig, 1912.

————, "Au sujet du caractère des mythes et des chants huichols que j'ai recuillis", *Revista del Instituto de Etnología de la Universidad Nacional de Tucumán,* II, Buenos Aires, 1931, pp. 445-457.

————, "Nahua-Texte aus San Pedro Jícora in Durango aufgezeichnet von K. Th. Preuss, Dritter Teil: Gebete und Gesänge", en Elsa Ziehm (ed.), *Quellenwerke zur Alten Geschichte Amerikas,* vol. 11, Ibero-Amerikanisches Institut Preussischer Kulturbesitz, Berlín, 1976.

Remington de Willett, Elizabeth Ann, "El sistema dual de festivales de los tepehuanes del sureste de Durango", *Anales de Antropología*, vol. 29, Instituto de Investigaciones Antropológicas, Universidad Nacional Autónoma de México, México, 1995, pp. 341-359.

Santoscoy, Alberto (ed.), *Nayarit. Colección de documentos inéditos, históricos y etnográficos acerca de la sierra de este nombre*, Guadalajara, México, 1899.

Schaefer, Stacy, *Becoming a Weaver: The Woman's Path in Huichol Culture*, tesis de doctorado en antropología, Universidad de California, Los Ángeles, 1990.

Seler, Eduard, "Die Huichol-Indianer des Staates Jalisco in Mexico", *Mitteilungen der Anthropologischen Gesellschaft in Wien*, vol. 31, Viena, 1901, pp. 137-163.

Smith, Carol, "Local History in Global Context: Social and Economic Transitions in Western Guatemala", *Comparative Studies of Society and History*, vol. 26, Cambridge, pp. 193-228.

Tello, fray Antonio, *Crónica miscelánea de la Sancta Provincia de Xalisco, Libro Segundo* [1650-1653], tres volúmenes, Gobierno del Estado de Jalisco, Universidad de Guadalajara, Instituto Jalisciense de Antropología e Historia, Guadalajara, 1968-1984.

―――, *Crónica miscelánea de la Sancta Provincia de Xalisco, Libro IV* [1650-1653], Font, Guadalajara, 1945.

Turner, Victor, *El proceso ritual. Estructura y antiestructura*, Taurus, Madrid [1969], 1988.

Van Gennep, Arnold, *Les rites de passage. Étude systématique des rites*, Picard, París [1909], 1981.

Wasserstrom, Robert, *Clase y sociedad en el centro de Chiapas*, FCE, México, 1989.

Wolf, Eric, *Europa y la gente sin historia*, FCE, México, 1987.

ÍNDICE ANALÍTICO

ÍNDICE GENERAL

Este libro se terminó de imprimir en febrero de 2001 en los talleres de Impresora y Encuadernadora Progreso, S. A. de C. V. (IEPSA), Calz. de San Lorenzo, 244; 09830 México, D. F. Su composición, en que se usaron tipos Palatino de 10:12, 9:11 y 8:9 puntos, se hizo en Solar, Servicios Editoriales, Calle 2, 21; 03810 México, D. F. La edición consta de 2 000 ejemplares.